中国货币简史

AN
OUTLINE
HISTORY
OF
CHINESE
CURRENCY

孟建华 著

上海书店出版社
SHANGHAI BOOKSTORE PUBLISHING HOUSE

一、中国古代货币图片(春秋—宋)

1、春秋战国尖足布、方足布、圆足布、三孔布《中国钱币博物馆藏品选》36、38、43、43 页

2、战国共屯赤金（上海博物馆）

3、春秋战国针首刀《书法与古钱币》46 页

4、战国齐赙六化（上海博物馆）

5、战国蚁鼻钱《中国钱币博物馆藏品选》87 页

6、楚五十四印郢爰《书法与古钱币》48 页

7、楚视金一朱铜牌《中国钱币博物馆藏品选》70 页

8、秦半两《中国钱币博物馆藏品选》87 页

9、西汉五铢《中国钱币博物馆藏品选》73 页

10、西汉白金三品龙币、龟币、马币《安徽历史货币》66、67、68 页

11、新莽契刀五百、一刀平五千《中国钱币博物馆藏品选》74 页

12、新莽货布《中国古代物质
文化史 · 货币上》111 页

13、新疆汉佉二体钱《新疆钱币》14 页

14、南朝宋永光、景和钱
《中国钱币博物馆藏品选》78 页

15、北周布泉、五行大布、永通万国
《中国钱币博物馆藏品选》77、78 页

16、十六国北凉凉造新泉
　《中国钱币博物馆藏品选 》76 页

18、唐末至宋初的船形银铤
　《中国钱币博物馆藏品选》160 页

17、唐开元通宝《安徽历史货币》106 页

19、北宋大观通宝、崇宁通宝铁钱
　《安徽历史货币》126、133 页

20、辽重熙通宝《中国古代物质
文化·(货币下)》309 页

21、西夏西夏文大安宝钱
　《中国钱币博物馆藏品选 》90 页

22、金泰和通宝《中国钱币博物馆
藏品选 》89 页

23、金承安宝货《中国钱币博物馆藏品选》168 页

二、中国古代货币图片（元—清）

24、元中统元宝交钞中书省提举司壹贯文《中国钱币博物馆藏品选》245 页

25、元至正通宝折三大钱
《中国钱币博物馆藏品选》91 页

26、明洪武通宝背福折十大钱
《中国钱币博物馆藏品选》92 页

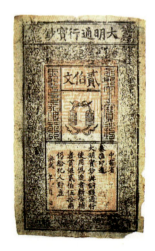

27、明大明通行宝钞中书省贰伯文
《中国钱币大辞典元明编》图 9

28、后金天命汗钱《中国古代物质
文化史·（货币下）》436 页

29、清太平天国大花钱《上海博物馆》

30、康熙通宝（背台）（殷国清）

31、清咸丰重宝宝泉局当十钱
《中国钱币博物馆藏品选》第 97 页

32、广东省造光绪元宝（七三番版）银币
《中国钱币博物馆藏品选》203 页

33、清乾隆宝藏
《中国西藏钱币》67 页

34、清机制制钱光绪通宝（宝直）
《中国钱币大辞典》清编铜元卷 343 页

35、豫银官银钱局民国七年银元兑换券拾
　　圆《中国近代纸币史》图录36页

36、光绪三十二年大清户部银行伍圆银元券
《泉林剪影》135 页

37、光绪三年新疆阿古柏天罡银币（回历 1295 年版）
《中国近代金银货币通览近代金银币章卷》199 页

38、交通银行宣统元年广东伍圆（许义宗）

39、中国通商银行光绪二十四年伍两银两票（许义宗）

40、清吉语钱。龙凤呈祥 · 背龙凤（殷国清）

41、元明压胜钱宗教钱曹国舅、张果老、铁拐李、吕洞宾、何仙姑、蓝采和、汉钟离、韩湘子。
背图案（殷国清）

三、中国近代货币图片

42、中华民国南京军用钞票壹元《辛亥革命时期货币》131 页

43、袁世凯戎装像共和纪念壹圆银币（签字版）
壹圆《中国钱币博物馆藏品选》227

44、光绪三十四年北京聚丰银号二十两银票
（苏骏）

45、中国银行兑换券民国元年美钞版黄帝像拾圆券
（石长有）

46、中央银行民国十二年壹圆
《中央银行纸币》9 页

47、中央银行关金券民国十九年贰佰伍拾圆券（吴筹中）

49、银本位币民国二十一年壹圆三鸟币
《中国钱币博物馆藏品选》224 页

48、湖南省乾城县金融调剂委员会银圆辅币券民国三十八年券
《中国钱币博物馆》

50、耒阳工农兵苏维埃政府发行的劳动券 1928 年壹圆券
《中国钱币大辞典 · 革命根据地篇》14 页

51、闽浙赣省苏维埃政府列宁头像壹圆银币《中国钱币大辞典 · 革命根据地篇》107 页

52、中华苏维埃共和国国家银行 1932 年伍分券《中国钱币大辞典 · 革命根据地篇》27 页

53、延安光华商店代价券贰分
　《中国钱币大辞典 · 革命根据地篇》181 页

54、西北农民银行 1940 年贰圆券（法币兑换券）
　《中国钱币大辞典 · 革命根据地篇》209 页

55、晋察冀边区银行 1939 年壹圆券《中国钱币大辞典 · 革命根据地篇》211 页

56、北海银行滨海版 1943 年伍角券（苏骏）

57、冀南银行1948年伍佰圆券《中国钱币大辞典·革命根据地篇》677页

58、江淮银行 1944 年贰拾圆券
《中国钱币大辞典 · 革命根据地篇》488 页

59、中州农民银行 1948 年伍圆券
《中国钱币大辞典 · 革命根据地篇》855 页

60、琼崖临时人民政府光艮（银）代用券 1949 年五分券
《中国钱币大辞典 · 革命根据地篇》902 页

四、中国现代货币图片

61、第一套人民币纸币 1948 年壹圆（工人与农民）票样（中国人民银行）

62、第二套人民币纸币壹分券（汽车）、贰分（飞机）、伍分（轮船）（中国人民银行）

63、第二套人民币纸币伍圆券（各民族大团结）票样（中国人民银行）

64、第二套人民币硬分币壹分币、伍分币 1955 年版，贰分币 1956 年版（中国人民银行）

65、第三套人民币纸币贰角券（武汉长江大桥）票样（中国人民银行）

66、第三套人民币纸币壹圆券（女拖拉机手）票样（中国人民银行）

67、中华人民共和国成立三十五周年流通纪念币，
1984 年发行

68、癸未（羊）流通纪念币，2003 年发行

69、2000 年发行的迎接新世纪壹佰圆塑料纪念钞

70、第四套人民币纸币 1990 年版壹佰圆券票样（中国人民银行）

71、第五套人民币纸币2015年版壹佰圆券票样（中国人民银行）

72、 第五套人民币硬币 1999 年版壹角（兰花）、伍角（荷花）、壹元（菊花）（中国人民银行）

73、中国银行（香港）有限公司在香港发行的第一版港币1995伍佰圆《香港货币图录》86页

74、中国银行澳门分行 2008 版澳门纸币拾圆（妈阁庙）、贰拾圆（大三巴牌坊）、伍拾圆（岗顶剧院）、壹佰圆（东望洋炮台）、伍佰圆（郑家大屋）、壹仟圆（民政总署大楼）（中国银行）

75、台湾银行旧台币 1946 年版壹圆券《台湾货币史略》253 页

序　一

中国是世界文明古国之一。以华夏为中心形成的中华民族创造的历史从未中断，形成了悠久的历史文化，波澜壮阔，博大精深。中国货币是中华民族文化遗产中的瑰宝，不仅源远流长，而且丰富多彩，其独特的货币体系，在社会生活中发挥着重要作用，对世界货币文化作出了重要贡献，需要认真总结和传承。

2017年1月25日，中共中央办公厅、国务院办公厅发布《关于实施中华优秀传统文化传承发展工程的意见》，全面提出传承中华优秀传统文化的要求，得到社会各方的响应。人民银行南京分行孟建华研究员撰写的《中国货币简史》，就是传承中华民族优秀的货币文化的代表作。

此书分为二十九章一百三十九节，大致按照下面的顺序简明扼要地介绍了中国货币发展的历程：

首先从中国货币的起源开始，按照中国历史纪年，分别介绍了历朝各代主要的经济与社会基本面貌，铸造发行的货币，货币制度的变革，货币流通的结果等。同时，对主要流通的货币，货币流通的范围及社会历史作用进行了分析；并着重探讨了从经济社会发展变化的背景了解货币铸造发行的原因、流通状况与结果，以便把握货币流通与经济社会存在的必然关系。对中国货币的起源，春秋战国时期多元化货币的形成，秦始皇统一货币，汉武帝创新货币，王莽四次改革币制，南北朝货币流通的各自特点，唐代"通宝制"替代"两铢制"的重大变革，五代十国的货币战争，北宋产生世界上最早的信用货币——纸币交子，南宋、金、元、明、清纸币制度的完善与失败，外国货币进入中国，清末铜元的兴起等重大的货币发展变革等，都分别作了介绍。

关于1912年至1949年中华人民共和国成立之间的货币，介绍了南京临时政府，北洋政府，广州、武汉、南京国民政府的货币发行，及货币制度的改革、货币发行流通对社会的影响，如废两改元、法币政策、关金券的发行、金圆券与银圆券的崩溃等。较为详细地介绍了土地革命战争、抗日战争、解放战争其间，中国共产党领导的革命政权、根据地及解放区发行的各类红色政权货币，以及在革命战争中开展的货币斗争对中国革命事业的历史贡献，还专门介绍了在建国以前中国人民银行成立及第一套人民币发行的经济、社会、军事背景，及版别、券别、人民币成为国家法定货币的措施与过程。

新中国建立以后的货币，按照国民经济恢复时期和1953—2015年第一至第十二个五年计划（规划），介绍了恢复时期和各个计划（规划）时期主要的经济形势，货币流通组织与调节的主要措施与效果，以及第二套至第五套人民币发行的原因、经济社会背景、版别与券别。其中对国民经济调整和各个计划（规划）时期的货币调控与管理、改革开放前后、治理经济环境和通货膨胀其间、亚洲金融危机及后危机时期、美国"次贷危机"及后危机时期、人民币国际化进程、宏观经济调控中的货币调节等，重点进行了介绍。安排专门章节，对香港、澳门特别行政区和台湾地区的货币流通历史进行了介绍。

此书的介绍，从货币的起源到国民经济"十二五"时期，涵盖中国货币的起源、发展、统一、变化的历史过程，中国货币制度变革的进程，货币在从古至今推动经济社会发展中发挥的作用等，既包括货币实践，也包含有各个时期主要的货币思想观点与货币理论，以及围绕货币的发行与管理所展开的争论。

作者选择有代表性的实物图片插入有关章节，使读者能在阅读文字内容时，加深对有关货币的了解与把握，同时感受与欣赏到中国货币展示的钱名、文字、书法、绘画、纹饰、图像、印刷中的美学特征，金属铸币技术与印刷工艺的发展变革、各类不同货币中所体现的丰富多彩的货币文化。作为一本通俗读物，此书以翔实的资料、简洁的内容、全面的介绍、系统的论述、重点的探讨、图片的展示，让读者一书在手，能够纵览中国货币的发展变革历史，了解中国货币在经济社会发展中的历史作用。

为读者全面系统地介绍中国货币发展变革的历史过程，展示博大精深且内容丰富的中国货币文化，是作者的美好愿望与写作的初衷。面对我国悠久的货币历史、起伏变化的货币制度、形制多样的货币品种、林林总总的货币用材，以及有关知识、资料收集等，对作者的全面把握又具有很大的挑战性。

孟建华研究员一直在人民银行系统工作，先后在县支行、中心支行和分行担任行政职务，不仅阅历丰富，而且刻苦钻研，撰写多篇金融理论与货币史方面的学术论文和几本专著，最终成就了这部《中国货币简史》，对中华货币文化的弘扬和传承作出了贡献。相信此书的出版，一定会受到社会各界的欢迎。

黄锡全*

2020年8月9日

* 黄锡全　曾任中国人民银行参事、中国钱币博物馆馆长、中国钱币学会副理事长兼秘书长、《中国钱币》主编等，现为国家文物鉴定委员会委员、"古文字与中华文明传承发展工程"专家委员会委员、郑州大学特聘教授、博士研究生导师；参与主持湖北随州曾侯乙大墓的田野考古发掘，主持国家社科基金重大项目。古货币、古文字、文物考古及楚史楚文化等方面研究成果丰硕。

序　二

　　自从货币产生以来，这种类似神灵的东西从未像今天这样无孔不入地渗透到人类社会生活的各个方面。从形形色色的实物到闪闪发光的珍贵金属、布满五花八门私密图记而又鲜艳华丽的印刷品，以及"隐身匿迹"的电子和数字，货币这位人类神秘的伙伴，与我们一起经历了患难与共，同享辉煌之后，仍将紧紧跟随或指引着我们纵横于未知的世界。

　　自从货币产生以来，人们对它的认知和评论，便呈"仁者见仁，智者见智"之态。"物以类聚，人以群分"。但在同物有相斥，仁人也有异见的现实的启蒙下，那个古老的哲学命题——"我是谁？我从哪里来？我要到哪里去？"，却潜移默化地把人们引入到了对货币起源、发展演变的征途——货币史的探讨中。

　　中国有"以史为镜，可以知兴替"之说，故研究货币者，多注目于不同货币之间的比较研究，从而形成了凝聚抽象与具象合而为一的研究方法。近代以来，随着货币金融在经济社会中的作用越来越强大，对货币和货币史的研究，也由"冷"变得"热"了起来。我国百年来社会经济的发展变革，说明在社会经济呈现快速恢复和发展时期，人们对货币和货币史的研究，是这一学科由"冷"向"热"转化的动力和条件。如第一次世界大战结束后，二十世纪二三十年代之交，动荡的世界局势逐渐趋于相对平和，中国的社会经济也迈动了恢复和发展的脚步，学界对货币金融和货币史的研究，随之呈现出异常之热度。就我陋识，当时仅是货币史的研究，相继出版的略有章宗元先生的《中国泉币沿革》（1918年）、张家骧先生的《中华币制史》（1926年）、侯厚培先生的《中国货币沿革史》（1929年）、戴铭礼先生的《中国货币史》（1934年）等专著。

　　中华人民共和国成立后，二十世纪五十年代，社会充满着对新生活的憧憬，掀起了国民经济经济建设的高潮，这一时期的货币和货币史研究，出版了以彭信威先生的名著《中国货币史》（1954年）为代表的多部影响至今的著作，诸如魏建猷先生的《中国近代货币史》（1955年）、王毓铨先生《我国古代货币的起源和发展》（1957年）、郑家相先生的《中国古代货币发展史》（1958年）等，开启了中国货币史研究的新阶段。

二十世纪八十年代以来，在改革开放，以经济建设为中心的国策指引下，我国的政治、军事、经济、文化等，都有了巨大的进步。在探索中国经济发展道路的实践中，中国经济建设的高速发展与金融业的空前繁荣，极大地促进了经济、金融和货币理论的研究。全球化潮流的推动，逆全球化思潮的泛动，地球村发生的货币金融事件，关乎每一个国家、每一种货币。世纪之交前后发生的亚洲金融危机和美国"次贷危机"，再一次强化了人们对管控货币的认知。在这样的历史背景中，我国的货币金融和货币史的研究，无论在数量还是在质量上，均达到了前所未有高度。学者关于货币（钱币）、金融、货币史的论著，早已超过此前所有历史时期的总和。此可见货币史的研究，与经济社会生活等，具有十分密切的关联。同时，它还从一个侧面说明，学术研究也需要市场和需求。

从货币史的定义来看，其研究的内容是史，所以，从事货币史的研究者，多是与历史研究相关的学者。据我的粗略统计，近百年来我国出版货币史专著的作者，仅章宗元和戴铭礼先生有从事货币管理的职业经历。章宗元先生曾署理财政次长（1912年），任币制局副总裁（1914年）、币制委员会委员长（1915年）。戴铭礼先生1926年任财政部赋税司荐任科员，翌年改任钱币司科长，1935年升司长。

"业有不同，术有专攻"。若能业术相得益彰，确实是一种幸事。业内人写业内事之史，既使我敬佩，又令我好奇。这种敬佩与好奇，始于二十世纪八十年代初。

当时，我刚刚开始学习货币史，为寻找相关著作，颇费周折。记得我读的第一本货币史专著，是请同窗托他的同学从河南大学图书馆借到的戴铭礼先生的《中国货币史》。出乎所料，几十年后，我竟在2020年年末读到了从事货币发行工作的孟建华先生的《中国货币简史》的书稿，乐乎哉！

与戴铭礼先生职业经历略有相同，且生活工作于南京的孟建华先生，就职于人民银行南京分行，从事货币发行和金银管理工作。货币是金融之母。由于工作的需要，孟建华先生从事货币发行管理理论研究的同时，逐渐把研究方向转移到了货币史方面，期以从中国灿烂的货币文化中，汲取经验和教训，为金融改革、促进货币发行管理工作而奉献绵薄之力。这本《中国货币简史》即其多年来从事货币史研究的成果之一。

从金融和货币发行管理工作者的角度来探讨中国货币史，其视野自然会与他人有所不同。首先，作者把研究内容的时间置于货币起源至今，系统地梳理中国货币发展和演变的脉络，力图从中探寻出规律性的东西和以资借鉴的经验教训。本书关于人民币产生和第一至第五套人民币的发行与管理的论述，即作者以史家的慧眼，把货币史的研究从昨天延续到今天，以更好地继承和弘扬我国的货币文化的一种有益的尝试。

其次，作者非常重视社会经济政治等历史背景对不同时期不同货币产生的作用的研究。这既可使人加深对货币的认识，又颇为有效地普及和传播了货币（钱币）知识。

第三，本书在介绍不同历史时期的货币时，均设置有货币理论或货币思想之节，如果我们把见于各章中的关于货币理论的论述抽出，似乎便可重组成一本中国货币思想简史的小册子，这足见作者对货币理论的重视，读者从中也可窥见作者的货币理论功底。

此外，本书还收录有纪念币、货币文字书法艺术等章节，既具鉴赏性，也有传播钱币文化知识，辅助钱币收藏之用。

这是一本散发着货币发行与金银管理者气息的货币简史，作者对其事业的热爱和对知识的追求，浸透于这本篇幅不算大的书内，读者或许会循着他的思维逻辑，从中撷取到些许自己的意趣。

刘森[*]

2020年12月30日于郑

---

[*] 刘森　研究员。曾任中国人民银行郑州中心支行钱币研究办公室主任、河南省钱币学会秘书长、《中国钱币大辞典》副总编，（《清编》主编、《秦汉编》、《泉人著述编》、《宋辽西夏金编》副主编）、《河南出土钱币》丛书总编、中国钱币学会学术委员会委员。长期从事钱币学、货币史和金融史的研究，先后发表研究论文百余篇，出版《宋金纸币史》、《中国铁钱》、《中华书局印制的纸币》（合著）等。

序 三

中国货币几千年的发展，创造了灿烂辉煌的货币文化，历史悠久。中国货币文化可谓是独具一格，先秦时期在不同地区使用形制各异的刀币、布币、圜钱和蚁鼻钱。秦统一后，主要以圆形方孔为铸币形制。到北宋，出现了世界上最早的纸币——交子。明朝中后期，随着社会经济的发展，白银逐渐开始在流通领域广泛使用。但在这一过程中，方孔圆钱始终参与流通，在民间交易中占主导地位。中国古代铸币是世界上唯一持续铸造两千多年而未曾间断且形制基本保持一致的历史遗物，与其他文物相比，古代钱币历史发展脉络清晰，种类繁多，存世量大，内涵丰富，是我国优秀传统文化的重要组成部分，也是我们普及历史知识、传播中华传统文化最好的教科书之一。

宋人苏轼曾经写过一副对联："遍识人间字，读尽天下书"。在中华民族文化复兴的理念下，倡导经典诵读，传承中华文化，我们更应该多读一些历史书籍、多读一些反映中华民族优秀传统文化的书籍。

今读到中国货币史研究学者、中国人民银行南京分行研究员孟建华先生的《中国货币简史》书稿，很是欣喜，因为它的可读性、科普性、严谨性和科学性都较强。这是一本钱币历史书，阅读后可以使我们更加深刻了解中国货币发展的演变进程。

《中国货币简史》内容非常丰富。全书依据中国历史发展的先后时期和货币铸造流通情况，分为二十九章。作者在每章节撰写中，都将货币相关问题放在当时社会历史背景下去探讨，视野宽泛，对货币制度和政策，货币铸造和形制，货币流通和发行理论等进行了较为详细地阐述，既吸收了前人的学术成果，又提出自己的一些观点。

本书最大的特点就是全面、概况地介绍了中国历代钱币发展演变过程，从中国货币的起源直至当代人民币的印制和发行情况。自二十世纪八十年代钱币学研究发展壮大以来，出版的钱币学书籍可以说是汗牛充栋，其中不乏一些优秀的学术著作。但是我们细审之，不难发现，在这些浩如烟海的钱币书当中，较为全面介绍反映钱币发展历史，尤其是当代人民币流通和使用的书籍不太多。孟建华先生的《中国货币简史》一书可以说是弥补了这方面的不足。

钱币学作为一门独立的学科，有其独特的研究方法和体系建设，它需要依托大量的钱币实物资料，在梳理不同历史时期钱币实物特征的基础上，论证钱币的发展和演变，得出一些符合历史发展规律的可靠的结论。作者在编写过程中，非常重视实物资料的搜集和整理，《中国货币简史》一书收入了大量的钱币图片，将理论和实践、理性和感性有机地结合，做到资料性和可读性的完美统一。为使人们更好地认知钱币，每幅钱币图片均有清晰的文字说明，直观性强。

通览《中国货币简史》书稿，我认为这是一本图文并茂的钱币书籍，是研究、收藏、鉴赏古钱的工具书。阅读之后，相信大家会对中国钱币的发展演变有一个清晰的梳理，在实际应用中会有一些指导性的理论意义。

目前，传统文化丛书已经成为图书市场中的重要带动力量，出版适合国人阅读的钱币历史图书，对于引导广大民众自觉培育和践行社会主义核心价值观，更好地传承中华民族的优秀传统文化至关重要。相信《中国货币简史》一书的出版，一定可以促使大家对中国历史、中国古代钱币发展史有进一步的了解！

因为工作关系，和孟建华先生认识已有十余年，在这十余年间，据我所知，孟建华先生一直致力于钱币学和货币文化的研究，笔耕不辍，这部《中国货币简史》即是他近年来学术研究成果的最新体现。

鉴于上述内容，我非常乐意向广大读者推荐该书。

中国钱币博物馆研究馆员　王纪洁[*]

2020年6月15日

目　录

中国货币简史

中国是世界上较早使用货币的国家之一，货币品种繁多、形制各异、币材广泛、用量之大，堪称世界各国之首。中国货币的形成发展过程，也是中国的金属冶炼、书法演变、版画绘画、雕刻工艺、纸张生产、印刷技术发展变化的过程。围绕货币的发行、流通、管理也逐渐形成了符合中国经济社会发展变化的货币思想、观点与理论。在钱文书法及造型艺术等方面，中国的古代货币千姿百态、绚丽多彩、美不胜收。图文并茂、品种众多的压胜钱，展现了多姿多彩又充满内涵的中华传统文化。在几千年发展过程中形成的中国特色货币文化，成为中华民族优秀传统文化的重要组成，对亚洲一些国家和地区的货币发展产生重大影响。随着世界经济的发展，中国的货币已经也必将在全球发挥重要的作用。

第一章　中国货币的起源

中国货币的起源，一般有三四千年的说法。产生的原因主要有两种观点：先王救荒制币与商品流通产生货币。产生的时间有夏朝以前、夏朝、商朝、西周之说。长期以来，一般认为海贝是中国最早的货币，商代的无文铜贝是中国最早的金属铸币。

第一节　中国货币的起源

一、中国的货币是商品交换发展的产物

与世界上所有货币一样，中国的货币也是在商品交换的长期发展过程中产生的。没有商品的交换，就没有货币存在的前提。

（一）物物交换的产生扩大，为中间媒介的问世创造条件。远古时代也就是旧石器时代，约170万年前的元谋猿人到约1.8万年前的山顶洞人时期，我们的祖先穴居野外，茹毛饮血，生产力低下，没有剩余物品，不需要交换。中石器时代（约1万年前）至新石器时代（距今约7 000到4 000年前），即相当于我国古史传说的神农、黄帝、唐尧、虞舜时期，中原地区有了原始农业和畜牧业，生产谷物，掌握烧陶工艺和原始纺织业。随着生产力缓慢发展，农业、畜牧业、烧陶、原始纺织业等产品的产量不断增加，自用以外有剩余，物物交换开始。

"当农业时代之开始，人民知识较前更为开通，以各自物物相易之不便，集体生活之必要，进而谋有组织之交易，于是设立市廛，定日中为市，交易有无，各得其所而退。其交易之道，仍属以物易物，是为以物易物有组织时期。"[1] 随着私有财产的出现，个人之间的交换愈来愈多，逐渐占据优势，以所有易所无，以所工

---

[1] 郑家相：《中国古代货币发展史》，第5页，生活·读书·新知三联书店，1958年。

易所拙，正是物物交换范围、品种及交换主体的扩大，孕育交易媒介物的产生。

（二）自然物货币即原始货币从物物交换中产生。随着生产的发展，物品愈来愈丰富，交换频繁，直接交换不能满足需要。人们先把手中剩余的物品换成易于为别人接受的或需要的商品，再用这种商品换取需要的物品。众多的商品中逐渐分离出可以同其他一切商品都能交换的媒介物商品——一般等价

图 1-1　夏海贝
（稷山县后稷货贝博物馆）

物。一般等价物并不是货币，"若为货币，则须具下列六种条件：质地耐久；携带便利；分割容易；数量充足；价格稳定；认识普遍。"[1] 不符合以上条件的媒介物逐步被淘汰，龟壳、海贝、蚌珠、齿角等成为众人公认接受的相对固定的一般等价物，即原始货币或自然物货币。新石器晚期，生长于热带亚热带浅海的贝壳，人们以它象征婴儿出生的门户，生命的源泉，吉利的护符，成为喜爱的装饰品，继而选择为物品交换相对固定的媒介。

（三）夏代的劳动产品交换较为普遍。约公元前21世纪—前16世纪，古史传说禹废禅让制，传位于子启，建立了我国第一个奴隶制国家——夏。禹的儿子启继承王位，改变原始部落的禅让制，开创世袭王位之先河。夏代共传十四代，十七王，延续约471年，为商汤所灭。夏代的社会分工已有相当规模，有石器、骨器、陶器、木器和小件青铜器，纺织手工业发达。很多遗址发现石刀、石镰，说明当时的农业较为发展，早期是石器时期，晚期进入青铜器初期，是铜、石并用时代。生产资料私有制产生，社会分化严重，贫富悬殊，阶级界限明显，是奴隶制社会的典型特征，社会分工出现劳动产品的交换。随着社会生产力的发展和社会进步，物质生活需求不断扩大，物品交换品种增加、数量扩大、频率加快，客观上需要相对固定的一般等价物。

二、贝是中国古代具备实物货币性质的固定的一般等价物

传统的一般等价物既充当交换的媒介，又因有使用价值成为消费品。牛、

---

[1] 郑家相：《中国古代货币发展史》，第9页，生活·读书·新知三联书店，1958年。

羊、猪等牲畜不能分割，五谷会腐烂，珠玉太少，刀铲笨重。人们希望有一种物品能够既作为一般等价物，又不要被消费，还便于保管计数。新石器时代晚期，生长于热带亚热带浅海的贝类，小巧玲珑，色彩鲜艳，坚固耐用，象征吉利，成为原始居民喜爱的装饰品。远离大海的中原地区，海贝是稀有之物，成为财富或财富的代表。

图1-2　磨背海贝
（稷山县后稷货贝博物馆）

（一）贝是具备货币性质的一般等价物。海贝有使用价值，大小适中，便于携带、转让、计数，成为物品交换的中介，是具有货币性质一般等价物。彭信威先生说：“夏代使用贝，并不是说夏代就有了货币。自贝的使用到它变成货币，应当有一个相当长的时间上的距离。因为货币的产生要以商品生产为前提……贝币在中国的演进，大概经过两个阶段：先是作为装饰品，这应当是殷商以前的事；其次是用作货币，这大概是殷代到西周之间的事。”[1]

（二）贝币的计算单位。一般认为自然贝及仿制的蚌贝、石贝、兽骨贝、玉贝等计数，而金属铸贝计重，计数的单位就是朋。朋的古字本义是指一串或两串相连的贝，后来逐渐演化成计量单位。一般认为朋是两串五个的贝，也有说是两串十个的贝，考古发掘实物证明一朋十贝。郭沫若《甲骨文字研究·释朋》：“珏必十玉、朋必十贝，此于贝玉已成货币之后理或宜然，然必非珏朋之朔也。”[2]

（三）“贝”对中国传统文化及风俗有较大影响。贝币为中国古代商品经济和货币经济的发展发挥了重要作用。同时，“贝”还对中国传统文化及风俗有深刻的影响。从现行的中国汉字中，大多数与钱币财富发生关联的事物或行为都有“贝”旁，如：买（買）、卖（賣）、价（價）、贩、贸、质、费、贮、资、赐、赏、偿（償）、贿、赂、赠、赢、贼、赛、赈、财、寶、贬、贵、账、赌、赃、贫贺、购、贼、贡、赚、责、赔、货、贷、赋、费等。从汉字的构造分析，说明中国古

---

[1] 彭信威：《中国货币史》，第9、10页，上海人民出版社，2007年。

[2]《郭沫若全集·考古编》，第110页，科学出版社，1982年。

代货币以贝为一般等价物，符合中国货币产生的过程和汉字构造的特点。

三、贝币是商代主要的流通货币

商代（约公元前1600—前1046年）又称殷或殷商，是中国历史上的第二个朝代，第一个有同时期文字记载的王朝。经历先商、早商、晚商三个阶段，相传十七世三十一王，不到600年，末代君主帝辛于牧野之战被周武王击败后自焚而亡。商代的商品交换媒介物品种不断增加，如人工制造的石贝、骨贝、蚌贝、铜贝、玉贝等。

（一）商代的经济社会发展概况。商代可以使用多种谷类酿酒，铸造精美的青铜器和烧制白陶。农田有整齐的规划，农作物有黍、粟、稻、麦。有蚕桑经营，纺织业有所发展，畜牧业相当发达，农牧业产品和手工业产品与周边国家交易较多。商人一词，源自当时周边国家对商代人的称谓，意指会做买卖。发达的商品交换产生许多商业城市，河南安阳小屯村殷墟是殷商的故都，面积24平方公里，是当时世界上文明发达的城市。农业、畜牧业、手工业、商业的发展、城市的形成，推动了商品的交换，由此引发普遍存在的货币需求，实物货币逐步产生，货币发展进入等价物货币时期。

（二）贝币成为商代主要的流通货币。进入商代，贝币履行着货币的职能，成为主要的流通货币。黄锡全先生认为：商代的"贝已经不是简单的装饰品了，它早已完成了历史转化过程，变成了货真价实的货币"[1]，当然，海贝所具有的稀有性、价

图1-3　夏至商早期玉贝
（稷山县后稷货贝博物馆拜胜利藏）

值高及外来之物的特性，使其作为货币的使用受到限制，而人工贝则补充了海贝的不足。商品交易的媒介还有牲畜、布帛、粮食、生产工具及金属，同时伴有一定规模的物物交换。1928年10月13日，在考古专家董作宾带领下，河南省安阳市西北郊的洹河南北两岸商代后期都城遗址殷墟考古开始试掘，18天的发掘中共出土有字甲骨800余片，及石贝、骨贝、蚌贝、玉贝等人工仿制贝。殷墟用贝作陪葬品相当普遍，奴隶主贵族用贝随葬的数量惊人。

---

[1] 黄锡全：《先秦货币通论》，第17页，紫禁城出版社，2001年。

按照金属重量进行交易的货币，称为金属称量货币，其材质主要是青铜、白银、黄金。由于商代的青铜铸造业非常发达，青铜坚固耐用，便于携带，方便分割，人们普遍愿意接受。因此青铜称量货币在商代使用较多，商品交换的青铜媒介物大批问世。钱、镈、青铜铲等当时都是中国古代的金属农具，集中在黄河中游农业经济发达的地区（今郑州、洛阳等地）使用，由于形体轻小、用途广泛、携带方便并有一定价值，成为商品交换的媒介物。

图1-4　商青铜块
《中国钱币博物馆藏品选》68页

图1-5　河南安阳殷墟出土铜贝
（中国社会科学院考古研究所）

（三）商代铜贝是中国古代金属铸币开始的标志。随着青铜冶炼技术逐步成熟，出现了用青铜铸造的铜贝。铜仿贝消除了石贝、骨贝、蚌贝、玉贝重量不一、形制差异、手工制作劳动强度大的缺点，通过冶炼而铸造的贝币，形制统一、重量大致相等，大小、重量、造型均可以控制，具有天然贝与人工贝无法相比的优越性和作为货币的实物属性，是一般等价物向货币转变的里程碑。

最初的铜仿贝模仿原始贝币形态，保留海贝的外形和唇、齿和纹式，弧面无文。形制是象形金属贝，贝面凸起，还模铸一道贝齿。由于没有文字，被称为无文铜贝。彭信威先生曾这样评价铜贝："最有意义的是贝和铜的结合，即铜贝。"[1]黄锡全先生认为："无纹铜贝既是铸币，又是称量货币，二者兼而有之。……后来因铜贝使用广泛，称量不便（大数除外），便赋予其（每一枚）一定的价值，以计数作交易。它担负着金属称量货币发展到金属铸币过渡环节的作用。"[2]无文铜贝是中国最早的金属铸币，是否是世界最早的金属铸币有待考证。大英博物馆第68馆介绍世界货币的发展过程，对埃及和美索不达米亚最早的货币介绍是公元前2500—100年，对中国最早的货币介绍是公元前2000—1000年。

---

[1] 彭信威：《中国货币史》，第13页，上海人民出版社，2007年。

[2] 黄锡全：《先秦货币通论》，第56页，紫禁城出版社，2001年。

四、中国货币的产生经历了漫长而渐进的过程

中国古代货币从无到有、从少到多、从多到少、形成体系，发展变化过程分别为：产品自用，无需交换；产品节余开展物物交换，无交换中介；产品交换范围扩大、数量增加，选择一些等价物为交换中介；产品交换继续扩大，数量继续增加，选择相对固定的等价物为交换中介；产品具有商品属性，选择的等价物具备货币属性，固定等价物海贝有衍生品种；商品交换完全以一般等价物结算，初步的货币体系基本形成。所以说，货币的产生是随着社会生产力和商品交换的发展逐步形成产生的，正如西汉伟大的史学家、文学家、思想家司马迁在《史记·平准书》中说："农工商交易之路通，而龟贝金钱刀布之币兴焉。"商品产生交易后才有货币，货币是随着社会经济的发展产生完善的，而非先王救荒制币。

与其他物品的产生完全不一样，中国的货币是随着社会和经济的发展，一步一步产生、发展、完善，是商品交换的长期发展过程中起一般等价物作用的特殊商品。货币的发展有一个价值形态变化的过程，只要有商品交换存在，货币就存在。货币肯定是充当一般等价物的特殊商品，而一般等价物的特殊商品不一定就是货币。因为货币本质上还是一种所有者与市场关于交换权的契约，有价值尺度、流通手段、支付手段、贮藏手段、世界货币的职能。

中国古代的货币萌芽于夏代、产生于商代，夏商两代完成从一般等价物至固定等价物再到货币的演变过程。此间，中国的货币真正产生。东汉著名史学家、文学家班固《汉书·食货志下》说："凡货、金、钱、布、帛之用，夏、殷以前详靡记云。"由此，关于夏商时期货币流通使用的具体状况，尚需进一步探讨。

中国货币的产生，对后来中国社会的发展产生了深远的影响。正如刘森先生所说："自从货币产生以来，人类的一切社会生产和文化活动，均受到它的作用和影响。人类文明的进步与发展，不断改造着货币的形态、制度和币材。而货币形态、制度和币材的变化，则揭示着社会生产力和生产关系的变化，成为人类文明进步的一种标志。"[1]

---

[1] 刘森：《宋金纸币史》，第1页，中国金融出版社，1993年。

第二节　西周货币多样性及
春秋战国布、刀、圜、蚁鼻钱四大货币体系

公元前1046—公元前771年，周文王之子周武王灭商后建立西周，至公元前771年为止，经历11代12王，275年。定都于镐京和丰京（今陕西西安市西南），成王五年营建东都成周洛邑（今河南省洛阳市）。东迁之前的周朝称为西周。

一、西周的流通货币形式多样

（一）西周经济社会发展推动货币流通的扩大。西周处于奴隶制社会，中后期开始萌芽封建生产关系，逐步向封建社会演变。农业不断发展，手工业比商代有显著进步，分工更加细致，号称百工，官办为主，奴隶主贵族垄断。奴隶数量增加，土地国家所有，井田制的盛行。农业生产采取"耦耕"（二人）方式，提供更多的粮食和原料，为手工业和商业的发展创造条件。金属铸造业有质的飞跃，使用大型炼炉熔铜和鼓风设施。制陶业技术、数量和种类超过商代。织出麻布、葛布、丝织品、平纹绢和刺绣。栽桑、养蚕、缫丝、织绢帛成为农村公社的副业。商品交换不仅在城市而且在农村普遍发展，参加交换的不仅有奴隶主，也有中小商人和农村公社社员。城市设商品交换市场，有陈列货物的肆和存放货物的邸舍，设有管理市场的官吏——司市。早晨为朝市，日中为大市，傍晚为夕市。大宗交易的商品是奴隶、牛马、珍宝，区域性市场交易土特产品。官府是市场交易主体，既买又卖，是夏、商以来最鼎盛的时期。

（二）西周流通货币的主要品种。西周的经济发展产生的货币需求不断扩大，流通的货币品种不仅是青铜贝，还有人工仿制贝、铜块等称量货币及布、帛、龟、谷物等实物货币。

1. 贝币。西周流通最多的是贝币，流通数量与范围持续上升。周天子对臣下论功行赏，就赏赐贝。铜贝的产生，体现了金属铸币的优越性。西周出土的仿贝数量较多，主要有骨贝、蚌贝等。

2. 金属称量货币。布币及金、白金、铜块等金属称量货币也是西周的流通货币。布币即钱布之布，商代后期黄河中游一些地区使用的一种青铜铲用于挖土和

农耕除草的农具，由于它本身的实用性与使用的广泛性，开始具有一般等价物的作用，逐步成为一种特殊类商品。金属称量货币的单位主要有石、钧、斤、两、铢、镒、锊。

图1-6　先秦青铜饼《安徽历史货币》10页

（三）实物货币的定义。"直接的物物交换这个交换过程的原始形式，与其说表示商品开始转化为货币，不如说表示使用价值开始转化为商品。"[1] 一般来说，马克思对于最早的货币称为货币商品而不是商品货币。我国一些学者对实物货币的定义表述有以下观点：人类历史最古老的货币，在金属货币产生以前出现；古代中国的布帛、牲畜、龟背、农具、石器、贝壳、粮食都充当过货币；除去信用货币、纸币和金属货币而作为货币使用的商品；实物货币不包括金属货币。

二、春秋战国形成布、刀、圜、蚁鼻钱四大货币体系

公元前771年，西周灭亡。第二年（前770年），周平王姬宜臼迁都洛邑（今洛阳）史称平王东迁，东周开始。东周又分为春秋（前770—前475年）与战国（前475—前221年）两个时期。

一、春秋战国时期的经济与社会

春秋战国时期是中国历史上变动较大的时代。政治上，奴隶社会向封建社会转变；经济上，自然经济得以进一步发展；商品交换上，由物物交换向商品货币交换转变；货币品种上，由多种形式向单一金属货币转变。货币流通数量大幅增加，流通范围不断扩大，成为社会经济发展及国家统治不可或缺的重要工具。

春秋时有140多个诸侯国，比较出名的是春秋五霸（齐桓公、宋襄公、秦穆公、晋文公、楚庄王）。公元前453年韩、赵、魏三家将晋国瓜分，分别建立国家，就是著名的"三家分晋"。公元前379年齐国田氏取代姜姓成为齐侯，是为田齐。于是，七雄并立，互相争霸（齐、楚、秦、燕、赵、魏、韩）。春秋到战国时期，战争频繁，从周元王元年（前475年）至秦王政二十六年（前

---

[1] 马克思：《政治经济学批判》见《马克思恩格斯全集》第13卷，第39页，人民出版社，2006年。

221年）的255年中，有大小战争230余次。战争中，双方动辄出动几万至几十万人。

（一）交通的开发推动商业圈的形成。周室衰微，列国强大，互相争雄，战争频繁，重视修路，道路四通八达。水陆交通的开发，推动商业发展，商业的发展又推动交通进一步发展。鲁哀公九年（前486年）吴王夫差开凿邗沟。中国历史上第一次把同一纬度、东西流向的天然河流同南北流向的人工运河连接，长江、淮河、黄河流域的经济区由运河联系，对社会经济的发展和南北文化的交流，产生深远影响，交通的开发推动国民经济体系的形成。进入战国以后，商业运输更加发达，战争会盟更为频繁，列国诸侯为适应政治军事需要，十分重视开发境内道路，无论是进攻还是防御，力求朝发夕至达乎四方。

（二）社会经济发生巨大的变化。一是生产工具的变革，耒耜由木制改为铁制的犁；二是牛耕开始；三是实行人工施肥；四是人工灌溉农田，郑国渠和都江堰是代表工程。春秋时期，铁器时代正式开始，铁的产量增加，冶炼技术提高，铁农具使用增加。官私手工业有较快发展，进行商品生产的私营手工业，生产技术比西周有更大进步，出现大型企业，对整个社会的经济结构变革发挥了推动作用。后期出现生产规模大、使用工人多的大型工矿企业，采铁石，鼓铸、煮盐、铸造兵农器械、采炼金银铜锡等。

二、布、刀、圜、蚁鼻钱四大货币体系的形成

为适应经济社会的发展变化和争霸需要，货币成为各个国家经济发展的"血液"，无论是品种还是数量及制度设计，远远超过西周。奴隶制开始瓦解。贝币从春秋的流行到战国逐步走向衰退，出现了金贝、银贝、铅贝、包金贝、角贝、陶贝。无文铜贝在春秋仍然盛行，到了战国逐步减少并消失。社会生产力提高，全社会商品生产和交换范围与数量持续扩大，引发货币流通量猛增，货币铸造种类繁多，币制混乱。货币在列国间相互流通，多币制和多币型共存并用。布币、刀币、圜钱、蚁鼻钱四大货币体系形成。正如彭信威先生所说："春秋战国其间，铜铸币广泛通

图1-7　中山国金贝
《中国钱币博物馆藏品选》126页

行。这些铜币总共有四个体系，即布币、刀币、圜钱和所谓的蚁鼻钱。"[1]

（一）布币体系。公元前六世纪后期，贝作为交换媒介完全不能适应市场交换的需要，买头牛要背上成斗的贝或仿贝，支付计算麻烦。买更贵重的东西，携带贝的数量要肩挑、车载。东周后期，单一的低面值货币制度无法维持。"所谓'布币'，就是一种形似铲形农具的金属铸币，是我国先秦时期主要货币之一。"[2]"布币的流通区域在春秋时期主要是周、郑、晋、卫等国的铜铸币，它的流通范围是三晋、三川地区，进入战国时期，布币的流通区域显著扩大，特别是魏、韩、赵三国及燕国的一些重要城邑，也都铸行了布币。"[3]

铲布可分原始布、空首布、平首布三种类型。

1. 原始布。青铜质，形制同铲，上有空銎，身中起脊，下有弧缘，有铭文，西周时期，主要在黄河中游农业经济比较发达的地区（今郑州、安阳、洛阳等地）使用，是铲布的一种类型。大型原始布，多属于商代。厚重、体大无文，銎可延伸到钱体中部，可装木柄，不易

图 1-8　西周原始布
（上海博物馆）

折断。中型原始布，多属于西周。形状与大型相同，体轻小，更便于流通使用。小型原始布，属于西周晚期。銎部已退缩到上部，中间有一道隆起的竖纹，足向内凹成弧形，面亦有简单的字。如：上、山、益等。春秋战国时期的空首布由此演变。

2. 空首布。由青铜质农具铲演变而来的原始布，春秋以后逐渐脱离农具范畴，从实物货币中分化成金属铸币，由于首部仍然保留农具铲有銎可以纳柄的遗迹，称为空首布。"所谓空首布，就是形体博大、首部内空的布钱。因其下有宽大的钱面，形似一把铲子，故又称之为'铲布'。""所谓'布币'，就是一种形似铲形农具的金属铸币，是我国先秦时期主要货币之一。"[4]春秋时期特大布之后的空首布，兼容特大布形制的部分特点，是农具铲向平首布发展的过渡，有平肩、

[1] 彭信威：《中国货币史》，第22页，上海人民出版社，2007年。

[2] 黄锡全：《先秦货币通论》，第81页，紫禁城出版社，2001年。

[3] 萧　清：《中国古代货币史》，第57、58页，人民出版社，1984年。

[4] 黄锡全：《先秦货币通论》，第85页，紫禁城出版社，2001年。

图1-9　春秋战国耸肩尖足空首布、平肩弧足空首布、斜肩弧足空首布《中国钱币博物馆藏品选》13、26、34 页

耸肩、斜肩三类，由大变小，由重变轻，形制固定，铸量不断增加，流通范围扩大。空首布背有三道纹，大部分布币面上有各种文字记载，如干支、数字、地名，共计有300多种。主要品种有：平肩弧足空首布、斜肩弧足空首布、耸肩尖足空首布。

平肩弧足空首布的特征是首空、肩平、足弧，从形制大小及轻重分类为原始型、特大型、大型、中型和小型。斜肩弧足空首布的特征是肩斜、首空、长銎、弧足，按型制大小分类为大小两种。耸肩尖足空首布的特征是形体高大、质薄、布首较长、首端上大下窄、首面有不规则的圆孔，按型制大小分类为特大型、大型、中型、小型。

3. 平首布。战国时期的布币，有别于春秋时的空首布，由青铜质空首布演变，首部宽厚的空首变成薄平的实首，以平首为特征，基本脱离农具钱镈的原始形状，布首扁平，钱背素面，钱面有地名和货币单位等。铸行于战国中、晚期的三晋两周及楚、燕等地区，空首布的銎（空首），由于工艺改进、简化而演变为平首布，柄上宽厚的銎变成平板。主要品种有桥足布、锐角布、尖足布、方足

图1-10　春秋战国尖足布、方足布、圆足布、三孔布《中国钱币博物馆藏品选》36、38、43、43 页

布、圆足布、三孔布等，各有不同的特点。如桥足布的特征是方足与弧裆构成桥洞形状，铭文中多有釿字，有圆肩和平肩两种。三孔布的特征就是圆首圆肩圆足布的首与两足中间各留有一个小孔。

对于布币的流通区域，王毓铨先生说："最初的布钱铸行于黄河中游地带，今河南北部，陕西东部，山西南部，山东的西部包括古济水流域。春秋以后，布钱铸行区域扩大了，西起陕西，东至山东西部，南自河南新郑，北至长城地带及辽东，都是布钱铸行区域。"[1]

（二）刀币体系。刀币是由青铜工具削刀演变而来，先后在狄、鲜虞中山、燕、齐、赵等国流通，在狄、燕、齐流通的时间较长。位于我国东部沿海地带的齐国，拥有山泽渔盐之利，商业较发达，一直保持自己独立的刀币体系，晚期才出现圜钱。布币区的燕、赵曾经出现刀、布并行流通现象。刀币由刀首、刀身、刀柄和刀环四个部分组成，刀环呈圆形，六枚刀币首尾相接组成圆环，就是《周礼·考工记》中所说的"筑氏为削，长尺博寸，合六而成规"。刀币因为铸地不同、形体各异而形成不同系列，主要品种有：

1. 尖首刀。北方游牧民族白狄族及其所建国货币，春秋中期至战国中晚期流通，长达数百年时间，一般称为鲜虞中山狄式尖首刀。尖首刀形制，弧背、凹刃，刀身极薄，刀背极厚，刀尖作斜坡状。其中刀首特别尖的像针一样称为针首刀。黄锡全先生认为："根据出土的

图 1-11　春秋战国大型尖首刀
《中国钱币博物馆藏品选》55 页

图 1-12　春秋战国针首刀《书法与古钱币》46 页

这些实物，以及相互之间的关系，可将其划分为甲、乙、丙、丁、戊等五型十三式"[2] 甲型，弧背大型尖首刀，包括原始刀和无字大刀（三式）。乙型，弧背中型尖首刀（二式）。丙型，弧背小型尖首刀（二式）。丁型，针首刀或称锐锋刀（二

[1] 王毓铨：《我国古代货币的起源与发展》，第99页，科学出版社，1957年。

[2] 黄锡全：《先秦货币通论》，第204页，紫禁城出版社，2001年。

式）。戊形，直背小型尖首刀（四式）。如加类明刀，则为十四式。 或有不同意见，其中也有主张为燕国货币者。参见张弛《尖首刀若干问题初探》（《中国钱币》1993年2期）。尖首刀由刀背中部向刀刃上部斜着截去刀首称为截首刀或剪首刀、切头刀。主要是山东出土，属于那个国家及为什么截首尚不完全明确。

图1-13 春秋战国廿丹圆首刀
《中国古代物质文化史·货币（上）》62页

图1-14 战国燕明刀《书法与古钱币》46页

2. 赵国刀币。一是甘丹刀。刀面多为"甘丹"即"邯郸"字样，也有"甘丹刀"字样，形制为钝首、刀背、刀刃平直，有的略有弧意，刃部有廓，少数背或柄上有数字、单字或符号。二是白人刀。"白人"即地名柏人，春秋属晋，战国属赵，位列邯郸北，刀的铭文"白人"为多，按刀首不同分为刀背钝式和刀首平斜式。

3. 燕明刀。燕国铸币，刀的长度逐渐变短，刀身由宽逐渐变窄，由圆折背逐渐变为方折背。分为甲、乙、丙三型。甲型，首刃内凹小，逐渐变成斜坡状，文字粗放有力，面文铸"明"字，背文有数字、单字、符号等。乙型刀首相对变窄，刀身较宽，刀刃没有内凹弧度，刀身上下宽度几乎一致，刀背与刀柄相接处出现圆折。丙型，折背、直刃、刀首与刀尾宽度基本相等，刀柄面与背两条竖线伸入身。由于币面铸"0D"符号，加之形态变化较大，解读不一。认为是地名或国名的解释为明、莒、召、易、邑。认为是某种意义或象征的解释主盟、回文、泉等。背文种类繁多，含义解读不一。

4. 齐明刀。齐明刀是指明字外笔方折的明刀。主要流通在齐国（今山东半岛）。刀的背文多为数字、干支、符号，字数有二字、三字、四字，有的首字为齐地名，称为齐明刀形制似由尖首刀演变或是受尖首刀影响，刀首由较尖变为圆钝，刀背由较弧变为较直，刀身及刀柄由较宽变为较窄，刀刃由较直变为较凹，重量由较重变为较轻，大致分为甲乙丙丁四型六式。背文有数字、干支、单字及动物形象、生活用品图形等，多为阳文，少数阴文。

5. 齐大刀。铸行于齐国，形体较大，铭文都有大刀字样。刀首内凹，弧度较大，周沿有廓，刀柄两面中间有两条竖线，环径较大。刀面铸地名或国名，再加上"之大刀"、"大刀"。根据面文，分为七个种类与形制："节墨"之大刀；"安阳"大刀；"齐"之大刀；"节墨"大刀；"齐"大刀；"齐建（造）邦长"大刀；"簟邦"大刀。"大刀"意为标准货币。

（三）圜钱体系。战国时期铸行的一类圆形铜质货币，又称圜化、圜金，简称环钱，较早铸行于魏国，后逐步扩大到其他国家，尤其是赵国和周王都及其周围千里以内的地区，最终成为秦国的主要铸币形式。圜钱有两大类：一是圆形圆孔；二是圆形方孔（圆形圆孔演变）。初期圜钱的穿孔比较狭小，以后逐渐变大。圜钱由玉璧和古时的纺轮演化而来，

图 1-15　春秋战国齐大刀
《中国钱币博物馆藏品选》54 页

图 1-16　战国珠重一两十四
《中国钱币博物馆藏品选》64 页

图 1-17　战国共屯赤金（上海博物馆）

沿用璧、环的专称称其形体。正面铸有铭文，反面无文字。《尔雅·释器》："肉倍好谓之璧，好倍肉谓之瑗，肉好若一谓之环。"好是指璧、环居中的穿孔，肉是指穿孔至廓之间的实体。按铸币单位不同，圜钱分三类：

1. 以鈈为单位的三晋、两周地区的圜钱；钱文有共、共半□、共屯赤金、虞□、垣、漆垣一□、蔺、离石、济阴、武平、安臧、西周、东周等十余种，分一□、半□。代表品种有魏国的"共"字圜钱、"共屯赤金"圜钱、"漆垣一鈈"圜钱、"半□异型"圜钱。赵国的"蔺"字圜钱、"离石"圜钱。两周的"西周"圜钱、"东周"圜钱、"安臧"圜钱。

2. 以传统货币单位刀为名称的齐、燕圜钱。战国时期的齐、燕是刀币的主要流通地区，同时也铸圜钱流通。齐国圜钱的文字为"賹化"，形制独特，穿孔呈方形且币面有郭。大约在战国晚期铸造，方孔、背平素。有"賹六刀"圜

图 1-18　战国齐賹六化
（上海博物馆）

图 1-19　战国两甾半两
《中国钱币博物馆藏品选》65 页

钱、"賹四刀"圜钱、"賹刀"圜钱。燕国圜钱是晚期所铸，品种有"明四"、"明化"和"一化"，均是圆形方孔，背平素。

3. 以两为单位的秦国圜钱。战国时期，秦国主要的流通货币是金、布、钱，其中"金"指黄金，"布"指布帛，"钱"指圜钱。秦国的圜钱有两种类型。一是圆形圆孔钱。有"一两"钱，圆形圆孔，周边锐薄，背平素，阳文。品种"一珠重一两·十二"、"一珠重一两·十四"。二是圆形方孔钱。有"半两"钱，圆形方孔，重十二铢（中国古代一两为二十四铢），钱文曰"半两"，分列方孔左右，通常是右"半"左"两"。背平素，内外无廓，分战国秦半两和秦半两。还有"两甾"钱，圆形方孔，分无外廓和有外廓，背平素，面有"两甾"字样。文信钱和长安钱，均为圆形方孔，无内外廓，背面平素。战国末期，秦惠文王二年（前336）初行钱，即指秦国开始由王室铸造货币的流行，标明秦国王室专铸货币制度的确立。

（四）蚁鼻钱体系。楚国是周朝诸侯国，全盛时版图辖地为今日湖南、湖北全域以及重庆、河南、安徽的江西、山东、江苏、上海、浙江的部分地区。春秋以来，地处南方的楚国远离中原地区，货币制度同政治经济文化一样自成体系。战国以后，蚁鼻钱流通范围扩大，爰金盛行，布币出现，货币的用材和形制多种多样。"楚国铜贝，是楚国特有的一种铜铸币。其形制与真贝相似，乃殷周用贝币的遗制。因其面部多有一字或二字，或以为形似'鬼脸'或'蚂蚁爬鼻'形，俗称'鬼脸钱'或'蚁鼻钱'。这种贝制作简单，体小量轻，以枚计值，交易、携带均很方便，因此广泛流通于楚国，成为楚国流

图 1-20　战国蚁鼻钱
《中国钱币博物馆藏品选》87 页

通货币中的主要种类”。[1]

蚁鼻钱形制为椭圆形，正面突起，背面磨平，形状像贝但体积较小。钱体上尖下圆，面凸背平，尖端常有一孔。根据出土的地区不同，重量差异较大。湖北的平均每枚4克以上，河南及安徽的平均每枚2.7克左右，山东曲阜的平均每枚1.2克。黄锡全先生认为：“楚国有文铜贝大量的是巽字贝，少量的是龛，二者始终并行，其余几种只是点缀品。”[2] 楚国铜贝的面文含义说法不一，有待进一步研究。

楚国流通的货币主要是蚁鼻钱，另外，还有布币、金版和金饼及铜钱牌。“楚国布币，平首方足，周沿有廓，通体狭长，首上有一圆形穿孔，分大、小两种。大者，一般称之为‘楚大布’，……面部中间一竖线，左右各书二字，共四字。背面中间也有一条竖线，左右各书一字。文字或有简省。小的与大的形制类同，只是个体较小，面文、背文各二字。……一枚大布的币值，相当于两个连布或四个小布。”[3] 楚大布释文有多种释法：殊布当釿、殊大当釿、旆钱当釿、扶钱当釿。背面有“十货”二字。小的钱文为“四布”，背文铸“当釿”，合读“四布当釿”。

由于楚国盛产黄金，黄金作为称量货币较早。战国时期，商人、贵族以黄金论价的记载较为普遍，黄金流通以斤（十六）两、镒（二十两）为单位，而赏赐与贿赂动辄就是百斤、千镒。黄金成为楚国上层统治者、贵族、富商间的流通货币。主要的形制就是有铭文的金版，即扁平的版形金币，又

图 1-21　楚大布
《中国钱币博物馆藏品选》48 页

图 1-22　楚小布
《中国钱币博物馆藏品选》49 页

图 1-23　楚五十四印郢爰
《书法与古钱币》48 页

[1] 黄锡全：《先秦货币通论》，第356页，紫禁城出版社，2001年。
[2] 黄锡全：《先秦货币通论》，第364页，紫禁城出版社，2001年。
[3] 黄锡全：《先秦货币通论》，第371页，紫禁城出版社，2001年。

称"版金"，规则或不规则的长方形，如旧时的板瓦。还有金饼，形如饼状的金币，又称饼金。金版及金饼，使用时按照需要切成小块，用天平称量支付，属于称量货币。"根据考古发现，这种金版和金饼，大宗的主要出土于安徽寿县、阜南、河南扶沟、襄城、江苏盱眙、陕西咸阳等地。"[1] 按照金版或金饼上的铭文分，钤有"郢爰"的占绝大多数，"郢"代表楚国的国都。"爰"，古同称。"郢爰"就是郢都铸造的黄金称量货币。另外，还有"鄟爰"、"卢金"、"斜"等。已发现的整版郢爰印有戳记多在50个左右，大多呈方形，少数呈圆形，上面用铜印印为若干个小方块，看似龟壳，每件约重250至260克，相当于当时的一斤，使用时按需要分割成小块，然后用天平称量支付。楚金版含金量93%—97%之间，少量的会在85%左右。

图1-24 楚视金一朱铜牌
《中国钱币博物馆藏品选》70页

"楚国钱牌，一律呈长方形版状，面、背四周边缘均有郭，两面饰在勾连形卷云纹，或饰有云雷纹衬底，正面中央有两道凸脊同心圆卷，圆好不透，两道圆圈之间有四字铭文，铸铭，右旋读。"[2] 钱牌上的文字有"视金一朱"、"视金二朱"和"视金四朱"，可比照或视同黄金一铢、二铢和四铢。

三、秦始皇统一货币的原因、举措与意义

公元前221年，秦始皇兼并六国，结束春秋战国以来诸侯分裂割据的局面，建立中国第一个统一的中央集权制封建国家。公元前207年，秦王子婴向刘邦投降，秦朝灭亡。

（一）秦始皇统一中国后的经济与社会。

1. 建成全国交通大动脉。秦朝开始建立了一个疆域辽阔的中央集权大帝国，东西9 300余里，南北13 300余里，所有的郡、县等行政管理都由中央控制。在中央的统治制度下，交通成为实施有效统治的首要条件。以关中（京师）为中心，

---

[1] 黄锡全：《先秦货币通论》，第338—339页，紫禁城出版社，2001年。

[2] 黄锡全：《先秦货币通论》，第379页，紫禁城出版社，2001年。

五条干线向四面辐射。供天子专用的驰道，行进速度很快，直通南粤。修建的灵渠，直接沟通湘水与离水，间接连接长江与珠江，自南至北，水上全部贯通。

2. 基本形成农业为基础的经济体系。农业粗耕变精耕细作，土地利用到栽培方法及日间管理的农业科学雏形显现。农业以粮食生产为主导，畜牧退居次要地位。官手工业组织形式和管理机构定型，家庭手工业成为农民生活的重视补充，纺织业是主要项目，男耕女织较为普遍。建造高炉、鼓风设备、冶炼生铁、铸造铁器、炒铁成钢等比战国时期有更大成就，铁器取代铜器，应用最广和数量最大的农具及手工工具都是铁制，铜的主要用途就是铸钱。

3. 商品经济规模扩大。四通八达的交通使大规模远程商品贩运成为可能，全国各个地区和生产部门交织成为体系。对水陆交通的开发和建置，数量和质量都远超战国。交通运输条件有很大发展，具备商业全面发展的基本条件，富商大贾周流天下。生产者已不能完全了解产品的命运，产品也不再是从一手转到另一手，而是从一个市场转到另一个市场，商业的性质和经营方法都发生根本性变化，营运范围打破地域性限制，全国各地区的产品都是贩运对象，水陆交通枢纽发展成为商业都市。

（二）秦始皇统一货币的原因、举措。废除分封制以后，建立自中央到地方的郡县制和官僚制，全国分为36郡，随着土地的扩大增至46郡，定咸阳为首都。实行"五同"改革，度同制：以原秦国的度、

图1-25　秦半两
《中国钱币博物馆藏品选》87页

量、衡为单位标准。币同形：规定币分两种，上币黄金和下币铜钱，铜钱造型为圆形方孔的秦半两。车同轨：定车宽以六尺为制，一车通行全国。书同文：以秦篆（小篆）作为官方规范文字，废除其他异体字。行同伦：建立统一的伦理道德和行为规范。

1. 原因。秦始皇统一货币，是国家统一和封建中央集权制的需要。秦以外其他六国的货币，品种不同、形制不一、重量不等、式样不同、铸权分散，给货币经济发展带来不稳定性。加上诸侯国割据，关卡林立，严重地阻碍商品流通和社

会经济发展，不利于国家的统一管理。品种上，实体货币与实物货币同时存在。形制上，多种形制的货币同时流通。式样上，同类形制的金属铸币有不同样式，币文各异。重量上，各种金属铸币不尽相同，差异较大。

2. 举措。废除六国的所有流通货币；货币分二等，黄金为上币，单位用"镒"，半两铜钱为下币。规定钱币的名义、重量及币材。珠、玉、贝、银、锡不再充作货币。以秦币为天下之币，圆形方孔的秦半两钱在全国通行，结束形状各异、重量悬殊的杂乱状态，标志着中国古代钱币的初步成熟，成为中国货币发展过程的里程碑，影响到相邻国家和地区，具有非凡的历史意义。奠定圆形方孔的古钱币造型，贯穿中国封建社会，沿用两千多年，对后来的中国金属货币以及货币文化和货币制度，产生深远的历史影响。中央政府掌管全国的货币铸造权、发行权及流通管理权。解决了商品交易中货币换算困难，减少了商品交易成本，促进了商品交换，加强了全国各地的经济联系。

3. 形制。秦半两是在战国秦半两钱基础上改进的青铜币，以圆形方孔为造型，方孔代表地方，外圆代表天圆，圆形方孔便于生产、加工、携带、流通和储藏，也象征着古代天圆地方的宇宙观。半两二字为小篆文字，相传秦国相李斯题写，每枚重为当时的半两（即十二铢），故称半两钱。秦半两与先秦的秦半两相比，钱文高而狭长，略呈弧形，外形仍是外圆孔方背无廓，形制和钱文更加精整。

（三）秦始皇统一货币的意义。彭信威先生评价秦始皇统一货币："废除了战国时期那些形形色色的货币，把方孔圆钱推行于全国。……币制的统一是政治、军事统一和文化融合的结果。"[1] 第一次以国家法令停止流通实物货币和其他金属货币，实行金铜并用的复本位制；第一次法定货币的确立，将黄金与铜钱作为法定货币；第一次货币形制的统一，称量货币只保留黄金，计算单位改斤为重二十两的镒。圆形方孔的秦半两作为国家法定货币，名称、形制、重量、材质、铭文都以国家法律确定；统一的货币统一了商品交易结算、支付的货币，保证了货币流

---

[1] 彭信威：《中国货币史》，第54页，上海人民出版社，2007年。

通秩序的稳定，维护了商品交易主体各方的合法权益，促进了货币经济、商品经济以及整个社会经济的健康发展。

第三节　信用、价格和税赋

西周时期，货币的使用已经较为普遍，主要是作为商品交换的支付手段。战国时期，随着社会经济的发展，实物经济逐步向货币经济过渡，货币经济初步确立，货币职能不断增加。

一、国家信用的产生

私有制产生以后，由于社会出现贫富分化，商品借贷就已经发生。随着货币在商品交易中的使用，借贷的方式逐步由实物向货币转变。《周礼》[1] 中记录的泉府，就是管理国家信用的机构，国家信用就是赊和贷。人民向政府赊实物，祭祀十天，丧事三个月。城市小手工业者或商贩也可向政府贷货物，用于生产经营，因为有收入，所以政府要收取利息。

二、战国时期的高利贷

高利贷，指放款取息，含有高利的意思。战国时期放贷收息较为普遍，叫做假贷、称贷，放贷时以竹或木制成的券为凭，剖分为二，债权人执左券。由于处于封建社会初期，整个社会缺少统一性，借贷利息也不统一，完全根据放贷人的意愿和借贷人的需求决定。放贷致富的例子在《史记·贷殖列传》有较多记载，借贷的形式主要是信用放款。借贷人离开土地就不能生存，所以逃债十分困难。因借贷不能归还而被剥夺家产及沦为乞丐普遍存在。如《孟子·滕文公》所说："终岁勤勤，不得以养父母，又称贷而益之，使老稚转乎沟壑。"《管子》记述战国时期的高利贷较为普遍，借贷的品种分为粟和钱。借贷实物，借贷人按需借贷。借贷钱，则可以购买所需要的其他物品，完全适应社会生产发展的需要，满足了借贷人的实际需求。

---

[1]《周礼》一五《地官·泉府》。

三、价格概念的形成

西周以后，由于铜铸币的流通不断增加，物品所值逐步以铜铸币数量核定，自身的价值都在铜铸币上表现出来，实际上形成了物品价格的概念，价格就产生了。尽管此时的货币由于品种较多，以及同品种铜铸币成色重量有差异，并不能准确地核算物品价值，但是，毕竟产生了价格，为社会经济发展创造了一个重要的价值核算工具。货币与价格为商品增添了双翼，为商品的交换与流通提供了方便。铸币的流通催生了价格问世，价格的运用完善了货币的价值尺度。

四、货币成为商税征收的主要形式

西周及春秋时期，商税的征收已经比较普遍，税种为市税（营业税）和关税（过关税），货币逐渐成为征税的主要形式，货币的职能得到了扩大。战国时期对于工商业者开始征收廛（房基）税、市税和关税。对农民征收的税有粟米、布缕、力役，征收口赋（人头税）开始使用钱币。"头会箕敛，以供军费，财匮力尽，民不聊生"[1] 描述了当时农民被重税压榨的情景。

第四节 《管子》及先秦时期主要的货币思想与观点

公元前21世纪—公元前221年是先秦时期，经历夏、商、西周，以及春秋、战国等历史阶段。春秋战国时期，出现了大思想家孔子和其他诸子——老子、韩非子、墨子等，形成儒家、道家、法家、墨家、刑名等百家争鸣的局面，开创了中国历史上第一次文化学术的繁荣。贵族领主制下的工商食官衰败，独立的商人资本产生，出现了金玉其车，文错其服、结驷连骑往来于各诸侯国之间从事贸易的大商人。这个群体的代表人物，对于商业、商品交换直接相关的价值、价格和货币购买力的变化，以及其中的关系与规律，有深刻的认识、观点和思想，对后来的中国货币思想发展有积极而深远的影响。

---

[1]《史记·张耳陈余列传》。

一、有代表性的几种货币思想观点

（一）子贡物以稀为贵的价值观念。子贡，中华儒商第一人、孔子周游列国的经济支持者，独立商人资本的代表人物之一。对于商品价格现象关注而研究，认为唯有识货的商人才会出好价钱。玉和珉（石之似玉者）比较，价值的高低是由两种财货稀少性决定的，财货的稀少与否，表现形式是商品数量的多寡，物以稀为贵揭示商品供求关系决定商品的价值，这种价值正是由价格的贵贱体现，形式表现就是货币的多少。

（二）范蠡的资金说与平粜论。范蠡，春秋末著名的政治家、军事家、经济学家和道家学者，新兴商人阶级的杰出代表。提出积著理论，货币作为资金不宜积压，久停息货物则无利。主张用平粜的办法把物价控制在一定范围，谷物价格太贱会损害农民利益，农田就会荒废。谷物价格太高会损害工商业者利益，经济发生困难。平粜论完全适用战国大国称雄时期的国家战略，重视运用价格政策调节社会生产与流通。

（三）李悝的平粜法。李悝，战国时期的政治人物，法家重要代表人物，曾任魏文侯相主持变法。认为粮价太贵则伤民，太贱则伤农。居民伤，人心就会离散，农民伤，就会贫穷。粮食价格太贵太贱，都不利于统治，实施平粜法，以法律规定将丰年和灾年分成大、中、下三等。大丰年，官府粜入农民粮食的四分之三，留四分之一；中丰年，粜入三分之二，留三分之一；下熟年，粜入二分之一，留二分之一。遇天灾人祸或粮食歉收年份，官府卖出粮食，平衡粮食价格。虽遇饥馑水旱，粜不贵而民不散。民不散，政权才能巩固。

（四）墨子的价值与价格观点。墨子，战国初期思想家、教育家、科学家、军事家，墨家学派的创始人。墨子的价格思想：一是通过对价格是否适宜的考察，了解商品的贵贱。二是提出物价与币价总是成反比的关系。认为货币是单纯的商品，而不是特殊的商品，对于货币的本质并没有认识。出身手工业者，门徒大多来自社会下层，代表农与工肆之人的利益。

（五）许行的价值与价格观点。许行，东周战国时期著名农学家、思想家，先秦农家代表人物。提出从事农业劳动的人可以用农产品直接交换手工业品，同种商品数量相同，价格相等。市场上同种商品只有一种价格，没有第二种价格，即"市贾不二"。不会再有弄虚作假，小孩子到市场买东西也不会受欺骗。在肯定质量的前提下，价格只依长短、轻重、多寡、大小等确定。

（六）孟子的价值与价格观点。孟子，战国时期伟大的思想家、教育家，儒家学派的代表人物。游滕遇陈相，展开有名的农儒论。认为决定价值或价格发生高低与贵贱，都是由物品的品质不一致，即商品的自然属性引起。《孟子》记述了包括价值、价格概念在内的较多经济类问题。认为许行考虑商品价值与价格，只看到商品长短、轻重、多寡、大小等量的一致。而物品存在质的差异，长短、轻重、大小一致，价值与价格也会存在较大差别。

二、《管子》的货币思想

《管子》是中国古代一部最重要的经济巨著，成书于战国（前475—前221）至秦汉时期。书中大部分篇章都涉及或专门论述经济问题，轻重理论几乎成为后来货币论的专用语或同义语。

（一）货币起源。《管子·国蓄》表达了先王制币说："先王为其途之远、其至之难，故托用于其重，以求珠玉为上币，以黄金为中币，以刀币为下币。"《管子·山权数》表达了灾荒制币说："汤七年旱，禹五年水，民之无粮有卖子者，汤以庄山之金铸币，而赎民之无粮卖子者，禹以历山之金铸币，而赎民之无粮卖子者。"灾荒之年为促进商品物资的流通，缓解灾情，大量而集中铸造货币。

（二）货币职能。《管子·国蓄》说货币主要职能是流通职能："黄金、刀币，民之通施也。"《管子·轻重乙》说货币是民之通货："黄金、刀币，民之通货也。"《管子·揆度》说货币流通是沟渎："刀币者，沟渎也。"《管子·山至数》说货币是支付手段："士受资以币，大夫受邑以币，人马受食以币。"《管子·山权数》说："万乘之国，不可以无万金之蓄饰；千乘之国，不可以无千金之蓄饰；百乘之国，不可以无百金之蓄饰。"《管子·轻重乙》说铜钱发挥了世界货币的作用："令中大夫王邑载钱二千万，求生鹿于楚。"

（三）货币制度。《管子·国蓄》提出"以珠玉为上币，以黄金为中币，以刀布为下币"。战国时期，我国的金属货币流通制度已经确立，黄金与其他金属货币是当时的主要流通货币。

（四）货币流通规律。《管子·山国轨》提出："国币之九在上、一在下。币重而万物轻。万物，应之以币。币在下、万物皆在上。万物重十倍。"上指货币回流到国家手中，下指市场流通。国家投放货币收购商品物资，减少流通中商品物资，增加流通中的货币，市场物价上升。反之，国家出售商品物资，流通中商品物资增加，流通中货币减少，市场物价下降。市场物价和流通中货币数量有着相反增减的关系，币轻物重、币重物轻都是货币数量和商品物资数量共同作用的结果。

（五）货币流通量。《管子·山权数》的蓄饰，是指一国为了对市场流通货币量的调节，具备随时投放市场的货币储备。《管子·山国轨》桓公曰："币若干而中用？谷重若干而中币？"货币多少才合于需要？谷价多高才合于货币流通之数？《管子·轻重甲》说："故粟重黄金轻，黄金重而粟轻，两者不衡立，故善者重粟之贾。"粮贵黄金就贱，黄金贵粮食就贱。流通中货币数量增减会使商品价格发生变化。《管子·揆度》说："物臧则重，发则轻，散则多。币重则民死利，币轻则决而不用，故轻重调于数而止。"把财货囤积起来则价格上涨，发售出去则价格下降，放散于民间则显得充足。钱币贵重人们拼命追求，钱币贬值人们弃而不用。要把钱物贵贱的幅度调整到合乎理财之术的要求。

（六）《管子》论述货币是国家干预经济的工具。《管子·轻重甲》桓公问管仲说：平衡供求有定数么？管仲说：平衡供求，就是要使物价有高有低，不经常固定在一个数字上。桓公说：那么，平衡供求的数字就不能调整划一了么？管仲说：不能调整划一，调整划一就静止了，静止则没有变化，没有变化则物价升降没有差别，没有差别各种商品都不能被我们掌握利用了。桓公说：那么，怎样掌握物价升降的时机？管仲说：一年有四个收益时机，分在四季。就是说，农事刚开始时，让农民互相担保，向他们预售农具，这叫春机。大夏将到，是织丝绸做丝絮的时节，这叫夏机。到了大秋，五谷全收，这叫作秋机。大冬在室内劳动，是妇女纺织的时节，这叫作冬机。一年有四个收益时机，分在四季，了解四时的顺序，就可以运用国家号令，使物价有十倍、百倍的升降。所以，物价不能经常固定于一点。

三、太公九府圜法

《汉书·食货志下》说：太公为周立九府圜法。姜太公辅佐周朝时，认识到货币在流通中的重要作用，制定的九府圜法：一是硬性规定货币交换的某些法则。确立金、钱、布、帛作为货物交易的媒介。黄金一寸见方的重量为一斤。钱币圆形中间有方孔，轻重以铢为计量单位。布宽二尺二寸为幅面，长四丈为一匹。货币最贵的是金，最方便的是刀（刀币）。用泉（钱）来流通，用布来分配，用帛来储存。二是建立财政与货物流通管理的部门和岗位。规定太府、王府、内府、外府、全府、天府、职内、职金、职币九个专职，分别掌管国家钱币的铸造、储存、支出与更新，负责国内外货物的贸易和交换，并调剂农工商产品生产的数量和比重，切实保障全国财货入出的基本合理和正常流通。三是官府为有效地调控经济，必须有充足的储备。万室之邑有万钟之藏，藏锱千万；千室之邑有千钟之藏，藏锱百万。九府圜法顺利实现商品交换，保障农工商及内外贸易的有效运转，用货币的形式储存国家财富。这是我国古代最早管理国家货币的章法。

四、单旗的货币"子母相权"论

单旗，史称单穆公，春秋末年的政治家，周景王和周敬王卿士。春秋末期，周景王二十一年（前524年），周景王欲铸大钱，单旗反对，提出"子母相权"论：古时候天灾降临，先王便造出货币赈济百姓。如果百姓感到钱轻、钱小，不便使用，就铸造重钱、大钱。重钱、大钱对轻钱、小钱按一定比价并行流通，重钱、大钱为母，轻钱、小钱为子，这就叫"母权子"而行。如果百姓感到钱重，钱大，使用不便，就铸造轻钱、小钱，也不废除重钱、大钱，轻钱、小钱对重钱、大钱按一定比价并行流通，这就叫"子权母"而行。如此，大钱、小钱都能顺利流通，利于百姓使用。如若废小铸大，废轻铸重，那就使百姓丧失其代表资财的货币而破产，进而国家的财政更加枯竭。因此，这是丧失民心的做法。

货币"子母相权"论，是中国历史上第一次较为清楚地阐明了古代关于货币问题的两对基本范畴——轻重和子母的含义。另外，还包括货币发行应当遵循的原则、应当考虑券别结构的影响与作用和考虑通货膨胀。提出主辅币之间存在调节关系、足值与不足值货币的关系、虚币与实币的关系及含金属量多少的大小币之间的比例。

第二章 西汉、东汉、魏蜀吴、西晋、东晋的货币流通

秦末天下大乱。因为秦国严苛的法律和沉重的劳役赋税，陈胜、吴广发动农民起义并席卷全国，豪强地主和六国的旧贵族趁机割据，刘邦和项羽争斗，垓下之战刘邦胜出，项羽自刎而死。

第一节 西汉的经济与社会及汉初货币管理与改革

公元前202年，刘邦称帝，建国号汉。五月定都长安，西汉（前206—8年）正式建立。西汉建初，社会经济凋敝人口减少，休养生息是汉初百年主要的政策选择。

一、刘邦实施黄老治术、无为而治的国策

分封侯国和王国，兴修水利，减免赋税，组织军队官兵复员为民。招抚流亡人口归原籍。对外和亲匈奴，维持边界和平。一系列整治维持几十年的安定，强化了统治基础，社会秩序开始稳定。公元前195年，刘邦在讨伐英布叛乱时受伤身亡。吕后掌权，继位的太子汉惠帝不理政事。惠帝死后，吕后连立两傀儡皇帝，削弱刘氏宗室，封诸吕为王，掌权长达八年。国家大政方针和人事制度，基本沿用刘邦生前的既定方针和政策，国家的经济和社会进一步发展。

二、文景之治，国家稳定发展，国力增强

吕后卒后，太尉周勃、丞相陈平施计夺取吕氏兵权，迎立代王刘恒即帝位，是为汉文帝。汉文帝提倡以农为本，多次发布诏令劝农。文帝后元七年（前157年），汉文帝去世，太子刘启继承帝位，是为汉景帝。减少地方徭役、卫卒，停止郡国岁贡，开放山泽禁苑给贫民耕种，颁布赈贷鳏寡孤独法令，减

轻农民负担。废除严刑苛法，缓和阶级矛盾。加强中央集权，推行削藩。平定七国之乱后，绝大多数诸侯王国实际地位降为郡级。重农抑商，以劝勉农桑为首要政务。多次颁诏打击擅用民力的官吏，保证农业生产。两次下令禁止用谷物酿酒与以粟喂马。继续实施无为而治、轻徭薄赋、与民休息的政策，人民负担减轻。

三、汉武帝刘彻确立和巩固国家统治

汉景帝卒后，太子刘彻即位，即汉武帝，西汉第七位皇帝，杰出的政治家、战略家、诗人。改无为而治，加强中央集权，打击地方势力。采纳主父偃的建议，颁布推恩令。通过夺爵、削地，基本结束诸侯王割据。将制盐、制铁和酿酒收为国有。派卫青、霍去病等11次攻打匈奴，驱逐匈奴至漠北，打通西域开通丝绸之路。汉武帝后，年仅八岁的汉昭帝刘弗陵即位，大臣霍光辅政，大政方针秉承武帝晚年政策，国力进一步恢复。始元六年（前81年），召开盐铁会议，就盐铁官营、治国理念等召集贤良讨论，会后罢除酒类专卖。元凤元年（前80年），以谋反罪诛杀桑弘羊、上官桀等，专任霍光，改武帝制度，21岁即病死。荒唐的汉废帝刘贺后来被废，汉宣帝（前91—元前49年）刘询即位。

四、汉宣帝全面恢复发展国力

霍光去世后，宣帝主政，沿袭霍光政策，减轻各种税赋和民众负担，整顿吏治。在不影响民生的前提下对外用兵，甘露三年（前51年）呼韩邪单于以臣子的身份晋见宣帝，与匈奴的百年大战终告落幕，西域三十六国纳入汉代疆域。国力恢复达到顶峰，史称昭宣中兴或昭宣之治。43岁卒，汉元帝刘奭（前74—前33年）即位。一反汉宣帝政策，推行儒家不切实际的政策，致使豪强大地主兼并之风盛行，吏治开始败坏，中央集权削弱，社会危机加深。汉成帝刘骜（前33—前7年）即位，荒于酒色，外戚擅政，大权为太后族王氏掌握，各地相继爆发起义。

五、汉初的货币管理与改革及铁钱的问世

西汉初年沿用秦朝货币制度，黄金与铜钱并行。铜钱因连年战争、生产萎缩不断减重，仍称半两，货币流通长期混乱。流通的半两钱有的钱径不足1厘米，重不足一克，形似榆荚，又称荚钱，随手粉碎。

（一）吕后制定保护劣币流通的法律。做了七年傀儡皇帝的汉惠帝病死，吕后立刘恭为少帝，以太皇太后的身份临朝称制。吕后二年（前186年），为尝试整顿钱法，铸八铢钱，钱文仍为半两，重约6克，并定为新币的标准重量。新钱流通不久开始减重，劣币驱逐良币，足重的"八铢"半两为人所贮藏，有的则被

图2-1　西汉榆荚半两
《中国古代物质文化史·货币（上）》86页

熔化后铸小钱。吕后六年（前182年）又行"五分"钱，实际就是半两的五分之一钱，钱文仍为半两，实际是荚钱。

吕后临朝称制后的第二年，颁布《二年律令》，涉及律令28部，《钱律》是其中一部保护劣币流通的法律，规定钱币钱径达到0.8寸，即使有磨损，只要铭文可辨，不是断碎或铅钱，就可流通。金只要不是青赤色，也可流通。当时流通的钱币大多是吕后二年（前186年）铸行的八铢钱，铭文半两，法重八铢，钱径3厘米左右，高于《钱律》的要求。比八铢钱钱径小的、低于法定重量的钱币，都可以在法律的保护下流通。货币法律颁布的背景是钱荒，经济社会发展有效的货币需求不能得到满足。《钱律》规定对将法定流通的铜钱熔毁为铜或更铸为其他器物者，应按照盗的罪名处罚。知道有人盗铸铜钱，帮助盗铸者买铜买炭等相关原料，或将盗铸的铜钱投入市场流通者，与盗铸的人同罪，也要被判处死刑。

（二）汉文帝、景帝铸钱的放与收。汉文帝时，严禁铸钱掺杂，犯者处罪。允许民间的钱称制，默许轻重不同的半两钱有一个标准币值在市场流通。钱称制又名"钱称"，对于大小轻重不一的铜钱，民间流通时用秤称量定值，称钱的砝码刻有标准重量。文帝五年（前175年）开始铸造四铢半两钱，青铜质，横读。允许民间自由铸造，此种放任铸币的政策一直维持至景帝中元六年（前144年）复

图2-2　西汉四铢半两
《中国钱币博物馆藏品选》73页

禁。民间私铸由于减重获利的动因，造成劣钱泛滥。郡国诸侯自由铸钱，吴王刘濞开豫章（今江西南昌）铜山，大量铸钱、煮盐，以扩张割据势力。民众也盗铸货币，获利丰厚。铸币导致吴国富饶无比，

为后来的"七国之乱"埋下祸根。大夫邓通铸钱富埒天下、财过王者。

由货币铸造权等引发的"七国之乱",引起中央政府的警觉。经历血与火考验的汉景帝接受教训,按照大臣贾山的建议,中元六年(前144年)十二月,颁行"定铸钱伪黄金弃市律",再次收回铸币权,严禁民间私铸,只允许郡国政府铸造钱币。律法严禁盗铸铜币、私造伪黄金,否则一律以杀头弃市论处。三年后,汉景帝又下诏,严禁官吏征发民众采集黄金珠玉,加强对货币发行与流通的管理。

(三)汉文帝时期产生中国最早的铁钱。刘森先生认为:建国以来,随着铁半两钱不断出土,铁钱始于西汉前期(文帝时)说愈来愈为人们所认同。[1]人类对铁的认识最早是从陨铁开始的,我国考古发现的河北藁城台西村商代遗址及北京平谷县商代中期墓葬中发现的两件铁刃铜钺,说明公元前十四世纪中国就已经使用陨铁锻造兵刃。1990年2月至5月河南省文物研究所与三门峡市文物工作队在上村岭虢国墓地发掘的西周晚期大型贵族墓葬,出土的220余件兵器中,发现我国最早的人工冶铁实物"铜柄铁剑"。文献中对于春秋时期铁器的使用与推广已经有较多的记载,春秋战国时期的青铜铸器及农具已经使用铁范。

刘森先生认为:"秦以前,我国虽然已有铁质金属型范,但尚未用于钱币的铸造。……把西汉铁四铢半两钱视为我国最早的铁钱,是有条件的,这个条件是它既可作为专用冥钱,也可少量加杂于铜钱中作为正式货币流通,但作为冥钱用是相对普遍的,作为正式货币用则为特殊的。正因为有了这种特殊,我们才认为四铢半两钱为我国最早的铁钱。"[2]

中国铁钱的出现不是偶然的,一方面是铁的运用提供了基本条件。另一方面,汉文帝的货币改革催生了铁钱的产生。允许民间的钱称制使铸币的重量得到了保证,而铸铜币掺铁则会为铸钱人带来更多的利益。

---

[1] 刘森:《中国铁钱》,第10页,中华书局,1996年。

[2] 刘森:《中国铁钱》,第5、14页,中华书局,1996年。

第二节　汉武帝六次改革币制及西汉黄金货币的流通

汉武帝在位其间，大力开展货币制度改革，统一铸币权，开创五铢钱制。

一、汉武帝六次改革货币制度

汉武帝即位后，为中央政府在经济管理和政治统治上的需要，十分重视解决币制问题，先后进行六次币制改革，基本解决汉初以来的币制问题，稳定了货币，将汉高帝下放地方的铸币权统一于中央。

第一次改革。建元元年（前140年）
春二月行三铢钱，使铜铸币的名义价值与
法定重量恢复一致。首次改变历史沿袭
的半两货币单位。第二次改革。建元五年
（前136年）春罢三铢钱，行半两钱。即武
帝半两。第三次改革。元狩四年（前119

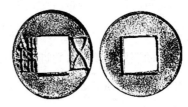

图 2-3　西汉五铢
《中国钱币博物馆藏品选》73 页

年），下令重新铸造三铢钱，造"白鹿皮币"和"白金三品"。颁布盗铸金钱者死罪令，再次试图以三铢代替半两。第四次改革。元狩五年（前118年）废三铢钱，铸五铢钱，废止半两钱。诏令各郡国铸行五铢钱，即郡国五铢或元狩五铢。第五次改革。为扭转郡国五铢的混乱，帝元鼎二年（前115年），令京师铸造赤仄（侧）五铢，一当五。新铸钱质量上乘，一枚等同于郡国五铢五枚之值。第六次改革。元鼎四年（前113年）在桑弘羊主持下，下令宣布禁止郡国铸钱，把全国各地私铸的钱币运到京师销毁，将铸币权从各郡国收归中央政府，统一铸造和发行五铢钱。成立铸币机构，由水衡都尉的属官钟官、辨铜、技巧三官负责铸造三官五铢（上林三官钱），铜范或制作极精细的泥范所造，钱币重量一致，边郭工整且重量准确、钱文秀丽，质量上乘，盗铸成本较高。

上林三官五铢一举解决西汉的私铸、盗铸问题，第六次币制改革成功。从此，西汉将铸币权集中于中央，这是中国历史上的第一次真正的货币统一。历经汉昭帝至汉宣帝（前73—前49年），五铢钱在铜质、形制和钱文等方面更趋完善精美，史称宣帝五铢。

二、五铢钱的诞生是中国货币发展史的一次重大改革

五铢钱，青铜质，钱文五铢，小篆，光背，正面有轮无郭，背面轮廓俱备。钱径2.5厘米左右，重约3.5—4克。五字交笔斜直或有弯曲；铢字的朱头呈方折型，金字头较小，仿佛如一箭镞，少数钱上有一横划。材质后改用紫铜，有紫绀钱之称。继承秦半两钱的形制，确立圆形方孔、有内外郭，并发展成为轻重适度的铜质钱币，开创了新的钱币体制。从铸造到唐高祖武德四年（621年）废罢，流通739年，成就了中国货币史上的五铢钱制。作为"铢、两"货币类型，以钱和重量为钱名。铢是古代重量计量单位，一两的二十四分之一为一铢（0.65克），五铢为3.75克。后来的通宝钱均承袭这个重量，成为铸钱范本，沿用至清末民初。西汉用百年的时间进行钱禁与取消私铸的斗争，名义上是集中铸币与分散铸币之争，实际上是中央集权与地方分权之争，为历届王朝巩固皇室统治提供了重要借鉴。

三、五铢钱推动叠范铸钱工艺的发展

杨君、周卫荣先生认为："所谓'叠范铸钱'，即以青铜等质地的金属阳模（俗称"范母"）翻印出众多泥质范片，层层相叠成范包，并在烘干后共用一个直浇道垂直浇铸的铸钱工艺。它是中国古代范铸技术的新发展。……秦朝灭亡后的楚汉相争时期和西汉初年，是孕育发明叠范铸钱工艺的历史时期，是叠铸技术的发轫期，处于叠铸工艺的原始阶段。……以汉武帝时铸郡国五铢为标志，中国古代的叠范铸钱工艺完成了重大的技术创新，即把发轫期的原始叠铸发展到榫卯扣合式叠铸，出色解决了用叠铸工艺铸造有背郭钱币的技术难题，为叠范铸钱工艺走向兴盛奠定了坚实的基础。"[1] "叠铸工艺自新莽时期为官方所用，并很快在莽钱中发展、成熟和普及。此后，叠铸工艺在钱币铸造中一直被广泛运用，直

图2-4　五铢钱铜范
《中国古代物质文化史·货币（上）》96页

---

[1] 杨君、周卫荣：《汉代叠范铸钱发展历程考索》载《中国钱币》2006年第2期。

至隋唐被新兴的'母钱'和翻砂工艺所取代。"[1]

四、西汉时期黄金货币的流通

汉代袭秦制，仍以黄金为上币，铜钱为下币，黄金仍然是法定货币，单位由秦时的镒改为斤（约合今250克）。黄金的流通经历西汉的盛行与东汉的衰落，黄金货币大多是饼块形状，大小不等，根据交易需要切割，仍属称量货币。

位于江西省南昌新建区大塘坪乡观西村东南约1 000米的墎墩山上的海昏侯墓园，是目前我国发现的面积最大、保存最好、内涵最丰富的汉代侯国聚落遗址，整个墓园由两座主墓、七座陪葬墓、一座陪葬坑还有园墙、门阙、祠堂、厢房等建筑构成，内有完善的道路系统和排水设施，具有汉代高等级墓葬所包含的许多重要元素，墓主是第一代海昏侯、汉废帝刘贺。2015年11月17日，墓主椁室西侧发掘出数量惊人的金器堆，包括数十枚马蹄金、麟趾金、两盒金饼等。

（一）麟趾金与马蹄金。汉武帝时，黄金货币有较大变化，即马蹄金与麟趾金的产生。汉武帝太始二年（前95年）时，黄金货币有比较固定的形制，马蹄金与麟趾金都是呈圆形或椭圆形的饼块状特殊形制的金币。

1. 麟趾金。西汉非正式流通的货币，黄金质，铸行于战国晚期。《汉书》记载汉武帝太始二年（前95年）"更黄金为麟趾、袅蹄，以协瑞焉"。传说中的神兽麟趾的趾形状所铸，下面呈圆形，或不甚规则而近似圆形，背面中空，周壁向上斜收，口小底大，形如圆足兽蹄。考古发掘的实物钱径在5—6厘米，厚2厘米左右。重约250—280克，相当于汉代的一斤。

图2-5　西汉海昏侯麟趾金

2. 马蹄金。西汉非正式流通的货币，黄金质。铸行于战国晚期。正面为椭圆形，背面中空，形如马蹄。币的正面为椭圆形，背

图2-6　西汉马蹄金
《中国钱币博物馆藏品选》129页

---

[1] 周卫荣等：《钱币学与冶铸史》，第17页，科学出版社，2015年。

（上）中空。裛蹄即是马蹄。底面或个别侧面多有刻铭，有"上"、"阁"、"斤二两十十朱"、"上十斤"、"一斤十一两十十朱"、"三"、"十"等。大小轻重不同。含金量一般在98%—99%，个别为97%，极少数为77%。椭圆形底面长径一般在5厘米以上，短径在4厘米以上。壁高1.3—4.6厘米，重多在250克左右，最轻210余克，最重460余克。

图2-7 西汉金饼
《中国钱币博物馆藏品选》130页

（二）金饼与金五铢

1. 西汉金饼。西汉非正式流通的货币，黄金质。铸行于战国晚期。为圆形或不规则圆形饼状，正背面皆实而不空，有如干柿饼，所以宋人俗称为"柿子金"，考古出土的数量较多，可分为五种。含金量为98%—99%，少数为93%—95%。

2. 西汉金五铢。西汉非正式流通的货币，黄金质。铸行于汉武帝元狩五年至宣帝黄龙元年（前118—前49年）。主要用于馈赠、宝藏、聘享及对外贸易等。仿制五铢钱币形，钱面穿上有一横符号。钱文五字也与宣帝五铢字型相同。钱径2.55—2.6厘米，穿宽1厘米。

（三）白金三品。《史记·平准书》记载汉武帝在元狩四年（前119年）造银锡为白金，以天用莫如龙，地用莫如马，人用莫如龟，故"白金三品"。圆形龙币，又名白选、白馔，圆形而有龙纹，重八两，值三千；方形马币，方形而有马纹，重六两，值五百；椭圆形龟币，肉圆好方，币形像龟，以龟甲为币文，重四两，值三百。

图2-8 西汉白金三品龙币、龟币、马币《安徽历史货币》66、67、68页

汉代的黄金货币仍处在比较原始的称量货币阶段。马蹄金、麟趾金以及相似的金饼屡有出土。西汉至王莽时期是中国古代黄金积累与使用的高峰期，从王莽时的战乱散失开始转折，此后的东汉时期，黄金的积累与使用快速而大幅度减少，逐渐退出货币流通。原因是战乱导致国家持有的黄金减少，对不成熟货币经济的自然调整。与周景王铸大钱不同，"白金三品"法定购买力大大超过实际价值，是中国最早的大额虚币。由于铸造工艺简单，曾引发大规模私铸，受到民众强烈抵制。元鼎二年（公元前115年）"白金三品"以失败告终。后来，西汉末年到王莽新朝、东汉末年到三国时期、北宋末年到南宋，铸造大额虚币达到高峰。

第三节　王莽四次改革币制及东汉五铢钱制度的恢复

西汉元、成、哀、平四个皇帝将昌盛的局面糟蹋殆尽，外戚轮流执政，贪官污吏把持朝廷。人口激增、灾害频发、流民增加，社会矛盾十分尖锐，王莽与刘歆联手拟通过古文经学找到治理良策。公元8年，建新朝，推新政。更天下田曰王田私人不得买卖，黎民百姓分得土地；改奴婢为私属不得买卖；实行五均六管制，征收商税，政府经营盐、铁、酒、铸钱、山泽等；改革币制；改革中央机构，加强相权、兵权；重新划分郡县、更改地名；改革少数民族名称、首领称号。由于理想无法与现实结合，改革失败，众叛亲离，王莽成为孤家寡人，在农民起义中被乱兵杀害，新朝覆亡。

一、王莽四次改革币制

公元6年，汉平帝病死，两岁的刘婴为皇太子，新都哀侯王曼次子、西汉孝元皇后王政君之侄的王莽代天子朝政，公元8—23年建立"新"朝。史学家将这个朝代称为"新莽"。王莽的新政中有诸多改革，货币改革是重要内容。

（一）第一次币改。居摄二年（7年）称帝前，恢复已废止200多年的布币、刀币，以周钱有子母相权，铸青铜质大钱大泉五十、契刀五百和一刀平五千三种

图2-9　新莽大泉五十
《安徽历史货币》第77页

图 2-10　新莽契刀五百、一刀平五千
《中国钱币博物馆藏品选》74 页

图 2-11　新莽壮泉四十
（上海博物馆）

图 2-12　新莽大布黄千
《安徽历史货币》84 页

新币，强令与五铢钱比价并行。大泉五十值五铢钱五十枚，每枚重十二铢，钱径汉尺一寸二分，钱文篆书，对读，面背均有内外郭，环首刀身。契刀五百值五铢钱五百，"契刀"二字为阳文。一刀平五千值五铢钱五千，"一刀"二字为阴文错金。两枚刀币工艺十分精湛，造型别致。

（二）第二次币改。建国元年（公元9年）称帝后，废五铢钱制及契刀和错刀两枚大钱，改铸小泉值一钱与大泉五十并行，铸造风格相同，钱体较小但厚重丰满，制作精湛，发现有决文、半月标记。两次改革，所铸刀、布币不同于战国时期的形制，在刀币上加方孔圆钱，铸上刀币的名称和价值，身形如刀，青铜质。一刀平五千圆钱以黄金镶嵌一刀、刀身铸有"平五千"字样，所以又称"金错刀"。"金错刀"、契刀五百长汉尺二寸二分，实测长约7.2—7.5厘米，"金错刀"重20—46克，契刀五百重16.4克。

（三）第三次币改。始建国二年（10年）行宝货制，内容为"五物"、"六名"、"二十八品"，均为法定货币，换算复杂。"五物"是金、银、铜、龟、贝五种币材。"六名"为金货、银货、龟货、贝货、泉货、布货六大钱币类型。"二十八品"是指不同质地、不同形态、不同单位的二十八品钱币，其中：金货一品、银货二品、龟货四品、贝货五品、泉货六品、布货十品。

（四）第四次币改。天凤元年（14年），废大、小钱，另作货泉、货布两种。

货泉重五铢，圆形方孔，值一。货布重二十五铢，形似"两足"布，值二十五。这次改革，非但没有理清混乱的货币体制，反而加剧货币流通的混乱。王莽币改的出发点是树立"新"朝威望，铸行新货币流通。四次改革币制，受到社会强烈抵制，结果是币制混乱，市场物价腾贵，新币不能流通，民间使用布帛、粮食等实物和五铢钱交易，引发中国古代货币发展历史上的第一次倒退。

二、王莽改革的钱币十分精美

王莽钱币从传世和出土的实物考察，尽管品种繁多，实际上流通较多的只有大泉五十和货泉。但是，王莽钱币的铸造还是十分，艺术价值远远超过使用价值。莽钱的文字、冶炼和设计匠心独具，堪称中国古钱一绝，有着极高的收藏和欣赏价值。货布二字悬针篆书体。通长5.6厘米左右，平均重约16.5克。自天凤元年至新莽灭亡（23年）铸行十年之久，与大泉五十、货泉合为王莽三大长命钱，博古图中将货布列

图2-13　新莽货布
《中国古代物质文化史·货币上》111页

为象征财运的吉祥钱。国宝金匮直万形制更为奇特，上半部为一方孔圆钱，钱径3厘米，篆书国宝金匮四字；下半部为一正文形，边长2.8厘米，内有两条直线，中间篆书直万，存世极少。王莽时期的铸钱普遍运用汉代发明的叠范铸钱工艺，并使叠范铸钱在第四次币制改革以后成为主要的铸钱工艺，形成规模铸造。

三、东汉恢复五铢钱制度

公元25年，刘秀在绿林军的协助下击败王莽，夺得帝位，仍定国号为汉，建都洛阳，年号建武，是为汉光武帝。建武二年，刘秀改变王莽政策，整顿吏治、废除官奴、清查土地，人民生活逐步稳定。到公元一世纪中叶，经过光武帝、明帝（58—76年在位）、章帝（76—89年在位）三代的治理，东汉王朝逐渐恢复往日汉代的强盛，史称光武中兴。

（一）五铢钱制度的恢复。东汉王朝建立时，经济基础薄弱，社会动荡。半两钱、西汉五铢钱、王莽的货泉和大泉五十以及现黄金、布帛、粮食等同时作为货币流通。汉光武帝刘秀建武十六年（40年）采纳陇西太守马援之议恢复五铢钱，

图 2-14　东汉五铢
《中国钱币博物馆藏品选》75 页

铸行建武五铢。钱面平整、钱色带红，铸造精致，有外郭，重量较西汉五铢减轻。钱文清晰，笔画较细，五字交股两笔上下端略向外撇，较为宽大，铢字的金头加大而作整齐的三角形，金旁四点略长，朱部圆折，上短下长，有的朱字高于金旁。有的钱还有记号，有的钱穿上或穿下有突出的星点，有的钱穿有一横郭，穿下有星点。从光武帝到明帝、章帝（58—88 年）相当长的时间里，五铢钱没有显著变化。至和帝时（80—105 年），质量逐渐下降，制作粗糙，还有剪轮钱流通。

（二）减重五铢钱在东汉晚期出现。随着经济与社会的发展变化，东汉铸造的五铢钱流通中出现减重钱。桓帝时（147—167 年）铸桓帝五铢，流通于桓帝灵帝之时，钱文较为粗糙，字迹浅而不显，重量轻。灵帝建宁（168—172 年）以后，外郭被剪去或磨去只有内圈的剪轮五铢流通于市场，有些钱文只有半个字，有的钱剪了内圈只有外圈，被称綖环五铢。还有钱文五铢二字仅剩一半，称为对文五铢，钱径大小不一，边缘有冲截痕迹。剪边钱比磨边钱所去的轮廓更多，大多要把钱文减去一些，钱币文字不完整。

"磨边五铢"亦称磨边钱，即磨去外郭、边缘之钱。磨边的方法多数是用木质或金属方棍穿进钱的穿孔，每次约百枚或更多一点，然后两端固定，在磨上打磨钱币的轮廓。通过加工，要比一般的钱径小。磨边的目的在

图 2-15　东汉四出五铢
《书法与古钱币》52 页

于取铜铸造新钱。灵帝中平三年（186 年）铸"四出五铢"。钱文五铢，钱背内郭四角铸四条直线与周郭相接，铜质较差，色黄白，钱面与背都有大大小小许多砂眼。比东汉五铢钱制作精良许多，文字严整，轮廓深峻。

（三）董卓毁铜器铸小钱及特殊标记的五铢钱。东汉后期特别是东汉末年，通货膨胀严重，人民生活贫困。灵帝光和七年（184 年）爆发黄巾起义。中平六年（189 年）董卓入洛阳，废少帝，立献帝。献帝初平元年（190 年），董卓挟献帝迁都长安，将秦以来的各种铜制品销毁作为铸钱原料。董卓铸造的小钱，铸工

粗劣，或有"五铢"、"五朱"等字，或无文字。钱质既差，又极轻薄，每枚重仅1克上下，既无内郭又无外郭，"五铢"二字模糊不清，很难辨认，世人讽刺为"无文钱"。这是东汉朝廷的最后一次铸钱，流通只限长安、洛阳一带，造成恶性通货膨胀。以小钱计算的谷价，每石从几万钱、几十万钱涨到几百万钱。民怨沸腾，饥民蜂起，汉五铢制度被董卓彻底破坏，东汉王朝也被他推向死亡边缘。

（四）特殊标记的五铢钱。在西汉与东汉，有一些特殊标记的五铢钱流通，其中东汉较多。这些特殊标记的五铢钱，自从清代开始就已经被重视与收藏，部分泉书也有收录。对于是在何地、何时、何人、何因铸造，泉书没有相应的判断与记载，一般认为是铸钱中的一种管理手段而已。

1. 筹数五铢。筹数在五铢钱的正面、背面的穿上或穿下，已收集的有一筹、二筹、四筹、五筹、七筹、九筹、十筹，缺少三筹、六筹和八筹。

2. 码数五铢。码是计算的符号或工具，汉以前筹与码是分开使用，后人将筹码混合表述与使用。码点在正面，背面的穿上、穿下、穿左或穿右，列成一排，已收集的有一码、三码、四码、五码，缺少二码。

3. 姓名五铢。钱面上铸有姓名一个字，在正面、背面的穿上、穿下或穿右，有的同一字在不同的钱面并不相同，一般认为是铸行者或管理者的名字，以作为钱币质量方面责任追溯的根据或是为了方便铸行数量的统计。

4. 符号五铢。钱面上加铸管理库房人员选定的符号。

5. 密记五铢。采用改变钱文一个字的结构，或者在特定位置上增点、增画作为特殊的标记作为信物。

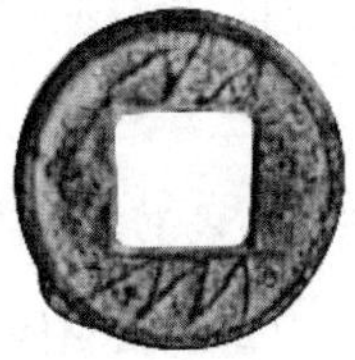

图 2-16　两汉符号五铢
《广西历史货币》201 页

第四节　"汉佉二体钱"的问世及三国两晋货币

一、"汉佉二体钱"在新疆问世

汉宣帝神爵二年（前60年）设立西域都护符，新疆纳入朝廷管理。西汉的张骞、东汉的班超出使西域后，中原与西域各少数民族的联系加强，在西域发现

图 2-17　新疆汉佉二体钱
《新疆钱币》14 页

形制与古代铸币相同汉文铸造的钱币，东西方文化在新疆地区融合交汇。1574年英国人福赛斯首次在新疆和田地区发现"汉佉二体钱"，至1929年黄文弼先生在和田采集一枚。钱币钱径1.6—1.7厘米，厚0.15厘米，呈不规整圆形，铜质。年代约为公元73年班超通西域以后至3世纪末。"汉佉二体钱"或称"和田马钱"。汉代新疆于阗国（今和田地区）国王秋仁制造于公元175—220年的铜币。钱圆形无孔，无周郭，用打压法制造。铜质，分大小两种。铭文是汉文和佉卢文，钱面有马像或骆驼像。边缘一周钱文篆文结构拘谨，与汉铜器上的篆文相同。钱币形制与使用佉卢文的贵霜钱（中亚地区贵霜王朝铸行）同，是古于阗国模仿汉五铢钱和希腊贵霜钱铸造的一种特殊钱币，也是中原钱币文化与西域钱币文化相互影响与结合的产物，这也是目前所知新疆地区最早的自制货币。"汉佉二体钱"的主要品种：

（一）马像小钱。钱圆形而不够规则，无孔，无周郭。正面汉字篆书六铢钱。大小轻重不一。

（二）马像大钱。钱圆形无孔，无周郭。正面中间圆内有符号□（或释为贝），圆外有汉字篆书重廿四铢铜钱诸字。背面有一马像，行走态，大小轻重不一。

（三）骆驼像小钱。钱圆形无孔，无周郭。正面中有符号□（或释为元），外周汉字篆书六铢钱三字。背面为一立态骆驼像。

（四）骆驼像大钱。钱圆形无孔，无周郭。正面中间圆内有符号□（或释为元），圆外有汉字篆书重廿四铢铜钱诸字。背面有一骆驼像，立态。

二、"魏蜀吴"三国不同的货币流通政策

东汉末年，外戚专权，宦官秉政，政治腐败，天灾不断，经济衰退，农地荒废，社会发展遭到严重破坏。汉灵帝中平元年（184年），太平道首领张角及兄弟张梁和张宝率信徒发起民变，有数百万追随者，引起全国战乱，黄巾起义爆发，开始了近百年的战乱时代。

（一）"三国"时期的经济与社会。三国时期（220—280年）上承东汉下启西晋，分为曹魏、蜀汉、东吴三个政权。公元220年，曹丕篡汉称帝，国号魏，史称曹魏，"三国"历史开始。次年刘备在成都延续汉代，史称蜀汉。公元222年刘备在夷陵之战失败，孙权获荆州大部。公元223年刘备去世，诸葛亮辅佐刘备之子刘禅与孙权重新联盟。公元229年孙权称帝，国号吴，史称东吴，"三国"成立。曹魏后期实权被司马懿掌控，公元263年，司马昭发动灭蜀之战，蜀汉灭亡。两年后司马昭病死，其子司马炎废魏元帝自立，国号为晋，史称西晋，公元280年，灭东吴，统一中国，"三国"结束，进入晋朝。

1. 曹魏的经济与社会。魏国创立后，建安元年（196年），曹操采用枣祗、韩浩等人建议，在许昌地区招募农民屯田，规模与区域不断扩大，粮食储备充盈。招募无地、无牲畜的农民，统一组织耕种官田，组织农民归农，恢复社会秩序，增强国力。大兴水利的工程规模和数量在"三国"中最多，建置大型官营手工业作坊，发展手工业生产。造船业、陶瓷业、丝织业、制盐业等十分发达，形成很多商业交通贸易中心城市，邺、洛阳等贸易城市的商业经济发达，和海外有贸易往来。三国中人口最多、垦荒面积最广、实力最强。

2. 蜀汉的经济与社会。刘备统治的益州地区土地肥沃，物产丰饶，东汉末年遭受战乱较中原轻，社会经济比北方发展快。蜀汉建国以后，诸葛亮整修护理都江堰，保障成都平原的农业灌溉。北伐曹魏之始，先后在汉中一带屯田，减少军粮运输，促进北方农业生产的恢复发展。蜀汉的手工业以盐、铁和织锦业等最为发达，蜀锦远销吴、魏二国。南中金、银、丹、漆、耕牛、战马等贡品，保障了汉军军费的供给。蜀汉亡时，官府仍有金、银各两千斤。蜀都成都是当时最大的商业都市之一。

3. 东吴的经济与社会。孙吴所处的江南，社会经济起步较晚，人口稀少。由于战乱较少，北方人大量迁居，带来先进生产技术和劳动力。孙权立国之始，限江自保，与曹魏、蜀汉抗衡。大力发展农业，开发利用长江中下游水土资源，江南地区的农业生产和社会经济得到发展。以冶金业、瓷器烧制业、造船业为代表的手工业发展较快，生产生活水平提高。由于地处江南及海边，造船和盐业都相当发达。海船南抵南海、北达辽东，海上贸易兴起。商业都市以建业（今江苏南京）、吴郡（今江苏苏州）、番禺（今广东广州附近）为主，其中番禺以国外贸易为主。

（二）魏蜀吴三国的货币流通政策。

1. 曹魏政权实物货币流通及不铸钱政策。曹魏地处中原，人众物博，商品经济相对发达，币制稳定，初期不铸钱。建安十三年（208年）罢董卓小钱，流通五铢钱。由于五铢钱数量少，钱贵物贱，通货紧缩，布帛盐谷仍为重要的交易媒介。曹丕称帝后于黄初二年（221年）三月恢复两汉五铢钱制。初复五铢钱七个月，由于谷价猛涨，货币严重贬值，曹丕又以谷贵罢五铢钱，使百姓以谷帛为市。长期不铸钱及政府管理货币流通不力，市场交易中出现使用湿谷、薄绢等支付的现象。大臣司马芝等以为更铸五铢钱，则国丰刑省，于事为便。魏明帝曹叡于太和元年（227年）四月铸五铢钱，至西晋建立没有改变。但是，恢复的五铢钱不是足值货币，重量不到五铢，青铜质，钱文篆书，横读。

图2-18 魏五铢
《中国古代物质文化史·货币上》125 页

图2-19 蜀直百五铢
《安徽历史货币》91 页

2. 蜀汉政权铸大钱弥补军用不足。建安十九年（214年），刘备初入成都，代刘璋领益州牧。巴蜀地区在董卓小钱的影响下，物价上涨，货币流通混乱，军用不足。为平复物价，充实府库。刘备接受左将军刘巴建议，铸造直百五铢，青铜质，"直百"隶书，"五铢"篆书，对读。大钱发行满足了战争、社会和经济的需要。刘禅于蜀汉建兴初年（223年）铸太平百钱，意求太平而值百钱。建兴十二年（234年）前后，又铸"直百钱"，同时铸"直一钱"作为辅币。蜀汉延熙十年（247年）前后铸定平一百。这几种钱币重量不一、形制各异。

蜀汉政权发行直百大钱后，四度更改钱文，改一次，减重一次，货币品类多、发行量大、流通范围广、流通时间长，三国之中货币体系最为复杂。蜀汉的大钱推行，没有引发较大的社会波动，一是对东吴大额货币的应对；二是满足战争需求；三是发展经济的措施维持了国家财政平衡；四是刘备帝室之胄大汉正统的身份，恢复汉室得到民众的认可支持。

3. 孙吴政权铸大钱引发私铸。东吴是粮食、猎物、海鲜、珍珠等产品的重要产地，经济繁荣。孙权执政时期，民间富庶程度超过政府，铸钱晚，流通时间短，面值却是最大。嘉禾五年（236年），铸大泉五百，篆书，旋读。两年后，铸大泉当千、大泉二千、大泉五千，一

图2-20　吴大泉当千
（殷国清）

枚重量等于3.2个五铢钱，强制兑换千枚以上，价值一次低于一次，民间私铸迅速盛行，流通的大泉币真假难辨，赤乌九年（246年）废除。从首次铸大钱到收回，前后十年，铸造数量少，流通时间短，不能满足江南地区活跃的商品市场需要，官民交困、财政亏空，国基不稳，结果是继续使用旧钱、蜀钱、盐等实物货币。停止铸大钱，恢复旧币和实物货币，从货币经济的发展考察是倒退，从维护货币流通秩序和稳定社会来看，是一种明智之举。

三、西晋的货币拜物教思想与东晋私钱

公元265年，曹魏皇帝曹奂禅位于司马炎，曹魏灭亡，西晋建立。公元316年，刘曜率领匈奴军攻破长安，愍帝献城投降，西晋结束。第二年，司马睿在建康称帝，续建晋朝，史称东晋。面临着三国长期战争后的经济萧条，采取一系列政策稳定社会，发展生产。一度有"太康之治"的兴旺，不久陷于分裂，南北朝长期对峙。西晋未铸新钱，主要是用旧钱，物物交换及实物货币较为普遍。考古发现的西晋墓出土的铜钱多是旧钱，东汉五铢、王莽的大泉五十、半两钱、吴钱、蜀钱等。

（一）西晋的经济与社会。

1. 奖励农桑、表彰生产。规定诸王、公侯、贵族、官吏以及平民的占田额，召回流民，增加农业人口，兴修水利，社会经济得到恢复发展。泰始二年（267年），晋武帝颁布鼓励农业生产的诏令，屡下劝农诏书课督农功，把农业是否兴

旺定为地方官升降黜陟的标准。修建新渠、富寿、游陂三渠，灌溉良田。太康元年颁布户调式，推行占田法和课田法。占田、课田制下的农民，为一家一户的个体小农，生产获取的粮食除缴纳田租外归己所有。以后的十余年间（280—289年），人口增长明显，繁荣稳定，社会经济有较大发展，太康之治形成。

2. "八王之乱"打破统一与繁荣。公元301年，赵王司马伦自立为帝，改元建始，惠帝退位为太上皇，由此引发八王之乱。公元306年，东海王司马越攻入长安，河间王颙和成都王颖败走，相继被杀。东海王司马越迎惠帝还洛阳，惠帝被毒死，立豫章王司马炽继位，是为晋怀帝，由东海王越专政。八王之乱至此结束，历时16年（291—306年）。

3. 西晋社会充满金钱味。《晋书·惠帝纪》讲西晋"纲纪大坏，货赂公行，势位之家，以贵陵物，忠贤路绝，谗邪得志，更相荐举，天下谓之互市焉。"互市就是交换，权与钱、权与人、权与色、权与所有有用的东西都可以交换，权钱交易，钱能通神，比富炫富，整个社会充满钱臭味，社会机体被金钱严重腐蚀。从皇帝到各级政府官员，贪得无厌，巧立名目，卖官鬻爵，拼命搜刮。道德无底线，游戏无规则，金钱引起的腐败存在于全社会，鲁褒写了讥讽金钱崇拜的愤世嫉俗文章《钱神论》。

（二）鲁褒《钱神论》的内容与意义。鲁褒（字元道），西晋南阳（今属河南省）人、文学家、隐士，好学多闻，以贫素自立。《晋书·隐逸传》谓："元康之后，纲纪大坏，（鲁）褒伤时之贪鄙，乃隐姓名，而著《钱神论》以刺之。"

虚构两个人物：一个是富贵不齿，盛服而游京邑的司空公子，一个是饱读诗书尚质、守实、斑白而徒行的清贫学究綦母先生。二人相遇后发生关于钱财的辩论。司空公子讥讽綦母先生迂腐而不识时务，颇为得意地发表了他对铜钱货币的高论。两人的对话内容包括金钱观、货币的产生、货币的特点、钱的作用和地位、富豪权贵对金钱的追逐、人们如何嗜钱如命、钱与天地命运的关系、钱与官的关系等。借司空公子之口对金钱的神通和拜金主义极力颂扬，把金钱描绘成无所不能、无所不及、威力无比，是统治和主宰人类社会的神灵，要人们对它顶礼膜拜。"孔方兄"作为后来人们对金钱的称呼和"有钱能使鬼推磨"的典故均由此而来，通过司空公子表现了对货币拜物教淋漓尽致的无情揭露和深刻的抨击。西晋没有留下关于探讨和论述货币实际问题和理论问题的文献，两晋朝廷未铸新钱，却产生《钱神论》这种嘲讽货币拜物教思想的传世作品。

（三）东晋铸私钱严重。公元316年，西晋王朝覆灭后，晋元帝司马睿逃往江南，重建东晋王朝。门阀士族政治与北方的五胡十六国并存，史称东晋十六国。公元383年，前秦苻坚率兵南侵，宰相谢安派谢石、谢玄率军"淝水之战"大获全胜，南北分立之势形成。公元420年，宋公刘裕废晋安帝建立刘宋，进入南北朝时期。公元439年，拓跋焘统一北方，形成南北对峙。都城建康（今江苏南京）和会稽（今浙江绍兴），是政治经济文化的中心城市，江陵、京口、襄阳、寿阳、番禺等地也是有名气的商业城市。农业、手工业及冶铁业的发展，促进了商业经济的发展和城市的繁荣。

东晋以后，沿用孙吴旧钱，货币流通混乱，没有统一币制，朝廷不铸钱，私铸存在。晋武帝之女襄城公主的丈夫王敦，手握重兵，镇守江州要地，时时伺机夺取帝位，兴事时，江南豪族出身的沈充在家乡浙江吴兴起兵响应，后在王敦手下任参军，铸沈郎钱。钱径一般七分半，重三铢半，钱文却曰五铢，钱色青白，隐有外郭，制作工艺为模铸，既轻又小，如同柳絮和榆荚。唐代诗人李贺《残丝曲》说："榆荚相催不知数，沈郎青钱夹城路。"

第五节　"两汉"的货币购买力、商品价格及高利贷市场

一、货币购买力概念的形成

战国末期，货币的广泛使用，使人们感受了货币的便利，愿意将多余的物品换成货币，认为有货币就能买到需要的物品。秦统一以后，由于北筑长城、南戍五岭、重税压迫和刑戮苦楚，粮食的生产及家庭纺织产品，不足以满足社会的有效需求。秦末农民大起义及历时四年的楚汉战争，换来了国家的统一与社会的安定，但是，对社会生产的破坏非常严重、粮食等基本的生活物资十分短缺。

汉初的统治者认为国家的贫穷是因为缺少货币，因而实行铸币减重政策，增加货币数量，开始了中国历史上第一次国家实施的货币减重。秦半两（十二铢）减为吕后的八铢半两，民间所铸还达不到八铢。重量减少的同时，钱币的成色也有降低，法定以铜和锡铸钱，民间私铸则掺入了铅和铁。结果是钱不值钱，同样物品的购买，要比过去花更多的钱，货币的购买力下降了，市场物价飞涨了。彭信威先生说："楚汉战争所引起通货减重和饥荒的结果，使米价（粟价）涨成三百五十多倍。"[1]汉文帝时通过增加生产紧缩货币来稳定币值，逐步收到效果。但是，由于放开民间私铸，流通的钱同样的面值，有不同样的待遇，轻钱需要向重钱贴水。

二、以货币标注记录商品价格十分普遍

两汉的文献中已经较为普遍的记载商品价格，记录较为正常的是《九章算术》、《居延汉简》和官俸的折算。西汉的张苍、耿寿昌增补和整理的数学专著《九章算术》记录了秦汉间正常商品的物价，以秦半两或八铢半两计算。价格水平总体较低，品种有粮食、牲畜、缣（娟）素（本色丝织品）、布、丝、田地等。我国内蒙古自治区额济纳旗的居延地区和甘肃省金塔县肩水金关发现的《居延汉简》，以秦半两或八铢半两，记录了汉昭帝和汉宣帝间粮食、牲畜、白素、帛、八梭布、田地等价格。两汉的官俸按等级以谷粟为标准，西汉时一部或全部以钱支付，东汉时半钱半谷或半钱半粟。西汉最高，东汉建武制最低，东汉延平制又稍有提高。西汉的国民财富，若以货币计算，则中等人家是十万钱。不满十万钱的为中下家庭，不满千钱为贫困家庭。百万乃至千万的则是富裕家庭。五铢钱制度建立以后，币值和铜钱的购买力保持基本稳定，货币经济处在早期发展阶段。

三、政府的赈贷和社会的高利贷

赈字古作振，赈贷亦称振贷。西汉时，赈贷是政府的救荒措施之一，类似于现代社会的农贷，贷的品种主要是种子和口粮以及犁或牛，未有贷钱的记载。赈

---

[1] 彭信威：《中国货币史》，第117页，上海人民出版社，2007年。

贷是否收取利息并无记载，即使收取也是较低。《汉书》中有汉文帝、汉武帝、汉昭帝、汉宣帝、汉成帝、汉平帝赈贷的记载。王莽改制时，设置办理政府信用的机构，恢复西周的赊贷。放款利息按月收百分之三。向政府借钱置产业，按照收益取一分年息。"对于消费放款和生产放款，实行差别利率，这恐怕是历史上的创举。"[1]

两汉时，国内外的商业贸易发展较快，商业利润导致了贫富差距不断拉大，给高利贷资本提供了市场。高利贷被称为子钱，专门从事高利贷牟利的称为子钱家。西汉初期的京城长安，就有专门的放债市场，很多大商人、地主、达官、贵族、豪强也是高利贷的发放者。汉代政府对于高利贷的利率有限制，不允许取息过律。一般都是倍称之息即倍贷（年利率十分）。但是，高利贷的年赢利率为20%可能只是最低的估计，一般都高于二分。"中国社会自汉代起，商人资本和高利贷资本便很发达，两千年间没有什么变动。"[2] 当然，汉代由国家统一发行的统一形制的五铢钱，为商人资本和高利贷资本的经营提供了方便、高效、实用的货币工具，如果没有统一的货币工具，资本的经营难以展开。不过，正是由于商人资本的高利贷资本的经营，扩大了五铢钱的流通范围，完善了五铢钱的货币职能，提高了五铢钱的流通速度。

四、东汉的官负民债十分严重

东汉中期以后，官负民债较为普遍。一是国家向民间举债。为解决与羌族战争导致的国家军费开支庞大，财政十分困难，国家向民间举债。安帝永初四年（110年）已官负人债数亿万，这是中国古代历史上最早的国债。顺帝永和六年（141年），恒帝永寿元年（155年）因救济灾荒，都曾向有积谷的王侯及公卿以下的官员借俸禄。二是贵族官员向民间举债。东汉中期的贵族官员为了过奢侈的生活，而向民间大量举债。还有的贵族官员及富人，以掠夺他人财富为目的而借债。高负千万，不肯偿债。

---

[1] 彭信威：《中国货币史》，第155页，上海人民出版社，2007年。

[2] 彭信威：《中国货币史》，第154页，上海人民出版社，2007年。

第六节 西汉、东汉、东晋主要的货币观点与思想

秦汉封建帝国建立以后，中国的封建生产关系以地主土地占有形式为主，形成以汉族为主体的统一的多民族国家，经济社会的发展发生巨大变革，货币思想与观点活跃。

一、西汉主要的货币观点与思想：

（一）贾谊主张国家垄断货币铸造权。西汉初年著名政论家、文学家贾谊的《谏铸钱疏》是我国古代继《管子》后，专门讨论货币流通管理的文章，核心思想就是统一货币的意义和重要性。贾谊认为国家允许民间铸钱，就有人掺杂使假，从中谋利。劣币驱逐良币，是政府允许民间铸钱引起。任民铸钱，货币流通秩序愈加混乱。铸钱利润丰厚，会有更多的农民从事铸钱，捐弃农事，国家失去根基。主张国家通过管理铜原料实行铜禁，让民间无铜可铸，以此消除民间私铸。同时，国家铸造法钱（样钱），作为流通货币的衡量标准。这是中国古代第一次提出关于国家垄断货币铸造权的观点。

（二）贾山、晁错王权论的货币思想。贾山在汉文帝解除盗铸钱令时，上书进谏，汉文帝就此诘问，贾山对答。钱这个东西，本是无用之物，但可以改变人的富贵。富贵是人主操持的权柄，如准民间铸钱，则是让臣民与人主共操权柄，此风绝不可长。

晁错作为西汉著名的思想家，对货币名目主义的王权思想有独到表述，在《论贵粟疏》说珠玉金银，饿了不能吃，冷了不能穿，众人还是以之为贵，是因为君主使用它的缘故。珠玉金银作为物品，轻小容易收藏，放在手掌，可走遍全国也没有挨饿受冻的忧患。

（三）桑弘羊主张国家统一货币铸造。桑弘羊是西汉政治家、中国历史上著名的理财家，事汉武帝、昭帝两朝，理财思想影响中国两千多年的封建社会，主要内容就是统一币制，为稳定物价提供必要条件。桑弘羊总结了吴王刘濞，权臣邓通专山海之利，私铸钱币，致使吴、邓钱布天下，祸害国家的历史教训，在盐铁会议上极力维护中央垄断货币铸造权的政策，提出：统一，则民不二也；币

由上，则下不疑也。提出货币铸造发行权力统一的观点，为汉武帝及后各封建帝国统一货币发行权创立了基本原则，引发中国古代货币铸造权的第二次争论。货币制度是国家财政制度的重要组成部分，货币铸造权统一还是分散，关系国家经济主权，影响国家财政收入，铸造权统一，国家平衡财政收支就有重要手段，反之，就会变成敛财集富的工具，对国家与社会的稳定产生负面影响。

（四）司马迁认为货币、商品、物价之间存在必然关系。司马迁在《史记·货殖列传》引用计然的话，表明了对物价与货币流通关系的观点，谷价太贱损害农民的利益，农民受到损失就不愿生产粮食；谷价太高影响商人的利益，商人利益受到损害，商品流通就会受到影响。《史记·平准书》提出商品与货币量之间存在必然关系，钱益多而轻，物益少而贵。《史记·货殖列传》中说如果商品流通渠道畅通，全国各地的物品就能正常交换，人们需要的物品都能用货币买到。《史记·平准书》强调货币的支付职能，通过对桑弘羊的统一货币政策充分肯定，表明其反对自由铸币，支持国家统一铸币的思想观点。

（五）贡禹的货币实物论。汉元帝时废除货币使用实物的代表人物贡禹，在上书中主张增加农业人口，减少非农业人口，通过废除货币和商品经济的办法使民归农，认为自五铢钱通行，民间盗铸钱盛行，富人因而积钱满室，一般平民弃本逐末，导致贫民虽赐之田，犹贱卖以贾，穷则起为盗贼。远古时代，人们一心务农，从事耕织，百姓丰衣足食，社会安定淳朴。出现货币以后，金钱成财富标志和人们致富欲望追逐的对象，导致国贫民穷，政治动荡，社会腐败。贡禹是中国历史上第一个持金钱是万恶之源观点的古代思想家。

二、东汉主要的货币观点与思想：

（一）张林的货币数量论。汉章帝（84—87年）时，尚书张林对物价及货币发表意见。如今不只是粮食贵，什么东西都贵，这是因为钱贬值的缘故。应令天下人都用布帛为货币，封存钱币不要流通，钱币减少，货物就会便宜。张林从货币数量论出发，分析物价与货币的关系，钱少物皆贱，封钱勿出，是他提出收缩通货的措施之一。

（二）刘陶反对铸大钱。刘陶，东汉末年人物，东汉末年，人民赋税沉重，连年饥荒，桓帝时（147—167年）有人提出铸大钱，刘陶上书反对。近年来，好好的庄稼，被蝗虫吃得干干净净，纺织不能满足社会需求，所急的是一日两餐，所害怕的是国家劳役无已，难道还谈什么钱货厚薄铢两轻重吗！百姓可以百年没有钱货，不可一天没有饭吃。用铸大钱统一货币，解决这种困难，好比养鱼于滚烫的锅中，栖鸟于燃烧的树上。请皇上对百姓减轻一点剥削，铸大钱的事以后再说。

（三）荀悦维护货币流通的货币思想。东汉史学家、政论家、思想家荀悦在《申鉴》中自设诘难议钱货，申明货币思想主张。认为汉武帝以来，尽管五铢钱的流通几度兴废，仍是最适合实际的货币。董卓破坏五铢钱制度，现在天下太平，可以恢复五铢钱流通。如钱量不够，朝廷可开工铸造。百姓喜欢货币，废除很难做到。不赞成因货币与商品交易出现问题就恢复物物交换，货币是商品交换的媒介，流通有其合理性，方便社会交换，反对废止五铢钱的货币制度。主张国家增加五铢钱铸造，投放市场流通，满足市场货币流通需求。反对强制收回人们贮藏不用的钱，这样会造成社会极大的混乱，引发更多的人贮藏五铢钱，应当让五铢钱在市场上自由流通。

三、东晋废钱用谷的争论：

由于货币经济相对发达，货币贬损、劣币充斥市场，废钱用谷帛的议论重新拾起。

（一）恒玄等废钱用谷的观点。东晋将领、权臣恒玄在东晋安帝元兴年（402年）辅政，"立议废钱用谷帛"[1]，以此解决当时因长期未铸钱而形成的流通中货币缺少的问题。南朝刘宋时江夏王义恭太尉参军周朗提出"罢金钱，以谷帛为赏罚"[2]。主张千钱以上的市卖用绢布及米，千钱以下的仍可用钱，罢大额交易用钱。南朝史学家、文学家沈约在南宋永明六年（488年）修成的《宋书》[3]中提出民生中重要的是粮食与物品，粮食是民生的天。货币有作用，并不很大。主张整顿货

---

[1]《晋书·食货志》。

[2]《宋书·周朗传》。

[3]《宋书·孔琳之传》。

币的法律，废除金属货币。

（二）孔琳之等反实物论的观点。晋代名士、祠部尚书孔琳之对桓玄议欲废钱用谷帛议曰：货币可以通有用之财，是交易之所资，为用之至要。如果百姓不是为了交易，而是专门铸钱，这样就会妨碍本业，禁钱就十分必要。现在农民务农，工人务工，各事其业，没有人放弃本业去专门铸钱。货币是圣王制无用之货，它可以通有用之财。币坚固耐磨，不易损坏，又方便携带，更可运输，历代不废。

第三章 "十六国"及南北朝时期的货币

晋惠帝末年的"八王之乱"和其他的外患导致中原沦陷，边陲不保，群雄混战，生灵涂炭。司马王室南迁，北方的黄河流域成为各少数民族的逐鹿之地，中原北地风雨飘摇，直至东晋灭亡，崔鸿著《十六国春秋》称此时期为"十六国"，又称"五胡十六国"。

第一节 "十六国"时期的货币

自公元304年刘渊及李雄分别建立汉赵（后称前赵）及成汉起至439年北魏拓跋焘（太武帝）灭北凉为止，在入主中原众多民族中，以匈奴、羯、鲜卑、羌及氐为主，统称五胡。华夏人建立的政权有十六个实力强劲，统称"十六国"：前凉（320—376年）、后凉（386—403年）、南凉（397—414年）、西凉（400—421年）、北凉（401—439年）、前赵（304—329年）、后赵（319—351年）、前秦（351—394年）、后秦（384—417年）、西秦（385—431年）、前燕（337—370年）、后燕（384—409年）、南燕（398—410年）、北燕（409—436年）、胡夏（407—431年）、成汉（304—347年）。

一、"十六国"时期的经济与社会

十六国时期，黄河南北与关中遭受战祸最多、经济破坏最严重，各国之间掠夺人口、财富充实国力或是补给军队，频繁的迁移使经济难以发展。有些国家在稳定之后，也重视发展经济。如：后赵国石勒在崛起过程中大厮杀掠，立国后开始劝课农桑，经济逐渐复苏。如成汉国成立之前，有大批流民投靠李氏。李雄建立成汉国后，成为最安定的地区。前燕国慕容皝在统治辽东时仿照曹魏，开放荒地让流民种植。前凉统治的河西地区，由于相对中原较少战乱，大量流民投奔。

农业、畜牧业都有所发展。丝路也能保持畅通，首都姑臧成为商旅往来的枢纽，渐渐发展出河西文化。

二、"十六国"流通的货币

"十六国"政权的首领在称王称帝中，由于统治的地域大小不一，军事及经济实力的差异，在割据的战争中不断更迭，时间长的前凉56年，时间短的南燕12年。货币流通情况完全不同，沿用前朝货币较多，也有使用实物货币和铸造新钱。

（一）后赵国铸突破"两铢制"的"丰货"钱。后赵国羯族石勒于东晋成帝咸和五年（330年）称帝，建都襄国（今河北省邢台西南），史称后赵。后赵石勒元年（319年）铸行"丰货钱"，突破了"两铢制"，以含丰富财货之意为钱的名称，成为十六国钱的重要特征。青铜质，钱文有篆、隶两种体，横读。篆书钱面有好廓，隶书钱面无好廓。钱背皆有内、外廓。

（二）成汉国铸我国最早的年号钱。巴氏族李特于西晋升惠帝太安元年（301年）在绵竹（今四川绵阳）领导流民起义，次年称益州牧。永安元年（304年）攻取成都，称成都王。光熙元年（306年）在成都称帝，国号大成。东晋成帝咸康四年（338年），李雄侄李寿改国号为汉，史称成汉。李寿于汉兴年间（338—343年）铸"汉兴"年号钱。青铜质，隶书，上下读或左右读，因"汉兴"是李寿的年号，所以说"汉兴钱"是我国最早的年号钱。有穿上汉的直"汉兴"，也有穿右汉的横"汉兴"。有光背、背星纹、背阴纹纪数等多种形式版别。

图3-1 十六国成汉国汉兴钱《中国钱币博物馆藏品选》76页

（三）前凉国的张轨五铢钱不见实物。凉州刺史张轨于公元345年称凉王，建都古臧（今甘肃威武），史称前凉。公元376年被前秦所灭，历76年，十六国中统治时间最长及治区最大的政权。张氏父子统治的凉州，是当时中国北部较为安定、保存汉族传统文化最多和接受西域文化最早的地区。都城姑臧是西北地区政治、经济和文化中心。河西走廊原是通往西方的陆路交通要道，商业繁荣，农业和畜牧业生产发达。西晋灭亡后，内地流亡人民相继到来，增加了劳动力，传播了生产经验，凉州的社会经济更有发展。《晋书卷八十六·张轨传》记载："太府参军索辅言于轨日：'……今中州虽乱，此方安全，宜复五铢，以济通变之会。'轨纳之，立制准布用钱，钱遂大行，人赖其利"。张轨五铢至今无资料记载，更无实物存世。

图 3-2 十六国北凉凉造新泉《中国钱币博物馆藏品选》76 页

（四）北凉国铸凉造新泉钱。匈奴支系卢水胡族的首领沮渠蒙逊于公元397年起兵，公元401年灭段业，称凉州牧，蒙逊自称张掖公，改元永安，首都为张掖（今属甘肃）。公元412年迁都姑臧（今甘肃武威），称河西王。最强盛的时候控制今甘肃西部、宁夏、新疆、青海的一部分，是河西最强大的势力。公元420年灭西凉，公元439年被北魏所灭。公元420年，北凉太祖沮渠蒙逊统一凉州全境以后，铸凉造新泉，"凉"为国号，"新泉"意指北凉铸造的新钱，区别于前凉的旧钱。青铜质，篆书，对读，字体大小不同，笔画粗细不匀，字迹浮浅。

（五）前秦国是否铸币有待考察。氐族酋长苻洪于东晋穆帝永和元年（350年）据关中称秦王。永和八年其子苻健称帝，建都长安（今陕西西安），国号秦，史称前秦。公元357年，苻健侄子苻雄之子苻坚继位，虽然谥号皇帝，但生前没有称帝，号大秦天王。孝武太元十九年（394年）被后秦灭。《水经注》云：秦始皇铸铜人十二，董卓毁其九为钱，其在者三，魏明帝欲徙之洛阳，重不可胜，至霸水本西停之。……苻坚又徙之长安，毁二为钱。由此记载，可确认苻坚曾铸钱，但是，铸何钱并无记载。长安作为西汉建都之地，五铢钱是主要的流通货币，苻坚所铸钱是否是五铢钱史料无记载，需进一步考察。

（六）胡夏首铸国号加年号钱。氐族酋长赫连勃勃于东晋安帝义熙三年（407年）称天王、大单于，国号夏。公元413年建都统万城（今陕西横山县西）。义熙十四年（418年），攻取长安（今陕西西安），自称皇帝。公元431年被魏蜀国吐谷浑所灭，历25年。恭帝元熙元年（419年）改元真兴，铸太夏真兴国号加年号钱，青铜质，楷书有隶意，旋读。古时太与大相通，钱文"太夏"亦可读"大夏"。此钱开我国钱文国号与年号合璧先例，笔画纤细，清晰，制作精致。形制面重内郭，光背。另外一种太夏真兴，铜质鎏银，钱文真书微隶意。笔画纤细，铸工精美。

第二节 南朝时期的货币

自刘裕于东晋元熙二年（420年）代晋称帝，至隋开皇九年（589年）陈被灭，进入宋、齐、梁、陈四朝更迭的南朝时期，与北方鲜卑人建立的北齐、北魏、北周等国对峙，史称"南北朝"。南朝四朝存在的时间都很短，其中刘宋60年、齐24年、梁56年、陈33年，是我国历史上朝代更迭较快的时期。

一、南朝的经济与社会

南朝是继东晋之后汉族在南方建立的朝廷，与孙吴、东晋合称为"六朝"。建立于建康（今江苏南京），建康城和同时期的罗马城并称为世界古典文明两大中心，以建康为代表的南朝文化，在人类历史上产生深远影响。南朝在中国历史上有着极其重要的地位，汉族统治使汉文化得以保存和发展，为华夏文明的发展做出了不可磨灭的贡献。南朝是以农业为本的小农经济，各个王朝都对经济进行大开发。东晋十六国时期，北方人口大量南移，使南方人口大量增加，同时也将中原文化及农业技术带到江南，农业、手工业、商业均有发展，海外贸易逐步展开。整个江南地区的开发对中国的经济发展产生深远影响，为经济重心逐渐南移奠定了基础。在江南经济发展影响下，货币经济也相应得到恢复与发展。

（一）宋（420—479年）。开国皇帝刘裕是东晋末年发展起来的新兴力量，与东晋四大家族的斗争中取得胜利，公元420年废晋帝，自立为王，国号宋（史称"刘宋"）。刘裕不重用名门大族，多用贫寒出身的人，兵权交于皇子，未重蹈东晋大族割据的覆辙，仍然发生皇子相互争权与残杀。公元422年，刘裕卒，宋少帝、文帝相继即位。其中，文帝刘义隆在位30年间，是刘宋最繁荣的时期，经济、文化有所发展。公元450年至451年，与北朝的魏国交战各有胜负，南北方无能力再发生大战。公元454年，文帝薨，宋孝武帝、宋明帝先后为帝，两个暴君不仅对诸将疑忌，而且兄弟间相互残杀，社会混乱。此间，南兖州刺史萧道成趁混乱之机形成较强势力。公元479年，萧道成灭宋，建立齐，刘宋灭亡。

（二）齐（479—502年）。四个朝代中存在时间最短的，仅有23年。齐高帝萧道成借鉴宋灭亡的教训，宽厚为本，提倡节俭，在位四年，临终前要求其子武帝继承他的统治方针，不要手足相残。武帝遵其遗嘱，使南朝出现一段相对稳定发展的阶段。武帝卒后，齐国的皇帝又走上刘宋灭亡的老路，杀戮兄亲、叔侄，至东昏侯萧宝卷时，因其疑心过重，几乎处死朝内全部大臣，使江山动摇。公元501年，雍州刺史萧衍起兵攻入建康，结束齐的统治。

（三）梁（502—557年）。公元499年萧衍被任命为雍州刺史，乘齐国内乱，发兵夺取皇位，建立梁朝，为梁武帝，在位48年。武帝时期，北方的魏国已经衰落，无能力对南方形成威胁。本应为南方发展的大好时机，由于武帝对内优容皇族子弟和官吏，引发政治腐化的不断恶化，对外则贪婪而无能，大举伐魏，劳民伤财。公元548年，投降梁的东魏大将侯景倒戈，以武帝从子萧正德为内应，进攻梁国，次年攻陷台城，梁武帝饿死城中，其子萧纲即位，是为梁简文帝。公元551年，侯景杀死简文帝，梁完全处于崩溃边缘。公元557年，在讨伐侯景的战争中发展起来的陈霸先灭梁，建立陈，梁宣告灭亡。

（四）陈（557—589年）。公元557年，陈霸先废梁敬帝，自立为帝，建立陈，是为陈武帝。此时，南方经过多年战乱，经济遭到严重破坏。陈武帝与其继承者文帝、宣帝先后消灭王僧辩、王僧智等反对势力，又在建康附近打败北齐军。一定程度巩固了梁的统治，由于国力衰微，陈的统治局限于长江以南、宜昌以东的地方。公元583年，陈宣帝卒。其子后主陈叔宝即位，此时北方已被隋朝统一，全国的统一也指日可待。公元589年，隋文帝杨坚灭陈，结束了长达近三百年的分裂局面。

图3-3 南朝宋大明四铢
《中国钱币博物馆藏品选》79页

二、刘宋时期真假钱难以区分

初期流通的货币主要是前朝的五铢钱和旧钱，并以谷帛为币。宋文帝刘义隆时期（年号"元嘉"），因政治清明，经济文化繁荣，人民生活安定，史称"元嘉之治"，元嘉七年（430年）开始铸钱。一是"四铢钱"。青铜质，篆书。由于厚大、足重、规整，费工而无利润而无盗铸。随着流通数量增加，民间出现盗铸及剪凿，实际流通的四铢钱形成大中小样。二是孝建四铢。青铜质，薤叶篆。钱面横书孝建年号，钱背横书四铢。由于减重，民间盗铸严重，更有省去背文四铢而仅存钱文孝建的小钱，品类甚杂，大小悬殊，有的杂以铅锡。大明四铢，青铜质，钱文年号"大明"、篆书，背文四铢。横读。

宋前废帝刘子业，宋孝武帝刘骏长子，南朝宋第六位皇帝。公元464年，宋孝武帝去世后即位，改元"永光"。在位时凶残暴虐，滥杀大臣，连叔叔也未能幸免，公元466年，因乱伦残暴，被叔叔湘东王刘彧等人弑杀，时年十七岁。即位一年，用"永光"和"景和"两个年号，铸"两铢"、"永光"、"景和"三种钱，两次改年号三次铸钱。至十二月明帝湘东王刘彧即位后，改元"泰始"，二年三月（公元466年）停铸。

《宋书·前废帝纪》记载，前废帝永光元年（465年）二月"庚寅，铸二铢（两铢）钱"。"二铢"钱实物未见。存世"两铢"钱，青铜质，篆书，顺读。分粗字号、细字两种。"永光"钱，青铜质，篆书。铸行流通时间极短。

图3-4 南朝宋永光、景和钱
《中国钱币博物馆藏品选》78页

"景和"钱，青铜质，篆书，景字长大，和字细小，两字差别较大，重两铢。铸行流通时间极短。民间私铸的五铢钱被称"鹅眼"钱，钱无轮廓，铸造粗劣，形如鹅眼，入水不沉，随手破碎，商贾不敢行用。一般无文无郭，较大者有钱文五朱，仅半个字，类似剪凿后的对文钱。

三、南齐时期钱贵物贱

南齐继刘宋之后，面对困难的经济和混乱的社会，高帝实行有益于社会稳定和安抚民心的政策。建元四年（482年）萧道成卒，其子侄生活腐化，争夺皇位引起皇室内乱和社会动荡，经济更为困难，实行货币紧缩政策，很少铸钱，市场上主要流通旧钱，钱贵物贱，社会普遍缺钱，以实物货币交易。

图3-5 南朝梁公式女钱
叠铸陶范《中国钱币
博物馆藏品选》334页

四、梁武帝的货币改革

梁初，建康、三吴、荆、郢、江、湘、梁、益州用钱，其余州郡杂以谷帛交易，不用钱。交广地区以金银为货。天监元年（502年）梁武帝铸钱。

（一）梁五铢。天监元年（502年），铸面背具内外郭（梁五铢）和面无内外郭（女钱）五铢钱，又称"公式女钱"，二品并行。青铜质，篆书，顺读。在六朝适度减重钱中显具代表性和定式性，六朝官铸的减重钱行列里，唯有公式女钱公开宣称自己是"女钱"（即轻小之钱），并冠以公式二字，表明是朝廷所定制规范。由于百姓仍然使用前朝的钱，市场流通的钱轻重不一，剪重盗铸严重，屡禁不止。1997年在江苏镇江城市考古中，市区医政路金田工地发现萧梁铸钱遗迹，出土一批梁五株与公式女钱的范片。

（二）梁铁五铢。普通四年（523年）十二月铸铁钱，钱文"五铢"。篆书，顺读。由于铁贱易得，私铸泛滥，市场上铁钱愈来愈多，五铢钱购买力下降。至大同元年（535年），历时十年，南梁铸行四种五铢（四出五铢、大吉五铢、大通五铢、大富五铢）铁钱，由于以禁止铜钱流通为前提，所以铁钱成为真正的本位货币。这是我国古代首次由政府大量铸造铁钱、由铁钱替代铜钱流通、以铁钱为法定货币。

（三）太清丰乐。梁武帝在大同二年（547年）三月舍身同泰寺，四月复理朝政，改元太清，铸太清丰乐。青铜质，"太清"是年号，"丰乐"是吉语，自下及上向右横列，或自上及下向左。太字中有二点，上有一横书，仍读为太字，钱文篆书，左右并列。文

图3-6 南朝梁太清丰乐
《中国钱币博物馆藏品选》79页

字古朴端庄，笔书圆润，有梁字风格。太清二年（548年）十月，侯景渡江，建康大乱，铸钱结束，前后约18个月左右。

（四）梁四柱五铢。铸于梁敬帝太平年间（556—557年），因当时流通的铁钱或细钱、铜钱减陌行使，梁敬帝为整顿混乱的币制，铸四柱五铢虚值大钱。初铸

时规定一当二十，由于民间不能接受，仅十三天后，便改作一当十。为此，禁用铁钱和细钱，直至梁亡。四柱五铢面穿四角分列四星点，名曰"四柱"。青铜质，篆书，横读。

图 3-7　南朝梁四柱五铢钱
（上海博物馆）

（五）梁武帝的货币改革。梁武帝是南朝一位立意推行政治和经济改革的皇帝，开始执政就着手改革，内容包括官制、货币、财政及地方权力支配等方面。货币改革最早实行，天监元年官铸"梁五铢"和"公式女钱"大小两品钱同时行用。目的是为了推行和强化汉末以后逐步孕育、形成的适度减重钱制。这一钱制的理论依据，在刘宋时期的货币大讨论中便已提出，代表人是江夏王刘义恭，元嘉二十四年（447年）建议以大钱当两。梁武帝正视流通钱币中徒出五铢之文，而开二铢之实，顺应时代发展的潮流，对五铢钱制开始逐步走向名实分离的现实进行规范。充分考虑五铢钱制历史悠久，在社会上仍具有相当的信仰和传统习惯。取消五铢钱制，创立新钱制，需要创造诸多条件。接受刘宋抛弃五铢钱，官铸四铢、二铢的减重钱带来货币流通混乱的教训。货币改革后，萧梁粮食丰收，物价水准平稳下调，国力明显增强，经济较快发展，外国朝拜及友善使者络绎不绝。

五、陈时期六铢钱的失败

陈朝建立时已经出现南朝转弱，北朝转强的局面。开国皇帝陈霸先于永定三年（559年）病逝，其侄陈文帝陈蒨即位，大力革除南梁奢侈之风，使陈的朝治稍为安定。天康元年（566年），陈蒨卒，太子陈伯宗继位，次年被文帝弟陈宣帝陈顼所废。陈顼即位后，继续实行轻徭薄赋之策，江南经济逐渐恢复，天嘉三年（562年）闰二月改铸五株钱。宣帝太建十一年（579年）又铸太货六铢，以一当五铢之十，与五铢并行。

（一）陈五铢。铸于文帝天嘉三年（562年），青铜质，钱文"五铢"、篆书，顺读。钱面外廓略宽而面平，无内廓。

（二）太货六铢。铸于宣帝太建十一年（579年），青铜质，钱文玉箸篆，对

图 3-8 南朝陈太货六铢《中国
钱币博物馆藏品选》79 页

读。面、背内外廓精整挺拔，制作精良。发行之初，
一枚当五铢十枚，与陈五铢并行流通，后改成当一
钱，太货六铢对五铢钱的比价不合理，形成货币贬
值，百姓受害，民间怨恨抵制，不久就停止流通，
恢复使用五铢钱，直到陈朝灭亡。

（三）六铢。铸于陈后主在位其间（583—589 年），青铜质，钱文篆书，顺
读。文字粗壮，形制似太货六铢，唯"六"字后两笔略直，与太货六铢的"六"
字稍有不同。

第三节　北朝时期的货币

北朝（386—581 年）是我国历史上与南朝同时代的北方鲜卑族政权的总称，
包括北魏、东魏、西魏、北齐、北周等王朝，北朝结束"八王之乱"近 150 年的
中原混战。后世的隋唐两朝开国皇帝的祖先都是北朝权贵，从军事和政治制度等
各个领域沿袭北朝并更好地发展和创新，奠定了隋唐盛世和民族大融合的基础。
北周大定元年（581 年）二月，周静帝禅让帝位于杨坚，即隋文帝，建立隋朝，
北朝结束，历时 195 年，其间铸行过多种钱币。

一、北魏铸五铢钱推动经济发展

北魏由鲜卑拓跋部所建，又称元魏。拓跋部原居于今东北兴安岭一带，后南
迁至蒙古草原，以射猎为业，靠游牧为生。东晋咸康四年（338 年），首领什翼犍
称代王，建代国，都盛乐（今内蒙古和林格尔一带）。后为前秦苻坚所灭。北魏
登国元年（386 年），什翼犍之孙拓跋珪继称代王，不久改国号为魏，制定典章，
重建国家，史称北魏，拓跋珪即太祖道武帝。公元 395—439 年，击灭后燕、后
秦、大夏、北凉、西秦、北燕等割据势力，天兴元年（公元 398 年），拓跋珪即皇
帝位，定都平城（今山西大同）。太武帝拓跋焘太延五年（439 年）灭北凉，统一
北方，与南朝刘宋政权对峙。孝文帝元宏太和十七年（493 年）迁都洛阳。

魏孝文帝拓跋宏，延兴元年（471 年）即位。在祖母冯太后的帮助下，实施

班禄制，推行均田制，建立三常制，使北魏的政治、经济有了很大发展。太和十四年（490年）冯太后去世，拓跋宏亲政，改鲜卑姓氏为汉姓，统一用汉语，穿汉服，奖励与汉人通婚，仿照汉制修订官仪、典章。改革使北魏政权日趋封建化，促进了北方各民族的融合，是南北朝七十多个君主中唯一对后世产生深远影响，很有才干的少数民族政治家。北魏末年，政治腐败，统治集团内部斗争激烈，孝武帝元修永熙三年（534年）分裂为东魏和西魏。

北魏初期，货币经济落后，实行粟帛交换。太和八年（484年）颁布官用俸禄，仍以帛、絮、丝、粟四物为主。自孝文帝太和十九年（495年）开始，受中原货币经济的影响，先后铸太和五铢、永平五铢和永安五铢三种年号钱。自此，进入货币经济发展阶段。

太和十九年（495年），孝文帝在洛阳铸行年号钱太和五铢。形制与汉五铢类似，青铜质。作为北魏建国百年后的第一钱，太和五铢铸行流通并不成功。只流通于京师（洛阳）一带，未能成为统一通用货币。

宣武帝时，社会经济有所发展，钱币的使用范围有所扩大，宣武帝永平三年（510年），改铸永平五铢，青铜质，钱文篆书，其中平字的上笔借用钱币方孔的下缘组成，谓借边减笔。行使于京师及邻近州镇，到孝明帝时期，京师及诸州仍有铸行。

孝庄帝永安二年（529年）铸永安五铢年号钱，青铜质，钱文篆书，对读。"安"字界边减笔，匠心独具。背面铸"土"字，出自北魏孝文帝的诏书："北人谓土为拓，后为跋。魏之先出于黄帝，以土德王，故为拓跋氏。夫土者，黄中之色，万物之元也，宜改姓元氏。"诏书对拓跋氏的由来，以及为什么要改拓跋姓为元姓，做了解说，说明北魏王朝对土由衷崇拜，钱币上铸"土"字是孝武帝继承先辈孝文帝以土德王。

图3-9　北魏永安五铢
《中国古代物质文化
史·货币（上）》159页

二、东魏铸永安五铢打击私铸钱

东魏（534—550年）是北魏分裂出来的割据政权，都邺（今河北临漳县西，河南安阳市北），以晋阳（今山西省太原市西南）为别都，权臣高欢坐镇晋阳遥控朝廷，有今河南汝南、江苏徐州以北，河南洛阳以东的原北魏统治的东部地区，历一帝，约17年。北魏政权内部展开权力争夺，尔朱荣发动河阴之变，控制中央政权。公元534年，权臣高欢所立皇帝北魏孝武帝元修不愿做傀儡皇帝，逃往关中投奔关陇军阀宇文泰。高欢拥立年仅11岁的北魏孝文帝的曾孙元善见为帝，即东魏孝静帝，东魏开始。由于当时的沧、瀛、幽、青四州沿海煮盐生产，加上元象、兴和年间连年农业丰收，社会整体较为安定。高欢掌权其间土地兼并普遍，社会矛盾与民族矛盾尖锐，且屡败于劲敌西魏宇文泰。公元550年，孝静帝禅位于高欢之子高洋，东魏灭亡。

东魏初期流通的货币是北魏永安五铢和旧钱以及私铸钱。后来，私铸钱流通不仅名目繁多，而且十分混乱。有些私铸钱还有较大的影响，如：雍州青赤、梁州生厚、紧钱、古钱、河阳生洁、天柱、赤牵等。冀州以北地区不用钱，以绢布交易。为整顿混乱的货币流通秩序，孝静帝武定元年（543年）开铸东魏永安五铢，并诏遣使人诣诸州镇收铜及旧钱，沿用北魏钱形、钱制。青铜质，钱文篆书，对读。由于流通时间较短，版别不多。

三、西魏铸大统五铢统一货币

西魏（535—556年），由北魏分裂出来的割据政权，宇文泰拥立魏孝文帝的孙子元宝炬为帝，与高欢所掌控的东魏对立，建都长安。公元557年被北周取代，经历两代三帝，历22年。管辖今湖北襄阳以北、河南洛阳以西，原北魏统治的西部地区。北魏永熙三年（534年），孝武帝元修脱离高欢，从洛阳逃至长安，投靠北魏将领、鲜卑化的匈奴人宇文泰。次年宇文泰杀孝武帝，立元宝炬为帝（文帝），史称西魏，政权实由宇文泰掌握。

西魏时期，劝课农桑，奖励耕植。恢复均田制，使丧失土地流落他乡的农民和土地重新结合。颁行户籍和计账制度，预定次年徭役概数的计账之法，以求赋役的征发合理，对绢的长度作统一规定，以四十尺为一匹。每到岁首，州县长官必须督促百姓，无论少长但能操持农器者，皆令就田，不失农时。地方官吏重视农桑生产，经济逐渐发展，仓廪充实。手工业得到一定发展，官手工场规模巨大，工艺品达到相当高水平。盐业兴盛，有海盐、池盐、井盐、形盐、饴盐。修复关中至汉中、巴蜀的通道，与西域大规模通商，商业更加兴盛。战争频繁，对整个社会生产影响大，修宫室、筑长城等土木工程，徭役深重。

西魏初期行使旧钱和谷帛，河西则用西域金银钱。文帝大统六年（540年）开始铸五铢钱。承袭北魏"永安五铢"钱制，去"永安"二字。十二年（546年）三月，又复铸五铢钱。因大统年铸，俗称"大统五铢"。青铜质，钱文篆书，铸造精整。

四、北齐铸"常平五铢"整顿货币流通

北齐（550—577年），高欢卒后，长子高澄独担魏朝大任，被家奴刺杀。次子高洋袭位，废东魏傀儡皇帝孝静帝，于公元550年称帝，是为文宣帝，国号大齐，建元天保，建都邺城（今河北省临漳县），史称后齐，历六帝。公元577年被北周消灭，历国28年。高洋初即帝位时比较谨慎，以法驭下，政治清明，人得尽力，军国大政独自决断，每临战阵，身当矢石，所向有功。农业、盐铁业、瓷器制造业相当发达，是同陈、西魏鼎立的三个国家中最富庶的。几年以后，高洋开始腐败，不理朝政，沉湎酒色，在都城邺修筑三台宫殿，动用十万民夫，带来国势衰落。北齐天保十年（559年），高洋卒，时年仅31岁。初期行用东魏永安钱和私铸钱，货币流通秩序混乱。天保四年（553年）铸常平五铢，青铜质，钱文篆书，对读。平字上笔借用钱币方孔的下缘组成，谓借边减笔，铸造精美。

图 3-10 北齐常平五铢
《中国古代物质文化史·货币（上）》161 页

五、"北周三品"堪称南北朝钱币之冠

西魏恭帝三年（556年），实际掌握西魏政权的宇文泰卒后，三子宇文觉继任，自称周公。次年初，废西魏恭帝自立，国号周，建都长安（今陕西西安市），史称北周。公元581年为隋朝所代，历五帝，25年。北周至武帝其间进行政治经济改革，建德元年（572年），周武帝宇文邕智诛权臣宇文护，亲掌朝政。整顿吏制、改革府兵制度、清查影户黑地、释放奴婢、撤毁佛像、勒令僧尼还俗、没收寺院占田、兴修水利、增强集权制。促进社会经济的发展，人民获解放气息。建德六年（577年）灭北齐，统一北方，结束东西魏分裂以来近半个世纪的割据，

人民重建家园，恢复生产，促进整个北方政治、经济、文化方面的广泛交流和发展。没有北周北齐的统一，就没有后来南北朝的统一。

随着社会经济的稳定与发展，货币经济同步发展。北周初期，仍使用前朝旧钱。周武帝以后铸行当五、当十大钱。保定元年（561年）七月铸布泉，一当五，与五铢钱并行。青铜质，钱文玉筋篆，横读，与垂针篆书体的新莽布泉不同，面背有内外郭，制作精整。建德三年（574年）元月铸五行大布，一当十，与布泉并行。青铜质，钱文玉筋篆，对读，文字清晰而精美，面背有内外郭，大、中、小三种形制。静帝大象元年（579年）十一月铸永通万国，一当十，与五行大布并行。青铜质，色青白，钱文玉箸篆，对读。"永通"意为永远通行，"万国"示天下万国可用。制作精致，轮廓俊俏，书法华美，形体厚重，有大小之分。布泉、五行大布、永通万国称为"北周三品"。钱文玉箸篆，笔画肥瘦均匀，末端不出笔锋，像是玉石制成的筷子写成，肥满、圆润、温厚、匀称。说明北周时书法艺术和铸造工艺已发展到相当高的水平，不仅在南北朝乃至世界都达到崭新高度。素有"三大美泉"之称，被誉为六朝钱币之冠，在我国和世界的铸币史上占有重要地位。其中，永通万国为"北周三品"之首。

图 3-11　北周布泉、五行大布、永通万国《中国钱币博物馆藏品选》77、78 页

第四节　南北朝时期的西域货币

自汉武帝建元元年（前140年）张骞应募任使者，于建元二年（前138年）开始通西域以后，中原与西域在政治、经济和文化上的联系逐步开展。南北朝以前及其间，西域先是焉耆、鄯善、龟兹、于阗、疏勒、车师、乌孙等七国争雄，后为柔然、北魏、哒哒、高车四族争霸，社会长期处于分裂割据状态，由此带来

了经济与货币流通的混乱。其中，西域诸国受中原货币文化的影响，仿制汉钱，铸行有穿或无穿的钱币，虽然在史书中记载不多，但是在后来的考古中，却屡见实物出土。

一、高昌国铸行国名加吉语的高昌吉利钱

汉晋时期，高昌壁（今新疆的高昌）一直是戊己校尉府（屯垦戍边的军事机构）的驻地，将士大多来自关中或陇右，以汉族人为主，少量的羌人、氐人和匈奴人。晋成帝咸和五年（329年），张骏派

图3-12 高昌国高昌吉利
《中国钱币博物馆藏品选》82页

兵西征，废止戊己校尉府，改设高昌郡。北凉统一河西地区后，高昌郡为北凉的疆域。北魏太武帝太平真君三年（442年）沮渠无讳逐高昌太守，自立凉王，高昌建国开始。文成帝和平元年（460年），柔然灭沮渠氏，立阚伯周为王，国号高昌，都高昌城（今新疆吐鲁番东南）。孝文帝二十一年（497年），金城榆中（今甘肃兰州市东榆中县）人麹嘉被民众推举为高昌王，史称高昌国麹氏王朝。麹氏政权传十王，历144年。唐太宗贞观十四年（640年），为唐所灭。

汉晋时期，高昌戊己校尉府将士内部买卖就已经使用中央王朝铜钱。后来高昌王国以银钱为法币，辅助于实物交换，延续至灭国后二十余年。作为丝绸之路中道的交通枢纽和国际贸易中心的高昌国，商品经济十分发达，粟特胡商云集，商税收入是主要的经济来源，货币在经济社会性中占据重要地位。麹氏亡国前，高昌国铸行的货币为高昌吉利，国名加吉语。青铜质，钱文隶书，旋读。形制外圆内方，大而厚重，制作精良。

二、龟兹国的汉龟二体钱

塔里木盆地周边的小块绿洲，形成中古时期新疆比较强盛的几个城市国家，盆地北的焉耆、龟兹、疏勒，盆地南的鄯善、于阗等国。魏晋后，这些国家的农业、手工业持续发展，城市经济开始形成。由于塔里木盆地的中心区域是塔克拉玛干沙漠，丝绸之路上的商队与使者只能沿着盆地边缘的绿洲城市行进，补给、休息、商品交易。西汉宣帝时，解忧公主嫁龟兹王绛宾，一同入朝学习汉代的制

度。东汉班超任西域都汉时，立龟兹待子白霸为王。龟兹在三国时属于魏国辖管，东晋时前秦将吕光立王弟帛震为王。唐贞观二十年（648年）置羁縻都督府，属安西都户府管辖。贞观六年（790年）后废。

图3-16　龟兹国汉龟二体钱
《新疆钱币》17页

龟兹国铸行汉龟二体钱。正史中出现的龟兹货币是银钱："赋税，准地征租，无田者则税银钱"。[1] 公元629年，玄奘从高昌国出发，西行途经焉耆和龟兹，曾对龟兹货币进行描述：货用金钱、银钱、小铜钱。综合各类文献记载，同时有金钱、银钱和小铜钱三种币材的货币流通，北朝时龟兹的货币有本地铸造，外形可能仿制波斯萨珊朝银币的银钱，还有金钱或为拜占廷金币，使用最为普遍流通量最大的铜钱，既包括从中原直接流入或当地仿制的各类五铢钱、开元通宝、大历元宝等，也有体现本地文化特征的汉龟二体钱和无文小铜钱。龟兹国自行铸造的铜钱主要有五种类型：一是汉龟二体钱（龟兹文铜钱）。汉文五铢，龟兹文是五铢译文，背面无文；二是钱面汉文五铢，钱背龟兹文五铢；三是钱面龟兹文五铢，背面无文；四是钱面汉文五铢或五朱，背面无文；五是钱的两面均无文字。受到减重的影响，龟兹钱重量大小不一，悬殊较大。

第五节　南北朝时期的高利贷和信用

两晋社会不铸钱而流通旧钱，信用也没有什么发展。但是，南北朝时期的信用却有较大发展，标志性的事件就是寺院放贷规模庞大。政府的国家信用运用不多，大多采用免除债务的方式，赈贷运用也极少。

南北朝时期的统治者及士大夫大多信奉佛教，寺院不但数量多，而且十分富有。由于僧尼免税免役，加之帝王至百姓都对寺院施舍，使得寺院有大量的土地

[1]《周书》卷50《异域传·龟兹》。

和金钱，寺院成为大地主和大财主。寺院利用积累的财富放贷牟利，成为社会信用的主要形式。抵押放款业务是从寺院开始的，南齐的招提寺和南梁的长沙寺曾对黄金、衣着、苧束等质钱，而这些业务的开办都是打着救民旗号的，这也是我国古代最早开办的抵押放款业务。长沙寺的寺库是寺院专门经营放款的机构，也是后来质库、当铺的前身。文成帝（452—465年）准许每年对僧曹输粟六十斛的人为僧祇户，粟为僧祇粟，歉收年份用于赈济灾民，亦可作为借贷，丰年偿还。但是，后来都演变为寺院的高利贷。由于人们心目中的寺院是神圣不可侵犯的，所以寺院的财产又都十分安全，且无人敢对寺院赖债。

寺院以外的高利贷也普遍存在，一般称为出债、出举、举贷、举息或简称为举，信用的主要形式是信用放款和抵押放款，经营高利贷的主要是贵族、官僚和经商者。永安二年（529年），北魏孝庄帝曾下诏：诸有公私债负，一钱以上巨万以还，悉皆禁断，不得征责。社会信用的产生与存在有其客观的原因，不可能因帝王一句话就取消。

第六节　南北朝货币名目主义与金属主义的对立

南北朝货币名目主义与金属主义的对立。南北朝以后，统治者铸币贬损，私铸繁兴，充满劣钱，币值不稳，物价腾贵，货币膨胀与通缩交替，带来货币问题的争议。

一、南朝的货币争议

两次都发生于刘宋时期。一次是宋文帝元嘉二十四年（447年），由江夏王刘义恭建议以一大钱当两，以防剪凿。反对的有何尚之等，赞成的有沈演之等。另一次以尚书右丞徐爰于孝武帝孝建三年（456年）建议以铜赎刑，补充国用，以铜铸钱开始。建议采纳后钱币更为薄小，盗铸更多，引起铜钱自由铸造问题以及改四铢钱为二铢钱问题的争论。大明元年（457年）沈演之提出郡县开置钱署、听民铸钱。颜竣有保留的赞成，刘义恭激烈反对，大明末（465年）前废帝刘子业即位后实行。

二、北朝的货币争议

私铸铜钱尚未形成大问题时，北魏的元澄（456—519年）认为布帛作为货币不可以分割，粮食作为货币难以操作。金属货币不需要分割、计量、测量，也没有因重量原因影响使用，是社会生活中最合适的货币，能够连续不断。主张新铸钱与古钱一律通用，以便推广金属货币流通，代替京师以谷帛为市。北魏孝昌中（525—527年）私铸问题严重时，高谦之任铸钱都将长史，主张铸造三铢钱与五铢钱并行流通，建议未获实行。北魏孝庄帝永安二年（529年），杨侃、高恭之建议恢复铜钱的自由铸造、改铸较重的五铢钱获准实行。

三、南齐孔𫖯的反铸币贬损思想

南北朝反对铸币贬损的代表人物是南齐本州大中正、御史中丞孔𫖯，代表作《铸钱均货议》是世界历史上最早阐述货币数量学说的作品。在刘宋政权严重的铸币贬损与膨胀之后，发生通货紧缩，孔𫖯上呈《铸钱均货议》：商品流通离不开货币，通货紧缩、货币缺少并非因为谷物供给增加，而是流通的货币存量没有增加。太重的金属货币增加携带及搬运等交易成本，妨碍市场交易。太轻的金属货币会降低盗铸成本，使官方不易控制货币数量。五铢钱符合最适金属货币重量，货币材质及重量统一。货币最重要的功能是交易的媒介，货币铸造必须有助于交易成本降低，以满足市场交易需要，以此繁荣国计民生。

四、刘宋时期沈庆之与颜竣货币铸造权之争

北朝高恭之（489—530年）主张铸造足值的"永安五铢"。南朝沈庆之（386—465年）把货币与财富完全等同，提出类似近代金属货币自由铸造的方案，认为只有货币才是有价值的物品，铜如果铸造成器物，反而成为无益的物品。主张中央政府允许百姓铸币，对铸钱人抽30%的重税，规定铜币的规格为两铢钱，禁止盗铸和剪凿古钱，以此增加良币。颜竣认为有限的铜材，会令允许百姓铸币的政策失效。改变铜币的法定规格会破坏商品与货币之间的均衡，导致铸造伪币的现象发生。将铜币的规格规定为小钱，产生的利润定会使禁止盗铸的法令不行。提出中央政府不仅应该禁止自由铸造，还应该垄断铜矿开采权，通过对货币的完全控制来保证它的稳定。沈颜二人引发了中国古代第三次货币铸造权的争论。

第四章　隋唐五铢钱制的恢复与变革

公元580年，北周的周宣帝卒，其子宇文阐继位，是为周静帝，时年8岁，北周开国功臣、大官僚、周宣帝的岳父杨坚辅政。次年（581年），周静帝让位于杨坚，改国号隋，杨坚称帝，是为隋文帝。这是"五胡乱华"后汉族在北方重新建立进而统一全国的王朝，结束了自西晋末年以来近300年的分裂局面，中国重新进入大一统时期。由于过度消耗民力，政治改革方案未尽成熟而过急推进，最终爆发严重的统治危机。公元618年，隋炀帝在江都（今江苏扬州）被杀，李渊废杨侑，隋亡，历二帝，37年。

第一节　隋朝货币的整顿与统一

隋朝是一个短促的王朝，文帝杨坚执政的开皇元年（581年）至开皇十四年（594年）之间，社会经济基本上处于相对稳定和恢复时期。此后，由于水旱天灾不断发生，300多年的大分裂、大动荡、大混乱后刚刚进入恢复时期，使这个充满艰难的恢复向后倒退，取得的成果应于肯定。

一、隋朝的经济与社会

（一）清查户口并建立户籍管理制度。开皇五年，隋文帝下令"大索貌阅"，进行全国性的户口清查。制定输籍法进行"输籍定样"，即确定户数纳税。从隋文帝开皇九年（589年），到隋炀帝大业二年（606年）17年间，人口由3 100多万增长到4 600多万。

（二）兴修水利开通南北大运河。隋文帝时期，先后开漕渠作漕运和灌溉。隋炀帝时期，修阳渠、汴渠故道为通济渠，修邗沟直道，疏浚屯氏河、大河故渎与白沟为永济渠。疏浚吴运河、丹徒水道、南朝运河为江南河，六年基本完成开凿大运河工程。黄河接汴水再接淮河，淮河进长江的邗沟，从京口（江苏镇江）到达会稽（浙江绍兴）。

（三）实施均田制增加垦田规模。隋文帝开皇二年（582年）颁布开皇新令实行均田制，限制土地兼并垄断，无地农民获得土地。隋炀帝免除妇女、奴婢、部曲的课役，不负担租调力役。均田制实施推动农业发展，隋文帝开皇九年（589年）到隋炀帝大业五年（609年）20年间增加3 600多万顷田。官府为储存粮食，在各地修造官仓，规模巨大，储粮达数千万石。

（四）手工业有新的进步。造船、造桥和丝织较前朝明显进步。建于隋朝开皇至大业初（595—616年）著名的河北赵州安济桥，在中外桥梁史上占有重要地位。纺织品有多种代表之作。白瓷器造型美观，色泽晶莹，质地坚硬。青瓷胎厚重，釉透明，硬度远胜前代。统一度量衡，以古尺一尺二寸为一尺、古斗三升为一升、古秤三斤为一斤。度量衡的统一，促进了商品经济的发展。

（五）商业经济较为发达。长安是全国最大的商业中心和国际贸易重要城市，有东、西两市，国内外商人云集。隋炀帝即位后迁都的洛阳，成为国内外重要的贸易城市。蜀郡（今四川成都）、江都（今江苏扬州）、吴郡（今江苏苏州）、建康（今江苏南京）、太原、余杭（今浙江杭州）、南海（今广东广州）等城市成为商业中心。西北陆路和东南海路有两条对外商业通道，甘肃的张掖是丝绸古道贸易的内陆口岸。

（六）隋炀帝超用国力引发社会经济动荡。仁寿四年（604年）隋文帝卒，杨广即位，是为隋炀帝。此后，经济政策开始改变。不顾群臣反对，无休止地加重徭役、兵役和租调负担，广大农民难以承受。开凿大运河所征丁夫占全国丁男的1/3以上。唐代诗人皮日休的《汴河铭》对大运河评价是"在隋之民不胜其害也，在唐之民不胜其利也"。对外征战超用国力，大业五年至大业八年（609—612年），先后西征吐谷浑、南征琉球、诏讨高丽。

二、隋朝统一货币专行五铢钱

隋朝初期，由于前朝遗留的钱币轻重不等，数量不足，货币流通秩序较为混乱。北齐、北周、南朝的刘宋和萧梁及陈钱等继续流通。河西诸郡还使用西域的金币、银币。这些钱币精劣大小轻重不一，使用非常不便。为适应经济发展需要，加强中央政权，巩固封建统治。隋文帝杨坚下令整顿货币，禁止轻重不一的前朝旧钱和劣钱流通，铸行统一标准的五铢钱，规定肉好周郭的统一型制及重如其文，每一千钱重四斤二两。隋五铢有两种，分两个阶段铸行：隋文帝开皇六年至仁寿四年（581—604年）铸行开皇五铢（置样五铢）。隋炀帝大业年间（605—618年）铸行五铢白钱。

（一）隋文帝铸行开皇五铢统一货币。隋文帝开皇元年（581年）铸开皇五铢（隋五铢），每钱一千，重四斤二两。为保证新钱质量，推广新钱，命各关置百钱为样，合乎标准才能入关，否则销毁，重新铸造。至开皇五年（585年），货币终于统一，专行五铢钱。开皇五铢，青铜质，钱文篆书，顺读。

图4-1　隋开皇五铢
《书法与古钱币》55页

（二）隋文帝严法重刑管理货币。新五铢钱铸行后，市场上出现盗铸，前朝旧钱仍然流通，严重影响新钱流通。为此，杨坚实施严法重刑。开皇三年（583年）四月，诏令四方诸国各付百钱为样，对照查禁旧钱和私铸钱。勘样相同，可以通过。反之，毁之为铜，没收入官。开皇四年（584年）又诏令各地对查禁不力的地区，责减县令半年俸禄。开皇五年（585年）又在产锡铁地区张出诏令，禁止私人采取锡铁。在京师以恶钱贸易，最重可处死刑。经过多年反私铸和禁旧钱，开皇五铢在全国推广使用。从东汉末董卓破坏五铢钱起，混乱了390年的币制，在隋文帝时期结束。

（三）隋炀帝铸五铢白钱。隋朝后期（605—618年），货币流通发生质的变化，主要是私铸盛行，钱重恶减。剪铁碟、裁皮糊纸为钱，混杂流通。隋炀帝大业年间（605—618年）铸五铢白钱，青铜质，钱文篆书。因币材配有锡、铅等其他金属，钱色发白，被称为"白钱"。形制大小、轻重与开皇五铢相同。

图4-2　隋五铢白钱
《中国钱币博物馆藏品选》80页

第二节 "铢两制"在唐代早期的重大变革

隋末农民起义在全国各地不断发生，大业十三年（617年）五月，太原留守、唐国公李渊在晋阳以尊隋为名起兵，十一月占领长安，拥立隋炀帝孙子代王杨侑为帝，改元义宁，即隋恭帝。李渊自任大丞相，晋封唐王。义宁二年（618年）五月，隋恭帝杨侑禅位于李渊，李渊称帝，定国号大唐，隋朝灭亡。李渊即唐高祖，改元武德，都城仍定长安，后又设陪都东都洛阳和北都太原，与长安合称三都。

一、唐代经济发展形成庞大的货币需求

唐代（618—907年）是继隋朝之后的大一统王朝，共21帝，历国289年，公认的中国最强盛时代之一。科技、文化、经济、艺术有多元化特点，诗、书、画涌现大量名家。文化兼容并蓄，接纳海内外各国交流，形成开放的国际文化。在经济社会持续发展的背景下，国力不断增强，整个朝代，对货币的需求保持稳定增长且有较大的规模。

（一）重视农业和水利工程建设。武德七年（624年）颁布均田令，对不同身份人员给予不同的授田或不授田，轻徭薄赋，征敛赋役务在宽简。实施租庸调制，减轻剥削农民，农业生产恢复发展，财政收入增加。唐中期实施两税法，将各种赋税合为一体，以地税、户税的方式征收。高祖武德七年（624年）统一后的130年中，有记载的重要水利工程有160多项，利用水、山、海造田。唐中期后，淮河以南地区经济超越黄河中下游地区，土地大量开垦及大修水利，插秧移植水稻，江南道的粮产量大幅增加，成为全国重要的粮食产区。南方开始制造白糖、种植贩运茶叶，通过大运河和陆路大批运往北方各地。

（二）手工业全面发展。前期手工业有纺织、陶瓷和矿冶的发展，后期南方的丝织、造船、造纸业和制茶业快速发展。长安、洛阳、广州等官手工业较为集中，城市有不少手工业聚集区铜坊、染坊、纸坊、官绵坊、治成坊等。租庸调制推动农村的家庭手工业特别是家庭纺织业的发展。纺纱、织布、养蚕、缫丝、丝织就成为农民耕种以外的生产活动。造纸、印刷、制糖、制茶、矿冶铸造及酿酒等行业也很发达。

（三）商业中心城市与门店发展较快。从古代贩运商业向近代门店商业转变，唐都长安有东西两市，洛阳有南市北市，市内货肆行铺林立，商贾辐辏。扬州、杭州、成都、广州等地都是商业中心城市。商业机构设置分邸店和行肆，邸是与旅店合并的货栈，既是商人住所，又存放货物。店是贩卖货物的场所，行肆就是店铺，肆就是货摊，各类商品分类别陈列摆放，供人挑选，每行都有若干肆。从事商业人员有商贾之分，商是行商，贾是坐商。

（四）对外贸易发达。唐代的中国是当时亚洲地区的商业中心，对外贸易有相当规模，主要的路线是陆路和海路贸易。陆路贸易从西北经新疆出中亚细亚到波斯、阿拉伯等国，即丝绸之路。海上贸易逐渐发展为经常性的大宗贩运，由海道来华贸易的国家或地区主要是日本、新罗、南海诸岛国、印度、斯里兰卡、波斯、大食（阿拉伯）等。唐代设立互市监和市舶使，专门管理外商来华的贸易与中国海外贸易。

僖宗乾符年间（874—879年）起，连年不断的战争和灾荒造成的破坏，使社会经济崩溃，大动乱条件成熟。王仙芝在长垣起兵成为黄巢起义的前奏，扩大以后，成为唐代上最大的一次农民暴动。对起义军大规模的镇压，使战火蔓延全国，唐末开始了空前浩劫。

二、开元通宝改变传统钱制

唐承隋制，初时钱制混乱，天下盗铸，私铸盛行，其制轻小，甚至以铁叶、皮革皆为钱。高祖武德四年（621年）七月，整顿改革币制，废五铢钱，铸行开元通宝。

（一）货币体制重大变革。唐以前的铸钱以重量为名称，如秦半两、五铢钱等，重量与名称并不完全相符合，但都有重量的钱文。有的超过面值，低于面值的更多。自唐代起，钱币不再以重量为名称，改称宝、通宝、元宝等，冠以当时的年号。唐高祖武德四年七月，废五铢钱，行开元通宝钱，《旧唐书·食货志》载：开元钱之文，给事中欧阳询制词及书，时称其工，其字含八分及隶体。欧阳询开书法家撰写钱文的先河。自此，中国古代传统的金属铸币由"两铢制"改为"通宝制",在中国钱币史上影响深远,意义重大。开元通宝体现新朝包罗万象、恢宏大气、奋发进取的风貌,符合时代背景。开元与通宝都可以作为独立的吉语,意指开辟新纪元,通行宝货。

(二)开元通宝的样式。开元通宝从唐初流通至唐末,初唐开元通宝光背无文,中唐起钱背开始有星、月及其他纹饰,晚唐会昌开元则在钱背面加上铸造地名。经过287年的铸造,版别复杂。形制、钱文、符号、工艺因时代变化差异很大,构成许多版别。材质以铜为主,还有铅、锡、锌、铁、金、银、鎏金、鎏银等。形制有大径小径,宽郭窄郭、广穿狭穿、长穿花穿、光背、背文、合背。钱文有大字小字、粗字细字等多种版式。符号有直纹、月(孕月)、星、日、虎头等纹饰,大小不一,位置不定。其中月星纹理最多,月纹形态复杂。规格基本是小平钱,也铸有少量开炉纪念性质折十大钱。

(三)十进位新衡制开始使用。我国古代的重量计数,多以钱文标出重量,二十四铢为一两,而自从二铢四丝的开元通宝铸行流通以后,中国衡制中的一两十钱由此产生,二十四进位的铢两制结束。钱币的实际重量不再以锱、铢计量,而以两、钱、分、厘十进位法计量。开元通宝每文重一钱,每十文重一两,每贯(即一千文)重六斤四两。每文重二铢四丝,折合质量约4克。起用这种新衡制,换算便利,适合商品经济发展的需要。

开元钱是继隋恢复五铢钱以后,对东汉末年以来货币混乱局面彻底而根本的整顿。钱币的形制和重量,成为唐以后各代铜钱的标准,在我国货币史上具有划时代的地位,影响了中国1 000多年钱币的形制、钱文模式和十进位衡法。

三、唐代初期流通的货币

唐代钱币铸量大,尤其是开元钱。开元、天宝年间,全国开炉99处,每年铸钱达327 000缗(一缗等于一串铜钱,每串一千文)。初唐至盛唐的繁荣时期,国力强盛,一片新朝气象,早期流通的货币[高祖武德四年至玄宗开元时期(621—756年)],质量十分精良,主要品种是开元通宝和乾封泉宝。

(一)开元通宝。唐代最早也是最重的铸币,铸行于武德四年(621年),青铜质,隶书,对读。有少量金、银及鎏金钱。隶书,没有符号,全为光背,四字笔画端庄沉稳，"开"字门内并渐靠上，称为并升门，"元"字首横笔短，称为短首元。"通"字的走之部首点为三撇，称为三撇通。"寶"字贝部内二横居中且短，称贝内短横宝。形成差异的原因，朝廷铸行以外还有各州地方钱炉翻版铸行，形制统一实际不完全一样。

图 4-3　唐开元通宝
《安徽历史货币》106 页

（二）乾封泉宝。公元 666 年，武则天涉理朝政，与高宗同去泰山举行规模空前的封禅盛典，改元乾封，在泰山立双束碑，寓意武则天与高宗共创天地。因开元通宝钱铸行数量少，同海外各国的经济往来日渐增加，唐代钱币大量外流，市场流通货币不足，商品交易用布帛

图 4-4　唐乾封泉宝
《书法与古钱币》57 页

支付较为普遍。高宗时，看到通货紧缩的利益为私铸者所得，下令取缔私铸，并以五比一的比率用官钱换私钱。但很少有人问津，把私钱收藏不兑换。为此，朝廷在乾封元年（666 年）铸行乾封泉宝，这也是唐代的第一枚年号钱，一枚当开元通宝十枚。铜质白，铜料精纯，有少量品种材质是鎏金和铅。隶书，旋读。铸工精整，文字端庄。在中国钱币史上，钱文用泉宝的极少。作为虚值大钱，推出后流通效果不好，百姓害怕通货膨胀，纷纷收藏开元钱，私钱大涨，市场只剩乾封泉宝，朝廷只得下令停铸，乾封泉宝大钱以一比一兑开元钱行使，实际流通时间一年左右。

第三节　张说《钱本草》的启示

张说（667—730 年）字道济，洛阳人，武则天时前后三次为相，执掌文坛三十年，为开元前期一代文宗，与许国公苏颋齐名，号称燕许大手笔。张说仿古传《神农本草经》体式与语调撰《钱本草》，总结人生 70 年之阅历，苦心孤诣，186 个字把钱的性质、利弊、积散之道描写得淋漓尽致，以药喻钱，用钱言药。标本互喻、浅深相济。诊治时弊，寓教深刻。独具匠心，构思独特。颇富哲理，堪称奇文。

一、《钱本草》原文

"钱，味甘，大热，有毒。偏能驻颜采泽流润，善疗饥寒，解困厄之患立验。能利邦国、污贤达、畏清廉。贪者服之，以均平为良；如不均平，则冷热相激，令人霍乱。其药，采无时，采之非理则伤神。此既流行，能召神灵，通鬼气。如积而不散，则有水火盗贼之灾生；如散而不积，则有饥寒困厄之患至。一积一散谓之道，不以为珍谓之德，取与合宜谓之义，无求非分谓之礼，博施济众谓之仁，出不失期谓之信，入不妨己谓之智。以此七术精炼，方可久而服之，令人长寿。若服之非理，则弱志伤神，切须忌之"。

二、《钱本草》的启示

《钱本草》将钱比拟中草药类，以钱本草阐释金钱的性味、药性与功用。

（一）钱有两面性。钱有甜味为众人喜欢，钱又是烫手害人之物。钱能使人充满神采，治疾病，填饥饿，解困境，改命运，立竿见影。有钱可以做很多事情，反之亦然。国家有钱就繁荣昌盛、人民安居乐业。有声望的人，被人用钱污蔑，就会改变形象。钱的克星是清正廉洁、不贪财之人。

（二）如何用钱。钱能通鬼气，而且还能召神灵。有贪心的人，吃钱不能过多，只能得该得的部分。得多，不是怕冷，就是怕热，还会引起胃肠疾病，严重的死命。治这种病还不易找到解药，因为没有固定的采摘时节，无理采摘使人精神损伤。

（三）告诫有钱人。不要把钱看得过重，不能只赚钱，不散钱，要对社会尽有钱人的责任。也不能一味花钱做好事，还需不断的赚钱，使所花之钱有来源，否则钱用光了，饥寒交迫、困难厄运会随之而来，今后，你就是想再做好事都没有本钱。

（四）挣钱、用钱的七术。一是既会挣钱，又会用钱。二是有钱人做好事要作为自身德行、情操培养的过程。三是挣钱与施钱要得当，不能赚非法钱、黑心钱。给予别人方式要得当，不要让受赠者感到是嗟来之食。四是为人为社会做好事，不要有什么目的，谋求回报。五是给予别人和社会的范围很广，受你帮助救济的人很多，你就成为仁人君子。六是承诺对别人的帮助要遵守诺言。七是赚钱时不要有害于自己，切忌贪婪。

第四节　唐中期虚值大钱及晚期官私铸钱的流通

唐代的中晚期是肃宗至哀帝天祐四年（756—907年唐灭亡）。中期肃宗至文宗年间（756—840年），由强盛走向衰弱并动荡转折。"安史之乱"以后，整个社会经济开始走下坡路，其间曾有几朝试图通过铸新年号钱推动经济发展，结果适得其反，币制更加混乱。

一、唐中期主要流通的货币

（一）中唐开元通宝。这一时期的开元通宝主要流行各种式样的掐纹钱，也有民间私铸的小开元钱，花孔开元、合背开元、当十开元等。中唐开元通宝，青铜质，有少量的铁、铅。隶书。光背、星月钱、合背钱多种版式。

（二）鎏银"开元通宝"。青铜质，鎏银。钱文隶书。开字门内井居中，元字首笔长、甬部头小、尾部上挑，寶字贝部宽大，内二横长。

（三）乾元重宝。肃宗乾元元年（758年）七月，御史中丞第五琦奏请铸行乾元重宝以一枚当开元通宝十枚，开元通宝继续流通。乾元二年（759年）三月，又铸一枚当开元通宝五十的乾元重宝重轮大钱。乾元重宝当十、当五十与开元通宝三

图4-5　唐中期乾元重宝
《中国钱币博物馆藏品选》80页

种钱同时流通。两种大钱流通以后，货币不断减值，物价腾贵，一斗米涨至七千文，饿殍载道。上元元年（760年），接替第五琦为铸钱史的度支郎中兼侍御史刘晏，上任后立即改行新的货币政策，调整三种钱的比例，逐步促成统一的币制。首先将乾元重宝重轮钱改为一当三十，开元通宝与乾元重宝当十钱等价流通。由于开元通宝也成为大钱，货币贬值没有得到根本解决。乾元重宝当十、当五十均为青铜质，钱文隶书，对读。钱文用"重宝"自此开始。

（四）刘晏二次改革乾元大钱。宝应元年（762年）代宗继位，刘晏又改乾元重宝以一当二，重轮乾元钱以一当三，使各种铜钱按照实际价值流通，后将大小钱统一以一当一，并铸行乾元重宝小平钱。将两种乾元大钱的法定价值贬到实际

价值以下成为良币，利用劣币驱逐良币的规律，迫使其退出流通领域，恢复开元通宝的流通，收到统一币制的效果，在货币史上有典型意义。

二、唐晚期官铸与私铸钱同时流通

唐晚期[从武宗会昌元年至哀帝天祐四年（840—907年）唐灭亡]，战争不断，经济政治衰退，国家财力衰竭。宣宗大中十三年（859年）爆发唐末农民战争，经过黄巢的打击，唐代统治名存实亡。天祐二年（905年），朱全忠贬逐朝官，全部杀死于白马驿，投尸于河，史称"白马驿之祸"。天祐四年（907年），朱全忠逼唐哀帝李祝禅位，改国号梁（史称后梁），是为梁太祖，改元开平，建都开封，唐代灭亡。唐晚期流通的货币主要是开元通宝、得壹元宝、顺天元宝。

（一）晚唐开元通宝。青铜质和铁质。隶书，风格基本同于中唐，钱文字体有所变化，开字门内降井比较明显，文字浮浅，面背星月纹杂乱。外廓较阔。铸工草率，错范多。此钱中有背纪地名的会昌钱。

（二）私铸开元通宝。唐代针对私铸制定了严峻的法律：敢有盗铸者，身死，家口籍没。此后，又多次重申严禁私铸的法令，颁布惩处私铸的法律。运用很多手段试图平息私铸，并未见效，私铸开元通宝贯穿于中唐与晚唐，种类繁多，币材有铜、铁、铅、锡等，钱体大小不一，工艺良莠不齐。隶书，对读。

（三）铁、铅开元通宝。钱文隶书，对读。元字次笔多左挑，亦有右挑和不挑的。有光背、面背星月纹等版别。

（四）会昌开元。唐武宗会昌年间（841—846年），为减轻财政负担，诏令废灭天下佛教，拆废寺院，烧毁佛像用以铸钱。淮南（今扬州）节度使李绅率先铸造背面铸有"昌"字的开元通宝，以纪年号会昌。武宗会昌五年（845年），朝廷下令各地所铸均于钱背增添地名，各地州郡仿效淮南，铸造背面有纪地文字的开元钱，因铸造于会昌年间，后世通称为会昌开元。质薄量轻，大小尺寸及铸造工艺差别悬殊较大，钱文模糊，铜质不纯，易锈蚀，

图4-6　唐晚期会昌开元（背昌、宣）《泉林剪影》41页

背穿部不整，官铸私铸无大的区别。钱的背面多加铸造的州名或钱监名。

图 4-7 唐得壹元宝
《安徽历史货币》111 页

（五）得壹元宝。天宝十四年（755年）十一月，安禄山、史思明起兵反唐。乾元二年（759年），史思明在范阳称大燕皇帝，上元元年（760年）六月，铸行得壹元宝，流通时间较短。青铜质。钱文隶书，旋读。文字雄伟，铜质精纯，钱体厚重，制作工整。一当开元通宝百枚，虚值大钱。版别较多。

图 4-8 唐顺天元宝
《安徽历史货币》111 页

（六）顺天元宝。《新唐书·食货志》："（史思明）既而恶'得壹'非长祚之兆，改其文曰'顺天元宝'"。形制、比值、色泽同于得壹元宝，铸量较多。钱文隶书，旋读。背多有星月纹，"元宝"二字仿开元通宝。文字雄伟，铜质精纯，钱体厚重。一当开元通宝百枚，虚值大钱。

（七）咸通玄宝。懿宗咸通十一年（870年）桂阳监铸，隶书含魏碑风骨，章法匀称有力，"咸通"为当时的年号，试铸未行，铸行时间短。

唐代货币流通存在的三个问题：一是钱荒长期存在。铜原料开采不足、货币经济发展滞后于商品经济和对外贸易的发展，"两税法"后以钱纳税。二是恶钱长期存在。终唐一朝，盗铸屡禁不止，范围之广、跨度之久历朝少见。三是通胀长期存在。"安史之乱"以后，府库空虚，朝廷卖官爵、度僧尼、增税苛捐，都难以解决财政困难，物价飞涨。杜甫《忆昔》诗有"岂闻一绢值万钱"之说。

三、唐代开始的白银货币化

唐代的商品经济比前朝有较大发展，尤其是对外贸易发展速度与规模超过历代王朝，货币需求不但在数量和品种上较多，而且需要体小值大而又相对稳定的货币，金银是确当的选择。

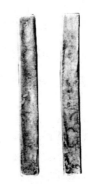

图 4-9 唐代金铤
《中国钱币博物馆藏品选》131 页

（一）唐代金银的基本货币职能。黄金作为货币的职能充分表现，白银作为货币的使用超过黄金，但是都没有成为具有全部货币职能的法定货币。

1. 计价、核算、估值、赏赐及价值尺度职能。《朝野金载》卷6："（唐）太宗赐长孙无忌七宝带，直千金。"唐张彦远《历代名画》卷2"屏风一片，值金二万；次者，售一万五千"。《通鉴》郑227，唐纪43："以金银十万两偿其马直。"《通鉴》唐纪部分用金银赏赐有三十一次之多，如"世民……赐敬德金银一篚"。"上闻而嘉，各赐金一斤，帛五百匹"[1]。

2. 交易媒介及流通手段职能。《通鉴》卷257，唐纪73，朱全忠遗押牙雷邺以银万两到魏地买粮。杜甫诗："囊虚把钗钏，米尽折花钿"。唐赵璘《因话录》卷3载：范阳卢仲罢选，持金在扬州出售，刚好当时金价上涨，每两得价八千钱。唐代民间买卖田地房产等大宗资产的交易，多有使用金银作为货币支付结算。

图 4-10 唐末至宋初的船形银铤
《中国钱币博物馆藏品选》160页

3. 贮藏职能。《通鉴》上此类记载较多。如"天下金帛皆贮于左藏"[2]。"乃于粪土中得银十三万两"[3]。"宣索左藏见银十万两，金七千两，悉贮内藏"[4]。"（吕）用之有银五万铤，埋于所居"[5]。

4. 支付职能。主要是租税、赏赐、进奉，还有贿赂请托、布施斋僧、军费、用间、岁计，官俸、赎罪、馈赠、赈恤救灾、债务等等。

（二）开始了中国的白银货币化。中国古代与外域的交往早已开始，成规模的商贸活动从唐代始，受朝廷的重视与支持，唐代的对外贸易发展迅猛。宰相贾耽的《皇华四达记》中说：大唐通往周边民族地区和域外有七条交通干道。……唐

[1]《通鉴》卷194，唐纪10。

[2]《通鉴》卷226。

[3]《通鉴》卷235。

[4]《通鉴》卷243

[5]《通鉴》卷257。

中期以后，海洋交通与贸易得到更大发展。……中西贸易，丝绸之路上的诸国，皆用银币，难以与中国的铜钱直接互换相通，要实现贸易交换，采用以分量计值的银锭是最便利的。唐代没有专门的国际货币，久而久之，银两自然成为国际货币，白银货币化开始。

（三）流通的金银货币品种。唐代流通的金银货币主要形制有：铤、饼、板、笏、笋和金银钱。其中，除了金银钱铸成定型的方孔圆形开元通宝钱，专门供皇室、皇族赏赐、馈赠、玩耍之用外，其他没有统一的规格、形制、重量和成色。现代所见的主

图 4-11　唐代开元通宝银钱
《中国钱币博物馆藏品选》160 页

要是铤和饼，其重量：金铤小的 100—200 克左右，大的 500—800 克左右，最大的 982 克。银饼一般 500 克左右。银铤小的 1 000—1 500 克，大的 2 000 克左右。成色一般为 80%—90%。用途主要是税赋、贡纳、赏赐、大宗支付。

第五节　公廨钱制度、物价、官吏月俸及放款、存款与飞钱

隋炀帝时再度打通西域的贸易路线以后，大批波斯、大食等国的胡商通过陆、海两路来中国做买卖。唐代以后，国内的商业和对外贸易非常发达，带动货币经济的发展，封建社会的信用关系发展到新的阶段。京城长安的西市则是中国古代最早的金融市场，集中了供给抵押信用的质库、供给普通信用的公廨、收受存款或供给保管便利的柜坊、寄附铺、货币兑换店、买卖生金的金银店、办理汇兑业务的商人组织。

一、隋唐的公廨钱制度

开皇八年（588 年）以前，隋文帝杨坚为节约政府费用，发给各级官员一定数额的办公经费作本钱，即所谓公廨钱，用于周转取息，所得息钱作为政府办公费，以此减少国家的财政支出，公廨钱成为官营商业资本继而转为官营高利贷资本。官营高利贷并不是隋代的首创，但是由政府发钱给官员用于放贷收取利息，增加国家财政收入，则为隋代的创举。唐高祖武德元年（618 年）公廨本钱开始

设立，由诸司令史负责经营，名为捉钱令史。每司设令史九人，每人给以本钱四至五万文，每月纳利钱四千文，月息约八分到十分。

二、唐代的物价及官吏月俸

唐代（618—907年）的物价以天宝年间（742—756年）分前后两个时期，从贞观初（627年）至天宝五年（746年）的贞观之治，谷价长期稳定在3—20钱，按每斗20钱算每市石336文，低于西汉宣帝（前74—前49年）时的370文和汉元帝（前49—前33）时的590文。安史之乱（755—763年）发生后，米价狂涨，结束时，物价水平大幅提高，平常的米价为2 000—3 000文1石。唐代的官吏收入随着物价的自然上涨及动乱影响而增加。

唐玄宗开元（713—741年）及大历（766—799年）年间官吏月俸货币所得（文） [1]

年代	一品	二品	三品	四品	五品	六品	七品	八品	九品
开元	54 333	40 666	30 332	21 567	15 866	8 632	6 766	4 875	3 817
大历	120 000	80 000	60 000	40 000	30 000	20 000	10 000	4 116	1 917

三、唐代的放款业务

唐代的放款业务已经较为规范，规模也远远大于以前朝代。放款的品种一是信用放款，以人的信用决定放与不放及放多放少，名称为出举、举放、放债、放息钱、卖息钱等。放款者主要是富商，也包括波斯商人等外国商人，禁止贵族和官僚放款。放款的对象是普通商民及官吏。公廨钱制度得以承袭，各朝都由政府拨款给各级机关用于牟利发放官员薪俸。放款以现钱为主，也有以粟麦等实物借贷。还款时现钱及实物均可。二是抵押放款。田地、房宅等不动产抵押称贴质或质。而典当的押款称收质或质。政府对于放款的利率有一定限制，具体利率也有变动，开元十六年（728年）规定四分收利，官本限五分收利。在城市，高利贷的盘剥使很多人濒于破产。在农村，高利贷使大量农民治丧失土地、房屋、耕畜，有的则以人身为质抵债。

---

[1] 彭信威：《中国货币史》，第265页，上海人民出版社，2007年。

四、唐代的存款业务

唐代以前，窖藏和寄存亲友是闲置资金的主要处理方式，是一种单纯的保管。随着唐代商业贸易的繁荣，社会财富持续大幅度增长，货币的交易数量、范围扩大，传统的保管闲置资金的方式被打破，代之的是从都市为住客保管钱财的邸店演变产生的柜坊。柜坊是存放资金的机构，但不是信用机构，不能动用客户的资金，唐代的法律规定利用受寄财物的人要加罪。当然也不付给客房利息，只是收取保管费用。一些商店也为客户保管资金，存款人可以命令存款机构向第三人付款。命令的方式有的以物为凭，有的使用帖或书帖，上面有付款数目、出帖日期、收款人姓名、出帖人署名。

五、唐代的飞钱

飞钱又称便换，出现于宪宗元和初年（806年）。韩国《钱币史话》的作者认为唐代的飞钱就是世界上最早的纸币。而中国许多货币史的书籍中均称飞钱为汇兑方式。

（一）飞钱的性质。商人外出经商带大量铜钱既有安全隐患，又因过重不便携带。将铜钱存入当地官府，取得记载地方和钱币数目的官府凭证，持凭证去异地提款购货。凭证即飞钱，不介入流通，不行使货币职能，不是真正意义的纸币。飞钱履行货币的相关职能，减省了铜钱需求，缓和了钱币不足的矛盾，减轻了携带大量钱币的不便。飞钱经营除官办以外，还有私办。大商人在各道或主要城市有联号或交易往来，代营便换，以此牟利。

（二）飞钱产生的经济社会背景。飞钱产生与当时商业贸易发达有关。唐代内地与边远地区、外国通商日盛，许多商人奔波于崇山峻岭戈壁沙砾之间，铜钱面值小又重，运输很不便利，时遭抢劫风险。一些封疆大吏搜刮的财宝也要运送京城或老家。唐中叶钱币短缺，导致飞钱出现。唐德宗建中初（780年）以两税法代替租庸调法，以钱定税，扩大了货币流通范围，增加了货币需求，但流通中的货币并未增加，出现钱荒。中央和各地州县均禁钱出境，影响正常的商品流通。

（三）飞钱的意义。飞钱第一次为世人提供银钱拨兑的先例，无需实体货币的流动，起到了实体货币的作用。飞钱的汇兑功能在宋明清延伸并得到发展，明末清初，商人间相互签发的会票，或商人为世家向京师转移资财签发的会票，大都说此即飞钱之遗意。《宋史·食货志》这样评价："会子、交子之法，盖有取于唐之飞钱。"在中国的货币流通历史长河中，飞钱运营的时间极短，一飞而过，产生的汇兑信用及后来对北宋纸币交子问世有积极影响。

第六节　唐代"两税法"改革引发的货币争论

隋唐结束魏晋南北朝以来长期的国家分裂，重建强盛、统一的国家。唐代一直存在的钱荒问题，引起不同时期的各种议论。开元二十二年（734年），宰相张九龄（637—740年）代玄宗拟诏书《敕议放私铸钱》，解决铜钱数量不足、节省政府铸造费用，引起了中国古代第四次也是最后一次货币铸造权的争论。

一、刘秩反对开放铸币主张增加官府铸币

曾任左监门录事参军、卫录事参军事的刘秩，将货币的需要量与居民人数联系考察。唐玄宗开元年间（713—741年）上《钱货议》反对开放私铸，认为自古以来铜钱流通，如果放任民间铸钱，朝廷对下难以管理。物品价低伤害农民，货币贬值伤害商人。管理国家要重视物价与币值，物品多货币就贬值。物重则钱轻，钱轻由于钱多；多则作法收之，少则重。如果允许民间铸钱，没有利不会有人做，有利人们都不从事农业。流通货币之所以会发生数量不足及铜钱的价值不断提升，是因为人口增长而铸钱数量没有增加。人口增加会引起生产规模及社会产品的增加，引起商品流通数量的增加，需要更多的货币满足商品流通。

二、第五琦主张铸造虚价大钱

唐代理财家、曾任户部侍郎，同中书门下平章事等职的第五琦，在"安史之乱"唐代出现严重的财政危机时，建议唐肃宗于乾元元年（758年）发行虚价大钱以一当十。翌年，发行当五十重轮乾元钱，与开元钱并行流通。发行不久，谷价腾贵，斗米至七千，饿死者相枕于道，人们纷纷盗铸新钱，货币流通混乱。由此，铜钱开始有虚、实之分，虚钱之名问世。第五琦援用单旗的"子母相权"思想，使足值开元通宝与不足值的乾元大钱作为子母相权并行流通，结果全社会竞

铸新钱，劣币驱逐良币。

三、刘晏提出货币按实际价值流通

唐代著名的经济改革家和理财家刘晏，上元元年（760年）五月兼任铸钱使，改行稳健的货币政策，终止第五琦的铸币膨胀政策，将乾元钱的法定价值逐渐减降低至实际价值以下，各种铜钱按实际价值流通，利用劣币驱逐良币定律，使其退出流通。唐代宗宝应元年（762年），再次主持财政及铸钱事务以后，采取增加铸钱的措施，在铜贵钱贱的情形下十分有效。从货币理论考察，很好地运用古代均输原则，解决了当时铸钱铜料价贵及缺少的难题，运用商业原则较好地解决了增铸钱问题，从而对社会经济的发展和货币流通的稳定发挥了积极作用。

四、"两税法"改革反对者关于钱荒的议论

建中元年（780年），宰相杨炎建议推行"两税法"，以户税和地税来代替租庸调的新税制。实施后不久，钱重物轻的现象趋于严重，钱荒出现，引起许多思想家的关注与议论。

（一）陆贽的货币数量论。唐代著名的政治思想家、文学家、政论家陆贽在《陆宣公奏议》认为货币的职能是平贵贱与准交易，具有价值尺度和流通手段。物贱由于钱少，少则重，物贵由于钱多，多则轻，轻则作法而敛之使重，将物价贵贱的原因完全归于货币多少。物之贵贱，系于钱之多少，钱之多少，在于官之盈缩，要求用调节流通中货币数量来解决钱荒，采铜铸钱、禁铜为器增加铜钱铸造。以榷酒、榷盐作为政府收钱即掌握货币的措施。政府手中掌握足够数量的货币，散重为轻，流通中有充足的货币，再取消"两税法"以钱定税的办法，民间对货币的需求减少，钱重物轻的钱荒问题可逐步解决。

（二）白居易对《管子》轻重货币思想的继承。白居易《息游惰劝农桑议赋税复租庸罢缗钱用谷帛》，根据《管子》的轻重理论，将货币与谷物、百物相平衡的轻重关系，发展为货币与农工商业的关系，国家以货币为杠杆，通过敛散货币、谷物和财物以调节市场物价，干预与调节农工商业。国家掌握货币及谷物，通过货币对农村的投放，使农产品的价格保持适当水平，避免谷贱伤农，促进农业的发展。对城市工商业保证谷物的充分供应，促进货物流转。国家借助货币的

杠杆作用，实现农、工、商三者"和钧"的目标。主张"两税"改收实物以缓和钱荒，减轻农民缺少货币的痛苦。通货缺少的原因是由于铜钱被蓄积于政府及豪富手中，以及铜贵引起人们销钱为器，政府散钱敛谷、实行铜禁，增加流通中货币，货币只有在流通中才有作用。

（三）杨于陵对货币基本职能的表述。《新唐书·食货志二》记录了唐代政治家杨于陵对钱重物轻的原因分析，货币的职能是作为价值尺度与流通手段，即以权百货，贸迁有无（唐代对货币基本职能最确切的表述），强调货币对经济的调控作用。流通中货币减少的原因是由于两税改革后征钱、钱币贮存于国库、铸钱数量的减少、钱币外流、钱币被商人囤积、钱币被葬埋和沉淀于社会、用钱地区的扩大。用钱的数量增加，范围扩大，可供流通的钱币减少，钱重物轻的现象必然产生。解决这些问题，将"两税"征收、专营销售的酒和盐利征收、上供和各级官府用钱全部改为布帛替代，减少对钱币流通的需求。增加官府货币投放，收回流通中货币，防止铜钱被官府及豪家、富商收藏而不出。增加政府铸钱，控制边境贸易中铜钱的外流和货币的私家之藏。朝廷采纳杨于陵的建议，"两税"征收不再征钱，改征布帛，并于长庆元年（821年）实行，酒和盐利以钱为标准，但可以按市价折纳布帛。

杨于陵的建议终止了唐代赋税货币化。

（四）韩愈主张通货减重。唐代杰出的文学家、思想家、政治家韩愈上《钱重物轻状》提出四条对策建议：一是赋税改为征土产；二是禁铜和禁钱出五岭；三是铸造当五钱，新旧钱并用，实行通货减重政策；四是减少官员的工资去铸钱。货币名目主义及王权论的倾向十分明显，前人主张造虚价铜钱时含铜量加大，韩愈提出把一字改为五字就行。新钱流通以后，新旧币的比价不可能按其面额价值流通，只能按实际价值流通。反而是以新币为标准的物价计算会相应抬高，结果是引发商品价格的混乱，并不能增加流通中货币数量。而足值的旧钱会被人们贮藏，劣币驱逐良币。

五、杜佑的货币观点及《通典》的贡献

唐代政治家、史学家杜佑编纂的巨著《通典》是我国最早的专门记载古代典章制度的史书，其中保存了很多货币制度与货币思想方面的史料。《通典》引述《管子》言论较多，货币观点并不系统。认为货币的起源很早，在夏商以前。货币的产生是有非常深和远的意思，因为世间有万物，货币的作用就是主（衡量）万物（商品）的数量。铜币是最理想的通货，五铢钱的重量最为适中，开元钱比五铢钱稍重。主张足值铸币，货币理论属于金属主义观点。

第五章　五代十国时期的货币流通

唐末，太监专权，藩镇混战，民不聊生。懿宗九年（868年），桂林爆发庞勋为首的成卒起义，拉开了唐末农民大起义的序幕。僖宗乾符元年（874年），王仙芝、黄巢在长垣（今河南长垣县）起义并攻入长安，唐代统治名存实亡，唐僖宗在动乱中死去，由弟唐昭宗继位。天祐四年（907年）四月，唐昭宗第九子昭宣帝被朱温逼迫退位，唐亡。朱温即皇帝位，国号大梁。同时，王建在成都自称蜀帝，李克用在晋阳称晋王，李茂贞在凤翔称岐王，五代十国开始。

"五代"是指公元907年唐灭亡后依次更替位于中原地区的五个政权，后梁、后唐、后晋、后汉与后周。公元960年，赵匡胤建立北宋，五代结束。其间，中原地区之外还有许多割据政权，前蜀、后蜀、吴、南唐、吴越、闽、楚、南汉、南平（荆南）、北汉，统称"十国"，北宋建立后先后统一尚存的荆南、后蜀、南汉、南唐、吴越、北汉，基本实现全国统一。

第一节　五代十国时期的经济与社会

五代十国时期，北方经济发展滞后，南方经济却有较大发展。

一、中原地区的社会经济受到很大破坏

唐末兵革不息，沙陀族统治者残暴，契丹族骚扰，兵役、军役、河役、建役、修役、杂役种类繁多，大批汉人流入契丹境内，并有组织向江淮、湖南、湖北、福建、广东地区迁徙，北方的经济发展受到很大破坏。后梁梁太祖朱温重视抚民，农业生产恢复较快。后唐取代后梁后，唐庄宗残酷剥削、自然灾害频发，民不聊生，农业生产停滞不前，至后唐明宗即位后得以恢复。后晋高祖时期，农村经济比后唐有更快的恢复与发展。北方农业后周时真正恢复，周太祖、周世宗

坚持轻徭薄赋，奖励垦殖，招抚流亡，发展生产。北方的农业生产在曲折中恢复发展。

二、南方农业与农田水利充分发展

南唐轻徭薄赋，对流民计口授田，奖励垦荒。吴越坚持募民垦荒，钱元瓘即位以后就将荒地绝田租籍流民，并免其税赋。王潮、王审知统治闽国时期大力发展农业生产，召回流民，确定租税，劝民农桑。南方的农业生产工具有连加、犁、耧、磨、铧、凿、锄、镰、刀、斧等。十国中吴越、南汉、南唐、前后蜀等国，保持20至50年的和平时期，北方人大量南迁带来先进的农业生产技术和劳动力。南方各国的水利建设工程成就斐然，在今江苏、安徽两省的沿江地区创造圩田，旱涝无虑。吴越地区治理太湖入海水口防海水倒灌。前后蜀兴修水利，扩大溉田，控制水患。南汉割据的广东、闽国所在地福建水利开发成就可观。桑蚕业有长足进步，花卉种植范围扩大，专门市场形成，西瓜、荔枝等水果品种增加20多种。人工种植附子、人参、当归、半夏、细辛等传统中药材，江淮与川蜀地区的药材种植发展最快。《四时纂要》记载的品种有：韭菜、茄子、萝卜、蔓菁、葵花、荷藕、瓠、百合、蜀芥、芸苔、苜蓿、葱、蒜、薤、芋头、莴苣、胡菜、瓜、越瓜等。

三、手工业生产技术和工艺取得新的发展

私营手工业从事的行业有制车、纸墨、铸造、染织、制陶、制瓷、酿酒、碾硙等。铁器制造水平较高，金银产量大幅增长拉动金银制品生产。农民以丝织产品完税，花色品种丰富多彩，产量增长，新技术不断运用，推动地区丝织业发展。湖南与岭南棉纺织业在马楚时期较快发展。造纸分布在唐基础上增加许多州郡。产茶区比唐扩大，种茶技术和产量提高。南唐的扬州等地有规模较大的造船基地。

四、商业保持繁荣与发展

大批贵族官僚参与商业经营，范围之广、规模之大，前所未有。扬州经过吴、南唐数十年恢复，重现昔日繁荣，成都保持巴蜀地区的经济中心地位，杭州成为对外贸易的商港，南唐都城金陵是江南最重要的商业都市。开封取代长安、

洛阳成为内地最大的商业都市。坊市制度打破，夜市与早市司空见惯，城市服务业发展较快。南北方政权间有多种贸易形式。南方输向北方的商品有茶叶、丝绸、粮食、药材、蔬菜、花卉、水果、木材、食盐、珠宝、香料、酒类、铁器、农器、瓷器、水产品等。北方输向南方的商品有生活用品，以及耕牛、羊马等畜产品。割据各国重视发展本国经济，形成以割据地域为范围的区域性市场。内地与周边民族的贸易与唐代相比有所衰退，中原王朝对许多原隶属于唐代的民族不再拥有管辖权，政治影响力下降，朝贡关系中断。

五、海上对外贸易有所发展

对外贸易总体萎缩，只是海上对外贸易有一定程度发展。朝鲜半岛与中原王朝的官方贸易发生在后周时期，与南方诸国民间贸易关系密切，商船频繁往来。吴越、闽国与南唐与日本的民间贸易最为兴盛。闽、南汉、吴越及吴、南唐与东南亚、南亚的有往来贸易。与东非、南亚、西亚各国商贸发展持续不断，虽然继续维持中原与西域的商业贸易，与繁荣的海上丝绸之路规模与数量不能相比。

第二节　五代的货币

五代时期，各个王朝更迭后都以统治全国自居，实际统治的都是北方中原地区，而且统治时期很短。最长的后梁17年，最短的后汉4年。由于每个政权的获得都用战争手段，无论是对社会经济，还是货币流通都产生严重的影响。流通货币主要是以唐代的旧钱为主，各王朝铸行少量货币。

一、后梁货币

图5-1　五代后梁开平元宝
《中国钱币大辞典·魏晋南北朝
隋编·唐五代十国编》图9

后梁建立时战争仍在进行，军费开支需求大，社会经济不稳定，市场流通的货币主要是唐开元通宝。货币史中对后梁铸钱没有记载，已见的主要是青铜质开平元宝和开平通宝、铅开平元宝·小钱。钱文真书，旋读。

二、后唐货币

后唐，五代第二代王朝。沙陀部落人李存勖在攻下大梁前，于魏州（治元城，今河北大名北）即皇帝位，国号大唐，史称后唐，改元同光（923年），历四帝，共14年。李存勖以恢复唐代为号召，灭梁之后兵事渐少，商业略盛，市场中钱少不便，天成年间（926—929年）铸天成元宝，青铜质，钱文隶书，旋读。

图 5-2　五代后唐天成元宝
《中国钱币大辞典·魏晋南北朝
隋编·唐五代十国编》图 10

三、后晋货币

后晋，五代第三代王朝。后唐同光四年（926年），李存勖被叛军所杀，李嗣源入洛阳称帝，即后唐明宗。李嗣源卒后，李从厚继位，为后唐闵帝。当时凤翔节度使李从珂和河东节度使石敬瑭均拥兵自重。不久，李从珂杀后唐闵帝，改元清泰，自立为帝，即唐末帝。石敬瑭在朝廷内部策反并向契丹求援，后唐清泰三年（936）十一月，契丹作册书封石敬瑭为大晋皇帝，改元天福，国号晋。石敬瑭遂即位于柳林（今山西省太原市东南），同月攻入洛阳，后唐亡。天福二年（937年），后晋迁都汴梁（今河南开封），国号晋，史称后晋，历二帝，共11年时间。后晋向契丹称臣，对百姓残酷掠夺。天福三年（938年）铸天福元宝，青铜质，钱文楷书，左右两种旋读。

四、后汉货币

后汉，五代第四代王朝，高祖刘知远建立，都城开封。公元948年高祖第二子刘承祐嗣位，即汉隐帝。公元950年李守贞等藩镇发生叛乱，汉隐帝命郭威平之。后汉隐帝猜忌郭威欲杀之，郭威不得已反叛，汉隐帝为溃军所杀，后汉至此灭亡。历二帝，共四年时间。隐帝乾祐年间（948—950年）铸汉元通宝，青铜质，钱文隶书，对读。其中汉字为别体，近楷或近草，多为简体。元、通、宝三字移用唐开元通宝。

图 5-3　五代后汉汉元通宝
《中国古代物质文化史·
货币·上》203 页

图5-4 五代后周周元通宝
《中国古代物质文化史·
货币（上）》203页

图5-5 五代刘燕政权永安
一千《中国古代物质文化史·货
币（上）》204页

五、后周货币

后周。五代最后一个王朝，开国皇帝郭威是后汉的开国功臣，也是高祖刘知远指定的顾命大臣之一，奉后汉隐帝刘承祐命，多次平定藩镇叛乱。954年病逝，其养子柴荣即位，公元955年到958年三次亲征南唐，几乎将其所有长江以北的地区交割给后周。公元959年，北上攻辽，不久病逝。幼子柴宗训登基，殿前都点检赵匡胤结镇、定二州将，谎报辽国和北汉联合进犯，到陈桥驿发动兵变，夺取帝位建立北宋。郭威自称周朝虢叔后裔，以周为国号，史称后周，以别于其他以周为国号的政权，又以郭威之姓，别称郭周。周世宗显德二年（955年）铸周元通宝，青铜质，形制、式样、钱文沿袭唐开元通宝版别，钱文隶书，对读周元通宝，旋读周通元宝。

六、刘燕货币

五代十国时期，卢龙节度使刘仁恭、刘守光父子建立的割据政权，占据北方幽州长达18年（895—913年）对内施行暴政，对外四面开战，后世称为桀燕，且不被史书正式承认其为一国。为维持庞大的军队开支和奢欲，铸造大钱和粗劣的恶钱，强行在统治地流通。先后铸造应天元宝背（万）、乾天元宝背百钱、应圣元宝背拾钱，还有铜、铁两种的永安一十、永安一百、永安五百、永安一千钱。钱文隶书，读法有左右上下和右左上下两种。仿照唐末史思明铸的顺天元宝钱，钱文楷书，背上月下、十、百、千。另外，在统治区以黏土壏泥造钱流通。

第三节 十国的货币

中原五代更迭时，中原以外地区先后出现十个相对较小的割据政权，史称十国（891—979年），其中南方九个：吴、南唐、吴越、楚、前蜀、后蜀、南汉、南平（荆南）、闽，北方北汉。建国之地有相承、有独立。版图大小不等，存在时间比五代各朝长，领袖名号、称帝、称王不一。江南以吴国最强，后被李昇篡位，建国南唐。南唐国力最强，先后攻灭闽国、楚国，但多次用兵使得国力衰退，最后败于后周。蜀地有前蜀、后蜀，国家富强，是仅次于南唐的强国，然而耽于安乐，最后亡于中原。北汉是后汉刘氏后裔所建。北宋相继扫荡群雄，于979年统一中国，十国结束。十国各自为政，多数铸行货币，其中有铜、钱、铁钱，或铜铅铁钱交替铸行，混合流通，导致一些地区劣质金属货币充斥货币流通市场。

一、吴越国货币

吴越国（907—978年）建都杭州，唐代镇海、镇东节度使钱镠建立。历五主，共72年时间。由于地狭兵少，实力不济，一直以效忠中原王朝为国策。唐亡之前忠于唐，朱温建梁后又忠于后梁，得到吴越国王、诸道兵马都元帅头衔。后唐灭梁后上表称臣，得吴越国王、天下兵马都元帅头衔、玉册金印。凭此，吴越国有效防御了周边割据势力的侵扰，没有发生战争，经济文化发展最快。在钱王善事中国、保境安民的基本国策指导下，大力发展农田水利基本建设，天然的水利条件，使农业生产得到很好发展，社会经济稳定。手工业、商贸业和文化事业同时发展，杭州、苏州等中心城市不断扩展，经济和文化列于五代诸分裂政权的前列。吴越国除了沿用唐代旧钱外，铸行铅钱。二十世纪八十年代以来，在古吴越境内的绍兴、嘉兴、嘉善、湖州、桐州、苏州等地屡有铅开元通宝钱出土。其形制、钱文、特征，数地出土完全一致。仿唐开元通宝风格，有吴越文化气息，钱文隶书，对读。

二、楚国货币

楚国（896—951年），历史上唯一以湖南为中心建立的王朝，史称马楚，建都潭州（今长沙）。创始人马殷，全盛时共24州、5个节镇，即今湖南全境和广西大部、贵州东部和广东北部。公元951年，南楚发生内乱，南唐派遣大将边镐灭南楚，南楚灭亡，历六主，共56年时间。马殷政权时期，

图 5-6　十国楚铅天策府宝
《中国古代物质文化史·货币
（上）》212 页

93

上奉天子，下抚士民，内靖乱军，外御强藩，社会相对安定。兴修水利、奖励农桑、发展茶业、提倡纺织、通商中原，社会经济发展较快。利用地理优势，与中原和周边发展商业贸易，免收关税，鼓励进出口贸易，招徕各国商人。鼓励百姓制茶销往中原，换回战马和丝织品。手工业和矿冶业也比较发达。要求百姓缴税以帛代钱，引发民间纺织业的兴盛，种棉织布较为普遍。为发展商业，采纳大臣高郁的建议，铸造铅、铁钱币在境内流通。由于铅铁钱币笨重，携带不便，商旅出境外贸易，大都无所用钱，只能在楚购买大量产品销往各地，楚地通过境内产品易天下百货变得富饶。铸行的货币有：楚铅开元通宝。青铜质，钱文隶书，对读，小平钱。楚铅乾封泉宝，钱文隶书，对读。楚乾封泉宝，青铜质，钱文隶书，对读，当十钱。铁乾封泉宝，钱文隶书，对读，当十钱。天策府宝，青铜质，钱文楷书，旋读，当十钱。楚鎏金天策府宝，青铜质，钱文楷书，旋读，当十钱。楚乾元重宝，青铜质，钱文隶书，对读，当十钱。

三、闽国货币

闽国（909—945年），先后定都于长乐（今福建福州）、建州（今福建建瓯）。后唐长兴四年（933年）王审知次子王延钧称帝，国号大闽，建都长乐，年号龙启。历四帝，共20年时间。如果从开闽王氏以唐光启二年（886年）丙午岁王潮官拜泉州刺史开始，王氏确立对福建的统治60年。王审知在位时，选贤任能，减省刑法，珍惜费用，减轻徭役，降低税收，百姓休养生息，经济与社会都得到较好发展。派得力官吏出巡州县，劝课农桑，鼓励开荒造田，发展生产。鼓励农民栽种茶树，出口茶叶。修浚福州西湖，灌溉闽县、侯官两县民田。取消闽江流域的关卡，保证物资交流，在黄岐开辟对外贸易港，福州与朝鲜、印度、苏门答腊等地常有商旅往来。在汀州置铅场铸铅钱、铜钱、大铁钱，以五百文为贯。

王审知受梁太祖封为闽王并升福州为大都督府后，改国号为闽，铸行闽铅开元通宝。铅质，隶书，对读。小平钱仿唐开元通宝，当十钱则别具风格，背国号闽和纪地名福。王延曦继帝位，改元永隆铸

图5-7 十国闽永隆通宝
《中国古代物质文化史·货币·上》211页

年号钱永隆通宝。有铜、铁、铅三种材质，隶书，当十钱。背国号闽。王延政继位后，改国号殷，天德二年（944年）铸行天德通宝和天德重宝，背国号殷。天德通宝，青铜质，钱文隶书，当十钱。天德重宝，有铜钱和铁钱两种。隶书有楷意，当五钱。

四、南汉货币

南汉国（917—971年）国号大越，定都兴王府（今广东广州），位于现广东、广西两省及越南北部。公元939年位于今越南北部交趾的吴权独立。刘龑于后梁贞明三年（917年）建都兴王府，即皇帝位，国号大越，次年以汉代刘氏后裔自居，改国号汉，史称南汉，971年为北宋所灭，历四帝，共55年时间。

图5-8　十国南汉乾亨重宝《中国钱币博物馆藏品选》83页

南汉立国后，没有与外邻发生重大战争，经济社会较为稳定。刘氏世代是商贾出身，商业比北方发达。由于中原人迁徙岭南，带来先进生产技术，增加了劳动力，促进农业生产的发展。冶矿业有较大规模，冶炼技术进步较大，冶铸的金属有铁、铜、铅等。铸行的货币有：乾亨通宝，青铜质，钱文楷书，对读。乾亨重宝，有铜、铅两种。铜钱为青铜质，钱文楷书，对读，有光背、平背、四决纹等版别。铅钱为隶书，对读，有多种版别。铅乾亨重宝，钱文隶书，对读。桂州铅钱有开元通宝、五五、乾亨重宝三种。桂州铅开元通宝，楷隶相间，对读。桂州铅乾元通宝，钱文隶书，对读。桂州铅乾元重宝，钱文隶书，对读。桂州铅宝字钱。钱文隶书，对读。桂州铅五五钱，钱文篆书，横列，顺读。

五、前蜀国货币

前蜀国（907—925年），王建所建，都成都。盛时疆域约为今四川大部、甘肃东南部、陕西南部、湖北西部。后梁开平元年（蜀仍称天复七年，907年），王建称帝，国号蜀，史称前蜀。天汉元年（917年），王建改国号为汉。次年，复号为蜀。光天元年（918年），王建去世，其子王衍继位。同光三年（925年），后唐庄宗李存勖发兵攻蜀，王衍投降，前蜀灭亡。历二主，共18年。前蜀建立后很

图5-9 十国前蜀通正元宝
《中国古代物质文化史·货币
（上）》206页

图5-10 十国后蜀广正通宝
《中国古代物质文化史·货币
（上）》207页

少有大规模战争，社会生产正常，王建统治时赋税繁重。王衍继位后，奢侈荒淫，营建宫殿，巡游诸郡，耗费大量财力，加重人民的负担。太后、太妃卖官鬻爵，臣僚也贿赂成风，政治十分腐朽。

王建即位后，用唐昭宗年号天复，次年改元武成元年（908年），四年（911年）十二月，改元永平元年。是年铸永平元宝，青铜质，隶书。通正元年（916年）三月铸通正元宝，青铜质，钱文隶书，旋读。天汉元年（917年）正月铸天汉元宝，青铜质，钱文真书，旋读，元、宝二字仿唐开元通宝。光天元年（918年）正月铸光天元宝，青铜质，钱文隶书，旋读。乾德元年（919年）铸乾德元宝，青铜质，隶真两种书体。咸康元年（925年）铸咸康元宝，青铜质，真书有隶意。

六、后蜀国货币

后蜀（934—965年），孟知祥所建，建都成都。盛时疆域约为今四川大部、甘肃东南部、陕西南部、湖北西部。后唐应顺元年（934年）孟知祥称帝，改元明德，国号大蜀，史称后蜀。同年，孟知祥去世，子孟昶继位，仍用明德年号，明德五年（938年）改元广政。北宋乾德三年（965年）周发兵攻蜀，孟昶投降，后蜀灭亡。历2主，共31年。孟知祥即位后，地方经济与社会发展少有建树。孟昶当政时，四海升平，国泰民安，于后蜀广政四年（941年）撰写24句96字《官箴》颁于郡国，以期让官员们历历在目、则必能隐惕于其心，促进国家的长治久安。铸行的货币有：大蜀通宝，青铜质，钱文正书，对读。广政通宝，青铜质，钱文隶书，对读。铁广政通宝，铁质，钱文隶书，对读。铅广政通宝，钱文隶书，对读。

七、南唐国货币

南唐国（937—975年）徐知诰，少孤流落，被徐温收为养子，掌握吴国政柄。大力招徕、奖拔北来士人，扶植江南名人。天祚三年（937年），废黜吴帝杨溥，登上皇位，国号大齐，年号昇元。次年，改姓名为李昇，改金陵府为江宁府，以府治为宫，以金陵为国都，以原来的杨吴都城扬州为东都，在金陵称帝，建国号为唐，史称南唐。有烈祖李昇、中主李璟和后主李煜三位帝王，共39年。

烈祖李昇以保境安民为其基本国策，休兵罢战，敦睦邻国，结好契丹牵制中原政权，江南地区保持较长时期的和平，社会生产逐渐复苏并迅速发展。政府轻徭薄赋，劝课农桑，鼓励商业。商人以茶、丝与中原交换羊、马，又经海上与契丹贸易。纺织、印染、矿冶、制茶、造纸、晒盐、造船、金银陶瓷、文具制造等，均有突出成就。产量高，工艺精，涌现许多名品。最盛时幅员35州，地跨今江西全省及安徽、江苏、福建和湖北、湖南等省部分，人口约500万。南唐三世，经济发达，文化繁荣，为南方的经济开发做出了重大贡献，成为中国历史上重要的政权之一。

彭信威先生曾评价南唐国货币："十国中以南唐钱种类最多，而且领土也广，特产丰富，文化水平高。"[1] 南唐先后铸行多种钱币，铸行工艺承袭唐钱，不受周边邻国尤其是楚、吴越等盛行的铅铁等贱金属钱币的影响，坚持铸行流通铜质钱，各种钱币有较规范壮观的阔轮狭穿。其唐国钱和开元钱的小面额钱币（一当一、二当一）和大面额钱币（当十、当五、当二、当一）系列成套铸行，满足了货币流通的实际需要。大小面额钱币兑换有明文规定，避免了实际流通兑换中可能出现的混乱，符合货币流通规律，铸行的货币有：

图 5-11 十国南唐唐国通宝
《安徽历史货币》117 页

图 5-12 十国南唐
永通泉货（苏骏）

大齐通宝，青铜质，钱文隶书，对读。保大元宝，材质有铜铁两种，钱文真书，旋读，当五钱。唐国通宝，青铜质，钱文"唐"为国号，篆、隶、楷三种书体，对读，有当五、当二、二当一钱。铁唐国通宝，钱文隶书，对读。铅唐国通

---

[1] 彭信威：《中国货币史》，第230页，上海人民出版社，2007年。

宝，钱文隶书，对读，二当一钱。南唐开元通宝，青铜质，篆、隶两种书体，对读，有当十、当二钱。大唐通宝，青铜质和铁，钱文隶书。对读。大唐镇库，镇库钱，青铜质，钱文隶书，对读，钱体厚重规整，充分体现南唐盛世风范。永通泉货，有铜铁两种材质，铜钱当十大钱为隶书，当五为篆书，对读。铁永通泉货，钱文隶书，对读，当十钱。

第四节　货币流通中的问题及钱弘亿反对铸造铁钱的观点

五代十国时期农产品商品化程度不断提高，农业经济持续增长，手工业发展规模不断扩大，商品经济繁荣及一批商业都市的形成，南北商品贸易的加强，对外贸易频繁进行，都产生了巨大的货币流通需求。由于国家处于分裂时期，难以对货币流通进行统一的组织与协调安排，货币经济的发展始终存在着突出问题，影响社会经济的发展。

一、钱币紧缺

铜钱流通严重不足，根本原因是商品经济的发展和商品流通领域的扩大，货币流通量不能匹配。南方各国虽然也存在钱币紧缺，大都在统治后期。最紧缺的是中原地区，铜钱被民间和佛教寺院大量贮藏。许多铜矿开采殆尽，不能保证铜钱原料供应，社会生活其他用铜过多，销钱为铜的现象普遍。分裂引发战争频繁，需要用钱与周边游牧民族购买战马。中原王朝自后晋始，每年向契丹进献岁币30万。契丹因境内钱币流通不足，晋高祖石敬瑭把沿边州府积存的钱币悉数献给契丹。部分政权赋税征收现钱，使铜钱更加紧缺。铸铜像有增无减，铜器与铜钱比价不合理，销钱铸器可获利数倍。

二、多种货币同时流通

货币的发行与流通由各个政权自行组织安排，种类繁多，币值不一。币材有铜、铁、铅、锡。种类有官铸钱、私铸钱、古代钱、当代钱、你国钱、他国钱、器皿、饰品、谷帛等实物货币，多数政权发行货币，有的互相流通，有的限制流通。中原王朝统治的北方地区，币制相对稳定。闽、南汉两国币制最为紊乱，给社会经济发展造成消极影响。

三、钱弘亿反对铸造铁钱的观点

五代十国时期，使人注意的是吴越国钱弘亿谏阻铁钱的议论。吴越国偏处东南，虽然弱小，但十分富庶，货币仍沿用旧铜钱，流通相对稳定。946年，忠献王钱弘佐兴师救福州，欲铸铁钱以增加将士俸禄，受到钱弘亿反对。钱弘亿谏曰铸钱有八害。新钱既行，旧钱皆流入邻国；可用于吾国，而不可用于他国，则商贾不行，百货不通；铜禁至严，民犹盗铸，况家有铛釜，野有铧犁，犯法必多；闽人铸铁钱而乱亡，不足为法；国用幸丰，自示空乏；禄赐有常，无故益之，以启无厌之心；法变而不可遂复；钱者国姓，易之不祥。最后一害有迷信观点，其余基本符合当时闽、楚诸国的实际，指出行铁钱的弊病确实存在。他认识到劣币驱逐良币的定律，指出铸造铁钱，将会造成铜钱外流，铁钱不能流通于邻国，导致商贾不行，百货不通窘境。他还从钱币铸造方面指出铸造铁钱简单，难以杜绝盗铸。而且，轻易改变钱法会破坏货币流通秩序和稳定的货币流通局面。

第六章　繁盛的北宋货币经济

北宋建隆元年（960年），后周禁军首领（殿前都点检）赵匡胤发动"陈桥兵变"，推翻后周，自立为帝，改国号为宋，史称北宋（960—1127年），统治黄河中下游流域以南一带，先后与辽、金及西夏对峙。钦宗靖康二年（1127年）二月，金军攻破东京（今河南开封），除烧杀抢掠之外，俘虏徽宗、钦宗父子以及大批赵氏皇族、后宫妃嫔与贵卿、朝臣等3 000余人北上金国，东京城中公私积蓄为之一空，北宋灭亡。共历9帝，168年。北宋是中国古代历史上经济文化最繁荣的时代，儒学复兴，科技发展，政治开明，经济昌盛，文化繁荣。

第一节　北宋经济社会的发展

从唐中叶开始，经五代十国到北宋，社会经济迅速发展，农业、手工业、商业的发展超过唐代，并完成了中国经济重心的南移。

一、发展封建土地私有制推动农业发展

通过杯酒释兵权推动军事将领释兵权而购地，实施不抑兼并、自由垦辟土地及放任土地自由买卖政策，将难以经营的官田优惠出售给私人，土地趋于集中，官田私有化，政府给予法律上的承认。全国居民分为主户与客户两类，主户拥有土地并承担国家赋税，客户没有土地也不直接承担赋税。一系列土地政策的实施，持续而不断地扩大了耕地面积。户口增殖与耕植数量作为官吏政绩考核的主要内容，严惩渎职和破坏农政。立法推动农业生产的发展，景德二年（1005年）十月编成《景德农田敕》五卷。减少农民服役名目，部分力役以军旅或吏卒替代。重视使用与推广农业先进技术，推广稻麦二熟制、水田耕作技术、南稻北植，推广粟、豆、麻、蔬菜、桑麻、木棉、苎麻等经济作物和踏犁。熙宁三年至

九年（1070—1076年），全国兴修水利田1万多处，36万多顷。

图6-1 北宋广西贺州钱监遗址
《广西历史货币》215页。（北宋崇宁三年创置，政和六年停铸，历时14年）

二、手工业发展兴盛，铸钱业较为发达

中国古代四大发明中的指南针、印刷术、火药都在北宋应用。利用火药制造火箭、火球、火蒺藜等燃烧性火器。印刷术广泛应用，毕昇发明胶泥活字板。造纸质量有很大提高。北方采煤业发达，冶铸产品主要是铜铸钱、铁铸兵器和农具。浙江、福建沿海是造船基地。丝绸是主要的纺织业产品。定窑的白瓷、汝窑的青瓷、官窑的粉青、哥窑的天竺瓷成为四大名瓷。景德镇窑成为中国瓷器的主要产地。随着铸钱的增加，铜钱监、铁钱监在全国设立并初具规模。仁宗时期（1022—1063年）形成饶、池、江、建、韶（今广州韶关）五州钱监格局。神宗元丰三年（1080年）共设17个铜钱监，岁铸铜铸币500余万贯。

三、商业繁荣，对外贸易规模超过唐代

建国首年，建隆元年（960年）制定《商税则例》明确商业税收的物品种类、税种、税率、偷税逃税的处罚以及其他事项，各级政府设立征收机构。开封成为超百万人口的特大城市。形成以开封、苏州、杭州、成都为中心的地区市场。景德元年（1004年）宋辽"澶渊之盟"签订后，先后在雄州、霸州、安肃军、广信军、延州、保安军设立榷场，与辽开展边境贸易。天圣四年（1026年）在河东路设和市与西夏进行贸易。对外贸易采取开放、鼓励、招徕政策，规模超过唐代，依靠海路和外国通商。开宝四年（971年）二月灭南汉占据南方沿海以后，六月在广州设市舶司。太平兴国三年（978年）灭吴越、泉漳占据东南沿海以后，在杭州、明州、泉州、密州设市舶司。与中南（印支）半岛、南洋各国、高丽、日本、印度、师子国、大食、层檀国（今肯尼亚、坦桑尼亚等地）通商。输出商品主要是金、银、铜钱、铅、锡、瓷器和各种丝织品。

四、王安石变法对经济社会发展产生影响

范仲淹、富弼主导的"庆历新政"失败后，财政危机更加严重。嘉祐四年

(1059年)，王安石向仁宗上《言事书》提改革主张得到支持，主持设立"制置三司条例司"，统一制定户部、度支、盐铁三司条例。神宗熙宁二年（1069年）始，先后颁布《均输法》、《青苗法》、《农田利害条约》、《保甲法》、《免役法》、《市易法》、《方田均税条约》、《保马法》。变法尽管失败，但是加强了国家的中央集权，对贵族官僚和富商大贾有所抑制，农民所受剥削减轻。

第二节　北宋货币流通的特点

北宋货币，以铜钱为主，兼用铁钱、纸币，亦用金银。虽断续有局部战争，长时期大部地区是和平环境。社会经济繁荣，促进了商品经济发展，继而推动货币经济的大发展，货币流通形成一系列特点。

一、货币的财政发行

通过增加货币发行转嫁财政危机一直是基本国策。仁宗时期的宋夏战争引发军费开支骤然增加，在陕西铸造铁钱和大铜钱。神宗时期为支持战争，加大交子发行，两界并行流通。徽宗时期为对辽战争及粉饰太平盛世，发行成本低、面额大的当十钱、夹锡钱，并将交子推向全国大部分地区流通，无限制的扩大发行数量，由此引发通货膨胀和经济秩序的混乱。铸钱原料供给充足，铜、铁、铅、锡等有色金属产量达到中国古代最高水平。信州铅山场、韶州岑水场、潭州永兴场被称为产铜三大场，采炼的兴盛期，工人总数超过10万。后期出现的湿式采铜法新技术应用，生产成本比采矿冶炼法大大降低，在当时世界上遥遥领先。

二、发行品种多数量大、划分货币流通区

铸行的货币品种多、数量大，不但有铜钱、铁钱，还有纸币和金银。铜钱、铁钱。不但有小平钱，还有折二以上大钱。多元化货币的主要品种是铜钱，以小平钱为标准单位，铸造数量远超前代。不但大量铸造铜钱，还铸行数量可观的铁钱。铁钱铸行数量、流通时间、行用范围历史罕见。将全国划分为若干个不同的货币品种流通区域，部分地区向铁钱区过渡。江南兑收铁钱，流通铜钱。四川铜钱输入京师后，变成铁钱流通区。宋夏战争其间，为筹集军费，将陕西及河东地

区变成铜钱与铁钱同时流通地区，导致货币流通秩序的混乱。铁钱铸行数量之多、流通时间之长、行用范围之广前所未有。

三、年号钱盛行、钱文书体多对钱多

北宋有九帝，改了三十五次年号，铸了二十七种年号钱和三种非年号钱。太宗雍熙（984—987年）、端拱（988—989年），真宗乾兴（1022年）三个年号未见铸钱，其他年号都铸有年号钱。有小平、折二、折三、折五和当十钱。钱文有篆、隶、楷、行、草等书体，出现前代未有过的皇帝撰写钱文。太宗，真宗、徽宗都曾撰写御书钱。太宗书写真、行、草三体的淳化元宝和至道元宝。徽宗赵佶所创的瘦金体，书法史上的独创。自仁宗天圣元年至孝宗淳熙七年（1023—1180年），对钱铸行长达157年，有十几个品种。所谓对钱，是钱文相同而书体不同、可以成双配对的钱币，同一钱监铸造同一种古钱，钱文用两种书体（篆隶、篆楷、篆行），两枚钱的大小、厚薄、穿孔、轮廓、金属成分等相同。

四、产生世界上最早的纸币

纸币交子的问世，是中国乃至世界货币史上的一大创举，在货币史、印刷史、造纸史、版画史上都有十分重要的历史意义。成都的商人们经过反复的实践过程，不断完善交子作为纸币所必需的条件，一些地方官员在推行纸币的努力中，也展现了其对经济发展社会稳定与纸币流通关系的深刻理解与认识。

五、白银使用范围扩大

离朝廷较远的地区，为了解决税赋上缴运输中的困难，贡银不贡钱。盐茶运销允许使用白银，西北地区边防驻军开支使用白银。朝廷的各种赏赐使用白银较多。战争议和赔款、军费开支、赏赐僚属、官兵俸禄、大宗商品贸易、赋税、上供、礼

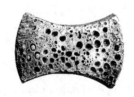

图6-2 北宋乐宅记出门税银锭
《安徽历史货币》150页

赠、赎罪、贿赂等方面，白银都有使用。白银还是丝路贸易的结算货币。白银使用范围扩大，推进了白银的货币化进程。白银的主要形制是铤（也叫锭、大银铤也叫笏或版）、牌、箔、钗、器物等。银铤一般分大中小三等，大铤五十两、中铤（半之）二十五两、小铤十二两半。

第三节　北宋九帝的铜铁钱

北宋随着国家的统一，社会经济逐步稳定，工商业恢复发展，市场贸易开始繁荣，货币流通的需求不断加大，朝廷开始铸钱。

一、太祖首铸北宋国号钱

太祖在位（960—976年）十六年间有建隆、乾德、开宝三个年号。北宋建立时仍然使用唐钱，太祖沿后周旧制铸造新钱，以示改朝换代，首先铸行铜、铁两种开国钱宋元通宝，青铜质，钱文隶书，对读，小平钱。多种版式。乾德三年（965年）灭后蜀以后，由于后蜀是铜钱、铁钱并行流通（铁钱1 000当铜钱400），朝廷下令增铸铁钱，而将铜钱运往京城开封，导致四川地区铜钱短缺。商人们争相将铜钱运到四川换铁钱，铜钱1枚可换铁钱14枚，由此造成物价上涨，币制混乱，朝廷采取多种措施也无济于事。铁宋元通宝，太祖年间（960—976年）铸行。钱文隶书，对读。小平钱，多为光背。

图6-3　北宋太祖宋元通宝
《书法与古钱币》58页

二、太宗首铸北宋年号钱

开宝九年（976年），太祖驾崩，赵光义成为北宋第二位皇帝（976—997年）。即位后使用政治压力，迫使吴越王钱俶和割据漳、泉二州的陈洪进于太平兴国三年（978年）纳土归附。次年亲征太原，灭北汉，结束五代十国分裂割据局面。两次攻辽收复燕云十六州均遭失败，从此对辽采取守势。加强中央集权，改变唐末以来的重武轻文。在位其间有太平兴国、雍熙、端拱、淳化、至道五个年号，其间经过统一战争，政治统一，社会稳定，经济发展，货币流通的需求不断提高，后期铸钱量增加，其间铸造太平通宝、淳化元宝、至道元宝三种年号钱。

（一）太平通宝。太平兴国年间（976—984年）铸行，北宋第一枚年号钱，青铜质，钱文隶书，对读。多种版式。铸造数量大，被人们视作

图6-4　北宋太宗太平通宝
《书法与古钱币》58页

吉祥之物，大量收藏保存。历代有仿铸太平通宝，作为吉庆、馈赠的钱币。邻国日本、越南亦有仿铸。同期铸行铁太平通宝，钱文隶书，对读。有小平钱及大钱两种币值。

（二）淳化元宝。淳化元年（990年）五月改铸淳化元宝，青铜质，太宗亲书其文，楷、行、草三种书体，旋读。宋朝多书体钱文及御书钱由此开始。淳化年间（990—994年）铸行铁淳化元宝，钱文楷、行、草三种书体，太宗亲书，旋读。有小平钱及折十钱。

（三）至道元宝。至道年间（995—997年）铸行，青铜质，太宗亲书，钱文楷、行、草三种，旋读。有正字、大字、小字等版式。小平钱。

三、真宗咸平之治货币流通需求大

真宗赵恒，北宋第三位皇帝（998—1022年）。"澶渊之盟"后，北宋进入经济繁荣期，史称咸平之治。人口、财政收入、人均财富均有较多增加。以拉动内需反腐倡廉促经济发展，统治日益巩固，国家管理趋于完善，社会经济步入强盛期。沉溺于封禅以后，广建宫观，劳民伤财，社会矛盾加深，内忧外患逐渐显现。其间，铸行咸平元宝、景德元宝、祥符元宝、祥符通宝、天禧通宝。青铜质，钱文楷书，旋读。小平钱。铁景德元宝、铁祥符元宝、铁天禧通宝。钱文楷书，旋读。折二、折十钱。

图 6-5　北宋真宗咸平元宝
《安徽历史货币》122 页

图 6-6　北宋仁宗皇宋通宝
《中国钱币博物馆藏品选》84 页

四、仁宗时期多种货币同时流通

仁宗赵祯，北宋第四位皇帝（1022—1063年），在位42年为两宋最长，有天圣、明道、景祐、宝元、康定、庆历、皇祐、至和、嘉祐九个年号。宽厚下属，让百姓休养生息，发展达到北宋顶峰。知人善用，名臣辈出，如包拯、范仲淹、欧阳修等。国家安定太平，经济繁荣，科学技术和文化得到很大发展，政府正式发行世界上最早的纸币官交子。"为人君，止于仁"是后人对他的评价。其间，铸行多种货币，天圣年间铸行对钱。品种有：天圣元宝、明道元宝、景祐元宝、皇宋通宝、庆历重宝、至和元宝、至和通宝、至和重宝、嘉祐元宝、嘉祐通宝。青铜质，钱文楷书和篆书，旋读或对读，小平钱。铁天圣元宝、铁景祐元宝、铁皇宋通宝、铁康定元宝、铁至和钱。钱文楷书和篆书，旋读或对读。折二、折三、折十钱。

五、英宗推进改革铸对钱

英宗赵曙，宋朝第五位皇帝（1063—1067年）。执政时，封桩库、左藏库等国库空虚。任用仁宗时的改革派重臣韩琦、欧阳修、富弼等人，面对积弱积贫的国势，推进改革。非常重视读书和书籍的编写整理。治平元年（1064年），司马光写成《历年图》进呈。治平三年（1066年），命司马光设局专修《资治通鉴》。因病英年早逝，享年36岁。其间，铸行治平元宝、治平通宝，青铜质，多为楷书篆书对钱，旋读。小平钱。

图6-7 北宋英宗治平元宝
《中国古代物质文化史·
（货币上）》232页

图6-8 北宋神宗元丰通宝
《安徽历史货币》123页

六、神宗时期钱币铸量达到高峰

神宗赵顼，宋朝第六位皇帝（1068—1085年）。熙宁二年（1069年）任命王安石为参知政事，负责变法，次年擢为同中书门下平章事，位同宰相，先后颁行农田、水利、青苗、均输、保甲、免役、市易、保马、方田等新法，变法进入高潮。设置户部、度支、盐铁"制置三司条例司"，由王安石和知枢密院事陈升之主持，起用新人。新法触犯大官僚、大地主、大商人的利益，遭到他们及苏辙、韩琦、司马光等大臣反对。神宗的改革思想开始犹疑，罢王安石相后，改年号为元丰，实行更为强硬的手段推行新法，严惩反对变法的官员，基本建立专制的中央集权制。有熙宁，元丰两个年号，铸造熙宁元宝、熙宁通宝、熙宁重宝、元丰通宝。青铜质，钱文楷书和篆书，旋读，折二钱、小平钱。铁熙宁元宝、铁元丰通宝。钱文楷书、行书和篆书，旋读，折二钱、小平钱。王安石变法促进了货币经济发展，钱币铸造达到中国古代最高峰，岁铸铜钱600余万贯。钱监多，铸额大，版式丰富。熙宁四年（1071年）前以小平钱为主，以后大量行用折二钱。

七、哲宗钱版式较多

哲宗赵煦，宋朝第七位皇帝（1086—1100年），有元祐、绍圣、元符三个年号。任用司马光为宰相，废止王安石变法，元祐八年（1093年），高太后卒后亲政，追贬司马光、苏轼、苏辙等旧党党人，重用革新派章惇，恢复王安石变法中的保甲法、免役法、青苗法等，减轻农民负担，国势有所起色。次年改元绍圣，多次出兵讨伐西夏，终使西夏乞和。对新旧党的党争处理不当，矛盾激化，埋下北宋灭亡的祸种。其间，铸行元祐通宝、绍圣元宝、绍圣通宝、绍圣重宝、元符通宝。青铜质，行书和篆书，旋读，小平钱。还有铁元祐通宝、铁绍圣通宝、铁元符通宝。行书、篆书和楷书，旋读，折二钱、小平钱。

图6-9　北宋哲宗绍圣元宝
《中国钱币博物馆藏品选》85页

图6-10　北宋大观通宝、崇宁通宝铁钱
《安徽历史货币》126、133页

图6-11　北宋圣宋元宝
《中国钱币博物馆藏品选》86页

八、徽宗铸铁划银钩瘦金体钱

徽宗赵佶，宋朝第八位皇帝（1101—1125年），在位25年其间，共有建中靖国、崇宁、大观、政和、重和、宣和六个年号。启用新法，初期有明君之气，后经蔡京等大臣诱导，政治情形一落千丈，金军兵临城下，受吴敏、李纲之言，匆匆禅让给太子赵桓，国亡被俘受折磨而死。自幼爱好笔墨、丹青、骑马、射箭、蹴鞠，对奇花异石、飞禽走兽有浓厚兴趣，书法绘画有非凡天赋，自创书法字体——瘦金体，清秀骨瘦，铁划银钩，花鸟画自成院体，中国古代少有的艺术天才。在位其间始终是蔡京及其党羽的天下，后世评为"诸事皆能，独不能为君耳！"。其间铸造圣宋元宝、崇宁元宝、崇宁通宝、崇宁重宝、大观通宝、政和通宝、政和重宝、重和通宝、宣和通宝、宣和元宝，青铜质，行书和篆书，折十钱、小平钱。铁圣宋元宝、铁政和通宝、铁宣和通宝，行书和篆书，折二钱、小平钱。其中崇宁通宝、铁崇宁重宝、大观通宝、铁大观通宝钱文由宋徽宗亲书。

一币两值的当十钱。徽宗其间，是北宋货币发展史上一个非常特殊的时期，推行当十钱是徽宗时期影响最大的货币发行事件。崇宁元年（1102年）七月，蔡京入相后即下令推行神宗时期的新法。陕西转运副使许天启请求朝廷铸造折十钱，因王安石变法时曾大量铸行折二钱，蔡京颇为顾忌，暂铸折五钱。以圣宋通宝为文，背铸"当五"二字。次年，令陕西铸圣宋通宝折十铜钱及夹锡钱。

当十钱推行以后引起私铸，出现中国货币史上前所未有的一币两值。崇宁五年（1107年）二月，蔡京罢相，多人上书奏批当十钱。徽宗亲书当十钱惟行于京师、陕西、河东、（河）北路，余路不行，于是百姓将当十钱贩运到可以流通的地区使用，朝廷命令官府搜查车船，奖励缴获私运钱币，对值守官员制定严格的奖惩规定，仍然不能禁绝。后通过官方收购，取消当十钱的流通。对私铸的当十钱，根据含铜量，偿付铜价的1.2倍；京师以外每枚当十钱付三枚小平钱。京师地区大小钱混合流通，一枚当十钱当一枚小平钱使用，当十钱出现三种以上价格，秩序更加混乱。

大观元年（1107年），蔡京重新入相，再铸当十钱，徽宗书写钱文，动用严刑峻法打击盗铸。大观三年（1109年），蔡京又被罢相。大观四年（1110年），下令停铸当十钱，改铸小平钱。政和元年（1111年），令当十钱为当三钱。政和二年（1112年），蔡京第三次入相，徽宗坚决不允铸行当十钱。此后，蔡京再相再贬。宣和六年（1124年），蔡京第五次拜相，北宋已摇摇欲坠，与北宋初比，米价上涨3—5倍，绢价上涨约2倍，通货膨胀严重，百姓生活日益艰难。一年以后，徽宗禅位给其子钦宗，逃往镇江避难。钦宗将蔡京一贬再贬至海南岛，途中在长沙病死。

九、钦宗铸北宋末代钱

钦宗赵桓，宋朝第九位皇帝和末代皇帝（1126—1127年），在位一年零两个月，靖康一个年号。即位后立刻贬蔡京、童贯等人，重用李纲抗金。后听从奸臣谗言，又罢免李纲，向金求和，金国趁此机会于靖康二年（1127年）南下渡黄河破北宋东京（今开封），史称"靖康之变"。金太宗下诏废徽、钦二帝，贬为庶人，强行脱去二帝龙袍，俘虏北去。金册封张邦昌为帝，国号大楚，北宋灭亡。由于执政时间短，且处于战争状态，铸钱量较小，只有靖康元宝、靖康通宝，青铜质，篆书和楷书，折二、小平钱。铁靖康通宝，隶书和篆书，对读，小平钱。

图6-12　北宋靖康元宝
《中国钱币博物馆藏品选》
86页

淳化五年（994年），川峡一带的农民领袖李顺攻克成都，称大蜀王，建年号应运，铸青铜质应运元宝、应运通宝、应感通宝和铁应感通宝。隶书，旋读，小平钱。

第四节　世界上最早的纸币交子

交子是世界上最早流通的纸币，产生在北宋时期的益州。交子的名称，既与货币有关，也有方言因素。交子的产生，在货币史、造纸史、印刷史、版画史上都有十分重要的意义。

一、交子产生的过程

（一）自由发行时期。太宗淳化四年（993年），因李顺起义，铁钱停铸导致流通短缺，在益（今四川成都）、邛（今四川邛崃）、嘉（今四川乐山）、眉（今四川眉山）等州，产生具有纸币某些特性而以铁钱为本位的代币券交子，替代铁钱流通。真宗景德二年（1005年）时，交子流通出现较多弊端。同年二月，益州知州张咏在嘉州、邛州增铸大铁钱，与铜钱、小铁钱同时流通，交子发行告一段落。此时的交子，形制是一种楮券，两面有印记，票面上有密码花押，朱墨间错，票面没有交子字样，金额根据交款人交的现钱数量当面填写，各家的交子票面内容也不统一，结构相似，类似收款收据。

（二）联合发行时期。真宗大中祥符四年（1011年），成都十六户商人联合发行交子，形制有所改造，同用一色纸印造，印文用屋木人物，铺户押字，各自隐密题号，朱墨间错为私记，填写铁钱贯数不限。收入人户见到铁钱便给交子，不分地区行用，多的达到百万贯。交子兑铁钱，每贯需交三十文手续费。发行交子户每年向官府交纳费用或捐献物料，取得官府认可和保护。一些交子铺将收进的现钱，用来购买店铺、房屋、土地、宝货，手持交子的人兑现时不能满足，发生挤兑事件或关门拒兑。因为是临时填写数额，尽管可以在市面上流通，也可以兑换现钱，并不能称之为纸币，而是共同约定并记名的一种契券。

大中祥符末年（1016年），薛田转运使请求朝廷设立交子务管理，未获批准。天禧四年（1020年）十一月，寇瑊任益州知州后，令成都王昌懿等交子户关闭交子铺，封印、封桌，不得经营。次年春，益州及外县的交子铺全部关闭，不允许再设。真宗天禧五年（1021年）交子发行停止。仁宗天圣元年（1023年）薛田接任益州知州，因为没有交子流通，市场萧条，交子铺被禁影响商业繁荣，铁钱使用不方便，制约整个社会经济的发展。

（三）政府发行时期。薛田在益州路转运使张若谷、梓州路提点刑狱王继明的支持下，于仁宗天圣元年（1023年）十一月向朝廷上奏，要求朝廷设立交子发行管理机构，不允许民间设立，得到批准。同年十一月二十八日（1024年1月12日），世界历史上第一个发行纸币的官办机构益州交子务设立。发行官交子要有实钱，不能虚行印刷，使用州的铜印印记，票面印有屋木人物图案，钱数已经写上，数字不限。印制完成后根据实际出钱数，用大、小铁钱兑换，作为货币发行准备金。此时，交子正式成为市场流通的纸币。

世界货币史上首次可称为铁钱本位制印制票面书写贯数的纸币交子，在宋仁宗天圣二年二月二十日（1024年3月19日），由北宋地方政府发行，发行量125万多贯。这是官交子的首次发行，是世界上发行最早的纸币。

二、交子的票面与印制

自益州交子务设立以后，交子的发行进入政府发行阶段。印制交子的纸是用楮树皮为原料制造的，也是世界上第一种纸币专用纸。楮树皮纸质虽较好，但不适于长时间流通使用。神宗熙宁五年（1072年）以前，印刷交子的楮皮纸是向社会采购，此后是由政府专门设立纸币专用纸的造纸机构生产。印制交子要用六方印，四方墨色，一方青色，一方红色。图案中不止一个人物，票面较为复杂。彭信威先生说："这种交子不但在经济史上是一件划时代的事，在文化史上也有划时

代的意义。首先它的印刷，大概是使用铜版，
这是世界印刷史和出版史上的头等大事。其次
是上面的图案，这在版画史上应当也是价值很
大的"。[1] 元费著的《楮币谱》记述宋神宗元丰
元年（1078年）交子的印刷厂共有管理与操作
人员186人，地点在成都城西面的净众寺。

图6-13　北宋铜钞版《中国钱币大辞
典·辽西夏金卷宋辽西夏金编》382页

1935年，日本著名钱币学家奥平昌洪出版
钱币学名著《东亚钱志》第二卷，刊载一块铜
质纸币印版拓片，称为会子铜版。铜版呈长方
形，铜质，宽9.2厘米，高16.1厘米，厚0.4
厘米。自上至下分为三个部分：上部画有十枚
铜钱；中部为文字内容，共29个字："除四川外，许诸路州县，公私从便，主管
并同见钱七百七十陌流转行使"。下部附有一幅仓廪劳动图，有三人正忙于搬运，
一侧有货物堆积。三部分互相呼应，浑然一体，线条简约，风格古拙。右上角千
斯仓三个字。千斯仓典故出自《诗·小雅·甫田》，所谓"乃求千斯仓，乃求万斯
箱"。寓意财货多，引申为资本充足，信誉可靠。

对于这块铜版的年代、币种，中国钱币学术界有多种解释：刘森先生认为
是北宋小钞[2]，这是现存最早的原说。王荫嘉先生称为交子[3]。彭信威先生称为钱
引[4]。姚朔民先生认为这块纸币版很可能就是印制崇宁钱引钞版。[5]

三、交子的分界发行及面额

交子分界分期发行，界满以新交子收回旧交子，一界两年跨三个年头，因而
也常称为三年一界。每年在二月开始发行新一界交子，收回上一界交子。以后

---

[1] 彭信威：《中国货币史》，第315页，上海人民出版社，2007年。

[2] 刘森：《宋金纸币史》，图一、第43页，中国金融出版社，1993年。

[3] 王荫嘉：《补录春间蒋君来函并跋》，载《泉币》1941年第9期。

[4] 彭信威：《中国货币史》，图版58说明文字，上海人民出版社，2007年。

[5] 姚朔民：《"宋纸币版"的再检讨》，载《文物》2000年第4期。

每界改为七月。每界发行有限额和现金准备，限额每界是 1 256 340 缗（1 缗等于 1 000 文）。当年如果请领的人不多，发行数量就会低于限额。后来，用交子发放军饷，实际上都超过限额。神宗熙宁五年（1072年）起改为新旧两界同时流通，每界流通的时间为四年。哲宗元符元年（1098年），交子开始增印，价格不断下跌。仁宗宝元二年（1039年）起，交子分为五贯和十贯两种，发行量20：80。实际流通面额仍然较大，大量的小额交易还是使用铁钱。直到宋神宗熙宁元年（1068年），朝廷才将交子的面额改为一贯和五百文（半贯）60：40。

交子的流通开始在益州，神宗熙宁二年（1069年），河东地区设交子务于潞州（今山西长治）推行交子，次年七月停止。神宗熙宁四年（1071年）正月，交子在陕西流通，同年四月停止。神宗熙宁七年（1074年），交子在陕西的永兴军、秦凤两路流通。神宗熙宁九年（1076年）停止在陕西发行交子，继续推行盐钞。哲宗元祐末年（1093年），交子又在陕西流通，至哲宗绍圣元年（1094年）。

四、钱引替代交子

宋徽宗和蔡京不从控制交子发行量及增加发行准备金着手，控制交子的贬值，而是改变交子名称继续推行纸币。崇宁四年（1105年）北宋改交子为钱引，改交子务为钱引务。除四川、福建、浙江、湖广等地仍沿用交子外，其他诸路均改用新样印制的钱引。四川也于徽宗大观三年（1109年）改交子为钱引。钱引与交子的最大区别，一是以缗为单位。二是不置钞本，不许兑换，随意增发。三是纸张、印刷、图画和印鉴都很精良。由于大量印制，引起严重贬值。

徽宗大观三年（1109年），从第四十四界起，将发行量限为天圣（仁宗）时的125万贯，流通地区限使用铁钱的四川、陕西、河东地区，同时又对第四十一界至四十三界数以千万计的钱引，不再换给新钱引。次年，又以500万贯钱作为成都钱引务发行钱引的发行准备金。徽宗政和元年（1111年）为减少纸币流通量，决定停止发行四十五界新钱引，如发生流通量不足，则增印一部分四十四界钱引。经过十多年的整顿，至徽宗宣和年间（1119—1125年），交子币值趋于稳定。钦宗靖康二年（1127年），北宋即被金所灭。

五、交子在北宋益州产生的经济社会原因

交子在北宋的益州产生有经济、金融及社会方面的原因。北宋以后益州地区流通货币以铁钱为主，辅之以铜钱，铁钱本身的缺陷为纸币的问世创造了条件。"宋代四川商品经济的发展繁荣已达到需要大额纸币的水平，才是纸币产生的最本质的原因和决定性的条件。"[1] 益州地区是北宋经济最发达的地区之一，人口约占北宋的17%，重要的稻米产地，茶叶占全国总产量一半以上，药材生产遍布蜀中各地，全国重要的纺织中心，造纸、印刷久享盛名，井盐业、酿酒业、制糖业相当发达。场镇集市及城市商品贸易发达，手工业为主或工商兼备城市发展较快，成都是西南的交通枢纽和贸易商埠，商品经济繁荣。商品交易产生庞大的有效货币需求，有一大批从事长途贩运的商人，在市场购买和贩运商品时，必须使用货币支付。

益州商人对货币经济的认识较深，一些商人通过开设专门保存现钱的铺户，逐步了解与掌握货币流通规律，懂得如何使用管理流通中的货币，最大限度地发挥其作用。社会公众对信用货币和信用制度的认识与接受，更是交子流通的社会基础。正如四川社会科学院历史所研究员贾大泉所说："四川商品交换的发达，也造就了一批精通货币流通的理论家和实践家，建立了一套使信用货币流通的制度……在这个演变过程中，精通货币流通理论的交子铺户起了决定性的作用。"[2] 当然，成都地区先进的印刷技术也为印制难以仿制的纸币提供了技术支持。

第五节　北宋的国家信用与民间信用

北宋的金融中心由唐代的长安转移到汴京，国家信用与民间信用则在唐代基础上有新的发展。

---

[1] 贾大泉：《论交子的产生》，载《社会科学研究》1989年第2期。

[2] 贾大泉：《论交子的产生》，载《社会科学研究》1989年第2期。

一、王安石新法中的国家信用

熙宁二年（1069年）王安石开始变法，与信用有关的是青苗法、市易法、和农田水利法。青苗法是以常平、广惠仓的存粮和存钱为信贷资金，一年贷放两次。正月三十日前发放的夏税归还，五月三十日前发放的秋税归还，贷款户分为1—5等，贷款限额分别为十五贯、十贯、六贯、三贯、一点五贯，利息二分，贷钱贷粮均以钱折算，预先按十年中的丰年粮价计算应归还的粮食数量，可还钱或还粮。名义上是帮助农民开展生产，实际上是一种国家发放的高利贷。不仅二分的利率较高，十年丰收时的粮价较低，所折算的粮食数必然多于借贷时的市价，实际利率高于名义利率。反对青苗法的司马光、韩琦、文彦博、富弼、欧阳修、张方平、苏轼、苏辙等被称为保守派。市易法是由官府出钱作为收购资金和信贷资金，利率半年一分，一年二分，收购滞销商品或借给行人购买商品，以限制富商大贾的垄断，稳定市场商品价格，促进商品流通，增加国家财政收入。农田水利法是为了奖励兴修水利和开垦荒地，对于经费不足的由国家贷款，年利率一分，一年或两年归还。

二、商品买卖中的国家信用

北宋的商品买卖中，有政府的赊销、赊购、预付款和预收款四种国家信用。赊销除了市易法中的赊卖，还有盐、茶、粮、绢、矾、酒、银、度牒。赊买主要是政府向民间购买粮草，可用现钱，亦可赊籴，允许提高价格。宫廷、官府购买用物，也时常采取赊买的办法。预付款则是政府为了获得某些需要的物资，如粮食、布帛、盐、茶、矿产等，而预付货款，以保证货源。预收款，主要是对于购买茶、盐的商人预收钱、银、粟、帛。政府对于重要的商品选用何种信用方式，完成根据国家的需要，如盐、茶、酒、度牒等商品可以选择赊销，亦要选择预收货款，在调节纸币流通时，这些商品的销售又是回笼纸币的重要手段。

三、北宋的民间信用

北宋的放款一般称为放债、出举、举放、举钱出息、贷钱、贷息钱、贷子钱、出息钱，高利贷资本称为息钱、息本钱。政府对于高利贷的利率有限制，年利率一般不超过十分或利息总计不超过本金。有的高利贷主还雇人为他放债，被雇者称为行钱，行钱的存在，使高利贷主减少了利息收入，但是，推动了高利贷职业经纪人的产生，扩大了高利贷的发放总额，实际上增加了高利贷的收入。京债（新官为赴任而借的钱）、营债（军官借给士兵）较为普遍，而京债加剧了吏治的败坏，营债成为禁军逃亡的主要原因。赊买和预收货款是民间较为普遍运用的商业信用。为保证民间商业信用的正常开展，真宗乾兴元年（1002年）六曾下诏对赊买赊卖做出法律规定：原则上现钱交易；商品数量大要提供委保；无保人契约发行纠纷不予受理；骗取信用、到期不还的严加惩处。北宋的货币流通较为发达，民间金融机构发展较多。质库又名解库、典库，对提供抵押物的发放贷款。交引铺为交引（商人或边境居民入中粮草所取得的凭证）向京师榷货务领取现钱或茶、盐等商品提供担保和经营交引买卖。金银彩帛铺是金银和彩帛的交易机构。

四、北宋的铜钱购买力

我国古代封建社会的性质，导致经济发展的区域性特征，具体表现就是各地物价水平的差异。北宋铜钱区和铁钱区的划分，使差异更为明显，铜钱的购买力不够稳定。宋初，社会经济安定以后，市场物价水平相对较低，太宗时（976—997年）斗米十钱。真宗时（998—1022年），大致保持这个水平。仁宗时（1022—1063年），一般年景，米每石约六七百文，年成不好时，米每斗则涨至百文以上。神宗熙宁、元丰时期（1068—1085）的繁荣时期，米价每斗高不过百文或稍多些，低则至二三十文，平时的米价大约为四五十文。哲宗时（1086—1100年）无太大变化，后期，物价有明显上升迹象。徽宗即位后（1101年），铸崇宁、大观当十大钱及夹锡钱，四川交子改为钱引并打算推至全国流通，引发币值下跌及货币流通的混乱。农民起义及金人南侵，社会经济受到了严重破坏，北宋末的货币购买力大幅下降，宣和时期（1119—1125年）米价每石已至二三千文。靖康之变后，米价每斗曾高至三千文。货币购买力下降，使得流通中的货币需求大幅增长。社会分配不公尤为突出，高级官吏俸禄丰厚，低级官吏待遇微薄，劳动人民收入更低。

北宋工人收入比较表 [1]

年　份	工作性质	每月工钱能买到的 大米（公石）	资料来源
太祖开宝四年（971年）	纺织工头	2.32—3.39	《宋会要辑稿》
太祖开宝四年（971年）	女工	1.06—1.36	《宋会要辑稿》
英宗治平元年（1064年）	义男	0.7	《宋史》
神宗元丰五年（1082年）	搬运夫	3.25	《宋会要辑稿》
徽宗政和六年（1116年）	水闸工	1.60	《宋会要辑稿》
徽宗政和六年（1116年）	闸匠	2.26	《宋会要辑稿》

注：一公石=100公斤

第六节　关于钱荒及纸币流通的货币争论

北宋时期，由于流通中长时期铜钱不足，钱荒不断，人们对货币的议论，基本围绕钱荒及纸币的发行。

一、李觏的数量货币思想

北宋思想家、教育家、改革家李觏认为流通中的货币数量越多，货币越贬值，商品价格越高。流通中的货币数量越少，货币越升值，商品价格越低。物价太高，消费者买不起商品，物价太低，商人就不愿卖出。无论物价过高过低，都会影响人们的生计。宋朝旧钱未毁，新钱大量铸造，钱还不够用，原因是有人熔毁法钱铸私钱和铜像铜器，大批铜钱流向国外。如何禁绝毁法钱铸私钱，按铜价收回恶钱，将寺观中的铜像、铜器一概销毁，这样才能禁绝盗铸。

二、王安石新法及反对派的货币观点

北宋神宗熙宁年间，王安石启动变法，由于触动官僚及地主集团的利益，受

---

[1] 彭信威：《中国货币史》，第342页，上海人民出版社，2007年。

到以司马光为代表的旧党强烈反对。

1. 王安石国家调节货币流通与积钱的观点。王安石变法的很多措施与货币有关，体现他的货币观点与思想。变法开始筹备就提出国家必须集中货币管理大权，控制货币流通，对现行币制进行必要的整顿和改革。主张放开铜禁和铜钱出口，如果铜用于铸器比铸钱更有利，可不用铜铸钱。出卖度牒缓解财政困难，发挥货币支付职能。对于推行折二钱，宋神宗曾与王安石进行一场争论，神宗接受王安石的意见，下令全国推行。认为在沿边推广交子妨碍盐钞发行，主张废交子。

2. 司马光、苏轼苏辙兄弟的货币观点。北宋政治家、史学家、文学家司马光有比较系统的经济思想，指出铜钱短缺，而流通中的很多钱币都集聚在官家，百姓非常缺钱。就流通中的货币数量而言，不具备征收役钱的条件。北宋著名文学家、书法家、画家苏轼认为免役之害，掊敛民财，十室九空，钱聚于上，而下有钱荒之患。北宋文学家、宰相苏辙认为新法实施以后，各种物品都不值钱，交纳役钱导致钱最贵。国家发行货币，本来是用于商品交易，新法实施后，民间用钱交役钱，官府积存大量的钱，一些人不得不私自铸小钱。官府储藏很多钱，没有流出的路径。老百姓无钱，百物都不值钱。

3. 张方平货币流通数量概念及国家铸币的观点。神宗朝参知政事张方平认为货币可以作为衡量任何商品价值的工具，即权轻重、平准万货，致衣食之资。国家铸造钱币，用来发放官员的俸禄、购买谷帛和经营矿冶、茶盐等行业的本钱，钱币流到民间后，通过房屋、茶、盐、酒等税收或专卖收入流回国库。如果国家征收免役钱，就会增加货币的回笼，影响正常的货币流通秩序，民间就会出现钱荒。主张官铸，反对私铸。铸钱是君王的权利，必官铸，民盗铸罪至死。本来流通中货币就已不足，征收役钱后，就产生钱荒。

三、沈括使用金银及发行纸币应对钱荒的观点

北宋科学家、思想家沈括，熙宁十年管理中央财政事务时，宋神宗向他询问钱荒问题，他列举了原因：一是钱禁解除后，社会销钱为器；二是盐钞制度破坏后，富家由藏盐钞改为藏钱；三是通货品种少；四是官府积贮的铜钱积而不用；

五是铜钱大量外流四邻的民族或国家。主张国家高价收购民间金银，使金银成为流通货币。整顿盐钞制度，收买旧钞、调整盐价、稳定盐钞价值，以盐钞代替金属货币。钱币只有在流通中才能发挥效用，循环往复，等于无数的钱币被人使用。把各地官府积聚的铜钱拿出流通，钱荒就能缓和。提出扩大信用货币流通的主张，最早分析了货币流通速度与货币数量的关系。

四、周行己物实钱虚的货币观点

北宋进士、学者周行己《上皇帝书》，提出钱本无用，而物为之用；钱本无重轻，而物为之重轻，此圣贤之术，国之利柄也。重视货币与商品间的平衡或相等，即钱与物相为等而轻重自均。用"等"表达了价值的概念，提出商品与货币的等一性，以及商品与货币价值的高低，自身无法表现，而要借助对比或交换才能表现。对货币虚实理论，明确提出物实钱虚的观点。钱以无用为用，物以有用为用。物的用是商品的使用价值，自然属性。钱的用是货币的交换价值，社会关系。

五、北宋时期对纸币发行的议论

（一）薛田的观点。官交子主要倡议人薛田认为益州用铁钱交易，由于铁钱重，使用非常不方便，交子流通后使用方便。自从废除私交子后，市场经营萧条。如果废除私交子，然后由政府来制造发行，会给社会带来方便。人们是为了商业及市场交易方便，解决铁钱流通不方便，才肯定纸币存在的必要性。

（二）宋神宗的观点。宋神宗赵顼在第一次陕西推行交子时说行交子，诚不得已，若素有法制，财用既足，则自不须此。陕西第二次推行交子，发现不断增多的交子与原来已经过多发行的盐钞发生矛盾。认为发行纸币必须有一定数量的发行准备金，即本钱；在纸币已获得人们信任以后，便可以超过本钱发行较多的纸币。交子代表现钱，盐钞代表盐，两者的发行不应有矛盾。纸币交子与有价证券盐钞的性质不同，可以同时流通，都有汇兑的作用。

（三）王安石与吕惠卿的纸币观点。王安石主张废除交子，专行盐钞。认为由于盐的生产自然因素影响，产量丰歉各年不同，专行盐钞便可按盐的实际生产量有伸缩地发行盐钞。还可以利用置场平卖办法，维持盐钞价格的稳定，使盐钞发行数量至最大。吕惠卿主张盐钞与交子并行流通。认为盐的生产虽然岁有丰凶，可是盐与酒不同，是人民不能缺少的必需消费品，消费量比较稳定。盐钞发行，只要按照固定的数量就可以。还应该仿照交子的办法，由官府蓄积一定的本钱推广发行，使交子与盐钞并行，政府可获得更多的财政收入。

第七章　辽、西夏、金代的货币

辽、西夏、金代是先后与宋朝并存的三个少数民族政权，都与宋朝发生过战争，后都以讲和而对峙。货币流通方面，三个政权的货币制度各有特点，都是以铜钱为主，兼有少量的铁钱和金银货币。辽和西夏铸造小平钱，未见大钱和纸币。金代则是小平钱、折二、折三和折十大钱都有，还发行流通纸币。

第一节　辽朝实物货币与铸钱并存

辽朝（907—1125年）或称辽国、大辽、契丹，简称辽，原名契丹，后因居于辽河上游遂称辽，五代十国及北宋时期以契丹族为主体建立，统治中国北部。公元907年，辽太祖耶律阿保机统一契丹各部称汗，国号契丹，916年始建年号，947年定国号为辽，983年复更名契丹，1066年恢复国号辽，1125年为金国所灭。辽亡后，耶律大石西迁到中亚楚河流域建立西辽，1218年被蒙古汗国所灭。历9帝，210年。

一、辽朝的经济社会发展

辽朝在与中原和西部各国的交往中，融汇众长，促进政治、经济和文化的发展，较短时间内从部落氏族社会过渡形成奴隶制度社会，在向封建社会跃进的同时统治了中国北部，为我国北部社会发展做出了贡献。全盛时疆域东至日本海，西至阿尔泰山，北至额尔古纳河、大兴安岭，南至河北省南部的白沟河。

（一）农业集中在燕京地区，畜牧业以马为主。农业是契丹次要的生产部门，主要是在后晋石敬瑭所献燕云十六州的燕京地区，发展水平处于低级阶段，从事农业的是契丹统治者俘虏的汉人。西京大同地区是传统的农业区，粮食种植自给自足。古北口以北的中京地区，农业起步晚，辽中期以前还不能满足，而到了辽末期已经有相当程度的发展。契丹是游牧民族，牲畜有马、骆驼、牛、羊等，牛与骆驼用以拖车，马用以骑射，羊肉乳酪为饮食，皮毛为衣。尤其重视马匹，不仅视其为财富的象征，还是战斗的工具，男女均善骑射，四时狩猎，春秋打虎豹，最盛时占有马匹百余万。其富以马，其强以兵。纵马于野，驰兵于民。

（二）手工业产品具一定规模、五京是辽最主要的城市。辽上京是塞外最大的陶瓷生产基地，境内有储量丰富的铁矿，冶铁业有一定规模，金、银、铜等的开采加工文献均有记载。丝织品种有锦、绢、罗、绮、绫、纱等，采用纺织、印染、刺绣、描绘等多种工艺制作。中京地区的桑麻种植及丝织品和麻织品生产占有重要地位。产盐不仅自给还销往境外。雕印佛藏是主要的印刷业产品，辽南京的造纸与印刷技术均达到较高水平。辽于神册三年（918年）修建皇都为辽上京（今内蒙古巴林左旗林东镇以南的波罗城），辽中京是上京的陪都（今内蒙古宁城县大明城）。南京又称燕京、析津府，是在唐代幽州城基础上建设的城市，辽最发达的地区。辽东京在辽阳府（今辽宁辽阳），是一座汉化的城市。西京（山西大同），是辽重要的赋税收入基地，辽宋间重要的经济贸易区。

（三）辽、宋贸易存在一定互补性，辽朝大量流通北宋铸钱。辽、宋经济发展水平相差较大，对北宋存在着一定程度的依赖，在"澶渊之盟"获得"岁币"后，双方在经济上互补性增加，贸易受制于政治与军事对抗，辽需要北宋的粮食、茶叶，北宋需要辽的战马。北宋的甘、凉、瓜、沙地处中西交通要道，当地的回鹘及曹氏政权，对辽销售土产并转售中亚的玻璃器皿等产品。

契丹本是游牧民族，早期没有商品经济，物物交换是产品交换的主要方式。五代末的后周广顺时，辽穆宗初年（951年），上京地区的交易不用钱而用布，在辽的法令中，禁止在市场交易中使用不足尺的布。辽先于北宋建立政权，先后铸多种铜钱，形制受唐及五代十国影响。辽景宗时（969年）置铸钱院铸钱，年铸额500贯。此后，各朝均有铸钱。由于铸量小，不能满足民间贸易需求，布帛、银两以及牲畜等实物货币也有使用。辽有二十四个年号，十一个年号未铸钱。由于铸钱不能满足经济社会需求，曾大量使用北宋钱，来源是北宋与辽、西夏、金等设有的官府垄断榷场贸易。辽官府控制出境的皮裘、粮谷和马匹，引发民间走私，致北宋铜钱大量流向辽朝。"澶渊之盟"规定北宋每年向辽提供助军旅之费银十万两，绢二十万匹，往往折合成铜钱交割。

二、辽朝九帝铸造的铜钱

辽朝的货币经济总体上有发展，地区分布差异较大。汉人区域货币流通普遍，契丹人原住区基本维持实物货币经济。辽太祖阿保机父撒剌的为夷离堇（军事首领），试铸以契丹民族与唐代重宝结合为钱币名称的大丹重宝，一种面穿有无边郭，背内外均无郭；一种面背内外有郭。

（一）辽太祖时期的铸钱。耶律阿保机，辽朝开国皇帝（907—927年）。勇善射骑，明达世务。并契丹余七部，任用汉人韩延徽等，制定法律，改革习俗，创造契丹文化，发展农业、商业。在位20年，即帝位11年，庙号太祖。有神册、天赞、天显三个年号。铸开丹圣宝和天赞通宝。辽太祖耶律阿保机于太祖元年（907年）废选举制，立为可汗（首领），仿唐代开元通宝，铸开丹圣宝。青铜质，楷书，对读。开丹意指开创契丹或契丹开国，含自祝自勉之意。钱文行楷和正楷。字形端庄，制作工整。小平钱，光背。太祖天赞年间（922—925年）铸天赞通宝。青铜质，钱文隶书，旋读，小平钱。

（二）辽太宗时期的铸钱。耶律德光，辽太祖耶律阿保机次子，辽朝第二位皇帝（928—947年），改皇都为上京，改革官制，将官分南、北面，北面官以契丹旧制治契丹人，南面官以汉制治汉人。整订赋税，奖励耕织，发展生产。947年，倾师南征，八月，败于后晋，十二月，大败后晋兵，攻陷汴京（今河南开封市），俘后晋帝。次年，改元大同，改国号契丹为辽。有天显（沿用太祖年号）、会同两个年号，先后铸两种年号钱天显通宝、会同通宝。青铜质，钱文隶书，旋读，小平钱。

图7-1　辽天禄通宝
《中国钱币博物馆藏品选》87页

（三）辽世宗时期的铸钱。辽世宗耶律阮，辽朝第三位皇帝（947—950年），辽太宗耶律德光的侄子，辽太祖耶律阿保机的长孙。为更好地治理不同民族的事务，以因俗而治原则，形成北、南两套官制。北面官制：辽有崇拜太阳的习俗，辽王大帐面东，以左为上。官吏一律用契丹族人掌握军政事务。南面官制：有汉人枢密院、中书省、尚书省、门下省、御史台、翰林院等。有大同、天禄两个年号，铸天禄通宝年号钱，青铜质，钱文隶书、旋读、小平钱。

（四）辽穆宗时期的铸钱。辽穆宗耶律璟，辽太宗耶律德光的长子。辽朝第四任皇帝（951—968年），有名的昏君和暴君，荒耽于酒，畋猎无厌，赏罚无章，朝政不视。统治的18年间，契丹贵族夺权频繁，社会秩序极不稳定，是辽朝政治的黑暗时期。应历十九年（969年）二月，为近侍小哥等人所杀。有应历一个年号，铸应历通宝年号钱，钱文隶书，旋读，小平钱。

（五）辽景宗时期的铸钱。辽景宗耶律贤，辽世宗耶律阮次子，辽朝的第五代皇帝（969—982年）。即位后建立嫡长继承制度，复回登闻鼓院，百姓有申冤之地。宽减刑法，对百姓加以安抚。重用汉官，革除弊制，辽朝出现中兴。有保宁、乾亨两个年号，铸行保宁通宝年号钱，青铜质，钱文隶书，旋读，小平钱。

（六）辽圣宗时期的铸钱。辽圣宗耶律隆绪，辽朝第六位皇帝（983—1030年），景宗耶律贤长子。即位后，改元统和，改国号契丹。任用汉人士大夫，整治弊蠹，改革法度。统和四年（986年）大败北宋北伐之师，统和二十二年（1004年）亲征，屡败北宋军，订立"澶渊之盟"，使两朝各守旧界，100多年未大战。辽圣宗对内改革，整顿吏治，任贤去邪，仿唐制开科取士。精射法，晓音律，好绘画。所作曲达百余首。汉文化修养颇高，史称道、佛二教皆洞彻其宗旨。在位有乾亨（沿用）、统和、开泰、太平等四个年号。统和年间（983—1011年）铸行青铜质统和元宝年号钱和铁统和元宝。钱文隶书，旋读。小平钱。

图 7-2　辽统和元宝
《中国古代物质文化·
（货币下）》309 页

（七）辽兴宗时期的铸钱。耶律宗真，辽圣宗耶律隆绪长子，辽朝第七位皇帝（1031—1055年）。政治上无法延续其父辽圣宗的盛世，致使国内矛盾逐渐尖锐，多次用兵西夏，对北宋施压。兵戈不息，使辽朝日益衰

图 7-3　辽重熙通宝
《中国古代物质文化·
（货币下）》309 页

落。要求北宋在澶渊之盟赠辽岁币基础上增加银十万两、绢十万匹，史称"重熙增币"。通晓音律，爱好儒家学说，豁达大度。有景福、重熙两个年号。先后铸景福通宝、重熙通宝年号钱。青铜质，钱文隶书，旋读。小平钱。

（八）辽道宗时期的铸钱。辽道宗耶律洪基，辽兴宗耶律宗真长子，辽朝第八位皇帝（1055—1100年）。在位46年，先后信用权奸耶律重元、耶律乙辛等，致使内部争斗激烈。广印佛经和建筑寺塔，劳民伤财，社会矛盾激化，由强转衰。被辽压迫的女真族开始兴起，成为辽朝的掘墓人。辽道宗性格沉稳娴静、严厉刚毅，精通音律，善于书画，爱好诗赋，诗风受唐诗影响较深，讲究韵致，所著

图7-4　辽寿昌元宝
《安徽历史货币》183页

图7-5　辽天庆元宝
《安徽历史货币》283页

《清宁集》，今佚。有清宁、咸雍、大康、大安、寿昌等五个年号，每个年号都铸行年号钱，清宁通宝、咸雍通宝、大康元宝、大安通宝、寿昌元宝，青铜质，隶书，旋读，小平钱。铸助国元宝、牡国元宝两种非年号钱，青铜质，钱文隶书，旋读，小平钱。

（九）天祚帝时期的铸钱。天祚帝耶律延禧，道宗耶律洪基之孙，顺宗耶律浚之子，辽朝第九位也是最后一位皇帝（1101—1125年）。重用萧奉先、萧德里底等佞臣，一味游猎，生活荒淫奢侈，不理国政，宗室贵族争斗愈演愈烈，人民起义此伏彼起，各部族首领起兵反辽，统治趋于崩溃，政局内外交困。天庆四年（1114年），女真族起兵反辽，辽军屡战败北，保大五年（1125年），辽朝灭亡，耶律延禧被金兵俘后病死。有乾统、天庆、保大等三个年号，铸乾统元宝和天庆元宝年号钱。青铜质，钱文隶书，旋读，小平钱。

第二节　西夏两种文字的货币

西夏（1038—1227年）是中国历史上由党项族在中国西部建立的以党项族为主体，包括汉族、回鹘族与吐蕃族等民族在内的政权，共10主，历189年。党

项族是我国古代北方少数民族之一，属西羌族的一支。公元1038年，李元昊（党项拓跋氏拓跋元昊）于北宋景祐五年（1038年）十月，在兴庆府南郊筑坛称帝，国号大夏（史称西夏）。北宋不承认李元昊帝位，下诏削夺赐姓官爵，停止互市，在宋夏边境张贴榜文重金悬赏捉拿或献其首级。李元昊也立即断绝与北宋的贡使往来，经常派人至边境刺探军情，煽惑北宋党项和汉人投夏。

公元1115年后，金代逐渐兴起，北宋、辽朝及西夏三朝鼎立的局面被破坏，辽朝、北宋先后被灭，西夏经济被金代掌控。漠北的蒙古崛起以后，六次入侵西夏拆散金夏同盟，使西夏与金代自相残杀，西夏内部也多次发生弑君、内乱之事，经济也因战争而趋于崩溃。宝义二年（1227年），成吉思汗率领蒙古大军南下渡黄河攻入金积石州，三月进攻沙州，围困兴庆府，六月西夏发生强烈地震，末帝李睨携大臣等文武官员奉图籍请降，西夏亡。

一、战争与和平伴随西夏经济社会发展

西夏建立以后，在前三年中连续在三川口、好永川、定川寨等战役中大胜北宋。北宋对西夏停止岁赐、关闭榷场、断绝和市，使西夏面临严重经济危机。粮食、绢帛、布匹、茶叶及其他生活用品奇缺，市场物价飞涨。战争使西夏的经济发展受到严重影响，农业因丁壮出征而荒芜，人口因战死而减少，牛、羊、马和骆驼等主要牲畜锐减，人民衣食十分困难，王朝内外交困。为此，李元昊选择与北宋议和。

（一）庆历和议换取和平。宋仁宗庆历四年（1044年），宋朝与西夏达成协议。夏取消帝号，宋册封其为夏国主，向宋称臣。宋夏战争中双方所掳掠的将校、士兵、民户不再归还对方；以后如双方边境之民逃往对方领土，都不能派兵追击，双方互相归还逃人；宋夏战争中西夏所占领的宋朝领土和其他边境蕃汉居住区从中间划界；宋朝每年赐给西夏银7万两，绢15万匹，茶3万斤，各种节日赐给西夏银22 000两，绢23 000匹，茶1万斤。夏宋议和后，西夏与辽朝的战事又起。辽重熙十三年（宋庆历四年，1044年），辽兴宗亲率大军十万西征，战争断续十年之久。虽然西夏多次获胜，但是经济与社会受到巨大损害。西夏马饥士疲的战略也使自身畜牧业发展受到严重影响。直至辽重熙二十二年（1053年），辽夏讲和，西夏才进入短暂的和平时期。

（二）农业是西夏主要经济部门、畜牧业仍占重要地位。党项人内迁西北地区后，由原来不知稼穑，土无五谷的游牧生活，逐渐学会农耕生产。中央机构设立管理农业的农田司，使用铁制农具和用牛耕作。宁夏平原是西夏最重要的农业区，引黄河灌溉的水利系统有12条大河渠和60支条支渠，面积达9万余顷。农产品有小麦、大麦、荞麦、稻、黑豆、豌豆、荜豆和青稞等。因连年战争，灾荒频繁，为保证战时与灾年的粮食供应，政府与民间窖藏丰年储粮成为重要举措。畜牧与狩猎是党项人传统的谋生手段，农业生产占据国民经济主导地位后，畜牧业仍占重要地位。中央机构设立群牧司管理畜牧业主要是牛、马、羊、骆驼、骡子、猪、狗、牦牛等，马匹除用于军事作战，也是与宋、辽、金进行贸易的传统商品和朝贡礼品，更是西夏牧民日常生活的衣食来源和对外交换的商品。

（三）手工业门类齐全、商业经济发展不平衡。冶炼、采盐制盐、砖瓦、陶瓷、纺织、造纸、印刷、酿造、金银木器制作有一定规模和水平。王朝设立文思院、工艺院、绢织院、金工司、铁工院、木工院、砖瓦院、造纸院管理各种手工业。冶铁使用先进的竖式风箱，铜、银器铸造加工及鎏金技术水平较高，铠甲制造采用冷锻工艺，青白盐成为与北宋交换粮食的主要品种之一。对外交换的产品主要是青白盐与牲畜，粮食、茶叶与部分手工品需求量大，北宋供给。庆历和议后，北宋设置榷场，恢复双方贸易，推动西夏商业贸易的发展。夏崇宗与仁宗时期，四方物品会集首都兴庆。凉州、甘州、黑水城的商品交易以粮食、布、绢、帛、牲畜、肉类为大宗。由于战争与饥荒，物价飞涨与商品奇缺。大部分地区物物交换贸易的主要方式，西夏《文海》中记载为比物交换、等物交换。

（四）对外贸易占有独特优势。西夏领有丝路商业要道河西走廊，借由掌控河西走廊以管理西域与中原的贸易往来，对外贸易分为朝贡贸易、榷场贸易，与北宋、辽朝、金代、西州回鹘及吐蕃诸部有频繁的商业贸易。对中原或北亚的宗主国采取朝贡贸易，时常以骆驼或牛羊等价换取粮食、茶叶或重要物资。也会以宋朝的茶叶与岁币换取回鹘、吐蕃的羊只，转卖宋、辽、金等从中牟利。金灭北宋后，西夏对外贸易掌握在金代手中。

二、西夏文与汉文铸币同时流通

建国后，由于商业兴盛，西夏开始使用货币，但是缺少铜铁原料。西夏的流通货币分两类：一类是自行铸造的西夏货币，钱文有西夏文和汉文；另一类是从宋、金通过贸易、岁赐等渠道流入的北宋和金代货币。西夏十主中，除献宗、末帝两朝外，其余八主都曾铸西夏文和汉文钱。已发现西夏文钱币：福圣宝钱、大安宝钱、贞观宝钱、乾祐宝钱、天盛宝钱、乾祐元宝、天庆元宝、天庆宝钱、皇建元宝、光定元宝等铜钱，还有天盛、乾祐两种铁年号钱。仁宗还于1158年设立通济监铸钱。西夏铜钱的铸造虽然数量小，比较精美，轮廓规整，钱文清晰秀丽、俊逸流畅，曾发现光定元宝篆、楷对钱。

西夏有严格管理货币的律令。仁宗李仁孝其间，立通济监，命监察御史梁惟忠执掌。由于通货少，西夏对私运或销毁铸钱的禁令特别严厉，《天盛律令》卷七《敕禁门》规定："诸人不允支敌界卖钱，及匠人铸钱，毁钱等"，违者处徒刑直至绞刑。由于铸钱少，不能满足流通需要，西夏也铸造和使用银锭作为货币流通。

（一）景宗时期的铸钱。西夏景宗李元昊，党项族，原名拓跋元昊，后改称嵬名曩霄，西夏开国皇帝（1038—1048年）。祖籍银州（今陕西榆林米脂县），北魏皇室鲜卑拓跋氏之后，远祖拓跋思恭在唐代时因功被赐李姓，继西平王之位后弃李姓，自称嵬名氏。天授礼法延祚十年（1047年）改回李姓。在位其间，创置党项政权年号，创西夏文字。仿宋朝官制建立中央与地方官制体系，在原有部落军事组织基础上，建设正规的军事制度。吸收中原先进的经济体制，改变西夏原有的社会经济结构。修筑由青铜峡至今平罗县境长达200余里的水利工程昊皇渠。最早的货币是汉文天授通宝国号钱。天授礼法延祚是李元昊称帝建立大夏的首建年号，钱的形制是宽缘细郭大钱，钱文楷书，旋读，折十钱。

（二）毅宗时期的铸钱。西夏毅宗李谅祚，党项族，夏景宗李元昊之子，西夏第二位皇帝（1048—1067年）。一岁即位，其母没藏氏掌握朝政。在大将漫咩等支持下诛杀舅父没藏讹庞及其家族，结束没藏氏专权局面。引用汉族士人景询等任职，废行蕃礼，改从汉仪。增设汉、蕃官职充实行政机构。不断发兵扰宋。先后收降吐蕃首领禹臧花麻及木征等，巩固南疆。亲赴辽朝进贡回鹘僧、金佛和《梵觉经》。有延嗣宁国、天祐垂圣、福圣承道、奲都、拱化等五个年号，在福圣承道年间（1053—1056年）铸西夏文福圣宝钱（汉译），铜质，旋读，小平钱。

图7-6　西夏文大安宝钱
《中国钱币博物馆藏品选》90页

（三）惠宗时期的铸钱。西夏惠宗李秉常，党项族，毅宗李谅祚之子，西夏第三位皇帝（1068—1086年）。拱化五年（1067年）毅宗突然病死，李秉常继位，年7岁，其母梁太后执政。大安二年（1076年）李秉常16岁亲政。大安六年（1080年）被梁太后囚禁，大安九年（1083年）因将领反对而复位，因梁氏势力大，长期不能亲政，天安礼定元年（1086年）忧愤而死，时年26岁。喜好汉族儒家文化，常向西夏俘虏的汉人文士请教学习宋朝礼仪制度，准备在夏复行汉礼，废除蕃仪，因遭母党势力反对没能实行，其间发生宋夏战争。有乾道、天赐礼盛国庆、大安、天安礼定等四个年号。大安年间（1075—1085年）铸西夏文大安宝钱（汉译），铜质和红铜质，旋读，小平钱。汉文大安通宝，铜质，钱文隶书，对读，小平钱。

（四）崇宗时期的铸钱。西夏崇宗李乾顺，党项族，惠宗李秉常长子，西夏第四位皇帝（1086—1139年）。西夏杰出的君主、政治家。天安礼定元年（1086年）李秉常去世后即位，年仅三岁，母党专政。母梁氏统治其间，政治腐败，军队衰弱，北宋来攻，夏军屡战屡败。永安二年（1099年）16岁时灭梁氏而亲政。整顿吏治，确定君主集权体制，结束外戚贵族专政。颁布等级制的官阶封号，政治制度日臻完备。减少赋税，注重农桑，兴修水利，励精图治使国势强盛，政治清明，社会经济发展。爱好汉族文化，传授汉学。制定按照资格任官的法令，对文学优长者特加奖擢。先联辽侵宋，夺大片土地，又在辽天祚帝向西夏求救时断然拒绝，联金灭辽、宋，取河西千余里之地。有天仪治平、天祐民安、永安、贞观、雍宁、元德、正德、大德等八个年号，贞观、元德、大德年间先后铸三种年号四种钱。贞观宝钱（西夏文），红铜质，旋读，小平钱。元德通宝，红铜质，钱文隶书，对读，小平钱。元德重宝，铜质，钱文楷书，对读，折二、折三钱。

大德通宝，铜质，钱文楷书，对读，小平钱。

（五）仁宗时期的铸钱。西夏仁宗李仁孝，党项族，夏崇宗李乾顺之子，西夏第五位皇帝（1140—1193年）。结好金国，重用文化程度高的党项和汉族大臣主持国政，建学校推广教育，以科举选拔人才，尊崇儒学，修孔庙及尊奉孔子为文宣帝，建立翰林学士院，编纂历朝实录，修乐书《新律》，为党项文化写下灿烂一页。天盛年间颁行法典《天盛年改新定律令》，尊尚佛教，刻印佛经多种。重文轻武，军备废弛，晚夏战争屡战屡败。统治其间与金国、南宋同为盛世，各汗国纷纷朝贡。有大庆、人庆、天盛、乾祐等四个年号。天盛、乾祐年间铸天盛元宝，铜铁两种材质，钱文楷书，旋读，小平钱。乾祐宝钱（西夏文），铜质，旋读，小平钱。乾祐元宝，红铜质，钱文楷书，旋读，小平钱。

图 7-7　西夏乾祐元宝
《中国钱币博物馆藏品选》90 页

（六）桓宗时期的铸钱。西夏桓宗李纯祐，党项族，夏仁宗长子，西夏第六位皇帝（1193—1206年）。奉行仁宗时期的方针，附金和宋。仁慈恭俭，承父遗训，治国颇重文教，朝中多俊逸之士。天庆十三年（1206年）正月，图谋篡位的镇夷郡王安全与纯祐的生母罗太后合谋发动政变，废黜纯祐，安

图 7-8　西夏天庆元宝
《中国钱币博物馆藏品选》90 页

全自立为帝，改元应天元年。只有天庆一个年号，铸天庆宝钱（西夏文）和天庆元宝，铜质，天庆元宝，钱文楷书，旋读，小平钱。

（七）襄宗时期的铸钱。西夏襄宗李安全，党项族，崇宗孙，其父乃西夏仁宗弟越王李仁友。西夏第七位皇帝（1206—1211年）1206年与桓宗母罗氏合谋，废桓宗自立，改元应天。昏庸无能，发兵侵金，改附蒙古，不断积弱。1211年，堂侄齐王李遵顼发动政变被废。有应天、皇建两个年号。皇建年间（1210—1211年）铸皇建元宝年号钱，青铜质，钱文楷书，旋读。小平钱。

（八）神宗时期的铸钱。西夏神宗李遵顼，党项族，崇宗曾孙，李彦宗之子，天庆十年（1203年）后统领西夏军事，西夏第八位皇帝（1211—1223年）。皇建

图 7-9　西夏光定元宝
《中国古代物质文化·（货币下）》338 页

二年（1211年）七月，发动宫廷政变，废黜襄宗李安全，自立为帝，改元光定。年少力学，博览群书。桓宗天庆十年（1203年）廷试第一，中国历史上唯一的状元皇帝。承袭襄宗自取灭亡的政策，依附蒙古攻打金国。与蒙古、南宋战争屡败。1223年传位于子李德旺，为西夏唯一的太上皇。有光定一个年号，铸造光定元宝，青铜质，钱文楷书，旋读。小平钱。

第三节　金代钱钞并用及其货币制度的兴亡

金代是中国历史上由北方女真族建立的政权，女真族首领完颜阿骨打在统一女真诸部后，于北宋徽宗政和五年（1115年）在会宁府（今黑龙江省哈尔滨市阿城区）称帝，国号大金。立国后与北宋定海上之盟，向辽朝宣战。天会三年（1125年）灭辽，天会五年（1127年）灭北宋，与南宋、西夏对峙。海陵王贞元元年（1153年）三月迁都燕京，改元贞元，改燕京为中都（今北京）。宣宗贞祐二年（1214年）迁都南京即汴梁（今河南开封），疆域东至日本海，南达淮河、秦岭，西抵陕西、甘肃，西北至蒙古草原。海陵王、金世宗与金章宗时期最为强盛，金章宗中后期逐渐衰退。1234年，在南宋和蒙古南北夹击下灭亡。

一、金代的经济社会发展

女真族长期居住在长白山、松花江及黑龙江流域的白山黑水一带，处于渔猎农耕时期，进入中原以后，受北宋经济与社会发展的影响，开发土地，发展农业、手工业，开展商业贸易。从金熙宗到金章宗的半个多世纪里，北方社会经济有一定程度的发展，尤其是东北地区跃进式发展。

（一）发展农牧业为军事扩张服务。广泛使用铁制农具，增加农作物品种，由金初只种稷子春粮，逐步扩大至小麦、粟、黍、稗、麻、菽类，蔬菜有葱、蒜、韭、葵、芥、瓜等品种。减免开垦荒地或黄河滩地租税，金熙宗时期实行"计口授田"制度，有计划地从东北大量内迁屯田军户（猛安谋克）至中原，既种植粮食，又监督镇压汉人，屯田军户按照户口给以官田，分让租给汉族耕种或是强迫汉族无偿耕种。在中原地区，除种植粮食以外，还种药材和麻等经济作物。畜牧业主要在西北部，沿袭辽制在西北边境地区置群牧（养牛马的机构）管理畜牧业。

（二）手工业高起点快速发展。占领中原以后，辽上京及燕京地区的窑址继续生产，至世宗大定年间（1161—1189年）形成河北定窑、磁州观台窑、河南禹县钧窑、陕西铜川耀州窑四大陶瓷生产基地。灭辽宋以后，冶铁业生产规模超过辽朝。为管理纺织业，专门设立少府监，辖尚方、织染、文思、裁造、文绣等署，官方的纺织作坊规模较大。盐场较原辽宋倍增，通过设在各地的盐司专擅贩盐之利。印刷业规模与技术较辽朝有更大发展提高，金宗南渡以后集中在南京（今开封）印制儒家经典、历代正史及先秦诸子等书籍。

（三）城市商业经济超过辽朝。在辽五京基础上建设五京。大定十三年（1173年）后，以会宁府为上京、原辽中京大定府为北京、原辽西京大同府为西京、原辽南京析津府为中都、宋东京汴梁为南京。金宗南渡以后，南京正式成为都城。海陵王当政的贞元初年（1153年）行钞引法，设官置库，发行盐钞引，七年一更换。金世宗大定二十年（1180年）推行商税法，规定金银百分取一，诸物百分取三。

（四）与南宋、西夏开展榷场贸易。为满足经济发展所需商品，建立较多榷场与西夏和南宋进行贸易。由于与南宋时战时和，榷场贸易受到一定影响，南宋在贸易中占主动地位。向南宋输出马匹、铁、锡、木材、皮革、人参、纺织品等商品。从南宋输入茶、药材、丝织品、砂糖，还有荔枝、圆眼、金橘、橄榄、香蕉、苏木、温柑等水果。在西北设榷场与西夏进行贸易，主要是易北方的牲畜及西夏的马匹。

二、钱钞并用货币制度的形成与演变

女真族进入中原地区后，大力发展农牧业生产，开垦大片土地，高起点发展手工业，全面推进商品贸易，城市经济日益繁荣，社会经济迅猛发展，带动货币经济的发展。铜钱、铁钱、纸币、银币均有流通，铁钱和银币的流通范围和数量不大，时间短促，铜钱和纸币是主要的流通货币。

（一）初期大量流通宋辽货币。早期（太祖收国元年至海陵王天德五年，1115—1153年）女真族尚处于奴隶制阶段，契丹族原居地无市场，女真族与契丹之间及内部的物品主要是物物交换，以其有易其无，或以牛羊为一般等价物。建国后，随着对辽宋的战争节节胜利，占领辽大部和宋淮水以北广大地区。一个地方政权成为一个大国，随之而来的是商品经济跨越式发展。以物易物的原始交换，突发性的改变为以金属货币为媒介的商品贸易。开始使用货币，改变传统的买卖不用钱的部落式经济模式。女真族聚集区，商业贸易从农业中分离，独立的商人产生，货币开始流通。

（二）金代货币制度的形成与发展变化的三个阶段。

1. 早期（1115—1153年）的物物交换到货币交易。金代建国十年金太宗天会三年（1125年），居住的松辽地区，物物交换仍然存在。金太宗天会十年（1132）年，在黄龙府设管理钱帛的机构——钱帛司，管理、调配、收支货币，此时没有铸造钱币。在原北宋统治的淮北地区，市场交易普遍使用辽或北宋铸钱，建朝后的四十余年基本如此。境内铜矿资源匮乏，铜钱铸造成本高，铜制器物制作及贸易获利大，官吏富豪操纵市场，将大量铜钱贮藏。

2. 中期（1154—1189年）钱钞并用以钱为主。金海陵王完颜亮贞元二年（1154年）迁都燕京以后，商业经济快速发展，庞大的军费开支需要大量钱币，民间钱荒出现。为适应经济发展及扩张，印制纸币和铸造金属货币。贞元二年（1154年），以铜钱为本位印制交钞，与辽宋钱同时流通。我国古代宋、元、明、清都是先铸造金属币再发行纸币，金代恰恰相反，是中国古代纸币发展的特例。正隆三年（1158年）设钱监铸造钱币。金章宗明昌初年（1190年），货币经济全面发展，铜铸钱、铁铸钱、纸币、银货同时流通。

3. 后期（1190—1234年）货币制度从紊乱到崩溃。金章宗明昌元年至衷宗天兴三年间（1190—1234年），先后发生契丹族德寿领导的反金起义、山东河北的农民起义和黄河水灾，加之政治腐败，官员搜刮钱财，阶级、民族矛盾激化。与鞑靼及蒙古等民族年年用兵，军费开支巨大，流通的铜铸钱不断减少。由于铸钱成本高、朝廷要贴补亏损。明昌元年（1190年）金世宗下令罢铸。明昌五年（1194年）开始限钱，按照身份等级制定保留私用铸钱数，最高不超过两万贯，限钱四年，收效甚微。金章宗承安二年（1197年）又大量铸造一两至十两银锭承安宝货，每两兑换铜钱两贯，创造了中国货币史上最早的银币。为加大交钞的流通，又取消交钞七月厘革制，让交钞成为永远流通的纸币。

三、铜、铁、银铸钱的流通

（一）太宗时期的铸钱。金太宗完颜晟，金太祖完颜阿骨打四弟，金代第二位皇帝（1123—1134年）。天会三年（1125年）十月，兵分东西两路逼进北宋首都汴京，订城下之盟。天会四年（1126年）八月，两路军大举南伐，包围汴京，史称"靖康之变"。天会八年（1130年），在济南立北宋叛将刘豫为帝，国号大齐，建都大名府，公元1131年改元阜昌，史称伪齐。其间铸伪齐铸币阜昌元宝小平钱、阜昌通宝折二钱、阜昌重宝折三钱。青铜质，楷书与篆书，旋读。

图7-10　金伪齐阜昌重宝
《中国钱币博物馆藏品选》86页

（二）海陵王时期的铸钱。海陵王完颜亮，字元功，金太祖完颜阿骨打庶长孙，太师完颜宗干次子，金代第四位皇帝（1149—1160年）。金熙宗皇统九年（1149年），年仅27岁时弑君篡位称帝，改元天德。为人残暴狂傲，淫恶不堪，杀人无数。励精图治，鼓励农业，整顿吏政，厉行革新，完善财制，推广汉化，迁都燕京，加强中央集权，编制《续降制书》，巩固奠定金王朝的华夏正统性和在北方的统治。有天德、贞元、正隆三个年号，正隆三年至六年（1158—1161年）铸正隆元宝，青、白铜质，钱文楷书，旋读，小平钱。还有铁、锡、银材质正隆元宝。

图7-11　金正隆元宝
《中国钱币博物馆藏品选》88页

（三）世宗时期的铸钱。金世宗完颜雍，原名完颜褒，金太祖完颜阿骨打之孙，金睿宗完颜宗辅

图7-12　金大定通宝
《中国钱币博物馆藏品选》88页

之子，金代第五位皇帝（1161—1189年）。停止侵宋战争，励精图治，革除海陵王统治时期的弊政。重视农桑、奖励垦荒。提倡节俭，生活朴素。国库充盈，农民富裕，天下小康，史称大定盛世，有小尧舜之称。推行女真为本的民族政策，在采用汉制的基础上发起女真文化复兴运动。有大定一个年号。大定十八年至二十九年（1178—1189年）铸行大定通宝年号钱，青、白铜质，钱文楷书，仿瘦金体书。还有铁、银大定通宝。

图7-13 金泰和通宝
《中国钱币博物馆藏品选》89页

（四）章宗时期的铸钱。金章宗完颜璟（麻达葛），金世宗完颜雍之嫡孙，金代第六位皇帝（1189—1208年），金代文化水平最高者。政治尚算清明，史称"明昌之治"，金最繁荣兴盛的时期。经济发达，人口增长，府库充实，天下富庶，史评宇内小康。后期，中原地区水旱蝗灾频频发生，黄河三次大决堤。赈灾、河防和军费开支使财政窘迫，开始滥发纸币。人民拒用贬值纸币，私下以铜钱交易，朝廷以行政命令维持钞法也无济于事。一手好字，与北宋徽宗的瘦金体形似。有明昌、承安、泰和、天定等年号。铸行泰和通宝和泰和重宝两种年号钱。泰和通宝，青铜质，钱文楷书，对读，折二钱、小平钱。泰和重宝，青铜质，钱文篆书，对读，玉箸书体，传为文学家、书法大家党怀英手书。折三、折十钱。

（五）卫绍王时期的铸钱。卫绍王完颜永济，字兴胜，金世宗完颜雍第七子，金代第七位皇帝（1208—1213年）。为人优柔寡断，没有安邦治国之才，俭约守成，不善用人，忠奸不分，导致杀身之祸。有大安、崇庆、至宁三个年号，崇庆年间铸崇庆元宝、崇庆通年号钱。崇庆元宝，青铜质，钱文篆书，旋读，折五钱。崇庆通宝，青铜质，钱文楷书，旋读，折二钱、小平钱。至宁年间铸至宁元宝年号钱，青铜质，钱文楷书，旋读，折五钱。

（六）宣宗时期的铸钱。宣宗完颜珣，金世宗完颜雍长孙，金显宗完颜允恭的庶长子，金代第八位皇帝（1213—1222年）。在位其间，蒙金和议，南迁汴京后又触怒蒙古，战争再起。建立"河北九公"抗蒙无济于事，发动侵宋战争进退两难。与西夏苦战对峙，互相消耗残杀。有拨乱反正之材、励精图治之志和中兴业绩，勤政忧民，但最终没有成功。有贞祐、兴定、元光三个年号，铸贞祐元宝和贞祐通宝两种年号钱。贞祐元宝，青铜质，钱文楷书，旋读，小平钱。贞祐通宝，白铜质和铁质，钱文楷书，对读，白铜质为折二、小平钱。铁质为折三钱。

四、金代纸币的发行与流通

金代的纸币（交钞）发行与铸钱一样，也是伪齐政权最早效仿北宋印发交子，从一贯到一百贯。由于伪齐政权时间较短，对于金代整个纸币发行流通及货币经济的影响有限。海陵王贞元二年（1154年）在中都（今北京）设印造钞引库和交钞库，发行纸币交钞，与铸钱同时流通。

（一）金代纸币大小钞的区别与管理。金代发行的纸币分大钞、小钞两类，面额、流通区域及管理均有所区别。

1. 金代大钞。海陵王贞元二年（1154年）发行，由印造钞引库和交钞库印制发行。初始发行一贯、二贯、三贯、五贯、十贯五种。流通区域限定黄河以南，后逐步扩大至全国，有兑换、使用地区的限制。为推行纸币及维护币值，规定征收赋税、发放官兵俸禄须用一定比例的纸币，交钞买盐引，一贯当一百文。交钞每期七年为限，到期以旧换新，每贯收工墨费十五文，后改每张八文。贞元二年（1154年）至大定二十九年（1189）是交钞流通的稳定时期。

大定二十九年（1189年）章宗即位后，有司建议交钞削七年厘革之法，使民众常用，损伤的向官库纳旧换新，七年厘革制度取消。为推行交钞，章宗还令尚书省将推行钞法的成败定为官员称职标志。章宗泰和七年（1207年）正月，官府停止支出大钞，曾引发民怨，章宗甚至下令拘捕议论钞法之人。章宗泰和八年（1208年）正月，收毁大钞、行小钞。十月，章宗准中都路转运使孙锋奏，各种税钱全部收钞，不按面值比例搭配。罢诸处的钞局，只令到省库兑换，钞可令诸路通用。

宣宗贞祐二年（1214年），发行二十贯至百贯的大钞，后又发行二百贯至千贯的大钞。同年迁都南京，从此"围蹙民困，军旅不息，供亿无度，轻又甚焉。"[1] 卫绍王大安三年（1211年）金蒙战争其间军赏达八十四车交钞,交钞严重贬值。贞祐三年（1215年）四月, 禁止铜钱流通, 七月改交钞名为贞祐宝券。宣宗兴定元年（1217年）发行贞祐通宝；宣宗兴定五年（1221年）发行兴定宝泉；宣宗元光二年（1223年）发行元光珍货；哀宗天兴二年（1233年）发行天兴宝会。

2. 金代小钞。章宗承安二年（1197年）, 由于大钞持续贬值, 在西京、北京、辽东路发行小钞, 面额一百文、二百文、三百文、五百文、七百文五种。可在随处官库兑换铸钱, 流通区域不受限制。没有兑换之地, 大小钞可以兑换, 用小钞兑换现钱, 钱钞关系变成了钞与钞、钞与钱的关系。章宗承安四年（1199年）, 小钞停止印造。泰和六年（1206年）, 小钞重新发行, 增加行使区域的规定。两年后, 又取消行使区域的规定。由于发行量过多, 小钞逐步贬值。

（二）金代纸币的发行与流通。金代纸币制度应有很多创新之处, 也为后世提供了借鉴。交钞全部流通时间有80多年, 前50多年有序、稳定。取消七年厘革制度后, 也没有引起严重的贬值。泰和年间（1201—1208年）纸币政策屡变, 大钞时毁时发, 朝廷也能维持。至大安三年（1211年）交钞的恶性膨胀爆发, 原因是为了支持战争, 发行失控。从纸币的发行品种与时间上, 可以更加充分了解。

图7-14　金"陕西路壹拾贯交钞版"
《中国钱币大辞典·宋辽西夏金
编·辽西夏金卷》396页

1. 贞元交钞。金海陵王贞元二年（1154年）五月迁都燕京后, 以旧钱币币材不足为由, 设立交钞库发行贞元交钞。发行时交钞与辽宋铜钱为本位币同时流通。面额分大钞与小钞, 大钞有一贯、二贯、三贯、五贯、十贯五种。小钞有一百文、二百文、三百文、五百文、七百文五种。以七年为限, 到期兑换新钞。海陵王贞元至世宗大定其间, 由于金代社会经济的发展, 市场繁荣, 物价稳定, 对货币流通的需求较大, 方便的交钞由于便于携带, 一些商旅以钱买钞, 社会信誉

---

[1]《金史·食货志》

高，流通范围广。世宗大定二十九年（1189 年），取消交钞七年厘革之限，成为永久性通用纸币。比南宋会子无限期流通要早六十年，是中国纸币发展史上里程碑性质的大事。

2. 贞祐交钞。金宣宗完颜珣贞祐二年（1214年）发行，面额有二十贯、五十贯、一百贯、二百贯、一千贯等五种。面额较大，发行又无限制，导致开始贬值。

3. 贞祐宝券。金宣宗完颜珣贞祐三年（1215年），改贞祐交钞为贞祐宝券。今见有五贯和五十贯钞版。为推行宝券流通，颁布禁现钱令，禁止铜钱流通。设置回易库，允许宝券不限路流通。致使大多数铜钱流入宋境，市场铜钱更为缺乏。

4. 贞祐通宝。金宣宗兴定元年（1217年）二月发行，面额自百至三千贯，由各路转运使印造，规定最高不得超过五千贯，各地印造的贞祐通宝流通区域和兑换地都有一定限制。贞祐通宝一贯当贞祐宝券千贯，四贯当银一两。金后期被贬值到八百贯当银一两。

5. 兴定宝泉。金宣宗元光元年（1222年）二月发行，兴定宝泉一贯当贞祐通宝四百贯，二贯当银一两。流通时间不长，银价不断上涨，兴定宝泉不断下跌。金宣宗元光二年（1223年），立法规定银一两不得超过兴定宝泉三百贯，货物价值三两以下者不许用银，一分用银，二分用兴定宝泉、元光珍货、元光重宝。禁止民间以兴定宝泉与银交易，结果是民间只用银进行交易。

6. 元光重宝。金宣宗元光元年（1222 年）发行，元光重宝钞一贯当贞祐通宝五十贯。发行两年后，原兴定宝泉不再流通。

7. 元光珍货。金宣宗元光二年（1223年）发行，用绫印制，与银及其他纸币同时流通，发行不久，由于银价不断上涨，民间只用银交易，不再流通，逐渐被废止。金宣宗自贞祐二年（1214年）至元光二年（1223年）九年时间，三年改号，发行六种纸币。由于是无限制发行，引起严重通货膨胀，纸币贬值。尽管不断变换新的纸币，银钞还是难以同时流通。

8. 天兴宝会。金衰宗天兴二年（1223 年）十月发行，天兴宝会是中国最早以银为本位的纸币，面额有一钱、二钱、三钱、五钱四种，与银同时流通。几个月后，由于金代的灭亡而成为废纸。

（三）金代纸币制度失败的原因。金代交钞的盛行，适应了当时商品经济发展的客观需要，高度集权的统治者运用政治、行政手段强令推行，对于商品经济的发展，增加市场货币流通量，调节货币流通，推进全社会经济增长，发挥了重要作用。交钞以铜钱的贯、百文为单位，与铜钱1：1兑换，铜钱数量能否保证兑换是基本前提，铜钱和交钞的兑换关系是维系货币体系存在的基础，动摇基础，货币体系就会崩溃。金后期铜钱与交钞兑换不能正常维系，钞法随出随坏。政府依靠发行纸币维持国家行政和军事开支，纸币发行没有准备金，取消七年厘革制度，成为永远流通的货币，导致严重的通货膨胀，交钞也随金政权的灭亡而消失。

五、金代银币的形制与流通

白银在金代也是流通货币，相对于铜钱与纸币，数量不多，作用不小。在官兵俸饷发放、军需开支、市场商品交易中，银钞兼用较为普遍，白银为纸币的流通发挥了辅助作用。掠夺北宋大量金银，每年又从南宋取得岁币金银，金银储备较多。

图7-15 金提举解司大定廿一年十一月廿三日银铤《中国银锭目录》39页

（一）金代银币的形制。主要是银锭或银铤，形状是上下两端宽，中间狭，呈束腰状，与南宋基本相同，大型的五十两左右，长13.8—15.53厘米，重950—2 030克。中型的二十五两左右，长11.3厘米，重950克左右。小型的十两左右，长9.6厘米，重470克左右。背面多为蜂窝头状，有铭文，纪地、纪行人、纪年、纪重，也有无铭文的。一两银锭可兑换铜钱两贯。

银锭标有银钱兑换值的铭文，根据铭文，分贡银、税银、盐司银和地金银四种。

进奉银是下级官员进奉上级管员的银锭，上供银是地方政府输送朝廷的银锭。税银包括使司银锭，其中又因戳记书体不同而分属于各征收机构，有盐司、盐使司、分治司和分治使司戳记的为盐司银锭。分治司和分治使司是官营中盐使司的分支机构。有的盐司银锭上还有东盐判苑、承直郎盐判、盐判、文林郎盐判、榷盐判管勾和盐判苑等职官。地金银是指没有提举解盐司、分治司机构铭文和使司戳记、税银中常见的秤子铭文，却有大概表示大宗贸易支付的某某秤铭文的银锭。金代银铤中贡银银锭较少，盐司和使司银锭则多见。

（二）金代银锭的职能。一般是称量行使，具有支付、宝藏、对外贸易支付等货币职能，没有价值尺度和交换手段的货币职能。承安宝货银锭具有铸币的特点，是中国流通最早的银币，铸于金章宗承安二年至五年（1197—1200年），目前仅见一两和一两半。弧首束腰扁平状，面微凹，有波纹，背面布满蜂窝状气

图7-16　金承安宝货
《中国钱币博物馆藏品选》168页

孔。正面铭文承安、宝货壹两或宝货壹两半，横竖排列相结合，格式与其他金代银锭完全不同。宝货壹两长4.3厘米、上下宽均是2.6厘米、中宽2厘米，厚0.5厘米。宝货壹两半长4.7—4.9厘米、上宽3—3.25厘米、下宽3—3.35厘米、厚0.5—0.66厘米。承安宝货有固定形式和重量，为后世银币的铸行提供了参考。

金代有年号的大银锭主要集中在正隆、大定、明昌、承安、泰和、大安这几个相承接的时期，金海陵王正隆年间（1156年）至卫绍王大安年间（1211年）是金海陵王完颜亮上台，革除弊政，大力推行政治、经济改革，社会政治经济发展较快。这56年，金代国力强盛，货币经济发展速度快、规模大，而大银铤作为货币流通适应了经济社会发展的需求，尤其是泰和年号大银锭较多，是白银货币流通的鼎盛时期。无年号有铭文的银锭有较多品种，由于无年号记载难以确定年份。还有较多无年号无铭文的银锭，更难以考证铸造人、流通时间和区域。金代白银作为货币流通，在货币经济中占有重要地位。

第四节　辽、西夏、金代的信用发展

一、辽朝的信用发展与高利贷

辽朝二百余年间，货币经济虽有一定发展，但是境内差别较大，北部草原地区物物交换仍然是主要方式。社会信用发展相对于中原地区明显落后，以子女

为抵押品身体借债较为普遍。圣宗开泰元年（1012年）十二月下诏规定从明年正月起典质的子女替债主做工要计算工钱，每天工钱十文，工钱足以抵销债务时回家。寺院开设质库，僧徒放高利贷收入颇丰。辽朝的官僚甚至宫廷放高利贷牟利，辽后期，政府禁止官僚在部落内部放高利贷。

二、西夏的信用与高利贷

西夏的货币经济发展相对滞后，只是到后期才有一定发展。信用管理有专门的律令，西夏天盛新律令《典当》七条、《追缴债息》十五条是信用立法：任何人向别人借债，都必须还。若借债不还，则应报官。借债不还十缗以内的，有官品的罚五缗，庶民罚十杖；超过十缗的，有官品的罚一马，庶民罚十三枚。禁止强行向借债人索缴财物，强行索缴财物应归还物主。欠债人应依律还债，也可以劳抵债。借债利息由双方商定，政府有最高限额，一缗付五文以下，一石谷付一斗以下。利息与本金相等后，索债无效。向质库抵押借款，价值十缗以下，何人送当都应接收。十缗以上的，必须是熟人送当才能接收。

三、金朝政府的流泉务与民间高利贷

（一）官营质库——流泉务。大定十三年（1173年），金世宗对宰臣说：闻民间质典，利息重者五七分，或以利为本，小民苦之。若官为设库务，十中取一为息，以助官吏廪给之费，似可便民。降低借贷成本以便民增加国家财政收入，是设立官营质库的初衷。随之，在中都、南京、东平、真定等地开设了质典库，定名流泉务，经营抵押放款。设立使和副使，掌握典诸物，流通泉货，评定质物价值。放款标准为质物的七成，每月收息一分，不到一月按天计算。押期不超过两年零一个月，质物遗失，赔偿原借款本金及利息，并按典质时质物的上等价赔偿给质物人。至大定二十八年（1188年）已经设立二十八家。但是，到了明昌元年（1190年），金章宗宣布取消流泉务，历时十七年。明昌二年（1191年）在中都恢复流泉务。金宣宗兴定元年（1217年）六月又在南京恢复流泉务，十月又取消。

（二）立法管理民间高利贷。金朝的民间抵押放款较为盛行，土地、房屋、动产及人身均可作为抵押品。穷苦人没有财产，则以自身或家人抵押借款较为普遍，最终成为债务奴隶。以至官府为民赎身、出绢赎典雇奴婢，在太宗、世宗、熙宗时其均有记载。世宗时曾判强取借债者的财产抵债为不合法。

第五节　金代统一铸币及推行纸币的争论

金代的货币流通，经历了由相对稳定到危机发生，帝王到思想家都曾发表过一系列货币流通的组织与管理的观点与思想。

一、金世宗应对钱荒及维护国家铸币权的思想

大定十年（1170年）和大定二十六年（1186年）上谕户部，认为钱贵流转，反对官积钱而不散。官钱积而不散，则民间钱重，贸易必艰。主张将地方府库大量积钱投入流通，以利贸易的开展。朝廷积极主动铸钱，缓和钱荒。开拓铜源，收民间铜器，由国家统一铸币。金银、山泽之利，当以与民，惟钱不当私铸。令官私均用八十为陌。

二、金章宗的纸币思想

章宗即位（1189年）时，财政经济危机四伏，管理货币流通的思想发生较大变化。为减少财政对铸钱的开支及采铜扰民，停止铸钱，限制官民蓄钱。铸造银币用于市场流通。铸造承安宝货，产生中国历史上最早的法定计量银铸币。废除七年厘革制，改革纸币制度，发行永久通用纸币。明昌三年（1192年）谕尚书省，民间流通的交钞，应该限定流通数量，民间自由兑换，可以保证交钞稳定。以钞征税、买盐，推行小钞，小钞兑钱、出卖盐引度牒官诰绵绢收钞、银与小钞和钱品搭配收支，维护纸币流通。

三、金章宗泰和以后通货膨胀时期的货币观点

金章宗泰和（1201年）以后，由于遭到蒙古和宋朝的军事夹攻，财政经济恶化，通货膨胀严重，朝野对此议论较多。

（一）高汝砺主张强行推行纸币。章宗、宣宗两朝左司郎中、户部尚书、左丞右丞高汝砺主张议立钞法条约推行交钞，严格限制铜钱流通。罢大钞，行小钞。钞滞物贵之害轻，民去军饥之害重。国家可以任意改变纸币的名称，将任何数量

的纸币强制发行流通。对通货膨胀的原因、危害、纸币流通规律认识不足。

（二）孙铎方便纸币流通的主张。章宗时户部尚书孙铎主张废三合同钞（流通的纸币上加盖合同印章，限定合法流通与换旧的行政区域的纸币），因为泰和二年，止行于民间，而官不收敛。征税多征交钞，不拘贯例，钞渐重，可以流通。主张小钞不限路分，方便兑换现钱。

（三）卢构银、钱、钞比价流通的观点。泰和元年（1201年）六月，通州刺史卢构言，纸币已经正常，但是市场银价低于管价，人民纳银意愿增强，不利于收加交钞。国家收税应有钱、银、钞三分均纳，这样可以使银价趋平。

（四）胥鼎主张禁钱与征敛收钞。金代自宣宗贞祐以后，恶性通货膨胀进入更高阶段，河东宣抚使胥鼎上言，认为物重的原因是钞窒，钞窒的关键是有出而无入。大钞充斥民间，人不收受，价跌至每贯仅值一钱，印钞成本大于面值，发行愈多，财政愈亏。发行大钞，不会因面值加大而提高信用，反而预示通货膨胀的加剧，适得其反。禁止现钱流通，迫使社会用钞。借军需征敛，回收交钞，推动交钞流通速度加快。

（五）田迥秀的平钞价论。监察御史田迥秀上言，国家发行贞祐宝券就贬值流通不畅，不是管理不严格。钱币流通，必轻重相权，散敛有术，才可以顺畅。现在是发行过多，回笼太少。要通过增收节支减少财政赤字维护纸币流通，如省冗官吏、损酒使司、减少兵俸、罢寄治官、酒税及纳粟补官全部使用宝券。

（六）赵秉文的复回易论。翰林侍讲学士赵秉文认为：宝券流通不畅，朝廷讨论更换，而民间已经传不用纸币，并将逐渐废止，表面看是权归小民，实际上是纸币流通规律的必然。主张恢复回易业务，以银钞、商品等的吞吐维持纸币购买力，让精通货币流通的人主持，而不能让不懂货币业务的官僚操办。

（七）高琪与完颜守纯等关于更换新钞的争论。贞祐四年（1216年）八月，另换新钞议是金代最大一次关于纸币的争议，有两派对立的意见。平章高琪、陕西行省令史惠吉等人主张更换新钞，认为要纸币正常流通，就必须多敛少支。由于敛多则伤民，支少则妨碍正常用钱，所以只有印制面额大的纸币才能兼顾。更换新钞，与旧钞同时流通。濮王完颜守纯认为朝廷只重视支出而不重视回收，是宝券贬值的原因。券轻不是民众轻视纸币，而是国家轻视纸币。关键在于量所支而复敛于民，出入循环，才能提高纸币的信用。如果担心贬值而更换新钞，又会与旧钞一样贬值。侍御史赵伯诚认为，更换新钞是一种隐蔽的掠夺，比征敛还重。

（八）温迪罕思敬的弛限钱之禁的观点。兴定四年（1220），镇南军节度使温迪罕思敬上书：钱如水，要流通而不能阻塞。钱藏于官府而不流通则祸及民众，只是在民间而不回收则减少纸币流通，多少轻重与物相权而后可。取消限钱禁，允许民间采铜铸钱，官府提供样钱，不符合的钱不允许流通。流通的钱多了，钞的流通就会减少，可以少发行宝券，少了必然升值。

第八章　南宋会子的失败与金属货币的流通

靖康二年（1127年）靖康之变后，建炎元年（1127年）五月，宋徽宗赵佶第九子赵构在应天府南京（今河南商丘）继承皇位，即宋高宗，史称南宋。赵构成为宋朝第十位皇帝，南宋开国皇帝，在位35年。建立后即南迁扬州，金军奔袭下又南逃杭州，金军渡江南侵，高宗又自明州（今浙江宁波）下海南逃。南宋由于军事力量较弱，经过绍兴和议向金国称臣纳贡，后来金代几度南下都不曾灭掉南宋，而南宋在宋孝宗时期以及后期数次北伐也无功而返，南宋和金代对峙。于帝昺祥兴二年（1279年）二月为元所灭，历9帝，153年。

第一节　南宋的经济与社会

南宋丢失了淮河以北的大片领土，拥有经济最发达的东南与四川。由于战争相对较少，社会与经济与北方相比，破坏较轻。政治无所作为，经济兴盛发达。

一、开垦荒地恢复农业生产

减免田赋、招抚流亡、恢复农业生产。高宗建炎四年（1130年）颁"佃户法"，对官田佃户减租。高宗绍兴元年（1131年）组织屯田、营田，金牌屯田设在沿边与金接界地区。高宗绍兴二十五年（1155年）实施移民，开垦宋金"绍兴和议"后原是战区的淮南、京西大片土地。孝宗绍兴三十二年（1162年）即位后，更加重视开垦荒地发展农业，兴修水利，解决围田造成的水患。广泛使用牛拉农具垦荒，扩大农田种植面积。江南除稻、麦等粮食作物，普遍种植经济作物棉花、茶叶。

二、手工业生产超过北宋

小手工类与手工类作坊增加较多，社会分工和技术超越北宋，丝织、印染、制瓷器业兴盛。杭州、成都、苏州有规模很大的官办织锦院，织机数百台、工匠数千人，分工细致，种类繁多，产品精致。棉花种植推广使棉纺业逐渐发展。制瓷业规模宏大，景德镇成为全国制瓷中心。广州、德化（今福建德化）、晋江（今福建建阳）等地窑厂的产品基本外销。印刷业发达，刻本书籍传世较多。明州、泉州、广州等造船中心造大型海船。造纸、漆器、金银器制造和火器制造业也很发达。

三、商业都市繁荣兴旺、宋、金商业交易极其频繁

江南水上交通发达，以临安和建康为枢纽，西沿长江经鄂州联结四川。南通泉州、广州联结琼州。国内物资交流和海外贸易的中心临安（杭州），人口稠密，住户超十万，人口近百万，有较多商品交易市场，外城数十里店铺并列，交易繁盛。沿海的泉州、广州、明州是国际贸易港。沿长江有苏州、仪征、建康、无为、黄池、鄂州、沙市、荆南、潭州等商业城市。宋、金停战后，双方在淮河沿岸及西部边地设立互市市场——榷场。南宋盱眙军榷场，同金代泗州榷场隔河相对。榷场以外，宋、金民间私相交易数量极多。高宗绍兴末年（1162年），楚州北神镇、信阳军齐冒镇、安丰军花靥镇、枣阳等处，都是民间贸易地点。金代南运的货物有北珠、毛皮、食盐、麦曲、罗、绫、人参等，南宋北运的物品有粮食、茶叶、布帛、耕牛、书籍、干姜、金银、铜钱等。

四、对外贸易较为发达

高宗时，市舶收入达200万贯，超过北宋最高额两倍多。通商国家有50多个，商人泛海贸易20多个国家。每年夏至以后，各国海船云集南宋港口，十月以后回国。南宋大海船，每年11至12月，趁东北风从广州、泉州出海开展贸易并过冬。第二年冬天，再趁东北风横渡印度洋，到达波斯湾沿岸的阿拉伯各国。输出的商品，主要是瓷器和各类丝织品、印本书籍。输入的商品有日本的沙金、木材、珠子、手工艺品。高丽的人参、药材、扇子、纸笔等。南亚和阿拉伯各国输入的主要是药材、香料、象牙、珠宝。

第二节 会子如何成为南宋的国家货币

南宋全国所产的铜、铅、锡全部用于铸钱，前中期每年的铸钱量也只有15—20万贯，与北宋神宗熙宁末年（1077年）500多万贯无法相比。北宋铁钱流通的四川也因成本过高而停铸，后期虽然恢复铸行，铸量及流通仍有诸多限制。南宋只有饶州永平、池州永丰、江州广宁、建州丰国及虔州铸钱院等铜钱监，随后又陆续并撤。宋孝宗在位其间（1163—1189年）只剩饶州永平一所铜钱监。大量铜钱被销毁铸造成铜器及流出境外。南宋建立初期，陕西仍然使用地区性纸币钱引，其他地区流通铜钱。由于商业经济的繁荣发展，市场货币流通需求大，铜钱短缺，流通纸币成为经济社会发展的需要。

一、见钱关子发行流通失败、朝廷首发交子流产

绍兴元年（1131年）十月，临时首都在越州（浙江绍兴），命神武右军都统制张俊率军队守婺州（今浙江金华），由于水路交通不便，军粮不易解决，发行关子。商人交纳铜钱，朝廷给予等值的汇票见钱关子，持有人可去政府机构榷货务换取铜钱或等值的茶引、盐引或香料，每一千钱加十钱优惠。州县政府在收购粮食等货物时，强行以关子为现钱使用，由于榷货务没有足够的铜钱兑付，关子难以流通。绍兴六年（1136年）二月初，朝廷在临安设立行在交子务，印造交子分给诸路，令公私同铜钱一样使用，国家保证信用，决不改变。这是南宋政府首次由国家发行全国性纸币。此前，在江淮地区，都督行府主管财务的张澄，按照四川交子（钱引）印造30万贯与铜钱同时流通。朝廷根据张澄建议，准备在东南地区流通交子，由于没有发行准备金，担心贬值，五月即将发行之时，收回成命，改以关子收购夏粮及绢，称为籴本关子。六月停罢新设的交子务及官员。

二、临安富商首发民间会子、临安府首发地方政府会子

由于农业、手工业不断发展，商业日益繁荣兴盛，铜钱不能满足流通需要的矛盾十分尖锐，政府也无意发行纸币加以解决。绍兴二十年（1150年），首都临安城的富商发行寄付兑便钱会子，寄付即寄附，兑便钱即便钱，意为汇兑，一种类似支票、汇票的汇兑券，也是有流通职能的铜钱兑换券。这与北宋交子发行起

源有类似，由富商发起，用于市场商品交易。会子作为纸币，其名称首先起源于民间。

绍兴三十年（1160年），新任临安知府钱端礼命临安府印造会子，于（临安府）城内外与铜钱并行。同年七月，钱端礼升任主管财政的户部副长官侍郎，九月又兼临安府知府，十二月提出国库（左藏库）支付铜钱应以临安府会子搭配。此后，临安府发行的会子流通扩大到城外整个东南地区。钱端礼主导发行的临安会子，是一次有历史意义的纸币发行，其流通范围的突破更是将纸币由地方发展为全国，民间的便钱会子转变为官府的会子。

三、南宋政府发行国家纸币会子及行在会子库版的结构内容

绍兴三十一年（1161年）一月，钱端礼专任户部侍郎。同年二月丙辰（1161年3月11日），世界历史上第一个中央政府设立的纸币发行机构行在会子务建立，并发行纸币会子，这是首次由国家财政部（户部）发行的铜钱本位制纸币，有一贯（一千）、二贯（二千）、三贯（三千）三种票面，在东南各路流通，称东南会子。孝宗隆兴元年（1163年），发行二百文、三百文、五百文，用徽州生产的纸币专用纸会子纸印制，后改用成都以楮树

图 8-1 南宋会子钞版《中国钱币大辞典·宋辽西夏金编·江西夏金卷》382 页

皮为原料的纸币专用纸印制。后人与将会子同交子一样称为楮币。临安府会子转变为国家会子。

该版发现于1936年，最初发表于1941年的《泉币》杂志第9期。版长17.4厘米，宽11.8厘米。图文分三部分：中为"行在会子库"五个字，行在指当时的首都临安（今浙江杭州）；会子库即主管会子的机构会子务。上文左右，一为"大壹贯文省"，一为"第壹百拾料"，壹贯文和壹百拾是活字，可任意抽换。之间是防伪赏格56个字："敕伪造会子犯人处斩，赏钱壹阡贯。如不愿支赏，与补进义校尉。若徒中及窝藏之家能自告首，特与免罪，亦支上件赏钱，或愿补前项名目者，听。"下绘山泉花纹图案，实为宝藏图。

南宋政府此次发行的会子，历史上记载：(钱) 端礼尝建明用楮为币，于是专委经画，分为六务，出纳皆有法，几月易钱数百万。[1] 可见这次会子发行不但有章有法，而且发行速度快、数量大。货币流通量大大增加，缓解了货币供应不足带来的矛盾，促进了南宋中叶的社会经济发展，尤其是对商业的繁荣，发挥了积极作用。

四、南宋对会子的管理及宋孝宗的称提术

南宋政府认识到会子作为纸币，本身无价值，是铜钱的兑换券，需要加强发行与流通的管理，才能得到社会信任，保证信誉。

(一) 政府确认会子的合法地位。政府规定不通舟处全部供应会子。其他地方铜钱、会子各半。民间典卖田宅、马牛、舟车等全部用会子交易，增加会子作为货币与铜钱有同等币值的合法性。无论是政府机构还是民间都不得歧视。会子没有贬值，就已经担心贬值。孝宗隆兴元年（1163年）备足发行准备金。淳熙二年（1175年）用金、银收兑会子。会子流通末多，已经担心其多。淳熙三年（1176年）运用称提术控制发行量。

(二) 宋孝宗对称提术的运用。宋孝宗赵眘，宋太祖七世孙，南宋第二位皇帝（1162—1189年），南宋最杰出的皇帝。称提，是纸币流通及信用制度实行中重要的货币思想和方略，称字有宜、等、度、举之意，提字有举、正等之意，词意则有权衡之意，是对纸币的管理手段和方法，目的是提高纸币币值。纸币（会子）发行过多、币值贬值，朝廷出售金、银、钱币、度牒（佛教僧侣身份证，可享受特权）、官诰（皇帝赐爵或授官的诏令）、茶引（茶叶运销权证）、盐引（食盐运销权证）等收回货币，减少货币流通量，提高币值。宋孝宗在宋朝的皇帝之中，称提使用最多、

图8-2 南宋行在榷货务对椿金银见钱会子壹贯文省《中国钱币大辞典·宋辽西夏金编·辽西夏金卷》384页

[1]《宋史·列传·卷一百四十四》。

维持纸币价值和控制通货膨胀最有力，执政年代（1162—1189年），会子发行量较小，基本保持币值稳定和正常流通，出现会子实际购买力高于面值，楮币重于黄金。

（三）以钱会中半推动会子流通。绍兴三十一年（1161年）三月，朝廷规定处官司、军兵月支及发放伙食钱，以钱、银、会子搭配支给。百姓向官府交纳税赋，铜钱与会子各半，即钱会中半，保证不可兑换会子一半的法偿地位，降低其不兑换纸币非无限法偿的特性。淳熙末年，浙江、湖南一些地区不要现钱要会子。

（四）会子流通失败的原因。后期，发行纸币成为军费和财政的主要渠道。宁宗（1195—1224年）在位开始，中央统治集团内部斗争激烈，有庆元党禁及开禧北伐失败。度宗（1265—1274年）时期，贾似道执掌国命，靠增加会子发行量维持政权。北宋交子可兑换，以铜钱与铁钱为本位。南宋会子不可兑换，为纸币发行开了方便之门，纸币演变成国家的变相税收和转嫁财政危机的手段。

南宋会子正式发行20界，新钞值是旧的五倍，每发一界，纸币就贬值一次。孝宗淳熙三年（1176年），户部令三界、四界会子各展期3年，后展期10年、20年之多，会子流通量过多，加剧膨胀。光宗绍熙二年（1191年），又决定将两界并用改为三界。会子滥发，导致通货膨胀恶化。孝宗乾道路四年（1168年）一贯会子折770文铜钱，淳化四年（1177年）只值67文。物价飞涨，货币制度紊乱，经济崩溃，成为南宋政权灭亡的经济原因。

（五）南宋纸币的主要品种。南宋发行的纸币品种较多，从地域上分，有地区性纸币和全国性纸币。从兑换何种金属铸币上分，有铜钱与铁钱。

1. 全国性纸币。即指发行的纸币可以在全国兑换。品种有：东南会子（行在会子、京会）；三色钱关子[景定四年（1263年）发行，三色指香、茶、现钱]；铜钱会子[见钱关子，理宗景定五年（1264年）发行]。

2. 地区性纸币。地方行政或军队发行，限制于某地区流通的纸币，多数用于弥补军费开支不足。品种有：铜钱引；两淮交子；荆南交子；行在交子；便钱会子；湖会；铁钱会子；钱引会子；四川银会子；四川会子；金银会子；四川总领所小会子；四川小会子。

第三节　南宋铜、铁、铅钱的铸造与流通

南宋时期金银的货币职能是补充铜、铁钱、纸币流通不足，所占份额较少，只是在大宗支付及支持纸币发行方面，发挥特殊作用。银的应用更为广泛，部分俸禄支付白银，有的纸币用银两标示币值，交纳税赋及上供，民间也有使用白银支付，由于没有法定货币地位，流通受到限制。

一、铜、铁、铅钱的铸造与流通

南宋的矿冶业及相关的铸钱业与北宋相比，衰减不振。

（一）高宗时期的铸钱。高宗赵构，宋徽宗赵佶第九子，在位其间先是起用岳飞、韩世忠等大将抗金，也重用主和派的秦桧等人，后处死岳飞，罢免李纲、张浚、韩世忠等主战派大臣。手工业、文化产业、外贸、金融非常繁荣。精于书法，善真、行、草书，笔法洒脱婉丽，自然流畅，颇得晋人神韵。有建炎、绍兴两个年号，均铸年号钱。建炎元宝，青铜质，钱文隶书和篆书，旋读，折二钱、小平钱。建炎通宝，青铜质，钱文楷书和篆书，对读，折二、折三钱。建炎重宝，青铜质，钱文篆书，对读，折十钱。绍兴元宝，青铜质，钱文楷书和篆书，对读，折二、折三钱、小平钱。绍兴通宝，青铜质和铁质，钱文楷书，对读，折二、折三钱、折五、折二、小平钱。

图 8-3　南宋绍兴元宝
《安徽历史货币》131 页

图 8-4　南宋楷、篆书乾道元宝
《书法与古钱币》61 页

（二）孝宗时期的铸钱。孝宗在位其间，平反岳飞冤案，起用主战派人士，锐意收复中原。积极整顿吏治，裁汰冗官，惩治贪污，加强集权。出售官田。重视农业生产。改变盐钞，放宽专卖。改革财政，增加纸币。史称"乾淳之治"。有隆兴、乾道、淳熙三个年号，铸年号钱。隆兴元宝，青铜质和铁质，钱文楷书，对读，折二钱、小平钱。铁隆兴通宝，钱文

楷书，对读，折二钱、小平钱。乾道元宝，青铜矿和铁质，钱文楷书和篆书，旋读，折二钱、小平钱。铁乾道通宝，钱文楷书，旋读，小平钱。淳熙元宝，青铜质和铁质，钱文楷书和篆书，旋读，折二、折三钱。淳熙通宝，青铜质和铁质，钱文楷书和篆书，旋读，折二钱、小平钱。

（三）光宗时期的铸钱。光宗赵惇，孝宗赵昚第三子，南宋第三位皇帝。淳熙十六年（1189年）孝宗禅位赵惇，改元绍熙。绍熙五年（1194年）赵惇禅位于次子赵扩，成为太上皇，史称光宗内禅。体弱多病，无安邦治国之才，听取奸臣谗

图8-5　南宋绍熙元宝
《中国古代物质文化史·货币·上》255页

言，罢免辛弃疾等主战派大臣，朝政掌握力不断下降，皇后李凤娘干政。有绍熙一个年号，铸绍熙元宝和绍熙通宝铜、铁年号钱。绍熙元宝，青铜质和铁质，钱文楷书，旋读，折二、折五钱、小平钱。绍熙通宝，青铜质和铁质，钱文楷书和篆书，对读，折二、折五钱、小平钱。

（四）宁宗时期的铸钱。宁宗赵扩，南宋第四位皇帝。在位其间，有赵汝愚和韩侂胄两相斗争，禁止赵汝愚、朱熹等担任官职及参加科举的庆元党禁。追封岳飞为鄂王，削秦桧封爵，打击投降派。大规模宋金战争发生两次，开禧二年（1206年）开禧北伐失败签嘉定和议；嘉定十年（1217年）到十四年（1221年）双方都未获胜。后期，蒙古崛起，下诏伐金延续六年之久，金国新君金哀宗嘉定十七年（1224年）同南宋通好，双方休战。有庆元、嘉泰、开禧、嘉定四个年号，每个年号都铸铜铁年号钱及非年号钱。还有铁质的嘉定系铁钱，已经发现的有近20种，一种铁钱有多种宝文，是中国古代金属铸币惟一的。开禧北伐失败签

图8-6　南宋楷书庆元通宝、嘉泰通宝《中国古代物质文化史·（货币上）》255页

嘉定和议，引发大量战争开支而大量发行铁钱是主要原因。

庆元元宝，青铜质和铁质，钱文楷书，旋读，折三钱、小平钱。庆元通宝，青铜质和铁质，钱文楷书，旋读，折二、折三、折五钱。嘉泰元宝和嘉泰通宝，青铜质和铁质，钱文楷书，对读，折二、折三钱、小平钱。开禧元宝和开禧通宝，青铜质和铁质，钱文楷书，旋读，折二、折三、折十钱、小平钱。嘉定元宝和嘉定通宝，青铜质和铁质，钱文楷书，对读，折二、折三、折五钱、小平钱。铁嘉定重宝、嘉定崇宝、嘉定正宝、嘉定全宝、嘉定永宝、嘉定安宝、嘉定真宝、嘉定新宝、嘉定之宝、嘉定万宝、嘉定隆宝、嘉定洪宝、嘉定大宝、嘉定珍宝、嘉定兴宝、嘉定之宝、嘉定至宝，钱文楷书，对读，折二、折三、折五钱。

图 8-7 南宋大宋元宝
《中国古代物质文化史（货币上）》258 页

（五）理宗时期的铸钱。理宗赵昀，原名赵与莒，宋太祖赵匡胤之子赵德昭九世孙，南宋第五位皇帝（1225—1264 年）。前十年在权相史弥远挟制之下不问政务。绍定六年（1233 年）史弥远死后亲政，立志中兴，罢黜史党、亲擢台谏、澄清吏治、整顿财政，史称端平更化。后期，生活荒淫，朝政相继落入丁大全、贾似道等奸相之手，国势急衰。端平元年（1234 年）联蒙灭金，端平入洛失败，损失惨重。开庆元年（1259 年），宰相贾似道以宋理宗名义向蒙古称臣，割让长江以北。当时纸币的发行量超过三亿贯，通货膨胀，物价飞涨。停发新币，回收部分旧币，动用库存黄金十万两、白银数百万两平抑物价。蒙古入侵引军费陡升，大量发行货币缓解财政压力。有宝庆、绍定、端平、嘉熙、淳祐、宝祐、开庆、景定八个年号，铸年号钱和非年号钱。

铁宝庆元宝，楷书，旋读，折二、折三钱、小平钱。大宋元宝和大宋通宝，铜质和铁质，钱文楷书，旋读、对读。折二、折十钱、小平钱。绍定通宝，铜质和铁质，钱文楷书，旋读，折二钱、小平钱。铁绍定元宝，钱文楷书，旋读，折五钱。端平元宝、端平通宝、端平重宝，铜质和铁质，钱文楷书，旋读和对读。元宝有折五、折十钱、小平钱。通宝有折五钱、小平钱。嘉熙通宝和嘉熙重宝，铜质和铁质，钱文楷书，旋读。通宝有折二、折五、折十钱、小平钱。重宝为旋读，折三钱。淳祐元宝和淳祐通宝，铜质和铁质，钱文楷书，旋读和对读。元宝有折二钱、小平钱。通宝有折二、折三钱、当百大钱。皇宋元宝，铜质，钱文楷书，旋读。折二钱、小平钱。开庆通宝，铜质，钱文楷书，对读，折二钱、小平钱。景定元宝，铜质，钱文楷书，对读，折二钱、小平钱。

（六）度宗时期的铸钱。度宗赵禥，南宋第六位皇帝（1265—1274年）。蒙元军队大举南下，度宗毫无建树。封贾似道为太师，倍加宠信，把军国大权交其执掌，武将精英被一网打尽，接连丢失战略要地。从不担心国家的前途命运，批答公文交给四个最得宠的号称春夏秋冬的四夫人执掌，后宫生活技高一筹，宋朝无人能出其右。有咸淳年号。咸淳年间（1265—1274年）铸行咸淳元宝，铜质和铁质，钱文楷书，对读。折二、折三、小平钱。

图 8-8　南宋咸淳元宝
《中国古代物质文化·货币·上》261 页

图 8-9　南宋临安府钱牌《泉林剪影》47 页

（七）临安府钱牌。南宋高宗建炎三年（1129年）改杭州为临安府，铸造地方性的大面额代用货币临安府钱牌在府辖区流通。产生时间一般认为是在高宗绍兴末期（1162年），因大面额会子找零不便，铜钱流通不能满足而铸造。也有说理宗景定年间（1260—1264年），因铜钱流通不足禁铜钱出城铸造。

临安府钱牌的性质有军用币、汇票、大钱、代币多种解读。从已发现的钱牌时间看是在南宋末期，此时正是纸币会子发行膨胀阶段，淳祐七年（1247年），十八界与十七界会子已不立限，永远行使，会子制度已趋于崩溃。会子的急剧膨胀和假会子泛滥，需要有一种新的会子来代替。此时，作为金属会子的临安府钱牌应运而生，替代会子在临安地区流通。和州、江州钱牌则铸有权宜、权宜便民、拾捌界等字样，体现钱牌的便换性质及与会子的关系。由于当时的会子失败已成定局，金属会子也不能挽救。所以，钱牌流通时间不长就停止了。

1. 钱牌形制。钱牌分铜、铅两种，呈条形，上端有圆穿。四周及圆孔有廓，长度和宽度因面额大小而异。形制奇特，堪比刀、布币，空前绝后。正面均铸钱文"临安府行用"五字楷书，铜质牌背铭准贰佰文省、准叁佰文省、准伍佰文省等。铅牌背铭准一十文省、准四十文省等。省为纪值，意省陌，是五代沿用的货币面值表述方法。宋朝770文为一贯钱，77文当百，以不足百数钱作百数使用。准伍佰文省合兑铜钱385文。

2. 钱牌品种。临安府钱牌，从长方形形状上分：有上圆下方、上方下圆、四角圆折、纯长方形等形制。钱牌上部均有小孔，可穿挂使用。从与会子的关系分：一种是无界数的，临安府铸造。一种是有界数的，江州、和州铸造。从面额分：有壹拾文、贰拾文、肆拾文、陆拾文、壹佰文、贰佰文、叁佰文、伍佰文。

二、南宋黄金的货币职能与白银的使用与流通

（一）南宋黄金的货币职能。黄金产量远低于北宋，形制、重量、成色等方面较北宋有一定规范。数量不多，在货币经济中发挥的作用有限。某些地区向朝廷输送财赋，部分输送黄金。算请榷货、四川盐酒商税征收有收纳黄金以代铜钱。贿赂、礼赠、民间财富储藏使用黄金则较为普遍。金价每两价钱一般在三十贯上下，是北宋正常时期金价一倍以上。铜钱质量下降，引发铜钱贬值；广泛流通纸币引发民间追逐黄金；市场物价正常上涨。黄金与会子的比价，宋宁宗嘉定二年（1209年）每两兑四十贯。宋理宗端平二年（1235年）每两兑八十贯。

南宋建初，宋高宗沿袭北宋重视金禁。绍兴二年（1132年）下诏重申金禁规定。绍兴五年（1135年）规定不许用金箔饰佛像，经常重申金禁的规定。绍兴二十七年（1157年）三月，专门下令禁止官内服用销金衣服，除重申金禁以外，还增加铺蒙金、描金、真金纸等禁止熔金品种。高宗以后，金禁继续实行。宋宁宗时颁布《庆元条法事类》有详细的金禁条法。金禁抑制了南宋上层社会对黄金的消费，对于黄金资源短缺的南宋，有积极意义。金禁阻碍黄金制品的生产与消费，也影响黄金商品化及货币化进程。

（二）南宋黄金的形制。主要是金牌、金铤和金箔叶。

1. 南宋金牌。一种小型的黄金货币，重约四克左右，是一两金铤重量的十分之一，铭文有张二郎、韩四郎等。

图 8-10　南宋张二郎金牌
《泉林剪影》67 页

2. 南宋金铤。金锭的一种。一两金铤长122毫米，宽11—14毫米，重39克左右，成色95％—99.9％。已发现的铭文有韩四郎、李六郎、石三郎刘三郎、薛李宅、寺桥贾四、河东王二、十分金等。

3. 金叶子。纯金箔制成，薄如纸，形如书页，重两一两，长94—104毫米，宽40毫米。四面折叠，展开后可见铭文，如王二郎、韩四郎、陈二郎、宋宅、十分金等。

图 8-11　南宋陈二郎十两
金铤《泉林剪影》67 页

（三）南宋白银的使用与流通。白银的重点产区是福建与广东，流通则在统治的全部地区，充当价值尺度、交换媒介、贮藏手段、借贷、对外贸易结算工具等职能，也是贿赂的工具。与绢共同构成向金代纳贡纳币即岁币的品种，税赋征收白银是一大特色。

1. 南宋白银的货币职能。白银流通较为普遍，政府征税、籴粮、支付军费、赈灾、给官吏薪俸、民间大额交易广泛用银，日常交易使用铜钱。上供银中相当部分源于购买。西南地区的少数民族居住区，白银流通较为普遍。与少数民族经济交往，少数用金，多数用银。海外贸易，主要使用金银。由于纸币会子逐步推广，官员还是百姓，通常还是选择金银。朝廷曾下令禁止强迫百姓缴税以白银代替会子，维护了纸币会子的法偿地位和百姓的利益，也使白银不能成为完全意义的法定货币，白银货币化进程受到行政的干预。

2. 南宋银铤的形制。银锭始于汉代，银铤是银锭的一种，出现在唐、宋、金时期，南宋白银使用的主要品种就是银铤。唐代银铤作为流通货币被用于国家储备、民间窖藏及上贡、进奉礼品。南宋的银铤增加了国家和地方征税的特殊货币功能，各地税收逐步转变为折银上缴，演变为国家和地方税收特种货币。

银铤常见形状有圆首束腰、平首束腰和弧首束腰。南宋时期，各地进奉银有上供银、圣节银、大礼银、免丁银、减吏银、官户役银、兵饷纲银等，税银主要就是出门税。银锭一般都有铭文，内容与当朝的货币经济相关。汉代银锭铭文字少，唐代银锭铭文字多，宋朝银锭铭文注用途、地点、成色、匠人等内容。唐代一般是长条状、饼状和船形；宋朝以银铤为主，宽、厚增加，正面四角微翘，呈砝码形，两头圆弧中间成束腰形。辽、西夏、金的银锭与宋相似。银锭大体分为元宝形、圆形、长方形、正方形、砝码形、牌坊形等几大类。南宋规定缴纳的各种税银需打印税种和交税人的姓氏，目的是保证成色、提高纳税人信誉，发现成色重量问题可追溯。

3. 南宋出门税征收的银铤。宋朝的城市筑有城墙，通过城门进出。商队进城门不抽税，出城门按携带货物核价抽税，故称出门税。北宋时商人携带货物进出城门，用实物或铜钱交纳税金——国门之税。南宋将国门税改称出门税，折算成白银铸成银铤，砸印出门税字样，以示与其他银铤的区别。出门税主要在南宋与金的边界地区，淮河两岸榷场贸易的兴盛是导致行商异地贩货的主要原因，行商携带大量货物从此地运到彼地，途经的城市，缴纳出门税较为普遍。由于宋金连年战争，军费负担重，南宋政府加增税收增加国家财政收入。另外，通过征收出门税也可抑制商品外流。

出门税银铤以十二两半、二十五两为多见，五十两的稀少。银铤上的铭文主要是标明打造商铺、出门税等字样，也还有其他一些文字，如：界内×家，一般认为界是指南宋与金边界以内，×则是姓氏，即银铤打造店家。军赀的赀是资的古代字，即军资，军费之意。××助银或××助聚，××是对某人的称谓，如许三、聂二等，助是聚集、聚合之意，表示是将收缴的钱换成银两，集中后打造银铤。有

图 8-12　南宋出门税银铤
《中国钱币博物馆藏品选》164 页

图 8-13　南宋霸王别街东苏宅韩五郎
二十五两银铤《泉林剪影》75 页

代表性的出门税品种有林念二郎五十两型、东李七家二十五两型、王周辅十二两型等。

4. 南宋其他税赋征收的银铤。南宋税收征银为主，不产银的地区，田赋征收将粮食换成银两缴纳，缴纳人受到双重盘剥。各地征收的税银除作为上缴朝廷、地方留存、商业支付外，还用于军需开支。打造的银铤与前朝明显区别，形制、规格、大小、成色、款式等较为规范，银铤打造技术成熟。临安府繁华的商业街上就有100多家金银商铺，从事金银制品的打造与交易。从税收类别分：上供税、经总银、经制银、经总制银、军资库银。从重量分：伍拾两型、二十五两型、十二两半型、十二两型、十两型、六两型等。小型的230—240克，中型的490克左右，大型的900克以上。从征收的银铤成色分：真光银、真花银、肥花银、真花铤银、真花录银、京销银、京销细渗银、煎销花铤银、渗银等。代表性品种：达州进奉大礼银五十两型银铤、京销铤银朝天门里二十五两型银铤、霸北街西十二两银铤、刘匠十两型银铤、京钱铺馆霸南街北六两型银铤。

第四节　南宋的信用发展、民间货币兑换及高利贷

南宋偏安一隅，商业经济较为发达，商业信用比国家信用的范围更为广泛。

一、国家信用

一是赊卖。官府卖盐实行摊派销售，分层包销，先供盐，后收款。一些地方在盐中杂以灰泥、减其斤两、强制掠夺。二是赊买。南宋初年发行的关子是救灾凭证，也是汇兑凭证，可以向积蓄之家假贷。官府买物赊欠商家较为普遍。三是预付款。政府购买粮食、绢实行预买，但也在地方预买又不付钱的现象。四是抵当库。绍兴四年（1143年）全面复置抵当库，开展金银匹帛的抵押放款，月息三分，档期由十个月增至两年后又降至一年。

二、商业信用

赊卖在南宋相当普遍，主要是盐、茶等商品，而民间赊卖赊买的纠纷时有发生，官府穷于应付，政府专门颁布法令规范卖买双方的行为，赊买的契约要有父

母兄长共同画押，才具有法律效力。预付款在日常生活中涉及面较广，大宗生活用品，包括砖瓦、布匹、粮食等都有预付款购买，商品经济不发达的边远地区，商人通过预付款定购粮食，通过压价还可增加利润。民间放债及经营货币的机构有质库、金银交引铺和金银铺、寄附铺、柜坊。质库对于解决人们临时性的生活困难及融通资金发挥了积极作用，寺院的质库较为发达，也有些质库与政治势力勾结开展经营。

三、民间的货币兑换

南宋流通的货币品种有铜钱、铁钱、纸币有金银，引发民间的货币兑换需求扩大。纸币会子流通不畅，有些商家就以三四百文购一贯会子，缴纳赋税时按一贯抵用。金银铺买卖金银使用钱币或纸币，更为普遍。政府为了推广会子，规定向官府购习盐、茶需用会子，商人就用金银或钱向金银铺换取会子。金银与钱及会子之间，在不同的时期就会形成一定的兑换比价。政府对于应保证兑换的纸币不能兑换时，持有者就向一些从事兑换的商家低价兑换。所以说，在南宋，纸币与铜铁钱之间的兑换较为方便。

四、政府管理高利贷

南宋的民间高利贷称为生放、赊放、出子本钱等。由于营债严重，危及军队的战斗力，高宗绍兴三十一年八月、孝宗淳熙十四年（1187年）九月、宁宗嘉泰四年（1204年）七月和嘉定十年（1217年）七月，下令免除营债。规定民间借款利息总计不能超过本金，禁止地方官借贷于民，违者以非法擅赋敛论。宁宗嘉秦三年颁布《庆元条法事类》规定以财物出举者，每月取利不得过四厘（分）。积日虽多，不得过一倍。借米谷，每年取利不得过五分，不允许折钱计算。负债不偿，官为理索。欠者逃亡，保人代偿。过限不赎，听从私约。

第五节　南宋推行纸币展开的争论

南宋货币流通以纸币为主，围绕纸币的发行与流通，皇帝、官员、思想家等曾有诸多争论。

一、对推行交子的议论

绍兴六年（1136年）二月，都督行府置交子务于东南发行交子未及三个月就停止。反对议论中有代表性的是一位不详姓氏的言者。他说交子用于边境粮草购买减少铜钱搬运，循环使用，少量的钱多次使用是两利。四害是币值不稳定引起物价上涨；欺诈多引发狱讼；不可零细使用，难以兑换其他货币；铜钱与物品易被民间收藏，官府手中的交子难以投放。

谏议大夫赵霈认为交子的害处是：用现钱则价必平，用交子则价值必倍、片纸不可以分裂，千钱不可以散用、物重财轻，缗钱藏于私家、官私既许通行，民间岂无诈伪等。胡交修则以崇宁大钱，覆辙可鉴说明交子的害处。今之交子，较之大钱无铜炭之费，无鼓铸之劳，一夫日造数十万纸，鬼神莫能窥焉，真赝莫辨，转手相付，旋以伪券抵罪，祸及无辜。久之见钱尽归藏锢之家，商贾不行，细民艰食。

著名爱国将领、时任江西安抚制置大使的李纲反对发行无本交子。

淳熙十年（1183年），新会子发行时孝宗告诫道：新印会子比旧又增多，大凡行用会子，少则重，多则轻。淳熙十二年（1185年）宋孝宗又说：会子之数不宜多，他时若省得养兵，须尽收会子。他还说：朕欲尽数收上，它时终为民害。

二、对纸币流通的不同观点

（一）杨万里的钱楮母子说。南宋中兴四大诗人之一的杨万里，最先把子母相权论推广用于纸币流通，提出钱楮母子说。宋光宗绍熙三年（1192年），朝廷发行铁钱会子三百万贯，在两淮和江南沿江八州流通。时任江东转运副使、总领淮西、江东军马钱粮的杨万里，上《乞罢江南州军铁钱会子奏议》，痛陈铁钱会子发行的危害，提出钱楮母子说。流通中的会子代表铜钱，铜钱为母，会子为子。两淮会子代表铁钱，铁钱为母，铁钱会子为子。所谓母子不相离，即纸币与其所代表的金属货币并行流通，能按自发形成的比价互相兑换，方便使用。只要纸币和所代表的金属货币并行流通，能保证一定比价的兑换关系，就符合母子相权。

（二）杨冠卿的钱楮实虚说。诗人杨冠卿在《客亭类稿》卷九《重楮币说》中提出币无轻重，轻重在我的观点。商品和货币本身皆无价值，价值都是王权赋予。最先使用虚实概念解释纸币与铜钱的关系，提出楮虚钱实的钱楮实虚说。赞同可兑换的纸币制度，救弊不强调官府出钱收换，而是通过财政回笼、钱楮各半的输纳办法收回流通中过多的纸币，稳定币值。

（三）辛弃疾的行钞思想。南宋豪放派词人辛弃疾，孝宗淳熙二年（1175年）《论行用会子疏》支持会子流通。认为会子是一种便民的货币，相对于铜钱，方便运输，可以节约大量人力物力，适应商品交换需要，避免不同种类货币有不同购买力引发的物货低昂之弊。铜钱与会子没有差别，不应将两种货币分为贵贱。货币名目主义观点非常明确。

（四）吕祖谦、叶适否定纸币的观点。著名学者吕祖谦对纸币持否定态度：纸币可行于蜀而不可行于他地，以地理差异作为反对推广纸币流通的依据。南宋时期著名思想家、文学家、政论家，永嘉学派集大成者叶适，把铜钱视为最良货币，纸币是率意而戏造的不良虚券。

（五）朱熹的纸币观点。著名的理学家、思想家、教育家、诗人，闽学派的代表人物，儒学集大成者有影响的思想家朱熹，经济思想较为广泛，宋黎靖德辑《朱子语类》卷第一一一《论财》记录了他的货币思想：四川人用铁钱，运输非常困难，所以就用纸币替代铁钱，以方便市场交易。纸币的产生是方便市易的需要，因此卒不能废。运输过程中发生伪造的犯罪行为，也不能就此而废除。纸币可以伪造，铁钱可以私铸，不能因此就废除钱币。印造纸币与铸造铜钱比较，难度小，不费事，与铜钱的货币流通功能一样，多印也无所谓。

（六）许衡的反纸币思想。著名理学家、教育家许衡为人代拟的《楮币札子》中认为纸币流通中出现严重贬值，没有运用称提的必要，主张纸币罢而不行。朝廷发行数钱纸墨之费的纸币，是神仙指瓦砾为黄金之术，纸币是虚券，是无用之破纸。纸币强制贬价，以新纸币折兑旧纸币，是无义的行为，主张用食盐等实货收换百姓手中纸币。废纸币是因为朝廷会将纸币发行作为财政剥削手段，奸民伪造纸币。

三、马端临的货币思想与《文献通考》

宋元之际著名的历史学家马端临（1254—1323年）著的《文献通考》是中

国古代典章制度方面的集大成之作，保存了大量货币流通与货币思想史料。认为纸币是方尺易败之券，无用之物。承认纸币比笨重的铜钱有轻便易携、印造简便、下免犯铜之禁、上无搜铜之苛的优点。但是，反对无本之楮。统一币制，纸币流通才能更好为商品流通服务。不认为纸币是真正意义的货币，而只是金属货币的代表。将纸币与作为有价证券的茶盐钞引分开。茶盐钞引是商人领取货物的证书，面额大、有固定用途，虽可买卖，但不便流通。纸币在各种交易及政府的财政收支中都可使用，面额从一贯至二百文，非常方便，完全发挥了现钱作用。飞钱、钞引、楮币都是执券以取钱的凭证，货币的代用品，并非货币。楮币贬值的原因，主要是一切财政开支都用楮币，导致楮币投放过多，充斥市场，而铜钱则难以见到。楮币发行无本钱，当然贬值。何况伪造楮币越来越多，贬值成为必然。

第九章　元代纸币制度的兴衰与铜钱的铸行

1206年，成吉思汗铁木真统一漠北建立蒙古帝国后开始对外扩张，先后攻灭西辽、西夏、花剌子模、东夏、金代等。后来，因阿里不哥与忽必烈的汗位之争，曾经分裂。1260年忽必烈即汗位，建元中统。1271年，忽必烈取《易经》"大哉乾元"之义改国号为大元，次年迁都燕京，称大都。至元十六年（1279年），元军在崖山海战中灭南宋。元中期皇位更迭频繁，元晚期政治腐败，灾害频繁，饥寒交迫的农民掀起大规模的反抗斗争。至元二十七年（1368年），朱元璋建立明朝，同年攻占大都，元顺帝北巡，元朝退出中原，与明对峙，史称"北元"。1402年元臣鬼力赤篡位建国鞑靼，北元亡，共历108年。元代结束了我国宋、辽、夏、金以及吐蕃、大理等长期的并立，完成了又一次民族大融合，建立了多民族统一的国家。

第一节　元代的经济与社会

蒙古族在建立元代统一中国以前，社会形态处于奴隶制早期阶段，统一中国后受到汉族经济社会文化的影响，逐步过渡到封建制社会。

一、游牧生产方式逐步过渡以农业为主

农业不如宋朝，生产技术、垦田面积、粮食产量、水利兴修以及棉花广泛种植等方面也有较大发展。进入中原以后，蒙古贵族别迭曾主张尽杀汉人，把耕地变牧场。契丹贵族耶律楚材反对，建议窝阔台恢复发展农业、手工业、冶铁，征收地税、商税供军用，得到采纳。窝阔台之后，为巩固对汉地统治，实行以农桑为急务的农业政策，鼓励生产、安抚流亡，农业生产逐渐恢复，棉花种植及棉纺织品运销在江南一带比南宋增加。经济作物商品性生产的发展，使自给自足的农

162

村经济，渗入商品货币经济关系。

二、手工业以官营为主要形式

手工业特点是高度集中，官手工业占重要地位，工匠最初是奴隶，后将大量俘虏变为工匠。官手工业从兵器生产到日常用器生产，种类齐全。矿冶、制盐、纺织、陶瓷、采煤、酿酒和军品制造等行业，规模较大。私人手工业有矿冶、制盐、棉织、纺织、制瓷、造纸、印刷、酿酒、铸铜等行业，其中治铸业规模较大，玉、石、银、铁、铜、盐、硝碱、白土、煤炭是主要产品。景德镇陶窑有三百余座。黄道婆传授推广先进的纺织技术和工具，促进棉纺织业的发展，能织造金锦丝绢。军事手工业发达，制造一流铁刀和高轮大战车、回回炮。

三、商业经济跨越式发展

从游牧经济的物物交换直接转变以纸币为支付手段的商品交易，商业经济发展跨度较大；多种经济形态并存，有奴隶买卖、高利贷经营、富商大贾参与的大宗交易，对外贸易也占有一定份额；实施保护商贾经营、维护商贾资财、救济商贾困难及减税、免税等政策。首都大都成为最大的商业城市，闻名世界的商业中心，全国及国外许多商品的集散地，有市中心钟鼓楼及顺承门内两个大商业区，经营交易全国各类商品。

四、对外贸易远胜于宋朝

采取开放的政策，优待和利用国际商人。陆路沿古丝绸之路通往中亚、西亚和黑海北岸，沿甘肃的敦煌向新疆的天山南北路往西延伸。灭南宋后，海路贸易逐渐成为对外贸易的主体，外贸港口增多，有贸易关系的国家140多个，远超宋朝。广州成为对外贸易港口，至元十四年（1277年）在泉州设立市舶司管理对外贸易。波斯商人和阿拉伯商人贩入元代的是香料和珠宝，贩回的是丝绢和等手工业品。高丽商人贩入马匹、人参和毛斯布，贩回日用品、纺织品和书籍。

五、交通有十分明显的发展

国内驿站邮递十分发达，对军事、政治、经济、文化及国家统治发挥了重要作用。驿站名站赤，有陆站和水站，设馆舍供膳宿。陆站用马、牛、驴、驼、车、轿，水站用舟。驿站设官，指定赋役户管种牧马草地及饲料田土，饲养驿站牲畜。灭南宋后，将久废淤塞贯穿南北的大运河重新整治，保证南方粮食的北运。海运大规模发展，运送粮食及其他货物。丝绸之路畅通无阻，从阿拉伯、波斯、中小亚细亚来的骆驼队商人，经新疆来到内地。

第二节　元代建立完全的纸币流通制度

对外扩张及对外贸易、拥有广大的领土、繁荣的商品经济，这些都形成持续而较大的货币需求，客观上需要方便的商品贸易支付手段。北宋、南宋、金代大量使用纸币流通，对元代货币品种的选择影响很大。由于纸币轻便，对于版图辽阔、横贯欧亚的元代，携之可北逾阳山，西及流沙，东尽辽东，南越海表。

一、纸币管理制度的建立与失败

政府在总结宋金纸币发行教训的基础上，制定世界上最早的完全的纸币流通制度，成为中国历史上第一个以统一的纸币作为基本货币的朝代。纸币的发行流通，对元代的政治、经济、文化和军事，以及中国货币的发展史等均产生巨大影响。

1271年忽必烈建国为元，正式发行中统元宝交钞，开始有多种名称，后来统称为中统钞，面值分为十等：十文、二十文、三十文、五十文、一百文、二百文、三百文、五百文、一贯、二贯。丝钞以丝为本位，以两为单位，丝钞二两，值银一两。丝为本位的原因，是纸币的前身丝钞用丝价作为基准商品价格计算。蒙古太宗窝阔台八年（1236年）起，实行五户丝制的赋税制度，每两户每年向国库缴纳丝一斤，每五户每年向投下（纳税户所属贵族）缴纳丝一斤。长期以来各种商品的物价都和丝价结算，以丝为本既方便计价，又可利用国库蚕丝为纸币担保。中统元宝交钞发行时，已经不再提丝，而是直接和白银换算。纸币发行流通经历五个阶段。元初，银、钱与丝绢都是流通的货币，随着对外扩张及统治中原，纸币逐步成为主要的流通货币，大致经历五个阶段：

（一）首次发行纸币。元太祖成吉思汗晚年，受金代流通纸币的影响，开始发行纸币。宋理宗宝庆三年（1227年），在博州以丝为本位，发行纸币会子。元太宗窝阔台八年（1236年）印制交钞。元宪宗蒙哥元年（1251年）立银钞相权法管理交钞，维护交钞的稳定。元宪宗蒙哥三年（1253年）设交钞提举司管理各地发行的纸币，名称较多，互不流通，发行量不大。交钞用棉纸印造，形制较小。

（二）发行中统元宝交钞。1260年5月5日忽必烈登基，建年号中统，1271年，改大蒙古国号为元，1272年迁都元大都（今北京），1279年灭南宋。元世祖忽必烈即位后，于中统元年（1260年）七月发行中统元宝交钞，以丝为本位，以两为单位，交钞二两值银一两。同年十月发行中统元宝钞，分为十等：十文、二十文、三十文、五十文、一百文、二百文、三百文、五百文、一贯、二贯。宝钞一贯等于交钞一两，二贯等于白银一两，十五贯等于黄金一两。又以文绫织成中统银货，分五等：一两、二两、三两、五两、十两。银货一两等于现银一两。至元十二年（1275年）印制二文、三文、五文三种小面额中统元宝交钞——厘钞，至元十五年（1278年）停止流通并废止。

（三）发行至元宝钞。元世祖忽必烈至元二十四年（1287年）尚书省颁布《至元宝钞通行条画》，同年发行至元宝钞，分十一等：五文、十文、二十文、三十文、五十文、一百文、二百文、三百文、五百文、一贯、两贯。与中统钞并行，一贯值中统钞五贯，两贯值银一两，二十贯值黄金一两。票面文字图案大体相同，金额愈大，票面尺寸愈大。

（四）发行至大银钞。元武宗海山至大二年（1309年）九月，以物重钞轻为由，实行币制改革，同时发行至大银钞，自一厘至二两，分为十三等。至大银钞每两值至元宝钞五贯或值银一两或黄金一钱。同时铸行至大通宝与大元通宝两种铜钱，至大通宝用汉字，一文值银钞一厘。大元通宝用蒙文，一枚兑至大通宝十枚。

（五）发行至正交钞。元顺帝至正十年（1350年）实行纸币制度最后一次变革。至正交钞钞面文字为中统元宝交钞，加盖至正交钞字样。纸币、铜钱相辅发行，铸造至正通宝铜钱与历代铜钱并用。一贯兑至元钞二贯，值铜钱一千文，无发行准备，实行以政府强制通用的不兑换纸币流通作为货币制度。恢复铜钱使用，加速纸币贬值，通货膨胀越发严重。第二年，大规模农民起义爆发，财政接近崩溃，纸币管理体系逐步瓦解。

二、纸币的管理

（一）严格控制纸币发行数量。中统元宝交钞发行初期，朝廷制定严格的发钞措施，控制发行量，效果明显。忽必烈灭南宋之前，中统钞发行量有节制，平均每年几十万锭（一锭等于100两银）。由于币值稳定，发行后20多年信誉良好，流通顺畅，民间视钞重于金银。

（二）确定中统元宝交钞在全国流通。至元十二年（1275年），对南宋战争取得决定性胜利，在大名府设立户部，掌管印制中统元宝交钞。至元十四年（1277年）四月，禁止江南铜钱流通，南宋铜钱三贯兑换中统钞一贯，中统钞在江南流通，推动了国家统一和南北经济交流，此后的20多年，物价平稳，币值稳定，以纸币为主的货币制度确立。

（三）设立纸币管理专门机构。中统四年（1263年）设印造中统元宝交钞库，主管纸币印造；至元元年（1264年）首设昏钞库管理市场回收的残损纸币；至元二十四年（1287年）分立昏钞东、西二库，主管残损纸币销毁。设立行用六库，负责纸币兑换。至元二十五年（1288年）设宝钞总库主管纸钞保管，地方设各路平准库、诸路宝钞都提举司等机构，主管纸钞的印制发行、金银兑换和平准物价。

（四）制定纸币流通管理法令。至元十九年（1282年）出台《整治钞法条画》九条，制定国家专行中统钞、禁止民间金银买卖、将金银集中于国库。至元二十四年（1287年）尚书左丞叶李拟定《至元宝钞通行条画》十四款，始定至元钞法，条画又称叶李十四条，这是世界上最早的纸币管理条例。内容详尽，终元之世有效，保持以银为本的专用钞货币流通格局。

（五）贮存大量金银为纸币发行准备。中统元年（1260年）规定诸路领钞，以金银为本。中统二年（1261年）又规定随路设立钞库，如发钞若干，随降银货，即同见银流转。纸币发行由于有充足的金银准备金，中统元宝交钞在人们心中有较高信誉。为保证金银充足的储备，朝廷颁布《权衡钞法》，严禁金银流通到国外。

（六）严惩伪造纸钞的罪行。对于伪造纸钞的犯罪，起初根据不同犯罪情节来科刑。随着伪造人甚多，加大惩治力度。《元史·刑法志》规定："诸伪造宝钞，首谋起意，并雕版抄纸，收买颜料，书填字号，窝藏印造，但同情者皆处死，仍没其家产。"伪造币涉案地的坊正、主首、社长以及巡捕军兵、捕盗官、巡捕军官都相应处罚。举报制造假币给赏银，并可获犯人家产。

（七）制定较为严密规范的残损纸币回收制度。将磨损、破烂、残缺、文字模糊的纸币称之为昏钞。中统元年（1260年）就规定凡持有昏钞者，如果经钞库官员验明确系真钞，即可置换新钞，每贯只需交纳工墨费三十文即可，库官在昏钞上加盖讫退印以示作废。大德二年（1298年），户部颁布详尽的《昏钞倒换条例》二十五条，对昏钞倒换做出规定。

（八）确立纸钞的法偿地位。所有钞券均可完税纳粮，各种支付和计算均以之为准。以铜币权纸币，明令白银和铜钱退出流通。纸币发行不分界，不定期限，不立年月，不限地域，在全国永久通用。纸币发行和管理制度由朝廷统一规定，允许民间以银向政府储备库换钞或以钞向政府兑银，钞币持有者可以按照法令比价兑换银或金。全国各地设兑换机关——平准库，兑换基金充足。

三、纸币的票面特征

以中统元宝交钞为主要流通货币，始终通用。还发行过至元绫钞、至元通行宝钞、至大银钞、至正交钞。

中统元宝交钞，元世祖忽必烈时期（1260—1276年）印制。钞面上方自右向左横书汉文钞名中统元宝交钞，其下四周饰以缠枝花纹图案组成的界栏，界

图9-1 元中统元宝交钞中书省提举司
壹贯文《中国钱币博物馆藏品选》245页

栏内分上下两部分，其中上部正中为面额，其下为与面额等值的方孔圆钱图案，其右侧为九叠篆汉文中统元宝，八思巴文诸路通行，左侧为九叠篆汉文诸路通行，八思巴文中统元宝。八思巴文是元代忽必烈时期由国师八思巴创制的蒙古新字，世称八思巴蒙古新字，创制推广推进了蒙古社会的文明进程。

下为横置钱贯图，钱贯图右为字料，左为字号。字料上方盖木刻动字印，为千字文编码，序列×××。字号上方为手写草书×字，序列为××。下半部分为自右向左竖书公告文字：行中书省奏准印造中统元宝交钞，宣课差发内并行，收受不限年月，诸路通行，元宝交钞库子攒司、印造库子攒司。伪造者斩，赏银伍定仍给犯人家产。中统×年×月×日元宝交钞库使副判、印造库使副判、行中书省提举司。票面上下依稀可见各盖有红色官印一方，上部一方印文为提举诸路通行宝钞印，下部一方为九叠篆印文宝钞总库之印。左上角还有黑色骑缝印。交钞背面有印造元宝交钞字样墨印一方。中统元宝交钞由桑树皮纸印造，纸质柔软，颜色一般为灰色或灰黑色。早期用木板印刷，至元十三年（1276年）改为铜版。钞纸长16.4厘米，宽9.4厘米。

图9-2 元"至元通行宝钞尚书巷提举贰贯"《中国钱币博物馆藏品选》244页

至元通行宝钞。至元二十四年（1287年）三月开始发行。钞面上方自左向右横书钞名"至元通行定钞"，其下四周饰以回纹图案组成的界栏，界栏内分上下两部分，上部正中为钞票面额，下部为与面额等值的方孔圆钱图案。两侧分别竖书八思巴文至元宝钞、诸路通行、下方分别为字号字料等字样。钞面下半部分为自右向左竖书公告文字：尚书省，奏准印造至元宝钞，宣课差发内并行，收受不限年月，诸路通行，宝钞库子攒司、印造库子攒司。伪造者处死，首告者赏银伍定仍给犯人家产。至元×年×月×日宝钞库使副、印造库使副、尚书省提举司。钞面上下部依稀可见红色官印一方，印文为八思巴文，左上角还有黑色骑缝印。

四、纸币制度失败的原因

纸币的流通为对外扩张、对内组织农业、手工业生产和国内外贸易发挥了重要作用，维护了元代帝国的统治。中统元宝交钞不仅在国内，而且成为国际通用货币，在东南亚许多地方，直到明代仍有流通，伊儿汗国、印度、朝鲜、日本等国都曾仿元代纸币形制发行纸币。元政府虽有先进的纸币发行管理制度，最终仍然失败。长期对外扩张，年年用兵，战争费用的来源主要是增加税赋和发行纸币，纸币发行数量失控，最终导致通货膨胀日趋恶化。由于纸币印刷技术较低，纸张质量粗糙，民间很容易仿制，造伪钞可获暴利，全国不断有伪钞案件发生，人们不信任政府纸币。私钞及民间代用小额纸币盛行，很多地方私立茶帖、面帖、竹牌、酒牌流通。纸币发行管理制度未能坚持执行，制定制度的政府又破坏了制度，吏治的腐败使一些官员从中谋取私利。

第三节　元代铜钱的铸行与流通

由于元代将纸币作为主要的流通货币，铸造流通的铜钱，更多的是配合纸币的发行。元建国以前，就已经发行纸币，铸造铜钱和银钱。

一、蒙古政权时期的铸钱

铁木真于1206年在斡难河河源建立蒙古政权，国号大蒙古国。建立后屡次对外侵略扩张，他在位时先后征伐西夏、西辽、金国、花剌子模等国，其继承人又经过两次大规模的西征，至1259年蒙哥汗去世时，大蒙古国已占据包括漠北、华北、东北、西藏、西域、中亚、西亚、东欧等在内的辽阔地域。

（一）元太祖成吉思汗蒙古国时期的铸钱。大朝通宝，蒙古政权铸币，元太祖成吉思汗1227年征伐西夏铸大朝通宝，铜质和银质，钱文多仿瘦金书体，楷书，对读。钱背有多种戳记，内容是蒙古汗国各汗王族徽，制作不够精致。另外，还有供养钱大朝通宝铜钱。

供养钱又称供佛钱，是官方或寺院铸用供奉佛殿神像的钱币，属于压胜钱系列，元代的供养钱还可依钱体大小与市场流通的钱币一样使用。元代宗教盛行，佛和道受到朝廷重视，享有较高的社会地位。信男善女为了显示对佛祖的虔诚，一般都用流通钱兑换供养钱布施寺院，寺院则将铸行的供养钱超值发行给施主，从中敛财。供养钱正面有年号、国号及香花供养、大安福寺、宝珠菩萨等文字，背面有神、护圣、香殿等字样。

（二）元世祖忽必烈时期的铸钱。孛儿只斤·忽必烈，蒙古族，政治家、军事家。大蒙古国的末代可汗及元代的开国皇帝（1260—1294年）。1271年改大蒙古国号为元，1272年迁都元大都（今北京）。1279年灭南宋。把纸币引入流通领域，使其成为国家财政的基础。1264年，颁布法令公布用纸币计算主要商品的价值。少数能够重视汉文化，推崇儒术的蒙古统治者之一。有中统、至元两个年号，均铸行铜钱。中统元宝，楷书和篆书，对读，小平钱。另有供养钱。至元通宝，楷书、八思巴文两种书体，对读。楷书有小平钱、折二、折十钱。八思巴文有折二、折三及小型供养钱。

图9-3　元至元通宝（汉文、八思巴文）《中国古代物质文化史·货币·下》346页

图9-4　元大德通宝
《中国古代物质文化史·货币·下》347页

二、元代建立以后的铸钱

忽必烈建立元代以后，自元成宗开始，先后有十三任皇帝，任期内铸钱的只有元成宗、元武宗、元仁宗、元英宗、元泰定帝、元文宗、元惠宗等七任皇帝。

（一）元成宗时期的铸钱。元成宗孛儿只斤·铁穆耳，蒙古族，元世祖忽必烈之孙、皇太子真金第三子，元代第二位皇帝（1295—1307年）。停止对外战争，罢征日本、安南，专力整顿国内军政。限制诸王势力、减免部分赋税、新编律令，使社会矛盾有所缓和。发兵击败西北叛王海都、笃哇等，使都哇、察八儿归附，西北长期动乱局面有所改观。维持守成局面，派使节巡视各地，了解民间疾苦，三令五申要求地方官员鼓励农桑，发展生产。滥增赏赐，入不敷出，国库资财匮乏，中统钞迅速贬值。晚年患病，委任皇后卜鲁罕和色目人大臣，朝政日渐衰败。有元贞、大德两个年号，均铸行铜钱。元贞通宝，青铜质，钱文楷书和八思巴文，对读。楷书有小平钱（小贞、大贞）、小型供养钱、折二型供养钱，八思巴文为折三钱。大德通宝，青铜质，钱文楷书和八思巴文，对读。楷书有小平、折二、折三钱、小型供养钱。八思巴文为折三钱。

（二）元武宗时期的铸钱。孛儿只斤·海山，蒙古族，元世祖忽必烈的曾孙、裕宗真金之孙、顺宗答剌麻八剌之子、成宗铁穆耳之侄。元代第三任皇帝（1307—1311年）。在位不足四年，实施许多改革。为调控物价，整顿海运，增加政府掌握的物资数量。增加盐引价格、开酒禁、立酒课提举司以征收酒税、增加江南富户高收入税、追征各地逋欠钱粮等等。标榜溥从宽大，大范围封官赏赐，兴建元中都，推行理财政策，发行至大银钞纸币废中统钞，发行至大通宝、大元通宝铜钱，以行用信誉稳定的金属辅币平抑小额零售商业领域内物价的过分波动。强化海运、增课赋税。1311年初驾崩，皇太子爱育黎拔力八达继位，所有改革措施未收成效便戛然而止。有至大一个年号，铸至大通宝，青铜质，钱文楷书和八思巴文，对读，折二钱、小平钱。八思巴文为折三钱。供养钱为折二型钱。还有大元通宝，青铜质，钱文楷书和八思巴文，对读，小平钱、折十钱。大元元宝，楷书，对读，小型供养钱。大元之宝，钱文楷书，对读，小型供养钱。大元国宝，钱文篆书，对读，折十钱。开炉庆典钱。背纹绞龙火球上铸有阳文隶书至元年号。

图9-5　元至大通宝（汉文、八思巴文）钱《中国古代物质文化史·货币·下》348页

（三）元仁宗时期的铸钱。元仁宗孛儿只斤·爱育黎拔力八达，蒙古族，元武宗弟，元代第四位皇帝（1311—1320年）。减裁冗员，整顿朝政，实行科举制度，推行以儒治国政策，复兴元代。诛武宗幸臣三宝奴、脱虎脱、乐实等人。取消尚书省，罢建元中都。停用至大银钞。进用汉族文臣，减裁冗员，整顿朝政，改变成武两宗的衰败之势。有皇庆和延祐两个年号，均铸行铜钱。皇庆通宝，青铜质，钱文楷书，对读，小平钱、小型供养钱。延祐元宝，青铜质，钱文楷书，

对读，小型供养钱、折二型供养钱。另外还有延祐贞宝，青铜质，钱文楷书，对读，供养钱。延祐三年，青铜质，钱文楷书，对读，供养钱。

图9-6　元至治通宝《中国古代物质文化史·货币·下》356页

（四）元英宗时期的铸钱。元英宗孛儿只斤·硕德八剌，蒙古族，元仁宗嫡子，元代第五位皇帝（1321—1323年）。大胆改革，实施新政。推行助役法，民田百亩抽三，以岁入助役。颁行《大元通制》加强法制，督责国家政制法规，革除政令不一、罪同罚异的混乱现象。发布《振举台纲制》，推举贤能，选拔人才，裁撤冗职，节省浮费，减免赋役，以舒农力。改革使天下为之风动，政治为之一新，国势大有起色，史称至治改革。新政触及保守贵族的利益，引起不满，被刺杀。有至治一个年号，铸至治通宝，青铜质，钱文楷书，对读，小平钱、折十钱、小型供养钱。另外还有至治元年和至治通宝供养钱。

（五）元泰定帝时期的铸钱。孛儿只斤·也孙铁木儿，蒙古族，元世祖忽必烈的曾孙、元裕宗真金之孙，元显宗甘麻剌之子。元代第六位皇帝（1323—1328年）。起用回回人理财，在灾变连年的情况下大体维持经济的稳定。继续采用南粮北运的办法平抑大都物价，稳定民间市场。延祐三年（1316年）以后，通过压低钞币发行额抽紧银根，控制物价上涨。延祐末年（1320年），由于财政困难，增加钞币发行弥补收支亏，引起通货膨胀。泰定朝继续实行显著减少印钞数的措施，结果物价逐渐跌落到延佑末年以前水平。有泰定、致和两个年号，均铸行铜钱。泰定通宝，青铜质，钱文楷书，对读，供养钱。泰定元年，青铜质，钱文楷书，对读，供养钱。致和元宝，青铜质，钱文楷书，对读，供养钱。

（六）元文宗时期的铸钱。孛儿只斤·图帖睦尔，蒙古族，元武宗次子。元代第八位皇帝。个人汉文化修养超过之前所有元代皇帝，书法落笔过人，得唐太宗晋祠碑风。所绘万岁山画草图，意匠、经营、格法，虽积学专工，所莫能及。好专心着意，追求振兴文治的表面效果。通过建立奎章阁学士院和修撰《经世大典》，将当时几乎所有的名儒笼络在周围，用虚崇文儒的手段来收揽汉地民心。有天历一个年号，铸行铜钱。天历元宝，钱文楷书，供养钱。至顺元宝，钱文楷书，供养钱。至顺壬申，钱文楷书，对读，小型供养钱。

（七）元惠宗时期的铸钱。儿只斤·妥懽帖睦尔，蒙古族，元明宗长子，元宁宗长兄，元代第十一位皇帝（1333—1368年），至元六年（1340年）扳倒权臣伯颜而亲政。勤于政事，任用脱脱等人，采取一系列改革措施，挽救统治危

图 9-7　元至正通宝折三大钱
《中国钱币博物馆藏品选》91 页

机，史称"至正新政"。颁行法典《至正条格》完善法制。颁布举荐守令法加强廉政。未能根本解决积弊已久的社会问题，至正十一年（1351年）爆发元末农民起义。后期怠政，沉湎享乐，内斗不断，民变迭起，政局无法控制。至正二十八年（1368年）闰七月，明军进攻大都后出逃，蒙古结束对全国的统治。有元统、至元、至正三个年号，其中元统和至正年铸行铜钱。元统元宝，青铜质，钱文楷书，对读，供养钱。至正通宝，青铜质，钱文楷书，对读，折二、折三、折五钱，另有背八思巴文寅、卯、辰、巳、午、戌、亥等纪年钱和小平供养钱。至正之宝，钱文楷书，对读，大钱，有背吉权钞伍分、壹钱、壹钱伍分、贰钱伍分、伍钱等版式。

三、元末农民起义政权的铸钱

元代末年，朝廷政治上腐败，经济上严重通货膨胀，纸钞大幅贬值。全国各地相继爆发农民起义，规模较大的是刘福通、郭子兴、彭和尚、朱元璋等红巾军的起义。起义政权为了保证起义军的军费开支，满足起义区域市场商品流通的货币需求，建立起义军统治地区经济秩序，自行铸造铜钱在起义范围内流通。

（一）天佑通宝。起义军张士诚于至正十四年（1354年）在江苏高邮建立大周政权，改元天佑，铸天佑通宝，青铜质，钱文楷书，对读，小平钱、折二、折三、折五钱。

图 9-8　元末农民军天佑通宝
《安徽历史货币》193 页

（二）龙凤通宝。起义军刘福通拥立韩林儿为帝，国号"大宋"，定都亳州。于至正十五年（1355年）铸龙凤通宝，青铜质，钱文楷书，对读，小平钱、折二钱。多种版式。

（三）天启通宝。起义军徐寿辉领导的起义军于至正十八年（1358年）改元天启，铸造天启通宝，青铜质，钱文楷书和篆书，对读，小平钱、折二、折三钱。

图9-9 元末农民军天定通宝
《安徽历史货币》195页

图9-10 元末大中通宝（背浙）
《泉林剪影》52页

（四）天定通宝。起义军徐寿辉还都江州，改元天定年间（1359—1360年）铸天定通宝，青铜质，钱文楷书，对读，小平钱、折二钱。

（五）大义通宝。起义军陈友谅于至正二十年（1360年）铸大义通宝，青铜质，钱文楷书，对读，小平钱、折二、折三钱。

（六）大中通宝。元代农民起义军铸行。起义军朱元璋于至正二十一年（1361年）占领江苏、安徽等地，在应天府（今江苏南京）设宝源局铸大中通宝，四百文一贯，钱文楷书，小平钱。至正二十四年（1364年）朱元璋消灭起义军陈友谅，在江西行省置货泉局，铸大中通宝小平钱、折二、折三、折五、折十钱。占领江苏、浙江、湖北等地后铸的大中钱有京、淛、鄂等地名。

第四节　白银为价值尺度及高利贷与斡脱钱管理

一、白银为价值尺度

彭信威先生说："元代给中国的币制带来的一种基本的变革，就是使中国从此采用白银为价值的尺度。……只有自元代起，中国改用白银为价值尺度，并且逐渐发展至用白银为流通手段"。[1] 灭金以后，蒙古不断强化蒙军辖区白银社会财富的地位，在批量贸易中发挥白银价值尺度和流通手段的职能。

（一）通过税赋大量征集白银。窝阔台准备南下灭金时，耶律楚材提议对工商业者征收以白银为主要内容的课税被采纳，立燕京等十路征收课税，课税银额从每年五十万两增加到一百十万两。

（二）白银是纸币交钞的发行保证。蒙哥继承汗位之年（1251年），照搬金代银钞相权法，纸币以白银为本，白银借纸币在流通中发挥价值尺度职能，取得本位币的主导地位，同时解决钞本混乱和白银不足的问题，推进了白银货币化的进程。纸币成为银的价值符号，是白银在货币流通中的代表。政府控制的白银并不需要实际投放，只是流通中纸币的兑换准备金。按政府控制的白银数量计算，实际流通中的货币翻了一番。

（三）白银是赏赐官员主要品种。在元代的财政支出中，赏赐用银十分普遍。用白银购买商品用于贵族消费，也是蒙古国财政支出用银的组成部分。成吉思汗时用银向中亚商人购买纺织品、宪宗时诸王拔都乞银买珠等。

（四）元代的金银政策几次反复。几次禁止金银的流通和买卖，目的是维护纸币主要流通货币的地位。实际禁止金银的效果并不明显，实质是没有弄清金银与纸币存在的关系，所以反复禁停开放。实际上在社会经济中，民间借贷、劳务报酬、市场物价的表示、商业贸易等都有以银计价的现实存在。

二、元代白银的形制

元代白银的名称发生变化，银锭变成元宝。使用银锭与银铤称呼是个别现象。目前已经发现最早年份的元代元宝是至元十三年（1276年）的扬州元宝。银锭重量主要有50两、25两、10两、5两等。形状大致分两类：一类是弧首束

图9-11　元至元十四年"扬州元宝四十九两九钱"《中国钱币博物馆藏品选》172页

---

[1] 彭信威：《中国货币史》，第407—408页，上海人民出版社，2007年。

腰扁平状，锭面微凹。早期的底部有阴文元宝两个大字。中后期的无元宝大字，面文改为随手錾刻。还有一类为两端圆弧变得略大，束腰变窄，银锭板状的两端周缘略上折，形成圆矮的耳翅。银锭的锭面文字多为錾刻，记录与银锭铸造有关的地点、官署、官员、职衔、工匠、纪年、重量、成色、税赋种类、银锭用途等内容。

银锭代表性的品种有扬州元宝五十两银锭、壬子年平阳路征收课税所宣课银五十银锭、真定河涧课五十两银锭、蒙山银课天字号五十两银锭、威楚路泰定二年五十两银锭、无文十两银锭等。扬州元宝五十两银锭。弧首束腰扁平状。正面铭文"扬州至元十四年、行中书省、五十两银、铸银官王×验银库子景春银匠侯仑明"。铸银官是负责销铸银锭的官员。库子是库房保管人员。至元十四年是1277年。银匠是销铸银锭的工匠。背面铸元宝两个大字。锭长13.8厘米、首宽9.9厘米、腰宽5.5厘米，重1 925克。

三、元太宗代还民债及对高利贷的管理

太宗七年（1235年），回鹘等较多的西域商人在蒙古放高利贷，一年利息一倍，并按复利计算，名为羊羔利（如母羊生羊羔，羊羔又成为母羊生小羊羔）。官民深受其害，要求朝廷管理。太宗八年至十二年（1236—1242年）间，朝廷"代民还债的数额为76 000锭，即380万两，利息总计以等于本金为限"。中统二年（1261年）元世祖颁发圣旨："民间私债，则据原借底契，只还一本一利，续写的文契无效。不得强行拖拽人、头匹，准折资产，骚扰不安，如违定是治罪施行。至元三年（1266年）又再次重申以上内容。至元十九年（1282年），中书省经奏准规定今后若取借债，每两出利不过三分。"[1]

元初时曾禁止给军人发放营债，后又放宽政策。成宗大德二年（1298年）的军债利息，一两钞每月收息至一二钱的，经中书省奏准，军债的每月利息以三分为限，如超过三分，本利没官。禁止地主给军人放债，防止讨债骚扰军户，如有违犯，军人与地主共同治罪。任官吏向部下借钱要立约，保人、见证人及利息都

---

[1] 叶世昌：《中国金融通史第一卷》《先秦至清鸦片战争时期》，第375、376页，中国金融出版社，2002年。

要写明，到期不还要治罪。

四、国家信用性质的斡脱钱

元代有一种民户为斡脱户，是为皇帝、诸王等贵族经营商业和高利贷的人，他们奉旨经营高利贷的钱叫做斡脱钱。斡脱钱由朝廷设官员管理，至元八年（1271年）设立斡脱所，掌管追债事务。至元二十五年（1288年）五月设立斡脱总管府。至元二十八年（1291年）四月规定所欠斡脱银都折钞计算。至元二十九年（1292年）下诏：因欠债而成为斡脱的，如确实贫穷就不要赔偿；富裕的斡脱要他们交纳经营所得的利息，本钱不要收回；贫穷的斡脱则将本钱收回。成宗元贞元年宣布，贷斡脱钱而逃隐的要治罪，对首告者有赏。带有国家信用性质的斡脱钱，在朝廷相关政策的保护下，为诸王、妃主及投下搜括人民财富提供了手段，对于无力还钱的，他们就会立即要求相关行省拘押借钱人及其家人。由于案例较多，后规定追征斡脱官钱，先报中书省再转相关行省执行。

五、元代的货币经营机构

（一）平准库。为均平物价，通利钞法，中统四年（1263年）设立燕京平准库。次年又设立各路平准库，以钞12 000为钞本。平准库设立以后，禁止民间私相买卖金银。平准库官选部民富有力者任副职，此制延续到成宗大德元年（1297年）取消。

（二）解典库。又称质库、解库、解铺、解典铺、长生库、长生局。开设解典库主要是富人、寺院和道观，至元十六年（1279年）经中书省奏准，鼓励诸路居民开设解库。解典库的利率各地不一，一般月息最低为20‰，不按复利计算，50个月利息等于本金。至元二十一年（1284年）十一月任中书右丞，秉政理财的卢世荣，至元二十二年（1285年正月）奏准在各路设立平准周急库，即官营解典库，三月遭到监察御史陈天祥弹劾，免职下狱，官营解典库取消。至元三十年、至顺元年（1330年）也曾设立官营解典库。

（三）银铺。经营熔铸金银锭、打造金银器皿，从事金银买卖，实际上是开办货币兑换业务。可以代从打造金银器皿，自己打造的必须卖给平准库，不得上市。后来允许金银自由买卖以后，银铺的金银买卖限制取消，业务有较大发展。

第五节　元代实施纸币制度的争论

作为中国第一个以统一的纸币为基本货币制度的朝代，在行钞原则、钞币管理制度和措施中，曾展开一系列的争论。

一、王恽、卢世荣、刘宣对中统钞的议论

元代著名学者、诗人、政治家王恽认为钞法有七便：不易得到；经费节省；白银本金不动；伪造者少；视钞重于金银；币值稳定；市场物价平稳。中统钞贬值的原因，是钞本被挪用，银本位制度遭到破坏；纸币无限制增发，一切支度无不用钞；人们以旧钞兑换新钞受到官吏刁难，流通中新、旧钞分等作价。提出用银将流通中过多的纸币收回，使贬值的纸币恢复币值。发行以一当二的银钞，收换旧币。

至元二十一年（1284年）十一月，卢世荣为相整治钞法，拟改革纸币制度，运用财政政策维护纸币稳定，将货币改革与财政改革结合。适当扩大金属货币流通，减低纸币需求。设立买卖金银的国家库房，禁止民间买卖金银。纸币、绫券及原来的中统钞，慎重发行，收缩通货，利用平准周急库的钞本作为营运资金贷放取息，使库存金银免于呆滞，对贫民发放低息贷款打击高利贷。

魏源《元史新编》卷八十七《食货志·钞法》记录至元二十三年（1286年）末，元政府更钞铸钱议论中刘宣的观点：发行流通纸币，如同手捧陶罐，掉地就碎。不考虑纸币发行的利害关系，不断加大发行满足财政开支，将各地的平准金集中首都，导致流通的纸币成无本之钞，纸币贬值，物价大涨。对策是停止大面额纸币发行，将作钞本的金银发还给当地平准库，杜绝权豪官吏入库倒买金银侵吞库款，纸币发行不能用于弥补财政赤字，从财政结余中收回部分纸币。

二、叶李《至元宝钞通行条划》中的纸币发行流通思想

元世祖至元二十四年（1287年），元政府发行至元通行宝钞，整顿中统钞，采纳叶李《至元宝钞通行条划》，确定以银为本及纸币的法偿性质，公私交易使用至元宝钞。规定至元宝钞的票面单位、种类、与中统钞的固定比价、发行与兑换的方法，明确了至元宝钞发行准备金、新钞的金银平价及对金银收进与出售价

格的差额，制定了对伪造至元宝钞、运用平准库金银等处置办法。为保证不兑换纸币的顺利流通，金银集中于国库。定期检查平准库准备金储存，保证名实相符。确定新旧钞兑换比例，同时流通。民间昏钞赴平准库倒换至元宝钞，以一折五，工墨费依旧例，每贯三分，防止官员徇私舞弊。引导人们爱护纸币。伪造通行宝钞者处死，首告者赏银五锭，仍给犯人家产。

三、郑介夫改革纸币制度的观点

元成宗年间（1295—1307年），通货膨胀现象明显，学官郑介夫上书《太平策》倡导改革纸币制度，总结对比南宋与元代的货币制度，运用中国古代子母相权和轻重理论，分析元代从以银为母、中统钞为子，发展为以大钞为母、小钞为子的发展变化过程，违反了"重者为母，轻者为子"、"前出者为母，后出者为子"的原则，形成惟钞的不兑换纸币制度，出现兑换比例倒挂相权而行。提出恢复铜钱流通，大额交易用钞、小额零星支付用钱的钱、钞兼行制度。

四、元末对至正钞改革的争论

元顺帝至正十年（1340年），元代进行最后一次纸币制度改革，停止中统钞的发行与流通，改发中统元宝交钞并行流通；铸造铜钱，允许历代旧钱流通。由于至正钞发行无钞本，名为改革，实为继续实行通货膨胀政策，以至发行不久，纸币贬值更为剧烈，市场物价腾贵，农民大起义爆发。对此，统治集团内部发生争议，一些思想家及名人也参与其中。

元末著名的文学家、史学家王祎上宰相万言书的一部分《泉货议》，认为天下名为无用而实际有用的东西就是钱，先有铜钱，后有纸币，虽然钱不能保暖，不能充饥，仍是国家命脉，如果废钱，国家不能运转，社会生活停顿。现实是一切用钞不用铜钱，中统钞与至元钞并行流通，百姓重旧钞、轻新钞，重铜钱、轻纸币。崩溃的纸币制度没必要挽救，要整顿钱法，广铸铜钱，禁止使用虚价大钱。

元末明初的军事家、政治家、文学家、明代开国元勋刘基在《感时述事》诗中认为纸币能够流通，以至贵比金、珠，全是靠国家的威。既持货币名目主义观点，又持金属主义观点。

五、叶子奇纸币平衡管理的思想

元末明初大学者叶子奇在《草木子·杂制》中曾对元代的纸币制度进行总结。认为历史上的钞法包括盐引、茶引等为什么失败，都是由于滥发弥补财政亏空造成。纸币是铜钱代表，即钞以权钱，纸币要能够代替金属货币流通，必先贮存纸币兑现的准备金，引至钱出，引出钱入，获得人们信任，才能像铜钱一样流通。保持适当数量，超过限量，不免泛滥成灾。纸币流通就像水之进出水池应该相等。只进不出，纸币泛滥。只出不进，纸币短缺。纸币不能兑现，就是堵塞池水出路，水满浸淫。对政府主导的纸币制度已经完全失去信心，主张建立由地方政府负责、分散的私人纸币发行制度。

六、高则诚的《乌宝传》抨击元代钞法

元代大戏剧家高则诚，写出以纸币为题材的《乌宝传》，元末明初史学家陶宗仪在《南村辍耕录》记载了这篇文章。作者假托元代纸币为乌宝，抨击元代钞法。用拟人的手法，把乌宝描绘成公卿敬爱、富室势人愿交的宠儿，尽管好逸恶劳，但是得到人们普遍的爱戴与敬重，被作为贵客邀请至家中，受到老幼的欢迎。与地主商人过从密切，连黄金、珠、玉也屈居下风。绘形绘色的描述，暴露了乌宝的外若方正、内实垢污的真实面貌。

第十章　明代大明宝钞与铸钱的流通

　　明代（1368—1644年）是以汉族为主推翻蒙古族统治者建立的复兴王朝，中国历史上最后一个汉族建立的君主制王朝。1368年，农民起义领袖朱元璋夺取政权，灭元称帝，国号大明，历276年。清康熙皇帝南下金陵时，以"治隆唐宋"表达其对明代超过唐宋的评价。"远迈汉唐"更是对明代疆域辽阔、繁荣昌盛，修筑南京城、北京城、紫禁城、天坛、长城，郑和下西洋、编纂《永乐大典》等辉煌成果超过汉唐的肯定。

第一节　明代的经济与社会

　　明代是中国封建经济发展的重要时期，农业经营方式和农村经济结构有所变化，商品经济发展催生工商市镇的增加，手工业出现资本主义生产萌芽，一条鞭法的实行，反映商品货币经济的发达。

一、明初恢复农业生产取得较好成果

　　元末社会动乱，人民流徙，土地荒芜。明初，农民出身的朱元璋计口授田，鼓励垦荒，对于地少人多之处给予资粮、牛种，发给钱钞以置农器，并免除徭役，垦荒归己。经过20多年的努力，荒田变成熟田，全国的耕田、户口和农作物产量全面增加。中后期治黄河、修运河、治理江浙河、港、泾、浜、湖、塘、陡门、堤岸，提高洪水通过能力，直接或间接地促进农业生产发展。粮食作物品种多、产量高，甘薯与玉米从域外引进并开始在全国大面积种植。

二、手工业比元代有明显发展

　　宋应星在《天工开物》中叙述当时手工业有谷物加工、纺织染色、制盐、制粮、陶器、车船、锻造、油料、造纸、冶炼、采矿、兵器制造等部门以及工艺过

程和技术成就。矿冶、陶瓷、纺织、造船、制盐业等比元代有相当发展。纺织业使用各种织机、绫机、绢机、罗机、纱机。棉花轧花使用搅车，染织业十分兴盛。陶瓷涂釉技术使产品更加精美。矿石采集由铁锤敲击改为烧爆，冶炼烧煤改烧焦炭，可冶炼大件器物。大多数手工业摆脱官府控制，完全私有化。

三、商业经济十分繁荣

中后期农业、手工业高度发展，商品生产空前发展。长途贩运使商品在全国范围内流通，各地形成许多商业发达的城市及市镇。北京作为帝都所在，万国梯航，鳞次毕集。南京的商业铺行有一百多种。苏州、宁波、福州、泉州、广州、九江、武昌、开封、太原、西安、成都等都是商业繁荣城市。集市庙会贸易是明代中后期商品交换的重要场所，商品种类之广、数量之多前所未有。商业资本经营范围扩大，徽商、晋商、闽商、粤商、吴越商、江右商等商帮逐渐形成。

四、对外贸易更加发展

洪武初年就在长江口附近的黄渡镇建置市舶司，后又陆续在宁波、泉州、广州恢复市舶司。明初的朝贡要求先进上贡品后互市，对进贡者还以更多礼物，来华贸易趋之若鹜。明初（1368年）到穆宗隆庆（1567年）时，对外贸易实行海禁，禁止商人与海外通商。隆庆废除海禁，私人海外贸易逐渐发展易。郑和从永乐三年（1405年）到宣德八年（1433年）的二十八年间，七次下洋，航程约十万海里，与三十余亚非国家建立政治和经济贸易关系。中国的瓷器、茶叶、铁器、农具、丝绸、金银等是主要的贸易货物，贸易主体不仅是官方还包括民间。

第二节　明代纸币制度及宝钞流通中的问题

明代的农业、手工业和商业流通的发展，商品经济的繁荣及对外贸易的规模扩大，使货币流通的需求不断增加。由于元代纸币制度的失败，元末农民军都铸造铜钱，明代建立以后各地相继恢复铜钱流通。朱元璋于洪武元年（1368年）继续铸行大中通宝，首铸洪武通宝，意图在全国实行统一的铜钱流通。规定本朝所铸的钱为制钱，前朝的钱统称旧钱，两者比价及使用规定不同待遇。由于经济恢复较快，铜钱的原料及铸造都不能满足社会经济的货币流通需求，明政府曾令社会将私铸钱及铜器毁坏以废铜输官，引发社会骚动与人民的不安。商人习惯于用纸币完成买卖，感到使用铜钱分量重，价值小，不便于大额贸易。于是，明政府于洪武八年（1375年）发行大明通行宝钞，同时严格禁止金银流通。

一、纸币制度的主要内容

明太祖朱元璋洪武八年（1375年）决定把金银铜钱集中于国家，建立纸币本位制度。

（一）朝廷设宝钞提举司。洪武七年（1374年）九月，设立朝廷发行纸币的专门机构定钞提举司，设正七品提举一人，从七品副提举一人。下设钞纸、印钞二局和宝钞、行用二库，成立之初隶属于中书省，罢中书省后隶属于户部。同年十一月，升宝钞提举司为正四品。永乐七年（1409年）又设北京宝钞提举司。

（二）宝钞的形制。最初规定取桑穰为钞料，高一尺，阔六寸许，以青色为质，外为龙文花栏，而横题其额曰大明通行宝钞，内上两旁为篆文大明通行宝钞，天下通行。中图钱贯状，十串则为一贯。有"中书省奏准印造大明通行宝钞，与铜钱通行使用，伪造者斩，告捕者赏银二百五十两，仍给犯人财产"等字样。五百文则画钱文为五串，余如其制而递减之。其等凡有六，一贯、五百文、四百文、三百文、二百文、一百文。洪武十三年（1380年），中书省撤销，造钞属户部，钞上文字中书省改为户部。洪武二十二年（1391年）四月，

图 10-1　明大明通行宝钞中书省贰伯文《中国钱币大辞典元明编》图9

增造十文至五十文小钞。宝钞形制直至明代终，基本无变化。

（三）宝钞的价值与使用。大明通行宝钞为不兑换纸币，可以持金银向明政府兑换宝钞，兑换价格由官府制定，钞一贯等于银一两，四贯等于金一两，宝钞与铜钱同时流通。洪武十年（1377年）规定百文以下用铜钱，商税输纳，则以钞七钱三为比例。对宝钞的使用范围没有限制，征收商税钱钞兼收，钱三钞七，一百

文以下用铜钱。

（四）禁止金银流通。初行钞法即下令不许使用金银，违者治罪，有告发者以其物给之。可以用金银兑换宝钞。永乐元年（1406年）四月朱棣下令，金银交易犯者准奸恶论，有能首捕者，以所交易金银充赏，其两相交易而一人自首者免坐，赏与首捕同。次年正月有所减轻。宣德元年（1426年）七月后，违反禁令的大多为罚钞。至宣德十年（1435年）明英宗即位后，正式解除禁止使用金银的禁令。

（五）禁止铜钱流通。洪武二十七年（1394年）八月，浙东、浙西、福建、两广、江西等地区重钱轻钞，将宝钞打折使用，引发市场物价上涨，钞法难以实行。朱元璋下令禁用铜钱，限半月内，凡军民商贾所有铜钱，悉送赴官，敢有私自行使及埋藏弃毁者，罪之。自此开了明代禁止铜钱流通的先河，直至景泰年间（1450—1456年）。宣德十年（1435年）十二月明英宗即位后，广西梧州府知府李本奏广西、广东交易用铜钱即问违禁，民多不便。乞照律条，听其相兼行使。英宗正统十三年（1448年）和代宗景泰早期（1450年），明王朝仍禁用铜钱。

（六）制定旧币兑换规定。洪武九年（1376年）七月，朝廷制定《倒钞法》规定各地设置行用库，用新钞倒换旧钞，每昏烂钞一贯，收工墨值三十文，五百文以下递减之。收到旧钞后，于钞面用墨印昏钞二字，封收入库，按季送交户部。用于兑换的旧钞必须达到国家认可的破损标准，混以伪钞者究其罪。

图10-2 明大明通行宝钞户部壹贯《中国钱币博物馆藏品选》248页

二、宝钞流通后出现的问题

大明通行宝钞自洪武八年（1375年）发行流通以后，在政府钞法的管理及朝廷的维护下，宝钞流通及钞法的执行总体较好，集中体现在成祖永乐至代宗景泰年间（1403—1456年）。随着流通范围扩大、流通数量增加、流通时间拉长，问题逐渐暴露。

（一）不断贬值。洪武二十七年（1394年）浙东、浙西、江西、福建、广东等地，钞一贯折钱一百六十文，成祖永乐年间（1403—1424年）钞一贯折钱四十七文，英宗正统十三年（1448年），钞一贯折钱二文。成化十三年（1477年）前后，大半软烂的宝钞在辽东每千贯仅值银一两余。百年时间，宝钞与白银的比价从银一两当钞三五贯，贬至二千贯左右。代宗景泰后进入英宗年间（1436—1449年），已经在事实上退出流通。民间交易用白银和铜钱。由于征税、颁赏等继续用钞，才保持宝钞明中期后存在。

（二）流通阻滞。在明初政府的强力推动下，大明通行宝钞流通大约有20年左右的稳定期，就进入钞法阻滞的状态。洪武之后流通的情况更不理想，有关文献中常有岁钞法不通、钞法久滞、今钞法阻滞等内容。表明宝钞流通情况不好是不争的事实，而且长期存在，终明一朝，流通不畅多于流通正常。

（三）旧钞不断。尽管钞法规定新旧钞等值，社会流通中旧钞价值远低于新钞。旧钞问题愈发严重，加剧宝钞的贬值与流通阻滞，流通进入恶性循环。回笼昏烂钞票，收取每贯工墨费用30文，500文以下递减，执行中未能长期坚持，市场新旧钞价格差异，一钞多价，官吏又从中舞弊。宝钞贬值加剧旧钞产生，旧钞增加推动宝钞贬值。

三、大明通行宝钞贬值及流通阻滞的原因

大明通行宝钞发行流通时间很短就出现阻滞进入贬值通道，除明政府滥发宝钞所致，货币制度设计的先天缺陷与组织实施是重要的技术性因素。

（一）无发行准备金。明代一改宋、金、元发行纸币的准备金制度，不设纸币发行钞本，无贵金属或实物作纸币发行保证，是完全意义的不兑现纸币，运用国家行政手段强制推行。先后由中书省及户部印造，没有订立系统的纸币发行制度，发行方式主要是皇帝赏赐、政府开支和救济等渠道。明初经济社会发展水平与能力、货币制度的完备程度，都不足以应对一定数量的纸币流通，短期内难以建立公众对纸币的信心，过度相信政府公信力。

（二）无发行时间。宋、金、元三朝纸币发行较完备的发行方式，都没有继承运用。一个版本流通一个王朝，永不改版。未能发新版收旧版，树立公众信心和纸币信誉。宝钞长期流通损坏严重，币值下跌，以及不承诺兑现，影响了社会对宝钞的信任。由于纸币不能更换版本，为伪造纸币流通提供条件，政府也不能通

过更换纸币版别增加防伪手段，限制伪造宝钞的流通。

（三）无发行限额。洪武初年（1368年）西征敦煌，北伐沙漠。对蒙古意图东山再起的管控，云南又守土以抗。洪武时期的三十一年（1368—1398年），年年用兵，军需繁重。明成祖永乐年间（1403—1424年），多次对外战争，建设北京城、移民、郑和下西洋等巨大的开支，财政支出十分庞大，只有通过增加宝钞发行量维持。

（四）无改革之措。成化十六年（1480年），丘浚曾经力倡全面性的币制改革，计划重新建立宝钞应有的价值，实行银本位，用钞票和铜钱在市面流通。以银为上币、钞为中币、钱为下币，钞和钱准银而行，银一分易钱十文，钞每贯易钱千文，十两以上的交易才许用银。币改方案最终未能实行。天启年间（1621—1627年）、明思宗崇祯八年（1635年）及十六年（1663年）先后有官员提出币制改革建议，均未被采纳。

（五）无维护良策。政府也曾实施维护纸币的措施：如门摊商税课钞及秋粮交纳以三分折钞、对金银交易罚钞；下禁令阻钞通行者，追罚1万贯，全家戍边；内外课程钱、钞兼收，官俸军饷亦钱、钞兼支等，均无效果。孝宗朱佑樘弘治年间（1488—1505年），宝钞在经济生活中已经成为废纸，民间只用银和钱。思宗朱由检崇祯年间（1610—1644年），朝廷设宝钞局，重新印制纸币，民间反映强烈，纸币还未来得及发行，李自成的农民起义军就已攻入紫禁城。

第三节　明代铸钱的流通

明代铜铸钱数量不仅比元代多，版别更复杂，尤其是明初和明末。明代钱法多变，铜钱的铸行和使用，时禁时放，反复十多次。洪武通宝钱制没有很好执行，铜钱不断减重。从洪武至嘉靖的150多年中，长期抑制铸钱推行宝钞，导致铜钱流通减少，铸钱数量少于唐宋。整个明代十七帝历经276年，铸钱总数不过千万贯左右，仅多于元代。

一、明代各朝代的铸钱

从洪武到崇祯的十七个年号中，洪武、永乐、宣德、弘治、正德、嘉靖、隆庆、万历、泰昌、天启、崇祯等11个年号有铸钱，建文、洪熙、正统、景泰、天顺、成化等6个年号均未铸钱。明亡后，朱姓诸王在南京、福州、广州等地建立小朝廷，旋起旋灭，始称南明，铸大明、弘光、隆武、永历等通宝钱。明代铜钱铸行分三个阶段：一是明太祖洪武至明穆宗隆庆时期（1368—1572年）十二位帝王有六位铸钱，数量有限。二是明神宗万历年间（1573—1619年）大量铸钱。三是明崇祯时期（1628—1644年）铸钱无度，钱制版别十分复杂，质量优劣不等。

（一）明太祖朱元璋时期的铸钱。朱元璋（1328—1398年），汉族，参加农民起义军后改名元璋，元末农民起义军首领，明代开国皇帝（1368—1398年），史称明太祖，卓越的军事家、战略家、统帅。重农抑商，下令农民归耕，奖励垦荒；移民

图10-3　明洪武通宝背福折十大钱
《中国钱币博物馆藏品选》92页

屯田和军屯；组织兴修水利；提倡种植桑、麻、棉等经济作物和果木作物。徙富民，抑豪强，解放奴婢。减免税负，严惩贪官。丈量土地，清查户口。社会生产逐渐恢复发展，史称洪武之治。至正二十一年（1361年），起义占领江苏、安徽等后，在应天府（今江苏南京）设宝源局铸大中通宝钱。打败陈友谅以后，又在江西设置宝泉局铸大中通宝。有一个洪武年号，先后铸行大中通宝、洪武通宝铜钱。大中通宝，青铜质，楷书，对读，小平钱、折二、折三、折五、折十钱。洪武通宝（以开国年号命名），青铜质，钱文楷书，对读，小平钱、折二、折三、折五和折十钱。有光背、背纪值、背纪地、背纪重纪值。由于各地书写人不同，钱文多种风格。多种版式。

洪武八年（1375年），发行大明通行宝钞，规定宝钞每贯合铜钱一千文或值银一两，宝钞四贯合黄金一两。铜钱宝钞并用，禁止金银流通。为推行纸币流通，当年停止中央及各地方钱局铸钱，第二年全部停铸。洪武十年（1377年），恢复宝源局与各省钱局铸钱，洪武二十年（1387年）又停铸铜钱。洪武二十六

年（1393年），重新铸五等钱，按洪武元年铸行规定，后又改铜钱每文重一钱两分。其他四等钱，依照小平钱重递增。洪武二十六年（1393年）七月只准京师宝源局铸钱，其他各省再次停铸。到八月，因宝钞流通受阻，为流通宝钞再次禁用铜钱。

（二）明成祖时期的铸钱。明成祖朱棣，太祖朱元璋四子，明代第三位皇帝（1402—1424年），年号永乐，后人称永乐帝。早起被封为燕王，发动靖难之役攻打建文帝。1402年在南京登基，改元永乐。改革机构，设置内阁制度，五次亲征蒙古，收复安南，巩固南北边防，维护国家版图完整。多次派郑和下西洋对外交往。编修《永乐大典》。疏浚大运河。1421年迁都北京，强化统治。恢复靖难疮痍，大力发展完善军事屯田制度和盐商开中则例，保证军粮和边饷供给。治水江南，疏浚吴淞。鼓励垦种荒闲田土，迁民宽乡、督民耕作，蠲免赈济，防止农民破产，保证赋役征派。国家经济繁荣，国力强盛，史称永乐盛世。有永乐一个年号，铸永乐通宝，青铜质，钱文楷书，对读，小平钱。还有铅质、银质小平钱、折三钱。多种版式。

图10-4 明永乐通宝
《安徽历史货币》199页

图10-5 明宣宗宣德通宝
《中国古代物质文化史·
（货币下）》390页

（三）明宣宗时期的铸钱。明宣宗朱瞻基，仁宗朱高炽长子，明代第五位皇帝（1425—1435年）。招人垦荒，发展农业生产，户口与垦田逐渐增多，粮食产量增加。官营民营手工业陆续发展，商业城市增多，东西南北商品流通畅快，海外朝贡贸易往来活跃，政府税收增多。多次下旨为民解困，先后罢湖广和工部采木，多次蠲免税额。政治清明，百姓安居乐业，经济得到空前发展，与其父的统治合计十一年，堪比"文景"，史称"仁宣之治"。有宣德一个年号，铸宣德通宝，青铜质，钱文楷书，对读，小平钱。

（四）明孝宗时期的铸钱。明孝宗朱佑樘，宪宗朱见深第三子，明代第十位皇帝（1487—1505年）。宽厚仁慈，躬行节俭。不近声色，勤于政事。重视司法，

开设大小经筵讨论国是，驱逐奸佞，励精图治，努
力扭转朝政腐败状况。大力兴修水利，发展农业，
繁荣经济。国家赋税收入成为明中叶赋入高峰，户
数、人口增长较多，史称"弘治中兴"。有弘治一
个年号，铸弘治通宝，钱文楷书，对读，小平钱、
折十钱。

图 10-6 明弘治通宝《中国古代
物质文化史·（货币下）》392 页

（五）明武宗时期的铸钱。明武宗朱厚照，孝宗朱佑樘之子，明代第十一位皇
帝（1506—1521 年）。史书出现两极评价：一是追求个性解放、自由平等。平易
近人，心地善良。处事刚毅果断，批答奏章，决定国家重大事件，有真才实学。
多次赈灾免赋。应州大捷大败鞑靼军。另一方面荒淫无道，国力衰微，一生贪
杯、尚武、无赖，喜好玩乐。荒淫暴戾，怪诞无耻，少见的无道昏君。有正德一
个年号，铸正德通宝，白铜质，楷书，对读，小平钱。

（六）明世宗时期的铸钱。明世宗朱厚熜，宪宗朱见深之孙、武宗朱厚照堂
弟，明代第十二位皇帝（1521—1566 年）。早期英明苛察，严以驭官，宽以治民，
整顿朝纲、减轻赋役，对外抗击倭寇，重振国政，开创嘉靖中兴的局面。勘查皇
庄和勋戚庄园，还地于民，鼓励耕织。重新整顿赋役，赈济灾荒，减轻租银，体
恤民情。治理水灾，汰除军校匠役，缓解社会经济矛盾。后期好道教，不侍朝，依
然掌控朝廷。巩固了明代统治，为隆庆新政与张居正改革奠定基础。书法和文辞修养有
造诣。有嘉靖一个年号，铸嘉靖通宝，青铜质，钱文楷书，对读。小平钱、折二、折
三、折五、折十钱、特大型开炉钱。

图 10-7 明嘉靖通宝
《中国钱币博物馆元明编》图 3

图 10-8 明隆庆通宝
《安徽历史货币》199 页

（七）明穆宗时期的铸钱。朱载垕，
明世宗朱厚熜第三子，明代第十三位皇
帝（1567—1572 年）。宽仁大度，勤俭爱
民，留心边陲之事，处理恰到好处。解除
海禁，调整海外贸易政策，允许民间远贩

东西二洋，史称"隆庆开关"。民间私人的海外贸易获得合法地位，东南沿海各地的民间海外贸易进入新时期，出现一个比较全面的开放局面。与蒙古俺答汗议和，封贡互市，开放边境市场开展贸易，加强汉蒙两族的团结。北部边境出现历史上少有的和平安宁景象，史称隆庆议和。倚靠高拱、陈以勤、张居正等大臣辅佐，革弊施新，内外大治，史称"隆庆新政"。有隆庆一个年号，铸隆庆通宝，青铜，钱文楷书，对读，小平钱。

图10-9　明万历通宝
《安徽历史货币》199页

（八）明神宗时期的铸钱。明神宗朱翊钧，穆宗朱载垕第三子，明代第十四位皇帝（1573—1619年），在位47年，明代在位时间最长。位初十年，内阁首辅张居正主持政务，实行一系列改革措施，如清丈全国田亩、推广"一条鞭法"。社会经济有很大发展，人民生活有所改善。亲政后，励精图治、生活节俭，有勤勉明君风范，开创万历中兴。平息宁夏之乱、播州之乱和支援朝鲜抗击日本侵略。通过征收矿税银，增加国家财政收入，用于国家开支，尤其是边镇用钱。后期荒于政事，倦于朝政，不上朝理政，国家运转几乎停摆。张居正去世后，以"诬蔑亲藩、侵夺王坟府第、箝制言官、蔽塞朕聪、专权乱政"等罪名清算张居正，树立皇威。有万历一个年号，铸万历通宝，青铜质和银质，钱文楷书，对读，小平钱、折二钱、特大型镇库钱。

（九）明光宗时期的铸钱。明光宗朱常洛，明神宗朱翊钧长子，明代第十五位皇帝（1620年），在位两月不到。进行一系列革除弊政的改革措施，罢除万历朝的矿税。沉于酒色，纵欲淫乐，身体羸弱。虽有泰昌年号，但未铸钱。天启年间补铸泰昌通宝，青铜质，钱文楷书，对读，小平钱。

图10-10　明天启通宝
《安徽历史货币》200页

（十）明熹宗时期的铸钱。明熹宗朱由校，明光宗朱常洛长子，明代第十六位皇帝（1621—1627年）。乳母客氏与魏忠贤专权，制造冤狱，残酷迫害企图改良明代政治的东林党人，不断激起民变，各种社会矛盾激化。外患来自辽东。因后金攻陷沈阳、辽阳，辽东局势日趋严峻。有一个天启年号，铸天启通宝，青铜质，钱文楷书，对读，背文复杂，折二、折十钱。

（十一）明思宗时期的铸钱。明思宗朱由检，明光宗朱常洛第五子，明代第十七位皇帝（1627—1644年），在位17年，后世称崇祯帝。大力铲除阉党，勤于政事，生活节俭。两度下诏民众戒烟，禁止官员在官府机构吸烟，私藏或出售烟草都有可能

图 10-11　明崇祯通宝大钱
《中国钱币博物馆藏品选》92 页

被处死。六下罪己诏，是位年轻有为的皇帝。性多疑，中后金反间计，冤杀抗金大将袁崇焕。在位其间爆发农民起义，关外后金政权虎视眈眈，内忧外患。1644年，李自成军攻破北京时，于煤山自缢身亡。有崇祯一个年号，铸崇祯通宝，青铜质，钱文楷书，对读，小平钱、折二、折五钱、折十钱。

二、农民起义政权的铸钱

崇祯年间（1628—1644年），由于政治黑暗、政权腐败，逐步积累的各种社会矛盾积重难返，爆发农民起义，为了抗金及镇压李自成、张献忠等农民起义，军费开支大增，百姓赋税加重不堪重负。起义的农民政权为了筹集军费，铸造多种钱币在占领区流通。

（一）李自成起义政权的铸钱。李自成，原名鸿基，小字黄来儿，又字枣儿，明末农民起义领袖，世居陕西米脂李继迁寨。1629年起义，后为闯王高迎祥部下闯将，勇猛有识。荥阳大会时，提出分兵定向、四路攻战的方案，受到各部首领赞同。高迎祥牺牲后继称闯王。明崇祯十六年（1643年），率

图 10-12　明末李自成政权
永昌通宝《中国古代物质
文化史·（货币下）》427 页

起义军攻克西北重镇——西安，次年正月在西安称王，建大顺政权，改元永昌，1645年5月17日，在湖北通山九宫山元帝庙遭村民误杀。铸永昌通宝，黄铜质，钱文楷书，对读，小平钱、折五、折十钱。"永"字书写为二字和水字上下结构排列的"二水"永，铸量特别大，第一笔为点、第二笔为直角的"直角"永存世极少。

图 10-13　明末张献忠政权大顺通宝《中国古代物质文化史·(货币下)》428 页

图 10-14　明末张献忠政权西王赏功·金质《上海博物馆》

图 10-15　明末孙可望政权兴朝通宝背壹分《中国古代物质文化史·(货币下)》430 页

图 10-16　南明弘光通宝《中国古代物质文化史·(货币下)》422 页

（二）张献忠起义政权的铸钱。张献忠，字秉忠，号敬轩，明末农民军领袖，与李自成齐名，大西开国唯一的皇帝。出身贫苦家庭，当过捕快、边兵。生性刚烈，爱打抱不平。崇祯年间，组织农民军起义，1640 年率部进兵四川。1644 年在成都建大西政权，改元大顺，即帝位。1646 年，清军南下，张献忠引兵拒战，在西充凤凰山被流矢击中而死。铸大顺通宝、西王赏功、兴朝通宝。大顺通宝，黄铜质，钱文楷书，对读，小平钱。西王赏功，金、银、铜质，大西政权赏功钱币（奖章），楷书，对读。

（三）孙可望起义政权的铸钱。孙可望是张献忠农民起义军大西政权主要将领，张献忠四个养子中的长子。张献忠川北战死后，孙可望与李定国等率大西军余部南下攻占云贵一带抗清，在昆明建立孙可望为盟主的政权，后被手下拥为国主。以干支纪年，铸兴朝通宝，银质和铜质，钱文楷书，对读，小平钱。由于云南货币经济发展落后，贝币为主要的交换媒介。为保证军队开支和巩固政权，孙可望下令民间禁用贝币，使用兴朝通宝钱，违者严刑处罚。此举推动了云南铜钱的流通，推进了货币经济发展的进程。

三、南明时期的铸钱

明崇祯十七年（1644 年）正月，李自成在西安称帝，建国大顺。后向北京进兵，三月十九日攻克北京，崇祯皇帝自尽，明代宗室及遗留大臣多辗转向南。大顺政权据淮河以北原明代故地。张献忠于同年八月建大西政权，则据四川一带。清代政权据山海关外现今东北地区，控制蒙古诸部落。明代的残余势力据淮河以南的半壁江山，留都南京的一些文臣武将拥立朱家王室的藩王，重建明代，史称南明。南明的铸钱先后有福王的弘光通宝、鲁王的大明通宝、唐王的隆武通宝、桂王的永历通宝。

（一）南明福王时期的铸钱。福王朱由崧，明神宗之孙、福恭王朱常洵之长子。崇祯十七年（1644年）五月初三，监国于南京，五月十五日即皇帝位，次年改元弘光。即位后，税赋收入不救济灾民、兴修水利，除豢养军队，主要用于皇帝、宫廷和官僚穷奢极侈的生活。下令修建宫殿，筹备大婚购买珠宝。次年南京被攻破后，由清军押解北京，1646年被斩首。弘光年间铸弘光通宝，黄铜质，钱文楷书和隶书，对读，小平钱、折二钱。

（二）南明鲁王时期的铸钱。鲁王朱以海，太祖朱元璋第十子鲁王朱檀之后。崇祯十七年（1644年），袭鲁王封爵。次年，清兵陷南京，张国维、钱肃乐等起兵浙东，拥他在绍兴监国，与在福建称帝的唐王政权倾轧。隆武二年（1646年），清兵攻取浙东，流亡海上，走石浦依附张名振，后至舟山。永历七年（1653），取消监国，后病故于金门。监国时期铸大明通宝，黄铜质，钱文楷书，对读，小平钱、折十钱。

图 10-17　南明大明通宝《中国古代物质文化史·(货币下)》423 页

图 10-18　南明唐王政权隆武通宝《中国古代物质文化史·货币·下》423 页

（三）南明唐王朱聿键时期的铸钱。南明唐王朱聿键，南明第二位君主，太祖朱元璋第二十三子唐王朱桱的八世孙，父为唐端王之子朱器墭。1645年，弘光帝被清军俘获亦死，郑芝龙、黄道周等人扶朱聿键于福州登基称帝，改元隆武称隆武帝，也称唐王。即位后三面受困，一受制于郑氏家族；二要防鲁王军队；三有李成栋率领的清军节节逼近。仍然消除党争、心系百姓、出师北伐，清顺治二年（1646年），清军入福建，酷嗜读书的隆武帝，逃难中仍然载书十车以行，边逃边读。后在汀州被虏，绝食而亡，享年44岁。即位后铸隆武通宝，黄铜质，钱文楷书，对读，小平钱、折二钱。

（四）南明桂王时期的铸钱。桂王朱由榔，明神宗朱翊钧之孙，桂端王朱常瀛之子，明末代皇帝，中国历史上最后一位汉族帝王，史称永历帝（1646—1661年）。倚仗大西军余部李定国、孙可望等在西南一隅抵抗清代，维持时间较长。1661年，清军攻入云南后逃到缅甸曼德勒，被缅王收留。吴三桂攻入缅甸，缅王将其献与吴三桂，1662年6月在昆明被绞死，终年40岁，在位16年。有永历一个年号，铸永历通宝，黄铜质，楷、篆、行、草四种书体，小平钱、折二、折五、折十钱。

第四节　明代白银货币化的过程与原因

明代的流通货币从明初使用铜钱到洪武八年（1375年）集中国家的金银，建立纸币本位制度，发行大明通行宝钞，实行钞钱并用。为了推行宝钞，禁止金银作为货币流通。但是，最终结果是白银在明代中晚期成为主要的流通货币。

一、实施禁止金银流通的政策失败

宋、金、元以来，白银货币化及货币白银化的趋势力渐形成，尤其是民间较为广泛。洪武、永乐年间，洪武八年（1375年）、洪武三十年（1397）、永乐元年（1403年）、永乐二年（1404年）、永乐十七年（1419年），明代数次颁布法令禁止金银在市场流通。明仁宗初年（1425年）、明宣宗宣德元年（1426年）也曾行金银禁令。其间，永乐九年（1411年）曾一度解除金银流通的禁令。

洪武三十年（1397年），杭州诸郡商贾不论货物贵贱，以金银定价。宣德年间（1426—1435年），商业发达及对外贸易市场的开拓，货币需求不断增加，要求价值较高且币值稳定的货币。除了白银，没有其他货币具备这个条件，因为黄金价值高且数量少，大明通行宝钞数量虽多，币值下跌，铜钱币值低、数量少。

正统年间（1436—1449年），南直隶、浙江、江西等地推行税粮折银，除了起运和边粮两项仍以实物征收，其余依照粮四石折换银一两的比例折银，即所谓的金花银。由于大明通行宝钞流通不畅，且币值不断跌落。弘治元年（1487

年）以后，京城税课司，顺天、山东、河南户口食盐由收钞改折用银。正德三年（1508年），太仓积钱给官俸，十分为率，钱一银九。嘉靖四年（1525年），令宣课分司收税，钞一贯折银三厘，钱七文折银一分。嘉靖以后（1522年），白银已经成为主要的流通货币，各种铜钱均同白银发生联系，政府明确规定白银一两折合洪武钱千文、嘉靖钱七百文。大数用银，小数用钱，白银与铜钱同时流通。

二、"一条鞭法"推进了明代白银货币化进程

明万历之前，江南的征一法、江西的鼠尾册、东南地区的十段锦法、浙江广东的均平银、福建的纲银法，都具有徭役折银向田亩转移的内容。礼部尚书、吏部尚书、太子少保兼武英殿大学士桂萼，嘉靖九年（1530年）十月，进呈《任民考》疏，提出取消照黄册派定年份轮役的老办法，改以一省之丁粮供一省之役。户部尚书梁材根据桂萼的建议，制定新的赋役征法即"一条鞭法"。内阁首辅张居正于万历九年（1581年）推广全国。

（一）"一条鞭法"的主要内容。《明史·食货志》记载一条鞭法的主要内容。就是合并赋役，将田赋和各种名目的徭役合并一起征收，同时将部分丁役负担摊入田亩。将过去按户、丁出办徭役，改为据丁数和田粮摊派；赋役负担除政府需要征收米麦以外的，一律折收银两；农民及各种负担力役户可以出钱代役，力役由官府雇人承应；赋役征收由地方官吏直接办理，废除了原来通过粮长、里长办理征解赋役的民收民解制，改为官收官解制。

（二）"一条鞭法"推进了白银货币化。把田赋、徭役以及其他杂征合并征收银两，按亩折算缴纳。简化了税制，方便征收税款，杜绝作弊，增加了财政收入。上承唐代两税法，下启清代摊丁入亩，是中国古代赋税制度与货币制度的重大改革。税款折收银两，将白银推到主要流通货币地位，白银流通数量不断增加，使用范围不断扩大，成为社会普遍使用的价值尺度，无论大宗商贸交易还是日常买卖，皆以白银作价。逐渐形成以银为主，铜钱为辅的银、钱并用货币制度，对于推动社会生产力的发展、商品经济的发展和促进中国资本主义萌芽的产生，发挥了积极作用，尤其是成为推进中国古代白银货币化进程的重要节点和完成标志。

（三）中国古代白银货币化的进程。中国古代白银货币化既是一个结果，更是一个过程。从唐代开始，经过北宋、南宋、西夏、金、元不断推进，白银作为货币不断进入商品经济，承担交换媒介、价值尺度、支付手段、价值储藏等货币职能。纵观明代白银货币化的过程，前后大约有120年时间。正是这一阶段，完成了中国古代白银货币化的全部进程，此后，白银作为主要的流通货币在明后期、清代、民初流通，直至1933年的废两改元。

三、明代白银货币的形制

白银形式以银锭为主，最大的银锭有到五百两重，有"明万历四十五年四月吉造镇库宝银锭重五百两"字样，现藏于日本造币局。一般的元宝是五十两一锭，五十两以下再分多种规格。大的银锭上有铸造地名、重量以及银匠的姓名。小的银锭有的并不铸重量，但有铸有年号。

（一）元宝是明代银锭的主要形制。元代及以前，白银的流通有银条、银锭，元代开始有元宝。进入明代以后，银锭的主要形制只是元宝，传统的银条、银饼与砝码式及其他形式的银锭，市场难寻踪影。与银条、银饼及传统的银锭相比，实际上元宝是一种形制复杂的银锭，从古代中国人携带钱财的方式来说较为符合。

元代及以前，银锭上的文字都是阴文，即镌刻文字是凹下的，多是铸造后镌刻的。明代初由于当时的白银还没有大范围使用，元宝也是沿用传统的镌刻阴文的方式。明中叶以后，随着白银货币化的进程加快，元宝上的文字形成的方式逐渐改变，由阴文变成了阳文，采用铸行等方法，文字高出平面而凸起。从元宝上的文字数量上看，明代的元宝与元代的元宝总体相当。内容包括铸行地官府名称、重量、时间、监造官员、铸行银匠等内容。民间流通的小银锭多无面文。

明代元宝的形制也发生了变化。一方面，宋元时期的旧制，平板束腰状继续存在。另一方面，逐步向高厚型转变，两端呈半圆形且增高了翘翅。民间的小银锭形制不统一，以长圆形为主，也有不规则的翘翅，正面有涡纹，常见凿成两半的元宝。

（二）明代的银钱。明代是中国古代金银钱铸造较多的王朝，官府金银钱由朝廷银作局铸行，民间金银钱由金银铺或富豪私家铸行。

1. 银作局铸行的银钱。明代的银作局曾铸造金银钱和金银豆叶，用于赏赐，也作为金银货币履行支付职能。金豆是圆珠形，重量或一钱，或三五分。叶是方片，轻重不等。永乐银钱的制作和铜钱一样，稍小，重库平一钱。正统年间（1436—1449年）英宗初开经筵，每讲毕必命中官布金钱于地令讲官拾之，以为恩典。银作局铸行的金银钱，历来都是有年号的通宝钱，如洪武通宝、永乐通宝、天启通宝背二等银钱和正德通宝。宫赏性质的金银钱，不是投放市场的流通货币。

2. 万历年间的矿银钱。明中期起，朝政日益腐败，豪奢之风盛起，至明中后期的世宗嘉靖时期（1522—1566年），明廷极度淫逸奢靡。不断将国库（名太仓库）存银大量挪入皇帝私库（名承运库或简称内库）。神宗皇帝于万历二十四年（1596年）起，遣内官为矿使，赴全国各省、州、县督开矿银，以矿税之名进奉内库，开始历时20余年之久的万历矿税之役。此间，金银矿坑冶主管部门铸行万历矿银钱，与矿银锭、矿银饼、矿砂等同时作为进奉物品。

根据已经出土及考古考察，明代的银钱中最有影响的就是万历矿银钱，主要有五个品种：一是面万历通宝素背范铸银钱。二是面万历年造背穿右直书纪重银钱。三是面万历通宝背穿上下分铸矿银二字银钱。四是面万历通宝背穿上下右左分铸矿银×钱四字，对读。五是面万历矿银背纪重银钱。

图10-19　明万历通宝·银质·背矿银
《中国钱币大辞典元明编》图四

3. 其他品种的金银钱。明代官员及普通平民皆有以金银吉庆钱为喜庆贺礼，用金银冥钱殉葬的风气与习俗。明后期的天启钱中，有一种面文天启通宝书写酷似清代新疆钱文笔法的官炉范铸狭缘银钱，与一般天启钱文字、径、缘版完全不同的天启银钱，有风格相同的铜钱并存，也俗称鬼天启钱。

4. 银牌。明代也曾经铸行过银牌，种类有两种：五钱和一两。主要用于对外贸易中的货款支付。如洪武元年（1368年）颁发四川丝行通用进出壹两银牌，为明初四川境内地方代用币。

（三）明代银锭。明中期以后白银货币化进程加快，银锭取得法定货币地位，铸量加大，市场流通频繁，形制品种增加。重量有五十两、三十两、二十两、十两、五两等。一般成锭的白银都在一两以上，并刻有铭文，内容包括银锭来源、铸造时间、重量、经办官员、银匠姓名等，小的银锭无以上内容，有年号。形状分三类：一是弧首。锭的下部为板状，两端圆弧外翘起的耳翅圆矮且厚薄均匀，翅在锭中并不连接，与宋、元两朝的银锭有一定继承关系。二是长度减少，高度增加，底部较厚，两端平而略呈现弧形，腰部较宽其弧线弧度很小，周边坡状高起，锭面多有丝纹，外观整体显得较为厚重。三是银锭长度减少，高度增加，底部较厚，两端圆形，腰部宽且中间多有小而明显的收束，两端翘高起，外观整体显得厚重，锭面多有明显的圈丝纹，底部为弧形。

1. 发现最早的明代银锭。目前已经发现明代最早的银锭是洪武元年（1368年）铸行，呈翘边长圆形微束腰状，下面刻"永丰县犯人李水根洪武元年金花银重伍两陆钱正，银匠刘明"。这是洪武元年（1368年）永丰县（今属江西省）犯人李水要的赎罪银两，形制是金花银，税粮折收的银两，要求足色上好以送入承运库供皇帝御用，当时的江西也是明代夏税秋粮实行征银的地区。

图10-20　明金花银
《泉林剪影》70页

图10-21　明万历四十六年
户部进到十两银锭《中国钱
币大辞典》元明编391页

2. 金花银二十五两银锭，明代银锭，弧首束腰扁平状，两首微翘。正面铭文"金花银 王公惠"。金花银是足色上好税粮折收的银两。王公惠则是铸造银锭的银匠姓名。银锭长11厘米、首宽8.2厘米、腰宽3.2厘米，重917克。

3. 银作局花银伍拾两银锭。明代银锭，弧首束腰扁平状，两首微翘。正面铭文"银作局花银伍拾两重"。银作局是明代宫廷铸造金银器饰的作坊。花银表示成色的称谓。

4. 万历四十六年户部进到十两银锭。明代银锭，弧首束腰，两首微翘。正面铭文"万历四十六年户部进到县铺户伍敢洪匠 黄元吉"。铺户，从事商业活动并有店铺者。匠，铸造银锭的工匠。

第五节　明代的高利贷与当铺、钱庄的兴起

明初时，社会信用主要依靠私人借贷和当铺，中期以后，钱庄开始兴起。

一、明代对高利贷的管理

明代对私人放债有相关的法律管理规定：私放钱债及典当财物，每月取利不得超过三分，年月虽多，不过一本一利。违者笞四十，以余利计赃，重者坐赃论，罪杖一百。监临官吏在所部内举放钱债、典当财物者，杖八十。违者取利，以余利计赃，重者依不枉法论。豪势之人不告官司，以私债强夺去人孳畜产业者，杖八十。估价过本利者，计多余的物坐赃论，依数追还。准折人妻妾子女者，杖一百，强夺者，加二等。听选官吏、监生人等借债，与债主及保人同赴任所取偿，至五十两以上者，借者革职，债主及保人各枷号一个月发落，债追入官。公侯、内外文武四品以上官不得放债。尽管有严格的法律管理规定，高利贷者通过少借多还、预扣利息获取额外利润，私自强夺负债人财产及妻子儿抵债，官吏违规放债等还是时有发生。

二、当铺成为明代主要的货币经营机构

前朝的质库，在明代被称为当铺，另外还有解库、解铺、典库、典铺、解典库、解当铺、解当库、典当铺、质库、质铺、印子铺等名称。当铺都是私人经营，有达官贵人、富人，较多的是徽商。当铺取息各地并不统一，一般是年息二分，月息不到二分。福建铺本少，取利三分、四分。徽州人本大，取利有的低至一分。当然，通过低估当物价值、缩短当期、称量银子多收少付、零头天数按月计利、当物以新作旧等不正当手段，提高实际利率的行为普遍存在。一些当铺不经营货币兑换业务，并以此操纵当的银价。

三、钱铺与银铺的兴起

明代产生新的经营货币的机构——钱铺，又称为钱店、钱肆，是钱庄的前身。钱铺经营的货币业务有金银、银钱、金钱之间的兑换，主要是银钱的兑换。

有史料记载，至迟在正德初年（1506年），苏州就有钱铺了。明代还有当街设立的经营货币兑换业务的钱摊，名为钱桌。另外，还有依靠势豪开设的兑店，专门以行使假银经营货币兑换，由于有后台保护，地方不敢举，官府不能禁，百姓切齿痛恨。明代的银铺又称银匠铺、倾银铺、金银铺，伴随着白银货币化的不断推进，银铺也相应地不断发展。主要业务：一是倾熔白银。市场流通及上缴官府的银锭，都是由银铺制作。银锭上要镌刻银铺经手银匠的姓名。二是货币兑换。主要是金银买卖，实际上金银的兑换。打造并买卖金银器饰。

四、汇兑的重兴与民间券的流通

以飞钱为代表的唐代汇兑，在北宋初中期还继续行使，随着纸币的产生，汇兑逐渐消失。明后期随着白银与铜钱的并用，汇兑又重新兴起，不过明代的汇兑不同于唐代是汇钱为主，而是汇银为主。陆世仪写于崇祯年间的《论钱币》说："富商之家，取票至京师取值，谓之'会票'，此即飞钱之遗意。"另外，还有民间使用的取款凭证"券"。崇祯年间的陈子龙说今民间子钱家多用券，商贾轻赍往来则用会，此即前人用钞之初意也。券指银票或钱票，会指会票，子钱家指钱铺。无论是银票、钱票、会票，尽管是以汇兑的形式出现的，由于能够流通，实际上有些纸币的性质。

第六节　明代纸币及铜钱流通的货币争论

明代的货币思想发展迟滞，贵金属白银从明中叶发展为主要货币，一直受到重钱轻银群体的抵制。

一、明前期纸币的议论

明前期，在白银尚未获得正式货币地位以前，货币方面的议论都是围绕如何补救纸币贬值。

（一）陈瑛实行户口食盐法回笼纸币的建议。明成祖永乐二年（1404年）左都御史陈瑛最先提出增加纸币回笼，实行户口食盐法，收回流通中过多的纸币。

（二）夏原吉增加市肆门摊税收回笼纸币的建议。仁宗即位时（1424年），因纸币流通不畅，询问户部尚书夏原吉的意见，夏原吉说：纸币发行多币值就下降，反之，则为提高。纸币流通不好是因为投放多回笼少，应该依法回笼纸币，采取增加市肆、门摊税收回笼，回笼纸币质量不好的销毁。政府应控制纸币发行，让民间感到获得纸币较难，这样，纸币的币值自然提高。

（三）范济杜绝按财政需求发行纸币的建议。宣宗即位时（1425年），年逾八十、曾任知府、后因罪谪戍的范济诣阙言事，主张重新树立大明宝钞，像洪武初年严格审定和控制国家财政收支。纸币价值低物品价值就高，纸币价值高物品就轻。建立严格条例管理纸币伪造。开倒钞库专收昏钞。没有阻碍，纸币就能正常流通，永远不会有弊端。

（四）刘定之钱币轻重的货币思想。明宣德年间（1426—1435年）大臣刘定之所著《策略》中有两篇专门论述货币。认为纸币发行过多，就会贬值不已，主张收缩通货。含铜量低的铜钱分量轻，购买力就低，物价水平就高，出现流通不畅；反之，含铜量高的铜钱分量重，购买力就高，物价水平就低，就会出现盗铸。

二、丘浚三币之法的货币思想

英宗到孝宗四朝为官，官至文渊阁大学士的丘浚，成化二十三年（1487年）著《大学衍义补》有专门论述货币问题《铜楮之币》两卷。认为世间的劳动产品，是人的劳动形成使用价值以后而有用的。形状有大小粗细，价值有高有低，价格多少，就是值到千钱，并不是大的就值钱，小的就不值钱，而是按照人力所付出的劳动时间来划分。在商品的劳动价值论基础上分析货币问题，提出银、钱、钞三币之法的货币制度。铜钱的弊端主要是伪造，纸币的弊端是发行过多。以白银为上币，纸币为中币，铜钱为下币，纸币与铜钱为正常流通货币，上币白银衡量纸币与铜钱价值。朝廷法令告知天下，随意变动的问罪。虽然物品的生产会有多有少，货币的价值会有高有低，白银与铜钱的比价要保持稳定。确定以上货币制度，铜钱多就用纸币收回，纸币多就以铜钱收回。流通中的货币数量应与商品的流通量相适应，才能保持价格的稳定。

三、明中叶围绕铜钱问题的议论与重钱轻银思想

进入十六世纪，大明宝钞已不流通，铜钱是主要货币，白银成为合法货币。

由于铜原料价格昂贵，铸钱无利，好钱不多，民间私铸严重，铜钱价格波动，很多人要求政府增铸铜钱，并发表不少议论。

（一）何良俊垄断铸币权的主张。嘉靖年间，文士何良俊认为当今国家理财最重要的事情就是管理货币发行流通和征收税收，政府的财源才能源源不断，其他财源都有限，唯有钱的使用无穷无尽，国家必须垄断铸币权，禁民间不得以铜为器皿，两京十三省等开局鼓铸轻重适中的五铢钱。由于朝廷官铸铜钱质量好，用费重，民间盗铸铜钱无法与之竞争，盗铸之风就会自然平息。

（二）萧端蒙铸大钱的主张。嘉靖年间，翰林院庶吉士，曾任山东道御史、贵州巡按、江西巡按的萧端蒙提出铸大钱。

（三）谭纶重钱轻银的货币观点。隆庆年间，抗倭名将、杰出的军事家、戏曲活动家谭纶在《论理财疏》中主张铸造大明通宝，改变年号钱制度。铜钱的铸造必须轻重适当而均衡，每十文钱兑白银一分，如果不足也可以再重此，每五文钱兑白银一分。铜钱的形制以大明通宝样式，这样的铜钱可以流通万代。

（四）靳学颜、杨成、郭子章重钱轻银的观点。嘉靖年间的经济名臣靳学颜在《讲求财用疏》中竭力反对用银废钱，主张铜钱为上下通行之币。隆庆、万历年间的杨成、郭子章倡议增加铸造合乎标准的新钱，观点有货币金属主义倾向，认为铜钱就是财富，铸钱愈多，国家愈富。

四、明代末期货币思想

明代末期，内忧外患，财政危机。不断贬值的大明宝钞已逐步退出流通，白银取得实际上的法币地位，民间小宗交易仍以铜钱为结算货币，一些官员相继提出铸大钱。

（一）铸大钱及行钞的主张。万历二十六年（1598年）给事中郝敬在《钱法议》中主张铸大明通宝大钱。崇祯九年（1636年）户部主政蒋臣主张行钞停银铜货币，核心内容是纸币十便十妙。

（二）主张白银作为流通货币。万历年间，明代数学家李之藻认为白银为币是合乎时势发展不可更易的事实。明末清初著名的科学家、名著《天工开物》的作者宋应星对白银作为货币流通给予肯定，认为当时主要的社会问题还不是白银的缺乏，而在于社会生产的萎缩。民穷财尽只不过是当时这一社会危机的表现。他肯定铜钱，反对铸造虚价大钱。

（三）废银行钞用钱的主张。经学家、史学家、思想家、地理学家、天文历算学家、教育家黄宗羲的《明夷待访录》对货币、银荒问题专门论述。认为废金银有七利。明清之际三大思想家之一的王夫之认为，自从白银作为货币流通以后，其他货币都不重要了，天下之害就不断产生。白银流通，官吏贪污，盗贼猖獗，白银毒害了整个天下。

著名思想家、史学家、语言学家顾炎武著名的乙酉四论之一《钱粮论》专门也论及货币问题，国家征税，不收粮食而收银。乡村农民不经商、不当官、不做贼，银子从何而来？但没有像黄宗羲那样简单要求废金银为货币，而只限于反对赋税征银。

第十一章　清代银铜复本位制货币制度及货币流通机构

清代（1644—1912年）是中国历史最后一个封建王朝，共传十帝，历268年。明万历四十四年（1616年），建州女真部首领努尔哈赤建立后金。明崇祯九年（1636年），皇太极改国号为大清。明崇祯十七年（1644年）李自成起义军攻占明代国都北京，驻守山海关的明将吴三桂降清。一片石之战李自成的大顺军溃败后，摄政王多尔衮率清军趁势入关，同年，顺治帝迁都北京，自此清代取代明代成为全国统治者。

第一节　清代的社会经济隐藏严重隐患

清代以少数民族崛起于关外后入主中原，经过几代人励精图治，完成国家统一大业，社会经济发展曾达到新的高峰。由于放弃清初文治武功和积极进取精神，因富而奢、因盛而骄，官贪吏恶，由盛转衰。

一、人口持续增长，社会阶层全面分化

清军入关后镇压南明政权抵抗使富裕的江南成为废墟，圈地、屠城使不少人失去土地。为防郑成功联合沿海人民抗清，将东南沿海居民内迁，大片土地抛荒。至道光三十年（1850年）统计人口又达4.3亿，人口增长与资源分配矛盾显现。各种民间宗教等组织不断产生与发展。尤其是白莲教在嘉庆元年（1796年）至嘉庆九年（1804年）先后在湖北、四川、陕西三省组织农民起义。天地会以反清复明、顺天行道、劫富济贫为口号，多次举行武装斗争。太平天国农民起义占据江南半壁江山，严重冲击清政府统治。

二、闭关锁国，拒绝与英国全面贸易

康熙时有《明史》狱、沈天甫朱方旦狱、《南山集》狱。雍正时有吕留良狱，乾隆时更是大兴文字狱，全面查禁、销毁或篡改民间悖逆、违碍书籍。康、雍、乾时期都有天朝上国、四方皆蛮夷、"我天朝无所不有，焉用外求"的自大思想，无视西方列强的存在，不知世界变化。乾隆五十七年（1792年），英王任命马戛尔尼任特使，组成600多人的使团，带着国书与礼品访问中国。清代官员要求马戛尔尼觐见乾隆三跪九叩遭到拒绝，乾隆帝驳回英方的贸易要求。嘉庆二十一年（1816年），英王再次派阿美士德勋爵访问中国商讨贸易，因礼数上的分歧，陛见被嘉庆帝取消，并下令驱逐。因中英贸易英国入超，需支付大批白银，英国的东印度公司确立向中国大量输出鸦片的政策。

三、中英鸦片战争使中国的封建社会逐步解体

1840年，英国政府借口保护通商口岸，派兵侵略中国，第一次鸦片战争清政府失败。道光二十一年（1842年）8月，签订第一个丧权辱国的条约《南京条约》。西方列强趁火打劫，相继强迫清政府签订不平等条约，享有《南京条约》特权。道光二十九年（1849年），葡萄牙驱逐中国在澳门的官吏，停付租金，强占澳门。列强全面展开对中国的军事、政治、经济和文化的侵略、控制和掠夺，封建社会逐步解体。英美国家的工业品涌入中国，冲击中国的传统手工业。五口通商后，东南沿海地区及内地的湖南、江西、安徽等省的农民，放弃粮食生产而改种茶树或栽桑养蚕。自然经济受到冲击，商品经济开始发展。鸦片战争结束后，战争赔款和官员贪污腐败使国库空虚，只得向农民增加苛捐杂税和滥发货币。

四、以手工业和商业为主的商品经济有所发展

官府手工业只保留军需工业、宫殿陵园等建筑业、织造及铸钱工场等行业，民间手工业扩大。康熙、雍正时，瓷器生产技术超越明代。宝源局的铜钱鼓铸水平超过历代。商业城镇和以琉璃厂为代表的新兴市场兴起，各地庙市形成商品买卖中心。农业出现雇工和以生产商品农作物为主的地主和富农。采矿业、制瓷业聘用雇工。丝织业、制盐业出现雇用人员的生产方式。以英国为首的西方列强利用不平等条约，与中国开展进出口贸易，获取巨大利润。外商在华展开企业投

资，涉及航运、船舶修造、出口原料加工、消费性轻工业及城市公用事业等行业，垄断性外资企业逐渐产生。

五、国人开始睁眼看世界

林则徐搜集整理西洋国情、历法、武器、货币流通、鸦片的产地以及对中国禁烟的看法等情报。主持翻译编译西方书刊《四洲志》、《各国律例》、《澳门新闻纸》、《澳门月报》等。魏源创作《圣武记》，提出以夷攻夷和以彼长技御彼长技的反侵略思想。编写《海国图志》六十卷，成为当时中国最完备的世界史地知识的著作。同治初年至清末（1861—1911年），求强、求富的洋务运动开始，洋务派引进西方军事装备、机器生产和科学技术。

第二节　银铜复本位制货币制度及银贵钱贱

清代货币制度，用银为本，用钱为末，政府财政收支及市场贸易中的大额用银，小额用钱，是不完全的银两与制钱并用的货币制度，两者都有无限法偿资格，为银铜复本位制。由于白银没有固定的铸币形式，日常使用小块的银锭或散碎银块，需要鉴定成色和称重，购买日用什物及零星开支，需要先兑换成铜钱。

一、银两制度

两是重量单位，每十六两为一斤，由于银贵于铜，通常以两计算，两就成为银货币的基本单位，银货币称为银两，是称量货币，两表示一定的重量，而重量的量与衡制有关。衡制复杂，银两制度也就复杂。银货币要铸成一定形状，有一个含量（成色）问题，这使银两制度复杂化，规定银两为主币。从1644年（顺治元年）到1911年（宣统三年），尽管制钱流通广泛，银两仍是国家收支的货币单位。银两制度包括：以纹银（932‰）为标准成色；银一两为制钱1 000文（一贯），一钱为100文，一分为十文，一厘为一文。征税一两以上必须交纳银两。会计以银核算，两为单位。银元流通后，度支部确认七钱二分重的银元为国币单位。银两又分为实银与虚银。银两制度是中国封建社会商品经济发展的产物，有很多缺陷，形状和重量不合用，名称和种类复杂，成色高低不齐，平法大小不一，铸造分散，流通不便。

（一）实银与虚银。清代银铸币总称为元宝银，大小不等。大的称元宝，马蹄形，约重五十两；中锭约重十两，多作锤状，又叫锞子，马蹄形的叫小元宝；小锭如馒头，叫小锞子，自一两至五两不等；一两以下的有碎银、滴珠等名称。通称为元宝或宝银。宝银的铸造不限于户部和各省藩库等官方机构，大的银号自设炉房铸造流通。由于各地铸造的规格、成色、大小、形状、铸造者、用途、流通区域的不同，全国宝银的名称和品种难以计数。

1. 实银是交易时接受的现银。种类繁多，形式不定。成色是指含银多少，以纯银成色1 000为标准，流通的宝银达不到这个标准，按纯银成色折算含银。全国统一公认的标准有：纯银（1 000‰）、足银（999‰以上）、纹银（932‰）和标准银（900‰以上）。称量宝银用天平，天平是衡制的体现，因此称衡制为平，宝银的重量标准也是平。全国主要的

图11-1　清浙江建德县乾隆五十四年又五月匠士大元宝《中国银锭图录》433页

平有：库平、关平、漕平、广平、公砝平、市平等。由于宝银铸造无统一的重量与成色，市场上流通的宝银大体相当实际千差万别。商品交易使用银两结算有统一的记账单位，以利于往来结算，产生一种没有实物、假定的银通货——虚银。

2. 虚银是实银的价值符号。虚银是计算单位，账务处理上有重要意义，每一两都有各自的名称、假设的成色、重量和计算方法，收付宝银要折算成虚银两再记账，实际操作麻烦，各地的虚银两不完全统一。一锭实银要存入金融机构，先要根据所在地的实银标准推算升水或贴水，然后按照当地使用的虚银标准计算其应记的数额才能入账。全国有影响的虚银：一是上海的九八规元。简称规元或规银，通行于上海地区，咸丰年间成为中外公认的虚银两。由三元素组成：重量以565.65英厘的漕平一两为标准。成色以库平银944‰为标准。习惯以九八除之（九八扣）……。二是天津的行化银。通行于天津地区，又称为行平，是行平化宝银的简称，天津通行的白宝成色1 000‰，行化银成色992‰，每锭（50两）白宝换行化银申水4钱。三是汉口的洋例银。通行于汉口地区，由于外商来汉口通商所订，

图 11-2　清广东南海道光一年砝码银锭《中国银锭目录》340 页

故名洋例，汉口估宝成色980.272‰，即二四宝银，九八扣即成洋例。四是炉银。又称过账银，通行于营口地区，以营口通行的营宝成色992‰）为准。

（二）官银与私银。清代银两的铸造自由放任，官、商、民皆可，各地不一。官银是由官银匠倾熔加戳，官银匠由布政使设立，用于省库收存州县解来钱粮，也有地方州县官设立，用于州县征收钱粮。地方官只设一个独家银店，垄断银两铸造，从中渔利。私银铸造多归炉房主持，炉房以冶银铸宝为专业，南称银炉，北曰炉房。银炉开业须经户部许可，发给部照。

（三）银贵钱贱的形成与危害。清代银两与制钱并行流通，国家度支和大宗交易用银，平民百姓与一般商品交换用钱。农民以谷帛换钱，以钱购物，以钱换银交赋税。银钱比价对国计民生影响较大，清初定为纹银一两兑制钱1 000，成为整个清代银钱比价的标准。顺治元年至嘉庆十二年（1807年）160年间，银钱比价经历过钱价昂贵阶段（银贱钱贵），乾隆中期以前在800文左右，乾隆中期后1 000文左右，至嘉庆十二年（1807年）、嘉庆十三年（1808年），银钱比价1 040，嘉庆末年（1820年）1 226，中英第一次鸦片战争前的道光十九年（1839年）1 679，道光末年（1850年）2 230。白银成色鉴定，为官府腐败和商人投机提供方便，伤及农业、手工业、商业阶层，使得嘉道年间各业衰败凋敝，人民财尽苦极，税金不能入库，国家濒于破产。道光末年各地抗捐抗租斗争和会党起义彼伏此起，引发严重社会问题，成为咸丰铸大钱及太平天国运动爆发的主要原因。

（四）　　清代白银兑换制钱、米价统计表 [1]

年代	地区	白银一两换制钱	年代	每市石（制钱）
顺治元年（1644年）		700	1651—1660年	843
康熙九年（1670年）	北京	1 250	1691—1700年	626

[1] 彭信威：《中国货币史》，第608、614、615、623页，上海人民出版社，2007年。
余耀华：《中国价格史》，第598页，经济科学出版社，2013年。

（续表）

年代	地区	白银一两换制钱	年代	每市石（制钱）
雍正四年（1726年）		845	1741—1750年	915
乾隆四十年（1775年）	京师	955	1781—1790年	1 465
嘉庆四年（1799年）	江苏	1 450	1791—1800年	2 750
道光九年（1829年）	直隶	1 300	1821—1830年	2 524
咸丰二年（1852年）	京师	1 500	1851—1860年	2 914
同治九年（1870年）	各省	1 856	1871—1880年	2 991
光绪元年（1875年）	各省	1 760	1891—1900年	3 449
光绪三十三年（1907年）	各省	1 485—1 683	1901—1910年	5 250

二、清入关前铸造的铜钱

清代铸钱的形制仍为圆形方孔，钱文正面铸有某朝通宝字样，背面一般铸钱局简称，文字为汉字或满汉文并用，成分铜六铅四，受原料短缺或价格波动等影响而有变动。前200年使用传统的模型铸造。后来，随着外国银元以及西方国家机器铸造方式的引进，改用机器铸造。

图11-3　后金天命汗钱《中国古代物质文化史·（货币下）》436页

努尔哈赤在明神宗万历四十四年（1616年）攻占大部分女真部落，在赫图阿拉称覆育列国英明汗，国号大金（史称后金），成为后金大汗，年号天命，开始铸钱。

（一）努尔哈赤时期的铸钱。清太祖爱新觉罗·努尔哈赤，满族。清王朝的奠基者（1616—1626年），通满语和汉语，喜读《三国演义》。25岁起兵统一女真各部，平定中国关东部，明神宗万历四十四年建立后金，割据辽东，建元天命。萨尔浒之役后迁都沈阳。之后席卷辽东，攻下明代在辽70余城。天命十一年（1626年）兵败宁远城之役，同年四月，又亲率大军征蒙古喀尔喀，七月中旬去世。

1. 天命汗钱。万历四十四年（1616年），努尔哈赤在赫图阿拉建国，开铸满

图11-4 后金天命通宝《中国古代
物质文化史·（货币下）》437页

图11-5 后金天聪汗钱满文大钱
《中国钱币博物馆藏品选》93页

文天命汗钱。红铜质与黄铜质，钱文为初期无圈点老满文，左右上下读。光背无文。小平大型满文钱。钱体较大，色泽润亮，铸量较多。

2. 天命通宝。红铜质与黄铜质。汉文楷书，相传由满文的创始人之一额尔德尼书写，译为天命大汗之钱。对读，小平钱。满文左右上下读，小平大型钱。

（二）皇太极时期。清太宗皇帝爱新觉罗·皇太极，又译黄台吉、洪太主、红歹是，满族。清太祖爱新觉罗·努尔哈赤第八子，努尔哈赤去世后被拥为大汗，宣布次年为天聪元年。1636年，皇太极被漠南蒙古部落奉为博格达·彻辰汗，又称天聪汗，同年改女真族名为满洲，在沈阳称帝，建国号大清，改元为崇德元年。经过几年努力，农业有较大发展，粮食基本自给，社会矛盾缓和。增强兵力，不断对明代作战。屡败朝鲜，四面结盟。统一漠南蒙古各部。有天聪、崇德两个年号，铸天聪汗之钱，黄铜质，钱文排列顺序为左、上、下、右，满语读作苏勒、哈恩（汗）、尼、几哈，旧汉文译为聪汗之钱，现通译为天聪汗钱或天聪通宝。背面铸老满文穿左为十，穿右一两，仿效明天启通宝当十大钱形制铸造。制作精美，边廓坚挺，品相优美。

三、清入关后铸造的铜钱

明崇祯十七年、清顺治元年（1644年），李自成的大顺军攻占北京，明代灭亡；驻守山海关的明将吴三桂降清，摄政王多尔衮领兵入关，打败大顺农民军；同年清顺治帝迁都北京，以盛京为陪都。入关后20年时间里，先后灭大顺、大西和南明等政权，基本统一全国。

（一）顺治时期的铸钱。爱新觉罗·福临，满族。清太宗爱新觉罗·皇太极的第九子，清世祖，清代第三位皇帝，入关后的第一位皇帝（1643—1661年），年号顺治。顺治七年，叔父摄政王多尔衮去世，14岁的顺治帝亲政。颁谕追论多尔衮罪状昭示中外，罢追封、撤庙享、停其恩赦。乾纲独断，澄清吏治，重用汉官，维护满人利益。推行屯田垦荒，实行招抚政策，重视与蒙古、西藏等边疆民族的联系。大量的汉文典籍对他影响极深，善于思索，学以致用。受佛教影响出家不成，24岁英年早逝。

顺治元年（1844年），北京工部设宝源局，户部设宝泉局，铸顺治通宝钱，后逐步在各省开设钱局铸钱。成分红铜七成，白铜三成。楷书，对读。一千铜钱为一串。元年定钱重每文一钱，二年改为一

图 11-6　清顺治通宝（背宁）
《中国古代物质文化史·〈货币下〉》438 页

钱二分，八年改为一钱二分五，十四年改为一钱四分，各省铸局停止铸钱。铜钱与白银的比价，元年定为七文钱兑银一分，二年以后，改为每十文钱兑银一分。币型未统一，按背文可分五种，也就是顺治五式。

1. 顺治一式。又名顺治仿古式（仿明钱式），铸于顺治元年（1644年），货币铸造发行大量采用明代遗留的机构、工匠和钱币制作工艺。很大程度保留明代铸币风格，面文皆为光背无文。适应关内社会的需要，便于新旧钱兑换，属于过渡时期的铸钱。

2. 顺治二式。又名顺治单字记局式，始铸于顺治二年（1645年）停于顺治九年（1653年），类似于唐代的会昌开元。钱背由一个单一汉字（有穿上、穿右及穿左三类）记载铸钱局。全国先后有二十三个钱局开铸单字记局钱。

3. 顺治三式。又名顺治一厘式，顺治十年（1653年）七月各省、镇钱局停铸单字记局钱，开铸顺治背一厘钱，每文重一钱二分五厘，较背单字钱制作精好，背文由穿右一本省记局汉字与穿左一厘组成。一厘二字取折银一厘之意（一千厘准银一两），可与官银兑换，故称为计银一厘式。共有十九个钱局开铸。

4. 顺治四式。又名顺治满文式，顺治十四年（1657年），朝廷责令各省、镇钱局停铸各类顺治旧钱，由户部宝泉局和工部宝源局开铸新钱，顺治通宝背满文宝泉、宝源钱，每文增至一钱四分，铜制金黄、径大精美，俗称大制钱。完全脱离明代铸钱形制确立清代铸钱形制，中国古代铸币史发展中的重大改革。

5. 顺治五式。又名顺治满汉文式，顺治十七年（1660年）户部提准14个地方局按照顺治四式的规格开铸新钱，背文由本省满文局称和汉文局称组成、故名满汉文式。分别有满汉文，除宝泉、宝源两局所铸制钱仍为满文钱局外，其他各省钱局所铸钱背文都为满汉文钱，共有12局。钱式制作好，铸量多。

图11-7　清康熙通宝《书法与古钱币》72页

（二）康熙时期的铸钱。清圣祖仁皇帝爱新觉罗·玄烨，满族。顺治帝福临的第三子，清代第四位皇帝（1662—1722年），入关后的第二位皇帝。蒙语恩赫阿木古朗汗或阿木古朗汗（平和宁静），汉语康熙。8岁登基，14岁亲政，在位61年，中国历史上在位最长的皇帝。少年挫败权臣鳌拜，成年后平三藩、收台湾（郑氏台湾）、亲征噶尔丹、保卫雅克萨（驱逐沙俄侵略军），以《尼布楚条约》确保清王朝在黑龙江流域的领土控制，联络蒙古各部，创立多伦会盟取代战争。以"家给人足，而后世济"的治世理念，轻徭薄赋，与民生息。废止圈田令；延长垦荒免税；实行更名地政策，蠲免钱粮，地丁合一；修治黄河、淮河和永定河；废除匠籍制度。有一个年号康熙。由于社会政治稳定，经济发展快，商品经济和货币经济发达，货币需求大，在全国开设铸钱局24处，铸行两种康熙通宝铜钱。多呈青白色即铜锡合金，通称大白钱，也有红铜及黄铜的省局铸钱。楷书，对读。按背面文字分两类：一类是仿顺治四式的满文钱。钱背满文宝泉、宝源左读，户、工两部所造。一类是仿顺治五式满汉文钱，铸局的数目有添减。小平钱。铸造精美、规整、厚重，钱文美观大方。

（三）雍正时期的铸钱。爱新觉罗·胤禛，满族。康熙帝第四子，清代第五位皇帝（1723—1735年），入关后的第三位皇帝。康熙六十一年（1722年），康熙病逝后继承皇位。重整机构，改革吏治。加强西南少数民族统治，改土归流。清理钱粮亏空，整顿财政，火耗归公，摊丁

图11-8　清雍正通宝雕母（上海博物馆）

入亩，官绅一体当差纳粮。实行铜禁。与俄国签订《布连斯奇条约》、《恰克图条约》，划定清俄中段边界。出兵青海，平定罗卜藏丹津叛乱。勤于政事。重农轻商、急于求成、手段过严。有雍正一个年号，铸雍正通宝铜钱。材质为铜五铅五，面文汉字雍正通宝，宋体有楷书成分，对读。通字大多数为双点通。铸钱工匠所书，艺术感不够，略显呆滞。背文满文，左为宝，右为钱局。端庄、规范。秀丽，仿顺治通宝第四式。每省一局，中央统一主导，钱文统一，奠定了清代此后180余年的钱文风格。有15个铸钱局开铸。小平钱。铸量少、版式简。

（四）乾隆时期的铸钱。清高宗爱新觉罗·弘历，满族。雍正帝第四子，清代第六位皇帝（1736—1795年），入关后的第四位皇帝。25岁登基，在位60年，禅位后又任3年零4个月太上皇，中国历史上实际执掌国家最高权力时间最长的皇帝。在康熙、雍正两朝文治武功基础上，完成国家的统一，社会经济文化有所发展。重视社会稳定，关心受灾百姓，五次普免天下钱粮，三免八省漕粮，减轻农民负担。重视水利建设，保护农业生产。国库日渐充实。完善对西藏和新疆的统治。后期奢靡，吏治败坏，多地爆发起义。文字狱更加严酷。闭关锁国达到高峰，统治出现危机，为后来的衰退埋下祸种。有一个乾隆年号，铸乾隆通宝铜钱。京局与多数地方钱局用宋体钱文，宝浙局用楷书钱文，宝陕、宝川局用隶书钱文。对读。新疆红钱部分局背满文，其他背维文和满文。背文满文，左为宝，右为钱局。引进国外洋铜浇制法，有22个局开铸，新疆红钱有6个铸局。小平钱。

图 11-9　清乾隆通宝宝泉局样钱
《中国钱币博物馆藏品选》94 页

（五）嘉庆时期的铸钱。清仁宗爱新觉罗·颙琰，原名永琰，满族。清高宗爱新觉罗·弘历第十五子，清代第七位皇帝（1796—1820年），入关后的第五位皇帝。碌碌无为，国内农民起义不断。乾隆经常御殿受百官朝贺，嘉庆陪侍。清代由盛转

图 11-10　清嘉庆通宝（宝泉）
《中国古代物质文化史·（货币下）》447 页

衰的时代，社会的固有矛盾积累多年。最亮点的是办理乾隆帝大丧其间，采取断然措施，惩治权相和珅。有嘉庆一个年号，铸嘉庆通宝铜钱。钱文楷书，对读。背满文左宝右局（铸地）。小平钱。19个局开铸。

（六）道光通宝。清宣宗爱新觉罗·旻宁，原名绵宁，即位后改为旻宁，满族。嘉庆帝第二子。清代第八位皇帝，入关后的第六位皇帝。面对日益衰落，整顿吏治、整理盐政、漕粮海运、修改盐法、允许开矿、平定张格尔叛乱、派林则徐赴广州禁烟。力行节俭，勤于政务。社会弊端积重难返而进一步衰落，和西方的差距越来越大。道光二十年（1840年）中英第一次鸦片战争爆发后，立场动摇，决策失误。战败后被迫签订丧权辱国的《南京条约》，此后十年苟安姑息、得过且过，无学习西方、振兴王朝的措施。有道光一个年号，铸道光通宝铜钱。钱文楷书，对读。钱背纪有20个铸钱局名的满文，形制与嘉庆钱同，少数钱背有星月纹以及纪地、纪年、纪值的汉字。除宝泉、宝源局所铸形态稍整外，各省的铸钱质地很劣，轻重悬殊。背满文记局名。

道光六年（1826年），新疆的张格尔反抗清军，并攻占喀什的噶尔、英吉沙尔、叶尔羌、和阗等地，清军集中阿克苏镇压叛乱，平叛持续到道光十一年（1831年）。需要大批军饷，便大量铸钱，库车钱局大概是此时设立，后来肉薄的红钱也是此时铸造。当局于道光八年（1828年）开铸当十和当五钱，正面道光通宝，背面除满回文的阿克苏地名外，穿孔上面有八年汉字，穿孔下有十字，当五钱背五。

图 11-11　清道光通宝（阿克苏局八年十）
《新疆钱币》57 页

图 11-12　清咸丰通宝宝泉局铁母钱
《中国钱币博物馆藏品选》97 页

（七）咸丰时期的铸钱。爱新觉罗·奕詝，满族。清宣宗道光帝第四子，清代第九位皇帝（1851—1861年），入关后的第七位皇帝。勤于政事，大手笔改革朝政，拟图挽救统治危机。重用汉官曾国藩的汉族地主武装镇压太平天国和捻军起义，提拔支持肃顺等革除弊政。开启洋务运动。

内忧外患不断，签订一系列不平等条约。咸丰三年（1853年）六月，熔化内务府金钟，开捐例，卖官鬻爵，铸大钱，发行官票和钱票，推行厘金制度，筹措军费镇压农民起义。病死之后，其子载淳年幼，生母慈禧太后取得最高统治权力。后人称无远见、无胆识、无才能、无作为的四无皇帝。有咸丰一个年号，铸咸丰通宝、咸丰重宝、咸丰元宝、祺祥通宝、祺祥重宝铜钱。钱文楷书，对读。精美娟秀，明中叶以后铜铸钱中少见，有除旧布新之相。

1. 咸丰通宝。背左满文宝，右满文纪局，计有二十九局。钱重一钱二分，至第二年变为一钱，具体铸行大多轻于规定重量。楷书，对读。小平钱。

2. 咸丰重宝。各局自成体系，差异明显。咸丰三年（1853年）二月，太平军占领江宁（今南京），起义军势力遍及长江流域各省，战局急剧发展，银贵钱贱突出，货币信用发生严重危机，受到太平军连捷及鸦片战争的影响，军费开支大增，税收大减，财政拮据，国库亏空。为筹款缓解财政危机，开铸当四至当五十大钱。其中当十钱铸期最长、数量最大、版式最多、流通最广。咸丰三年起，多个钱局先后铸造，投入市场与小平钱同时流通。

图 11-13　清咸丰重宝宝泉局当十钱
《中国钱币博物馆藏品选》第 97 页

3. 咸丰元宝。咸丰三年（1853年）十一月谕令各省推行铸造大钱，添铸当百、当五百、当千钱三种。当千者重二两，当五百者重一两六钱，铜色紫。当百者重一两四钱，铜色黄，皆磨滤精工，光泽如镜。减当五十为一两二钱，当十为四钱四分，又减为三钱五分，再改为二钱

图 11-14　清咸丰元宝当五百大钱
《中国钱币博物馆藏品选》99 页

六分。咸丰四年（1854年）正月，宝源局铸当五钱一种，重二钱二分。接着又铸当二百、三百、四百大钱。一年左右的时间，开铸的大钱有当四、五、八、十、二十、三十、四十、五十、一百、二百、三百、四百、五百以及当千等计约十六个等级的咸丰各类大钱。

图 11-15　清祺祥通宝宝泉局当十钱
《中国钱币博物馆藏品选》101 页

4. 祺祥通宝、祺祥重宝。咸丰十一年（1861年）七月，咸丰病死热河避暑山庄，临终前传位 6 岁的儿子载淳，托孤给肃顺等八位最亲信的顾命大臣，确定祺祥年号。户、工两部鼓铸祺祥通宝铜钱。钱文楷书或楷书兼隶，端庄严整，文字挺拔。内廓穿口，色泽金黄，铸工精湛，具清钱特征。背面左边为满文宝，右边为满文源或泉。宝有宝货的含义，亦指宝源或宝泉铸钱局，源指工部宝源铸钱局，泉是户部宝泉铸钱局。币背上下穿为汉文计值当十字样。另有宝云、宝苏、宝巩、东川等局的通宝平钱和宝泉、宝源、宝巩三局的当十重宝。小平钱、折十钱。由于祺祥年号仅存 69 天，同年的十月五日被勒令废除，回炉铸同治钱，中国古代寿命最短的铸钱，保存流传极少，被誉为清钱第一大珍。

5. 咸丰钱是中国历史上最复杂的钱制。咸丰钱制的复杂性已经超过了中国古代最复杂的王莽宝货制。随着币值下跌，钱的重量常有变动，大小错出，轻重倒置。如当五十钱重于当百钱和当五百钱。铸钱上有铸局名，而各铸局所铸文字又各不相同，个别的如福建局铸钱，不但纪值，还纪重。文字类型多，除了汉文，大部分品种还有满文，新疆的钱是汉、满、回三种文字。材质多，铸钱有铜、铁、铅，铜质中还有紫铜、黄铜、红铜。彭信威先生对咸丰钱的纪值作了专门的分类，共有十六级，自一文到当千。

（八）同治时期的铸钱。清穆宗爱新觉罗·载淳，满族。咸丰帝长子，其母为叶赫那拉氏（慈禧）。清代第十位皇帝（1862—1874年），清军入关以后的第八位皇帝。即位时 6 岁，载垣、端华、肃顺等八位顾命大臣辅政。

图 11-16　清同治重宝宝泉局当十钱
《中国钱币博物馆藏品选》102 页

生母慈禧太后不满八位大臣专权，联合东宫慈安皇太后和恭亲王奕䜣发动辛酉政变，在护送咸丰帝梓宫回京之际，慈安、慈禧和小皇帝先行到达，采纳恭亲王建议，将载垣、端华、肃顺处死，其他五人革职，两宫太后垂帘听政。废祺祥年号，改为同治，以第二年为同治元年（1862年），铸同治通宝、同治重宝钱。同治通宝，楷书或隶书，对读。小平钱。各局铸钱大小、轻重参差不齐，铸工不精。由于同治年间主要流通面值一文的小平钱，结束了咸丰时期大钱充斥、大小钱并行的混乱币制。同治重宝，钱文楷书或隶书。小平钱，当四、当五、当十钱。多种版式。重量差别大，开始铸的较重，逐渐减轻，以致重宝和通宝无分别，后来重宝不及通宝重，以致被废。

（九）光绪时期的铸钱。清德宗爱新觉罗·载湉，满族。醇亲王奕譞之子，生母叶赫那拉·婉贞为慈禧皇太后亲妹。清代第十一位皇帝（1875—1908年），入关后的第九位皇帝，史称光绪帝。同治十三年十二月（1875年1月）

图11-17　清光绪通宝
《书法与古钱币》74页

被两宫皇太后立为帝，两宫太后垂帘听政。光绪七年（1881年）慈安太后崩逝，慈禧太后垂帘。光绪十五年（1889年），载湉亲政，实际大权仍在慈禧手中。面对中日甲午战争，极力主战，反对妥协，战败告终，旨命李鸿章同日本据理力争，以图降低损失，被迫签订丧权辱国的《马关条约》。极力支持维新派变法图强，光绪二十四年（1898年）实行"戊戌变法"，受到以慈禧太后为首的保守派反对。原打算依靠袁世凯牵制慈禧，反被袁世凯出卖，对外宣称罹病不能理事，幽禁在中南海瀛台。有光绪一个年号，铸光绪通宝、光绪元宝铜钱。光绪通宝，钱文楷、隶、宋三种，对读，小平钱。多种版式。背文有满、回文多种文字。多种版式。光绪钱是中国首次引进西洋机制造币方法铸造的第一批中国样式（外圆孔方）的行用钱，与后来的仿西式机制铜元、银元具有截然不同的历史与文化内涵，体现中体西用的指导思想。光绪重宝，钱文楷、隶、宋三种。背文有满、回文多种文字。当五、当十钱。形制工整，面文清秀。多种版式。

（十）宣统时期的铸钱。爱新觉罗·溥仪，字耀之，号浩然，满族。醇贤亲王奕譞之孙，载沣长子，清代第十二位皇帝（1909—1912年），入关后的第十位皇

图 11-18　清宣统通宝（宝泉）
《中国古代物质文化史·货币上》457 页

帝，清代及中国最后一个皇帝，称清废帝或宣统帝。1911年辛亥革命爆发，1912年2月12日被迫退位，结束清代统治。有一个宣统年号，铸宣统通宝铜钱，钱文楷书，对读。小平钱。背文为满文局名。我国封建社会最后一个王朝的最后一位帝王铸行的最后一种方孔圆钱，结束秦半两开始两千多年方孔圆钱的铸钱形制。

第三节　国家信用管理与当铺、钱庄、银号、票号的发展

一、清政府生息银两的运用与演变

清政府以取利为目的的贷放名为生息银两，主要集中在康熙至道光年间。康熙时，生息银两、息银使用及取息，随意性较为明显，并无相关管理制度，三旗子弟、员外郎、苏州织造郎中、两淮盐商、宝泉局炉头、笔帖式等都曾向朝廷内库借过生息银两用于放贷或经营，息银也都各不相同。

雍正和乾隆前期，生息银两已经制度化，主要用于对兵丁的赏赐，也在逐步向非赏赐过渡。雍正元年（1723年）拨内库银90万两生息，全部给八旗及内务府三旗官兵，用于婚丧。雍正七年（1729年），将生息银三万两发放给外省驻防的满汉官兵用于发商生息、开设商店和当铺、买田招租等。雍正还对生息银借给兵丁收取利息明令禁止。

乾隆时，曾对生息银两管理做出规定：息银除用于作赏剩余银两存贮于各省司库（藩库），不得再作本生息；生息银两利息以一分为准，不得过一分五厘；有充裕的息银，原来未赏兵丁的要一体分给。后来，息银奖赏超出了兵丁的范围。乾隆后期至道光二十年，生息银两完全成为交商生息的银两，不再由官员经营取利，息银用作补充政府开支，不再用于赏赐兵丁婚丧。嘉庆年间，生息银两使用更为广泛。道光年间，生息银两出借更多。由于白银外流，经济萧条，交商生息银两积欠严重，生息银两制度难以继续执行。

二、高利贷的立法管理

顺治五年（1648年）世祖谕户部：今后一切债负，每银一两止许月息三分，不得多索及息上增，并不许放债与赴任官员及外官放债与民。如违，与者取者俱治重罪。《大清律》卷一四《钱债》记载了清代管理高利贷的内容，有较多条款同于明代。也有对印子银、转子、长短钱、短票等重利剥削的管理限制内容。为防止新任官员借京债承担重息，加深吏治腐败。乾隆十四年（1749年）实行得缺官员向户部借银的办法，按道路远近和官职高低确定借银数，到任后一年内分四季扣还，云贵、奉天一年半内扣还。

魏际瑞在《因灾禁逼债》曾对清初的民间高利贷有以下记述：有为富不仁之人，肉视穷民，重利盘剥。或折数折色，少放多收；或抵物抵衣，虚银实契；或垂涎其妻女，或觊觎其田庐；又或贪其畜产，图其工器，预先放债，临时倍征。甚者串指旗丁，倚借豪势，偿不还契，索取无餍。乘其危急难还之时，合并盘算屡年之负，逼准妻子，勒献家私。穷民衔冤面莫伸，天心赫怒而降祸。

三、传统货币经营机构的发展

（一）当铺仍然占有重要的地位。清代的当铺还有叫解铺、典铺、质典、典当、典押的。康熙三年（1664年）重新规定每个当铺一年五两的当铺税，每年可收十一万多两，以此推算全国有当铺两万多家。当铺的资本在清代有较大增加，咸丰年间的小当两万余两，中当三万至四万余两，大当四万至五万余两。当铺接当不付现钱而付可以随时兑现的钱票。信用好的当铺发行的钱票可以在市面流通。雍正年间产生官营当铺，属于内务府和地方军政机关。乾隆年间内务府就有14家当铺。贵族、官僚开设当铺的也很多。私营当铺设立也多于明代。当铺对贫民剥削手段多种多样，取利之厚是普遍的做法，许多当铺用两种戥子，兑进银两则重，兑出则轻。接受交当生息银两，是当铺的存款业务。用银换钱，用钱换银则是当铺的货币兑换业务。

（二）钱庄和银号是清代主要的传统货币经营机构。清代的钱铺又称钱店、钱肆、钱局，后期统一称为钱庄。钱庄的主要业务就是金、银、铜钱的兑换，所以鉴定成色也是钱庄的业务，在白银作为主要货币流通的背景下，银色的鉴定关乎

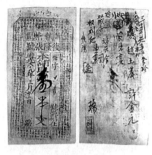

图11-19 清陕西代耀州北街复隆
张号执照钱票壹串文（石长有）

到钱庄和客户双方的利益。资本多、规模大的钱庄经营存放款业务，放款业务沿袭传统的做法，存款业务发展较晚。存放款业务使用的货币工具钱票、银票和会票，一般来说，信誉好的钱庄发行的银票和会票都能够在市面流通。钱庄的放款利率低于典当，一般不到一分。乾隆时，钱庄的发展达到了新的阶段，北京的恒和、恒兴、恒利、恒源"四大恒"钱庄最为著名。上海的钱庄在乾隆时已经成立钱业公所，规范指导钱庄开始业务。清初就在官钱铺的设立，雍正九年（1731年），北京钱价上涨，雍正帝曾要求八旗所设的钱局照民间价格逐渐减价。同时，户部设立的五城钱铺也照定价兑换。此后，官钱铺停停办办。明代的钱庄在清代仍然存在，业务仍然是货币兑换，有的钱桌还发展为钱庄。太平天国起义以后，钱庄的信誉受到严重影响，发行的钱票不能继续流通。咸丰二年（1852年）到三年其间，倒闭的有数百家。

银号由银铺发展演变，其业务与钱庄类同。清初时，北京的货币兑换市场还有经纪人，盛时有百人，后减至12人。乾隆三年（1738年）钱价上涨，御史陶正靖上奏说是经纪人从中阻挠，主张革罢经纪人，得到朝廷批准。乾隆七年（1740年）步兵统领舒赫德等奏请，又在北京设立12名经纪人。

（三）票号。"票号完全是清朝的产物，而且和清朝同时衰亡。"[1]道光初的1823年左右，山西平遥西裕成颜料铺掌柜雷履泰慨运款之不便，悯各商之束手，遂创汇兑一法，将西裕成改名为日升昌票号，专营资金汇兑业务。后来，介休侯氏效仿日升昌，先后将蔚泰厚、天成亨、蔚盛长、新泰厚和蔚丰厚绸缎庄改组为票号，形成著称山西票号的蔚字五联号。后来的山西商人也纷纷仿效。道光七年（1827年）秋冬，山西票号已发展到山东、河南、陕西、江苏等省，北方商人去江浙一带贩货，每年数百万银两均无现银运送。

---

[1] 彭信威：《中国货币史》，第716页，上海人民出版社，2007年。

道光末年（1850年），山西票号已发展到11家，分号拓展到北京、天津、奉天、济南、江宁、苏州、扬州、广州、长沙、汉口、重庆、成都、西安、开封等27个城市。[1] 此时，票号占用承汇期客户资金进行放款，将存款、放款与汇兑结合，收入甚丰。同治元年（1862年）至光绪二十年（1894年），山西票号进入黄金时期，由前期的11家发展到28家，形成平遥、祁县、太谷三帮票号。还在朝鲜仁川，日本大阪、神户、东京设立分号。江浙商人胡光墉、严信厚和云南商人王兴斋等先后开办阜康、源丰润、天顺祥等票号。

第四节　咸丰朝货币政策及货币流通机构的变革

太平天国农民起义动摇了清代封建统治的经济与社会基础，庞大的军费开支和战争赔偿使清政府面临空前的财政危机。为摆脱财政经济困境，清政府推广捐例、举借内外债务、增加各种赋税，效果并不明显，决定发行纸币大钱。

一、咸丰朝的货币政策

咸丰元年（1851年）9月，时任陕西道监察御史、货币理论家、财政学家、唯一被马克思《资本论》提到的中国人王茂荫向咸丰皇帝上《条议钞法折》。咸丰三年（1852年）11月，又上《论行大钱折》。咸丰四年（1854年）三月，第三次上《再议钞法折》。分析铸大钱形成的危害，提出发行可兑现纸币的主张，均被咸丰帝驳回并受到斥责。

咸丰三年（1853年）二月二十七日，左都御史花沙纳会户部奏呈发行官票章程获上谕：试行银票，以京师为始，俟行有成效，再为推行各省。定为银八票二搭放。官票代表银两，又称银票，其面值有一两、三两、五两、十两、五十两五种。造票以十二万为准，日久流通再行添制每一万两，额造五十两票一百张，准银五千两；十两票十百五十张，准银二千五百两，五两票四百张，准银二千两；两票五百张，准银五百两。合计票一千二百五十张，准银一万两。

---

[1] 魏卞梅：《汇通天下的山西票号》，载《沧桑》2001年第2期。

　　同年十一月十七日，管理户部事务祁隽藻等奏陈宝钞章程，并于同月二十四日获上谕：宝钞代表制钱，又称钱票，其面值有五百文、一千文、一千五百文、二千文、五千文、十千文、五十千文和一百千文8种。官票银一两抵制钱二千，宝钞二千抵银一两，与现行大钱制钱相辅而行。官票、宝钞都是清政府强制发行的不兑换纸币。

　　咸丰颁布上谕：银票即是实银，钱钞即是制钱，核定成数，搭放搭收，以期上下一律流通。令户部制造钱钞，颁发中外，与现行银票，相辅通行。官票和宝钞起初发行，规定五成搭收，五成搭放，受到亲信军队的反对。此后，任意折发，朝廷默认。户部在咸丰三年（1853年）二月底设立第一批官银钱号，乾豫、乾恒、乾丰、乾益，俗称四乾官号，以户部宝泉局和工部宝源局所铸钱文为票本，发行京钱票发放八旗兵饷。次年十月（1854年11月），又设立第二批五宇官号即宇升、宇恒、宇谦、宇泰、宇丰等官银钱号发行京钱票。经咸丰批准，刑部拟定官役不遵定章拒绝搭放票钞处罚的办法，吏部拟定官役拒绝搭收钞票议罪办法。刑部还奏请拟定私造钞票罪名。

　　清廷强调封建王权的无限作用，国家定制当百则百，当千则千，谁敢有违。王茂荫指出：官能定钱之值，而不能限物之值。钱当千，民不敢以为百；物值百，民不难以为千。由于发行的票钞未设立现金准备，后来户部扩大发行量并提高面额，从原来的四种即500文、1000文、1500文和2000文扩大到发行5000文、10000文、50000文和100000文面额的大钞。官银号和民间钱铺无法兑换巨额宝钞。咸丰四年（1854年）四月，发钞几个月后，票钞价值不断贬低。咸丰九年（1859年），票面20两的银票只抵实银1两；官票银1两仅值制钱200余文。市面上银钱比价1两换制钱6000余文。清廷规定收纳课税实银和票钞各半，后改为银七票三，但是课税单位不收票钞。由于票钞无限制发行，价值不断贬值，全国各地官民拒绝使用。同治元年（1862年）底，清政府明文发布规定：筹拨来年京饷并各省地丁等项，一律停收钞票。实际上就是全面取消票钞。

二、户部官票与大清宝钞

　　社会商品交易中，户部官票和大清宝钞必须同时使用，大额支付用户部官票，小额支付用大清宝钞，人们需要携带两种纸币，合称为钞票。

（一）户部官票。咸丰三年至咸丰七年（1853—1857年）发行，以银两为单位，分成1两、3两、5两、10两、50两等面额。形似大明通行宝钞而略小，上端有户部官票满汉文字，中间印银两数目，花纹字画用靛蓝色印刷，银两数目用大字墨戳。1、3、5两票幅25×15 cm，10两和50两票幅32×19 cm。高丽苔纸加上细的纤维丝，利于防伪。

图 11-20　清户部官票咸丰三年壹两
《中国钱币博物馆藏品选》250 页

户部官票上有年号并填写有制钞年月日，纸币开始有编号和冠字，均逐张填写，字体工整，分别以《千字文》天地宇宙四字号头依次排列。文曰："户部奏行官票，凡愿将官票兑换成银钱者与银一律，并准按部定章程搭交官项，伪造者依律治罪不贷"。数额上盖有户部官票永远通行方形印记。骑缝处盖有户部官票所关防，长方形印信，均为满汉文合璧。初期在右上角加盖有付库日期，左上角盖有正郎×、副郎×验讫骑缝印。背面空白，可填写流通记录。

图 11-21　清大清宝钞咸丰玖年制贰千文《中国钱币博物馆藏品选》254 页

（二）大清宝钞。户部官票发行后即受到抵制，清政府不从根本上寻找原因，而是认为票面过大，民众不能接受，于是决定再发行面额小的纸币——大清宝钞。咸丰三年（1853年），以制钱作比价发行大清宝钞，面额多种。票面上端有大清宝钞字样，两旁分印天下通行，均平出入。形式仿大明通行宝钞，四周龙纹、下为波浪纹图案。皮纸蓝色印刷。面额有500文、1 000文、1 500文、2 000文四种。咸丰六年（1856年）开始发行5 000文、10 000文、50 000文和100 000文四种。先后发行8种。

三、咸丰同治时期的货币流通机构变革

（一）清政府的货币流通机构。咸丰三年（1853年），户部奏请在北京设立官钱总局，将宝泉、宝源二局每月铸钱全部运解，作为发行钱票的准备，另由户部应放款项内酌提现银作为流转之用，将官俸、兵饷以及各衙支用杂款，分成搭放。官银号发行的银票钱票，与官票与宝钞兑换的性质相比完全不同，是可以兑换的货币。由于吏治腐败，政令不通，发行量得不到控制，人们用票买银或换钱，使银价日贵，市场物价昂贵，民生困苦。

（二）外国银行开始进入中国。道光二十年（1840年）第一次鸦片战争以后，外国银行大张旗鼓地进入中国开始经营活动。道光二十五年（1845年）英商东方银行在中国香港设立分行，随后一些外国银行进入中国。至同治四年（1865年）的20年之间，丽如银行、麦加利（渣打）银行、有利银行、呵加剌银行、汇隆银行先后在中国设立14家分支机构。开始经营汇兑业务，后来逐渐增加商业结算及商业性存款和放款业务。

第五节　清"三藩"及农民起义军货币

清入关之后，对南方地区的控制鞭长莫及，分封一批战功显赫的汉人降将管理南方各省。吴三桂封平西王，镇守云南，兼管贵州；尚可喜封平南王，镇守广东；耿精忠封靖南王，镇守福建。由此，形成清初历史上的三藩。三藩拥兵自重，尽管朝廷供给行政开支及军费，仍然横征暴敛，有"天下财赋，半耗于三藩"之说。康熙十二年（1673年）八月，朝廷正式决定撤藩，下令三藩撤至山海关外。由此开始了长达八年之久的三藩之乱。康熙二十年（1681年），清军攻破昆明，吴三桂孙吴世璠自杀，三藩平乱结束。三藩之中的吴三桂和耿精忠曾在叛乱后铸币发行，未见平南王尚可喜的铸钱。

一、平西王吴三桂与靖南王耿精忠的铸币

（一）平西王吴三桂的铸币。吴三桂（1612—1678年），明代辽东人，祖籍江南高邮（今江苏省高邮市），明末清初著名的政治、军事人物。明崇祯时为辽东

总兵，封平西伯，镇守山海关，崇祯帝时武科举人。崇祯十七年（1644年）降清，在山海关大战中大败李自成，封平西王。顺治十六年（1659年）起镇守云南，引兵入缅甸，迫缅甸王交出南明永历帝。康熙元年（1662年）杀南明永历帝于昆明。同年，晋封为平西亲王。康熙十二年（1673年）清廷下令撤藩，自称周王，举兵反清。康熙十七年（1678年），在衡州（今衡阳市）称帝，国号大周，建都衡阳。建元昭武，同年秋在衡阳病逝，其孙吴世璠即位。吴三桂封平西王后，铸利用通宝，时称西钱，称帝后在衡阳发行昭武通宝，吴世璠在贵阳即位后发行洪化通宝。

图11-22 清吴三桂利用通宝（背厘）、昭武通宝
《中国古代物质文化史（货币·下）》466页

1. 利用通宝。黄铜质，钱文楷书，对读。背文有光背、背云、贵、厘、五厘、一分、壹分。有小平钱和二厘、五厘、一分等折银钱。

2. 昭武通宝。黄铜质，钱文楷书与篆书，对读。篆书钱光背，楷书钱背工，意指吴周政权工部铸造，有光背和背工。有小平和一分钱。

3. 洪化通宝。黄铜质，钱文楷书，对读。有光背和背日纹、工、户，意指工部与户部。小平钱。

（二）靖南王耿精忠的铸币。耿精忠（1644—1682年），辽东盖州卫人（今营口盖州），靖南王，康熙十二年（1673年），清廷下诏撤三藩，耿精忠反，杀福建总督范承谟及幕僚50余人，自称总统兵马大将军，蓄发恢复衣冠，与吴三桂合兵入江西，被清军镇压后势穷投降。康熙二十一年（1682年）正月，三藩之乱彻底平息，康熙帝下诏将耿精忠凌迟处死。耿精忠反后即铸行裕

图1-23 清耿精忠裕民通宝
《中国古代物质文化史
（货币·下）》466页

民通宝钱用于贴补军饷，裕民通宝有普通钱和权银钱，普通钱为黄铜质，宋体，对读。光背。小平钱。权银钱有一分和壹钱两种。黄铜质和青铜质，宋体，对读。有光背和背一分。

二、太平天国货币

道光二十七年（1847年），洪秀全和洪仁玕将拜上帝教从单纯的宗教团体演变成为政治和军事组织。道光三十年（1850年）9月初，洪秀全发布总动员令，两万会众到金田团营编伍。12月在金田村韦氏大宗祠举行拜上帝仪式，宣布国号为太平天国。咸丰元年（1851年）1月11日，拜上帝会众万人在金田村起义。洪秀全称天王，建立太平天国。咸丰三年（1853年）建都天京（今南京），占领长江中下游地区。1864年天京陷落，历14年。

起义后，拜上帝会信徒变卖田产、房屋、家产缴公，举家入会。作战缴获的金银、绸帛、珍宝等上交圣库。将领士兵生活物资圣库供给。为建立地上天国，在统辖区实施一系列经济措施惠及百姓，支持战争。基本纲领《天朝田亩制度》平分土地，废除私有财产，建立圣库制度。境内经商领取店凭，受太平军保护，征收较轻税收。不得奇货自居，不得抬高市价，一切货物公平交易。与外商建立平等互利的贸易关系，违反天国法令的贸易严格禁止，严禁外商输入鸦片。

太平天国的货币发行。清代乾隆、嘉庆以来，外国银圆流入中国，在福建、广东、江苏、浙江等地流通。每元重七钱三分，值钱从八九百文增至太平天国其间一千七八百文，奸商从中渔利。民间行使，备受盘剥。太平天国为取缔奸商垄断，在所辖地区的各市镇设立公估庄，使用外国银圆，必须赴公估庄加盖图记，分别花光打印估定价格，盖上净光或某字样及经手估价者姓名，人民称便。

天朝政权初期，南京等地民间使用的货币仍是明清旧钱。太平军癸好三年（1853年）攻克南京（改称天京）之后，设立铸钱匠四人，与典圣库、典圣粮等都是职同指挥的高级官员，花一年左右的时间试铸铜钱，也有铁、金、银质钱。南京、杭州是主要的铸钱地，其他占领的省份就地铸钱，供商品交易所用。由于货币制度不统一，天国政权和各地将领都铸铜钱，钱币在文字、重量、形制、铸造工艺等各有不同。

1. 天国通宝。钱文天国，楷书，对
读。背上下或左右通宝。天国通宝意指通
用之宝。铸行不久，天朝又规定钱币一律
使用圣宝，圣字取意于耶稣为救世主的宗
教纲领，与太平军的圣库、圣粮、圣兵等
等相同。停铸和回收天国通宝。

图 11-24　清太平天国背竖圣宝宋体大钱
《中国钱币博物馆藏品选》103 页

2. 太平天国。楷书、隶书、宋体、隐起文楷书（文字笔画不深而且高低不
平），对读。还有钱文上下为天国左右为太平的。小平钱、当五、当十、当五十、
当百钱。形制类似于咸丰大钱，在天京铸造，主要在江苏、安徽等地区流通。

3. 太平圣宝。楷书、隶书、宋体、隐起文楷书，对读。背穿上下或左右天
国。小平钱、当五、当十、当五十、当百钱。

4. 天国圣宝。楷书、隶书、宋体、隐起文楷书，对读。背穿上下太平。小平
钱、当五、当十、当五十、当百钱。

5. 太平天国大花钱。钱文楷书，外
环双龙捧日。背穿上下圣宝，左右配以双
凤，外环八宝花纹。有小号、中号、特大
号，其中特大号大花钱是我国最大最重钱
币之一。制作精美，用于镇库。

图 11-25　清太平天国
大花钱《上海博物馆》

三、天地会、小刀会等组织的铸钱

（一）天地会的铸钱。天地会，又名
洪门，俗称洪帮。清代民间秘密结社之
一，以拜天为父拜地为母得名。咸丰七年
（1857年），天地会的广东三合会首领李

图 11-26　清末天地会平靖胜宝
《泉林剪影》58 页

文茂攻占广西柳州，自称平靖王，铸平靖通宝小平钱。楷书含隶韵，对读。背文
按各军番号铸前营、后营、左营、右营、中营、御林军、长胜军七种文字。背穿
右为篆书中字，或含中军行用之意。流通时间短暂。平靖胜宝，楷书含隶韵，对
读。背文按各军番号铸前营、后营、左营、右营、中营、御林军、长胜军七种文

字。折二钱。背穿文字有多种版式。浙江天地会假太平天国声威铸行天朝通宝铜钱，天朝二字隐含大明字样，体现天地会复明宗旨。宋体，对读。背文有穿上永及穿下倒永之别，上永为首领钱，倒永为一般会员执。

图 11-27　清农民起义军金钱义记（背离）
《中国古代物质文化史·(货币下)》474 页

（二）小刀会的铸钱。小刀会是成立于厦门的民间秘密团体，属天地会支派，咸丰元年（1851年）传到上海。咸丰三年（1853年）9月5日，周立春、徐耀等在青浦首举义旗攻占嘉定。7日，刘丽川和原小刀会福建帮首领陈阿林等在上海起义，占领县城。从上海、嘉定分别出发，接连攻占宝山、南汇、川沙、青浦四县，成立小刀会政权。初用大明国国号，旋即改称太平天国，由刘丽川上书太平天国天王洪秀全，接受领导。其间，小刀会曾铸行太平通宝铜钱，楷书和隶书，对读。

四、其他农民起义军的铸钱

咸丰十年至十三年（1860—1863年），张宗三（保山）自托明代遗裔，在贵州遵义称秦王，其间铸嗣统通宝铜钱，黄铜质，楷书，对读，光背无文。咸丰八年至同治三年（1858—1864年），以赵启为首的浙江反清武装金钱会铸义记金钱，作为入会凭证。黄铜质，楷书，对读。背穿左右为方胜纹，穿上为天、地、离等文字。还有背篆文的震忠团练。义和团开展扶清灭洋斗争中，也曾铸非流通钱，作为护身吉物和联络凭证。品种有：替天行道，黄铜质，面文替天行道，背文保清灭洋、清、庚子。楷书，对读。水路平安，黄铜质，篆书，面文顺序为右左上下。背刀叉图、七星图、八卦中的坎字挂符。

第十二章　中国货币流通的结构性变革

太平天国起义以后，英国为首的西方列强，通过对清政府施压，加紧对中国新的侵略。继续向中国输入银元，并在中国建立银行发行货币，成为经济侵略与掠夺财富的主要手段，并引发中国传统的货币流通结构的变革。

第一节　外国银元开始在中国流通

大约在15世纪，西方的主要货币——银元就开始流入中国，首先是西班牙、葡萄牙、荷兰等国银元的流入，民间称番银、花边银、洋钱。商贾收受洋钱时錾凿查验成色，秤称重量折算成纹银进行交易流通，当作银块流通，而非以枚计数，十分不便。外国银元流通后，由于银元成色、分量固定划一，使用方便，商贾及民众乐意接受，此后不再称量验色，论枚计数，便于携带，在东南沿海各省城市逐渐流通。

一、流入中国的外国银元

（一）西班牙银元。俗称本洋，1535—1821年间，西班牙在南美殖民地墨西哥城的总督造币厂机器开铸。明万历年间流入中国，是最早流入的外国银元之一。由于质量好，流通较为普遍，《南京条约》

图12-1　西班牙本洋银元（苏骏）

赔款作为货币单位。银元币面铸西班牙国王的肖像，重为7.2钱，含银成色原为93.7%，1782年减为90.279%。银元为不规则圆形。最大直径38.3—40毫米，厚度2.1—2.5毫米，理论重量27.07克，实际为25.2—27克，边齿为炬形和圆圈相间的凸形花纹。

（二）墨西哥银元。俗称鹰洋或墨银。1821年墨西哥独立，西班牙银元停铸。

图12-2 墨西哥鹰洋银元（苏骏）

1823年墨西哥开铸银元，形制完全继承前者，直径39毫米，重量27.07克，成色90.30%。图案为墨西哥共和国国徽。鹰洋于1854年先在广东流通，后代替本洋成为主要流通货币，与中国的银两并行，是当时在我国使用流通范围最广、最受欢迎和流通量最大的外国银币，对近代中国的货币制度产生过深远影响。上海的外国银行发行纸币，在民国八年（1919）以前都以墨西哥鹰洋为兑换标准。

（三）英国银元。俗称人洋或站洋。1866年，英国为驱逐墨西哥银元鹰洋的市场，在香港造币厂发行壹圆香港银币，正面是维多利亚女王侧面像。站洋背面中央为寿字纹，上下为中文壹圆，左右为马来文的壹圆字体。直径39毫米，重量26.95克，成色90%。最大特点是融中、英、马来三国文字壹圆于一体，世界铸币史罕见。以制作精良、图案美观著称于世，有典型的殖民色彩。发行后最初流通于广东、广西，1900年后北方开始使用，京津地区盛行，占领我国自南到北的大部分地区，换取大量白银。

图12-3 英国站洋银元（苏骏）

（四）日本银元。因币面铸有龙纹，故称龙洋或龙番。日本银元有三种版式：一是明治三年的贸易银元；二是明治七年版式；三是明治八年、九年、十年的版式。明治三十年（1897年）日本改金本位后，龙洋大量输入我国，福建最盛，其次为湖南、江西以及东北三省。

图12-4 日本龙洋银元（苏骏）

（五）法国安南银元。法属印度支那贸易银圆，俗称坐洋、坐人、法光，正式名称为安南银元，银币正面自由女神坐像头

图12-5 法国坐洋银元（苏骏）

上的花圈有光芒七束，俗称七角。坐洋成色重量皆次于墨西哥银元鹰洋，与英国银元人洋略同，主要在广西、云南两省流通渠道。

图 12-6　美国贸易银元（苏骏）

（六）美国贸易银元。1873年后，美国为争夺远东贸易和抢占墨西哥鹰洋在远东的银元市场，1873—1885年铸美国贸易银元。正面自由神坐像。工艺精细，线条流畅，图文清晰。成色重量与人洋相同，专供远东贸易之用，挤进人洋流通区。1873年，进入印度支那、香港和中国的主要港口城市。

此外，还有德国、奥国、菲律宾等国银元流入中国。

二、外国银元流入对中国货币流通的影响

外国银元的大量流入，加速了中国传统币制的崩溃，刺激了中国币制改革向银本位过渡，促进了资本主义性质的中国币制形成。外国银元的流通，配合外国资本在中国的投资，垄断和控制中国的工业、对外贸易、海关、主要商品的流通市场、财政、金融。西方列强用重七钱二分、成色为90%左右的银元，与重一两，成色为93.5%的纹银等量交换，大量套购我国白银，牟取暴利，造成国内白银外流。由于外国银元来自不同的国家，成色、重量、市价都不同，一些洋商与钱庄勾结，从中操纵，牟取黑利。各国银元在中国各霸一方，价格常常因时因地上下波动、变幻无常，加剧了中国币制的混乱。

第二节　外国银行纸币在中国流通

1848年，丽如银行在香港发行过少量的钞币。1865年，汇丰银行在香港开业发行钞票，两年后在上海的分行发行面额1两的银元票。1874年丽如、麦加利、有利等英资银行也开始在上海发行钞票。此后，外国银行发行钞票由上海向厦门、福州等城市扩散。

一、欧美银行在华发行纸币

外国银行来中国设立机构的一个重要目的就是发行货币，货币的单位有中国

银两的两、中国银币的元及本国的货币单位。

（一）英国银行在中国发行的货币。

1. 丽如银行。第一家在中国设立并发行纸币，同治四年（1865年）在中国发行5两、10两、50两、100两、500两5种银两票。另外，还用上海利彰银行名义发行10两、25两票。1883年，投资锡兰咖啡液和毛里求斯糠业失利，被迫于1884年5月停业清理。同年下半年曾以新丽如银行名称复业，支撑数年，仍因外汇投机失败，1892年6月停业。

图12-7 英商上海丽如银行1865年发行的500两银两票《1845—1949外国货币侵华与掠夺史论》250页

图12-8 印度新金山中国渣打银行拾圆银元券《中国钱币博物馆藏品选》312页

2. 麦加利银行。1853年在香港设立分行就开始发行纸币，1857年11月在上海设立分行。1870年，借口享有治外法权，不经清政府批准，擅自在中国发行银两票和银元票。银两票面额为1两、5两、10两、50两、100两，银元票为1元、5元、10元、50元、100元。票面行名有印度新金山（澳大利亚）中国麦加利银行、印度新金山中国渣打银行、印度新金山中国汇理银行。还印有香港、上海、天津、汉口、北京等地名。1937年因战事停业。

3. 汇丰银行。在香港成立以后就开始发行纸币，1866年以后，先后在厦门、广州、烟台、大连、福州、汉口、哈尔滨、沈阳、北京、天津、青岛等地设立分行发行银两票和银元票。银两票有1两、5两、10两、25两、50两、100两，银元票有1元、5元、10元、50元、100元，票面印上海、天津、北京、汉口、烟台等地名。1865——1888年在香港发行的

图12-9 英商香港上海汇丰银行北京地名券银元券壹圆（苏骏）

称香港上海汇理银行，印香港地名，1888年以后称香港上海汇丰银行，印香港地名。1888年在上海发行的称香港上海汇理银行，1888年以后又称英商香港上海汇丰银行，均印上海地名。天津、汉口发行的称英商香港汇丰银行，印天津或汉口地名。北京、厦门、烟台、福州等地发行的称香港上海汇丰银行，印北京支取、北京、烟台支取、福州等字样。

1937年"七七事变"后，汇丰银行在中国东北和华北各地分行的营业趋于衰落。1941年太平洋战争后，香港总行被日军控制，上海、汉口、广州等地的分行也被日军接管，未发行的纸币被日军重新发行。1945年，日本投降后，在上海等地的分支机构复业。

4. 有利银行。1859年在香港发行纸币5元、10元、25元、50元、100元。1860年在上海发行银两票5两、10两、25两、50两、100两、1 000两6种；鹰洋票1元、5元、10元、50元4种，年份有1881、1882、1897年等。1916年后在上海发行1元、5元、10元、50元、100元银元券，设计风格改变，最明显的是圆变员。1937年"七七事变"后，在上海停业撤退。1941年12月，太平洋战争爆发，日军占领香港后被接管。

图12-10　英商香港上海有利银行壹圆银元券《资本主义国家在中国发行和流通的货币》货币图版

（二）美国的银行在中国发行的纸币。

1. 花旗银行。1907年，凭借受托接管庚子赔款，在上海、北京、广东沙面、天津、汉口、哈尔滨设立机构发行纸币。票面行名有美商上海花旗银行、美商北京花旗银行、广东沙面万国宝通银行等，最终统一为美商花旗银行。发行5元、10元、100元3种纸币，票面印上海、北京等地名。抗战初期，在上海、天

图12-11　美商花旗北京银行拾圆银元券《资本主义国家在旧中国发行和流通的货币》货币图版

津、汉口、哈尔滨、大连和广州等地的分行和日伪勾结，照常营业。1941年太平洋战争爆发后，各分行被日军接管。1945年日本投降后，国民党政府发还该行财产，又继续在中国开展业务。

2. 友华银行。1919年2月11日开始先后在上海、香港、广州、北京、天津、汉口、长沙等地设立分行，经营银行业务，兼营信托业务。发行的纸币有1918年版的1元、5元、10元、20元、50元、100元银元券，印上海、北京、天津、汉口、长沙等地名。

图 12-12　美商上海美丰银行壹百圆银元券
《1845—1949 外国货币侵华与掠夺史论》280 页

3. 上海美丰银行。美丰银行是中美合资的集团性银行，在中国设上海、四川、福建三个独立银行。上海美丰银行1918年成立，中美合办。发行的银元券面额有1元、5元、10元、50元、100元。票券正面印上海美丰银行行名和上海地名。1935年上海金融恐慌，该行因投机外汇和房地产失败，资金周转不灵被迫于5月24日宣布停业。

4. 天津美丰银行。1923年设立，原为上海美丰银行的分行，1924年独立经营，同年9月16日发行天津地名银元券1元、5元、10元三种。纸币版式风格和图案与上海地名券相同，只是行名更换，地名换为天津。1935年5月24日上海美丰银行停业后同时停业。

5. 四川美丰银行。1922年4月10日在重庆设立，美国商人雷文与四川商人邓芝如等合资创办，在美国注册，没有中国政府核准的纸币发行权，成立后即在重庆发行重庆地名银元券1元、5元、10元。重庆海关曾禁止其流通，商民也拒绝使用，未能广泛流通，至同年9月被迫收回。1950年4月4日宣告停业。

6. 福建美丰银行。1922年9月设立，美国商人雷文与福建商人合资开设。在福

图 12-13　美商福建美丰银行拾圆银元券
《中国钱币博物馆藏品选》311 页

州和厦门发行银元券，面额为1元、5元、10元。一种版式票面与上海美丰银行1919年版式相同，将行名改变，地名改为福州。另一种版式为竖式印刷，5元和10元票幅较大，票券印福州地名和行名及台伏字样。1929年8月美方将全部股份转售中方，由于经营不善亏损严重，1929年12月7日清理停业。

7. 中华懋业银行。1920年2月6设立，中美两国商人合办，总行设在北京（后迁上海），上海、天津、汉口、济南、石家庄、哈尔滨等地设立分行，北洋政府财政部币制局核准特许有货币发行权。先后在北京、上海、天津、汉口、济南、哈尔滨等地发行本地地名的纸币。面额有1元、5元、10元、50元、100元5种，票面印美国自由女神像和中国五色旗徽标。

图12-14 中美中华懋业银行壹圆银元券
《资本主义国家在旧中国发行和流通的货币》货币图版

（三）法国的银行在中国发行的纸币。

1. 东方汇理银行。1875年1月21日成立，总行设在法国巴黎，法国政府特许的海外殖民地银行，分支机构遍及英、美、日、瑞士等国及当时的法属印度支那半岛，拥有发行纸币特权。1894年在中国香港设分行，1899年开始在上海、汉口、广州、北京、天津、蒙自等地设立分行，发行地名银元券，面额1元、5元、10元、100元。以法金为货币单位的兑换券，

图12-15 法商东方汇理银行壹元券
《资本主义国家在旧中国发行和流通的货币》货币图版

面额分1 000、500、100、50、25、20法郎。在其他分行所在地，尤其是云南全境及广西、贵州、西康、青海、西藏部分地区发行法纸或贡纸。面额有5元、10、20、50仙（毛、角）和1、5、20、50、100、500皮阿斯特（元），版别复杂。

2. 中法实业银行。1913年7月1日设立，总行设在法国巴黎。1921年6月停业。根据《中法实业银行章程》，有在中国发行纸币的特权。1914年开始，在北京、天津、上海、汉口、广州、汕头、济南、奉天等设有分行的城市发行银元兑

换券，面额有1元、5元、10元、50元、100元、500元。1921年7月总行宣布停业，在中国各分行发行的纸币停止兑现，全国的持币者要求兑现。北京银行公会认为，这样会引起金融市场混乱，因为这是经中国政府特许发行的纸币，呈请北洋政府财政部出面维护。财政部迫于社会压力，登报责成北京银行公会先行筹垫款项收兑，所垫款项由财政部在应付中法实业银行的欠款内扣还。全国29家华商银行集体兑换中法实业银行发行纸币，上海银行公会这样评价："为代兑钞券事，不独为维持金融安宁，并于社会小民亦寓救济之意，且政府对于中外合办银行滥予发行权，亦可借此警告政府从严取缔。"

图12-16　中法振业银行壹圆银元券
《资本主义国家在旧中国发行和流通的
货币》货币图版

图12-17　德商德华银行伍两银两券
《资本主义国家在旧中国发行和流通的
货币》货币图版

3. 中法振业银行。1917年2月成立，总行设在北京，在天津、上海、汉口等地设立分行。1923年9月，借给北洋军阀政府财政部25万元，以此为条件取得在中国发行纸币的特权。1923年发行面额为1元、5元、10元的银元券。

（四）德国的德华银行在中国发行的纸币。1889年5月15日设立，总行设在上海。在天津、青岛、香港、济南、北京、广州等地设立分支机构。1907年6月15日，在青岛等分支机构发行以墨西哥鹰洋为本位的银元券和银两券。银元券面值有1元、5元、10元、25元、50元；银两券面值有1两、5两、10两、20两。

（五）比利时的银行在中国发行的纸币。

1. 华比银行。比利时商人金·利奥波尔德于1902年3月创办，总行设在比利时布鲁塞尔，在上海、天津、北京、汉口、香港等地设立分行。1904、1907、1908、1912、1921年发行银元券，面额有1元、5元、10元、50元、100元。券面上有上海、汉口、北京等地名。

2. 英比实业银行。英国和比利时商人合资在中国湖南长沙设立，1913年前后成立。发行银两券，面额5两。由于当时湖南流通的银币是湖南官钱局、湖南阜南官局官方银行铸造的省平足纹壹两银饼，所以，纸币既称湖南通用银币，又以两为单位。

（六）意大利的银行在中国发行的纸币。

1. 震义银行。成立于1921年5月，由中国商人刘文揆和意大利商人柯钮良等合办，北洋政府参与部分官股，总行设在北京，在上海、天津、汉口设立分行。经北洋政府财政部币制局批准，享有纸币发行权，成立后呈准发行银元券，面值有1元、5元、10元、50元、100元券。

图12-18　英比华比银行壹圆银元券《资本主义国家在旧中国发行和流通的货币》货币图版

2. 华义银行成立于1920年，许世英、段宏业和意大利商人塞尔希、毕丽尼、奥西等发起创立，总行设在北京，在天津设立分行。1924年改组为全资的意商在华银行。成立后就获准发行银元券，由于时间短，实际发行10至20万元。

（七）挪威的华威银行在中国发行的纸币。中国商人和挪威、丹麦商人合资兴办。1921年12月经北洋政府批准注册，总行设在北京，在上海、香港、天津、广州、赤峰、张家口、绥

图12-19　挪商华威银行叁拾贰枚铜元券《中国钱币博物馆藏品选》313页

远、秦皇岛、奉天、重庆、汉口等地设立分支机构，1923年9月总行迁到上海。经北洋政府财政部币制局核准在享有纸币发行权，发行银元票和铜元票。银元票面值有1角、2角、1元、5元、10元，铜圆票面值为16枚、20枚、30枚、32枚、48枚、80枚。多为地名券。1928年12月停业。

（八）荷兰的和嚰银行在中国发行的纸币。上海和嚰银行由荷兰贸易协会发

起创办，成立于1824年，总行设在荷兰首都阿姆斯特丹，在香港和上海设立分行。上海和嚼银行1909年1月1日开始发行纸币，面额有5元、10元、年50元、100元。

二、华俄道胜银行在中国发行的纸币

华俄道胜银行也称俄华道胜银行，中日甲午战争后，沙俄与法国银行家共同投资建立。1895年12月22日，沙皇尼古拉二世批准的《华俄道胜银行章

图12-20　俄华道胜银行宁远喀什塔城分局库平金贰分券《中国钱币博物馆藏品选》311页

程》，规定其在中国可以发行两、元、镑及其他货币兑换券。并得中国政府许可铸造货币。1895年成立，次年始先后在上海、天津、汉口、牛庄（营口）、旅顺、哈尔滨、奉天（沈阳）、吉林、齐齐哈尔、大连、满洲里、黑河、宽城子（长春）、呼伦（海拉尔）、铁岭、喀什、吐鲁番、巴里坤、吉木萨尔、莎车、福州、厦门、广州、汕头、镇江、烟台等地设立分支或代理机构。

（一）在中国推行羌帖。羌帖是我国东北和新疆地区民间对沙俄在中国发行的卢布纸币的俗称，相对于当时东北私帖和官帖而言。19世纪60年代开始，羌帖进入东北和新疆的伊犁、塔城地区。1898年，随着华俄道胜银行在哈尔滨设立分行，逐渐增多，流通量迅速增加。"据统计，第一次世界大战，在中国流通的羌帖达82亿之多，而大多数在东北，所以东北人民遭受的损失真乃无法估计。"[1] 沙俄的卢布在哈尔滨和中东铁路沿线渐渐成为本位货币。其原因：一是清政府失去管理统治国家的能力。二是金贵银贱的不合理比价。三是东北币制的紊乱。四是东北军阀滥发的官帖贬值。五是通过不平等条约推行。六是通过军事入侵带入。七是通过投资贸易投放。中国流通的沙俄羌帖有：

1. 罗曼诺夫老帖。又称罗曼诺夫票，1613年，罗曼诺夫家族的迈克尔·罗

---

[1] 何治安、何维安：《张作霖统治东北时期的金融概况》《黑龙江文史资料》第一辑。

曼诺夫登上王位，1917年尼古拉二世被废黜，前后304年，此间发行的纸币称为"罗曼诺夫票"，相对于1917年俄国二月革命后至1922年苏维埃共和国发行新货币前这段时间，资产阶级临时政府所发行的新帖，而称之为老帖。1718年由查尔二世开始发行，银本位纸币。面额有1、3、5、10、25、50、75、100、200卢布。

图 12-21 沙俄卢布（罗曼诺夫票）
《资本主义国家在旧中国发行和流通的货币》货币图版

2. 克伦斯基新贴。又称为克伦斯基票，1917年3月2日，在圣彼得堡成立的资产阶级临时政府中，社会革命党人克伦斯基任总理兼俄军总司令。为镇压革命运动和对外战争，依靠发行纸币维持财政，当年10月25日被列宁领导的红军推翻，发行的纸币被称为克伦斯基新贴，名为金本位，实际上并不能兑换，面额有1、3、5、10、25、50、100、250、500、1 000、5 000、10 000卢布。发行当年的8月就流入中国。

图 12-22 1898 年沙俄金币 5 卢布（尼古拉二世头像）《1845—1949 外国货币侵华与掠夺史论》79 页

3. 鄂木斯债券。又称鄂木斯票，鄂木斯临时政府发行的债券式纸币。1917年十月革命后，克伦斯基临时政府垮台。1918年7月9日，在外国武装支持下，前白俄将军高尔察克又在西伯利亚的鄂木斯宣布改组俄国临时政府，成立远东鄂木斯临时政府。为筹集军费，1918年11月发行短期国库钱券，面额为1、3、5、10、25、50、100、250、500、1 000、5 000、10 000、25 000卢布，其中250卢布（含250卢布）以下称国库券，以上的称国家金库短期债券。

随着羌帖在东北的流通，俄国在东北地区的实业不断扩大范围、增加规模。面粉厂、啤酒厂、肉类加工厂、烟厂、大型皮革厂、肥皂厂、制糖厂、玻璃厂方、油脂制造厂、蜡烛厂、铸造机械加工厂等不断开设，这些产业的发展又扩大的羌帖的流通范围和数量，既控制了东北地区的经济命脉，又获取大量利益。

（二）在中国推行沙俄硬币。沙俄的金、银、铜等金属硬币也随着羌帖大量流入中国，主要渠道是华俄道胜银行的分支机构。品种有金币、银币和铜币。金币有0.5（50戈比）1、3、5、7、10、15卢布。银币有5、10、15、25、50戈比和1卢布等多种。铜币有0.5、1、5戈比等。

图12-23　1901年华俄道胜银行发行的上海地名壹圆墨西哥银元票《1845—1949外国货币侵华与掠夺史论》84页

图12-24　华俄道胜银行在新疆发行的贰分金币券《1845—1949外国货币侵华与掠夺史论》89页

（三）在中国发行纸币。先后发行制钱票、银两票、银元票、金币券、卢布票。1898年在东北地区的满洲里和内地发行一种完全仿照中国传统式样的制钱票。面额有100文、200文、300文、500文、1 000文等多种。银两票种类有：库平足色银两票、天津行平化宝银两票、北京京平足银两票，面额有1两、3两、5两、10两、25两50两、100两、500两。银元票品种多、时间长。上海墨西哥银元票、北京和牛庄通用银元票，面值有1元、5元、10元、50元、100元。1913年，没有中国政府许可，由宁远、喀什和塔城三分行在新疆发行金币券，以中国贵金属称量分、钱、两为计量单位，专在新疆流通，规定可在各分行兑换黄金，内地京、津、沪、汉亦可通用。新疆督军杨增新表示反对，并呈请北洋政府大总统交涉无果。面值有1分、2分、1钱、5钱及1两5种，票面印俄、英、汉、满、维五种文字，中外少见。1928年倒闭清理结束时，新疆境内仍约有30万至50万两金币券未能收回。

三、日本政府在中国发行的纸币

1894年，日本发动中日甲午战争，打败清朝政府，强迫签订《马关条约》，霸占中国的台湾省和辽东半岛。尽管在俄、法、德等帝国主义国家的干涉下退还了辽东半岛，但是，从中国勒索白银2.3亿两。从此开始对中国的经济侵略与掠夺，发行纸币是重要的方式。

（一）在中国发行日本军用票。甲午战争时期。以日本政府名义，在中国的东北地区发行银两票面军用票，以两、钱、分为单位，面额有银2钱5分、银5钱、银1两券、银5两券、银10两5种。日俄战争时期以日本政府名义，在中国的东北地区发行银两票面军用票，面额银10钱、银20钱、银50钱。出兵青岛时期以日本政府名义，在中国的青岛发行银元银两票面军用票，面值有银1元、银5元、银10元、银100元；银1钱、银5钱、银10钱、银50钱。出兵西伯利亚时期。1917年俄国爆发十月革命，帝国主义联合对俄国进行武装干涉，日本首当其冲，诱逼北洋政府共同行动。大批日本军队进入东北，为筹集军费在东北地区强制发行日元军用票。已发现的实物有10钱、20钱、50钱、1元、5元、10元6种面值。

图 12-25 甲午战争时期日本在中国发行的银壹两军用票《资本主义国家在旧中国发行和流通的货币》货币图版

图 12-26 日本的横滨正金银行在中国青岛发行的 5 圆银圆票《资本主义国家在旧中国发行和流通的货币》货币图版

（二）横滨正金银行在中国发行的纸币。1893年5月13日，在上海开设第一家出张所，甲午战争其间曾撤回日本，1895年12月重新开业后升格为独立的统辖行。此后陆续在香港、天津、牛庄（营口）、北京、大连、奉天（沈阳）、汉口、长春、开原和哈尔滨等地设立分支机构。1912年以后，先后在青岛、芝罘（烟台）、济南、广州、旅顺、辽阳、铁岭、安东（丹东）、张家口、海口、杭州宁波等地设立分支机构或办事处。在我国发行的纸币种类多、地之多、版别多、年份多，堪称外国银行之首。

1902年，在日本国内都未能获得纸币发行权，却开始在中国发行纸币，天津支店率先发行天津行平化宝银两票5两、10两、50两、100两，银元票1元、5元、10元。此后，其分支机构在中国发行纸币全面开展。1937年"七七事变"后，在沦陷区内大量增设机构，发行大量纸币支持日本侵略战争，直至1945年日本投降。

图 12-27 日本在中国发行的日本银行
拾钱币券《资本主义国家在旧中国
发行和流通的货币》货币图版

图 12-28 日本在中国发行的朝鲜银行
伍圆券《资本主义国家在旧中国发行
和流通的货币》货币图版

（三）日本的日本银行在中国发行的纸币。日本银行纸币是在日本国内发行流通的货币，随着日本对华侵略的不断深入，大量流入到我国的东北、华北、华中及华南沦陷区。品种有金币兑换券和银币兑换券。金币兑换券面值有1元、5元、10元、200元、1 000元。银币兑换券有5钱、10钱、1元、5元、10元、100元。

（四）日本的朝鲜银行在中国发行的纸币。1913年，在我国的沈阳、大连、旅顺、长春、营口、四平、开原、哈尔滨、铁岭、辽阳等处设立分行，开始发行纸币，以日本金券为单位，俗称金票，面值有10钱、20钱、50钱、1元、5元、10元、100元、1 000元的多种版别。在中国发行和流通的共有七套：第一套1910年开始发行的1、5、10元，券名韩国银行券。第二套1914发行的1、5、10、100元，券名朝鲜银行券。第三套1916年发行的10、20、50钱辅币券，正面无行名。第四套1919年发行的10、20、50钱辅币券，正面上方印朝鲜银行支付金票字样。第五套1932年发行的1、5、10、100元改造券，各票券正面均印有白胡子老头像。第六套1937年发行的10、50钱辅币券，票券图案与第四套同面额票券完全相同，年份改成昭和十二年。第七套1944年发行的5、10、100元甲号券，票券图案与第五套同面额票券完全相同，只是调整了各票券颜色。

1883年上海金融风潮发生以后，外国资本进一步控制中国的货币流通，继而摆布中国的经济命运。外国银行在中国的发展也由蛰伏向扩张转变，发钞、存款、放款、汇款等业务全面发展，控制中国货币流通市场的程度愈加广泛与深入。

第十三章　自铸银币、制钱及铜元的流通

我国传统的铸币方式、形制、材质在清代发生了重大变革，这种变革主要的标志：一是铸币的方式由传统的模具改变为机制，铸造改变为制造，产量、质量大幅提升；二是统一重量、形制、钱文、材质的银币成为主要的流通货币；三是色样精美、不易伪造、没有穿孔的铜元替代了传统的外圆内方的制钱，成为主要的流通货币。

第一节　清代铸造银币的历史

外国银币以大小划一、重量适中、便于交易的特点，得到深受银两剥削的中国商民的欢迎，铸造中国的银币成为清政府组织货币流通的必然选择。

一、西藏最早铸造银币

在乾隆五十六年（1791年）以前，由于尼泊尔的廓尔喀人和巴勒布人铸造的银币运到西藏从事贸易，清政府就决定在西藏设局铸钱，铸钱的正面是汉字乾隆宝藏，背面是唐古忒字乾隆宝藏。银币分三等，大的每枚重一钱五分，六枚当纹银一两；中样的每枚重一钱，以九枚当纹银一两；小样的每枚重五分，以十八枚当纹银一两。三种银币只有一钱和五分的两种流通顺利，一钱五分受到阻碍，因为同是一钱五分重的银币，旧铸每两银子可换八枚，新铸的只能换六枚，所以商民不肯接受，当局不得不停铸一钱五分重的银币，原有的一钱五分重的银币也以

图 13-1　清乾隆宝藏、嘉庆宝藏、道光宝藏银币《中国西藏钱币》67、72、74 页

九枚作银一两。西藏银币除乾隆宝藏以外，还有嘉庆宝藏和道光宝藏。银币成色好，钱身薄，币面有汉文，中央还有一方形框纹，象征方孔。币面有年号和年份。最初所铸的边缘上有五十八年四个汉字，分列在上下左右。后来还有五十九年，六十年两种。

二、仿铸银币

嘉庆年间（18世纪末）的银业曾以本洋为模本，仿造新式银币，因成色花纹不一，且有贬值现象，终被禁止。道光年间，各地曾仿铸本洋，有所谓广板、福板、杭板，苏板、锡板、土板（江西所铸）、吴庄、行庄等名称，成色很低。由

于仿铸工艺较差，还有铜、锡掺入，没有形成规模，也没有发挥什么作用，更无多大影响。林则徐在江苏任巡抚时，因江苏民间喜用洋钱，曾自铸七钱一二分重的银饼。起初也曾通行，不到一年，因伪造很多而废。

图 13-2　上海经正记、王永盛、郁森盛银饼《泉林剪影》93 页

上海经正记、王永盛、郁森盛银饼。咸丰六年（1856年），西班牙银元（本洋）在上海开展流通。上海道指令经正纪、王永盛、郁森盛三家银号兑换鹰洋，并仿外国银元铸造银饼，用于市场交易。上海银饼面值一两、五钱两种。以漕平一两为单位，成色98%，重65克左右。文字直书，分作四行，每行四字，正面为咸丰六年上海县号商×××足纹银饼，背面是朱源裕监曹平实重壹两（或伍钱）银匠××造。上海银饼制作精美，规格统一，商民欢迎。由于市场出现赝品，引起银饼流通混乱，信誉下降。墨西哥鹰洋大量进入上海，上海银饼流通半年便宣告停止。

三、吉林省开始机器铸造银钱

光绪十年（1884年）十二月初十日，吉林将军希元向朝廷奏报已试铸银钱行用。由俸练各饷项下提银五千两，饬交机器局制造足色纹银一钱、三钱、五

钱、七钱、一两等重银钱，一面铸刻监制
年号，一面铸刻轻重银数、吉林厂平清
汉字样。厂平二字实为从俗。光绪十年
（1884年）十二月初十，光绪帝批准吉林
省奏折。后来，足色纹银一钱、三钱、五
钱、七钱、一两等重银钱在吉林省正式流
通。这也成为清代乃至中国最早的机制
银币。

图13-3　吉林省厂平壹两银钱（上海博物馆）

图13-4　新疆饷银五钱银币
《新疆钱币》100页

四、新疆饷银银币

光绪三十三年（1907年），新疆藩司
王树楠在迪化（今乌鲁木齐）城外水磨沟机器局内设银元局制造金银币用于发放
薪饷——饷银，面值有一钱、二钱、四钱、五钱和一两。正面有币名饷银及面
值，背面有多种版别的蟠龙图案。

五、张之洞在广东制造银币光绪元宝

洋务运动运动倡导人之一的张之洞，
十分重视学习西方先进的科学技术，中学
为体，西学为用的主张受到清廷朝野的广
泛认同。发展民族工业，他是先行者。光
绪十三年（1887年）正月二十四日，两广

图13-5　广东省造光绪元宝（七三番版）
银币《中国钱币博物馆藏品选》203页

总督张之洞上奏朝廷，在广东设钱局用机器铸钱，制造银币库平七钱三分光绪元
宝，清汉文合璧；一面铸蟠龙纹，周围铸广东省造库平七钱三分，兼用汉文、英
文，以便与外洋交易。铸成后支放各种饷需官项，与征收厘捐、盐课、杂税及粤
省洋关税与洋银通用。奏请经光绪帝批户部速议具奏，在户部官员历数四弊后，
被朝廷批复缓办。

对此，张之洞请驻英公使刘瑞英与英国伯明翰拉尔夫·喜敦父子造币有限公
司接洽订购全套造币机器设备，又在广州东门外买地82余亩，参照喜敦公司规
模布局兴建造币厂。喜敦公司代设计钱币图样，雕刻钢模和技术转移。光绪十四

年（1888年）底，全套设备抵粤，次年二月造币厂竣工，定名广东钱局，四月二十六日开炉制造铜钱。光绪十四年（1888年）八月初六，再次上奏朝廷对户部自制银币四弊说，逐一提出解决方法。以代香港汇丰银行制造银币为由，恳请朝廷准许广东自制银币，终得批准。从此，中国正式进入机器铸币的时代。

光绪元宝银币分五等，即七钱三分、三钱六分五厘、一钱四分六厘、七分三厘、三分六厘五。主币七钱三分，正面珠圈内有满汉文光绪元宝字样，珠圈外上环英文广东省，下环汉字七钱三分，两侧为四瓣小花。背面正中为蟠龙图案，上下环广东省造、库平七钱三分。其余四等除纪重英文、汉文相应改变外，都与七钱三分币相同。彭信威先生说："这是中国最早的正式新银币。"[1]

第二节　中国机制银币的改版及金币的铸造

由于七钱三分银币比外国银币成色好、分量重，很快被人收藏或熔毁，减色减重新铸，进入市场流通受阻，被鹰洋驱逐，出现劣币驱逐良币现象。张之洞采纳汇丰银行建议，铸与外国银币相同的七钱二分版银币，俗称七二番版。样币送北京审核时，引起一些政府官员的非议，户部官员认为将英文放在正面不妥，要求将英文移到背面，而将中文移到正面。后来，以广东省造库平七钱二分汉文改到前面，成为清代银币图案设计的定制，即后来的广东龙洋。

光绪十五年（1889年），张之洞调任湖广总督。于光绪十九年（1893年）在湖北武昌设立银元局，次年铸造龙洋与广东龙洋相比，只是币面的广东省造改为湖北省造，背面龙纹两旁分铸本省二字，后将本省二字去掉。银币共有大小五种，面值有库平七钱二分、三钱六分、一钱四分四厘、七分二厘和三分六厘。广东龙洋问世后，各地认为机制币有利可图，纷纷仿效。

一、天津龙洋

光绪二十二年（1896年），直隶在天津的北洋机器局试铸银币，下面中央有

---

[1] 彭信威：《中国货币史》，第587页，上海人民出版社，2007年。

壹圆二字直书，环以占圈，圈外环以满文十三字，再环以点圈，圈处又环以汉文"大清　光绪二十二年 北洋机器局造"十四字，背面为蟠龙纹环以英文。至光绪二十五年（1899年）改铸正规的龙洋，上端有北洋造三字的光绪元宝，同广东和湖北的龙洋同一体制，但背面的英文纪有年份，共有五种：分别为光绪二十五年、二十六年、二十九年、三十三年和三十四年。

二、江南龙洋

光绪二十三年（1897年）十二月，在南京铸造龙洋，共有两种边纹，一种仿本洋，另一种与其他龙洋一样是齿纹边。自光绪二十四年起，在正面边上加铸干支年份，自戊戌（1898年），到乙巳（1905年），每一年份又有不同版别。康熙六年（1667年）清廷撤江南省设江苏、安徽两省。江南省造银币有币无省，应正名为江苏省造、安徽省造或江西省造。江南省造银币一直生产到宣统元年（1909）。版别有光绪二十三年（1897年）、光绪二十四年至三十一年（1898—1905年），币面有戊戌、己亥、庚子、辛丑、壬寅、癸卯、甲辰、乙巳干支，藏界称江南八品。

图 13-6　江南省造光绪元宝（七钱二分）银币（苏骏）

三、吉林龙洋

吉林自光绪八年和十年铸造厂平后没有铸过其他银币，光绪二十四年（1898年）开始铸造龙洋。正面没有满文，中间有一盆万年青和光绪元宝字样，上面为

图 13-7　吉林省造光绪元宝七钱二分银币《泉林翦影》96 页

吉林省造，下面为库平×钱×分×厘字样，背面有两个满文。吉林龙洋从光绪二十五年（1899年）到光绪三十四年（1908年），开始加铸干支纪年，其中1900年的龙洋有万年青、二满文和阿拉伯数字11三种，11表示11角，2角中间有2，1角中间有1字样。吉林银币面值有七钱二分（一元）、三钱六分（五角）、一钱四分四（二角）、七分二厘（一角）、三分六厘米（五分）等五种，其中一元又称为大银币，五角以下称小银币。

四、奉天龙洋

奉天的龙洋同于直隶龙洋，光绪二十四年（1898年），奉天机器局铸造银币，币面排列方法同北洋机器局的银币相仿，不同的是最外面一圈是十三个满字，其次一圈是英文奉天省，中央是一圆二字，背面在龙纹四周有"大清光绪二十四年奉天机器局造"十四个汉字，另外，还有光绪二十五年造。光绪二十九年（1903年）开始改铸新版龙洋，正面有光绪元宝字样，中间有宝奉两个满字，上面为奉天省造，下面为库平七钱二分，癸卯（1903年）。光绪三十三年（1907年），为扩大龙洋的流通范围，改铸东三省造龙洋。

台湾省、福建省、贵州省、广东省、山东省、浙江省、安徽省、四川省、湖南省、东三省、云南省、陕西省、新疆、上海等也先后铸造龙洋。

五、四川卢比的历史意义

光绪年间，四川由于有印度卢比（印度、巴基斯坦、斯里兰卡、尼泊尔和毛里求斯所使用的货币名称）银币流通，也铸造一种卢比与之对抗，俗称四川卢比。19世纪下半叶，英国吞并印度后，为在军事和经济上攫取更大利益，以印度为基地，于光绪十四年（1888年）和三十年（1904年）两次大举武装入侵西藏。由于清政府采取不抵抗政策，英军直抵拉萨，迫使清政府签订《藏印条约》与《拉萨条约》。至此，西藏门户洞开，英印商人可自由到西藏进行贸易活动，东印度公司制造的卢

图13-8 光绪三十一年四川省
造四川卢比银币（苏骏）

图13-9 宣统元年西藏宣统宝藏银币（苏骏）

比银币大量输往藏地，几乎成了西藏的通行货币，严重破坏了西藏的财政金融秩序，引起清政府的关注和不安。

光绪三十一年（1905年）十一月二十九日，四川总督锡良上奏朝廷提出铸造仿照卢比的汉文银币，抵制印度卢比并充发藏饷的奏折获批。川滇边务大臣赵尔丰筹建成都造币厂，采用新式机器，大批量铸造仿照印度卢比形式的银币。正面用光绪帝侧面头像，背面铸四川省造字样，四周

环绕花草纹饰。面值一元、半元（五角）
及四分之一元（二角五分）三种，计合清
库平银三钱二分、一钱六分和八分。四川
卢比是我国最早有人物图像的银币，也是
唯一有帝王头像的银币。人们称为川铸
卢比、川卡、藏洋、赵尔丰钱。银币造

图 13-10　光绪三年新疆阿古柏天罡
银币（回历 1295 年版）《中国近代
金银货币通览近代金银币章卷》199 页

出后，大批运销打箭炉以西的康藏地区，作为地方币流通。因成色纯正、工艺精
美，深受商民欢迎，当地财政机构税收只收四川卢比。四川卢比是清政府针对英
帝国主义对我国西藏经济侵略批准铸造的，尽管流通区域不广，为抵制和驱逐洋
元侵略我国货币流通市场，发挥了积极作用，有深远的意义。

　　清代的边疆及一些少数民族地区，也曾铸造过银币。如西藏在宣统年间曾铸
造宣统宝藏两种银币，有一钱和二钱两种。同治年间，中亚浩罕国军官阿古柏入
侵我国新疆，建哲德沙尔（意译七个城市）汗国，定喀什噶尔为都城，在喀什噶
尔铸造天罡（古星名，指北斗七星的柄）银币，两面回文，圆而不整，这种小银
币一直到民国年间还有流通。

六、清政府统一银币铸造的努力

　　各省在不同年份铸造过各种龙洋，形式相差不多，重量成色完全不同。清政
府未能对货币的发行统管，各省银币局几乎是独立的货币发行机构。为解决银币
铸造各自为政带来的弊端，光绪二十八年（1902 年）将天津和北洋机器局合并成
立北洋银币总局。光绪三十一年（1905 年）成立户部铸造银钱总厂，将全国 21
个银币局和铜元局合并为 9 个。宣统二年（1910 年）五月，制定造币厂章程，在
天津设立总厂，另以武昌、成都、云南、
广州四处为分厂，奉天设分厂。

　　光绪二十九年（1903 年）七月，清政
府拟订《整顿圜法章程》十条，提出银币专
由造币总厂制造，保留南洋（江南）、北
洋、广东、湖北四局为分厂。光绪三十二

图 13-11　丙午一两大清金币
《中国钱币博物馆藏品选》143 页

年（1906年）和三十三年（1907年），天津造币总厂铸造大清金币和大清银币，以库平两为单位。光绪三十二年（1906年）的大清银币以两为单位，有五钱、二钱、一钱三种，币面中央有中字，两旁分列户部二字，背面环以光绪年造四字和英文大清帝国银币字样。宣统三年（1911年）铸造的大清银币有几种雕模，发行流通的只有曲须龙。光绪元宝、宣统元宝和大清银币，一元以下有五角、二角、一角和五分，每套不齐全。

七、清代金币的铸造

图 13-12　阿古柏铁拉金币《中国近代金银货币通览近代金银币章卷》39 页

清代铸造的金币品种较少，同治末年（1875年）阿古柏在新疆喀什噶尔铸造铁拉金币。铁剌每枚重约3.8克，钱径20毫米，成色98%。天罡一枚合普尔钱五十，钱币上没有汉文，只有察合台文，正面汉译阿不都艾则孜汗苏丹（土耳其苏丹名），背面汉译铸于喀什噶尔都域，回历1291年。

光绪二十七年（1901年）吉林银圆局铸造流通金圆。光绪二十八年至三十四年（1902—1908年）福建官银钱局铸造光绪元宝银币金样。光绪二十九年（1903年）天津户部造币厂铸造银币金样。光绪三十三年（1907年）。天津造币厂在光绪三十二年和三十三年曾铸造库平一两的大清金币两种，实际没有流通。

清末真正流通而且有汉文的金币，是光绪三十三年新疆藩司王树藩设银圆局于迪化铸造的饷金一钱和饷金二钱金币。正面是饷金一（二）钱四字，背面是蟠龙，四边有察合台铭文，龙上下右左铭文汉译分别为饷、金、一（二）、钱。西藏在宣统年间也曾铸造金币，重十一公分三。图形是西藏风格，中央有狮形，周围有八吉祥的花饰，背面有藏文，一种作薄片形，另一种略小而厚。

第三节　清末制钱的制造

清代是银两与制钱并行的货币制度，银两主要用于征收田赋及较大额的支付结算，制钱承担着商品交易主要的支付结算功能。由于国际铜价上涨，西方不法商人大量收购中国的制钱，国内普遍出现民间私自销毁制钱牟利的现象，形成全国性的制钱流通短缺。

一、机制制钱的铸造与流通

（一）清政府恢复制钱制度。同治六年（1867年），随着太平军被击败，全国战事逐步结束，清政府着手恢复制钱制度，筹备新铸制钱。随着洋务运动兴起，使用西方机器发展军事及民用工业成为潮流。

光绪十年（1884年），吉林将军希元首用机器开铸"厂平"银元，开了中国机器铸币的先河。光绪十二年（1886年）六月十四日，慈禧太后下旨，令军机大臣会同户部、工部堂官就恢复制钱制度妥议具奏。七月十四日，醇亲王奕譞等奏请以三年为期恢复制钱，请直隶、江苏督抚在机器局内添购机器，制造制钱。直隶总督李鸿章在天津机器局用旧机器试铸制钱。

光绪十三年（1887年）慈禧太后再次下旨，严斥户部、直隶、两江等，要求一年内铸造新制钱。李鸿章电令天津机器局沈保靖等加紧筹办，天津机器局即引进英国格林洛铁厂成套造币机器，当年七月开始成批量制造机制制钱。这是中国最早机器铸造的制钱。此后，浙江、广东也开始筹备机器造制钱相关事宜。光绪十五年（1889年）二月，广东钱局建成，四月二十六日开始用机器试铸制钱，日生产能力200万枚左右。从此，中国进入机器铸造金属货币时期。浙江、江苏、广东、吉林、湖北、四川、奉天、新疆等省也先后制造机制制钱。

图13-13　清机制制钱光绪通宝（宝直、宝津、宝宁）《中国钱币大辞典》清编铜元卷 343、350 页

图13-14　清机制制钱聪明智慧（背吉祥）、光绪通宝（背奉天机器局造紫铜当十钱）、光绪通宝（背库平一钱、广、满文广）《中国钱币大辞典》清编铜元卷 359、364、350 页

此时期机器铸造的制钱，以小平钱为主，大钱只有奉天省铸造流通，其他省的大钱都是样钱。黄铜、红铜、紫铜质。钱文光绪通宝、背满文宝直、宝津、宝浙、宝广、宝苏、宝宁、宝陵、宝吉、宝武、宝奉、宝福、宝源，背汉文公平（直书、横书）及上下汉文新十等。

广东省铸行光绪重宝、宣统通宝、光明世界等机制制钱。江苏省在上海江南机器制造总局铸行黄铜、白铜质天子万年、一统万年当十钱。红、黄、白铜质富寿多男、长命富贵、聪明智慧、金玉满堂、一统长清、平安如意等吉语钱。吉林省铸行红、黄铜质，面值有当十、当二十的光绪元宝。湖北省铸行黄铜质光绪通宝。福建省铸行黄铜质宣统通宝。

在清政府的催促下，多省开始机器铸造制钱，材质以黄铜为主。制造量较大、流通较广的省份是直隶、广东、浙江、江苏、吉林、湖北等省，广东省铸量大，时间早，流通广。随着机制制钱的铸造与流通，相关问题随之暴露。一是银价不断下跌，铜价日益上涨。通过减重降低成本，各铸造省还是无一例外的亏损。二是减重使机制制钱失去应有价值。由1钱逐步减至8.5分、8分、7分、5分，光绪三十二年（1906年）广东铸造重3分2厘的圆孔铜钱。三是钱荒的出现。私销及外运机制制钱，直接引发制钱的短缺。

机器铸造制钱有十多年时间，最终失败，积极意义不可否认。传统的铸造方式转变为机器铸造是铸币技术的重大改革，中国造币史的里程碑，不仅是工艺的改进，更是社会的进步。推动晚清货币制度的改革与发展，明确机器铸造是中国金属货币发展方向。机器铸造制钱为后来机制银元的扩大铸造和铜元的诞生作了有益的探索与准备。

（二）方孔钱形制的变革。中国自秦朝铸造方孔钱，至清代尽管钱的名称各朝代不同，形制基本没变，还成为亚洲其他国家铸币的选择，孔方兄作为铸币的代名词，在人们的语言表达及文学作品之中。日本明治维新（1870年）以前，曾开始铸造椭圆形的铜币，但是方孔钱仍然流通。到了清末，孔方兄成了历史货币的名词，铜铸币没有方孔，代表品就是铜元。彭信威先生对于这次铜铸币形制的改革这样评价："清末不但在钱币的铸造技术上有大的改革，而且在钱币的形制上也发生一次革命。"

1866年5月7日，香港造币厂建成至1868年关闭，铸造面额为5仙（5分）、1毫（10仙、10分）、2毫（20仙、20分）、5毫（50仙、50分、半元）和1元银币，1文、1仙（分）的青铜币。这些没有方孔的欧式金属货币曾流入广东，尤其是1仙、5仙、1毫的辅币，还专门供应广东流通。

光绪年间，制钱制度崩溃，加之铜原料价格不断上涨，制钱铸造减少，原有的铸钱多被熔化进行私铸，机器铸造制钱也没有坚持。社会商品经济对小面额金属币的需求仍然刚性存在，产生对金属币形制改革的有效需求。光绪二十三年（1897年），江西道监察御史陈其璋奏请仿造大小铜元，以补制钱之不足。

1. 广东首铸铜元成功。光绪二十六年（1900年），李鸿章任两广总督。当时的广东与全国一样，市场流通的货币非常短缺，辅币则有大量的香港铜仙币流通。停铸制钱，钱价日涨，银价日落。以粤省地邻港澳商民习用外洋铜仙为由，先行试铸

图 13-15　广东铸元光绪元宝每枚当制钱十文铜元《中国钱币大辞典》清编铜元卷第8页

二等铜仙，即每枚当制钱十文，以紫铜九十五分，白铅四分，点锡一分配合，每枚重量二钱，正面镌光绪元宝、满文宝广，上部镌广东省造，下部镌每圆当制钱十文字样。反面中镌蟠龙纹，周围镌英文，译为广东一仙，这是中国最早的铸造铜元。币面花纹精致，式样美观，中间无孔，与方孔钱相比，发生质的变化。

光绪三十年（1904年），广东钱局铜元的版式有所变化，以铜元原镌每百枚换一圆字样，仿部铸（即清度支部所铸）当十钱法，改铸每个当制钱十文，以方便流通。光绪三十二年（1906年），清廷以各省铜元铸数大滥有碍圜法，归并各省铜币局，将广东钱局改名为度支部造币粤厂归部管辖，改督办为总办，部派会办一员监督厂务。此时，广东铸造一文铜钱每文重三分二厘，中凿圆孔，紫铜六成，白铅四成。

光绪三十三年（1907年），度支部又以各省铜元铸数日多，民间减折行用，银价愈贵，以铜元计算之物价愈昂，奏请分饬各省暂行停铸数月，遂于四月十八

日停铸铜元，至八月一日复行鼓铸。宣统元年（1909年），度支部饬停铸铜元。宣统二年（1910年），粤厂改名为度支部广州造币厂，复行铸造铜元。广东铸造的铜元，至民国改元，将所有前清龙纹铜元旧模一律销毁。

2. 广东铜元铸造发行流通的意义。广东铜元作为一种铜辅币，从属于本位货币，初铸时币面有每百枚换一圆及广东一仙字样，是银元的辅币。后来又改成当制钱十文，变成了制钱的本位货币，是制钱制度的恢复。广东铜元作为应对钱荒的措施，意义积极，发展方向符合历史潮流。开创了中国机铸铜元的先河，一改在中国流通几千年外圆内方传统铸币的版式，类似于银元版式，是中国铜铸币的一次巨大变革，形制与内涵与现代的外国金属货币相似，是中国货币铸造技术及币种选择的巨大进步，也是对西方先进的科学技术成功的引进，对清代闭关锁国政策的冲击。作为以枚计数的辅币，深受商民欢迎。带来中国金属货币版式的变革。

第四节　清代铜元的制造

清代的铜元又称为铜币、铜板、铜角子、铜壳子、铜子儿。铸造于光绪二十六年至宣统三年（1900—1911年）以红、黄铜为主，有少量其他材质样币。铜元是中国近代货币体系中的重要品种，制钱的变体品种，新形式和新单位的虚值大钱。由于成本低廉、生产简单、铸利丰厚、外形美观、流通方便迅速取代制钱的流通。品种有光绪元宝、大清铜币、光绪通宝、宣统元宝。继广东首铸以后，全国其他省迅速跟上，开始了大规模铸造铜元。对人民生活和社会生产产生了重要影响，引发了中国近代货币发展的重大变革。

一、铜元的面值与流通区域

铜元面值有一厘、五厘、一文、二文、五文、十文、二十文、三十文、五十文、一分、二分等，后三种称大铜元，二十文和十文数量最多，流通也最广。十文称为当十铜元或单铜元，二十文称为当二十铜元或双铜元。宣统二年（1910年）颁布的《币制则例》规定两种新铜辅币，中央有圆孔，面值一分和五厘，均为银元的辅币。天津厂曾铸一分铜币、五厘铜币。宣统元年（1909年），德国在青岛曾发行五分、一角辅币。国币条例规定发行五分镍币重七分，成色铜75%、镍25%。后来的广东、云南也都发行五分、一角镍币，广东的中间有小圆孔。湖北、江西、四川、北京主要流通双铜元。单铜元流通区域最为广泛，几乎在全国范围流通。

二、铜元的品种

（一）光绪元宝。光绪二十六年至三十一年（1900—1905年）铸造。材质红、黄、白铜。正面上端是铸造省名，中间珠圈内钱文光绪元宝，上下右左读，下部面值。币值有半分、一文、二文、五文、十文、二十文、三十文，钱文书写方式有十六种。广东全国最早铸光绪元宝十文铜元，后来除西藏外各省相继铸造。

（二）光绪通宝。光绪二十六年至三十一年（1900—1905年）铸造。材质红、黄铜。正背面文字图案不统一，正面钱文光绪通宝，上下右左读。背面各不相同。户部是铜币一文、北洋是北洋零用一文、山东是山东一文、吉林是制钱二文。币值有一文、二文、二十个、五十个、一百个共五种。

图 13-16　吉林省造光绪元宝铜元
《中国钱币博物馆藏品选》127 页

图 13-17　山东省造光绪通宝山东一文
《中国钱币大辞典》清编铜元卷 288 页

图 13-18　宣统元宝·新疆通用·当红钱十文·无纪年《中国钱币大辞典》清编铜元卷 322 页

（三）宣统元宝。宣统元年至三年（1909—1911年）铸造。材质红铜，新疆省铸造。正面上端新疆通用，中间宣统元宝，上下右左读。下部面值当红钱十文。背面上端纪年庚戌、辛亥或无纪年，下部有维文。币值只有当红钱十文一种。

（四）大清铜币。光绪三十一至宣统三年（1905—1911年），清政府为整齐划

图 13-19　户部丙午直字当十大清铜币
《中国钱币博物馆藏品选》116 页

一铜元，解决流弊，着手铸造大清铜币。材质红、黄、白铜。正面上端满文年号光绪年造或宣统年造，上下右左读。中间珠圈内钱文大清铜币，大部分中还有铸造省简称，户部造无字。币值有二文、五文、十文、二十文、一厘、五厘、一分、二分，文字书写方式有 14 种。除西藏和新疆，各省都铸造过各种面值的大清铜币。

三、铜元流通中的问题及整治措施

由于铜元盈利丰厚，多个省政府把机铸铜元作为筹集资金、获取利益的手段，纷纷向外国采购机器，建厂铸币。由于铸量大，超过实际需要，使币值下跌，引发通货膨胀，导致省际间铜元投机。流通中的问题：一是数量过多。梁启超统计，自光绪三十年（1904 年）至三十四年（1908 年）五年间，各省所铸铜元达 120 余亿枚，宣统二年（1910 年）有 140 亿枚，1911 年有 200 亿枚。二是性质不明。铜元是银元的辅币，发行到管理不符合辅币规则。发行面值更小的铜元，又成为大面值铜元的辅币，形成辅币的辅币。三是规格不一。钱文内容五花八门，多种表述。满文标铸局，位置多种多样，满文、汉字、英文混杂使用。四是质量不同。红铜元含铜多，黄铜元含铜少。五是贬值较快。兑换银元以上海为例：光绪二十八年（1902 年）80 枚，光绪三十四年（1908 年）123 枚，宣统元年（1909 年）127 枚，宣统二年（1910 年）131 枚，宣统三年（1911 年）134 枚。

清政府在谕令各省开铸铜元以后，其铸造及管理方面也曾制定政策措施，由于统治能力低下，未能实施。如：限制造币厂的增设；限制铜元铸造数量；限制铜元大宗贩运；制定整顿铜元八事；合并各省造币厂；停铸各省铜元。裁减各省造币厂。铸一厘铜币；明确铜元、银元的辅币地位。

四、外国铜元在中国的流通

清代对外开放以后，来华的外国人增多，随身携带外国钱币进入中国，铜元是其中之一，主要是朝鲜、日本、韩国的铜元。南亚英属殖民地、法属殖民地的铜元通过边境贸易流入。俄罗斯戈比是早期白俄涌入中国时带入。外国铜元的形

图 13-20　朝鲜开国五百三年五分、大日本明治八年二钱、大韩光武二年五分铜元
《中国钱币大辞典》清编铜元卷土重来 339、340 页

制、重量与中国的铜元相似，流通中得到应有的价值肯定。韩国、日本的铜元主
要在山东及东南沿海地区、俄罗斯铜币主要是在东北地区、英国及法国殖民地铜
币主要是在云南广西广东等地区流通。

第十四章　清代地方官银钱号及
自办银行的纸币

　　自1024年北宋的地方政府发行交子以后，金代的交钞、南宋的会子、元代的宝钞和交钞、明代的宝钞、清代的官票和宝钞等这些朝廷发行的纸币，断断续续的在中国近代发行流通有830余年。但是，这些纸币及相应的纸币制度都是以失败而告终。1848年英国丽如银行在中国香港发行纸币，拉开了外国银行纸币进入中国的大幕，而这些纸币基本都是银元、银两、制钱兑换券的身份，票面还有中国文化因素，使用十分的快捷方便，在社会上享有较高信誉，国人格外仰慕，重拾了发行流通纸币的信心。由此，地方政府大力兴办官银钱号发行纸币，而民族资本也学习外国的银行发行银行兑换券，社会上的钱铺、钱庄、钱店、银号、银楼、当铺、票号、商号、商店也纷纷加入，发行制钱和铜元的兑换券，私票也乘机搭车流通。

第一节　地方官银钱号发行的纸币

　　外国纸币在中国流通的泛滥及清政府纸币流通不畅，使各省的地方政府考虑设立发行机构——官银钱局（号）发行地方纸币，发行并流通的银钱票种类、面额繁杂多样，至清末基本保持兑换，享有一定信誉。

一、直隶、河南省官银钱局及发行的纸币

　　（一）北洋银元局。光绪二十七年（1901年）直隶总督李鸿章去世，袁世凯接任，决定自办银行，任命北洋系经济专家周学熙为总办，在河北本窑洼护卫营址开铸北洋造库平七钱二分光绪元宝。光绪三十一年（1905年）发行当十铜元票100枚和500枚。500枚正面边框为花纹图案，四角为面额，上右下左为直书五百，上下左右为500，票面上半部为二龙戏珠，对抱文横书三行北洋银元局　当

十铜元，中间直书大字面额伍百枚；右边字第 号；左边光绪三十一年造，下边横书认票不认人。号码用墨笔填写，冠字用《千字文》，加盖红色间两个，号码与面额之中为准抵足制钱五千文，年份之下为小方印北洋铜元票发行之印千文，背面袁世凯晓谕。

图 14-1　北洋天津银号库平足银拾两银两票《泉林剪影》146 页

（二）北洋天津银号。又称天津官钱号，光绪二十八年（1902年）八月，呈请户部立案注册，将原设保定的直隶官银号迁到天津成立，在北京、上海、汉口、保定、张家口、唐山等地设分号。宣统二年（1910年）九月一日，改名为直隶省总银

图 14-2　河南省豫泉官银钱局拾圆银元券《中国近代纸币史》图录 36 页

行。发行银两票、银元票、钱票。银两票加盖各发行地的平色，有公砝平、保定平、京平、北洋库平。均为竖版。票面有1905年版1两，保定府天津银号发行。1908年版5两，京都天津银号发行。1909—1911年版3两、5两、10两、100两。银元票为横版，票面有1904年版10元，1910—1911版，3元、5元、10元、50元、100元。钱票无年份，分别为1、2、5、10、20、100串。

（三）河南省豫泉官银钱局。前身是光绪二十二年（1896年）设立于开封的豫泉官钱局，光绪三十年（1904年）八月扩充而改称。发行的纸币有：光绪三十年（1904年）500文、1 000文、2 000文竖版制钱票。发行之初尚且稳健，宣统年后，发行量剧增，引发市场物价上涨。

二、山东、山西省及热河地区官银钱局及发行的纸币

（一）山东省通济官钱局。光绪二十二年（1896年）八月在济南成立。光绪二十七年（1901年）五月，改名山东官银号。发行大额钱票，面值有1 000文、2 000文、3 000文、5 000文、10千文5种。钱票印刷质量不高，流通受阻，收回改发角钱票。光绪二十八年（1902年），为防伪造，将角钱票收回，改发石

印版钱票。光绪二十八年（1902年），发行济南石印局印制的库平银票，面值1两、2两、5两、10两4种。光绪三十一年（1905年）、三十三年（1907年），发行日本印制的济平银票，面值1两、2两、5两、10两、50两、100两6种。光绪三十三年（1907年），发行日本印制的银元票，面值1元、2元、5元、10元4种。

（二）山西省官钱局及发行的纸币。

1. 晋泰官银钱号。光绪二十八年（1902年），晋抚岑春煊奏准创办。由于成立时正值山西票号鼎盛时期，发行纸币数量较少。宣统三年（1911年）冬停业，1903年清理结束。

2. 山西省官钱局。又名山西官钱总局，宣统三年（1911年）十月二十五日成立。创办后就开始发行小洋1元、大洋3元、5元纸币。

3. 热河官钱局。一是围场官钱局。清代从顺治开始设有围场，专供皇帝田猎，光绪二年（1876年）在承德府设围场厅。光绪三十二年（1906年），围场官银局成立。为平抑私帖发行纸币，稳定市场货币流通秩序。发行过程、数额及种类等均无史料记载，1913年停办清理。

二是热河官银号。光绪三十二年（1906年），由于热河地区银钱两荒，私票盛行，为整治货币流通秩序，热河都统廷杰于是年十月初八在承德市成立，在乌丹和林西设立兑换所。光绪三十三年（1907年）发行纸币，种类有银两票、钱票、大银元票、小银元票4种。银两票面值1两、2两、3两、4两、5两、10两、50两、100两。钱票面值1吊、2吊、3吊、5吊。大银元票面值1元、5元、10元。小银元票面值1角、2角、5角、10角。

三、陕西、甘肃省官银钱号及发行的纸币

（一）陕西省官银钱号。一是秦丰官银钱铺（陕西官银钱号）。光绪十九年（1893年），陕西藩司拨银6万两为票本，在省城梁家牌官钱局旧址开设，试办成功，次年八月正式营业。先后在汉中、兴安、延安设分号，独立发行钱票。二是秦

图14-3　陕西官银钱号秦丰银行叁两银票
《中国钱币博物馆藏品选》278页

丰官钱局。宣统二年（1910年）陕西官钱局的钱柜（库）改组为秦丰同字钱局、心字钱局，银柜（库）部分改组为秦丰官银号，三个机构共同组成秦丰官钱局。秦丰同字钱局、心字钱局发行钱票1 000文、500文。秦丰官银号银票有1两、2两、5两、10两、20两、30两。票面都印秦丰官钱局字样。宣统三年（1911年）十月，辛亥革命爆发后，三家同时停业，改组为秦丰银行，发行兑换券和钱票兑换券。银两票面值1两、2两、3两、5两、10两、50两、100两。隶属省财政司，钞票发行无限额。票面印陕西秦丰银行兑换券，加盖秦丰、银行及两方押印。背面有骑缝押印及于票面相同的编号。

（二）甘肃省官银钱局。光绪三十二年（1906年），甘肃省钱荒严重，银根短绌，兰州道彭英甲发起筹办官银钱局，同年十二月在兰州开业，以藩司、臬司、兰州道为总办，先后在平凉、西宁、宁夏、凉州、秦州、甘州、肃州、天水、安定、马营等地设立分局。向上海中兴仪器局订印银两、铜钱票。银两票以兰平银为本位，有1两、2两两种票面，各印10万张。钱票有1串、500文2种，各印10万张。发行之初，因民众不熟悉，流通不畅。后信誉渐增，商民乐于使用，一度流通至外省。因资本少，纸币发行不敢扩张，供不应求。票价高于现银，以现银兑银票每百两须贴水2两，辛亥革命以后照旧经营。

四、湖北、湖南省官银钱局及发行的纸币

（一）湖北省银元局。光绪十九年（1893年）十月初九，张之洞与谭沩（谭嗣同父）在武昌三佛阁的守备署旧址设立，开铸银元。先后发行银两票、银元票、制钱票。银两票面值有1两、3两、5两、10两，银元票面值有1元、5元、10元，制钱票面值有1吊、5吊、10吊。光绪二十九年（1903年）又铸铜元。光绪三十一年，改称湖北银币局。宣统二年（1910年）五月与铜元局合并收归部有，名为武昌造币分厂，铸宣统元宝。

（二）湖北省官钱局。光绪二十三（1897年）年正月十二日，湖广总督张之洞设立。总局设武昌，设分局于沙市、宜昌、樊城、老河口、武穴、安陆。筹备之际发行有伍百文和壹千文2种制钱票，由藩司盖印，在各钱庄间通用，准予在粮台兑现，时称台票。光绪二十五年（1899年），在上海订印新式精美的钱票，

图14-4 湖北省官钱局光绪三十年拾两银票
《中国钱币博物馆藏品选》262页

每枚面额九八制钱壹千文，回收台票。光绪二十七年（1901年），张之洞启用善于经商的高松如主持官钱局，钞票流通顺畅，信用昭著。中日甲午战争后，以银元局的名义向日本订印面值壹元的银元票。光绪二十七年（1901年），光绪谕令推广银元。张之洞将银元局银元票转交官钱局，加盖图记，与官钱票一体行用。制钱票和银元票使用方便、兑现保障，确立信用。1 000文和1元两种票面，远不能满足市场需求。官钱局增印10串、5串、1串制钱票，10两、5两银两票，10元、5元、1元银元票。币信坚固，商民携带方便，在湖北省流通，发展到湖南、四川、陕西、河南、安徽、江西等省使用。

（三）湖南省阜南官钱局。光绪二十二年（1896年）二月十六日，湖南巡抚陈宝箴设立。当年十一月在上海印制500文和1 000文制钱票。纸张为定造的日本纸，内含字号，票面精刻花纹刷印，下面加盖藩司印，背书官示，加该局暗号图记防伪造。为推动纸币行使，颁布《严禁执持官钱局票挑剔挟持告示》，凡属钱粮厘金并典质衣物各项贸易，概行收用，全省通行。光绪二十四年（1898年）八月戊戌变法失败，陈宝箴被革职，经营遭到挫折。光绪二十五年（1899年）五月二十八日，新任湖南巡抚俞廉三停办阜南官钱局钱号片。

（四）湖南官钱局。光绪二十八年（1902年），受支付大宗庚子赔款影响，多家钱庄倒闭，湖南金融市场一片紊乱，现金缺乏，制钱掺杂大量私铸，质量低劣，城乡市票充斥。为稳定金融市场，满足市场货币流通需要，湖南

图14-5 湖南官钱局光绪丙午年"即月即日"银票伍两《中国钱币博物馆藏品选》266页

官府再次筹办设立官钱局，光绪二十九年（1903年）一月成立。设立以后先整顿货币流通秩序，后发行纸币。品种有银两票、银元票、制钱票、铜元票等四种。

银两票分为直式和横式，正面图案均为双龙戏珠，直式面值一两银票，横式面值伍两银票分甲乙两式，甲式面额伍两横书，乙式面额伍两直书。两种银票背面皆印湖南巡抚官示，均为上海商务印书馆印刷。

银元票皆为直式，面额壹圆，正面图案为双龙戏珠，背面印湖南巡抚官示。分为甲乙式，甲式正面上方阳文篆书湖南官钱局字样，乙式正面上方阴文真书湖南官钱局。

制钱票为直式，面额一串，正面图案为双龙戏珠，背面印湖南巡抚官示，并加盖藩司印信。甲式正面上方湖南官钱局字样阴文真书。乙式与甲式不同之处是票面金额文字两旁各有小字一行："此票准完纳本省丁漕及关税、盐课、厘金，如有私刻假票者，照例治罪"。票面正面湖南官钱局字样为阳文篆书。

铜元票有当十铜元壹百枚、伍百枚、伍十枚，直横两种版式，正面均有双龙戏珠图案。当十铜元一百枚者有直横两式。直式正面上方湖南官钱局五字为篆书。横式正面上部横行真书湖南官钱局字样。当十铜元伍佰枚票为横式，正面上部横行真书湖南官钱局字样。当十铜元伍拾枚票，横式的版式与当十铜元壹佰枚横工票相同。背面官示中印有"局虽官设，与商开钱店无异，不论何人持票到局，均照票面所载银圆、铜圆、制钱各项，如数兑付，决不片刻留难。倘有奸商把持阻挠及匪徒仿造谎骗，定即严拿治罪。"

五、江苏、安徽、浙江官银钱局及发行的纸币

（一）江苏省官银钱局。光绪二十九年（1903年）二月十三日，两江总督张之洞奏请在江宁、苏州设立官银钱局。同年五月二十四，裕宁、裕苏官银钱局在江宁（南京）、苏州同时开业。

1. 裕宁官银钱局。设于南京评事街，隶属江宁布政司。开业之初，向日本大藏省印刷局订印九八制钱1串文钱票20万张，票面加盖清江、窑湾、泰兴、沭邑、兑当十铜元壹百枚等字样，版式均为竖版。光绪三十一年（1905年）发行银元票1元、5元、10元，票面印双龙图案，故被称为龙票，印有龙洋、清江江宁

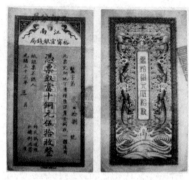

图14-6 江南裕宁官银钱局光绪三十三年伍拾枚
铜元票（许义宗）

上海镇江扬州通用、海州字样，版式均为横版。光绪三十三年（1907年），发行新版银元票1元、5元、10元纸币，加盖龙洋和、英洋印，即凭票可兑换银元龙洋或鹰洋。票面加盖南京、九江、镇江、上海、通州等地名。背面图案一类是中间为双龙捧珠，两边的圆形框内是江南省造光绪元宝7钱2分的正背图案。另一类中间为两江总督端方肖像，两侧圆框内的图案又分左边通用银元和右边双龙旗交叉两种。

光绪三十三年（1907年），委托上海商务印书制当十铜元票10枚、20枚、50枚，版式均为竖版，并加盖各地地名，发行后很受欢迎。此后，在江西省设分局，专司督销局厘课盐价汇兑等，并印制1元、5元、10元3种银元票和10枚、20枚、50枚、98枚、100枚5种铜元票。辛亥革命后，各分局现款被当地军政机关提用一空，停业清理。

2. 裕苏官银钱局。设于苏州西中市德馨里，在上海、无锡、镇江、常州、丹阳、金坛等处设有分局。光绪二十九年（1903年）发行制钱票，有100文、200文、500文、1 000文4种，票面印江南裕苏官银钱局、凭票发足制钱壹百文（贰佰文）等字样，其中500文和1 000文票后加盖改发铜元、照市易银易洋等印字，由华聚玉记石印印制。光绪三十二年（1906年）发行银元票，用江苏裕苏官银钱局名称，当年发行的银元票有1元、5元、10元3种，票面正面印江苏巡抚陈夔龙像，暗藏水印江苏裕苏官银钱局字样，左右两侧分印大清光绪二十九年二奉办、大清三十二年陆月续印字样。版式均为竖版。光绪三十四

图14-7 光绪三十四年江苏裕苏官银
钱局鹰洋伍圆（许义宗）

年（1908年），为防伪造，改良1元、5元、10元龙鹰各票200万元，由局委员加盖图记，票下部中间为面额，花纹、号码明细、精致，暗藏水印江苏裕苏官银钱局字样。辛亥革命爆发后停业。

（二）安徽省官银钱局。光绪三十二年（1906年）正月，安徽巡抚诚勋会同两江总督周馥共同上奏开办裕皖官钱局获准。同年十月正式营业，总局设

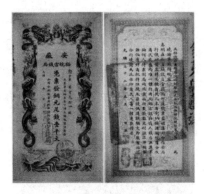

图14-8　安徽皖官钱局光绪年月日、驻正阳、驻怀裕皖分局 壹千文钱票《中国钱币博物馆藏品选》272页

在安庆司下坡，次年在正阳、怀远、芜湖、亳州设立分局。光绪三十四年（1908年）至宣统三年，先后在蒙城、临淮、和州、广德、建平、六安等地设分局、分庄。光绪三十二年（1906年）五月发行制钱票，面值1 000文，与铜元相辅行使。票面上方有计存钱条、裕皖字样，套版彩印，票面加盖地名签章。背面印安徽巡抚告示。光绪三十三年（1907年）十一月，为弥补省内流通银元不足，发行银元票，面值1元和5元。票面有安徽省造光绪元宝银元正背图案，1元为横版，5元为竖版。由各分局加盖多种地名章。宣统元年（1909年）发行铜元票，面值1 000文。宣统三年（1911年）11月15日，由江西开拔安庆的浔军黄焕章部因军饷不济发生哗变，洗劫藩库，白银8万余两被抢劫，契据、账册大部散失，就此倒闭。

（三）浙江省官银钱局。

1. 浙江官钱局。光绪三十四年（1908年）四月，浙江地方政府经招商在杭州设立。宣统元年（1909年）改组为浙江银行。开业时间短，现存的有光绪三十四年（1908年）版银元票，正面印双龙戏珠图案，珠下横印浙江官钱局字样，中间直印凭票取鹰洋壹元，下有上海商务印书馆制造字样，右边直印二行浙江官钱局、立刻兑现洋，左边印浙江官钱局、认票不认人。背面上端中间印双龙图和浙江官钱局以及光绪三十四年口月印一行小字，中间印通告。

2. 浙江银行。宣统元年（1909年）浙江官钱号改组为浙江银行，总行设于杭

州，在上海设立分行。额定发行纸币限额为60万元，主要是银元票。

六、江西、福建官银钱局及发行的纸币

（一）江西省官银钱局。光绪二十八年（1902年）初，江西巡抚柯逢时设立。八月又设官银号和银炉熔造宝银。光绪二十九年（1903年），江西官钱局与官银号合并，组建江西官银钱总号，设于南昌，先后又在九江、汉口、上海、景德镇、修水、吉安、赣州、抚州、上高、湖口等地设立分号。光绪二十八年（1902年），发行十足制钱票1 000文，次年江西官银钱总号设立后，先沿用官银钱局名称和印章，发行九五制钱票100文和1串文，以后又于光绪三十一年（1905年）、三十二年（1906年）、三十四年（1908）年用江西官银钱总号名义发行九五钱票1 000文。

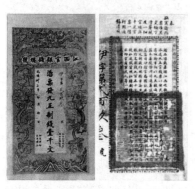

图14-9　江西省官银钱局光绪三十二年壹千文钱票《中国钱币博物馆藏品选》268页

光绪三十三年（1907年），发行银两票和银元票。银元票1元、5元、10元。银两票以九三八市平银（1 000两合库平足银938两）为本位，有2两、5两、10两、50两、100两。银两票票面分为边框与票（心）两部分，中间为双龙抢珠图。背面上部为英文局名"KLANGSE GOVERMENT BANK"下面印江西巡抚告示。银两票背面印有告示，边框四角印江、西、官、号四字，下边框内印有商务印书馆石印，左边有骑缝编号，票面上盖有关防大印。

（二）福建省官银钱局。光绪二十六年（1900年）成立，光绪三十三年（1907年）改名为福建官银行，官银号与官银行两名同时使用。成立后即开始发行台伏券。[1] 1元、2元、3元、5元、10元、20元、30元、100元、1 000元，铜板印刷，票面元数用笔填写，福州市内流通。小洋票1元、2元、3元、5元、10元。宣统三年（1911年）十月，正式改组为福建银号。发行台伏票1元、2元、3

---

[1] 作者注：台伏票票值虽以元计，但并非银元概念，是一种虚拟的货币单位。

元、5元10元、20元、30元、50元、100元，票面元数用笔填写，在福州市内流通。各分号印制小洋票10角、20角、30角、50角、100角。

七、广东、广西、四川、贵州、云南官银钱局及发行的纸币

（一）广东省官银钱局。光绪三十年（1904年）四月，两广总督岑春煊与巡抚张人骏为抵制香港银元票的流入，缓解市场货币流通短缺的矛盾，奏请设立。当年十一月二十七日在广州濠畔街设立。向日本帝国印刷局订印银元票1元、5元、10元，于光绪三十一年（1905年）发行。票面是双龙戏珠和广东省造光绪元宝库平7钱2分银元的正背面图案，以及广东钱局建筑。背面印有"凭票取银元壹元一大元照市核毫"字样。光绪三十四年（1908年）又向日

图 14-10　广东省官银钱局光绪三十一年壹圆银元票（许义宗）

本帝国印刷局订印银元票1元、5元、10元，票面正面两侧边框增加篆文成元字样，中间面额下红色加印大元字样，右侧下印通用成元出入一律，背面四角印篆文成元字样，称为成元票。辛亥革命以前，采取现兑政策，信誉良好。在各地流通兑换，还需每百元加水2—3元。

（二）广西省官银钱号。光绪二十九年（1903年）十一月一日，在桂林厘金总局开业，并在梧州、浔州、柳州、南宁、设立分号。光绪三十年（1904年）元月发行纸币。银两票凸凹版五彩石印空白凭证，日本官造纸印成，有正联和存根，形式类似现代的支票。钱号名、地名、面值和编列字号由手工填写，加盖藩司印信。银两票均以花银为标准成色，平色则照各处市平核算。总号编的银两票，有10两、5两、1两、1 000文（合银7钱），以宝、藏、兴、焉四字为编号冠字。桂林、南宁、梧州三地发行，分号领发的纸币，根据所在地银两的平色计值。发行不久有人擦改票面金额，以少改多，五月发行，票面用红油墨加盖币值戳记，后来印制的银元票和银两票把"广西官银钱号"面值一次印上，只用手工填写编号。光绪三十一年（1905年）银两票发行地增加柳州、百色、玉林。光绪

三十二年（1906年）五月起对银两票和银元票只收不发，控制发行总量。

（三）四川省官银钱局。晚清至民初，四川新旧军阀设立的银行较多，大多发行纸币，由于资本不足或没有资本，一些银行（号、局）随着组建银行的军阀倒台而停业，最短的只有几个月时间。

1. 蜀通官钱局。光绪二十二年（1896年）六月，川督鹿传霖创办，总号设在成都，重庆、井厂等地设有分号。成立后由成都厂印1两银两票，合九七平银8钱，俗名蜀通官银票。初发时民间不易接受，后允许用于完粮纳税，开始流通。光绪二十年（1907年），鹿传霖因为得罪恭亲王奕訢被罢职，当年十一月停业。

2. 濬川源银行。光绪三十一年（1905年）冬，四川总督锡良于光绪三十一年（1905年）九月设立成立，藩司主政督办。总行设重庆，分行设成都，后增设万县、涪州、上海、汉口。发行1 000两、500两、200两、100两、50两、20两、10两、5两、3两、1两等10种银两票。宣统三年（1911年）十二月八日，成都兵变，银行被抢，停业一年之久，重庆总行也因被提去现银而停业。成都原址成立四川银行，发行不兑现的军用银票，面值1元、5元，一年后作为兑换票，在四川银行兑换现银。因无资本，又不能兑现，1913年被撤废。

3. 四川铜元局。光绪二十九年（1903年）在重庆设立，又名重庆铜元局。初创时铸当五、当十、当二十铜元。光绪三十年（1904年）扩大规模后铸币产量大增。光绪三十一年（1905年）与四川银元局合并，称"四川银铜总局"。光绪三十二年（1906年）改为四川户部造币分厂，发行制钱票，面值1 000文和2 000文。后又发行四川银元票，以龙元为本位，冠号、面额、年月日待填。

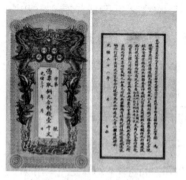

图14-11 光绪三十二年四川铜元局壹千文钱票（苏骏）

（四）贵州官钱局。光绪三十四年（1908年）三月四日在贵阳成立。在安顺、毕节、遵义、镇远、铜仁、古州、重庆、汉口、常德等地设有分局或代办处。银两

票为公估贵平银银两票，面值有1两、5两、
10两。银元票有1元、5元等数种，随发随
收。发行纸币数额不多，又能按票面十足兑
现，工商行业和城镇居民都乐于使用。宣统
三年（1909年）九月，改为贵州银行，而
官银票仍流通市面，未曾贬值，1913年全
部收回。制钱票面值有1 000文、500文、
200文、100文四种。

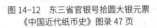

图14-12　东三省官银号拾圆大银元票
《中国近代纸币史》图录47页

（五）云南省官银钱局。该局产度支部
造币滇厂的附设机构，光绪三十四年（1908年）五月开办，名为官银银局，资本
都没有，与其他省官银钱局只是名同而实异。开办之初，印1元、5元银票，1串文
钱票发行试用，数量较少，商民随时兑换银元与铜钱，至年底时收回90%以上。

八、东三省、吉林省、黑龙江省官银号

（一）东三省官银号。光绪二十年（1894年），奉天省盛京将军裕禄设盛京华
丰官贴局，发行以制钱为本位的官帖流通。光绪二十四年（1898年）五月，更名
华盛官贴局。光绪二十六年（1900年）庚子事变，俄军占领沈阳，户部银库及官
钱银号被洗劫一空。俄国的"羌贴"、日本军票流行东北各地，货币流通十分混
乱。光绪二十九年（1903年）官钱银号复业后发行银钱钞券，分为奉钱票、银两
票、大龙元票三种。光绪三十年（1904年）底，更名为华奉官帖局。光绪三十一
年（1905年）五月七日，新任盛京将军赵尔巽于当年十一月一日奏准，将官银钱
号改为奉天官银号，官商合办。发行凭帖、银票、龙元票（大银元票）、小洋票
（小银元票）。光绪三十三年（1907年）四月二十日，东北实行行省制。五月十九
日，东三省总督徐世昌、奉天巡抚唐绍仪为了将奉天官银号推至吉林、黑龙江两
省，于次年九月奏准于宣统元年（1909年）四月二十一日将奉天官银号更名为东
三省官银号，发行银两票、银元票、制钱票。

（二）吉林永衡官贴局（含官钱局）。亦名吉林官帖局或永衡官帖局。光绪
二十四年（1898年）六月，吉林将军延茂为抵制沙俄羌贴，消除地方私帖，推

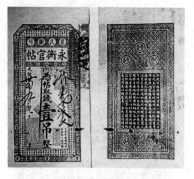

图14-13　吉林永衡官贴钱贴光绪三十四年
（1908年）壹吊《中国近代纸币史》图录48页

动官帖流通，奏准设立吉林永衡官帖局。发行银元官帖，以银元为本位，1元官定价格为吉钱2吊200文。光绪二十六年（1900年）改发制官帖，面值有1吊、2吊、3吊、5吊。1907年，吉林省建制后，军政费用开支加大，依靠增发官帖，导致官帖币值下跌。宣统元年（1909年）八月一日，吉林永衡官银钱号成立，永衡官贴局并入。永衡官银钱成立后继续发行大额官帖。

（三）黑龙江官银号。

1. 黑龙江广信公司。光绪三十年十一月八日（1904年12月24日），为抵制沙俄羌贴，黑龙江协领承春和商人杨文新等建议黑龙江将军达桂、副都统程德全开设官钱局，经奏准后成立黑龙江广信公司。发行制钱官帖，面值有1吊、2吊、3吊、5吊、10吊、20吊、25吊、30吊、50吊、100吊。每吊合江钱500文，发行初期按2吊200文比价兑换现银，由于滥发，不到两年就难以为继。宣统元年（1909年）开始发行银元票，面值有1元、5元、10元。

2. 黑龙江官银号。黑龙江巡抚周树模组建黑龙江官银号，光绪三十四年四月二十七日（1908年5月26日）在省城齐齐哈尔成立。发行大银元券，面值1元、5元、10元。小银元券1角、2角、5角、10角、50角、100角。小铜元券5枚、10枚、20枚、30枚、50枚、100枚、200枚，后又增加500枚、1 000枚。银元票分江省通用和三省通用。

第二节　中国自办银行发行的纸币

随着外国银行进入中国并发行纸币，逐渐控制中国的货币流通市场。清末进步的经济思想家、洋务派、改良主义者和新兴工商业者的代表人物积极推动中国自办银行并发行纸币以抵制外国银行。

一、国家银行发行的纸币

（一）大清户部银行及发行的纸币。光绪二十九年（1903年）清廷派载振、那桐、张允言三人到日本考察财政币制金融情况，研究筹设银行发行纸币。光绪三十年正月二十八日（1904年3月14日）户部向光绪帝奏准试办银行，以此整顿货币流通秩序，完善币制，通过国家银行的设立，统筹并发挥钱庄票号在国家货币流通中的辅助作用。

图 14-14　光绪三十二年大清户部银行
伍圆银元券《泉林剪影》135 页

光绪三十一年八月二十九日（1905年9月27日）大清户部银行在北京成立，总行设西交民巷，当年10月后，在天津、上海、汉口、济南、张家口、奉天、营口、库伦、重庆设立分行。这是中国第一个国家中央银行，除经营收存出放款项、买卖金银、折收期票、汇兑划拨公私款项、代人收存财物等一般银行业务外，还有铸造铜币、发行纸币、代理部库等特权。光绪三十二年（1906年），户部改称度支部，光绪三十四年（1908年）五月，奏请改名为大清银行，颁布大清银行则例24条。辛亥革命后，大清银行清理，经南京临时政府大总统孙中山同意，于1912年1月24日成立中国银行。

以张允言为代表的大清银行管理层逐步形成具有现代中央银行货币流通管理思想的观点、理念、思路，成为我国中央银行货币管理思想的先驱者。一是确立国库出入款项要使用大清银行纸币。二是要求各省流通大清银行纸币。三是形成了中央银行管理货币的基本思想。

图 14-15　光绪三十四年大清银行拾圆
兑换券《中国近代纸币史》图录 6 页

大清银行纸币分为大清银行银两票、银元票和钱票。版别有商务印书馆版、美国钞票公司版、清政府印制厂版。银两票为库平银，1两、5两、10两、50两、100两。

由于各省通行的平色不一，各分行发行的银两票以当地的平色为标准，在当地流通。版别多种多样。银元票1元、5元、10元、50元、100元。由于各省通用银元不同，只在当地流通，兑换当地的大银元。钱票由北京阜通、东南两银号、大清银行济南分行发行。

宣统二年（1910年）五月十七日，度支部奏定《兑换纸币则例》，详尽提出对纸币流通的管理，这是中国第一部中央银行货币管理的条例。主要内容：统一国家纸币发行的主体；确立大清银行纸币的法律地位；规定纸币发行的准备；建立纸币发行监督管理制度；实行纸币发行铸币税制度；规定伪造货币的法律责任；规定破损纸币处理办法。

图14-16　交通银行宣统元年广东伍圆
（许义宗）

（二）交通银行发行的纸币。光绪三十三年（1907年）三月十五日，清政府邮传部尚书陈璧奏请，为改变全国路、航、邮、电各自为政的不良局面，收回权利，综合各政，创办交通银行。光绪三十三年（1907年）十一月清政府准许筹建。次年2月，总行在北京营业，天津、上海、汉口、广州等城市先后开设分行。清政府将全国路、航、邮、电四政的出纳、存款、放贷等业务交予经营，特准发行货币，地位同与大清银行，性质属官商合办。清政府批准的《交通银行章程》第十七条规定：该行拟仿照京外银号及各国银行，印刷通用银纸，分100元、50元、10元、5元、1元，并仿照各银号，印出该埠市面习惯通用平色各种银票，以及各项票据，惟不得出国币纸票。宣统元年（1909年），向上海商务印书馆订印大银元券、小银元券及各地通行平色银两券。各种券面，大多有双龙、龙旗、交通事业轮路电邮等图案。因刚刚开业及营业机构少，纸币发行数量较小。

二、商业银行发行的纸币

（一）中国通商银行发行的纸币。光绪二十二年（1896年），清政府铁路大臣盛宣怀深感铁路之利远而薄，银行之利近而厚。欲银行与铁路并举，方有把握。从三方面着手办银行：发行钞票、鼓铸银币；代理国债；汇解和收存公款。

光绪二十二年（1896年）十一月一日，盛宣怀向光绪帝上《自强大计折》并附开办银行片，主张新设商办银行，设总行于上海，收存款、发钞票、经办长短期放款、汇兑和吸收居民存款、经办国债与民债乃至参与外债。光绪二十三年四月二十六日（1897年5月27日），盛宣怀创办的中国通商银行

图 14-17　中国通商银行光绪二十四年
伍两银两票（许义宗）

在上海成立，这是中国自办的第一家商办银行及现代化银行。朝廷授予发行银元、银两票特权，代收库银，将其视为朝廷整理币制的枢纽。至此，本国银行与外国银行分庭抗礼，开创了中国货币史的新纪元。从光绪二十四年（1898年）开始发行纸币直至1935年取消纸币发行权，长达37年，是中国近现代史上发行纸币历史最长的银行。成立以后，先后发行七个版次的纸币。在外有洋商争利与列强的压力，内有朝廷要员的掣肘猜忌中，实业家、中国第一个银行的筹办者盛宣怀在筹办中体现了非凡的智慧和经营之才。

图 14-18　浙江兴业银行壹圆兑换券
《中国钱币博物馆藏品选》第 300 页

（二）浙江兴业银行发行的纸币。光绪三十一年（1905年）清廷欲以外款建造苏杭甬铁路，浙江省人民为争夺苏杭甬（后称沪杭甬）铁路建造权，成立全省铁路公司，社会各界倾囊相助，集得的股金数倍于借款，为保管和运用路款，方便资金的调度，成立浙江兴业银行。

光绪三十三年（1907年）四月十六日，由商办浙江铁路公司发起，向江浙商

界招股创办，当年九月初九正式成立。总行设于杭州，次年起先后在上海、汉口设立分行。当年十一月，度支部批准发行银行兑换券。光绪三十四年（1908年）十一月，呈准度支部发行纸币定额为100万元，次年实际发行不过50万元，宣统三年（1911年）辛亥革命爆发前，纸币发行量增至80余万元。辛亥革命后，商民纷纷持票兑现，纸币在市面流通骤减，最少时仅10万元。其后，纸币发行量不断扩大，至1914年停止发行时，达到190余万元。是年该行自请改发中国银行兑换券，收回本行纸币销毁，至1914年9月30日，发行纸币仅余78 918元未收回销毁。纸币共印制发行五版，正面图案有火车、该行的行屋、浙江三贤像（越王勾践、王阳明、黄宗羲）、名胜风景图等。

（三）上海四明银行发行的纸币。又称四明银行，光绪三十四年（1908年）七月廿一日，宁波商人袁鎏、李云书等发起在上海创办，分行设于宁波，以后陆续增设汉口等17个分支行。成立以后即禀准度支部、农工商部发行上海通用银元兑换券，发行定额规银120万两，总行设产专库办理兑换券准备金事宜。首次印刷以四明山景为图案的1元、2元、5元、10元等面值的银行兑换券90万元。自光绪三十五年（1909年）开始发行纸币，至民国二十三年（1934年）止，共印制有22种纸币。第一版纸币委托上海商务印书馆和集成图书公司印制，采用当时国际上最先进的铜版凹印技术。钞票图纹精致，线条清晰，立体感强，很受人们的喜爱和乐用。其后各版也都很精美，主图案是四明山风景图或四明银行行楼图景。

图14-19　北洋保商银行拾圆券
《中国钱币博物馆藏品选》299页

（四）北洋保商银行发行的纸币。经北洋大臣倡议，组建华洋商务理事会并创办银行，维护华商在贸易中的利益，银行定名保商。清宣统三年（1911年）四月在天津设立，为中、德、日三国合办，清理天津商人积欠外商的债务。最初资本总额为库平银400万两，中外各半，中国政府先后拨银160万两，又以天津商人财产抵充40万两。外资有德商礼和洋行和瑞记洋行，缴股

银190余万两。度支部核准纸币发行权，发行
银两票和银元票。银两票1两、2两、5两、10
两、50两、100两，银元票1元、5元、10元。

（五）民族资本银行发行的纸币。1905年
至1908年其间，民族资本工业发展进入高潮，
伴随而起的是民族资本银行的发展，作为官
办银行的补充，支持民族工业发展。

1. 上海信成银行发行的纸币。光绪三十
二年（1906年）开办，总行设上海，在无锡、
南京、天津、北京设分行。中国第一家商业

图14-20　光绪三十二年上海信成银行拾
元银元票《泉林剪影》157页

储蓄银行。创办人周廷弼于光绪三十一年（1905年）随商部尚书载振东渡日本考
察。该行主营储蓄业务，清政府授予纸币发行权，光绪三十三年（1907年）委托
日本印刷局印制1元、5元、10元的银元票，票面右侧均有清商部尚书载振人像。

2. 信义储蓄银行发行的纸币。又称信义工商储蓄银行、镇江信义储蓄银行。
光绪三十四年（1908年）成立，总行设于江苏镇江，创办人尹寿人。有纸币发行
权，发行银元票，分镇江通用和上海通用两种。另发行铜元票。后因经营不善及
对外宣传有误，被人中伤，于宣统元年（1909年）六月倒闭。

3. 北京储蓄银行发行的纸币。大清银行委办，光绪三十四年（1908年）七月
成立，大清银行拨银10万两为资本，发行银两票，版式同于大清银行直式券，除
1两票以外，其他票面都已收回。辛亥革命其间停业清理。

4. 扬州和大银行发行的纸币。又称和大商业兼储蓄银行，宣统元年（1909
年）成立，实收资本大洋30万元，总行设在江都，在清江等地设经理处，发行1
元、5元、10元银元票和100枚铜元票，由上海华商集成图书公司印制。辛亥革
命其间发生挤兑而倒闭。

5. 殖业银行发行的纸币。宣统三年（1911年），由李颂臣等发起，资本行化
银100万两，后改为108万银元。总行设在天津法租界。发行银两票、银元票。
成立不久辛亥革命发生，纸币发行数量较少。

此外，还有京都志成银行、宝善银行、华商通业银行、赣南宁华兴银行等发行过银元票和银两票。

第三节　清代钱票、银票和私票

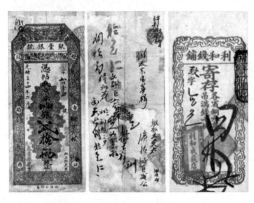

图14-21　光绪三十四年北京聚丰银号二十两银票、利和钱铺钱票（苏骏）

广义的钱票是银钱经营机构如钱铺、钱庄、钱店、银号、银楼、当铺、票号、商号、商店及行政部门发行的具有价值尺度、流通手段的兑换券，兑换品有铜钱、银两、银元、铜元。狭义的钱票是特指铜钱、铜元的兑换券，而兑换银两和银元的则称为银票。

一、钱票和银票的流通

钱票和银票产生于明末，到了清代乾隆时期发行流通较为普遍，经营银钱业的是主要的发行机构。名称除了钱票与银票以外，还有庄票、花帖、期票、会票、库帖、存票、钱条、帖子、钱帖等名称。道光十六年（1836年）至十八年（1838年），由于吉林钱票发行曾经发生是否要禁止钱票的讨论，在大多数省的督抚肯定支持之下，钱票得以继续流通，钱铺、钱庄发行的钱票鸦片战争前，在各省行使。发行钱票规模较大的地区机构主要是北京的钱铺、广州的钱商、上海的钱庄。

（一）钱票与银票的性质。以钱与银两种货币对应确定的，无论什么机构发行的，其性质都是兑换券，即以制钱与银两为本位的兑换券，后期的银票发展为以银元为本位，为制钱与银两银元作为支付手段，发挥了重要的作用。大体分为四种：一是认票不认人，持票取钱；二是见本人取钱；三是定期取钱；四是票面注外兑或换外票字样，不能兑现。道光年间整顿钱票以后，除第一种外禁止发行流通。

（二）钱票、银票的作用。钱票与银票不同于清政府及国家银行与商业银行发行的纸币。在上海，钱庄生意，或买卖豆、麦、花、布，皆凭银票往来，或到期转换，或收划银钱。可见，钱票与银票用途之广，流通范围之大。但是，即使是见票即兑的兑换券，也曾在咸丰八年（1858年）发生买空卖空的事件。钱铺银号（钱庄）利用开发钱票银票，可以融通资金，扩大资本规模。与此同时，商人运用钱铺银号所开钱条、钱票还可以延长商业信用，扩大资金规模。这也反映出钱铺银号可以替商人、商品收付钱款，带有近代银行机构的业务内容。

（三）其他的钱票、银票。代替现金在市面流通信用很好的庄票，也属于钱票和银票范围。是由钱庄签发载有一定金额并由其负责兑现的一种票据，分即期和远期两种，即期庄票见票即付，远期庄票到期付现。发行流通较早并较为普遍的是上海钱庄的庄票，道光年间就已经流通。有汇兑性质钱票和银票，一般称为会票，是道光年以后，由钱铺、当铺、杂货铺、绸缎铺、盐店、布铺等兼营汇兑以后出现的，后来则产生了专业经营汇兑业务的票号。会票的用途主要是用作汇兑，是有汇款性质的钱票和银票。

二、私票的流通

私票也称私帖，这是从发行机构认定的兑换券。一般是指未经政府批准而由地方商会、商号、商店、当铺以及个人发行的仅能在固定地区流通的兑换券。私票的产生最早可追溯到北宋大中祥符年间（1008—1016年）最早在四川发行的交子。也有认为清代道光四年（1824年），山西平遥日升昌票号创始人雷履泰最早创始私票。私票的票面一般有几种格式：一是全部为文字；二是全部为

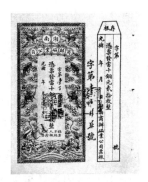

图 14-22　光绪年月湖南商办磁业公司铜元贰拾枚（石长有）

图案；三是图案和文字结合。边框构成在不同时期的不同地区各有不同，有的会加入一些特定偏旁组成生造字，有的还有骈语（对偶句子）。由于私票发行单位众多，且发行无须政府部门审核批准，因此，抹兑钱帖现象普遍存在。

在中国近代，私票自产生以后，发行流通至民国时期。私票发行流通较为混乱的是民国时期，尤其是县及县以下，发行的机构、品种、数量之多，难以统

计。甚至外国企业或由外国企业控制的中国企业也在中国发行私票。如上海的怡和洋行、上海电车公司、英美烟草公司、上海工部局，汕头的德记洋行、天津的大英工部局，哈尔滨中东铁路局等。

第四节　清代货币及金钱方面的观点

受社会环境的影响，清代关于货币方面的议论与观点相对较少，更没有形成较为系统的货币思想。

一、启蒙思想家反对以银为币的观点

晚明以来，随着社会的发展与进步，一批启蒙思想家不断涌现，反对宗教蒙昧主义，宣扬理性与科学。反对封建专制制度，宣扬民主与法制。主要代表李贽、王夫之、顾炎武、黄宗羲，其中王夫之、顾炎武、黄宗羲反对以银为货币，认为白银有害，主要集中体现在赋税征银。附议者主张废除白银为货币，一是白银有利于财富的集聚，形成贫者更贫，富者更富。二是白银流通量少，形成银荒。

（一）唐甄的废银用钱观点。明末清初的思想家和政论家唐甄在他的《潜书·更币》中主张以谷为本以钱辅之，大量铸制使用，货币工钱和实物工钱并用，根据官员的级别确定发粮食与钱的比例。结果是不出三年，白银与铜锡等价，这样就完全可以废银用钱。

（二）高珩的《行钱议》主张废银用钱。刑部左侍郎高珩曾在康熙十二年（1673年）至二十年（1681年）的三藩之乱其间，著《行钱议》，用一问一答的方法讨论了用银还是用钱的问题，主张废银用钱。朝廷解决解决兵饷不足的办法是舍银行钱。银能够购买粮食，为什么还要舍去呢？因为国家无银，天下亦无银。为什么钱的流通受阻还要用钱呢？只要铸当十和当百钱就可以解决铜钱流通受阻的问题，还可以让钱流通到更远的地方。如果军队和百姓不愿意用钱如何解决？朝廷规定征粮、盐税、民间交易土地和房子，只要价值在十两白银以下的都要用钱支付，这样就不会出现铜钱流通不畅。运用国家行政手段管理货币流通，是高珩《行钱议》的核心思想。

（三）鞫珣弃银用钱的观点。康熙年间，银荒与钱滞是当时货币流通乃至经济社会中较为严重的问题。康熙十二年（1673年），广东道试监察御史鞫珣上广铜斤通钱法疏。鞫珣认为钱不能当饭吃当衣穿，但是，天下的物品交易及市场的物价水平，都是钱来交易和标识，而且成为历代国家的法律。近代用银作为货币主要是轻便方便。但是，用银结算需要计算重量、鉴别成色，与用钱相比不方便。白银成色有高低之分，就有以低充高的问题。用银不如用钱，国家白银普遍紧缺，银没有来源，铸钱比较容易，可以趋利除弊，国家还不会逐渐的富裕吗？对于当时铸钱原料紧缺的问题，关税收银改为铜。如何疏通钱法，一是严格制定销毁铜钱的罪行。二是疏通钱的流通渠道，使之上下流通。

二、姚文然的钱多则滞论

康熙九年，户科给事中姚文然在《敬陈鼓铸末议疏》中提出暂停铸钱的主张。认为京城1 000文钱值白银八钱，如果各省都开始铸钱，流通的钱数量增加，钱就会贬值。以广东省铸新钱为例，铸新钱七十二万一千文，亏本四百五十两银，铸钱多则亏本多。钱价偏低，是由于铸钱过多。钱如同物品，少则会正常流通，多则会流通不畅。钱价偏低及流通中钱过多时，减少或停止铸钱。

三、李世熊的《钱神志》

清代史学家李世熊所著《钱神志》全书共七卷，把历代正史、百家诸子、旁及稗官野乘、仙佛鬼神的著述中金银钱币故事及反映货币拜物教思想的观点汇集，形成货币和价值论、财富论、理财论、义利论等四方面内容。认为货币是营生的媒介和财富的标志，生活中有巨大作用。人的天命并非无可改变，金钱在这方面可以发挥作用。但是，钱也不是万能的，如自然界的变化和人的气质才华并不是金钱能改变的。认为贫富是命定的，个人不应过分强求。宣扬贫富有命，祸之所来，皆生于利，要求人们节欲，不当过分追求利欲。强调经济的自为和国家的适当控制观念，提出士者（尤其是帝王之家）不应与民分利、争利，并以大量笔墨论说过取于民的恶果。提倡躬行节俭，阐发社会节俭之风应当从仕宦者树立，以倡导淳朴之风。承认人皆有趋利之心，认为义利之辨恰恰反映了各个不同阶级的人对于利的共同关注。

第十五章 南京临时政府的货币管理及
孙中山钱币革命思想

自1907年（光绪三十二年）7月至1911年（宣统三年），孙中山多次授命其他革命同志，在全国各地发动起义，也曾从越南亲赴广西主持镇南关起义，均以失败而告终。1911年（宣统三年）10月10日，共进会与湖北新军革命团体文学社共同策划的武昌起义成功。12月20日，孙中山从美国回到上海，并被推选为中华民国临时大总统。

第一节 改革整顿币制发行军用票与新币

1912年1月1日上午10时，在共和万岁的欢呼声中，孙中山在南京前两江总督衙门的临时大总统府就职典礼上，宣誓任中华民国临时大总统。欢呼声是短暂的，就职后面临的现实是残酷的。为了能够尽早得到列强承认，发展外交关系，争取支持，南京临时政府展开了一系列的外交行动，呼吁各国承认，都没有结果。所有各口岸的海关仍被外国人把持的海关税务司所控。南京临时政府成立后，用不了海关税收一分钱，政府的运转及军事费用无来源。军饷不能保证，军心不稳。社会、经济的政策法令无法落实。临时政府日常运转无财力保证。治安混乱、商业萧条、银元飞涨带来的人心恐慌达到极点。人们对孙中山的执政能力产生怀疑，一些人认定南京临时政府不能推翻帝制建立共和。湖北、上海和各种政治

图15-1 浙军政府民国元年爱国公债
壹元《辛亥革命时期货币》161 页

势力开展临时政府组织权的争夺。同盟会和光复会两个重要的革命团体，围绕政权组织、临时政府地点、首脑人选及组成人员、筹款方案等，有不同意见，继而产生矛盾。南京临时政府建立后库藏如洗，为维护正常运行，没收清政府官产，派国际借款有信用的陈锦涛到上海与西方各国接洽借款，抵押轮船招商局和汉冶萍公司资产借款，向私人借款和争取捐助，开展货币流通管理体制的改革筹措资金。

一、改革整顿币制

为了维护正常运行，在孙中山的组织下，采取了一系列措施筹集资金。没收清政府官产；停止各地军政府发行公债；举借外债；抵押轮船招商局资产和汉冶萍公司借款；私人借款和捐助。1912年1月8日，经临时参议院议决，孙中山批准，南京临时政府财政部发行军需公债1亿元，专以充临时政府及保卫治安之用。公债面值有5元、10元、100元、1 000元，年息八厘。偿还

图 15-2　中华民国军事公债（顾明）

期限六年。尽管如此，仍然不能缓解财政的极度困难。为筹集资金，首先开始改革货币制度，整顿货币流通秩序。

（一）改革币制。1912年元月29日，孙中山发布《临时大总统宣言书》宣布统一财政。根据孙中山整顿币制的要求及思路，财政总长陈锦涛向大总统呈文《条陈整顿币制本位计划并检呈币制纲要六条》，明确提出银本位不适用于中国，应实行金汇兑本位制度。

（二）制止各地自行发行货币。临时政府成立以后发行新币，用于军政开支。为此，临时政府对各省呈文请求核准印铸货币，财政部一律不予照准。明确各地

图 15-3　四川军政府民国元年银币、新疆民国元年当红钱十文铜币、湖南军政府十八星铜元
《辛亥革命时期货币》161、172、167 页

军政机关急需军用赈灾，应当核定确数，编成预算，经申请核准，财政部拨发公债票券。

（三）制止各地滥铸银元和铜元。武昌起义后，正常赋税收入因战争无法收解，各省军政府相继发行军用票，有的地方还用原模铸造大清银币作为通用银元使用。为配合币制的整顿，决定制止各地滥铸银元和铜元，如确需发行的要上报财政部批准。财政部又通电各省都督整顿官银钱号。

（四）制定法律，规定伪造货币罪。为配合币制改革，整顿混乱的货币流通秩序，维护临时政府货币管理的权威，保护社会公众的合法权益，南京临时政府决定暂时援用清末修律时制定的《大清新刑律》。公布《暂行新刑律》，确定伪造货币罪，其范围包括临时政府及外国银行货币。

（五）接办江南造币厂。1912年元月23日，孙中山令财政部发文，明确江南造币厂应归财政部管理。1912年2月22日，江苏都督呈请江南造币厂仍归宁省办理，中央政府监督，大总统未接受。1912年3月3日，大总统批财政部的造币厂章程，后又批管理造币厂意见、管理人选、造币厂管理办法、取消造币总厂正长兼职。表面是对企业管理体制的安排，实际是货币发行权的斗争。孙中山态度鲜明，立场坚定，不惧压力，临时政府垄断货币发行权。

（六）设立中国银行，推动商业银行展业。1912年2月5日，在上海汉口路三号原大清银行旧址，设立中国银行，2月15日又在南京设立中国银行。此后，管辖的南方各省，先后将大清银行改为中国银行，大清银行所有财产都由中国银行接收。由此，中国银行成为南京临时政府管理下的商业银行。

（七）建立银行及货币管理制度。公布《商业银行则例》十四条，规定商业银行可经理工商企业存放款、汇划等业务。财政部派遣李象权为中国银行监理，根据《中国银行条例》，检查中国银行票据、现金及一切账簿。制定《国家金库则例》、《金库出纳事务暂行章程》、《财政会计法草案》，完善金融货币体系，稳定国家财政货币秩序。

在孙中山的主导下，南京临时政府试图建立适应中华民国体制的货币制度及货币管理体系，以此统一财政、统一货币发行，解除财政危机，维护临时政府的运转。由于政治、经济及整个社会缺少货币制度改革必须的条件，未能达到初衷，原因是多方面的。一是临时政府虽然成立，并未能统一全中国。二是旧的货币制度顽强地存在。三是南京临时政府执政时间短暂，孙中山实际任职只有3个月。四是中国的社会环境扼制了币制的改革。

二、发行军用票和新币

为维护临时政府的运行，解除财政危机，孙中山领导下的南京临时政府发行军用票和新币，配合财政货币方面的改革。

（一）发行军用票。1912年1月31日，为应对日趋严重的财政金融危机，财政部公告发行军用票——南京军用钞票，由财政部担保发行。分1元、5元两种，发行总额以100万元为限。自发行之日为始，三个月后，准持票到南京中国银行兑换通用银圆。纳捐上税一律照收，银行、钱庄、商店一律行使。如有阻难折扣情弊，一经查出，严罚不贷。严防伪造，财政部派出稽查员多名，缜密查访。如有查出制造或使用伪票者，无论何人，准即解送各该管官厅从重究办。

1. 南京军用钞票版面格式。1元券为横式，票面为典型辛亥革命风格，设计颇为简洁。票幅为130×80毫米，正面上部两排横书中华民国南京军用钞票，上排为投影体书中华民国，下排为楷书南京军用钞票。中间直书面额壹元，右侧为两行直书南京通用银元和中央财政部担保，左侧为两行直书三个月后兑换和只认票不认人，票面日期为中华民国元年正月吉日。下部为钞票号码，有中文冠字，号码为5位数字。正面周边为棕色花纹，左、右上角为中文壹，左、右下为数字1。背面全部为英文，上部为弧形横书"THE REPUBLICAN CHINA"和"MILITARY BANK-NOTE"及"NANJING"，中间为"ONE DOLLAR LOCAL CURRENCY"，并有英文发行说明以及发行日期；背面周边为绿色花纹，四角皆为数字1，盖中华民国财政部之印。由上海集成公司以证

图15-4　中华民国南京军用钞票壹元
《辛亥革命时期货币》131页

券纸石印。

2. 南京军用钞票难以流通。南京军用钞票发行后，受到多方质询，主要是票面套用沪军都督发行的中华民国军用钞票。2月10日江宁商务总会就行用南京银元纸币呈大总统。2月22日参议院也就军用钞票咨大总统。孙中山两答参议院军用钞票问题。财政部在江宁商务总会设立临时兑换所，照数兑换现。即使如此，南京军用钞票仍难流通。为确保军用钞票的流通，临时政府运用行政手段全面推动。1912年2月28日，交通部令沪宁铁路局收用南京、上海军用钞票。1912年3月5日，财政部致江宁总商会照会，推动军用票流通。

（二）发行第二版军用钞票。为平息公众质疑，财政部感到军用钞票发行仅限于南京乃无法推行，故又印制新版军用钞票。

1. 第二版与第一版的区别。第二版票面与第一版票面相似，名称改为中华民国军用钞票，没有涉及南京的内容，并将三个月后兑换改为凭票即付。不难看出，以上改变完全是为了方便军用票的发行与流通。第二版印制后，自2月23日起，财政部也在上海中国银行附设军用钞票兑换处，随即要求沪宁各站一律收用。

2. 第二版的版面与格式。中华民国军用钞票面额分为1元、5元，皆为横式，票幅、文字和花纹颜色以及票面风格与南京军用钞票基本相同，文字有所不

图15-5 中华民国军用钞票伍元
《辛亥革命时期货币》130 页

同。正面上部票名改为中华民国军用钞票，两侧文字改为凭票即付、中央财政部担保、只认票不认人和执此为照；右侧盖中央财政部发行之印的小方印；左侧有财政总长陈锦涛签字。背面全部为英文，上部为弧形横书"MILITARY BANK-NOTE ISSUED BY THE REPUBLICAN CHINA"，中间为面额"ONE DOLLAR"。与南京军用钞票不同的是，该票号码加印在背面，其冠字为英文字母，号码也是五位。由上海集成公司以证券纸石印。

3. 两种军用钞票同时流通。新版军用钞票发用后，两种军用钞票同时流通，由于临时政府军需浩繁，开支甚巨，两种军用钞票的发行量最终近500万元。一定程度上弥补了临时政府的军费开支，支持了政府机构的有效运转。从性质上看，只能是一种临时性的信用货币，并不具备完全意义的国家纸币。

4. 按规定兑换军用钞票。为维护临时政府信用，按约定兑换临时政府发行的军用钞票，财政总长陈锦涛致中国银行正监督吴鼎昌，商借大清银行黄浦债票向外国银行押款，充作军票兑换基金。为方便兑换，在陆军设立军币兑换所兑换军用钞票，上海添设本部军用票兑现处，中国银行在长江以北各地设立军票兑换所。

（三）陆军部发行陆军部军事用票。革命军的主体——陆军因为军费来源不足，存在严重的军饷问题。陆军部为应付经济困难，1912年1月发行陆军部军事用票，面值1元和5元。

1. 陆军部军事用票版面与格式。上端横书军事用票四字，中央有交叉的铁血十八星旗和五色旗，旗下是面值，左边直印陆军部发行，下有陆军部总长印章，右边直印中华民国元年元月日。背面有中、英文两种文字的陆军部告示：“陆军部令，此券准其凭额完纳租税，购买物品，凡各省官用公用及一切商业，均得流通。暂时不兑现银，俟军事一律平定，六个月后由国家银行兑换。如有无知商民借端阻滞，

图 15-6　陆军部军事用票伍圆
《中国钱币博物馆藏品选》277 页

均应按律治罪，伪造者以私铸论，此令。”既不限流通地区，也不限于军用，各省官用、公用、一切商业都可以流通。

2. 设立机构保证兑换。陆军部发行军事用票以后，为了便于市面行用，在陆军部及商务总会设立兑换处，随时进行兑换。陆军部军事用票的发行和流通，一定程度上弥补了临时政府的军费开支，对于政府机构的有效运转和军队的稳定发挥了一定作用，但是它也只能是一种临时性的信用货币，并不能算作完全意义的国家纸币。

图 15-7 孙中山像民国元年开国
纪念币壹圆《中国钱币大辞典》
民国编金银币卷 10 页

图 15-8 中国银行南京银圆券壹圆《辛
亥革命时期货币》137 页

（四）孙中山批准发行 1 000 万元纪念币。1912 年 3 月 11 日，财政总长陈锦涛呈大总统文——鼓铸纪念币一千万元，获得批准。中华民国开国纪念币银币，正面中央为孙中山侧面肖像，边缘内上镌中文隶书体中华民国，下镌开国纪念币、左右有长枝花饰。背面中央为中文隶书体壹圆及五谷模型，体现孙中山劝农务本之意。环列英文中华民国、壹圆，左右分列五角星。直线边齿，重 26.7 克，直径 39 毫米，成色 89%。决定发行中华民国开国纪念币，既是通过纪念币的发行纪念中华民国开国，又是从旧币停止流通到新币流通的一种过渡性货币，开国纪念币是集纪念币与法定流通货币于一身的货币。在当时新的货币制度未能建立，先发行纪念币作为货币流通，也是一种比较切合实际的货币制度改革的措施。

（五）发行中国银行南京银圆券。南京中国银行成立后，除发售军需公债、收兑军用钞票，自行印制发行中国银行南京银圆券，成为中华民国成立后最早自行印制并发行的国家银行钞票。面值有壹圆、伍圆两种面值，正面上有中国银行字样，下有横书通用银圆及直书面值，面值左右有凭票即付、执此为照字样，底边有南京地名，右边为中华民国元年二月吉日，左边为中国银行发行。背面多为英文，日期为 1912 年 2 月 10 日。

第二节　孙中山倡议钱币革命对抗沙俄侵略

辛亥革命后，沙皇俄国乘中国政治秩序不稳、袁世凯政府财政困难之机，策动外蒙古脱离中国而独立。1912年11月3日，沙俄政府代表与外蒙古"独立政府"代表在库伦签订《俄蒙协定》和《俄蒙商务专条》。消息传开，举国震惊，已不担任临时大总统的孙中山于1912年12月13日在上海向"北京大总统、国务院、参议院、各省都督、省议会、全国国民暨各报馆"发出《倡议钱币革命对抗沙俄侵略通电》（又称《救亡策》）。

一、孙中山为何倡议钱币革命对抗沙俄侵略

孙中山发这道通电的直接动因，是由于沙俄策动外蒙古脱离中国而独立，但是，在这个涉及国家主权的问题上，孙中山并没有直接论及主权，更没有要求当时的临时大总统及国务院、参议院、各省都督、省议会、全国国民采取针对国家分裂的行动，而是提出用钱币革命对抗沙俄。钱币革命即实行不兑换的纸币制度，孙中山是中国的第一人。

（一）袁世凯政府面临严重的财政危机。袁世凯当选中华民国大总统，面对千疮百孔的社会与经济，为巩固北洋军阀政府的统治，缓解财政危机，用国家经济主权换取帝国主义列强经济上的支持。通过借取外债，维持官僚机构，扩充军队。

（二）袁世凯执政初期货币制度仍然混乱。北洋政府时期，币制与清末时期的混乱没有大的区别，虽然颁布实施《国币条例》，由于军阀割据，滥发纸币，滥铸硬币，货币流通秩序继续混乱。推行的仍是以银元为主、两元（银两、银元）并行、银元、铜元和纸币并用的货币制度，货币种类繁多。

（三）金银数量短缺易引发金融恐慌。1909年至1911年三年间先后发生十六起金融风潮，武昌起义后，金融风潮仍在继续发生。原因除了外国银行操纵，借此控制中国货币市场以外，与中国金银数量有限，不能满足经济社会发展需要有一定关系。

（四）希望通过钱币革命一举解决问题。无论是当初的南京临时政府，还是北京的袁世凯政府，面临的最大难题就是财政金融困难。而这种困难在相当程度上则是由晚清以来的币制混乱造成，多头的货币发行主体，没有控制的发行数量，没有保证的随意发行，导致了货币制度混乱积重难返。

二、钱币革命的主要内容

孙中山认为以死抗俄是民气如此，惟有采取非常之策，才能应对事件。不能指望向列强借款应对战事，不能通过战争来应对，因为我们财政困难，无钱打仗。财政问题是革命的首要，非常之策就是钱币革命，解决财政困难。社会生产发展不断前进，而国家贫困的原因，就是因为流通的货币不足。

（一）钱币革命如何进行。孙中山认为，钱币是商品交换过程中的一个媒介也就是说一般等价物而已，是货物与财富的代表，是一种特殊的货物。货物的代表以什么样的方式来充当，在不同的国家有不同形式。工业商业不发达的国家，生产方式传统、经济发展水平不高，代表物就是金银。工业商业发达的国家，社会财富与货物多于金银千百万倍，代表物就是纸币。纸币替代金银作为流通中的货币，是社会发展的必然趋势，犹如中国历史上布币、帛币、刀币被金银铜铁等金属货币替代一样，是规律所致，事物发展的必然。

（二）什么是钱币革命？钱币革命，也就是要通过人们的主观努力，让纸币替代金银成为流通中货币的时代早日到来。要用国家法令规定纸币为流通货币，从法律上确定纸币的国家法定货币地位，将金银从货币改变为普通的货物。国家的一切收支活动，市场上的商品交易，一律使用纸币，严禁金银作为货币，金银可以向国家货币发行当局兑换纸币，而不再允许在市场上作为货币流通。纸币一经流通，信用就会确立，作用也会体现。

（三）纸币与金银货币的利弊。孙中山认为无论是在过去及现在的中国和还是外国，纸币在起初流通时，人们普遍感到很方便，随着时间的推移，问题逐步暴露，最终又被社会所淘汰。不同于金银本身就具有稀少并保有价值的属性，纸币印制成本低且容易。纸币名义上代表很多种商品，如果这个代表性不存在了，就是一张废纸。不能代表货物的废纸或者贬值的货币在社会上继续流通，弊端就会产生，通货膨胀是必然的。金银作为各种货物的代表，即使其不能代表货币，由于其是贵金属，本身就有使用价值，在市场上继续流通也不会像纸币那样产生什么后果。

（四）纸币与金银货币流通的结果存在差异。孙中山认为，纸币与金银货币代表各种货物的功能是相同的，但是，由于其价值区别而导致性质不同，流通的结果亦有不同。对此，过去很多人并不了解这个道理，因而没有制定相应的办法防止货币流通中产生的弊端。应设两个机关，一专司纸币发行，一专司纸币收毁。纸币既然本身没有价值，但是它又代表货物。因为国家具有向人民征收捐税的公共权力，这是国家能使纸币强制流通的关键。孙中山关于纸币强制流通必须以国家信用作基础的观点，颇有见地。

（五）纸币发行需把握的问题。孙中山认为，社会经济发展需要的纸币，应由国家的货币发行部门发行。纸币印制后在货币发行部门，需要由金银、货物或经济实体进行保证，这样，纸币才能流通。纸币流通于市面，悉有代表他物之功用，货物愈多，钱币因此而多，虽多亦无流弊。如果纸币已经没有物资保证，就已成为死票，即空头纸币，就应该进行销毁。

（六）可以发行国家特殊需求无物资保证的纸币。在强调发行纸币应有物资保证的同时，孙中山也提出，如国家有特殊的需要，也可以发行没有物资保证的纸币。但是，这需要由国民代表决定，而不是由政府决定，并由全体国民承担。纸币发行部门按照国民代表确定的数量发行，由国家使用，然后由税务部门负责收回。

三、钱币革命的作用

中山除了描述发行纸币对抵制国家分裂的作用以外，还描述了钱币革命对经济和社会的作用，若行钱币革命，以纸币代金银，则国家财政之困难立可纾，而社会之工商事业，亦必一跃千丈。立可纾、一跃千丈非常形象化地描述了钱币革命的作用，如果中国用纸币替代现在流通的金银货币，国家财政日前的困难立即就会得到缓解，社会上的工业、商业也会很短时间内迅速地发展。这里，孙中山对纸币替代金银作为流通中货币的作用描述得极为神奇，可以说是立竿见影。面对沙俄分裂中国的行为，我们必须先解决财政问题，否则，不能考虑通过战争来抵制国家的分裂。面对国家主权的完整，并不是只凭豪言壮语就能应对，必须要有实力。所以，希望政府与人民共同进行钱币革命，解决国家无钱的问题。

钱币革命就是实行不兑换的纸币制度。政府立法筹备设立铸币局，制出1元、

10元、100元、1 000元纸币；5毫、1毫的银币；5仙、1仙的铜币为辅币。筹备设立公仓工厂，以便人民以货换币，或以工换币。筹备设立纸币收毁局。纸币发行后，金银退出流通。纸币发行以后，金银就已经不是货币，而是货物，也可以出口，而且对国家经济没有任何影响。纸币发行后就完全替代了金银行使货币职能，金银货币就退出历史舞台成为器皿，这就是钱币革命的结果。

孙中山倡议钱币革命的通电发表后，各方都对通电发难。人们更多地认为这是梦想，是不可能之事，更多的人不能理解孙中山倡议钱币革命的内容、观点以及后来可能对国家货币制度的影响。此时的孙中山无官无职，倡导的钱币革命最终是无果而终，这一点也不难理解。只有74岁的浙江慈溪人赵祖荫出版《币制改革救国刍言》，公开支持并追随孙中山钱币革命的倡议。

第十六章 北洋政府时期货币制度的
改革与管理

1912年（民国元年）2月12日，袁世凯逼清帝逊位，清代统治终止。次日，孙中山向参议院请辞，举荐袁世凯代任总统。2月15日，南京参议院正式选举袁世凯为临时大总统。4月1日，孙中山亲自去参议院，宣布正式解除临时大总统。自此，中国进入北洋政府统治时期。此时的中国，军阀割据导致政治不统一，形成的地区权力中心与军阀势力范围，为了维护权力与扩张势力，普遍建立银行或其他金融机构发行货币筹集资金。

第一节 经 济 政 策

短暂的南京临时政府，使中国的政治体制发生根本变化，而经济并没有质的改变。袁世凯继任总统后，为维持国家运转，增加财政收入，系统地制订经济政策与法规。

一、保护扶持民族工商业的发展

先后颁布《临时约法》、《商人通例》、《矿业条例》、《矿业注册条例》，明确规定企业及其经营者和股东的其他责任、权利和义务，企业的自主权有所保证，明确私人财产及民族资本的发展应得到保护。颁布《公司保息条例》，对民营公司企业的股本进行保息。颁布《关于奖励商人经营企业的奖章规则》，将农、工、商、矿、林、渔、垦荒、贸易等行业列入范围。农商部在北京举办规模盛大的国货展览会，提高国货声誉。

二、慎重农事，鼓励垦荒种田

颁布《国有荒地承垦条例》，允准人民按资本条例承垦。颁布《边荒承垦条例》，将边荒地分成五个等级，按等级论价，出让与私人企业承垦，同时给予承垦人以种种便利条件。颁布《植棉制糖牧羊奖励条例》，创办棉、糖、林、牧等各种试验场，推动全国农村经济作物和林业、牧业的发展。

三、统一度量衡

《权度条例》规定：营造尺库平制长度以营造尺一尺为单位，重量以库平一两为单位。万国权度公制长度以一公尺为单位，重量以一公斤为单位，容量以一公升为标准升。市用制以与标准制有简单的比率关系而与民间习惯相近者为市用制：长度以标准尺三分之一为市尺，计算地积以 60 平方丈为亩；容量以标准升为升；重量以标准斤二分之一为市斤，一市斤为 16 两。

四、裁撤部分税厘（海关税和厘金税的合称）

对土布免收税厘；减轻茶叶出口税率。出口海外的草帽辫、地席两种商品减半征税。通花边抽、通花绸中抽、通花夏布、发结髻网、蜜汁果品五项，无论运销何处，所有出口及复进口各税，一笔暂行免征。

五、统一铸币权

建立中国造币总厂，掌管全国货币的铸造和旧币镕毁。财政部制新模铸造纪念币。1914年，颁布《国币条例》及其施行细则，由天津造币厂铸造1元主币，其他各种辅币从1916年起开铸，以20万元为限，所铸新币统归中、交两行发行，分期分区向全国推行。至1918年，新币甘肃、广西、云南、湖南、新疆、西藏、黑龙江之外的各省区流通。信誉很好，颇受欢迎。

第二节　流通的货币

北洋政府时期，币制仍然紊乱，货币制度是以银元为主、银锭、银元并行、银元、铜元和纸币并用的货币制度，货币种类繁多，从币材上分为金属货币和纸币。

一、金属货币

北洋政府时期的金属货币接续清代，主要品种还是银两（民国以后改为银锭）、银元、铜元、中国银行业及地方官银钱局发行的纸币、外国银行发行的纸币。黄金是较高价值的财富，未能承担流通货币的职能，金币主要用途是纪念，金条则是财富的象征。

（一）银锭。民国以后的银锭按重量分为大宝、中宝、小宝、滴珠，约有大小百余种。按成色分为水丝银、元丝银、青丝、白丝、镜宝，约有数十种。以上名称还不包括票号钱庄对银锭的称谓。所以说银锭仍然属于称量货币，称实银的秤叫做平，重量单位是两，平在北洋政府时期有几十种之多。银两单位，政府征税、国库贮藏用库平两，海关

图 16-1 民国西昌成全楼银锭《中国钱币大辞典》民国编金银币卷 259页

计值征税用关平两。全国宝银成色分为十三类，由于银的成色达不到100%，需要通过申水（增加重量）使其接近100%。申水两数少，说明银锭原有的成色高。反之亦然。银锭的价值最终通过其重量及成色，用换算工具虚银两得出。全国用得较多的虚银两是全国通用的纹银93.537 4%、上海的九八规元98.681 9%、武汉专用的洋例银96%、天津专用的行化银98.4%、海关专用的关银97.68%。从货币流通角度考察，银两制度的缺陷一是银锭种类各异，流通速度较慢，客观上增加了货币数量；二是交易的银锭的都需要通过换算，手续繁杂，增加了货币流通成本；三是人为的换算银锭价值，不准确现象难以避免，增加了货币流通的差错。另外还有银辅币银角，在市场流通有数十种之多。

（二）银元。民国的银元与是清代银元的接续，从铸造单位分，有中央银元和地方政府银元。从国别分，有中国银元和外国银元。

图 16-2 袁世凯戎装像共和纪念壹圆银币（签字版）壹圆《中国钱币博物馆藏品选》227页

1. 中央银元。主要是北洋政府银元，品种有袁世凯像共和纪念币、袁像民国三年及国币。民国三年袁像银元，至民国十二年止共铸行17.43亿元 [1]。

2. 地方银元。主要是福建、广东、广

---

[1] 中国钱币大辞典编纂委员会：《中国钱币大辞典》民国编金银币卷，第8页，中华书局，2011年。

图 16-3 湖北省造黎元洪像中华民国开国纪念币
壹圆《中国钱币大辞典》民国编金银币卷图五

西、湖北、四川、云南、西藏、新疆、外蒙古等。主要品种有：湖北的黎元洪像开国纪念币和宣统元宝、湖南的洪宪元年开国纪念中华银币、四川的民国元年银币、福建的中华元宝银币、广东的贰毫银币、云南的清代旧模光绪元宝、东三省宣统元宝、新疆饷银银币、西藏的15饶回47—49年秀恶（藏语"五钱"）银币。

另外，流通的外国银元有西班牙鹰洋、站洋、本洋、龙洋等。由于种类繁多，各地钱庄对银元价格抬高或抑低，从中渔利，给社会经济生活带来许多不便。

（三）铜元。北洋政府初期，各地仍然铸造铜元，种类繁多，面值仍以当十为主，其次为当二十。此外，还有甘肃当四十、当八十的，湖北、四川、河南、甘肃、云南当五十的，四川、甘肃当百的，四川、河南当二百的，河南还有当五百的。1914年《国币条例》规定铜辅币为2分、1分、5厘、2厘、1厘，但各省仍置条例于不顾，滥铸劣质铜元，以此筹款。民国铜元与清代铜元的区别：一是图案不同，五色共和旗替代了大清龙图；二是钱文不同，中华民国替代了光绪元宝、大清铜币；三是铸地增加，清代不铸铜元的陕西和山西开始铸造铜元；四是数量增加，宣统三年（1911年）约159亿枚主为基数，至1917年增至326.05亿枚；五是质量下降，清代铜元重量7克以上，民国铜元普遍不足7克，且含铜量减少；六是管理弱化，民国的私铸和走私铜元较为普遍，政府对社会铸造铜元的管理不力。

图 16-4 开国纪念币二十文、湖南洪宪法十文、山西壹枚铜元《中国钱币大辞典》民国编铜元卷图一、图十二、图十五

二、纸币

中国银行和交通银行作为国家银行是商业银行的核心，多数商业银行领用中、交两行的纸币发行，还有部分商业银行独立发行纸币，有的并没有获得政府

的批准。1915年和1920年财政部公布的《取缔纸币条例》和《修正取缔纸币条例》规定新设立的银钱机构不得发行纸币，已经批准发行纸币的在营业年限期满全数收回，并没有阻止商业银行纸币的发行，纸币流通秩序长期处于混乱状态。

（一）财政部纸币与变相货币。一是铜元票。从民国四年至十二年，发行近三十种券别。二是银元辅币券。民国十二年发行，一套三种票面。铜元票银元辅币券均由财政部平市官钱局发行。三是变相货币。以各种库券为形式，由财政部发行，以解决财政收支困难。如：定期有利国库券；短期有利兑换券；有利流通券；特别流通券、国库券等。

（二）中、交两行纸币。中国银行与交通银行发行的纸币是北洋时期流通额数量最多。

1. 中国银行纸币。1912年12月，财政部呈大总统，提出在《纸币则例》未定以前，即以中国银行兑换券通行全国。大总统于12月25日批准按财政部所拟《中国银行兑换券暂行章程》执行。1917年梁启超出任北洋政府财政部长，委任王克敏为中行总裁、张嘉璈为副总裁，推行纸币更加广泛，逐步树立中行纸币的形象。

2. 交通银行纸币。原由清邮传部奏准设立的交通银行，北洋政府其间继续发行纸币。

图 16-5　财政部平市官钱局铜元券
无年份（许义宗）

图 16-6　中国银行兑换券民国元年
美钞版黄帝像拾圆券（石长有）

图 16-7　交通银行银元券民国元年
拾圆券《交通银行纸币图册》32 页

1913年初，袁世凯命令交通银行按照中国银行兑换券章程发行纸币。1914年3月颁布《交通银行则例》，规定该行不仅经管路、电、邮、航四项款项，并受政府

图16-8 中国通商银行银元券
民国三年伍元券（林志平）

图16-9 浙江兴业银行兑换券
民国十二年壹圆券（林志平）

特许，发行兑换券，因而也成为具有国家银行性质的银行。

（三）商业银行纸币。商业银行中较为普遍的银行，经营企业存贷款、信托、汇兑、居民储蓄等业务，多数有发行纸币的特权，发行银两券、银元券、制钱券、铜元券。纸币发行流通较多的有：

1. 中国通商银行纸币。辛亥革命以后，将清末印制的纸币票面进行修正，英文帝国改为商业。先后向美国钞票公司、英国的伦敦华德路公司和布拉德伯裹·威尔金森公司订制纸币。至1935年11月国民政府实行法币政策，被取消纸币发行权，改为官商合办银行。

2. 浙江兴业银行纸币。1921年呈请财政部批准恢复纸币发行，发行纸币与领用纸币并行。1922年12月发行银元兑换券，面值1元、5元、10元三种，票面印有管仲、王阳明、齐太公像，注年份民国十二年，有上海、南京、天津、湖北等地名券。至1935年11月国民政府实行法币政策，被取消纸币发行权。

3. 四明银行纸币。民国以后，继续发行纸币。1920年发行美国钞票公司印制的新版纸币，面值1元、5元、10元、50元五种。1921年发行财政部印制局印制的1元纸币。1925年发行德国钞票公司印制的有四明山图的纸币，面值1元、5元、10元三种。1933年发行英国伦敦华德路公司印制的纸币，面值1元、10元两种。1935年6月发生挤兑，由财政部接管，同年11月实行法币政策，被取消纸币发行权。1936年改为官商合办银行。

4. 大中银行纸币。1919年创办，总行设在重庆，1920年发行纸币，面值1

元、5元、10元及辅币1角、2角、5角。
1922年直奉战争其间发行挤兑，收回上
海、汉口、重庆等分行发行的纸币。1931
年再次取得纸币发行权，发行印有大钟图
的纸币。至1935年11月实行法币政策，
被取消纸币发行权，上缴准备金及收回的
纸币。1936年上半年及1938年擅自发行
纸币，被财政部严令收回，直至1949年5
月上海解放后因交换头寸不足停业。

图 16-10　大中银行银圆券
民国十年壹圆券《上海博物馆》

　　5. 中南银行纸币。1921年6月5日，
由南洋爪哇侨商黄亦住与著名报人史量才
发起创办在上海成立。开业后即与金城银
行、盐业银行、大陆银行成立四行联合营
业事务所，共同发行纸币。1921年版面值
有1元、5元、10元、50元、100元五种，
1924年版有5元、10元两种，1927年版有

图 16-11　中南银行国币券民国十年壹圆券
（林志平）

5元一种，美国钞票公司印制。英国伦敦华德路公司印制的有1927年版还有竖式
1元和10元两种，采用汉、满、蒙、回、藏五个民族妇女头像，象征五族共和。
1931年版有1元一种。1932年版面值5元改由德纳罗印钞公司印制。至1935年
11月实行法币政策，被取消纸币发行权。1952年12月参加金融业全行业公私合
营，组成公私合营银行。

　　另外还有华商上海信成银行、广东大信银行、湖南商业银行、裕丰银行、周村
银行、广宁广益银行、广济银行、奉省商业银行、上海兴华银行、蔚丰商业银行、
通济储蓄银行、齐鲁银行、辽中零售总银行、双城地方储蓄银行、上海永享银行、
南昌振商银行、山东丰大银行、丰业银行、江西惠通银行、明华银行、同益银行、
湖南通商银行、华泰银行、振华银行、重庆中和银行、道生银行、乾丰银行、美华
银行、河口福得商业银行、汕头陈源大银行、裕赣商业银行、山东商业银行、商

图 16-12　湖南实业银行铜元券民国五年
壹百枚券（中国人民银行上海总部）

办青岛地方银行、湖南浏阳银行、浦东银行、东南银行、重庆平民银行、西南商业储蓄银行、重庆市民银行、万县市市民银行、辛泰银行、重庆银行、陈鼎成银行等发行纸币。

（四）农工实业银行纸币。北洋政府时期的商业银行中，有一些专门为农林、垦牧、水利、矿产、工厂提供固定资产长期贷款和短期资金融通，或直接进行投资的，有纸币发行权，发行流通较多的有：

1. 湖南实业银行纸币。1912年成立，官商合办，总行设在长沙。1915年发行银两券、银元券和铜元票。银两券面值有1两券、5两券，银元券面值有1元券，铜元票有20枚券、30枚券、100枚券、200枚券。1919年秋，受到湖南银行倒闭影响而停业清理。

2. 中国实业银行纸币。1915年8月15日，北洋政府财政部呈请袁世凯总统批准设立实业银行，同年12月更名为中国实业银行，1919年正式成立，总行设在天津，1922年开始发行纸币，面值1元、5元、10元、50元、100元五种，由财政部印刷局印制，地名券有天津、北京、汉口、上海、山东等。1924年版有面值1元、5元、10元、100元五种，由美国钞票公司印制，地名券有天津、北京、上海、汉口、山东、青岛、威海卫等。1931年版国币券有面值1元、5元、10元三种，美国印钞公司印制，地名券有天津、汉口、上海、山东、青岛、福州、厦门等。1935年版只有1元券，英国华德路公司印制。至1935年11月实行法币政策，取消纸币发行权。1937年改为官商合办银行。

3. 农商银行纸币。1921年7月16日，农商部长高凌霨发起成立，总管理处设于北

图 16-13　农商银行银元券
民国十五年壹圆券（刘文和）

京，有纸币发行权。1922年发行财政部印刷局印制的1元、5元纸币。1924年发行由德国印制的1元、5元纸币。1925年、1926年、1928年发行由美国钞票公司印制的有颐和园万寿山图案的1元、5元、10元三种纸币。1929年3月受时局影响停业清理。

4. 中国农工银行纸币。财政部创设，前身1918年成立的大宛农工银行。1927年改组为中国农工银行，总管理处设在北京，1931年迁至上海，有纸币发行权，发行国币券。1927年版面值有1元、5元、10元三种，辅币有1角、2角、5角三种。地名券有北京、汉口、上海等。1932年版面值有1元、5元、10元三种，辅币有1角、2角两种。1934年版有1元面值。至1935年11月实行法币政策，被取消纸币发行权。

图16-14　中国农工银行国币券
民国十六年壹圆券（林志平）

另外还有奉天农业总银行、滨江农产银行、威海农业储蓄银行、广东实业银行、山东工商银行、滨江农业银行、商河农商银行、淮海实业银行、汾阳农工银行、莒县农工银行、山东商办实业银行、山东聊城农工银行、瓯海实业银行、太谷农工银行、文水农工银行、粤南实业银行、中元实业银行、修铜农工银行、莆仙农工银行、交城农工银行、青岛市农工银行、祁县农工银行、隰县农工银行、修水农业银行、醴陵农民银行、北平农工银行等发行纸币。

（五）专业银行纸币。民国其间有特定经营对象的商业银行，有纸币发行权。纸币发行流通较多的有：

1. 湖南宝兴矿业银行纸币。湖南矿务局呈经都督谭延闿批准，于1921年10月成立，有纸币发行权。发行银两券、银元券和铜元券。银两券面值有1两、3两、5两、10两四种，银元券有1元券，铜元券有10枚、50枚、100枚三种。1914年被省局强迫停业，1916年改为商办并发行纸币。1919年2月被矿局收回官办，不久停业。

2. 殖边银行纸币。中华民国开国元勋徐绍桢等筹建，1914年11月22日开业，主要是协助政府调剂边疆、沿边等地金融业务，有纸币发行权。1914年版银元券面值有1元、5元、10元三种。1915年库伦（今蒙古乌兰巴托）地名银元券面值有1元、5元、10元三种。新疆迪化分行发行1916年版100文化、200文、400文面值的红钱券。吉林分行发行1918年小洋兑换券。1925年5月，受到历史积案影响，被政府查封。

3. 边业银行纸币。西北筹边使徐树铮经总统徐世昌批准于1919年7月5日设立，总行最初设在库伦，1920年迁到北京，由财政部管理。有纸币发行权。先后发行民国八年、九年、十年、十四年、二十一年银元券，面值有1元、5元、10元、50元、100元。另有民国十四年辅币1角、2角、5角三种。四行号联合发行准备库纸币。1929年5月，东三省官银号、边业银行、中国银行、交通银行在沈阳成立四行号联合准备发行库，总库设有边业银行，四行共同管理。发行边业银行国币券民国十四年版5元、10元。

图 16-15　边业银行国币券
民国十四年壹圆券（吴筹中）

图 16-16　中国丝茶银行辅币券
民国十六年壹角券（上海博物馆）

4. 劝业银行纸币。1920年，宁波商人虞洽卿等筹办，经财政部、农工商部批准设立。有纸币发行权。1921年发行国币券，有美国钞票公司和财政部印刷局印制的民国十年、十六年、十七年版1元、5元、10元、50元三种纸币和辅币1角、2角两种版别。

5. 中国丝茶银行纸币。1925年8月15日，天津商人陈金鼎及上海、汉口、河南等级地商人集股设立，以支持丝茶业发展为经营宗旨。有纸币发行权。1926年发行1925年版国币券，面值有1元、5元、10元三种。1927年发行1角辅币券。1928年因发生挤兑而停业。

6. 中国垦业银行纸币。1925年，宁波商会会长俞佐亭等发起筹建，次年4月开业，总行设在天津。有纸币发行权。1926年发行国币券，面值1元、5元、10元三种，有天津、上海等地名券。至1935年11月实行法币政策，被取消纸币发行权。

图 16-17　中国垦业银行国币券
民国十五年伍圆券（林志平）

另外还有华富银行、吉林方正满蒙殖业银行、吉林裕华殖业银行、云南官商合办殖边银行、山东当业银行、蒙藏银行、企业银行、川藏殖业银行、中华建设银行、四川建设银行等发行纸币。

（六）华侨银行纸币。又称侨资银行，是由华侨投资设立的商业银行，主要从事国际汇兑、存贷款等业务。纸币发行流通较多的有：

1. 广东银行纸币。1921年2月21日在香港成立，由陆蓬山等人创办。总行设在香港，香港政府批准发行银元券，面值有1元、5元、10元、50元、100元、500元六种，有

图 16-18　广东银行有限公司银元券
民国六年拾圆券（上海博物馆）

上海、汉口、汕头等地名券。1935年9月4日，香港总行因汇兑损失巨大宣告停业。1936年11月改为官商合办银行。

2. 工商银行纸币。1917年在香港创立，成立初期是孙中山与华侨联络的机关。在汉口、上海、天津、广州、江门、九龙设立分支机构，1919年发行汉口地名的银元券，面值有1元、5元、10元三种。1930年7月1日，香港总行因竞争失败及汇兑业务损失宣布倒闭。

3. 东亚银行纸币。1918年11月14日，由港商简东浦等在香港组建，在上海、广州设立分行。1924年成为发钞行，发行上海地名券，面值有1元、5元、10元、50元、100元五种。

4. 香港国民商业储蓄银行纸币。1921年12月，由侨绅马应彪等在香港创建，在广州、上海、汉口、天津设立分行。发行上海、汉口等地名银元券，面值有1元、5元、10元、50元、100元五种。1935年9月，香港总行发生挤提宣告停业。

另外还有华侨实业银行、中山华美侨业银行、振兴储藏银行、兴中商业储蓄银行等发行纸币。

5. 在华外国银行及中外合资银行纸币。民国其间，在华外国银行及中外合资银行继续在大陆、台湾、香港、澳门发行纸币。主要有：有利银行、麦加利银行、汇丰银行、横滨正金银行、东方汇理银行、台湾银行、德华银行、花旗银行、华比银行、大西洋海外汇理银行、上海和嚹银行、英比实业银行、朝鲜银行、上海美丰银行、美国友华银行、汇兴银行、华俄道胜银行、北洋保商银行、中法实业银行、中华汇业银行、中华懋业银行、震义银行、华威银行、中法振业银行、四川美丰银行、福建美丰银行。

6. 地方银行纸币。民国建立以后，清代时期的官银号大多数被改组成各省的地方银行，受军阀控制，所以发行纸币不受节制。全国26个省的118家地方银行发行纸币。地方银行的名称有银行、钱局、官钱局、银钱局、商业钱局、公益钱局、公济平市钱号、联合发行准备库、信用公司、铁路银号、盐业银号、藩库、财政司、财政厅等，发行的纸币名称各有不同，有官帖、铜元票、银行本位纸币，典型的是东北三省，发行的纸币名目繁多，杂乱无章。

7. 私票。北洋政府农商部对1912—1920年当时钱业（官钱局、银号、钱庄）及其他发行私票的部门进行过调查，此间，中国的私票发行量曾达到1亿元以上，私票发行逐年上升，1918年为最高，此后逐年下降，原因是公众接受地方银行的兑换券。

另外，在华发行纸币的外国银行还有：有利银行、印度新金山中国汇理银行和中国渣打银行、汇丰银行、横滨正金银行、东方汇理银行、台湾银行、德华银行、花旗银行、华比银行、大西洋国海外汇理银行、上海和嚹银行、英比实业银行、朝鲜银行、上海美丰银行、美国友华银行、汇丰银行。中外合资银行：华俄道胜银行、俄亚银行、俄华道胜银行、北洋保商银行、中法实业 银行、中华汇业银行、中华懋业银行、震义银行、华威银行、中法振业银行、四川美丰银行、福建美丰银行。

第三节　中国银行业与货币市场的发展

一、银行业发展呈现的三个层面

（一）中国银行与交通银行成为核心。北洋政府规定中国银行为国家中央银行，代理国库，募集和偿还公债，发行纸币，铸造和发行国币。北洋政府交通部于1914年3月颁布《交通银行则例》，使其成为具有国家银行性质的银行。1916年停兑风波以后，信用降低，政治后台的政治势力削弱。在所有的华资银行中，中国银行和交通银行已经成为核心。南三行等银行更多地靠近中国银行，北四行等银行更多地靠近交通银行。

（二）南三行与北四行形成协作行关系。1912—1927年，全国新设银行186家。南三行：上海商业储蓄银行、浙江实业银行、浙江兴业银行。北四行：金城银行、盐业银行、中南银行、大陆银行。北伐之前，南三行通过代理汇兑、合放贷款、互相开户和清算票据等建立联系，并联合发起组织上海银行公会和银行俱乐部，成为南方的金融界首领。北四行共组四行联合营业事务所，合办四行储蓄会和四行准备库，联合发行中南银行钞票。整个华资银行都有不同程度的协作关系，如相互融资、拆借、设立银行公栈。

（三）钱庄成为银行的重要补充。钱庄没有因为银行的兴起而消亡，依然保持旺盛的生命力，全国商贸繁华的城市都有钱庄。在各种货币兑换中，由于方便快捷，拥有一定市场，起着银行不可替代的功能，洋厘与银拆就是每日在钱业市场上议定的。1925年，中国钱庄的实收资本、公积金和存款三项资力合计为8亿元，实力并不亚于银行，因为是无限责任组织，资

图16-19　上海三马路同和泰钱庄民中十五年念枚券《上海市历史博物馆》

本虽仅一二万金，遇市面紧急时，股东垫款支付。克存信义是钱庄立业的基本原则，表明重信义的经营理念。钱庄与银行形成合作互补的关系，拆借银行资金，领用银行钞票。

二、中国货币市场的发展

北洋政府时期，整个中国的金融业处于初级阶段，金融市场较为落后。短期资金拆借市场，是我国发展较早的金融市场，由于受到通讯、交通的限制，主要是上海、天津、汉口、青岛、宁波等工商业较为发达及银行业较为集中的城市，全国性及包括区域性的市场并没有形成。

（一）上海资金拆借市场。民国初期拆借资金业务主要是银行之间及银行与钱庄之间，品种是规元、银洋、纸币，在宁波路的钱业公会即钱行进行，参加者为银行、票号、银炉、信托公司、金融公司以及其他金融机关，钱业市场交易的资金拆借，就是全上海资金拆借业务的总量，挂牌的资金拆借价格，也是全上海资金拆借市场的行市。钱业市场每天早市上午8时开始，午市中午12时开始，晚市下午3时至5（6）时。早市与午市做各项大宗银洋交易、公布洋厘和银拆行情，俗称正市，晚市以零星业务作为正市的补充交易。

（二）天津资金拆借市场。分同业日拆与同业往来拆借。同业日拆分为本地帮和客帮。本地帮之间以拨码互相代收代解当天款项，数额不加限制，同业间互相持有对方拨码，每天清算一次，差额在600元以上的按1000元拨付现金，600元以下不拨，尾差互相存欠不计利息。由于清算方式简单而易操作，天津各商业银行也经常委托各银号通过拨码办理清算。银行存入银号的资金月息3‰，银号存入银行月息2.5‰。银行委托银号买卖银元，收解申汇和利用拨码进行票据清算。银行在银根松时将资金存入银号，银号资金紧张时，银行对银号拆放资金。

（三）汉口资金拆借市场。1918年，汉口钱业新公所落成，每日上午10时开盘，11时收盘，每月的月半和月底下午4时增开一盘。1921年2月，银行同业在英租界成立交易处，1923年11月迁入汇通路银行公会新址，会员银行、未入会银行及钱庄均可派员入场交易。尽管如此，钱业市场开出的拆息行情仍然占主导地位。许多华资银行并没有另设资金拆借交易场所，而是参与钱业市场资金拆借交易。因此，钱业市场成为当时汉口唯一的资金拆借市场。

（四）宁波资金拆借市场。宁波的同业资金拆借形成发展与票据清算制度联系密切。宁波的钱庄分为大、小同行和现兑庄之分，大同行又称汇划钱庄，公所清算时以大同行为单位，小同行和现兑庄则依附和通过大同行进行，自己挂钩的大同行称为认家，企业与小同行往来的过账簿首页就与有认家牌号一或两家。早期的同业拆借往往三日一期，自过账制度实行后，则是每日清算，同业之间往来较为频繁。

（五）票据贴现业务。北洋政府时期的票据贴现业务规模较小，以金融业较发达的上海为例，票据贴现业务办理较早，华资银行贴现额占放款的比例较低。而且贴现的票据大部分为远期庄票，还有少量定期汇票。原因一是工商业不够发达；二是贴现业务的办理得不到法律的保护；三是没有再贴现办理机构；四是银行的资金不能保证办理。

（六）证券市场。证券市场主要交易品种是股票与债券。由于当时的独资、合伙及公司等三类企业中，只有股份有限公司的股票才能上市交易，发行股票的企业很少，交易的更少。1917年上海股票商业公会附设的股票买卖市场交易的有招商局、汉冶萍、既济水电、商务印书馆、中华书局、仁济和、崇明大生、通州大生、南洋烟草、中国银行、交通银行、通商银行、中华商业银行等股票。1920年以后，股份有限公司增加，证券市场交易的股票数量有所扩大。

企业债券发行数量较少，主要是苏路、浙路、皖路、鄂路等铁路债券，流通的主要是北洋政府公债。最大面额万元，最低1元。万元、千元、百元的称大票；小于百元的称小票。万元票面的债券不能分割交易，买进后不易卖出，10元以下票面数额较小，交易的债券面额主要是千元与百元。

（七）国内汇兑市场。经营国内汇兑的机构主要是华资银行和钱庄。比较多的是中国银行，在全国有分支行和汇兑处有100多家，基本形成国内的汇兑网络。钱庄与银行相比，虽然机构较少，由于钱庄对于商埠及各路商人较熟悉，有一定的资金流通路径，汇兑手续费相对华资银行又低，面广量大的汇兑通过钱庄办理。

第四节 币制改革及对纸币发行的管理

1912年，北洋政府在财政部设币制委员会，聘请荷兰货币金融学博士卫斯林（清政府度支部顾问）为名誉顾问，卫斯林提出《中国币制改革刍议》，主张在采用金汇兑本位制之前，应暂时并用金汇兑本位和银本位两种制度。1913年春，币制委员会详细讨论币制改革方案，在金、银、金银并用三种意见中争论不休。最后，将金汇兑本位制列为首选。

一、确定实行银本位制度并颁布《国币条例》

1913年秋，币制委员会撤销，币制改革移交国务院会议继续讨论。时任国务总理兼财政总长的熊希龄对币制改革十分热心，他认为采用金本位乃世界大势所趋，中国也必须以此为最终目标，目前不易办到，先用银本位统一货币，等将来商业发达之后再改行金本位制。

1914年2月8日，颁布《国币条例》十三条，同日，财政部公布《国币条例施行细则》。规定国币铸发权专属于政府。实行银本位制度：以库平纯银六钱四分八厘为价格单位，定名曰元。以一圆银币为无限法偿的本位货币。国币种类：银币四种，1元（总重7钱2分，银9铜1）、半元（总重3钱6分，银7铜3）、2角（总重1钱4分4厘，银7铜3）、1角（总重7分2厘，银7铜3）。镍币1种，5分（总重7分，镍25铜75）。铜币5种，2分（总重2钱8分，铜95、锡4、铅1）、1分（总重1钱8分，成色同前）、5厘（总重9分，成色同前）、2厘（总重4分5厘，成色同前）、1厘（总重2分5厘，成色同前）。国币计算均以十进。每元十分之一称为角；百分之一称为分；千分之一称为厘。公私兑换，均照此率。各种银币法定重量、成色与法定成色相比公差，不得逾千分之三。每一千枚合计重量与法定重量相比公差，不得逾万分之三。流通中磨损的国币，如因行用磨损致法定重量减少1元银币减百分之一、五角以下银、镍币减少百分之五，照数向政府兑换新币。凡毁损之币，如查系故意毁损者，不得强人收受。

1915年8月，财政部组织《修正国币条例草案》：一是按照已铸国币的成色，1元银币定为银89铜11；二是取消银角，面值改为50分、25分、5分银辅币；三是取消镍币与2分、1厘铜币，1分、5厘、2厘铜币中有圆孔；四是增加10元、20元金币，准备过渡到金本位。根据《国币条例》，1914年12月及1915年2月，先后由天津造币总厂及江南造币厂开铸1圆银

图16-20　民国三年袁世凯像壹圆银元
《安徽历史货币》306页

币，币面镌刻袁世凯头像，俗称袁头币或袁大头。新银币式样新颖，形制划一，规定重量、成色与法定重量均不逾3‰，发行后流通广泛，人们乐于使用。清代末年各地流通的成色杂乱的银元，外商银行支持并居奇的鹰洋，都逐渐从流通中排除，银元成为唯一主币。

二、《金券条例》的流产

1918年8月10日，国务总理段祺瑞为向日本进行币制借款，颁布《金券条例》。规定：政府为便利国际贸易，预备改用金本位起见，得由币制局指定的银行发行金券。金券单位为一金圆，每一金圆含纯金0.752 318公分，即库平二分零一毫六丝八忽八（与日本金元相同）。一金圆的十分之一为角，百分之一为分，千分之一为厘，皆以十进。金圆券种类为一圆、五圆、十圆、二十圆、五十圆、一百圆。政府指定银行发行五角、一角、二角三种金券，由造币总厂铸造一分铜币。指定银行发行金券应有十成准备，准备品为本国金元或生金，或外国金币，分存中外汇兑商埠，准备金的地点及数量由发行银行每旬公布一次。颁布以后，引起全国人民反对，认为这是日元代替了国币，如此下去，中国将难免重蹈朝鲜的覆辙。美国、英国、法国等为了维持他们在华的利益，也向北洋政府财政部提出抗议，《金券条例》终被取消。

三、限制商业发行纸币并颁布《取缔纸币条例》

1913年1月，财政部拟订《商业银行条例》，限制商业银行发行纸币：银行发行纸币总额，不得超过资本金总额十分之六；各银行欲取得纸币发行权者，必须呈交政府发行公债证书于财政部，而其纸币发行额亦不得超过呈交公债证书总额；各银行发行纸币，须有发行额四分之一以上的现金准备存储于中央银行，发行额不得超过政府规定；银行破产，政府得令中央银行将该银行所呈交之公债证

书全数兑现。发行纸币的银钱行号，每月制成发行数目报告表、现款及保证准备报务表报财政部，或由其管理的官厅转报财政部。财政部随时派员或委托他机关检查发行数目、准备的现款及保证品、相关账册、单据。违反规定的，处50元以上，5 000元以下罚金，有纸币发行权的，取消其发行权。

为了配合币制改革，推进银元流通，1915年10月20日，财政部颁布《取缔纸币条例》。纸币的解释是：凡印刷及缮写之纸票，数目成整，不载支取人名及支付时间，凭票兑换银两、银元、铜元、制钱者。规定除中国银行外，凡官商银钱行号发行纸币，均须依照条例办理。条例施行后新设的银钱行号，或现已设立向尚未发行纸币的，不得发行纸币。条例施行前设立的银钱行号，有特别条例规定的，准其发行纸币者，营业年限内仍准发行，限满应即倒数收回。无特别条例规定者，自本条例施行之日起，以最近三个月平均数目为限，不得增发，并由财政部酌定期限，分期收回。

北洋政府币制局对于纸币发行制度曾提出意见。一是集中发行制度。由币制局约集中国银行人员，从事审定兑换券则例，提交国会议决公布，议定发行准备名章程，同时公布施行。二是限制各银行发行纸币。经币制局审定有发行权的暂行保留，没有取得发行权而私自发行者，限制其发行数目，定期收回。三是对于政府整理纸币发行的法令公布以前及法令施行以后，均应严守法案主旨处理，不得变更。以现金、省公债、中央银行收销各省滥发的钞票。

四、黎元洪时期的币制改革

1916年6月，黎元洪任大总统以后，货币流通秩序整顿与改革的主要措施：

（一）推行新主币和提出《国币法草案》。1917年2月，拟定《国币法草案》，提出本部直辖及各省财政厅、财政分厅所属各征收机关，一概税项，均应以国币计算税率。1元新主币通行省份，征收税款，应以该项主币为本位。征收机关无论在新辅币已、未发行之区域，凡人民以新银、铜辅币纳税者，一律收用。新辅币的发行及兑换事宜，均由中国银行经理。外国钞票一律不得收用。

（二）制订《限制和整理各省官银号办法》。1917年6月，财政部发文整理各省官银钱行号纸币。彻查各官银钱行号流通纸币，严禁擅自私发及发新换旧、有发无收。财政厅长及监理官对于官银钱行号应负责任，自应责成照办。

（三）制定《中国银行兑换券法草案》。中国银行兑换券照《中国银行则例》由中国银行发行，以国币兑换，并以国币及生金为现金准备；现金准备占发行实数至少在二分之一以上。其余以中央公债票、国库券及其他有价证券、商业票据，经财政部确认为保证准备。发行至二万万元之后，增发兑换券，须照额外发行数目纳发行税，其税率由财政总长核定，至少在5%以上。面值分为1元、5元、10元、50元、100元。有无限法偿地位。

五、对中国银行和交通银行纸币的停兑

中国银行已经成为名副其实的中央银行，交通银行实际上已经成为北洋政府的钱袋，北洋政府一直支持两行发行纸币。

（一）云南护国军都督府不承认中、交两行纸币。1916年2月，云南护国军都督府发布，声讨袁世凯称帝。声明将来共和国统一政府成立，所有中国、交通两银行原有纸币，自应担负责任。云南护国军都督府起义以后发出纸币、公债及各项存款，本政府概不承认。布告发布后，全国及香港地区引起强烈反响。

图16-21 1916年5月14日上海中行登报通告照常兑现钞票，抗拒停兑令。

（二）北洋政府迫令中、交两行纸币停止兑现。1916年5月12日，国务院总理段祺瑞令中国、交通两银行纸币及应付款项停止兑现付现。北京的中国银行和交通银行停止兑付，市面混乱。市场铜元缺乏、钱商操纵钱市行情、米价大涨、金店歇业。上海的中国银行继续兑现，交通银行停止兑现。5月14日，上海中国银行股东联合会通电反对停兑。南京的中、交

图16-22 1916年5月15日上海中行登报通告延长营业时间收兑钞票。

两行在地方政府的支持下，议定不执行停兑令，承诺随时兑现。坐镇南京的北洋将领冯国璋及齐耀琳，5月15日致电北京北洋政府，坚决反对停兑令。

（三）中、交两行停兑的影响。北洋政府对中国银行和交通银行停止兑付令下

达以后，在中国国内以及国际社会引发了巨大的反响。国际社会认为政府没有下达银行停兑纸币的权力，这样会破坏货币制度，刺激恐慌，使纸币币值下跌，物价腾贵，减杀中国国民的购买力，阻碍外国商品进入中国。为此，列强加强对北洋政府的干预。外国银行团要海关、盐税、铁路收入逐日易成现银。

（四）中行与交行之间互相倾轧。中行原拟于5月28恢复兑现，由于受到交通系的干扰而没能实现。6月7日，袁世凯病死，黎元洪继任总统，宣言以维持京师金融为第一要务，人民对政局显抱乐观。9月9日，众议院财政委员会建议案要求速筹中、交两行京行兑现。在社会的强大压力下，北京的中、交行开始兑现。政府下令银行停止兑现发行的纸币，世界银行史少见。停兑令下达后，上海等地的地方政府及银行抗拒停兑令，更是中国金融史上的重大事件，在中国的货币史中留下重重一笔，有着深远的历史意义。

第五节 货币本位制度选择及改革的主要观点

北洋时期，中国有一批人受过西方经济学教育，将西方资产阶级的经济学思想及相关理论和管理方式带进中国，对中国货币本位及制度选择各抒己见。

一、货币本位制度选择的主要观点

（一）金本位制。主要代表人物是黄遵楷、俞寰澄、袁兰等。黄遵楷（1858—1918年），驻日本国使馆商务委员、财政部币制顾问，著《币制原论》、《金币制考》、《调查币制意见书》和《松方政策与日本银行之一斑》。在《调查币制意见书》中，提出实行金本位，改革币制不要从学理上考虑，只要政府决心，规定相应法制，就一定能成功。中国只要实行金本位制，就会摆脱半殖民地的地位，成为世界强国。在《币制原论》中，提出货币单位为"圜"，以纯金2分当银币一圜，每圜银币重6钱6分6厘，成色为93.537%，每一圜五角相当于原来的规元一两，便于换算。每圜含纯6钱2分3厘，金银比价为期1∶31.15。

俞寰澄（1881—1967年），同盟会成员、中国银行副总裁、上海证券交易所理事、证券商业同业公会理事长兼商务印书馆副总经理。新中国成立后任政务院财经委员会委员，第一至第三届全国人大代表。1920年提出《利用时机整理币制计画书》，认为当时我国金贱银贵，入超减少，主张采行跛行本位制（银币不能自由铸造），先发行金券，每元含纯金0.8克，金券和银币不定比价，兑换时用换币费调节。实行金本位制后，市场物价会平稳。

（二）金汇兑本位制。主要代表人物是荷兰人卫斯林、财政总长周学熙等。1912年，卫斯林被聘为北洋政府币制改革名誉顾问，在《中国币制改革初议》中建议中国实行金汇兑本位制。先定金单位，含纯金0.364 488 3克。中央银行首先实行簿记，往来款项用金计算。发行代表金单位的兑换券，在本国不能兑现，可在外国专家存储金准备处兑取外国金币，以五万单位起兑，东方的汇总事务在上海办理，西方的汇兑机关设在荷兰的阿姆斯特丹，由荷兰人任经理，中国人任襄理。各省所铸银币和外国银元及生银照习惯使用，铜币照市价使用。待今后经济发展，国力增强，有禁止伪造货币的能力，再定金银比价为1∶21，铸造代表金单位的银币，实行纯粹的金汇兑本位制。银币含银7.654 254 3克，通行后铸十倍或二十倍金单位的金币。

（三）金银并行本位制。主要代表人物是刘冕执、诸青来等。刘冕执（1872—1944年），早年入京师大学堂学习，后公派日本东京帝国大学留学，曾任北洋政府财政部币制委员会专门委员、财政部参事、参议院议员、国民政府文官处参事等职。1906年在《币制改革略谈》中主张实行跛行本位制或并行本位制。金圜含纯金0.5克，暂缓铸造，或铸造百圜的金圜。银圜含纯银18克。另有五十分、二十分银币和镍、铜辅币，旧制钱为一文铜币。金圜、银圜同为无限法偿，兑换时用缴纳或返还换币费调节。等到金银市价为1∶36（含金银量之比）时，收回银圜，改行金本位制。

（四）银本位制。主要代表人物是梁士诒、李芳、陶德琨、厉鼎模等人。梁士诒（1869—1933），光绪进士、铁路总局局长、袁世凯内阁邮传部大臣、总统府秘书长、交通银行董事长、国务总理，主张实行银本位。李芳在1918年出版的《中国币制统一论》中，提出暂时实行银本位制，用十八格兰或三分之一两，则免生活上的影响，并能收到效果。用六钱六分六厘或六钱六四分八厘，虽方便于传统习惯，但有助长消费之弊。陶德琨在1919年发表《币制问题之治标策》，赞同银本位制，主张将原来的半元改为主币，定名中元，原来的一元当中元二元。厉鼎模于1925年发表《中国币制问题之研究》，建议实行金银分行制，仍以银为本位，国内交易及对用银国均用银。对用金国设法吸收金货。不铸造金币，不强定金银之法价，为将来改行金本位制作准备。

二、废两改元

废两改元的主要代表人物是苏筠尚、张知笙、诸青来、徐永祚、马寅初等。1917年8月，上海总商会董事苏筠尚、张知笙率先分别提出废两改元的意见书。苏筠尚提出两元并用，上海于1918年1月1日起一律改用银元。张知笙提出固定银元和银两的比价，银两继续流通。1917年11月，诸青来发表《贸易改用银元平议》指出两元并用有四弊：一是银两各省平色不一，不利于币制统一。二是银元市价时有高低，大启投机之风。三是对外贸易要增加一层折算上的亏损。四是银绽供给减少，不免有银荒之患。认为废两改元有百利而无一害。徐永祚在1918年至1921年其间，曾发表多篇文章讨论废两改元问题，列出两元并用有七害，主张废两改元从上海开始。

马寅初（1882—1982年），经济学家、教育家、人口学家。美国耶鲁大学经济学硕士学位和哥伦比亚大学经济学博士学位、浙江大学校长。新中国成立后任中央人民政府委员、中央财经委员会副主任、华东军政委员会副主任、北京大学校长、第五届全国人民代表大会常委会委员。主要著作有《通货新论》、《我的经济理论哲学思想和政治立场》、《中国国外汇兑》、《中国银行论》、《中国经济改造》、《经济学概论》、《马寅初经济论文集（上、下）》等。1927年以前，提出币制改革是自由铸造和废两用元。改行金本位，先须巩固银本位；巩固银本位，先统一银本位；统一银本位，先推翻银两；统一各色银圆为国币，银本位可谓统一。银本位基础既固，而后可渐进于改用金本位。统一银元要实行自由铸造政策，自由铸造，是改革币制之第一步，恳望早日成立上海造币厂。反对实行虚金本位制。

三、张嘉璈维护货币流通秩序和银行信誉的思想

张嘉璈（1889—1979年），早年游学日本学习金融，回国后在上海发起组织

立宪团体国民协会及民主党，先后任国民政府参议院秘书长、中国银行副总裁、总裁、铁道部长、交通部长、东北行营经济委员会主任兼中长路理事长。1916年5月，北洋政府国务院下令中交两行停止兑现，存款止付。总裁张嘉璈和经理宋汉章认为一个银行若不能兑现，等于卡住自己的脖子，今后就无法开门营业，等于自取灭亡。张嘉璈联络"南三行"和其他银行及外国银行，利用库存200多万现银，与外国银行订立200万元透支契约，做好中国银行全部兑现的准备。中国银行上海分行保证全额兑现，平息挤兑风潮。吸收的存款比挤兑前大为增加。张嘉璈保证银行兑现，维护正常的货币流通秩序和银行信誉的思想，对后来中国的银行业机构稳健经营理念的确立，奠定了理论与实践基础。

第十七章　国民政府时期的货币流通

1925年3月12日，孙中山因肝病复发在北京逝世。临终前留下《遗嘱》和《致苏俄遗书》，号召全国人民实行联俄、联共、扶助农工的革命政策，反帝反封建，努力奋斗，完成他未尽事业。

第一节　广州国民政府时期的货币流通

1925年7月1日，中华民国国民政府（又称广州国民政府）在广州市成立，委员制取代大元帅府的一长制，汪精卫等16人为政府委员，汪精卫为主席。公布《中华民国国民政府组织法》，职责是履行孙中山遗嘱，对外废除不平等条约，消灭帝国主义势力；对内开展国民革命运动，消灭军阀势力。

一、取缔外币流通

广州国民政府成立前，香港货币在广州正常流通。在广州的沙面（租界），

图17-1　广州沙面万国通宝银行壹圆券
（许义宗）

帝国主义列强设立的银行有7家，这些银行勾结中国的不法钱庄和银号，以流通的大洋和双毫等硬币作为商品，购入与输出，减少市场硬币流通，扰乱金融秩序，支持不法钱庄和银号在金融市场上投机倒把，高抬港币币值，影响市场物价波动。以生银供应铸造双毫硬币，低质双毫充斥市场。由于市民识别水平不高，市场上小面额假港币盛行。

1925年2月10日，广州国民政府财政委员会第76次会议议决《行使外币取缔条例》，

凡外国货币，只准在市场钱银号或兑换店找换或买卖，所有直接交易，概以国币为限，不得行用外币。如违反，一经警察当堂执获，或经查获有据者，将该项外币悉数充公。凡钱银号或兑换店以外的商店，遇在持外币到店交易，应一律拒绝，并予举发。人民向征收机关缴纳田赋、厘税、饷捐及其他公款，一律缴纳国币。以外币缴纳者，将该项外币悉数充公。

二、取缔私铸银毫货币

民国时期，广东将一角、贰角的小银币称为单毫、双毫的毫银，统称为银毫。因计算容易，行便利便，所以粤、港、澳市面乐于使用，其中双毫由辅币而逐渐成为主币，商场支付交易都以双毫5枚合成一元。由此，广东的流通货币自成系统，毫银的滥铸也十分严重，私铸毫银盛行，社会各界要求整治假币市场的呼声较高。1926年2月25日，广州国民政府财政部颁布《缉获伪币给奖条例》，明确关卡及当地军警，对于伪币均负协缉之责；所有缉获伪币，解部熔铸后，按所得纯银价值，五成充赏，五成解缴国库。广东省政府颁发一系列公告、决议、条例，取缔私铸银毫、输运纹银。

三、创立中央银行，支持北伐战争

1924年，由于广东军事紧急，税收短缺，省立银行停兑以后，纸币停止流通，劣质银毫充斥市场，金融形势恐慌，市场物价异常上升。为调节市场货币流通，稳定金融秩序，筹集资金支持北伐，孙中山筹建中央银行。1924年8月15日，中央银行宣告成立，宋子文为行长。颁布中央银行组织章程十六条，资本额为国币1000万元，总行设于政府所在地，各省会、商埠及工商业繁盛地点均设立支行、分行。由于社会历史条件的制约，广州中央银行并不是真正意义的中央银行，成立是为了稳定金融秩序、筹集资金，支持北伐。作为中国历史上第一个名义上的中央银行，在中国的革命史上发挥了作用。

图17-2　中央银行民国十二年壹圆
《中央银行纸币》9页

四、发行货币，推动政府货币流通

广州中央银行成立后发行货币，筹集资金。民国十二年版银元兑换券。面额为1元、5元、10元、50元、100元，印孙中山头像，美国钞票公司承印。前期发行的由行长宋子文、副行长黄隆生以及周斯铭签字。1928年7月后发行的由邹敏初和周斯铭签字。为确保兑现责任明确，按发行所在地分行机构加盖地名。发行后纸币的社会信用尚好，一年后，由于政局动荡，1927年（民国二十六年）发生挤兑风潮，被迫停业。次年2月恢复营业为重建信用。

1926年7月，发行湘、赣、桂三省票币200万，面额为1元、5元、10元、100元，并颁布兑换条例，规定湘、赣、桂三省商民务须一律通用，不得任意抵折，流通到广东，均可携票到广州中央银行兑现，但须酌量贴水，以示限制。同年12月，又在汕头发行1元、5元、10元兑换券。为保证货币的正常流通，抵制私铸币的非法流通，在各分支机构发行兑换处通告，告知社会本行货币，十足准备，信用昭著。公家税收，一律征收。

第二节　武汉国民政府时期的货币流通

随着北伐革命战争的发展，全国的革命重心由广州转移到长江中部流域，国民党中央和广州国民政府迁都武汉。

一、武汉国民政府的成立

1926年12月13日，武汉成立国民党中央执行委员会和国民政府委员临时联席会议，代行国民党中央和国民政府职权。此时的武汉，金融秩序十分混乱，原来的官钱局由于被军阀利用为筹款机关，钱票发出过多，价格低落，成为扰乱武汉金融秩序的重要因素。整理官票、清偿军阀旧欠、为国民政府军政开支筹款，调度金融财政运行，成为武汉政府亟待解决的问题。庞大的军费开支主要由湖北省负担，湖北的财政收入无法满足。

二、发行中央银行兑换券和财政公债

国民革命军北伐军总司令部通告发行中央银元兑换券，面额为1元、5元、

10元、50元、100元，全部印孙中山头像，由美国钞票公司承印，新设立的武汉中央银行发行。为保证兑换券流通，国民革命军北伐军司令部于同年12月27日再发布告，严禁奸商操纵金融，重申中央银行准备十足现金，信用昭著。发行兑换券是为调和地方金融，补助军费，要求商民一体收用。各机关，对于人民完纳税收，一律收用。重申对于拒不收用的奸商严惩不贷。1927年1月，武汉国民政府借整理湖北金融和财政之名，发行湖北金融公债和财政公债。发行总额为通用银元2 000万元。

图17-3　中央银行民国十五年壹百圆汉口小签《中央银行纸币》195页

图17-4　民国十五年汉口中央银行通用大洋货币兑换券拾圆《中央银行纸币》45页

三、成立汉口中央银行，发行银元兑换券

1927年1月20日，武汉国民政府以向各银行押借现款，作为中央银行开办基金，成立中央银行汉口分行，同时发行1元、5元、10元、50元、100元银元兑换券。全为地名券。凡征收、交通各机关，一律通用。银元兑换券正面上端中央银行行名，右侧为孙中山像，左侧为面额字样，下面为通用大洋货币和中华民国十五年印字样。四角有汉字面额，下边框外有印制单位美国钞票公司字样。背面上端英文中央银行行名和英文通用大洋货币字样。中间有英文面值，两侧有阿拉伯数字的面值和拼音汉口字样。下边有公元纪年1926和拼音汉口地名，左右分别有宋子文和陈行英文签名。四角及两边边框有面值阿拉伯数字。

四、集中现金，应对经济封锁

为二次北伐，4月17日，武汉国民政府召集各业会议，组织战时经济委员会，采取非常措施，应对南京方面的经济封锁，解决财政金融困难。执行集中现金政策，公布《集中现金条例》。制止现金外流，防止商人及资本家操纵现金，从中渔利。政策出台后其效果事与愿违，反而使经济更为困难。蒋介石控制的南

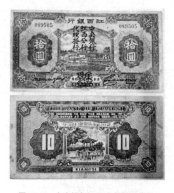

图17-5　中央银行江西分行代理发行
江西银行集中现金券拾圆《中央银行纸币》
183页

京国民政府电令长江下流各地，禁止现金运往武汉，禁汉票在各该地行使。上海银行业公会与钱业公会宣布与汉各行庄暂停往来。全国其他城市也与武汉各银行断绝关系，武汉成了经济孤岛。纸币币值下跌，物价高涨。武汉国民政府于7月停止发行纸币，8月中旬以后又允许现金流通。1927年5月6日，国民革命军第三军军长朱培德以江西省主席名义，报请财政部同意在赣设立分行支持武汉政府集中现金，借用江西银行纸币，加盖中央银行江西分行代理发行和集中现金，发行江西银行集中现金券1元、5元、10元。

五、发行国库券、推动国库券流通并整理国库券

1927年4月12日，武汉国民政府财政部颁布《发行国库券条例》，发行国库券，以九百万元为限。分三个月发行，每月发行三百万元，自发行日起，满足六个月后，由国库照付。按年六厘计算，到期由持券人连同本金一并兑取。国库券面额分为一元、五元、十元三种。国库券为不记名券，如有遗失毁灭，概不挂失。由于缺乏信用保证，社会普遍不愿接收，发行不久即流通不畅。8月份，停止发行国库券，不断申令禁止贬抑拒收国库券，国库券仍然不能正常流通。

六、收兑中央银行、中国银行、交通银行汉钞

1927年8月以前，中央、中国、交通三行发行的汉钞信用尚好，而8月中旬，武汉国民政府决定允许现金流通，将特税、盐税及内地税完全改征现金，造成市场现金流通的紧缺，价格上涨，三行钞票价落。为此，8月29日，武汉国民政府决定将发行量最大、信用最差的中央银行汉钞开兑铜元，1元汉钞兑铜元二百文（较集中现金前降低约三分之一）。为挽救汉钞信用，武汉国民政府以现金拨交中国银行，充分收买汉钞，实现长期兑现。武汉政治分会财政委员会于9月27日决定收兑三行汉钞。10月12日，三行汉钞以每元合银元2角的比价开兑，税收征收机关遵令按这一比价搭收三行汉钞五成。后来，由于桂系军阀控制湖北，整理全

面停顿，三行汉钞无法流通。

武汉国民政府时期从正式办公到结束只有7个月的时间，短暂的时间内，围绕货币流通，做足了文章。宁汉从对立到合流，货币流通的崩溃加速了转变进程。

第三节　南京国民政府时期（1927—1945年）的货币

1927年，历时一年多的北伐战争结束。武汉国民政府成立7个月后宣告结束，宁汉对立转变为宁汉合流，国民党由分裂走向统一，南京国民政府正式成立。

一、建立后的经济与社会

（一）帝国主义对中国的经济侵略。为摆脱危机，帝国主义国家加强对殖民地、半殖民地的经济侵略，大量输出商品、掠夺原料。中国是一个资源丰富、经济落后、社会动荡的国家，自然成为列强侵略和争夺的重点。1927—1937年，帝国主义在华投资由1902年的15亿美元增长到1936年的43亿美元，涉及运输业、公用事业、矿业、工业、银行金融业、地产、进出口业及其他行业等。

（二）日本对东三省的经济侵略。1931年，"九一八事变"后，日本出兵侵占东三省，加强经济垄断和资源的掠夺。设立铁道总局，垄断东北的铁路、港湾、公路、水陆交通运输，侵占东北大量土地。1936年7月前，武装移民日本人71万多，朝鲜人83万多。通过政治和经济手段排斥英美在东北的贸易，垄断东北市场。大量的日本商品在东北倾销，东北与关内贸易额大幅下降，与日本贸易额大幅提高。

（三）官营工商业形成并快速发展。接管江南制造局、金陵制造局、汉阳、巩县、济南、陕西、福建等兵工厂、中兴、中原、烈山等煤矿。1928年，接办首都和戚墅堰电厂、淮南煤矿、官营铁路。先后成立中国、欧亚和西南航空公司，开辟航线12条。以湖南、湖北和江西为基地，发展钢铁、水电、化工和机器制造等工业。1936年4月开始，陆续开始筹建冶金、燃料、机械、电气、化工等厂矿30

余家。

（四）民营工商业与农村经济在艰难的生存环境下迅速发展。纺织业巨头荣家企业恢复元气，继续发展。国内面粉工业在抵制日货运动中扩大销售市场。丝绸业产量不断增长，出口数量增加，质量提高。火柴、卷烟、肥皂、针织、毛纺、搪瓷、制瓷、水泥、玻璃、造纸、印刷、化妆品工业、制药工业、食品工业等各行业的民间资本先后摆脱困境，获得发展。军阀混战引起的兵灾、匪灾及兵差，对农村经济及自然环境的破坏严重。

（五）建立政府统制经济并不断完善。1937年颁布《非常时期安定金融办法》、《战时农矿工商管理条例》。1938年10月迁都重庆后，在全国推行贸易、粮食、资源统制及金融财政筹划措施。颁布非常时期农矿工商、战区粮食、矿产品输出品、钢铁、银行、进出口物品、工业机器、化工材料管理、粮食等管理及内移各厂矿限期复工、收兑金类、禁止进口物品等法规，确定管制物资生产、分配、交易、储存。

（六）发行公债引发债信危机。1927—1931年，发行公债10.58亿元，实际收入5.38亿元。1933—1935年，发行各类公债16种计8.24亿元，再次暴发债信危机。八年抗战其间，共发行18种国内公债法币150亿元，外币发行折合美元3.2亿美元。大多数公债发行以总预约券方式，利息七厘，向国家银行抵押垫款，国家银行则以公债预约券作发行准备，增发不兑现纸币，放款给政府。

（七）清偿并继续举借外债。1928—1937年，借外债14笔，总额280余万英镑、3 300余万美元、4.5亿法郎、230万余万海关金单位和9 200余万法币。中美棉麦借款采取货物形式，对中国农村经济发展产生较大负面影响。中德易货偿债协议，1亿马克的贷款绝大部分用于向德国购买军火，1 000万马克用于购置机器设备，发展重工业。

二、建立后的货币流通管理

南京国民政府成立后，实际控制的只是长江下游地区。要实现统一领导，必须要有统一的财政金融。

（一）召开经济与财政会议，确定货币流通方针。1928年，南京国民政府召开全国经济会议和财政会议。经济会议讨论如何整理金融，统一各省币制。财政会议提出消除旧币，改发新币，将发行新钞权集中于国家银行；先废两改元，确定银本位；再推行金汇兑本位制度。发展银行业务。组建国家银行，代政府管理国库、发行纸币；筹备汇业银行，偿还外债本息；筹设农工银行，贷以低利资金给予使用；奖励储蓄事业，培养国民储蓄习惯。

（二）建立中国的银行体系。一是建立中央银行。1928年11月1日，举行中央银行开幕就职典礼，宋子文任总裁，授四项特权：发行兑换券；铸造及发行国币；经理国库；募集或经理国内外公债事务。同日发行银元兑换券，面额壹圆、伍圆、拾圆、伍拾圆、壹佰圆。有全国通用券和加盖地名、区号、暗记、密码券两大类。二是开设中国农民银行。创办豫、鄂、皖、赣四省农民银行，总行设于汉口，其他地区设分支行及办事处。发行1角、2角、5角、1元、5元、10元流通券，核发1亿元，与法币同样行使。三是攫取中国银行和交通银行。财政部以维护金融稳定为名，要求两家银行增加官股。将中国银行总经理张公权聘为中央银行理事兼副总裁。董事长李铭辞职，宋子文等人为常务董事，指定宋子文为董事长。交通银行增加官股董事，1933年，胡笔江任董事长，总经理唐寿民留任。四是设立中央信托局。1935年10月，公布《中央信托局章程》，成立中央信托局，总局设在上海，各地酌设分局或代理处，办理公有财物及政府机关重要文件契约等的保险及保管事项，经理国营事业或公用事业债券股票的募集和发行，经收公共机关或公共团体的信托存款并代理运用，办理各种保证和委托代理事项。

（三）废两改元。1928年6月，浙江省政府委员、著名经济学家马寅初，在全国经济会议和财政会议上提出废两改元和统

图 17-6　中央银行国币券民国十七年美钞版壹圆券（石长有）

图 17-7　银本位币民国二十一年壹圆三鸟币《中国钱币博物馆藏品选》224 页

一国币的议案通过。1929年11月，应中国政府邀请来华考察的美国普林斯顿大学教授甘末尔等财政货币专家组成的甘末尔委员会，向南京国民政府提交了《中国逐渐采用金本位币制法案》，方案公布后受到国内各方面的批评与反对，废两改元的议题再次提出。1932年，南京国民政府组建的废两改元研究委员会及财政部决定废两改元分步骤推行，先上海，后全国。

1933年3月2日，财政部发布《废两改元令》：废两先从上海实施，规定上海市面通用银两与银本位币一元，或旧有一元银币之合原定重量成色者，以规元七钱一分五厘合银币一元为一定换算率，并自3月10日起施行。3月8日，公布《银本位币铸造条例》规定：银本位币定名为元，重量为26.697 1克，成色为银88%，铜12%，即合纯银23.493 448克。银本位币一元，等于百分，一分等于十厘。银本位币之铸造，专属于中央造币厂。中央造币厂从3月起开铸新银币。新银币正面孙中山半身头像，背面为帆船和三只鸟的图案。1933年4月6日，财政部发布布告：四月六日起，所有公私款项收付与订立契约、票据及一切交易，须一律改用银币，不得再用银两。持有银两者，请求中央造币厂代铸银币或送交就地中央、中国、交通三银行兑换银币。

废两改元是中国货币史和近代中国金融、经济和社会生活中的一件大事。尽管没有完全消除中国货币制度的弊端，积极意义应该肯定：确定银本位的货币制度，统一了全国货币，结束货币流通的混乱局面；白银货币由计重改为计数，有利于发挥价值尺度和流通手段的货币职能；削弱了钱庄和外国银行在白银货币流通中的盘剥，有利于国内银行的发展。

图17-8 中央银行法币壹圆券
《中国近代纸币史》图录24页

（四）发行法币。1929年至1933年资本主义国家爆发经济危机，英、美等国先后从本国的利益出发，放弃金本位制。引发世界白银市场银价的普遍上涨，中国白银大量外流，动摇了中国银本位制的基础。财政部令各地银钱业同业公会及商会，协助监视私运白银，同时颁布缉获私运白银出口奖励办法，另外又令总税务司制定奖励外银输入办法。决定依靠西方国家进行币制改革，应对白银危机。

1935年8月，英国派出首席经济顾问李兹·罗斯来华策划币制改革。同年11月3日，财政部颁布《关于施行法币的布告》，自本年11月4日起，以中央、中国、交通三银行所发行的钞票定为法币，所有完粮、纳税及一切公私款项之收付，概以法币为限，不得使用现金，违者全数没收，以防白银之偷漏。如有故存隐匿，意图偷漏者，应准照危害民国紧急治罪法处治。

图 17-9　中国农民银行国（法）币券
民国二十五年德纳罗版伍角券（吴筹中）

三家银行以外经过财政部核准发行的银行钞票照常行使，发行数额以11月3日流通总额为限，不得增发，财政部酌定限期，逐渐以中央钞票换回，并将流通总额的法定准备金，连同已印未发之新钞及已发收回的旧钞，悉数交由发行准备管理委员会保管。银、钱行号、商店及其他公私机关或个人，持有银本位币或其他银币、生银等，1935年11月4日起，交由发行准备管理委员会或其指定的银行兑换法币。除银本位币按照面额兑换法币外，其余银类依其含纯银数量兑换。以银币单位订立的契约照原定数额，于到期日以法币结算收付。为使法币对外汇价按照日前价格稳定起见，由中央、中国、交通三银行无限制买卖外汇。1936年2月18日，行政院呈文国民政府，请准中国农民银行发行钞票1亿元与法币同样行使获准，中国农民银行纸币成为第四种法币。

同年11月15日，财政部公布兑换法币办法，规定各地银钱号、商店及其他公共团体或个人持有银币、厂条、生银、银锭、银色及其他银类者，应于民国二十四年十月四日起三个月以内，就近交各地兑换机关换取法币。兑换法币的机关为中央、中国、交通三银行及其分支行或代理处。同时规定通用银币与法币兑换，不得有丝毫差价，违者按其情节，将法币、银币分别没收或一并没收。

法币政策实施使中国的货币与白银脱钩，不受世界白银市场价格波动影响；实现信用货币替代金、银币的革命性转变；放弃银本位后，收回大量白银换取外汇，维持了法币币值稳定；货币供应量快速增长，银行对工商企业的放款增加；货币供应增加，提高了全社会的购买力，物价下跌势头得到扭转；加强了对商业银行的控制和金融垄断。

（五）维持法币的对外汇价，稳定法币价值。全民族抗战爆发以后，大片国土沦陷、税源锐减、军费开支增加，财政状况日趋恶化。法币的稳定取决于汇率，维持法币汇率的稳定，必须有平准基金。1939年3月10日，中国、交通两行与英国的汇丰和麦加利银行订立合约，由中国银行和交通银行出500万英镑，汇丰银行出300万英镑，麦加利银行出200万英镑，共计1 000万英镑，组织成立中英货币平准基金委员会。1941年4月1日，与英国、美国两国财政部订立合约，成立平准基金委员会，稳定法币在外汇市场上的价值。美方购入法币不超过5 000万美元，中方拨2 000万美元解入美国联合银行，英方拨500万英镑存入英伦银行。平准基金委员会建立了社会对法币的信心，稳定了法币在外汇市场上的价值，防止了外汇资金的逃避及敌人和投机商人对外汇资金的操纵。

图17-10　中央银行法币民国二十九年中华版贰角券（石长有）

（六）中央银行统一发行法币。1940年5月28日，中央、中国、交通、农民四银行联合办事总处颁布七点饬令，限制四行发行钞券，改由中央银行统一发行。同年6月18日，《统一发行实施办法》规定中、交、农三行已发行的各种钞券，仍照旧流通。发行库所存钞券，无论存于总行或各地分行处者，均应移交中央银行接收。定制未交钞券，自当年7月1日以后，无论续交或在运送中者，概由中央银行接收。所有三行的印券合约，均归中央银行承受。此后，南京国民政府发行的纸币不是减少，而是大大增多。

（七）扩大发行关金券。关金是海关金单位兑换券的简称，国民政府时期中国海关收税的计算单位。原来海关收税为银两，1929年世界银价大落，影响关税收入。1930年1月15日，决定海关进口税改征金币，以值0.601 866克纯金为单位作标准计算，称海关金单位，合美元0.40元，自2月1日起开始实施。1931年5月1日，为便于关税出纳，中央银行发行关金券，面值分为10元、5元、1元、20分、10分5种。并规定准备金以六成现金存库，四成外国银行金债票。全民族抗日战争爆发后，由于国民政府实行通货膨胀政策，致使法币日趋贬值。为稳定金融，促进货币流通，1942年4月，财政部致函中央银行，

图17-11 中央银行关金券民国十九年贰佰伍拾圆券（吴筹中）

自4月1日起大量发行关金券，1元关金券等于法币20元行使，所有完粮纳税及一切公私款项均照上项定率折合法币收付，不得折扣。此后，关金券与海关征税脱离，作为大额钞票使用。

第四节　南京国民政府统治时期（1945—1949年）的货币

1945年8月中旬，日本宣布无条件投降。1945年8月28日，毛泽东率领中国共产党代表团从延安飞抵重庆。经过43天的谈判，10月10日签订《国共双方代表会谈纪要》即《双十协定》。美国依仗战胜国的地位和长期对南京国民政府的支持，在中国形成一枝独大的势力。1946年开始，南京国民政府给美国在华一系列特权，签订一系列不平等协议。1946年6月，国民党军队大举进犯中原解放区，全国内战开始。内战的全面展开持续增加军费开支，巨大的财政赤字只能发行纸币弥补。法币发行1937年6月14.1亿元，1945年6月增加到3 978亿元，是1937年的280倍。1948年8月，增加到6 636 946亿元，是1937年的470 705倍。

一、发行金圆券替代法币

1948年，法币信用已经完全破产，1948年8月19日，以总统命令颁布《财政经济紧急处分令》，自即日起以金圆券为本位币，金圆券每圆的法定含金量为纯金0.222 17公分，辅币为角及分，拾分为壹角，拾角为壹圆。面值为壹圆、伍

图 17-12　中央银行金圆券民国三十七年
中央版壹佰圆券（石长有）

圆、拾圆、伍拾圆、壹佰圆。辅币为壹分、伍分、壹角、贰角、伍角，以铜、镍、银分别铸造，中央银行发行金圆辅币券，同时流通。法币及东北流通券停止发行，所有以前发行的法币，以叁百万圆折合金圆券壹元，东北流通券以叁拾万圆折合金圆券壹圆，限于中华民国三十七年十一月二十日以前无限制兑换金圆券，兑换期内，法币及东北流通券暂准照折合率流通行使。台湾币及新疆币的处理办法另定。金圆券发行采用十足准备制，有40%为黄金、白银及外汇，其余是有价证券及政府指定的国有事业资产。发行总额以贰拾亿元为限。

金圆券发行不足两个月，发行量突破20亿元限额。11月11日，南京国民政府公布《修正金圆券发行办法》，宣布金圆券的发行总额另以命令定之。此后，发行量就像洪水决堤，1949年4月超过1 900亿元，到1949年5月18日，达到98 041亿元。1948年发行50元面值以下，到1949年5月，面额已达100万元，几乎成为废纸。为配合金圆券的发行，南京国民政府对物价、工资实行冻结，即"八一九"限价。商家在官定物价公布后停止营业。公开交易冷冷清清，黑市交易十分火爆，价格数倍上涨，城市刮起抢购风。11月1日，放弃强制执行70天的限价政策，物价犹如决堤之水。11月中旬，米价从限价时每石20元9角，涨到2 000元，上涨近100倍。

二、滥发地方货币

（一）发行东北盖印法币。日本投降后，在美国的帮助下，国民党军队迅速占领东北地区。由于伪满地区的通货膨胀率比国统区低，无法用法币收兑伪满币，进入东北的国民党军队需要军费，也不能使用伪满货币。时任东北保安司令的杜聿明，

图 17-13　中央银行法币券民国三十四年中央
版加盖东北、杜聿明贰仟圆券（陈俊钿）

下令将所部各军携带的法币加盖杜聿明私章和东北两字在法币票面的左右两侧，被称为东北盖印法币，在东北九省流通。共加盖六种面值：100元关金券，50元关金券，2 000元法币，1 000元法币，500元法币，100元法币。

　　大量东北盖印法币的发行，使东北地区的物价迅速上涨，由于面额过大，商民无法找零，难以流通，不久就折扣使用。由于当时伪满洲中央银行的纸币价值要高于法币，东北盖印法币又和伪满币同价行用，东北出现大量伪造的盖印法币，使其币值一直下跌，最低三折行使。杜聿明于1945年11月，颁布《发行盖印法币的布告》，规定盖印法币一律不准行使，盖印法币1元与伪满币1元同值流通。对于违反规定，扰害金融，一经查明，依法严惩不贷。

　　（二）滥发东北流通券。财政部于1945年11月2日，颁布《中央银行东北九省流通券发行办法》，中央银行东北流通券为东北九省境内流通法币，面额为一元、五元、十元、五十元，一百元。分为四个版别：中央上海版，中央北平版，中央版，中华书局版。图案分为二种：山海关；正面为山海关，背面长城。1947年5月31日，财

图17-14　中央银行东北九省流通券民国三十七年壹萬圓券《中国近代纸币史》图录27页

政部颁布《修正东北流通券行使及兑换办法》，东北流通券停止发行，法币出关行使。东北流通券与法币兑换比率，定为1∶11.5。东北流通券汇入关内各地，按照关内各地法币汇至上海办法办理。1946年1月初始，东北流通券发行指数为100，到1948年7月，增长24 035倍。1948年9月，随着辽沈战役的开始，东北局势突变，国统区出现严重的经济危机和通货膨胀。1948年8月币制改革时，废止法币与东北九省流通券，改用金圆券，并以1元金圆券兑换东北省流通券30万元。

　　（三）听任新疆币的滥发。民国时期，新疆被军阀杨增新、金树仁和盛世才先后统治33年之久。流通的货币主要是清代的红钱（包括铜元），并发行兑换券。1930年7月1日，金树仁停办新疆官钱局，拨资5万两成立新疆省银行。1931年由于哈密发生农民暴动，甘肃马仲英率军入疆引起战争，新疆省银行停办。1933

图17-15 新疆商业银行1939年
（毛泽民签名）壹圆券《新疆钱币》158页

图17-16 新疆省银行陆拾亿圆票
《中国钱币博物馆藏品选》301页

年盛世才上台，重新统一新疆。同年，恢复新疆省银行，为筹集战争经费，支援财政，该行印制了10两、500两两种期票。

1939年，中共党员毛泽民为执行党的抗日民族统一战线政策，帮助盛世才整顿财政金融，改官办银行为官商合办；废两改元；拒绝使用法币，限制金银出境；同时停止使用银元、银块、红钱、铜元，统一全新疆省币制，将新疆省银行改为新疆商业银行，由毛泽民主持工作，同年发行纸币，面额有1分、3分、5分、1角、2角、5角、1元、3元、5元、50元、100元，并逐渐收回以前所发行的省票。1944年国民党接管新疆，盛世才上调中央政府农林部长。随后，法币和关金券大量流入，新疆省币贬值加快，通货膨胀愈演愈烈。

1947年，中央银行为整治新疆的货币发行秩序，制定《新疆币制分期实施办法》，新疆省政府提出不同意见。南京国民政府行政院于1947年2月4日，致电中央银行，新疆币制分期实施办法暂缓实施。此后，为应对军政费用开支，新疆省政府1948年9月，将新疆商业银行又改名为新疆省银行，继续发行纸币，面额为100万、300万、600万、3 000万、6 000万、6亿元、30亿元、60亿元。60亿元面额的巨额省钞为中国纸币之最，当时折合金圆券1万元，仅可买一盒火柴。

三、实行银本位，收兑金银外汇

1949年，随着解放战争的节节胜利，南京国民政府迁至广州。中国人民解放军强渡长江，相继攻占南京、武汉、上海等大城市，南京国民政府残存西北西南一隅之地，财源日益枯竭，军费开支浩繁。蒋介石于1949年1月21日下野，李宗仁代行职权。1948年11月，行政院长翁文灏承认币改失败，内阁总辞职，孙科继任。

（一）实行银本位，发行银元券。1949年2月23日，行政院长孙科在广州召开政务会议，通过《财政金融改革方案》，25日开始实行。7月2日，行政院长阎锡山公布《改革币制令》，决定实行银本位制，发行银元兑换券，以银元为本位。银元一元总重量为26.697 1公分，成色为千分之八百八十，含纯银23.493 448公分。银元

图17-17　中央银行银元券民国三十八年中华版广州拾圆券（石长有）

辅币，分为一分、五分、一角、二角、五角五种，质量成色另定。为便利行使，由中央银行发行银元兑换券及银元辅币券。银元兑换券面额为一元、五元、十元、五十元、一百元五种。银元辅币券面额为五分、一角、二角、五角四种。辅币及银元辅币券，每次授受以合银元二十元为限。银元兑换券及银元辅币券发行，应有十足准备。其中银元黄金或外汇合计不得少于六成，有价证券、货物栈单合计不得多于四成。7月4日，中央银行公告银元兑换券及银元辅币发行办法。银元兑换券一出台便遭到社会各界的坚决抵制拒用，发行约四个月时间，彻底崩溃。新中国建立后，由人民政府用人民币作价收回。

（二）强令收兑金银、外汇。发行金圆券的同时，南京国民政府颁布《人民所有金银外币处理办法》，自公布之日起，黄金、白银、银币及外国券，在中华民国境内禁止流通、买卖或持有。人民持有黄金、白银、银币或外国币券者，应于中华民国三十七年九月三十日以前，向中央银行或委托的银行，依照规定兑换金圆券。黄金按其纯含量每市两兑给金圆券200圆。白银按其纯含量每市两兑给金圆券3元。银币每元给金圆券2元。美国币券每元兑给金圆券券4元，其他各国币券，照中央银行外汇汇率兑给金圆券。黄金、白银、银币及外国币券一律禁止携带出国，但每人所携金饰总量不超过2市两，银饰总量不超过20市两，或附有售给外国币券银行出具证明书的旅行零用外国币券，其总值不超过

美金100元者，不在此限。至1948年10月31日，全国各地收兑金银外币分别为：黄金1 654 978.790两、白银9 038 535.166两、银元23 546 860.29元、银角39 047 159角、美钞47 967 332.47元、港币87 471 175.60元、菲钞16 327.85元。收兑金银外币折合美金142 135 172.36元。

各地收兑的金银先运至上海集中，1948年12月在极端秘密下，将黄金200万两运往台湾，同月将1 000万银元运至广州，1949年1月再运57万余两黄金和400万银元运至厦门，1949年5月15日，中央银行最后一批黄金和银元，除业务局必须准留的黄金5 000两和银元30万元以外，其余19.8万余两、银元120万元，全部运往台湾。

第五节　民国其间县及县以下机构发行的纸币

民国时期（1912—1949年），县乡两级政府及机构、县乡驻军、地方性银行、县乡商会、金融维持会、钱庄、票号、银钱号、银号、当铺、矿局、铁路、工商企业等组织与机构，都曾运用自身的权力、影响、保证、信誉发行多种纸币，在本区域流通。发行品种之多，发行时间之长、发行范围之广，在中国近现代货币史中有特定影响。

一、纸币的发行主体

1912年至1949年，是中国近现代最为动荡、变化的时期。货币的发行流通，有北洋政府的银元、商业银行的纸币、外国银行纸币、国民政府的货币、革命根据地和解放区货币等。由于战争影响，国家没有实现货币的统一发行、管理与流通，这些都为县及县以下机构自行发行纸币提供可能，发行主体大致分四类。

（一）县乡政府及其机构。据统计，民国36年（1947年）全国行政区划中的县

图17-18　湖南省乾城县金融调剂委员会银圆辅币券民国三十八年券《中国钱币博物馆》

有1 997个。定都南京之后，国民政府进入训政阶段，全国范围内展开规模宏大的地方自治运动。1928年9月，颁布《县组织法》，正式启动"县自治"。1939年9月，颁布《县各级组织纲要》，在国统区实施以县为基本单位的地方自治制度新县制建设。但是，县自治并没有将民众推向民主的前台，仅仅成就了一批土豪劣绅们对基层政权的把控。县乡两级政权机构，实际上成为地区的土皇帝，通过发行纸币，增加地方财政收入及谋取私利，成为县、区乡（镇）村各级行政机构的普遍做法，发行纸币的有政府及其机构，还包括村镇公所。

（二）地方驻军。动乱的社会环境及长期存在的战争状态，以武力为后盾，割据一方，自成派系的军人或军人集团形成的军阀，由于枪杆子在手，权力大于政治、经济集团。以枪杆子圈成大小不等的统治领地，以枪维权，以权捞钱。国民政府军队分驻在全国各地，县及以下也有大量驻军。军阀割据的民国，控制地盘的大小是军事实力的象征，而军事实力又是由其经济基础所决定的。无论是政府军还是大小军阀，为保有扩张实力，无视国家秩序法律，在驻防地区通过当地金融机构发行纸币，筹集军费，扩大军队规模，提高自身实力。

（三）工商企业及商业店铺。民国时期的县、乡、村生产经营性的工商企业及杂货店、粮油店、绸布店、棉布店、饭店（庄）等服务行业的店铺，发行企业券或商号票，用于企业或项目的资金筹集、商业货款的支付，其性质属于信用货币，早期完全是代用币，找零钱而发行商号票较为普遍，可以购物、兑钱、相授，流通范围限于生活日用品的购买或找零，凑成整数可以兑换银元或法币。标有企业或商号（铺）名称。有的是企

图17-19　江苏省宝应县毛市乡商业联合会代价券—伍分（石长有）

业名称，如××铁路公司；有是则是店主人名字，有的是吉语字，较多的最后一个字是庄、堂、号，中间字是兴、德、和，中华传统文化的寓意较为明显。

（四）县乡（镇）村商会等自治机构。商会是具有资本主义性质的同业公会，

工商业资本家组成的不分行业的团体，包括工业、商业、运输业、金融业、保险业等行业。1924年，全国商会有1 631个。商会组织对于振兴商务，开通商智发挥了重要作用。从民国开始，随着广大的中小城镇农村私票的不断盛行，管理的责任逐步由商会承担。这种管理由开始的间接规范为主，逐渐发展到收回辖区商业机构发行私票权，由商会联合富商用资产作保证，直接发行纸币，即商会票，在限定的地区范围内流通。

图17-20　成都公济钱庄铜元伍百文
（中国钱币博物馆）

（五）私商银钱机构。民国时期的银行主要集中在县以上城市，县及县以下钱币经营机构主要是钱庄、银号、钱局、钱号、银钱号、银楼、票号、典当行等。这些机构经营需要发行一些信用票据，承担代用币的职能。另外，主要流通货币面额大，不易找零，需要面额较小的货币方便交易。钱币经营机构发行的小面额纸币信用度较高，流通方便，兑换保证，得到社会公众的接受。民国时期，有两次较为集中的辅币短缺，引发全社会发行辅币。一次是1935年，南京国民政府废两改元的币制改革以后，为解决辅币不足的问题，允许各省地方银行发行壹圆以下的辅币券，各县钱币经营机构相应发行地区的小面额辅币券。1948年8月，南京国民政府发行金圆券取代法币，金圆券辅币迟迟没有发行，人们用金圆券兑换铜辅币，引起集中挤兑，各地自行发行小面额辅币兑换金圆券。

二、纸币的名称

由于发行主体、发行地区、发行目的、发行时间等存在的差异，民国县乡机构纸币的名称众多，可谓五花八门。

（一）县乡政府及其机构发行的纸币。县乡政府及其机构发行纸币的目的，主要是为政府增加财政收入、弥补季节性或临时性资金短缺、为某项社会公共事业筹款以及解决市场小面额货币不足等。所以其名称一般较多的是兑换券、地方兑换券、货币兑换券、流通券、临时流通券、地方临时流通券、善后流通券、救济券、辅币券、铜元票、现款券、商库证、合作券、银号券、×圆券、×角券、×分券等。票面一般有完粮纳税、一律通用等字样，借此表明其在地方法定货币的地位。

（二）地方驻军发行的纸币。地方驻军发行纸币较为普遍，发行方式一般都是通过自己设立或当地的私商银钱机构向社会发行。如：黔军司令王文华在贵州遵义设义安钱庄，发行大面额制钱票。再如：1919年刘存厚的川军入陕，开放烟禁、征收烟税、罚款等要求统一使用其发行的油布票。1933年，被派驻达县堵截工农红军入川，在驻地发放达县借垫券，解决军队给养。又如：新疆南疆的"剿匪"司令马绍武，曾发行南疆边防总司令部军用钞票的布币。1929年4月，驻防福建漳州的国民党第四十九师，师长张贞成立漳州民兴公司，发行漳州民兴股份有限公司壹角、贰角、壹圆、伍圆、拾圆等面值的兑换券。

（三）工商企业及商业店铺发行纸币。工商企业及商业店铺是从事生产和经营的企业，从扩大生产规模、推动商品流通出发，发行小面额的纸币确实需要。所发行的纸币名称一般称为找零券、代价券、代用券、购物代价券、临时购货券、工资券、通用钱票、临时货券、工资借用券、毛帖、屯帖、凭帖、×分券、×角券、×圆券、××枚券、民国××年×圆券。对外开埠较早的广东潮汕地区，洋商如英商太古洋行、怡和洋行等庄号也发行面额为1、5、10、50、100元的七兑票，加上面额为1、5、10元银毫票，基本上成为当地的本位票。[1]

图 17-21　漳州民兴股份有限公司
贰角券（石长有）

图 17-22　济南面粉公司伍圆券（石长有）

---

[1] 作者注：七兑票制度：清末民初，广东潮商以4枚7钱2分5厘银元，加上6枚6钱7分之银元，包成一封，使每封重量7两，在市面交收支付，进行流通，每一转手商号都在原封上面盖章，以示负责，后发展到每封50元、30元、20元不等。

（四）县乡（镇）村商会等自治机构发行的纸币。银行纸币流通广泛的地区，县乡机构纸币往往发行流通较少，反之亦然。其名称有：代价券、兑货券、临时流通券、临时辅币券、辅币临时代用券、找辅券、周转钱券、周行票、兑换票、商会金融票、商会代币券、商会流通券、货币流通券、田赋流通券、工资代用券、临时代用券、铜元代用券、铜元代用券、辅币代用券、民国×××年券等。

（五）私商银钱机构。作为传统的银钱经营机构，发行纸币应该是其职能所在，一般发行的纸币都是直接冠以纸币名称，如：制钱票、吊票、京钱票、×分券、×角券、×圆券、××枚券、××文券、××县银行（号）民国×××券、周转欠条、银行存单、台伏票、汇兑局券、毫票、镭票、七兑票、大洋票、小洋票、中钱票、铜元代用券、江西花票、银毫票、信用流通券、金融兑换券、货币兑换券、银角票。

三、纸币的票面结构、版式

我国的县乡机构纸币，是中国近现代特定历史时期产生的特殊而庞大的纸币群体，运用一般对纸币的考察与研究方法，难以准确表述。

（一）县乡机构纸币的票面结构。1947年（民国36年）全国行政区域为36个省（包括西藏地区）、12个市。中国钱币学大辞典编纂委员会编著的《中国钱币学大辞典》民国编 县乡机构纸币卷第1—3册（北京，中华书局2015）所列发行流通县乡机构纸币的有25个省：江苏省、浙江省、安徽省、江西省、湖北省、湖南省、四川省、福建省、台湾省、广东省、广西省、贵州省、河北省、山东省、山西省、陕西省、宁夏省、甘肃省、辽宁省、吉林省、黑龙江省、热河省、察哈尔省、绥远省、新疆省。2个市：上海市、天津市。

县乡两级政府及社会机构，在长达38年时间内发行的纸币，由于社会经济环境、政治军事背景、地域传统文化等因素的影

图17-23　江苏省常熟县常阴沙十二圩商界临时流通购物代价券民国二十八年贰分券《中国钱币博物馆》

响，名称五花八门、各式各样。即便如此，这浩繁的县乡机构纸币，命名也有大致的规律。简单分类的要素与结构如下：

1. 地名（××县、××县××、××、××大街等）。

2. 机构名（公司、商会、商号、银钱机构等）。

3. 时间（民国×××年）。

4. 纸币名（××兑换券、××代价券、××流通券、××代用券、××购物券、××铜元票、银毫票、临时辅币券等）。

5. 数量（×圆、×角、×分、×枚、×吊、×文等）。

县乡机构纸币根据不同的分类标准，大致分为六类：金属货币银、铜兑换券，银票或钱票。货币的代用品，代用券、购物券。主币的辅币，辅币券、找零券。政府机构筹集资金发行的纸币，流通券、救济券。银钱机构发行的纸币，银号券、庄票。根据不同区域流通的纸币，城市货币、乡村货币。

（二）县乡机构纸币的版式、图案。

1. 版式。有横式与竖式两种。竖式。晚清至民国初期逐步向横式转化，仍保留一批竖式纸币，票面沿袭传统的边框、天格、地格三个部分的风格，边框面积变大，内容增加，形成多层框格，框格内有各种图案与文字。边框外层一般是人物故事图，内圈由文字组成碑形。横式。民国初期以后由竖式转化而来，票面与现代商业银行的纸币类似，基本为双面印刷（分币为单面）、多种颜色组合，票面尺寸向小发展，并有近代纸币风格的花边图案。票面分布一般为主图案和面值数据组合，面值上方印有发行机构名称、兑换何种货币，下部有发行的时间、阿拉伯数字编码、发行机构的地名或字号等。

2. 图案。县、乡、村纸币的设计八仙过海、各显神通。一般来说，基本要素如发行机构名称、面值、兑换货币的名称与数量等大体相同，不同之处：一是票面主色。有单一颜色，更多的是多种颜色套印，同一系列的纸币，不同票面选择不同的颜色进行区别，可谓是五颜六色、色彩斑斓；二是票面图案。有：山水风光、名胜古迹、名山大川、湖泊海洋、亭台楼阁、桥梁道路、牌楼牌坊、古今名人、交通工具、城市街道、古塔寺庙、财神祠堂、龙珠如意、民国旗帜、农夫农

图17-24　河北省安平县王哥庄义增隆
叁吊文券《腾王阁序》(石长有)

事、工人工厂、西洋建筑、民居庭院、花纹花符、花草树木、生肖动物、鸟禽兽畜等，可谓百花齐放、林林总总、千姿百态、应有尽有。从图案中可以更多的了解祖国的传统文化、大好河山、社会发展、人文风貌、历史进步。

3. 正面文字。多种多样的县乡机构纸币，正面都有较为丰富的文字，对该纸币进行介绍与说明，以其性质分类，大致有如下内容：纸币的基本要素。纸币名称、核准机构、发行机构、面值、发行时间、纸币编号、兑换币种数量等。告知持票人的重要事项。发行机构对持票人的告知及善意提醒，一般是纸币流通的范围、用途及注意事项。如：公私款项一律通用、认票不认人、揉烂模糊，灯下不付、见票即付，不挂失号、流通市面，概不兑换、当官票银×两整等。历史文献。全文或节选中国古代重要的历史文献，将纸币作为宣传知识的工具。如：春秋战国时的《周礼·考工记》译文、明代崇祯九年珍本《梦林玄解》节选等。名篇佳作。全文或节选中国古代的名人名篇，将纸币作为宣传中华优秀传统文化的窗口。如：唐代诗人王勃的《腾王阁序》，明代理学家、教育家朱柏庐的《朱子治家格言》，北宋文学家苏洵的《辨奸论》节文，蜀国诸葛亮《前出师表》。

4. 背面文字。多种多样是纸币背面文字的特点，民国时期国家、省级银行的纸币如此，县乡机构的纸币更是如此。文字有说明、布告、条例、节选等全篇或部分章节形式的，也有句子形式的。一是面值。二是纸币发行的原因。三是纸币流通使用的说明。四是名人佳作。如：王羲之《兰亭集序》、《千字文》节选、北宋周敦颐的《爱莲说》等。五是宣传纸币流通的先进性。较为典型的是

图17-25　河北省河间同业公议临时流通计
存证民国二十四年壹圆券(石长有)

江西省东乡卷塘仁寿堂民国六年壹两券，背面文字：

> "昔周太公为立九府圜法而币制一变，秦汉当铸半两钱以通民用，而其币则流为榆荚鱼眼，其间币制最折衷者，惟汉之五铢、唐之开元为称适用。然上古以逮有唐，犹皆使用铜钱，尚未别为设施，不过轻重异制耳，若之交会元之钞票，此法一行，而历代铜币之规模靡然改矣，纸币于是乎始兴。良以物极则反宜其变也。近今之际无论通商大埠，城镇市乡，率皆印制纸币，借资流通也"。

该文字可以说是一篇宣传纸币先进性的文章，更是一段极简的中国货币史。

四、县乡纸币产生的背景

自1912年至1949年的38年的民国时期县乡机构发行纸币，需要从经济社会发展的大环境及货币流通规律中去考察与分析。

（一）经济社会发展存在不断扩大的有效货币需求。尽管民国其间战事不断，但是，经济社会总体上还是发展的。经济与社会的发展，引发商品经济的发展与社会货币需求的扩大，1937年全面抗战以前及抗战全面胜利以后的国统区，解放战争其间的解放区，经济社会发展较快，较长时期保持货币有效需求的增长。

（二）增加县级政府财政收入。民国县级行政经费由省政府开支，其他经费由县政府筹集。县级行政事务不断增加，经费需求持续增长，政府没有合法筹资渠道，只能增加田赋及税收，或开征新税捐。在开支刚性增加，收入受到约束的背景下，发行区域性货币成为国民政府时期增加县级财政收入的不二选择。

（三）农村经济落后需要开展金融救济。20世纪30年代，中国农村发生了严重的经济危机，金融救济是重要举措之一，其方式就是发放农贷，仅仅金融救济农村，不能解决问题，地方成立地方经济救济委员会，运用行政权力以救济农村名义发行纸币，很多的纸币直接冠以"临时救济券"或"金融救济券"等名称。

（四）公共事业需要专项资金。县级财政收支类似于项目建设、应急等方面的资金难以在预算内安排，需要另行筹集。发行纸币抵算工程款，变相让社会公众承担工程开支。抗战其间发放战时流通券筹集资金，支援抗日军队用于购买武器或筹集物资、粮食，这在当时日军占领的华北、山东等地区较为普遍。

（五）小面额货币短缺影响正常的商品流通。民国其间，县及县以下地区实际流通的辅币券较少，原因是国家银行及民营银行在此设立的机构少，流通的货币也少于城市。受到商品济发展水平及规模的限制，商品交易单体小、数量少，零星多，对支付结算的货币更多的是需要小面额券别，流通中的小面额货币短缺现象长期存在，客观上有持续而刚性的小面额货币有效需求。

第六节　日伪时期银行纸币

日本全面侵华其间，实行"以战养战"的方针，在日占区发行日本军用票，建立伪政权并设立银行发行货币。这些银行的负责人虽然大多是中国人，实际都由日本人主导。除"华新商业银行"纸币以外，其他银行纸币都同日元挂钩，附属于日元体系。发行的货币及流通，全靠武力强制推行。这些纸币既不印中华民国纪年，也很少有公元纪年。纸币票面图案大多印黄帝、孔子、关羽、岳飞、文天祥、孙中山等人物肖像。1945年8月15日，日本宣布无条件投降以后，这些尚在流通的纸币由中华民国政府接管清理。

一、"满洲中央银行"纸币

1932年6月15日，日军在新京（长春）成立"满洲中央银行"，并在沈阳等城市设立分行，县以上城市设立支行和办事处。"满洲中央银行"受日本关东军控制并为其提供军费，筹措军需物资。发行的货币与日元挂钩，既是经营货币的银行，又是管理金融的政府机关。1932年7月至1935年8月，收缴原东北地区东三省官银号、边业

图17-26　"满洲中央银行"纸币壹圆券
《中国近代纸币史》254页

银行、中国银行奉天分行和交通银行奉天分行等"四行号"15个币种136个券种的货币。1935年9月，实现伪币与日元等价，保证日本财团在东北投资避免币值风险。先后发行1元、5元、10元、100元、1 000元和5分、1角、5角等面额四套共25个券种纸币，总数达136亿元。1947年1月10日，东北行政委员会发出布告规定自1月15日停止流通。

二、"冀东银行"纸币

1935年5月，日军侵入华北地区，同年7月，南京政府与日本签订《何梅协定》，出卖华北主权。同年12月15日，殷汝耕在日本侵略政权扶持下，在北京通州（今北京通州区）创立冀东22个县的"冀东防共自治委员会"（后改为"冀东防共自治政府"），改青天白日旗为五色旗。1936年5月成立冀东银行，总行设于天津。先后发行5角、1元、5元、10元、100元五种纸币。1938年，"冀东银行"并入"中国联合准备银行"，纸币停止发行。

图 17-27　"冀东银行"纸币壹佰圆券
（吴筹中）

三、"察南银行"纸币

1937年9月4日，后，河北张家口市成立"察南政务委员会"，后改为"察南自治政府"。宣布脱离中华民国而独立，听命日军安排。为控制察南地区的经济金融，日军命"满州中央银行"协助"察南自治政府"建立银行。1937年10月1日成立"察南银行"，总行设于张家口。"满洲中央银行"无偿提供加盖"满州中央银行"字样的"东三省官银号"（印章已被割）银元兑换券，再加盖"察南银行"印章，作为察南银行的纸币（称"双加盖票"）发行。先后发行1元、5元、10元三种纸币。同年12月1日，并入"蒙疆银行"。

图 17-28　"察南银行"改制东三省官银号民国十八年拾圆券（吴筹中）

图 17-29　蒙疆银行纸币伍角券
《中国近代纸币史》255 页

图 17-30　中国联合准备银行纸币拾圆券
《中国近代纸币史》256 页

四、"蒙疆银行"纸币

1933 年 10 月，伪政权"察南自治政府"、"晋北自治政府"和"蒙古自治联盟"建立"蒙疆联合委员会"。为了控制地区的经济金融，改组"察南银行"，合并丰业银行和绥远平市官钱局，设立"中央银行"——"蒙疆银行"。1937 年 12 月 1 日开业，总行设在张家口市，在大同、包头、北平设分支机构，在"满洲国"的新京（长春）和日本东京设办事处。先后发行 5 分、1 角、5 角、1 元、5 元、10 元、100 元七种纸币至 1945 年日本投降。

五、"中国联合准备银行"纸币

1937 年"七七事变"后，日军占领华北大部地区。同年 12 月 4 日，在北平扶植成立"中华民国临时政府"，又称"华北临时政府"，王克敏任政府"行政委员会"委员长。1943 年 3 月该政府并入汪精卫的"国民政府"，更名为"华北政务委员会"。1938 年初筹建"中国联合准备银行"，同年 2 月 12 日在北平西交民巷 21 号挂牌，3 月 8 日开业并发行纸币（联银券），先后发行半分、1 分、5 分、1 角、2 角、5 角六种辅币券、1 元、5 元、10 元、50 元、100 元、500 元、1 000 元、5 000 元等八种主币纸币券。有 1938 年版、1939 年版和 1944 年版。纸币发行流通至 1945 年日本投降。

六、"华兴商业银行"纸币

1938 年 3 月 28 日，伪"中华民国维新政府"在南京成立，梁鸿志任行政院长兼交通部长。当时的日本非常需要外汇，上海的黑市可以用法币无限制地购买外汇。为了借助法币获得外汇，日本政府决定在上海成立"华兴商业银行"，1939

年5月1日成立，5月16日开业，梁鸿志任总裁。开业后即发行纸币（华新券），以法币为准备，与法币等价流通。1元券和5元券票面印"凭票即付国币1（5）元）"。先后发行1角、2角、1元、5元、10元等五种纸币。由于社会公众对华新券不信任，发行困难。维新政府尽管采取多种措施，效果甚微。8月以后，华新券脱离法币，新发行的纸币不再印"即付国币"字样。1940年，"中央储备银行"开业后，"华新商业银行"纸币发行权被取消。

图17-31 华兴商业银行纸币贰角券
《中国近代纸币史》259页

七、"中央储备银行"纸币

1938年12月，时任中国国民党副总裁、中央政治委员会主席、国民参议会议长的汪精卫公开降日。1940年3月12日，在南京组建"国民政府"，任行政院院长兼代主席，正式成立傀儡政权。为加强战时的经济金融垄断，套取物资和应付巨额军费支出，1941年1月5日在南京成立"中央银行"——"中央储备银行"。先后发行1分、5分、1角、2角、5角、1元、5元、10元、100元、200元、500元、1 000元、5 000元、10 000元、100 000元等十四种纸币（中储券）。1943年4月以后，在华东、华中及华南部分日占地区，成为主要的流通货币。至1945年日本投降，发行总额达46 618亿元。

图17-32 中央储备银行纸币200圆券
《中国近代纸币史》260页

八、"厦门劝业银行"纸币

1938年5月18日，日军攻占厦门。次年7月1日建立"厦门特别市市政府"。为

图17-33 厦门劝业银行纸币伍角券
《中国近代纸币史》261页

解决日军侵略带来的经济萧条问题，发行1分、5分纸币。为了统一厦门的币制，掠夺经济资源，1940年2月16日建立"厦门劝业银行"，发行1分、5分、1角、2角、5角五种辅币，与日元同值，发行后受到当地公众的抵制。1942年，"中央储备银行"在厦门设立机构，"厦门劝业银行"纸币停业发行，机构延续至1945年日本投降。

第七节　纸币性质认识的观点与管理通货的主张

1925年6月至1949年4月的国民党政权下，货币流通及管理发生了几次较大的变化与改革，其中也形成了一些货币思想与理论，为废两改元、实行法币政策提供了理论基础。

一、纸币性质认识的主要观点与思想

（一）朱执信的货币价值论。朱执信（1885—1920年），中国近代民主革命家，1904年官费留学日本，结识孙中山，次年加入同盟会，任评议部评议员兼书记，有著作《朱执信集》。作为孙中山钱币革命的忠实追随者，深刻研究当时中国的货币流通，继承发展了孙中山的钱币革命思想。认为纸币直接代表货物，货币是有价值的。主张政府预存若干货物，然后发行若干纸币以代表。货物具而后纸币出，货物销则纸币毁。无货物的纸币可以流通，其价值必又比于现币有加。对于兑换纸币，以信用为基础。货币的价值与货币流通数量成反比例，要保持商品量与纸币流通量的平衡，从而稳定币值。

（二）廖仲恺的货物本位论。廖仲恺（1877—1925年），中国民主革命活动家，国民党左派领导人。曾在香港皇仁书院学习和赴日留学，参加孙中山领导的革命运动并加入同盟会。1921年，孙中山回粤就任非常大总统后，先后担任财政部次长、广东省财政厅长、军政府财政部长和广东省长、民党工人部长和农民部长。继承孙中山钱币革命思想，1919—1920年先后发表《钱币革命与建设》、《再论钱币革命》两篇文章。针对当时中国钱币制度不立，价格不一，影响国民经济及内外贸易的国情，分析了金银作为货币存在的许多缺点，认为贵金属不堪

任使，主张建立以货物为本位的钱币制度，也就是以金、银、铜、铁、煤、米、麦、豆、糠、盐、丝、棉十二种货物为钱币的本位，而以纸币作为代表流通。认为纸币发行的数量要与市场需要适应，纸币价值就是纸币的购买力。设立专门管理钱币的机构，并与财政分离，防止因财政支出的需求而透支，引发货币贬值。以上观点是中央银行管理流通货币的思路，符合现代中央银行的制度理论。

（三）章太炎纸币保证论。章太炎（1869—1936年），清末民初民主革命家、思想家、著名学者。在文学、历史学、语言学等方面均有成就。宣扬革命的诗文，影响很大，著作颇多。作为国学大师，对于货币及货币流通也有观点，并在《訄书》中有专门篇目进行论及。认为发行纸币，容易导致虚伪。辛亥革命以后，将货币与银行结合起来进行认识与讨论，改变了否定纸币的态度，主张发行纸币。在《惩假币》一文中认为纸币只是个符券，是代替金属货币流通。金属货币本身有价值，可以衡量商品价值，纸币代替金属货币流通，表面上看是以纸币准直，实际上因其体与其直不相应，所以是徒以名授。如果滥发纸币，致使空券充斥市面，必然会驱实币于外人，损害民族利益。反对中国人将货币存入外国银行，因为所储则尽实币也，是不能诛（杜绝），驱摈（金属币外流）固无穷矣。

（四）杨荫溥以白银为准备的不兑现纸币制度。杨荫溥（1898—1966年）1920年清华大学毕业公费美国留学，美国西北大学硕士。曾任国立中央大学商学院教授、代理院长、四联总处训练所教育长、上海现代经济通讯社和金融日报社社长、兼任重庆大学商学院、复旦大学商学院、中央大学等校教授。建国后任上海财经学院教授，上海社会科学院经济研究所研究员。著《中国金融论》、《中国交易所论》、《上海金融组织概要》等。1929—1933年，世界白银危机时，主张本国货币停止兑现，使外国进口商购买中国产品，减少贸易入超和外货倾销带来的威胁。对国民政府货币发行权可能滥用有所担心，观点得到刘大钧、马寅初的支持。

二、管理流通货币的主张

（一）顾翊群管理通货的主张。顾翊群（1900—？），北京大学预科毕业，美国纽约大学硕士。曾任国民政府实业部物价银价讨论委员会委员、行政院参事、广东省政府财政厅厅长和广东省银行行长、财政部常务次长兼中国农民银行总经理、四行联合办事总处秘书、国际货币基金会中国首任执行干事。参与法币政策的制定，担任赴美国白银谈判组组长。著有《危机时代国际货币金融论衡》、《中西社会经济论衡》等著作。发表多篇讨论币制的文章，金本位的主张者。1933年9月，发表《中国货币应如何安定》继续宣传实行管理通货的主张，认为中国实行管理货币制的目的：一是维持本国物价的稳定；二是发展本国企业界的生产力；三是争取政府财政的平衡；四是逐渐储积海外基金。1934年2月，与姚庆三合作发表《今日之银价问题》继续宣传在实行金本位制前，先实行货币管理及其他方面的措施。

（二）宋子文统一货币管理通货的思想。宋子文（1894—1971年），民国政治家、外交家、金融家。早年毕业上海圣约翰大学，后就读美国哈佛大学经济学获硕士学位、哥伦比亚大学博士学位。1923年任孙中山英文秘书，次年在广州创办中央银行任总裁。先后任国民政府行政院长、财政部长。面临着当时混乱的货币制度和众多的流通货币，极力主张统一货币和管理通货。1935年，主导废两改元。针对国内有纸币发行权的银行数不胜数，没有一刀切地取消相关银行的纸币发行权，而以增量改革带动存量压缩，确立中央银行的纸币发行权，同时禁止非法的货币发行。对于数量众多的各省县属地方钱庄、商号等，禁止发行纸币及各种类似纸币的票券。提出的中央银行作为国家银行掌握全国最高金融权，其地位立于政治之外，任何机关不能干预的思想，奠定了中国中央银行制度的理论基础。

（三）孔祥熙的战时通货膨胀政策。孔祥熙（1880—1967年），曾在美国欧柏林大学、耶鲁大学就读，获经济学硕士学位。先后任国民政府行政院长兼财政部长、工商部部长、实业部部长和中央银行总裁。抗战中期，推行通货膨胀政策筹集抗战经费，导致物价飞涨、经济衰退、民众日益贫困、政府信用受损、财政支出加倍膨胀，遭到社会舆论的猛烈抨击。不承认纸币发行过多，多次发表否定通货膨胀的言论：认为法币发行额没有达到通货膨胀的地步，民众存在心理作用，中央银行货币发行准备充分，物资供不应求，维持民族生存需要付出代价。

第十八章　中国共产党领导的苏维埃
政权与组织发行的货币

1927年4月12日、7月15日，蒋介石和汪精卫分别在上海、武汉，发动了反革命政变，屠杀共产党人和工农群众，大革命遂告失败。中国共产党转入农村，先后建立赣南、闽西、湘赣、湘鄂赣、赣东北、湘鄂西、洪湖、鄂豫皖、闽浙赣、陕甘宁、川陕等革命根据地，开展革命斗争。为打破经济封锁，组建金融组织发行红色政权货币。

1929年初至1931年秋，革命根据地进入扩大发展时期，遍及十余个省份的三百多县，相继形成几个较为集中的根据地。没收一切地主阶级的土地。废除封建剥削，组织农民办劳动合作社和耕田队，开展农民互助。成立粮食调剂局，维护粮食价格。成立消费合作社，以合理的价格向农民销售工业品和收购农产品。1931年11月至1934年10月，革命根据地扩大发展，中央苏区与湘鄂赣等苏区局面相对稳定。1931年11月，中华苏维埃第一次全国代表大会（一苏大）在江西瑞金召开，中华苏维埃共和国成立，毛泽东为中央执行委员会主席和中央人民委员会主席。一苏大通过《关于经济政策的决议案》，决定清查监督旧货币，禁止私人银行与银庄发行货币。开办银行发行货币。

随着根据地银行的建立，各银行先后发行货币，替代银元流通。由于币值稳定，受到根据地人民群众的欢迎与拥护。据不完全统计，自1928年井冈山工字银元起，至1934年红军北上抗日，根据地共发行约29种纸币，铸造过十几种苏维埃银元和可以流通的白区银元，还有铜板和毫子。

第一节　农民协会及早期革命根据地发行的货币

1926—1927年第一次大革命时期，湖南、湖北、江西、广东等省的农村，普遍建立农民协会，成为准政权组织。为帮助贫困农民克服经济困难，创建银行或合作社，发行货币，史称农民协会货币。

一、农民协会发行的货币

（一）柴山洲特别区第一农民银行银圆票。1926年8月，湖南省衡山县柴山洲农民协会建立，成立柴山洲特别区第一农民银行，发行面额壹圆的布质银元票5 000元。币材白竹布，手工制作，竖式，长4寸，宽2寸，面额为毛笔书写，票面盖农民银行公章。可兑银元1元，发行后信誉较好。

（二）浏东平民银行临时兑换券和信用券。1927年1月，湖南浏阳浏东六个区的农民协会，发起创办浏东平民银行，发行临时兑换券。面额壹角、贰角、叁角、伍角、壹圆。土纸石印。兑换券正面有拥护农工政策和打倒资本主义字样，浏东平民银行监事会的方印。背面有银行试办章程摘录。

（三）浏阳金刚公有财产保管处有期证券。1927年，农民运动中，经营爆竹的老板关店外逃，当地爆竹积压。金刚农业协会成立金刚公有财产保管处，发行有价证券，向农民收购爆竹。面额壹角、贰角、壹圆。土纸石印，有横式和竖式两种。背面印有保管处布告。

图18-1 浏东平民银行临时兑换券 1927年伍角券《中国钱币大辞典·革命根据地篇》5页

图18-2 浏阳金刚公有财产保管处壹角银票《中国钱币博物馆藏品选》303页

图18-3 黄冈县农民协会信用合作社流通券壹串券《中国钱币博物馆藏品选》302页

（四）黄冈县农民协会信用合作社常洋券。1926年10月10日北伐军占领武昌，黄冈县建立农民协会。1927年2月，团凤镇建立信用合作总社，发行黄冈县农民协会信用合作社流通券，面额一串文，雕版印刷。

二、早期革命根据地发行的货币

在中国共产党的领导下，先后成立根据地银行发行的货币，对于打破经济封锁，促进经济发展，支持革命战争，发挥了积极贡献。

（一）井冈山革命根据地工字银元。1927年10月，毛泽东率领三湾改编的秋收起义部队到达宁冈，恢复和建立党组织，发展武装力量，开展游击战争，领导农民打土豪分田地，实行工农武装割据，创立中国共产党领导的第一个农村革命根据地。1928年5月，在井冈山上井建立上井造币厂，铸造井冈山工字银元，在铸好的墨西哥鹰洋版银元上刻工字。

（二）海陆丰劳动银行银票。1927年，"四一二"政变以后，彭湃领导下的中共东江特委在广东海陆丰先后举行三次武装起义，成立工农民主政权海陆丰苏维埃，开展土地革命。1928年2月20日，海丰县苏维埃政府建立劳动银行，发行纸币10万元，面额拾元、叁元、壹圆。借南丰织造厂银票2万元，由海丰、陆丰两县人民委员会加盖印章发行。海陆丰劳动银行是我国第一个红色政权建立的银行，也是我国第一家苏维埃银行。1928年2月底停止运作，存在不到10天。

图18-4　井冈山工字银元
《中国革命根据地货币上》20页

图18-5　耒阳工农兵苏维埃政府发行的
劳动券 1928年壹圆券
《中国钱币大辞典·革命根据地篇》14页

（三）耒阳工农兵苏维埃政府发行的劳动券。1928年2月，朱德、陈毅率领湘南暴动的工农革命军第一师占领耒阳，成立县苏维埃政府，发行劳动券。面值壹圆，正面有马克思、列宁头像，耒阳工农兵苏维埃政府劳动券、壹、圆、中华苏维埃元年印等字样，刘泰、徐鹤、李树一签名。背面有耒阳工农兵苏维埃政府之印。流通时间不到2个月，是中国共产党早期政权自行设计、印刷、发行的第一张纸币。同期发行的还有耒阳第十三区工农兵苏维埃政府劳动券，面值壹角、贰角两种，为光洋券的兑换券。

第二节　中央革命根据地发行的货币

1929年1月，毛泽东、朱德率红四军主力离开井冈山进军赣南和闽西。7月，东固区革命委员会成立，成为当时全国最大的根据地，苏维埃中央政府所在地，全国苏维埃运动的中心。为发展经济，促进商品流通，支持革命战争，改善根据地人民生活，抵制国民党军队的经济封锁，先后成立多家银行并发行货币。

图18-6　东古平民银行拾枚铜元券《金融图集与资料》8页

一、银行及信用社发行的货币

（一）东古平民银行铜元票。1929年8月，东固区委在1928年10月成立的东固消费合作社基础上成立东古平民银行，这是最早创办的中央根据地银行。发行拾枚、贰拾枚、伍拾枚、壹佰枚铜元票。票面有"共同消费、共同生产、东古平民、银行之章"字样。

（二）东古银行铜元券。1930年3月，赣西南苏维埃政府成立，将东古平民银行更名为东古银行，发行铜元票。面值有拾枚、贰拾枚、伍拾枚、壹佰枚。

（三）永定县信用合作社银毫票。1928年6月，在张鼎丞、阮山等领导下，闽西建立地方政权。闽西革命根据地十个区的信用合作社有四个发行过纸币。1929年10月26日，创办生产、消费合作社。1930年2月，永定县第三区信用合作社发行银毫票，面额壹角。正面有五角星、镰

图18-7　杭武第三区坑口墟消费合作社银毫票 1930年毫半票《中国钱币大辞典·革命根据地篇》19页

刀、锤子图案及社名、苏维埃政府特许发行字样。背面有天坛图景及发行日期1930.2.15，石印印刷。永定县第一区信用合作社发行五毫、二毫、一毫三种面额辅币。永定县太平区信用合作社发行壹圆券。上杭县北四区信用合作社发行面额贰角和伍角的流通券。

（四）坑口墟消费合作社银毫票。1930年，杭武第三区坑口墟消费合作社发行小额银毫票。正面印党徽、马克思和列宁头像、面值，苏维埃政府准许发行字样。背面印有社名、凭票兑付净洋壹毫五厘字样。

（五）闽西工农银行银元票。1930年9月，苏维埃政府成立闽西工农银行，发行银元票和股票。银元票有壹角、贰角、伍角、壹圆。壹圆票正面有马克思和列宁头像，"凭票兑付通用银元、暂用、钞票"等字样，行长与财政部长签名，角星图案。股票面值壹圆，正面有马克思、列宁头像。1931年5—6月间，又发行暂用银元票壹圆券，主要图案比1930年版正面多一个镰刀锤子交叉，背面花纹有两个侧面半身一手

图 18-8　闽西工农银行 1930 年银元票壹圆券《中国钱币大辞典·革命根据地篇》21 页

持木棍、一手持步枪的人物。1931年，还在永定发行壹角、贰角辅币券。券背面印英文闽西工农银行、辅币券、10分、20分、1/5元、1/10元等字样。

（六）上杭县蛟洋农民银行兑换券。1927年末至1928年初成立蛟洋农民银行，发行银元兑换券，面额有壹角和壹圆，流通只有几个月时间。正面有蛟洋农民银行兑换券、面值及圆形蛟洋农民银行骑缝章。

（七）江西工农银行纸币及铜元券。1930年10月，红军攻克吉安，成立江西省苏维埃政府。将原东固平民银行扩大为江西工农银行。将缴获的吉安临时辅助纸币壹角券加盖江西工农银行暂借发行券字样和赤色区通用及镰刀斧头图案，作辅币使用。正面图案为白鹭洲风景。发行铜元券，面额有拾枚、伍佰文、壹千文三种。票面有行名，革命根据地区域，"一律通用、工农银行、发行之章、面值"

等字样，伍佰文与壹千文还有两幅图案。1931年初至7月，发行铜元票拾枚券两种，伍佰文券和壹仟文券各一种。

二、中华苏维埃共和国国家银行货币

1931年，随着土地革命战争的推进和根据地的建立，苏区各地发行流通的货币品种繁多，各级苏维埃政府发行的纸币多达150多种，还有少量的布币流通。

1931年11月召开的中华苏维埃第一次全国代表大会（"一苏大"），决定建立中华苏维埃共和国国家银行，毛泽民受命组建。1932年3月，中华苏维埃共和国国家银行成立，行址在瑞金叶坪，租借了谢氏宗祠附近的一幢简易民房。行长毛泽民，会计科科长曹菊如，业务科科长赖永烈，总务科科长莫均涛，会计钱希均。1932年3月下旬，红一和红五军团组成的东路军，攻克漳州城，毛泽民率领没收征集委员会随军到漳州筹得100万元现款，作为发放贷款和发行货币的准备金。同年7月7日，首批国家银行纸币正式开印，半年内印制伍分、壹角、贰角、伍角和壹圆五种纸币。可以与银元、银角兑换，由于币值稳定，准备金充足，宣传工作得力，很快就赢得苏区人民与团体的信任，纷纷用旧币兑换新币。至此，中央苏区的货币渐趋统一。

（一）银币券。伍分、壹角、贰角、伍角、壹圆五种。伍分券正面有行名、"凭票廿块兑换银币壹元"、面值等字样。背面有五角星、镰刀锤子图案及"一九三二年"字样。壹角券正面有行名、凭票十块兑换银币壹圆、面值等字样。背

图 18-9　中华苏维埃共和国国家银行 1932 年伍分券
《中国钱币大辞典·革命根据地篇》27 页

图 18-10　中华苏维埃共和国国家银行 1934 年银币券壹
圆券《中国革命根据地货币》上册 36、37 页

面有五角星、镰刀锤子图案及一九三二年字样。贰角券正面有列宁头像、行名、"凭票五块兑换银币壹圆"、面值等字样。背面有地球、镰刀、锤子、五角星、嘉禾等图案。分1932和1934年版。伍角券正面有花框图案与世界地图、行名、凭票贰块兑换银币壹圆、面值等字样。背面有国家银行、一九三三年字样。壹圆券正面有列宁头像、行名、凭票即付银币壹元、面值等字样。背面有国家银行字样及英文面值、发行年份。分1932、1933、1934年版。

（二）银币与铜币。贰角银币正面有中华苏维埃共和国、面值、每五枚当一元、公历一九三二年或公历一九三三年字样，左右各有一个五角星。背面地球仪图案中有中国版图并饰有镰刀和锤子，地球四周麦穗环绕，底部两麦穗相

图18-11　中华苏维埃共和国国家银行伍分铜币
《中国革命根据地货币》上册 37 页

接处是一朵梅花，外廓有一圈齿纹。一分铜币。无边齿。正面有中华苏维埃共和国字样，镰刀和锤子交叉图案中嵌1字，外轮廓饰有一圈齿纹。背面有五角星、面值字样、左饰稻穗，右饰麦穗，两穗在分子下交结，外轮廓边缘饰有一圈齿纹。五分铜币正面小五角星中间均有珠环组成的圆圈，圈内有地图、镰刀、锤子图案、中华苏维埃共和国、每二十枚当国币一元字样。背面有一颗五角星，两旁左饰稻穗，右饰麦穗，两穗下端交结，外轮廓处饰有一圈齿纹，且有边齿及五分字样。

第三节　其他革命根据地发行的货币

一、湘赣革命根据地发行的货币

1930年2月至1934年8月建立。面积约1 000平方公里，人口100余万。王首道、任弼时、袁德生、谭余保等组织领导。1932年1月15日，中华苏维埃共和国湘赣省工农银行成立，发行银币券。1933年2月，改为中华苏维埃国家银行湘赣省分行，发行银圆券。

（一）中华苏维埃共和国湘赣省工农银行兑换券。壹角券正面有五角星、房屋图景、面值、合成拾块兑换银币壹圆、发行日期等字样。壹圆券正面有马克思和列宁头像、五角星、面值、凭票即付执此为照、发行日期等字样。背面均印工农银行五大任务。

图18-12　中华苏维埃国家银行湘赣省分行
银币兑换券1934年壹圆券
《中国钱币大辞典·革命根据地篇》37页

（二）中华苏维埃国家银行湘赣省银币兑换券。伍分券正面有行名、房屋、山景图案、凭票廿块兑换银币壹圆、面值等字样。背面有房屋图景及发行日期。壹角正面有行名、地球、镰刀、锤子图案及拾角兑银壹圆、面值等字样。背面有房屋、宝塔图景及发行日期。贰角券正面有行名、地球、战士持旗图景、凭票伍块兑换银壹圆、面值等字样。背面有山塔图景及发行日期。壹圆券正面有行名、列宁头像、凭票即付银币壹圆、面值等字样。背面图景与贰角相同，有一九三三年与一九三四年两种版式。

二、湘鄂西革命根据地发行的货币

根据地位于湖南、湖北两省西部边界地区，覆盖58个县市，拥有2万正规红军和近5万地方武装。由贺龙、周逸群、邓中夏、段德昌、贺锦斋等组织领导。1930年4月以后，先后发行苏维埃政权信用券并成立银行发行货币。

（一）监利县、沔阳县苏维埃信用券。监利县苏维埃政府1930年初发行，面额壹角、贰角、壹圆。贰角券正面五角星内有镰刀、锤子交叉图案、监利县苏维埃信用券、合成一元随时兑现、面值等字样。背面有花框及活动赤区金融字样。1930年初，沔阳县苏维埃政府发行苏维埃信用券，面额伍角，正面五角星中有镰刀、锤子交叉图案、凭票发兑、面值、发行年份等及沔阳县苏维埃政府竖印。背面有信用券使用条例。

（二）石首、鄂西农业银行铜币券及鹤峰苏维埃银行信用券。1930年初，石首农业银行发行，面额壹角、壹圆。下面有行名、山屋风景，"扩大赤色区域，实行武装暴动、夺、取、政、权、面值、发行年份"等字样。背面有中国革命十大要求。鄂西农业银行信用券，1930年初发行，信用券面额有壹角、贰角、伍角、壹圆。壹角券正面有行名、五角星、镰刀、斧头图案及合成一元随时兑现、面值等字样。背面有活动赤区金融、一九三一年造等字样。贰角券正面有行名、楼阁风景及面值、一九三一年造等字样。背面有活动赤区金融、面值、合成一元随时兑现字样。伍角券正面有行名、尖顶洋楼、街道等风景及一律通用随时照兑、面值、一九三零年等字样。背面有鄂西农业银行信用条例、扫除封建势力，消灭军阀混战等字样。壹圆券1930年版红色券，正面有行名、河船、工厂等图案及一律通用随时照兑、面值等字样。背面为银行信用条例及武装保卫苏联，打倒帝国主义字样。1931年版红色券，正面有行名、天坛图景及一律通用随时兑现、面值、一九三一年造等字样。背面有山树风景、全世界无产阶级联合起来、一等字样。

图18-13 石首农业银行壹圆券
《中国钱币博物馆藏品选》305页

图18-14 鄂北农民银行信用券1931年伍角券《中国革命根据地货币》上册51页

伍圆券。正面有行名、天坛图景及面值、一九三一年造等字样。背面有风景图案及全世界无产阶级联合起来、一等字样。

1931年，鹤峰苏维埃银行发行铜币券，面额伍百文，木刻印版正面有行名、面值、古装人物图景、三一年　票、过细验明等字样

（三）鄂北农民银行信用券和兑换条。1931年6月，中央红军第二军攻占湖北房县，建立鄂西北根据地，7月，成立鄂北农民银行，发行信用券伍角、壹圆，

石版印刷。伍角及壹圆券正面有行名、列宁头像及永远通用、随时照对、此券一律通用随时照对、面值及发行年份等字样。背面有鄂北农民银行信用券条例、打倒帝国主义等口号。另外，还发行单面印制的壹串文兑换条，正面有见条发钱壹串文、凑成壹元、兑换现洋、年月等字样。

图18-15　中华苏维埃共和国国家银行
湘鄂西特区分行1931年贰角券
《中国革命根据地货币》上册46页

（四）中华苏维埃共和国国家银行湘鄂西特区分行银币券。1931年6月，湘鄂西政府成立以后，湘鄂农民银行更名为湘鄂西农民银行，统一使用中华苏维埃共和国国家银行货币。1931年11月以后，湘鄂省农民银行发行中华苏维埃共和国国家银行湘鄂西特区分行银币券，面额有壹角、贰角、伍角、壹圆四种。壹角券正面有行名、房屋、楼阁图景、面值、一九三一年造等字样。背面有五角星、镰刀、锤子图案及合成一元随时兑现、一九三一年造等字样。贰角券正面有行名、楼阁与小亭风景、面值等字样。背面有五角星、镰刀、锤子图案、合成一元随时兑现、冲破敌人经济封锁、实现苏维埃的政纲、一九三一年造等字样。伍角券。正面有行名、天坛图景、冲破敌人经济封锁、实现苏维埃的政纲、面值、一九三一年造等字样。背面有特区分行、面值等字样。壹圆券。正面有行名、面值、一九三一年造等字样。背面有石阶、山屋等风景及冲破敌人经济封锁、一律通用、随时兑现、面值等字样，多种印色组合。

（五）苏维埃政府发行的金属货币。

1. 湘鄂西苏维埃政府铜币。1931年，湘鄂西苏维埃政府铸造发行，面额壹分。红铜材质。正面有湘鄂西省政府造、赤色铜币、嘉禾图案、两个小五角星、面值等。背面有五角星、镰刀、锤子图案及为苏维埃政权而斗争、一九三一年等字样。

2. 中华苏维埃造列宁头像银币。1931年鄂北农民银行发行。正面有中华苏维埃造、列宁头像。背面有镰刀、锤子图案、乳点式图案。

3. 袁氏头像银圆加苏维埃戳记银币。1931年，湘鄂西根据地发行。将中华民国三年的袁世凯头像银圆，在正面右侧打苏维埃戳记，戳记为长方形。

4. 银质维持块。鄂西农民银行发行，房县的12名银匠试铸银圆未能成功，只做成银块，就在银块上铸维持字样，经苏维埃政府批准发行，作为临时流通银币。

5. 湖南省苏维埃政府银币。1930年7月28日，红军攻占长沙市，成立湖南省苏维埃政府，开始铸造发行苏维埃银币，1931年发行。面值壹圆，正面五角星内有镰刀、斧头图案，湖南省苏维埃政府发行日期等字样，背面为面值及花枝图案。

三、湘鄂赣革命根据地发行的货币

位于湘鄂赣三省交界地区，东西六七百里，南北近千里，鼎盛时期达40多个县。始创于1928年7月的平江起义，由彭德怀、滕代远和黄公略等领导，先后建立中共湘赣边特、中共湘赣鄂边特委、中共湘赣鄂省委，1931年成立湘鄂赣省苏维埃政府。根据地有两种货币，一是平江起义后建立的县级工农兵银行及合作社发行。一是鄂东南区几个县农民银行发行。

（一）县级工农兵银行及合作社发行的货币。

1. 平江县工农银行光洋券。1931年发行，光洋壹角、贰角、伍角券和银洋壹圆券。正面有松鹤、风景、老人头像等图案及面值，光洋伍角券和银洋壹圆券的票面两边分别有发展工农资本，流通社会金融字样，四种纸币背面都有《平江县工农兵苏维埃政府布告》，并盖平江县工农兵苏维埃政府财政委员会的大红方章。

2. 浏阳县工农兵银行银洋票。1931年分别发行，银洋壹角、贰角、叁角券。正面有行名、人物和风景图案、行名的竖条形公章和银行经理小方章及面值。银洋贰

图18-16　浏阳县工农兵银行银洋票
1931年贰角券《中国钱币大辞典·革命根据地篇》61页

角券和叁角券面额旁以及壹角券的反面，有合成壹元，驳兑现洋字样，银洋贰角券和叁角券的背面有浏阳县苏维埃政府印大红方章、《浏阳县苏维埃政府布告》。

3. 宜春工农兵银行银洋票。1931年7月发行，银洋券贰角和叁角。正面有行名、人物和风景图案、行名的竖条形公章和银行经理小方章及面值。背面有《宜春县苏维埃政府布告》、宜春县苏维埃政府印。

4. 万载县工农兵银行银洋票。1931年1月发行，银洋券壹角、贰角、壹圆。壹角券与贰角券正面有老人头像、宝塔、山景图案、面值及发行年份。背面有工矿图景、合成拾角兑换壹圆字样。壹圆券正面有楼台风景、道路与古建筑图案、流通市面、兑换现金、面值等字样。背面有双狮抱物图及流通市面、兑换现金、面值等字样。有橙红和蓝色两种版别。壹元券有红、蓝2种版别，红版中分别有立、胜等字样。

图18-17　万载县工农兵银行银洋票
1931年壹圆《中国钱币大辞典·革命根据地篇》66页

图18-18　修水县立赤色消费合作总社
铜元票1931壹佰文券
《中国钱币大辞典·革命根据地篇》67页

5. 修水县立赤色消费合作总社铜元票。1931年，修水县立赤色消费合作总社发行铜元票壹佰文、叁佰文、伍佰文。壹佰文券正面有社名、拾、枚、即日票、面值等字样。背面有该社启示、五角星内有镰刀、锤子图案、发展社会经济、流通赤色金融、此票祈向朱溪厂合作社票币兑换处驳兑等字样。叁佰文券正面有社名、房屋、山树等风景、面值等字样。背面与壹佰文相同。伍佰文券正面有社名、水边廊屋风景、庙屋、古建筑图案、即日票、面值等字样。背面与壹佰文相同。

6. 修水县立总合作社铜元票。1931年发行，铜元票壹佰文、叁佰文。正面有社名、房屋、山树风景要、叶形花边、面值等字样。背面与修水县立赤色消费合作总社壹佰文相同。

7. 铜鼓县生产合作社银洋票。1931年发行银洋券壹角、贰角券。壹角券正面有发银洋壹角整、铜鼓县生产合作社条戳，背面光背。贰角券正面横式椭圆形大框内有社名、银洋贰角、生产合作社票、发行年份等字样。

（二）鄂东南区几个县农民银行发行的货币。

1. 鄂东农民银行铜元票。1930年8月，鄂东革命委员会在阳新成立，9月，创办鄂东农民银行（鄂东总行），原区县的农民银行改为鄂东农民银行分行。1930年发行贰串文铜币券，正面有花框门架图案及面值、行名、总行、票及发行年份等字样。背面印中国共产党十大政纲。1931年发行壹串文铜币券，正面花框中有面值，两侧有镰刀、斧头图案的旗帜、发行年份等字样。背面印十月革命歌。1931年发行的贰串文正面有

图18-19 鄂东农民银行铜元票1931年壹串文券《中国钱币大辞典·革命根据地篇》87页

马克思像、城楼及有总行字样的旗帜图案，以及另换新版和发行年份等字样。背面有"打倒帝国主义！"等七条口号。1932年发行的贰串文正面有城楼及工农兵银行和镰刀、锤子旗子的图景、面值、行名及发行年份。背面为苏维埃经济政策十条。

2. 鄂东南工农兵银行铜元票。1931年2月发行，面值有伍佰文、壹串文、贰串文、伍串文。伍佰文正面五角星内有镰刀、锤子图案及面值、行名、发行年份，背面为白背。壹串文正面有城楼图景、面值、行名及发行年份。贰串文正面有城楼及工农兵银行和镰刀、锤子旗子的图景、面值、行名及发行年份字样。伍串文正面有楼屋、山树图景、行名、面值及发行年份等字样。壹串文、贰串文、伍串文背面均为苏维埃经济政策十条。

3. 鄂东南工农兵银行存款券。1932年，鄂东南纸币发行过多，不能兑现而引

图18-20 湘鄂赣省工农兵银行银洋票贰角券《中国钱币大辞典·革命根据地篇》78 页

发通货膨胀，币值下降，为稳定币值，收回多发的纸币，一年后再兑现并还本付息，南为收到××区××乡×××存洋×圆整及计息相关内容、存款日期，经办人及银行名称。

4. 鄂东工农银行铜元票。1932年，第三次反围剿胜利后，鄂南苏区苏维埃政府相继建立，鄂东工农银行改称为鄂东南工农银行，发行铜币券。面值壹串文、贰串文、拾串文、贰佰文、伍佰文。票面正面有山水、城楼及工农兵银行和镰刀、锤子旗子图景及行名、面值、发行年份。背面印苏维埃经济政策十条、收回各分行票券的通告。

（三）湘鄂赣省工农银行银洋票。1931年9月23日至10月4日，湘鄂赣省工农兵苏维埃第一次代表大会在平江县长寿街召开，成立苏维埃政府，创办湘鄂赣省工农银行，发行铜元钱票与银洋票面。铜元钱票有壹佰文、贰佰文、伍佰文、壹串文等面值。银洋票已见的壹角、贰角、叁角、伍角、壹圆等面值。

（四）闽浙赣根据地发行的货币。闽浙赣根据地位于福建、浙江、江西三省边界地区。全盛时包括上饶、横峰、弋阳、崇安、开化等20余县的地区，约100万人口，红军发展到万余人，由方志敏、邵式平、黄道等创建，先后建立多家银行并发行货币。

1. 赣东北特区贫民银行银元票。1930年10月，赣东北革命委员会决定成立赣东北特区贫民银行，并于1931年5月发行赣东北特区贫民银行银元票。贰角券、伍角券面正面有五角星及镰刀、斧头图案，两侧为面值。背面有行长签名的告示及凭票即兑银圆贰角（伍角）字样。

2. 赣东北省苏维埃银行银元票。1931年底，赣东北特区贫民银行更名为赣东北苏维埃银行，1932年发行银元票，壹角券有两个版别，一种正面有五角星及镰刀、斧头图案，两侧为面值。另一种正面有地球及中国工农红军军旗图案及面值。背面都有行长签名的告示及凭票即兑银圆壹角字样。伍角券图案与第一种壹角券相同，壹圆券与第二种壹角券图案相同。

3. 闽浙赣省苏维埃银行银元票。赣东北省苏维埃银行于1932年12月11日更名为闽浙赣省苏维埃政府，赣东北省苏维埃银行随之更名，1933年发行银元券，壹角券正面地球及中国工农红军军旗图案，两侧为面值。背面有凭票即兑银洋壹角及行长签名的银行告示。壹圆券与壹角券正面及背面图案相同。

图18-21 赣东北省苏维埃银行银元票
1932年壹圆券《中国钱币大辞典·
革命根据地篇》101页

4. 闽浙赣省苏维埃银行铜元票。无年份的铜元券，正面有红五角星及镰刀、斧头图案，两侧有铜元、拾枚字样。由于是木刻版，所以文字、笔划及图案差异形成较多版别。

5. 赣东北省苏维埃银行银元票。1931年，赣东北特区贫民银行更名为赣东北省苏维埃银行。1932年发行，壹角、伍角及壹圆券。票面正面有行名、红五角星内有镰刀锤子、地球及中国工农红军军旗图案、面值等字样。背面有银行告示、凭票即兑等字样及赣东北省苏维埃银行印。背面有行长签名的银行公告、凭票即兑等字样。

图18-22 闽浙赣省苏维埃政府列宁头像壹圆银币
《中国钱币大辞典·革命根据地篇》107页

6. 赣东北省苏维埃银行闽北分行银元券。1931年4月，闽北分区苏维埃政府成立赣东北省苏维埃银行闽北分行。1932年，发行银圆，壹角、伍角、壹圆券。版式基本相同。票面正面有五角星（贰角为红色）及镰刀、斧头图案，两侧为面值。背面有凭票即兑银圆××字样及有行长签名的银行告示。

7. 闽浙赣省苏维埃政府银币。1932年，在福建省的北部崇安县建立闽北分区造币厂，铸造苏维埃银币。一种是1934年铸列宁头像币。正面有两个五角星、闽浙赣省苏维埃政府、面值、一九三四年等字样。背面有中国苏维埃造、列宁头像。另一种是1934年铸粉碎敌人五次围攻决战临时军用币。正面有闽浙赣省苏维埃政府、两个五角星、面值等字样。背面有地球、镰刀、锤子图案、粉碎敌人五次围攻决战临时军用币等字样。

8. 安福中区苏维埃政府代用券。1934年6月，福安县和福宁县（今霞浦县）的各一部分组成安福区，安福中区是其中部分。区苏维埃政府借用辖村东昆之协升昌商号过去印制的叁角、伍角商票，加盖安福中区苏维埃政府代兑印戳，在市场投放流通。

（五）鄂豫皖革命根据地发行的货币。鄂豫皖革命根据地是在鄂豫边、豫东南和皖西北三块根据地基础上形成的，位于湖北、河南、安徽三省边界的大别山区，是红四方面军，红二十五军，红二十八军的诞生地。全盛时期包括20余县约350万人口，主力红军达4.5万余人。三个根据地都建立银行发行货币。

图18-23　皖西北特区苏维埃银行银元票
1931年伍圆券《安徽历史货币》385页

1. 皖西北特区苏维埃银行银元票。1931年5月，建立皖西北特区苏维埃银行，发行银元票。面额贰角、伍角、壹圆、伍圆。票面正面有行名、马克思头像、克里姆林宫、田园、建筑图案及凭票兑现全国通行、面值等字样。背面有工农兵图像、地球、镰刀、锤子图案、全世界无产阶级联合起来、争取全国苏维埃胜利、保证自由贸易，统一货币制度、1931.5.30、1932.1.21、1931.9.7、皖西北印刷局印字样。

2. 皖西北苏维埃政府铜币。1931年，皖西北苏维埃政府发行。二十文铜币正面有皖西北苏维埃造、五角星、面值。背面有镰刀、锤子图案、全世界无产阶级联合起来等字样，有起字从已和从尺两种版别。五十文铜币正面有皖西北苏维埃造、五角星、面值。背面有镰刀、锤子图案、全世界无产阶级联合起来等字样，有五十文小写版与伍拾文大写版两种版别。皖西北道区苏维埃伍拾文铜币。正面有"皖西北道区苏维埃造"、面值。背面有镰刀、锤子图案、全世界无产阶级联合起来（左旋读、右旋读）、伍拾字样。

3. 鄂豫皖特区（鄂豫皖区）苏维埃银行银元票。1930年6月成立特区苏维埃政府，10月成立鄂豫皖特区苏维埃银行。先后发行伍角、壹圆银元票。票面正面有行名、克里姆林宫图案，工厂、烟囱、旗帜等图案及鄂豫皖区、苏维埃银行、面值、鄂豫皖特区苏维埃银行各分行及经济公社兑换、全国通用、一九三一年等字样。背面有地球、镰刀、锤子图案及工农兵人物图景、房屋、厂塔图案、全世界无产者联合起来呵、俄文苏维埃银行、争取中国苏维埃胜利、鄂豫皖西北印刷局印等字样。

4. 鄂豫皖省苏维埃银行银元票。1932年，鄂豫皖特区苏维埃银行改名为鄂豫皖省苏维埃银行，又称为鄂豫皖省苏维埃工农银行。发行伍角、壹圆银币券。票面正面有行名、克里姆林宫图案，工厂、烟囱、旗帜等图案及面值、全国通用、鄂豫皖特区苏维埃银行各分行及经济公社兑换、一千九百三十二年等字样。背面有工农兵人物图像，房屋、厂塔图案及全世界无产阶

图18-24　鄂豫皖省苏维埃银行银元票
1932年伍角券《安徽历史货币》386页

级联合起来呵、鄂豫皖特区苏维埃银行各分行及经济公社兑换、一千九百三十二年，俄文苏维埃银行、全世界无产阶级联合起来、皖西北苏维埃银行、1931.1.21等字样。

5. 鄂豫皖省苏维埃工农银行银币券及银币。1932年发行。银币券贰角券、伍角券正面有行名、马克思头像、镰刀、锤子图案、屋、塔、山村图景、面值、凭票兑现，全国通行、全国通用、一千九百三十二年、皖西北印刷局等字样。背面有工农兵图像、地球及旗帜图案、争取全国苏维埃胜利、凭票伍块，兑洋壹圆、全世界无产阶级联合起来啊、1932等字样。

银币面额壹圆，两种版式，安徽省金家寨附近的麻埠造币厂铸造。一九三二年工农银行版。正面鄂豫皖苏维埃政府、工农银行一九三二造、币值。背面有全

世界无产阶级联合起来啊字样及地球、镰刀、锤子图案。一九三二年俄文版。正面有一九三二年造两个五角星、COBETGHNSHKBIPEB、面值。背面同工农银行版，起字有从已版和从尺版。

6. 鄂豫皖经济公社铜币券及流通券。1931年5月，在河南新集成立鄂豫皖苏维埃经济公社总社，各县、区成立分社。公社经营进出口贸易及日用生活用品，为便于商品销售找零，自行印制小面额辅币券。贰串文券甲式正面有社名、庙门、楼景、尖顶楼房、凭票发铜元贰串文、全国通用、各苏区经济公社兑换、一千九百三十二年印等字样。背面有战士扛旗骑马图案及全世界无产阶级联合起来、面值等字样。乙式正面有列宁侧面像及大楼图景，其他与甲式同。

7. 鄂豫皖经济公社流通券。又称油布票，1933年发行，面值有贰拾枚、伍佰文券、壹串文券、贰串文券、叁串文券、伍串文券。票面竖式，单面印刷。票面以壹串文为例，有经济公社流通券、凭票发铜元钱壹串文整、全国通用字样及发行日期、编号、印章。

（六）川陕革命根据地发行的货币。1932年冬，张国焘、徐向前、陈昌浩等率领中国工农红军第四方面军主力，与王维舟率领的当地革命武装会合，开辟川陕革命根据地。范围包括23个县，约600万人口。1933年2月7日，成立中共川陕省委和省苏维埃政府。同年10月28日，攻占绥定，缴获国民党二十三军军长刘存厚的造币厂生产铜币与银币的全套机器设备及大量铜、银材料，在通江苦草坝（今永安），建立川陕省造币厂，铸造川陕苏区的铜币和银币、印制中华苏维埃共和国川陕省工农银行铜币券和银币券。1933年12月，川陕省工农银行在四川通江县成立，发行铜币券、银币券和布币券。

图18-25 川陕省苏维埃政府工农银行铜元票1933年壹串文券《中国钱币大辞典·革命根据地篇》107页

1. 川陕省苏维埃政府工农银行铜元票铜币券。壹串文铜元票正面有行名、列宁头像、增加工农利益，发展社会经济、中华苏维埃共和国三年、面值、英文苏维埃银行等字样。背面有一只从右向下猛击的铁拳，铁拳击向正中的地球，上面有四个人在逃窜。拳头上有苏联、经济建设字样。地球左上角是镰刀、斧头旗和工厂图案，右下角有红色篆字的长方形川陕省工农银行印。

图 18-26　斯大林头像版银元票 1933 年壹圆券《川陕革命根据地货币图录》19 页

叁串文铜币券，竖式，正面有行名、工农红军三骑兵（二蓝一红）图案、土地归农民、政权归苏维埃、八小时工作、叁串、英文工农银行、19—34 等字样。背面有镰刀、锤子、五角星图案、列宁半身像及全世界无产者联合起来、坚决保卫赤区等字样。

2. 斯大林头像版壹圆银元票。正面有斯大林头像、三个砸碎的锁链、镰刀锤子交叉的党徽图案和工人农民图像，中华苏维埃共和国川陕省工农银行发行、国家银行、一九三三年十二月等字样。背面有深色球形及中间的五角星，两边为持枪握手的工农像，全世界无产者联合起来、1933、中俄文面值等字样。

3. 马克思、列宁头像版壹圆银元票。正面有马克思、列宁头像、两个相连的大齿轮中分别有壹、圆、川陕省苏维埃政府、工农银行、增加工农生产，发展社会经济的阴文美术字、1933、面值等字样。除头像外，其他底纹全部为篆体方字壹圆。背面 11 个五角星中有厂房与拖拉机、镰刀斧子交叉图案各两个及全世界无产阶者联合起来、全国通行、凭票兑现、英文面值等字样。

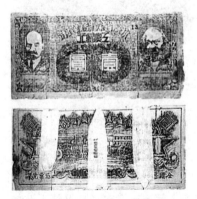

图 18-27　川陕省苏维埃政府马克思、列宁头像版银元票 1933 年壹圆券《川陕革命根据地货币图录》21 页

4. 川陕省苏维埃政府工农银行布币

图 18-28　川陕省苏维埃政府工农银行布币券
1933 年贰串文《川陕革命根据地货币图录》21 页

券。贰串文、叁串文、伍串文、拾串文布币券。均为竖式，正背面图案相同，布币券的颜色以白色为主、蓝布次之，少量绿布与红布，布质亦有粗细之分。正面有全世界无产者联合起来、行名、面值、1933 等字样，五角星、拳头、斧头图案，中间齿轮图案中有面值的数字，币面以增加工农生产，发展社会经济白文美术字为底，加盖中华苏维埃共和国川陕省财政委员会印，工农货币、不折不扣、市面行使、照价兑换印章及行长签名。斯大林头像壹圆布币券，与壹圆银币券斯大林头像版相同。马克思、列宁头像壹圆布币券，与壹圆银币券马克思、列宁头像版相同。

5. 中华苏维埃共和国川陕造币厂铜币。

（1）大 200 文铜币。有 1933 年和 1934 年两种版式，版面图案内容相同，红铜质。正面中为 200 面额，左右各绕橄榄枝一束，枝尖向内围成环形，上部从右至左排列川陕省苏维埃政府造币厂字样，下部为发行年份。背面中为镰刀斧头的党徽图案，斧头、刀尖、刀柄附近各有一颗小五角星。上部从右至左排列全世界无产者联合起来及俄文 CCZC 字样。

（2）小 200 文铜币。1934 年铸造，红铜质。正面中心圆圈中有 200 面额，圈外两侧左右对称位置有铜和币字样，上部从右至左为川陕省苏维埃字样，下部有二佰文字样。背面为单线条构成的

图 18-29　中华苏维埃共和国川陕造币厂小 200
文铜币《川陕革命根据地货币图录》233 页

大型接角五角星图案，中部为镰刀斧头的党徽图案，五角星和外角之间的五个扇形内，自下起每格内分别隶书赤、化、全、川及铸造时间 1934 字样。

（3）500 文铜币。1934 年铸造，红铜质。两面中心圆圈内有 500 面额，圈外两侧对称位置的实心五角星上，从右至左排列川陕省苏维埃造字样，下部为五佰文字样。背面中心为镰刀斧头的党徽图案压在用单线连成的五角星上。星底有两

束谷穗围绕成圆形。外环左右对称位置实心五角星上，从右至左排列全世界无产者联合起来字样，下部从右至左弧形排列一九三四年字样。

（八）陕甘革命根据地发行的货币。位于陕西北部和陕西、甘肃边界地区，由刘志丹、谢子长、习仲勋、吴岱峰等创建。1934年，陕甘边政府在华池县成立，1935年陕甘边政府财经委员会发行陕甘边农民合作银行兑换券。陕甘边农民合作银行后改为陕甘省苏维埃银行，发行银币券、铜元券。后又建立造币厂铸造银币。1935年10月，中华苏维埃国家银行随红军长征到达陕北以后，11月下旬与陕甘省苏维埃银行合并，改建为中华苏维埃国家银行西北分行，发行纸币与布币。1936年，中华苏维埃国家银行西北分行更名为中华苏维埃人民共和国国家银行西北分行，发行两组纸币。

1. 陕甘边区南梁油布币。1934年，陕甘边区革命委员会在南梁四合台村（今属甘肃省华池县）选举成立，习仲勋任主席。为活跃边区经济，促进市场贸易的开展，恢复荔园堡集市，决定用木刻版印制银元兑换券（油布币），面值有壹角、贰角、伍角和壹圆，规定每十角兑换大洋一块。黑色印刷，长方形券框，框内有、陕甘边区革命委员会财经委员会发行、随时兑换现金、面值等字样。

2. 陕甘边区农民合作银行兑换券。1935年11月，陕甘边区农民合作发行。布质，兑换券用蜡纸版油印后，单面印刷，涂上桐油漆晾干。有陕甘边农民合作银行兑换券、每十角兑换大洋壹圆、苏区一律通用、中华苏维埃共和国五年制、面值等字样。贰角券四边设边框，票面主图镰刀锤子交叉图案。

3. 陕甘省苏维埃银行银行币。1935年，陕甘省苏维埃财政部发行。壹角券正面有行名、地球、镰刀、锤子图案、面值及工农和中华苏维埃共和国五年印制等字样。背面左右花框内有10字，四角有1字。伍角券除面值不同，其他与壹角券相同。壹圆券正面有行名、空心字（不详）红色方印全世界无产阶级及被压迫民族联合起来、地球图案、面值及凭票即付、中华苏维埃共和国五年印制、工农等字样。背面有地球图案，两侧有1字。

4. 陕甘省苏维埃银行铜币券。面额贰拾枚，正面有行名，地球、镰刀、锤子图案及工农、贰拾枚、中华苏维埃共和国五年印制等字样。

图 18-30　中华苏维埃共和国国家银行
西北分行 1936 年伍角券
《中国钱币大辞典·革命根据地篇》161 页

5. 中华苏维埃共和国国家银行西北分行币。分纸币与布币系列，纸币单面印刷，背面为光背。

（1）纸币系列。壹分券正面有行名、面值、1936 等字样及红军士兵图景。伍分券正面有拉丁文行名、面值等字样及红军士兵持旗图景。壹角券，竖式，正面有行名、镰刀、斧子图案、斯大林头像及面值等。贰角券有行名、面值、小五角星、旗帜及群众手持镰刀锤子图景。伍角券有拉丁文行名、抗日军民图景、停止内战，一致抗日及面值等字样，背面为白背。壹圆券正面有美术字行名、五角星、列宁头像及镰刀、锤子、齿轮图案、面值等字样。

（2）布币系列。壹角券，竖式，下面有镰刀、锤子图案用斯大林头像、行名、面值及两个锤子分列图案。背面椭圆形框内有群众握镰刀、锤子图案及面值等字样。贰角券，竖式，正面与纸币相同，背面有国家银行西北分行行名、盾牌、五角星、马匹等图案，八行美术字国家银行的直写及面值。壹圆券正面有行名，列宁头像及镰刀、锤子、齿轮图案、面值。背面有全世界无产阶级及被压迫民族联合起来字样及俄文面值。

6. 中华苏维埃共和国五年制银币。1936年，陕北省苏维埃政府财政部发行，三种版式。嘉禾图案版正面有上环中华苏维埃、下环共和国五年制、小五角星、嘉禾图案、面值字样。背面有镰刀、锤子图案及全世界无产阶级及被压迫民族联合起来字样。

图 18-31　中华苏维埃和国国家银行 1935 年嘉禾图案五年制壹圆银币《中国钱币大辞典·革命根据地篇》163 页

无嘉禾图案版正面有上环中华苏维埃共、下环和国五年制、小五角星、面值。背面有镰刀斧子图案、上环下环全世界无产阶级及被压迫民族联合起来字样。左旋读版，与无嘉禾图案同，字样书写从右向左，正面文字排列同嘉禾图案。

7. 神府特区抗日人民革命委员会银行币。1936年，神府特区财政部发行。面值有伍分券、壹角券、贰角券、伍角券、壹圆券。正面有行名、流通券、伍分、公历一九三六年印等字样及谷穗、长矛、斧头、镰刀图案及花纹修饰花

图18-32 神府特区抗日人民革命委员会
银行流通券1936年壹圆券（苏骏）

符。背面有全世界无产阶级及被压迫民族联合起来字样及五角星与嘉禾图案。另外，还有布流通券，1936年发行，面额有壹角、贰角、伍角。1937年神府特区苏维埃政府由陕甘宁边区统一领导，布流通券停止流通，统一使用陕甘宁边区货币。

第四节　苏维埃政权及组织发行管理货币的原则与方式

土地革命战争其间，中国共产党领导的苏维埃政权和组织，在马克思主义货币理论的影响与指导下，积极探索革命根据地的货币发行管理方式，对货币流通规律有初步的了解与把握，也形成了一些货币思想观点。

一、确立根据地货币发行管理原则

土地革命战争的初期，货币流通混乱，劣币杂钞充斥市场。中国共产党人认识到革命根据地必须建立独立的货币发行流通体系，才能为革命斗争提供金融服务。确立苏维埃政权和组织建立金融组织发行货币的原则：一是独立发行货币，对旧货币清查监督允许流通，禁止土著及私人银行与钱庄发行货币。二是坚持统一的货币制度、分区发行货币。在货币制度和政策一致的前提下，允许处于独立和被包围分割的根据地，经苏维埃共和国中央政府授权发行货币。三是坚持经济发行货币。毛泽东在1934年1月23日中华苏维埃共和国中央执行委员会与人民委员会及第二次全国工农代表大会的报告中指出："国家银行纸票的原则，应根据于国民经济发展的需要，财政的需要只能放在次要的地方，这一方面的充分注意是绝对必要的。"四是实行货币充分兑现。根据地发行纸币实行银本位制，"坚持

有多少财力，发行多少票子。"[1] 五是重视货币回笼，保持货币的正常流通。1935年以前，苏维埃政权发行的货币，一直处于可兑换银元正常而稳定的币值之中。六是实行现金出口登记制度，加强现金管理。根据地的现金主要是银元，既是市场流通的货币，又是纸币发行的准备，还是根据地对外贸易和采购军需品的支付手段。为了防止现金的过度流失，在苏区全面实行现金出口登记制度，现金的货币职能被充分的认识与应用。

二、发挥政治优势对货币流通的影响

在革命根据地，为了维护正常的货币流通秩序，共产党人充分发挥了政治力量的作用。首先是要求军队、政府工作人员、公营商店与企业带头使用根据地货币；其次是向群众宣传工农银行与货币的性质，以及对苏维埃共和国发展的作用；第三是运用法律的、行政的手段保证根据地货币的流通。根据政治斗争需要，及时调整货币流通政策。运用政治优势保证货币流通的正常进行，是中国共产党的一大发明，这在以后长期的革命战争时期，以及建国以后各个历史时期，这种思想始终体现在货币政策的制定之中，政治优势的作用也始终体现在调整与执行之中。

在土地革命战争时期，由于战争环境及经济基础十分弱化，中国共产党人的货币流通管理思想不够系统与全面，货币流通的管理手段也比较单一，还没有形成系统的根据地货币流通理论体系。但是，这十年其间革命根据地的货币流通管理实践，为后来中国共产党的货币流通管理思想与理论的形成奠定了基础。

---

[1] 中国近代金融史编写组：《中国近代金融史》，第571页，中国金融出版社，1984年。

第十九章　中国共产党领导的抗日
根据地发行的货币

1936年12月12日，"西安事变"后，国共两党第二次合作，中国共产党领导八路军、新四军和华南游击队，开展游击战争，创建敌后抗日根据地。制定发展生产、增加供给、搞活经济、支持抗战的经济政策。休养民力，减租减息，恢复和发展农业生产。建立与发展根据地工业生产，发展手工业和家庭副业，生产棉、布、盐、油、纸张等人民生活必需品。恢复与发展根据地商业，禁止日货输入，繁荣商业流通。允许被割断区域设立银行，发行地方纸币。抗日根据地货币，1941年皖南事变前与法币挂钩，受法币币值稳定影响较大。后期逐步与法币脱购，逐步形成独立自主的货币体系。

第一节　东北抗日军民发行的货币

1931年九一八事变发生后，东北人民在中共满洲省委领导的号召与领导下，开展多种形式的抗日斗争，一些爱国军人组织义勇军、救国军、自卫军进行抗日。为筹集军费，活跃抗日地区的经济，发行货币，支持抗日斗争。主要领导人有杨靖宇、赵尚志、童长荣、夏云杰等。至1937年秋，先后改编成立东北抗日联军11个军，总兵力达4万人。

一、邓铁梅等自卫军发行的纸币

邓铁梅创建的东北自卫军1932年春发行东北民众自卫军通用钞票，面值壹角、贰角、伍角、壹圆、贰圆、伍圆。1932年4月，唐聚五任总司令

图 19-1　东北民众自卫军通用钞票 1932 年伍圆券
《中国钱币大辞典·革命根据地篇》171 页

的辽宁民众救国会，发行辽宁民众救国会军用流通券（桓仁版），面值壹圆、伍圆、拾圆。攻占通化后，又发行（通化版）壹角、贰角、伍角、壹圆、贰圆、伍圆、拾圆券。辽宁抗日义勇军第二军区总指挥李纯华在辽阳县第五区成立粮食救急会，发行实物有价证券第伍区食粮救急券，以券征粮，面值伍角、壹圆、贰圆。1932年5月，高文彬任司令的东北义勇军第五军发行现洋券，面值壹圆、伍圆、拾圆。1931年，原吉林依兰镇守使李杜成立的依兰自卫军成立依兰金融救济会发行依兰金融救济券，面值壹圆、伍圆、拾圆。1932年5月，马占山在黑河成立黑龙江省政府，发行黑龙江官银号大洋券，面值壹圆、伍圆、拾圆。1933年初，高玉山任总司令的国民救国军在虎林、饶河、抚远抗日，发行虎饶抚流通救济券，面值壹角、贰角、伍角、壹圆券、叁圆、伍圆、拾圆。

二、张海天等抗日义勇军发行的纸币

1932年5月，张海天任司令的辽宁抗日义勇军第二军区辽南三路军发行辽南1932年抗日救国流通券，面值伍角、壹圆、伍圆。1932年4月，辽宁抗日义勇军第二军区十四路军刘景文在岫岩发行岫岩地方流通券，面值壹角、贰角、伍角、壹圆、贰圆、伍圆。1932年，李杜为救军政急需发行密山县地方金融流通券，面值壹圆、伍圆。榆树县财务处吉钱条。榆树县为抗日部队张作舟部发行军用票，面值100吊。唐聚五第三军区所属第37路军王永成部1932年9月13日发行第37路军军需处军大洋票。面值壹角、伍角。1932年，辽宁省临时政府发行军用货币，面值壹角、贰角、伍角。

第二节　陕甘宁、晋绥边区根据地货币

一、陕甘宁边区货币

1937年，陕甘宁苏维埃政府改为陕甘宁边区政府，首府延安。10月1日，中华苏维埃国家银行西北分行改为陕甘宁边区银行，先后发行3种货币。

（一）延安光华商店代价券。抗日统一战线建立后，法币在陕甘宁边区流通，

为方便市场交易，1938年4月1日，光华商店发行圆以下代价券作为法币的辅币，面值贰分、伍分、壹角、贰角、伍角、柒角伍分。背面为光华商店公告。

（二）陕甘宁边区银行币。简称边币。1941年皖南事变后，国民党军队对边区进行经济封锁，1月30日，边区政府发布《关于停止法币行使的布告》，授权边区银行发行货币。1941年至1943年，先后发行壹角、贰角、伍圆、拾圆、伍拾圆、壹佰圆、贰佰圆、伍佰圆、壹仟圆、伍仟圆等十种面值的纸币。票面图案延安宝塔山、牧羊、农村、城门、行人、边区银行行址、边区参议会大礼堂图景、骆驼等，有行长朱理治、副行长黄亚光签名。

（三）陕甘宁边区贸易公司商业流通券。1941年，由于边币发行数量多，货币贬值。为稳定货币，1944年开始发行商业流通券，替代边币，比价1：20，发行后取得较好效果。竖型，面值有伍圆、拾圆、贰拾圆、伍拾圆、壹佰圆、贰佰圆、贰佰伍拾圆、伍佰圆、壹仟圆、贰仟圆、伍仟圆共11种，各券均有公司正、副经理叶季壮、范子文的签名。贰佰圆正面有延安宝塔山风景。伍佰圆正面有长城图景。壹仟圆正面有劳动、楼房图景。贰仟圆正面有宝塔山风景。伍仟圆正面有山房图景。背面为陕甘宁边区贸易公

图 19-2　延安光华商店代价券贰分
《中国钱币大辞典·革命根据地篇》181 页

图 19-3　陕甘宁边区银行伍仟圆券
《中国钱币博物馆藏品选》308 页

图 19-4　陕甘宁边区贸易公司商业流通券
1945 年贰佰伍拾圆券
《中国钱币大辞典·革命根据地篇》194 页

司公告。

二、晋绥边区货币

晋绥边区包括山西西北部和绥远（今内蒙古）东南部，全区分晋西北和大青山两部分，其中有抗日政权控制区和游击区。1937年秋，八路军一一五师、一二〇师和一二九师在朱德任总指挥、彭德怀任副总指挥的率领下，创立抗日根据地，建立民主政权。成立银行，发行货币，支持抗日斗争。

图19-5　兴县农民银行1938年壹圆券
《中国钱币大辞典·革命根据地篇》201页

（一）兴县农民银行兴农币。兴县是晋绥边区领导机关和八路军一二〇师师部所在地。1937年11月底，中共晋西北党委创办兴县农民银行，发行兴农币。面值伍分、壹角，贰角、伍角、伍圆。名义上是法币与山西省钞的兑换券，实际上独立发行。由于面额小、流通方便，币值稳定，社会信誉高。票面有山村与房屋、水陆风景图、木船上三人、村景、农夫锄地等。

（二）兴县其他抗日货币。兴县产消合作社代价券伍角券。兴县财政局流通券壹圆券。文水县地方金融流通券，面值壹角、贰角、壹圆。五寨银号兑换券和五寨县银号救济金融流通券，面值壹角、贰角、伍角、壹圆。中阳县救济金融兑换券，面值贰角、伍角。离石县财政局流通券壹角券。临县县政府调剂金融券和县银号调剂金融券，面值贰角、伍角、捌角、壹圆。临县曲裕商会流通券，面值壹角、贰角、叁角。临县碛口商会流通券壹圆券。第四行政区消费合作社券壹圆券。

（三）西北农民银行币。1939年12月的"晋西事变"以后，中国共产党与阎锡山达成停止武装冲突、划分驻地，分区抗战的协

图19-6　西北农民银行1940年
贰圆券（法币兑换券）
《中国钱币大辞典·革命根据地篇》209页

议。但是，阎锡山仍然断绝对新军的物资供给，对根据地实行经济封锁。为粉碎日军的进攻与经济侵略，1940年1月15日，晋西北军民代表大会在兴县蔡家崖召开，建立抗日民主统一战线的革命政权，同年2月，在兴县农民银行的基础上建立西北农民银行，刘少白任经理，发行西北农民银行货币（西农币）。1940年5月底至年底发行的注明凭票即付国币×元，是法币的兑换券。1941年1月，为本边区唯一合法的本位币。抗战其间，发行不同版别的票面共19种。

1. 法币兑换券的西农币。伍分、贰角、伍角（棕）、伍角（深紫）、壹圆券（绿）、壹圆券（棕）、贰圆券（棕）、贰圆券（绿）。票面图案亭子、石舫、亭台、

农民锄地、桥亭风景、马耕、农事、亭阁、屋、山景等。

2. 本位货币的西农币。伍圆券（绿）。拾圆券（蓝）、拾圆券（紫）。伍拾圆（正蓝背绿）、伍拾圆（正紫背蓝）、壹佰圆券（正绿背蓝）、壹佰圆券（正蓝背灰绿）。伍佰圆券（紫）、伍佰圆券（红）。票面图案树、亭子、石级长栏、房屋、水闸、三角形门架、纺纱、牧羊、亭阁、城楼、长城等。

图19-7 西北农民银行1942年拾圆券
（本位货币）
《中国钱币大辞典·革命根据地篇》211页

第三节 晋察冀、晋冀鲁豫边区根据地货币

一、晋察冀边区货币

1937年9月25日，平型关大捷后，八路军一一五师创建以山西五台山为中心的敌后抗日根据地，逐步形成平绥线以南，正太、德石线以北的晋察冀抗日根据地，辖20个专区，197个县、约40万平方公里。1938年3月20日，在五台山石嘴村建立晋察冀边区银行，经理关学文。发行晋察冀边区银行币，作为边区本位货币。由于根据地分割，采用分散发行的做法，冀中各县自行发行农村合作社流通券70余种及其他钱票、流通券。至1945年，晋察冀边区银行共发行各种

面值的边币39种，总额约5 000亿元。面值有贰拾枚、壹角、贰角、伍角、壹圆、贰圆、伍圆、拾圆、伍拾圆、壹佰圆、贰佰圆、伍佰圆、壹仟圆、伍仟圆等十四种。

图19-8　晋察冀边区银行1939年壹圆券
《中国钱币大辞典·革命根据地篇》211页

（一）晋察冀边区银行币。1938年版，面值壹角、贰角、伍角、壹圆、伍圆。角为竖型，圆为横型。1939年版贰拾枚、壹圆、贰圆、伍圆。1940年版贰角、拾圆。1941年版有伍拾圆。1943年版拾圆、伍拾圆。1944年版伍拾圆、壹佰圆、伍佰圆、壹仟圆、伍仟圆。各券均有经理关学文、副经理胡作宾签名，票面图案铜牛、村落、宝塔、马耕、石牌坊、农事、桥亭、长城、天坛、牧羊、农村、村屋、抬石、插秧、农田、宫殿、石拱桥、城楼、锄地、颐和园等图景。

（二）晋察冀边区银行币冀中版。1938年5月9日，晋察冀边区银行冀中分行在河北省安平县城成立，后因日军扫荡而暂停营业。1945年5月在河北省饶阳县大尹村重建，6月发行晋察冀边区银行冀中分行币。面值拾圆、伍拾圆、壹佰圆、贰佰圆。壹佰圆有冀中字样。票面图案农民种田、水车、犁田、收割、赶马压场等，无签名。

（三）晋察冀边区银行币冀热辽版。1945年6月，冀热辽分行发行冀热辽版币。面值伍圆、拾圆、伍拾圆。票面正面都有冀热辽字样，伍圆图案为帆船，拾圆图案为羊群、宝塔、耕田，伍拾圆图案为牧羊、房屋、树河等。

（四）各县发行的兑换券。定襄县人民商店兑换券，面值伍分、贰角、伍角。灵寿县调剂金融兑换券，面值壹角、贰角。唐县合作银行币贰角券。冀中第五行政区银钱局票，面值伍分、壹角、贰角、伍角。晋察冀边区第七行政区合作社流通券，面值壹角、贰角、伍角。

（五）冀中区各县农村合作社流通券。1939年7月，冀中发生特大洪水灾害，冀中政治主任公署决定各县成立农村合作社，进行生产自救，为配合农民恢复生产，开展边区货币斗争，边区政府批准冀中各县发行"冀中区农村合作社流通"，自1939年冬至1942年初，冀中区先后有27个县发行伍分、壹角、贰角、伍角等面值、70多种形式版别的合作社流通。除高阳县外，均为竖型，票面图案农村、房屋、火车、工农商学兵、牌楼等。有的票面还有抗战建国、抗战必胜、坚持抗战、用我们的血肉筑成新的长城等抗战动员口号。

二、晋冀鲁豫边区根据地货币

1937后秋，八路军一二九师进入太岳、太行山区创建晋冀豫抗日根据地。1938年5月，开辟冀南抗日根据地。1939年初，八路军一一五师建立冀鲁豫、鲁西、微山路西抗日根据地，合称冀鲁豫抗日根据地。1941年下半年，晋冀豫与冀鲁豫抗日根据地基本连成一片，建立晋冀鲁豫边区抗日民主政府。西至同蒲路、汾水，东至渤海，南抵黄河，北达正太、沧石，面积约20万平方公里。分为太行区、太岳区、冀南区、冀鲁豫区，四个区都曾发行本位货币。

（一）太行、太岳区货币。

1. 山西省第五行政救国合作社兑换券。合作社隶属于山西抗日进步组织"牺牲救国同盟会"，1939—1940年先后发行兑换券，面值壹角、贰角、贰角伍分、伍角。

2. 晋东南各县银号。由于该区的抗日银行上党银号辅币供应不足，晋东南地区的10个县先后发行小面额银号券，面值壹角、贰角、贰角伍分、叁角、伍角。黎城县金库1942年发行壹角流通券。

3. 山西省第六行政区地方兑换。1939年初，山西省第六行政区的13个县都由共产党员担任县长，为了解决小面额货币不足，行政区财政科统一设计、印制地方兑换券。面值贰角、伍角、壹圆。加盖县名的有贰角、伍角、壹圆。

图19-9　上党银号1935年伍角券
《中国钱币大辞典·革命根据地篇》313页

4. 上党银号币。上党银号，由晋东南山西牺牲救国同盟会及其第五行政专署1938年8月底在沁县南沟村建立，经理薄一波、王鹤五。先后发行伍分、壹角、贰角、贰角伍分、伍角、壹圆、伍圆券。流通于第三、第五行政区内的25个县，国民党驻当地的中央军、川军、晋绥军都使用。

图19-10　冀南银行 1939 年壹角券
《中国钱币大辞典·革命根据地篇》316 页

5. 冀南银行货币。1939年7月，粉碎日军对晋东南九路围攻后，冀南、太行两根据地出现相对稳定局面，1939年10月15日，冀南银行在黎城县小寨村成立，行长高捷成。发行冀南银行币（冀钞）为本位货币：一类是不加地名的通行版，共有38种版别15种票面，在各区流通。另一类是分区发行的地名版，13种版别4种票面，有太行、太岳、滏西、平原等字样，在本区流通。从1939年10月至1945年年底，冀南银行共发行从拾枚至壹千圆，共18种面值，拾枚、贰拾枚、壹角、贰角、贰角伍分、伍角、壹圆、贰圆、叁圆、伍圆、拾圆、贰拾圆、贰拾伍圆、伍拾圆、壹佰圆、贰佰圆、伍佰圆、壹仟圆。许多种面值的冀钞又有数种版别。为便于携带，1942年至1946年发行定时、定额、定区的银行本票，面值壹佰圆、贰佰圆、伍佰圆。太岳经济局商业流通券，有4种版别4种票面，伍圆、拾圆、伍拾圆、壹佰圆。冀南农民合作社于1940年4月，发行兑换券壹角、贰角、伍角券。以上票面图案有长石孔桥、远山、铁桥、石桥、村景、火车、石栏、铜牛、亭、山庙、石级、古屋、天坛、牌坊、农民汲水、前门、耕田、轮船、飞艇、湖荡、长堤、工厂厂房、宝塔、纪念塔、房屋、树木等。

（二）鲁西根据地货币。1940年4月，鲁西军区建立。5月，在山东东平县建立鲁西银行，发行鲁西银行币（鲁钞）。9月，设在由冀南、冀东北和鲁西北组成的冀鲁豫根据地的冀南银行冀鲁豫办事处（小冀鲁豫）并入鲁西银行。1940—1944年先后发行肆分、伍分、壹角、贰角、贰角伍分、伍角、壹圆、拾圆、贰拾

圆、贰拾伍圆、伍拾圆、壹百圆、贰百圆、叁百圆、伍百圆券。票面图案房屋、田野、轮船、汽车、山亭、天坛、锄地、耕地、汲水、收割、塔楼、插秧、山景、十七孔桥、牌坊等。1943年至1944年，发行大面额临时流通券，面值贰佰圆、叁佰圆、伍佰圆。微山湖西的山东、江苏等县的苏鲁豫边区建立的湖西专员公署，1943年发行票面有湖西字样的鲁西银行币。面值贰角、伍角、贰圆、伍圆、拾圆、贰拾圆。

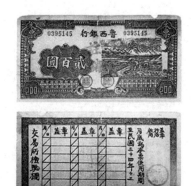

图 19-11　鲁西银行1943年贰百圆券
（中国钱币博物馆）

三、山东根据地货币

山东抗日根据地，东临黄海、渤海，北达天津，南接陇海路，西到津浦路，包括山东大部和河北、江苏的一部分地区，八路军山东纵队与八路军第一一五师共同创立。

1938年12月1日，胶东抗日游击队第三支队在掖县创建掖县、黄县、蓬莱三县在内的抗日民主政府银行——北海银行。原青岛中鲁银行总经理张玉田为经理，发行北海银行币（北海币）。成立之初发行壹角、贰角、伍角、壹圆（亦称北币、北海票）券，与法币等价流通。自1938年至1945年，发行100多种版别，面值壹角、贰角、伍角、壹圆、贰圆、伍圆、拾圆、贰拾伍圆、伍拾圆、壹佰圆、贰佰圆。

（一）掖县版。北海银行筹备过程中，就发行壹角、贰角、伍角、壹圆券投入掖县市场流通，票面正面有"掖县"字样，图案为掖县火神阁、大树、城楼、民主政府院门三座门。

（二）专署版。1938年8月15日，北海

图 19-12　北海银行掖县版1938年壹角券
《中国钱币大辞典·革命根据地篇》378页

行政督察专员公署在黄县成立，统一领导掖、黄、蓬三县抗日民主政府，将掖县北海银行改建为北海专署银行。续聘张玉田为经理，陈文其为副经理。用北海币掖县版发行壹角、伍角、壹圆券。同年12月，因日伪军进攻掖县，北海银行奉命撤离，暂停营业。

图19-13　北海银行清河老版1941年拾圆券
《中国钱币大辞典·革命根据地篇》392页

（三）胶东老版。1939年5月以后，胶东区委决定恢复北海银行，建成全胶东行政区的银行，由原副经理陈文其负责重建并担任行长，发行新北海币，从1939年8月至1941年8月，先后发行的北海币有：原掖县版的壹角、壹圆券。原掖县版加盖东海、南海（或南、北）等地名，在北海与南海流通的壹圆券。新制北海银行币版印制的1940年壹角、贰角、伍圆、拾圆券。1940年8月，北海银行总行建立后，实行分区发行。1941年建立胶东分行，此前有胶东的地区币称胶东老版，此后的称胶东新版。

（四）清河老版。1940年6月1日在寿光县成立清河区北海银行，发行加印清河地名的北海币壹角、贰角、伍角券。1940年8月，清河区北海银行改为北海银行清河分行后，继续发行清河地名券。

（五）山东版。1940年8月，北海银行总行在鲁中成立，发行山东字样的北海币，面值伍分、贰角、贰角伍分、伍角、壹圆、贰圆、伍圆、拾圆、伍拾圆、壹佰圆、贰佰圆、伍佰圆、壹仟圆、贰仟圆共14种及多种版式和印色。票面图案远山、火车、城楼、山河、帆船、农民挑稻、山景、农民驱牛犁田、铁桥、山屋、湖泊、山间茅亭、汽车运输、天坛、农民汲水灌田、公路汽车、农民扬场、古建筑等。

（六）胶东新版。1941年8月，北海银行胶东分行成立，发行胶东地名券（胶东新版），面值壹角、贰角、伍角、壹圆、伍圆、拾圆、贰拾伍圆、伍拾圆、壹佰圆。为便于识别，票面印词组拆开的单字，如发、展、民、生、繁、荣等，票面图案掖县火神阁、城楼、街景、远山、收割、山屋、湖泊、农民推车、马车水、轮船、大楼、锄地、水车、牛耕、农民打场、割稻、农村、河岸、梯田等。1944年发行面值壹佰圆、伍佰圆、壹仟圆本票。

（七）胶东地方流通券。由于北海币辅币不能满足流通需要，胶东地区各县发行小额流通券作为北海币的辅币，面值壹角、贰角伍分、伍角，发行的九个县是：海阳、牟平、黄县、栖霞、掖县、文登、蓬莱、荣成、福山。

（八）清河新版。1940年8月，北海银行清河分行成立以后，继续发行清河券，面值伍角、伍圆、拾圆，票面图案前门、农夫耕田、村舍、帆船等。为便于识别，票面上印词组拆开的字，如开、源等。1944年发行贰拾伍圆本票。益寿临广四县、长山县发行地方流通券，面额伍分、壹角、贰角、伍角。票面图案房屋、尖顶塔楼、小船等，并有谨、防、假、冒字样。

图 19-14　北海银行清河新版 1943 年伍圆券
《中国钱币大辞典·革命根据地篇》453 页

（九）冀鲁边版。1941年，北海银行冀鲁边分行建立，发行北海银行冀鲁边币，面值壹角、伍角、壹圆、伍圆、拾圆。票面图案农民锄地、湖畔风光、湖滨水榭、牧羊、五孔石坊、火车等及冀鲁边等字样。

（十）渤海版。1943年夏，北海银行渤海分行建立，发行渤海版。面值壹角、伍角、伍圆、拾圆、伍拾圆、壹佰圆、贰佰圆。票面图案河滨水榭、山间驴驮、帆船、马耕、农耕、山道挑夫、织布、溪边牧羊、山前锯木、三人植树、农民锄地等。

（十一）鲁中版。1943年春，北海银行总行迁至滨海后，建立鲁中分行，发行鲁中版，在鲁中地区流通，面值伍角、壹圆、伍圆、拾圆。票面图案山树、房屋、火车、城楼、凉亭、楼房、电台等。莱芜农民合作社1939年至1940年发行小面额货币，面值伍分、壹角、贰、伍角。票面图案农民割麦、老牛、戽水、打场等。

（十二）鲁南版。鲁南地区包括江苏北部的徐州、邳县及山东南部。1942年，北海银行鲁南办事处成立，发行鲁南版，面值壹角、贰角、伍角、伍圆、拾圆、伍拾圆。票面图案农民锄地、牛耕、轮船、火车、山城、宝塔等。1940年，鲁南地区的临沂、郯县、费县、峄县四边区政府发行伍角、壹圆流通券。

图19-15 北海银行滨海版1943年伍角券
（苏骏）

（十三）滨海版。1942年9月，北海银行滨海分行成立，发行滨海版，面值伍角、拾圆、伍拾圆，票面图案远山、铁路、农夫汲水、楼房、山水风景等。1945年，滨北工商管理局发行临时流通券壹圆券，滨海商店发行壹佰圆、贰佰圆、伍佰圆临时期票。

第四节　华中、琼崖根据地货币

1941年1月"皖南事变"以后，中共中央决定将中原局与东南局合并组建华中局，刘少奇任书记。重建新四军，陈毅任代军长，刘少奇任政治委员，领导华中地区党政军民开展抗日斗争。逐步形成江淮之间，东临大海、西连武当、南接浙赣、北至陇海，以江苏为主，包括安徽、湖北大部和浙江、河南、湖南一部分，面积30多万平方公里，人口约6 000万的华中抗日根据地，分苏北、苏中、苏南、淮南、淮北、豫鄂边、皖中、浙东等八个区域，各区域都建立党委和行政领导机关，建立银行，发行地方货币。

一、江苏根据地货币

（一）江淮银行币。1941年4月1日，江淮银行在江苏盐城成立，新四军军部财政部部长朱毅兼任行长。1941年至1945年，发行江淮银行币，为苏中地区本位货币，加盖盐阜、苏中、苏浙等地名，分区流通。面值贰角、伍角、壹圆、伍圆、拾圆、贰拾圆。另外还有苏中第四行政区、江淮银行第一支行、第三支行券、东南办事处代价券。票面图案耕地、农民锯木、插秧、帆船、远山、村舍、工厂建筑、大楼、帆船、毛泽东头像、农民插秧、纺纱、织布、汽车运输、农事等。还有苏中第三支行本票，面值贰拾圆、伍拾圆、壹佰圆。苏中第四支行本票，面值伍圆、竖型的伍圆、伍拾圆、壹佰圆、贰佰圆。

（二）苏中根据地地方流通券。为弥补江淮银行货币流通数量的不足，苏中地区的县政府、公私商店、合作社及区乡政府发行地方流通券。分别是：江都县、江都县河南、江淮、东台县、兴化县、江高宝兴、如靖泰、东南、泰兴县、泰兴公营商店、扬中三（三点水、穴、田）、高邮县辅币流通券。（扬中）公信桥、扬州天后宫、扬州普济庵临时流通券。皋东商店代价券。面值伍分、壹角、贰角、伍角、壹圆、伍圆。

（三）淮海地方银行发行的货币。1940年5月，黄克诚率八路军第二纵队主力南下支援华中新四军抗日，当年9月18日成立淮海公署。1942年成立淮海地方银行，总行先在涟水后迁至张圩，行长卢纯根。发行贰角、伍角、壹圆纸币。此前公署发行淮海区流通券伍角券。票面图案耕牛犁田、寺庙、亭阁等。

（四）盐阜银行发行的货币。1942年4月10日，盐阜银行在盐城成立。盐阜区行

图 19-16　江淮银行 1944 年贰拾圆券
《中国钱币大辞典·革命根据地篇》488 页

图 19-17　江都河南流通券 1944 年壹角券
《中国钱币大辞典·革命根据地篇》498 页

图 19-18　淮海银行 1942 年壹圆券
（苏骏）

图19-19　盐阜银行1945年伍圆券
（苏骏）

图19-20　惠农银行拾圆券
《中国钱币博物馆藏品选》307页

图19-21　江南商业货币券1940年壹圆券
《中国钱币大辞典·革命根据地篇》528页

政公署财政经济处处长骆耕漠兼任董事长，徐里程主持日常工作。1942年至1945年，先后发行壹角、贰角、伍角、壹圆、伍圆、拾圆券及壹佰元与贰佰元本票。票面图案驴群、海边木船、夜景月色、大小帆船、耕牛犁田、麦穗、工农商学兵、纪念碑、农民驱犁等。1943年发行壹佰圆与贰佰圆本票。

（五）苏北根据地地方流通券。苏北、阜东县大众合作社、阜东县第四区、盐城县大合作社总社、盐城县合作社总社、鸿昌商店、荣昌商店流通券。面值壹角、贰角、伍角、壹圆。

（六）苏南根据地地方流通券。惠农银行币。1942年5月，惠农银行在江苏丹阳延陵镇成立，李建模兼任行长，副行长孔朗。发行惠农币，面值壹角、贰角、壹圆、伍圆、拾圆。票面图案河道、桥、民居、老鹰、农田、农舍、农村小景、扬场等。江南银行币。1945年6月在浙江长兴成立，行长范醒之。发行的货币面值壹圆、伍圆。票面图案农民莳秧、石桥等。所属江宁办事处发行办事处辅币券贰角、伍角。还有丹阳访仙镇、无锡马迹山、茅东、句容、长兴县四安区临时流通券。新四军第六师第十六旅在江南地区发行惠农银号、溧阳县、溧水城区金融调剂委员会、长兴县、汇业流通券。水北镇、江宁西岗镇商业流通券。宜溧县政府财政经济局金融流通券。金坛县、溧高县韩固区辅币券。江南商业货币券。丹北区货币流通券。面值伍分、壹角、贰角、伍角、壹圆、伍圆、拾圆。

二、安徽省根据地货币

（一）淮北地方银号币。1942年6月初，淮北地方银号成立，董事长刘瑞龙、总经理陈醒。发行淮北地方银号币，面值壹角、贰角、伍角、壹圆、伍圆、拾圆、贰拾圆。票面图案农夫伐树、木工刨木、帆船、芦苇、野鸡、工人打铁、驱牛耕田、房屋、尖顶塔、河堤、石舫、山树、毛泽东头像、牧牛、鼎器等。淮上地区银号发行伍圆、拾圆、贰拾圆券。图案石桥、村落、农田、长城等。

图 19-22　淮北地方银号拾圆券
《中国钱币博物馆藏品选》309 页

（二）淮南银行币。安徽的淮南地区是新四军二师罗炳辉部驻地，1940年建立抗日政权，1942年2月，在江苏盱眙县葛农巷（今属安徽省天长市张铺乡）成立淮南银行，发行淮南币，面值壹角、贰角、伍角、壹圆、伍圆、拾圆、伍拾圆、壹佰圆。票面图案茅亭、牛车棚、河滨亭屋、工农兵三

图 19-23　淮南银行拾圆券
《中国钱币博物馆藏品选》第 310 页

像、松月、战士作战、五亭桥、上课学习、工人打铁、农民种田、商人售货、烟云、帆船、塔屋、耕田、垂钓、樵夫挑柴、农田、农舍、农事、大树、大海、万人大会堂、毛泽东像、路东和路西字样。

（三）大江银行币。1943年5—6月，皖中行署在皖中总金库基础上，建立大江银行，发行大江币。面值壹角、伍角、壹圆、贰圆、伍圆、拾圆、贰拾圆。有横式、竖式。票面图案灯塔、帆船、江海、礁石、小船、工农商学兵五人、锤、镰刀、枪、书、算盘、河道、石桥、房屋、农田、树、河、太阳、牛饮、宝塔、

图 19-24　大江银行 1944 年五角券
《安徽历史货币》464 页

图 19-25　豫鄂边区建设银行 1944 年贰百圆券
《中国钱币大辞典·革命根据地篇》588 页

农舍、农民莳秧、山树等。1945 年发行大江银行币皖南版，面值五角、壹圆、贰圆、伍圆。票面图案山树、战士扛枪、举抗日胜利旗帜、城楼、战士列队、农村、远山、树、河、房屋等。1944—1945 年发行大江银行和含版，面值五角、一元、二元、五圆。票面图案锤、锄、算盘、书、枪、远山、村落、大树下战士站岗、两农夫采果、灯塔、帆船等。

（四）皖江地区代理券。1944—1945 年，为弥补大江币辅币不足，根据地政府允许商号、合作社发行代价券，面值一角、壹角、五角。发行单位是裕民号、集成号、永大号、南义合作社、信义代价券、无为联营社、无东联营社等。

（五）豫鄂边区建设银行币。豫鄂边区抗日根据地位于大别山鄂豫皖三省毗邻地区，1945 年抗日战争结束，根据地已经达到九万平方公里，1 300 万人口，包括 7 个专区，38 个县。抗战其间，长期形成对武汉的包围之势，打退日本侵略军和国民党顽固派多次扫荡与侵犯。1941 年 5 月，豫鄂边区建设银行在湖北京山小花岭建立，发行豫鄂边区建设银行币，面值伍角、壹圆、贰圆、叁圆、拾圆、伍圆、壹百圆、贰百圆、壹仟圆。票面图案农民、农舍、农事、桥、湖、农田、山景、农耕、大楼、电杆、道路、流瀑、平桥、山城、塔景、工厂、烟囱、山塔、树屋、河桥、火车、道路、城屋、电杆、殿屋、亭楼、花墙等。1942 年发行襄西生产运销合作社临时兑换券壹圆券。1945 年发行襄河贸易管理分总局流通券伍佰元券。

（六）豫皖苏根据地货币。豫皖苏抗日根据地始创于 1938 年 10 月，地处黄淮平原，位于河南东部、安徽北部、江苏西北部，是联结华北、华中两大战略区的枢纽。1939年11月，原游击支队改称新四军第六支队，彭雪枫任司令员兼政委，建立永城、夏邑、萧县、宿西、亳北5个县政权。初创时期发行三种货币。

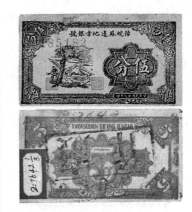

图 19-26　豫皖苏边地方流通券 1940 年伍分券
《安徽历史货币》403 页

1. 萧县地方流通券。1938年8月，萧县抗日民主政府借用萧县第六区郝庄郝松云私人钱庄——瑞蚨祥票子，将面额壹仟文的铜元票改成壹圆，加盖县政府印，临时使用。1939年7月，正式印行萧县地方流通券，面额壹角、贰角、伍角、壹元。

2. 永城县流通券。1939年5月，永城县抗日民主政府发行流通券，面值伍分、壹角、贰角、伍角、壹元。

3. 夏邑县流通券。1940年2月，夏邑县抗日民主政府发行，面值壹角、贰角、伍角、壹元。

4. 豫皖苏边地方银号币。1944年11月至1945年9月，淮北第二专署发行，面值壹角、贰角、伍角、壹元、贰元、拾元。

三、浙东抗日根据地货币

1941年，中国共产党领导创建抗日武装三五支队，1942年7月建立浙东区党委，8月成立浙东军政委员会。1944年成立浙东敌后临时行政委员会。1945年成立浙东行政公署参议会，组建抗日地方政权。四个行政区，2万余平方公里，400余万人口。1945年4月1日，建立浙东银行，发行货币。

（一）浙东抗日根据地货币。

1. 浙东抗日根据地金库1942年兑换券，收缴税收和征粮代金，面值有12种。三北

图 19-27　浙东行政公署兑换券 1945 年拾圆券《中国钱币大辞典·革命根据地篇》597 页

游击司令部1942年兑换券（中储券），面值壹仟圆、伍仟圆、壹万圆。浙东敌后临时行政委员会金库1944年兑换券，面值拾圆。浙东游击队纵队金萧支队金库1945年兑换券，面值拾圆、伍拾圆、壹佰圆。浙东行政公署金库1945年兑换券，面值抗币伍圆、抗币拾圆。

图19-28　浙东银行1945年拾圆券
《中国钱币大辞典·革命根据地篇》601页

2. 浙东银行币。1945年4月1日，浙东银行成立，吴三民任董事长，发行总行币面值贰角、伍角、壹圆、伍圆、拾圆、本票伍拾圆和壹佰圆。票面图案山村、稻田、收割、挑稻、农田、农舍、驱牛耕地、晒场等。临时兑换券：三北支行伍角、壹圆券。余姚支行贰角、伍角、壹圆券。上虞支行币壹角、贰角券。辅币券：慈溪支行贰角券。南山支行贰角券。

3. 浙东地方政府抗币。浙东地区各县、区、乡（镇）级抗日民主政权发行在本地区内流通的地方性通用货币，面值壹角、贰角、伍角、壹圆、贰圆、伍圆券。慈溪县观城、鹤皋、三七市、掌起桥、双桥商会及浒山区三管乡、卢江市、炊墩镇商会发行壹分、伍分、壹角、贰角、伍角铁币。

四、琼崖根据地货币

琼崖即海南岛，今海南省，北部平原，中部和东南部均为山地。1938年12月，海南岛游击队改编为广东民众抗日自卫团第十四区独立总队。1940年，中共琼崖特委建立琼山、文昌等敌后抗日根据地。1941年，成立琼崖抗日独立游击队和琼崖东北区政府，冯白驹任主席。

（一）琼崖东北区政府代用券。1942年，日本横金正金银行和台湾银行在海口、榆

图19-29　琼崖东北区政府代用券1942年壹圆券《中国钱币大辞典·革命根据地篇》645页

林、北黎、加绩等地设分支机构，发行日伪货币，强迫人民用银圆兑换。为抵制日伪政权的货币侵略，建立抗日政府的货币体系，活跃根据地经济，琼崖东北区政府决定发行琼崖东北区政府代用券，面值壹圆，与光洋和法币等值流通。正面图案椰树及农夫耕作，有琼崖东北区政府、凭券在琼崖区兑换国币、民国二十一年印行、壹等字样，冯白驹签名。背面图案椰林和帆船、冯白驹侧面头像，英文面值及1942、1等字样。

（二）临高县人民券。1942年秋，日军对琼崖抗日根据地进行进攻，并在经济上进行全面封锁，临高县为了保障抗日部队，维护根据地经济运行，经东北区政府批准，发行临高县人民券，面值壹角、贰角、伍角，与光洋等值流通。

第五节　根据地的货币管理新思想新理论

抗日战争爆发以后，随着革命战争性质发生根本变化，中国共产党领导的抗日根据地货币流通管理思想也在形势的变化之中不断改变、发展与完善。

一、货币关系服从民族革命战争的需要

抗日战争客观上形成抗币与法币是抗日统一战线内部的合作关系，抗币、法币与伪币是民族斗争的敌我关系。抗币的独立自主性以及与法币的合作关系，是抗日战争这一特定的政治、经济、社会及历史条件下，带有政治性内涵特殊的经济金融现象。抗币与法币是抗日统一战线条件下，共产党与国民党、共产党领导的抗日根据地与国民党统治区既交换又独立的特殊货币关系。允许法币与抗币同时流通于抗日根据地市场，并对法币实行保护政策。

时任中共中央财政经济部副部长的曹菊如（1901—1981年）说："不能不用法币来作为衡量抗币价值的尺度，不能利用法币来作为稳定抗币的手段，使抗币在实质上只能成为法币的兑换券。"[1] 皖南事变发生以后，国民党破坏统一战线，防共、限共，不断挑起事端，后来法币大幅贬值，日伪政权印制法币破坏法币信

---

[1] 曹菊如：《曹菊如文稿》，第93页，中国金融出版社，1983年。

用，在占领区停用法币，将法币排挤到抗日根据地。边区政府及时停用法币，发行北海票替代法币流通，维护了边区政权及抗日根据地人民的权益。

二、以重要物资作为抗日根据地货币发行的准备

一般的纸币发行以金银或外汇作为准备，在抗日根据地那种艰苦的环境中，以金银或外汇作为抗币发行准备难以做到。薛暮桥、姜君辰、王学文等提出粮食、棉花、布匹、生油、食盐、金银等重要物资作为抗日根据地货币发行准备的思想。时任中共中央财经部秘书长的薛暮桥（1904—2005年）说："几年来敌后根据地货币斗争的经验告诉我们，我们所掌握的粮食、棉布等日用必需品是抗币的最可靠的保证，不需要依靠黄金。货币发行一部分用于发展生产，增殖物资，充实货币基础，另一部分用于掌握重要物资，来作本币的准备基金，此项准备基金一般应占发行量的半数。"[1]

时任中共中央华中局调查研究室研究员姜君辰（1904—1985年）说："发行货币不一定要有黄金储备，更不一定要有很多黄金储备，只要有实物储备，就可以发行。"时任中共中央军委总政治部敌工部部长兼敌军工作干部学校校长王学文指出："抗币的发行是采取独立自主的原则，不应以法币作基金，而应以根据地经济的发展和我们所掌握的重要物资为基础。"[2]

三、根据购买力决定抗币发行数量

1940—1941年抗日根据地出现严重的财经困难，边区银行财政性用款占发行总额的比例超过50%。为此，毛泽东提出自己动手，丰衣足食，制定发展经济，保障供给财经工作总方针，稳定货币、平衡出入口。

曹菊如等提出：应该通过减少消费、发展贸易、发展生产的办法减少货币财政性发行。时任中共中央研究院中国经济研究室主任的王思华（1904—1978年）指出："纯财政性的开支过大，势必影响到物价的高涨……问题就在我们的发行权属于财政厅。"[3]时任中共中央政治研究室中国经济组副组长的丁冬放（1910—

---

[1] 薛暮桥：《抗日战争和解放战争时期山东解放区的经济工作》，第231页，山东人民出版社，1984年。

[2] 经济日报主编：《中国当代经济学家传略（一）》，第275页，辽宁人民出版社，1986年。

[3] 王思华：《抗日战争时期陕甘宁边区财政经济史料摘编》第五编，第295页，陕西人民出版社，1981年。

1989年）指出：我们政府应该把发行纸币，仅作为"一时权宜之计，而把生产建设放在第一位"[1]。薛暮桥认为："在市场上流通的是不兑现的纸币时候，货币所代表的价值就主要决定于它的发行数量。""我们计算各解放区虽然货币发行数量多少不同，物价高低不同，但每一个解放区人民的平均货币流通数量，都大体上等于三十斤粮食。"[2]

曹菊如认为根据地的币值问题既与商品与货币的数量有关，又与商品、货币的价格有关，他提出计算货币购买力的办法："以1940年12月月底发行总额和12月的平均物价指数为基数一百，求出以后每月的发行指数和物价指数，然后以物价指数除发行指数乘以一百即得。"[3] 学者们分析了赤字财政政策带来的危害，标明了反对赤字财政政策的观点，要求货币的发行不能仅考虑解决财政困难，还应从生产贸易、商品价格、物资流通等多个方面去研究与认识。

四、运用政治力量与手段，维护货币流通

曹菊如、薛暮桥、王思华等认为：货币斗争是经济斗争，但是，仅仅依靠经济力量是难以取得货币斗争胜利的，必须适当运用政治力量，配合经济力量来推动根据地货币的正常流通。

薛暮桥说："敌我货币斗争的胜负，从根本上说是决定于敌我军事上、政治上斗争的胜负，是敌我军事、政治、经济斗争的组成部分。但是，货币斗争有它的特殊规律，有在总路线、总政策指导下的特殊政策。货币斗争的胜负，对军事、政治斗争的胜负也有起一定的反作用。""货币斗争的胜利，首先建筑在政治力量与经济力量的结合上。"[4]

曹菊如说："抗币的发行，主要是为了经济上的意义。而在此经济斗争上，则

---

[1]　丁冬放：《抗日战争时期陕甘宁边区财政经济史料摘编》第五编，第234页，陕西人民出版社，1981年。

[2]　薛暮桥：《抗日战争和解放战争时期山东解放区的经济工作》，第177、178页，山东人民出版社，1984年。

[3]　叶世昌：《中国货币理论史》下，第418页，中国金融出版社，1993年。

[4]　薛暮桥：《抗日战争和解放战争时期山东解放区的经济工作》，第169、233页，山东人民出版社，1984年。

要以经济力量为主，政治力量为辅。有了经济力量为基础，加上政治力量，则其效果更大。否则，离开经济力量，单靠政治力量，就不能完满达到目的。"[1] 对于如何运用政治力量，他们都主张要发挥政府的作用，执行政府颁布的各种法令。

五、发现良币驱逐劣币的规律

由于日军制造假法币，国民党统治区严重的通货膨胀，法币严重贬值。王思华分析陕甘宁根据地的货币流通，对于抗日根据地良币驱逐劣币的规律有初步认识，他说："有两种纸币同时并流的地方，甲种比乙种跌价较多时，无疑的，老百姓愿意保存乙种货币，而不愿意保存甲种货币，这种经济力量，能使乙种货币逐渐独占流通市场"。[2]

薛暮桥说："如果市场上流通的是不兑换的纸币，各种纸币按照不同的比价流通，那么情况就会相反，不是'劣币驱逐良币'，而是'良币驱逐劣币（不断贬值的纸币）。'"[3] 发现良币驱逐劣币的规律，这是中国货币理论史上的一个重大发现。主要内容：不兑现纸币同金属币是有不同的流通规律。金属币的劣币驱逐良币是由于人们在使用时不愿意支付良币，而纸币的良币驱逐劣币则是由于人们不愿意在使用时收受劣币。

---

[1] 曹菊如：《曹菊如文稿》，第93页，中国金融出版社，1983年。

[2] 王思华：《抗日战争时期陕甘宁边区财政经济史料摘编》第五编，第298、299页，陕西人民出版社，1981年。

[3] 薛暮桥：《抗日战争和解放战争时期山东解放区的经济工作》，第179页，山东人民出版社，1984年。

第二十章　中国共产党领导的解放区
发行的货币

1945年8月，抗战胜利以后，国共和平谈判，达成《国共双方代表会谈纪
要》（双十协定）、《停战协定》及有关协议。1946年6月底国民党撕毁协定发动
全面内战，中国共产党领导人民进行了三年的解放战争，取得胜利。1949年10
月1日，在北京成立中华人民共和国。其间，为了支持解放战争，发展解放区经
济，各解放区原有的银行和新建的银行都发行货币。

第一节　西北、华北解放区货币

一、西北解放区货币

（一）陕甘宁边区货币。1947年3月，
国民党军队以十倍于解放区的兵力进攻延
安为中心的陕甘宁边区。边区银行随同党
中央撤离延安，东渡黄河至山西。9月，与
晋绥解放区的西北农民银行合并，成立管
辖全部西北解放区的西北农民银行，陕甘
宁边区商业贸易公司也与西北贸易公司合
并组建新的西北贸易公司。西北农民银行
与贸易公司合并办公，喻杰任西北贸易公

图 20-1　陕甘宁边区商业流通券 1947 年伍
仟圆券《中国钱币大辞典·革命根据地篇》
651 页

司经理兼西北农民银行行长。随着解放军对敌人进攻的不断粉碎，1948年4月
22日收复延安并相继收复多个西北城市，晋绥解放区与陕甘宁解放区连成一片，
西北解放区建立。

1946年7月至1947年3月是边区备战时期，货币流通需求不断增加。边区政府大力推行陕甘宁边区贸易公司商业流通券，禁用法币。抗战其间发行的商业流通券继续流通，又发行新的商业流通券。1946年发行两种版别壹仟圆券，竖式，票面图案分别是工厂和农民收割，背面有四条发行公告。1947年发行贰仟圆，正面图案延安宝塔山，背面有四条发行公告。1947年发行伍仟圆，正面图案房屋、厂门等。

图20-2 西北农民银行1947年壹萬圆券
《中国钱币大辞典·革命根据地篇》657页

（二）西北农民银行币。解放战争其间，在抗战其间发行的西农币继续流通，1946年又发行新券。1946年版，面额壹佰圆、伍佰圆、壹仟圆券。正面图案有牛、马、羊、宝塔、石桥、牌坊、闸岸、船舶等。背面图案有田野、农民、亭阁等。1947年版。面额贰仟圆、伍仟圆、壹萬圆。正面图案有农夫耕田、牧羊、树、屋山景、宝塔山等。背面图案有农夫锄田、塔阁、黄牛、牧羊等。1948年版，面额壹萬圆。正面图案有树屋、宝塔山、农夫灌田等。背面图案有天坛等。

二、华北解放区货币

1948年5月，晋察冀及晋冀鲁豫两个解放区合并为华北解放区，两个区在合并前继续发行新券，合并后继续流通已发行的货币。至1948年5月组建华北银行，以冀南银行币为本位币，不再发行晋察冀边区银行币，冀南币与晋察冀边区币按比价1：10流通，直至1948年12月1日中国人民银行成立与人民币发行。

（一）晋察冀边区银行币。

1. 1946年版。面额壹佰圆、贰佰圆、伍佰圆、壹仟圆。正面图案有农民汲水、农民赶驴、马犁田、花框、山场牧牛、农民收麦、帐篷、牧马等。背面图案有农民种地、城门及大好河山字样及正副经理签名等。

2. 1947年版。面额壹仟圆、伍仟圆。票面正面图案有山亭、牛耕、远山、帆船等。背面图案有北海白塔等及正副经理签名。

3. 晋察冀边区银行冀热辽版1946年版。面额拾圆、壹佰圆、贰佰圆、伍佰圆。正面图案有火车、田野山景、农民打场、农民耕种、农事等。背面图案有农民汲水等。

图20-3　晋察冀边区银行1946年壹百圆券《中国钱币大辞典·革命根据地篇》662页

4. 晋察冀边区银行冀热辽版1947年版。面额壹仟圆、贰仟圆、伍仟圆。正面图案有田野、水车、铁桥、山景、石孔桥及冀热辽字样。背面图案有长堤风景等。

5. 冀东解放区各专署及各县地方流通券。1946年1月，冀东解放区为弥补晋察冀边区银行币的不足，部分专署及县发行地方流通券。分别为：香河县流通券，面额伍拾圆、壹佰圆。正面图案有城楼、长城等。背面有文告四条。宝坻县流通券，面额伍拾圆、壹佰圆。正面图案花框，背面有公告两条。晋察冀冀东第十四专员流通券，面额伍拾圆，正面图案天坛。冀热辽第十七专区边币流通券，面额伍圆、拾圆、伍拾圆。正面图案有农屋、高山、宝塔、农民农田耕作、农田、农舍、农民插秧等，背面图案花纹。

6. 雁白解放区地方流通券。地方公营商店发行流通券，弥补边币流通的不足。分别为：二专区天顺店流通券，二专区天顺商店是公营商店，1945—1946年发行，面额拾圆，正面图案长城及限于二专区内通使等字样，背面有白背或晋察冀边区银行等字样。雁北复兴茂分总店流通券，面额拾圆，正面有山村、农民犁田及公私款项、一律通用等字样，背面有经理、副经

图20-4　雁北复兴茂分总店流通券1946年拾圆券《中国钱币大辞典·革命根据地篇》674页

图 20-5　冀南银行 1946 年伍百圆券
《中国钱币大辞典·革命根据地篇》677 页

理签名。

7. 冀南银行币。1946年版，面额壹佰圆、伍佰圆。正面图案有牌坊、庙宇、石桥、火车、塔屋等。背面图案天坛等。1948年伍佰（佰）圆券，正面图案火车、马车运物、农民收刈。背面图案山塔等。1948年贰仟圆券，正面图案花框与火车，背面图案花纹。

第二节　华东解放区货币

抗日战争胜利以后，华中抗日根据地连成一片，并与山东抗日根据地连接，形成江苏、浙江、安徽、山东等省相连的华中解放区。为适应新形势发展的需要，中共华中局决定将原苏中、苏北、淮海、淮南、淮北地区的银行统一改建。1945年8月1日，华中银行在江苏盱眙县张公铺乡冶庄成立，发行华中银行币。

一、北海银行币

北海银行逐步由农村向城市转移，在烟台等地设立支行或办事处。山东战时工作推行委员会财政处长艾楚南兼任行长，1947年8月陈穆任行长。1945年8月29日山东省政府发布布告，北海银行各版币不分地区流通，并发行新券。

（一）1946年版。4种面额14种版式，壹圆（1种）、贰拾伍圆（1种）、壹佰圆（10种）、贰佰圆（2种）。正面图案有铁路桥与山景、牧羊、上海外滩、农民牛耕、抗日烈士纪念塔、农民锄地、村舍、农民打场等。背面图案有凉亭、长桥、纪念碑、山屋等。

（二）1947年版。3种面额8种版式，伍拾圆（1种）、贰百圆（1种）、伍百圆

图 20-6　北海银行 1947 年贰百圆券
《中国钱币大辞典·革命根据地篇》685 页

（6种）。正面图案有村落及农夫锄地、拖拉机运输、山景、高压线、河岸、树屋、农田、锯木、农夫收割装袋等。背面图案有农民汲水、公路、卡车、船埠等。

（三）1948年版。4种面额20种版式，贰佰圆（1种）、伍佰圆（6种）、壹仟圆（9种）、贰仟圆（4种）。正面图案有泰山玉皇顶、四牛放牧、工厂、铁路、战士长城吹号、工厂、电气线路、纪念塔、大楼、火车、山寺、塔、亭、工人农民、毛泽东头像、工厂厂房、轮船、万寿山、港口等。背面图案火车头、帆船等。

（四）1948年版本票。面额拾萬圆，竖型。正面图案北海白塔风景及行长签名。背面有《使用须知》五条。

二、华中银行币

1945年8月，淮南银行、淮北地方银号、江淮银行、盐阜银行、淮海银行五个地区性银行合并组建华中银行，总行设于江苏盱眙县张公埔，行长陈穆。1947年总行及部分分行随新四军主力北撤至山东合并于北海银行。1948年迁回苏北恢复各项业务。作为新组建的银行，货币发行券别与版别较多。

图 20-7　华中银行 1944 年伍拾圆券（江淮银行券改票）《中国钱币大辞典·革命根据地篇》706 页

（一）1944年版。华中银行成立前，就已设计并印制面额拾圆的纸币，正面图案有农事、锯木等。又将江淮银行未发行的伍拾圆券改作华中银行券。两种纸币均在华中银行成立后发行。

（二）1945年版。7种面额25种版式，伍角（2种）、壹圆（3种）、贰圆（3种）、伍圆（7种包括试印票样）、拾圆（1种）、贰拾圆（2种）、伍拾圆（3种）、壹佰圆（4种）。正面图案有宝塔、楼阁、收获上仓等农事、火车、帆船、轮船、农民插秧、水车、战士长城吹号、毛泽东头像、农田、农舍、农事等，有行长、副行长签名，背面图案为花纹。

（三）1946年版。5种面额13种版式，伍圆（3种）、贰拾圆（1种）、伍拾圆（2种）、贰佰圆（5种）、伍佰圆（2种）。正面图案有天坛、毛泽东头像、海轮、飞机、

图 20-8　华中银行 1946 年伍百圆券
《中国钱币大辞典·革命根据地篇》717 页

火车、轮船、发电机、北海白塔、长城、战士长城吹号、万寿山等及行长、副行长签名。背面图案有宝塔、寺庙、楼阁、河荡、北海白塔、宝塔、树屋、大楼、火车等。

（四）1947年版。1947华中银行北撤山东，印制纸币较少，只有壹仟圆票面，正面图案均为牛耕，号码有黑、蓝、红三种。其中蓝号码有单、双轨之分，另有正面红背面蓝小号码。

（五）1948年版。4种面额12种版式，贰佰圆（1种）、伍佰圆（3种）、壹仟圆（4种）、贰仟圆（4种）。正面图案有锯木、火车、长城（复线）、宝塔、房屋、湖荡、长城（单线）、牛耕、树屋、农田、风车、水车、海轮、码头、殿庙、桥船、六和塔、万寿山、战士长城吹号、长城、车站、船埠、煤矿、煤车等。背面图案有亭树、山水、凉亭、江河、帆船、塔屋、三牛放牧、庙宇、楼阁、旗杆、木船、河道等。

（六）本票。1947年贰仟圆券两种版式，正面有行名、完税纳粮、一律通用、中华民国三十六年等字样，有行长陈穆的英文签名或行长、副行长小方章。1949年伍萬圆券、拾萬圆券，正面有行名、此票限××地区流通使用，出境无效、凭票即付、一九四九年×月×日签发等字样，有行长、副行长签名。背面有《使用本票注意事项》。为增加华中币市场流通量，在苏北、苏中地区发行本票：丰民贸易公司，面额壹仟圆、贰仟圆、伍仟圆、壹萬圆。淮海贸易公司，面额伍佰圆、壹仟圆、贰仟圆、伍仟圆。华中银行苏中办事处，面额壹仟圆、贰仟圆、伍仟圆。苏北本票，面额壹仟圆、贰仟圆。苏北财委本票，面额壹仟圆、贰仟圆。定额本票，

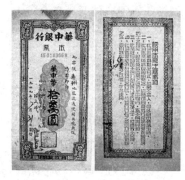

图 20-9　华中银行本票 1948 年拾萬券
《中国钱币大辞典·革命根据地篇》728 页

面额伍萬元、拾萬元。不定额本票，按用户申请签发，本地区流通，分记名和不记名两种，可转让。

三、浙东行政公署第三行政督察公署金库券

1949年4月15日，为保障浙东人民的经济利益，稳定市场物价，避免金圆券严重贬值带来的损失，根据地政府决定在解放军大军到来前，由浙东行政公署第三区行政督察专员公署发行金库券，作为本地区货币。面额伍分、壹角、伍角、壹圆、贰圆、伍圆、拾圆、叁拾圆。金库券一圆价值大米拾斤，伍拾圆等于黄金一钱。7月，中国人民银行建德支行于同年8月发出布告，宣布金

图 20-10　浙东行政公署第三行政督察公署1949 年壹圆金库券《中国钱币大辞典·革命根据地篇》734 页

库券停止流通，持有者凭券在指定的时间内向当地人民银行兑换人民币。

第三节　东北解放区货币

1945年8月，日本投降后，中国共产党成立中共中央东北局并任命彭真为书记，先后派遣四名政治局委员和20多名中央委员率2万余名干部和10万大军进入东北。后来，由于国共两党在东北的战事不断扩大，社会秩序较为混乱，工矿企业停产，市场萧条，通货紊乱，物价动荡。为巩固与建立东北解放区，恢复正常的工、农业生产秩序，需要建立银行发行货币。

1945年11月15日，东北银行在沈阳市在和平区十纬路东北博物馆成立。东北人民自治军后勤部长叶季壮兼任总经理，同时任造币厂厂长，接收伪满中央银行奉天造币厂。东北银行刚成立，国民党军队逼近沈阳，转移至吉林通化成立东北银行通化总分行，代总行发行货币。1946年4月，东北银行在哈尔滨组建东北银行北满总分行，同年9月迁至哈尔滨，增设总行营业部并承担货币发行业务。先后在沈阳、吉林、哈尔滨等地设立分支机构和办事机构。

图 20-11　东北银行地方流通券 1945 年伍圆
券(短号码)《中国钱币大辞典·革命根据地篇》
737 页

一、东北银行币

（一）东北银行法币。1945年11月15日，辽宁省政府主席张学思、副主席朱其文发布财字知2号布告，以国库担保发行东北银行法币，面额壹圆、伍圆、拾圆。壹圆等于伪满币拾圆，公私款项一律适用。苏联红军返回沈阳以后，认为发行东北银行法币违反中苏协定，明令禁止东北银行法币在沈阳市内流通，东北银行法币停止发行。实际发行只有拾圆券，票面正面深蓝色，图案有农耕图远山景及总经理和经理章，背面浅褐色及TEN YUAN等字样和1945纪年。

（二）东北银行地方流通券。东北银行法币停止发行后，全部改版为东北银行地方流通券，按1：10比价收回东北银行法币。1946年1月14日，辽宁省政府发布公告，宣告成立东北银行通化总分行，代表总行发行东北银行地方流通券，面额壹圆、伍圆、拾圆、伍拾圆、壹佰圆、贰佰伍拾圆、伍佰圆、壹仟圆、伍仟圆、壹萬圆、伍萬圆。

1. 1945年版。面额壹圆、伍圆、拾圆、壹佰圆。票面正面图案有万寿山、天坛、田野、工厂厂房等及地方、流通券等字样。背面图案有大楼、烟囱等。其中伍圆券有长号码（6位）短号码（2位）两种。

2. 1946年版。面额拾圆，正面图案农民用桔槔汲水灌田等及地方、流通券等字样。背面图案有天坛等及此券兑换东北银行法币壹圆等字样。

3. 1947年版。面额4种版式8种。拾圆（1种）、伍拾圆（1种）、壹佰圆（3种）、伍佰圆（3种）。正面图案有农民犁田、莳秧、锯木等农事、战士、农民头像、三马拉犁、双马拉犁、毛泽东头像等及地方、流通券等字样。背面图案有大楼、佳木斯车站等。

4. 1948年版。面额5种版式10种。面额贰佰伍拾圆（1种）、壹仟圆（3种）、伍仟圆（2种）、壹萬圆（3种）、伍萬圆（1种）。正面图案有战士、农民头像、工农半身像、东北银行行址、亭阁、火车、海轮等。背面图案有大楼、东北银行行址等。

5. 1949年版。面额拾萬圆。正面图案有两马拉犁、两人铲煤等。背面图案有城楼等。

6. 1950年版。面额伍佰圆、拾萬圆。正面图案有拖拉机、挖土机等，背面图案花纹。

7. 东北银行地方流通券辽东版。1946年1月，东北银行在安东成立辽东区行，辖辽宁省、安东省及辽南三个分行，发行东北银行辽东券，面额5种版式8种。面额伍角（1种）、壹圆（1种）、伍圆（1种）、拾圆（2种）、伍拾圆（3种）。正面图案有海轮、农村、农田、牛耕、工人锯木等及辽东等字样。背面图案海洋与灯塔、火车、海轮等。

8. 东北银行地方流通券辽西版。1946年3月，辽西分行发行，面额6种版式10种。面额壹圆（1种）、伍圆（1种）、拾圆（2种）、伍拾圆（1种）、壹佰（百）圆（3种）、贰佰圆（2种）。正面图案有塔亭、殿屋、渔船、城楼、亭阁、大楼、工厂、火车、海轮、亭、桥船、铜牛等及辽西、地方、流通券等字样。背面图案有亭塔、天坛、大楼等。

图20-12　东北银行辽西版1946年伍拾圆券
《中国钱币大辞典·革命根据地篇》728页

9. 东北银行地方流通券吉江版。1946年1月，吉江分行发行，面额4种版式6种。面额伍圆（1种）、拾圆（3种）、伍拾圆（1）、壹佰圆（1种）。正面图案有古建筑堂屋、六层大楼、农民汲水灌田、火车、殿屋、树、山亭等及吉江、地方、流通券、公私款项一律通用等字样。背面图案有殿屋、棚船、桥、亭、树、铁桥、房屋、电杆、三角形架、游艇、大楼等。

（三）东北银行本票。1947至1949年，东北银行先后发行本票。面额壹仟圆、伍萬圆、壹拾萬圆、伍拾萬圆、壹佰萬圆。票面正面均有正副行长或总经理、副经理签名，正面图案：壹仟圆为工农半身像；伍萬圆、壹拾萬圆、壹佰萬圆为大

图 20-13　宁安县地方银行 1945 年壹百圆券
《中国钱币大辞典·革命根据地篇》
794、795 页

楼；伍拾萬圆为工厂、烟囱。其中壹拾萬圆、伍拾萬圆背面有背书栏及《注意事项》文告两条。

二、地方货币

在东北银行发行东北银行币的同时，东北各地区解放区，为支持解放战争也发行了较多的地方货币。

（一）北满解放区地方货币。

1. 依兰县地方金融救济券。1945 年 11 月，人民政府金融救济会发行，用原伪满中央银行库存的空白支票，加盖票面戳记和金融救济会负责人印章，面额壹圆、伍圆、拾圆、伍拾圆、壹佰圆、伍佰圆。

2. 宁安县地方银行券。1945 年 12 月 28 日，人民政府组建的宁安县银行发行，面额壹佰圆。

3. 合江银行地方经济建设流通券。1945 年 11 月 21 日，合江省人民政府在佳木斯成立，接收伪满三江银行，并于 1946 年 1 月在三江银行基础上成立合江银行后发行，简称合江票，面额壹角、伍角、壹圆、拾圆。

4. 鹤岗矿务局煤票。1946 年，人民政府接管矿山后，发行两期煤票，鹤岗矿务局煤票，面额拾圆、伍拾圆和壹佰圆。

5. 富锦下江银行支票。1946 年 1 月，合江省政府组建的下江地区人民银行发行，用于行政单位和个人购买商品物资结算之用。

6. 牡丹江实业银行券。1945 年 12 月，绥宁省和牡丹江市政府组建的牡丹江实业银行，1946 年 1 月 10 日发行，面额拾圆、伍拾圆、壹佰圆。

7. 克山大众银行券。1946 年 2 月 1 日，克山县人民政府组建的大众银行发行，面额拾圆、壹佰圆。

8. 东安地区实业银行券。1946 年 5 月中共北满分局在东安建立地委和东安地区专员公署，在鸡宁县建立东安地区实业银行发行，面额伍角、壹圆、拾圆。

9. 克东县粮谷交易存款证。1946年秋，克东县为收购粮食而发行，面额拾圆、贰拾圆、伍拾圆、壹佰圆。

10. 黑河地方流通券。黑河地方政府委托东北银行黑河办事处发行，面额拾圆、壹佰圆。

11. 松江贸易公司流通券。1946年初，中共中央东北局和行政领导机关先后进入哈尔滨，在哈尔滨市长的主持下，以松江省贸易公司名义印制发行，面额伍拾圆、壹佰圆。

（二）西满解放区地方货币。辽北省第一专区兑换券。1946年1月，西满实业公司发行，面额拾圆。嫩江省银行券。1946年6月1日，嫩江省银行在齐齐哈尔成立，至1947年先后9次发行，面额伍圆、拾圆、伍拾圆、壹佰圆。

（三）东满解放区地方货币。吉林省地方流通券。1946年3月27日，吉林省银行在盘石县成立后发行，面额伍圆、拾圆、伍拾圆和壹佰圆券。吉东银行地方流通券。1946年4月，吉东银行成立后发行面额拾圆、壹佰圆。

（四）南满解放区发行的地方货币。

（1）东北银行辽宁省分行本票。1948年7月1日，东北银行辽宁省分行由于战乱无法印制货币，发行东北银行辽宁省分行本票，面额壹萬圆。

（2）东北银行安东省分行本票。1948年，东北银行安东省分行由于战乱而无法印制货币，发行东北银行安东省分行本票，面额壹萬圆。

（3）辽南贸易公司期票。1946年12月，辽南行署建立的辽南分行以辽南贸易公司名义发行（面额不详），在辽南贸易公司所属商店和辽南分行兑换本币。

（4）大连银行本票。1945年12月，大连市政府接收日伪银行后组建工、农、商三银行，

图 20-14　苏联红军贴签票拾圆券、伪满中央银行贴签票拾圆券
《中国钱币大辞典·革命根据地篇》805、807 页

1946年7月1日，又将三家银行合并为大连银行，同年9月，发行面额伍佰圆、壹仟圆、伍仟圆、壹萬圆、伍萬圆、拾萬圆、贰拾萬圆的本票，1947年初，由于苏联红军军管会出面干预而停止发行。

（5）关东银行加贴票。1947年4月19日，大连银行改组为关东银行，对苏联红军发行的汉文红军票和伪满币拾圆和壹佰圆限量加贴类似邮票大小的同额标签，本区成人每人兑3 000元，15岁以下儿童每人兑1 000元，多余送银行登记，过期作废。

（6）关东银行券。1948年11月，关东银行进行第二次币制改革，发行关东银行券，面额壹圆、伍圆、拾圆、伍拾圆、壹佰圆。限5天内以关东银行券兑完加贴红军票和伪满票，兑换比值为1∶1。

三、冀察热辽解放区货币

1945年10月14日，热河省政府在承德成立，受晋察冀边区政府领导。冀察热辽解放区辖3个省区、16个专区（盟）、110个县（旗），面积27万元平方公里，人口1 400多万。流通的货币是1945年发行的晋察冀边区银行冀热辽券（冀票）、1946年发行的热河省银行地方流通券（热河省钞）、1948年发行的长城银行冀察热辽流通券（长城券）。另外，也还发行一些地方货币。

（一）热河省利民商店流通券。1946年1月中旬，冀热辽军区后勤部创办的热河省利民商店发行，面额拾圆，发行到停止流通1个月。

（二）热河省银行地方流通券。1946年8月，国民党军队侵占承德、张家口等地，冀热辽解放区被分割，法币进入解放区。晋察冀边区银行撤出承德以后，以热河省银行名义开展业务，经济部长史立德兼任行长。为抵制法币，支持解放战争，发行地方流通券（热河省钞），5种面额11种版式。面额拾圆（1种）、贰拾圆（2种）、伍拾圆（2种）、壹佰圆（5

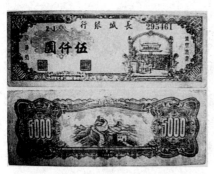

图20-15　长城银行冀热辽流通券1948年壹佰圆券
《中国钱币大辞典·革命根据地篇》826页

种)、贰佰圆 (1种)。正面图案有房屋、工厂、宝塔、树屋、山野、尖顶塔楼、河堤、山景、牧马、农民耕田、长城火车、城楼、远山、三农民驱犁等及地方、流通券等字样。背面图案有农舍、山树、蝶楼、山河等。

(三) 长城银行冀察热辽流通券及长城本票。1948年2月,冀察热辽长城银行在赤峰市喀喇沁旗煤窑五家成立,行长史立德。发行长城券,5种面额7种版别,面额壹佰圆 (1种)、贰佰圆 (1种)、伍佰圆 (4种)、壹仟圆 (1种)、伍仟圆 (2种)。正面图案有长城、毛泽东头像、双马犁田等及天下第一关及冀察热辽、流通券等字样。背面有羊群、远山、长城等。长城银行本票有2种面额4种版别,冀东,伍萬圆。热河,壹拾萬圆。冀热辽,伍萬圆和壹拾萬圆等。

第四节　内蒙古解放区货币

1945年12月,八路军晋察冀军区和绥蒙军区以部分起义部队和大青山游击队为基础,组建内蒙古人民自卫军骑兵独立旅、内蒙古人民游击队,在自治运动联合会和有关军区领导下开展武装斗争,打击国民党军队。

一、内蒙古自治区成立以前东部地区的货币

内蒙古东部,解放战争其间首先获得解放。此时市场货币流通紊乱,无政府导致货币流通的无秩序。伪满币、日银券、日本军用票、朝鲜钞、苏联票、国民党中央银行的东北九省流通券、外蒙币和苏联红军票等都在市场流通。为了整顿货币流通市场,内蒙古解放区先后发行新的货币。

(一) 兴安省政府暂行流通券。1945年8月中旬,苏联红军占领乌兰浩特市后,接收伪满中央银行。9月1日,兴安省政府在原伪满洲中央银行兴安支店基础上组建印钞厂,10月,发行兴安省政府暂行流通券,面额伍圆、拾圆、壹佰圆。正面图案有叶纹与花枝等及兴安总省政府、暂行流通券等字样。背面有蒙文兴安总省政府、暂行流通券等字样。

(二) 东蒙古人民自治政府暂时流通券。1946年2月15日,东蒙古人民自治政府在王爷庙成立,新设6省,辖39旗。1946年3月1日成立东蒙古银行,下辖

扎兰屯分行、白城子和齐齐哈尔办事处及流通券印刷厂。1946年3月25日，发行暂行流通券，面额伍拾圆、壹佰圆。正面图案有工厂、蒙徽（五角星与交叉旗帜）、大楼等及暂时流通券等字样。背面有汉蒙文面值和暂时流通券等字样。

（三）兴安省政府暂行流通券。1946年5月27日，在王爷庙召开的东蒙古人民自治政府第二次临时大会，宣布撤销东蒙古人民自治政府，选举政府委员，由中国共产党领导的民主政府兴安省政府正式成立。1946年7月20日，兴安省政府发出布告，发行兴安省政府暂行流通券，面额有伍圆、拾圆、伍拾圆、壹佰圆。正面图案有蒙徽、两牧民牧羊等及汉蒙文暂行流通券与面值等字样。

（四）兴安省政府地方流通券。1946年10月，兴安省政府发行，面额伍圆、伍拾圆、壹佰圆。正面图案有蒙徽、森林等及东蒙各旗县、地方流通券字样。背面图案有山河、帆船、飞鸟、云树等。

图20-16 纳文慕仁政府暂行流通券1946年壹百圆券（苏骏）

（五）纳文慕仁政府暂行流通券。1946年3月，纳文慕仁（蒙古语，汉文意为嫩江）省政府成立。同年6月，兴安省政府成立，纳文慕仁省改为纳文慕仁盟，归兴安省政府领导。纳文慕仁盟成立后，发行暂行流通券，面额壹佰圆，正面图案蒙徽、纳文慕仁盟美术字及汉蒙文暂行流通券与面值等字样。背面图案楼房。

（六）哲里木地区货币。1946年1月12日，黄克诚率新四军第三师独立旅解放哲里木（蒙语，今通辽市），成立蒙古工作委员会。4月1日，成立哲里木省。6月改为哲里木盟。由于货币流通秩序混乱，通辽县政府开展换票子活动。发行通鲁地方救济券。面额伍圆、拾圆，正面图案有单人扬鞭赶牛耕作、三朵云彩、两人扬鞭

图20-17 通鲁地方救济券伍圆券（苏骏）

赶牛耕作、五朵云彩等。背面图案有洋楼等建筑物、飞机等及完税纳粮、一律通用等字样。科尔沁左翼三旗联合流通券。由内蒙古人民革命党东科中旗党部组织三旗联席会议发行，面额壹佰圆，正面图案桃红色石榴花纹、灰绿色方孔圆钱图纹及此币兑换前满洲中央银行纸币佰圆等字样。背面有一个线条非常细的黑色圆圈，圈中有楷体汉字科尔沁左翼三旗各交易局兑换、此券依据科尔沁左翼前中后旗旗令经科尔沁左翼中旗交易局发行等字样。通辽县以下地方货币还有通辽县大林维持会临时救济条、通辽县钱家店维持会临时救济遂市通用券。

二、内蒙古自治区成立后的货币

1947年4月有23日，在中共西满分局的组织下，内蒙古人民代表会议在王爷庙召开，5月1日，内蒙古自治政府成立，乌兰夫任主席，哈丰阿任副主席。按照《内蒙古自治政府施政纲领》第十一条"建立内蒙古银行，发行货币"。将东蒙银行改组为内蒙银行。

（一）内蒙古银行币。1947年6月1日，内蒙古银行正式成立，发行内蒙古银行币，3种面额5种版别，面额壹佰圆（2种）、贰佰圆（1种）、伍佰圆（2种）。正面图案有火车、大楼等及蒙文内蒙各旗县、公私款通用等字样。背面图案有白云、铁塔等及汉文内蒙各旗县、公私款通用等字样。

（二）内蒙古人民银行币。1948年6月1日，内蒙古自治政府发布《关于币制改革和改组内蒙银行》的布告，决定停止内蒙银行货币发行，组建内蒙古人民银行，发行内蒙古人民银行币（新蒙币），5种面额6种版别，面额贰佰圆（1种）、伍佰圆（1种）、贰仟圆（1种）、壹萬圆（1种）、伍萬圆（2种）等。1949年，开始发行本票，3种面额4种版别，面额有贰拾萬元圆（1种）、伍拾萬圆（2种）、壹佰萬圆（1种）。

新蒙币正面图案有牧马、牧羊等及内蒙旗县、公私通用等字

图 20-18　内蒙古人民银行 1948 年贰仟圆券
《中国钱币大辞典·革命根据地篇》847 页

样。背面图案有蒙古包、牛车、骆驼拉车及蒙文行名、面值及内蒙旗县、公私通用等字样。内蒙古人民银行本票，竖型，正面图案有大楼、尖顶房屋与街景、牧羊等及正、副行长签章。背面有背书栏及《注意事项》。

第五节　中原解放区货币

中原解放区位于武汉和九江以北的鄂豫皖三省边界，长江、黄河、淮河、汉水之间，以河南为中心，连接安徽、江苏、湖北、陕西四省，由七块战略区组成。全区人口5 375万，土地9 197万亩。1945年10月到1949年6月，中国共产党两次开辟和创建中原解放区。在淮海和渡江战役中，中原成为后勤供应的重要基地，渡江战役以前，二野、三野和四野有200万部队近百万民工停留与过江。多路大军进入中原以后，物资购买需要支付大量货币，各路军队带来各自的货币，结算支付较为复杂。1948年1月，中共中央中原局决定建立中州农民银行，发行中州农民银行币。

一、中州农民银行币

1948年8月23日，中州农民银行在豫西宝丰县商酒务村成立，总经理陈希愈。发行中州农民银行币（中州币），面额壹圆、贰圆、叁圆、伍圆、拾圆、贰拾圆、伍拾圆、壹佰圆、贰佰圆。

1. 1948年版。6种面额10种版别，贰圆（2种）、伍圆（竖式3种）、拾圆（2种）、贰拾圆（1种）、壹佰圆（1种）、贰佰圆（1种）。正面图案有桥、亭、插

图20-19　中州农民银行1948年伍圆券
《中国钱币大辞典·革命根据地篇》855页

秧、牛耕、车水、山、农舍、茅亭、桥、河、树、亭子、农民打场、江河帆船、三孔牌坊、火车、轮船等。背面图案有麦穗、河荡、船、民居、树、殿屋等。

2. 中州农民银行币陕南版。1948至1949年，中州农民银行陕南分行为解决

小面额货币不足的问题，发行有陕南字样的中州币。4种面额5种版别，面额壹圆（竖型1种）、贰圆（2种）、叁圆（1种）、伍圆（1种）。正面图案有农民牛耕、两农民插秧、农民收割、农田、农耕、村落及陕南等字样。

3. 中州农民银行币江汉版。江汉解放区从豫西解放区分出，为了解放区政权维护及支持解放战争，1948—1949年，发行江汉版中州农民银行币。3种面额4种版别，面额贰圆（1种）、伍圆（1种）、拾圆（2种）。正面图案有牛耕、亭、树等及江汉等字样。

4. 中州农民银行币桐柏版。为维护解放区政权及支持解放战争，1948年发行桐柏版中州农民银行币。仅见面额贰圆券一种，正面图案亭阁及桐、柏等字样。背面图案火车。

二、中原解放区地方流通券

由于中原解放区地域广大，人口众多，中州币流通不能满足需要。1948年8月，中原局指示所属各区迅速印制小面额地方流通券，作为中州币的补充在地方流通。

1. 豫西区地方流通券。均在1948年发行，面额壹圆、贰圆，有横、竖两种，正面有亭、树、山、塔、农民牛耕、大楼、火车、帆船及签名和方章。背面有农民牛耕、房屋、云、山、石、文字通告及公私款项，一律通用字样。主要有：洛阳流通券、孟津县流通券、襄城县人民民主政府流通券、宝丰县流通券、禹县流通

图20-20　禹县流通券1948年壹圆券票样
《中国钱币大辞典·革命根据地篇》867页

券、鲁山县商业流通券、方城县流通券、郏县民主政府流通券、郑州流通券。

2. 桐柏区地方流通券。1948年8月19日，桐柏行署奉中原局令发出指示，要求各专署发行各县临时流通券，并按人口数量确定发行量。发行地方流通券的有唐河、枣阳、桐柏、随县、泌阳、信阳、确山、遂平、新野、邓县、南阳、光化、襄阳等县市。面额统一为壹圆、贰圆，行署统一制版，各县印制，与中州币

等价流通，流通时间为半年。

3. 宛西区地方流通券。宛西贸易公司流通券，面额贰圆，竖型，正面图案有一小五角星，背面有发行文字说明四条。

4. 陕南区地方流通券。陕南区汉通商店流通券，面额贰圆，正面图案四角小五角星、江河、民船、远山及陕南等字样。背面有发行文字说明。老河口市临时流通券，面额壹圆正面图案塔楼，背面有发行文字说明四条。

5. 皖西地方流通券。皖西工商总局流通券，1948年伍分、壹角券；1949年壹角、贰角、贰角伍分券。正面图案有轮船、桥、亭、石街、石栏等。背面图案有轮船及公私款项，一律通用字样和局长刘征田签名。皖西工商管理局四专流通券，1948年伍角券；1949年伍角券。正面图案有农民挑担、毛泽东头像及皖西、四专等字样。背面有本券以公粮税款作保证金，拾角换银圆一圆，完粮纳税通用说明以及签名。

第六节　华南解放区、新疆省银行货币及人民解放军流通券

一、华南解放区货币

解放战争开始后，中共广东省区委、中共中央香港分局和华南分局，领导地方武装，开展反征兵、征粮、征税的斗争，解放区不断扩大。1949年组建中国人民解放区粤赣湘、闽粤赣、桂滇黔、粤桂边、粤中和琼崖纵队司令部，形成六块解放区。为配合武装斗争，建立银行发行货币。

图20-21　裕民银行1949年壹角券
《中国钱币大辞典·革命根据地篇》877页

（一）裕民银行币。1948年12月，广东潮汕解放区建立裕民银行，接受闽粤赣边区财政委员会和潮汕地委领导。经理刘化南。1949年2月发行裕民银行币，6种面额8种版别，面额壹角（2种）、贰角（2种）、伍角（1种）、壹圆（1种）、伍

圆（1种）、拾圆（1种）。正面图案有三孔石坊、石桥、树、农舍、农田、农夫挑担、亭屋、牧羊、山树等及经理刘化南，副经理黄润泽签名或印章。背面图案有帆船、亭阁、远山、宝塔、村落、小船、矮墙、大楼等。

（二）新陆银行币。1949年3月，粤赣湘边纵队第一支队解放陆丰县西北重镇河田，成立县人民政府，建立新陆银行，县长郑达忠兼经理，县政府财政科长麦友俭任副经理。发行新陆券，面额壹角、贰角、伍角、壹圆、贰圆、伍圆。正面图案有亭子、九曲桥、山树、桥亭、牌坊、行人、亭阁、旗船等及经理郑达忠，副经理麦友俭签名。背面图案有山、湖、桥等。

（三）地方政府流通券。

1. 河源县信用流通券。1948年12月7日，粤赣边支队解放河源县，成立河源县人民政府。1949年初发行河源县信用流通券，单面印制，面额伍角、壹圆、贰圆（竖型）、伍圆、拾圆、贰拾圆（竖型）、贰佰圆（竖型）、伍佰圆、壹仟圆、壹萬圆（竖型）。正面图案有山、树、农事、两人劳动、三人劳动、山树、农民锄地、农民植树、卧驼、三帆木船等及基金保管委员会、凭票即付金圆券××等字样。

2. 连和县信用流通券。1949年，连和县人民政府成立后发行，单面印制，3种面额4种版别，面额壹圆（竖型）、贰圆（横型、竖型各1种）、叁圆，正面图案有农民驱牛、远山、农民牧牛等及县长骆维强印章和凭票即付金圆券××等字样。

3. 海丰民主县政府临时流通券。1949年2月，海丰县民主县政府成立后发行，单面印制，面额壹角、贰角、壹元、贰圆、伍圆（竖型）。正面图案花框及县长与发行人印章。

4. 琼崖临时人民政府光银代用券。1949年6月，琼崖临时人民政府发行，单面印制，有伍分、壹角、伍角三种面值，流通约一年时间。票面上均有主席冯白驹、副主席何澍的签字。

5. 紫金县人民政府流通券。1949年，紫金县人民政府曾发行多种流通券，其中一种紫金县人民政府税捐抵纳券，面额有壹毫、伍毫、壹圆。正面有发行人、

图 20-22 琼崖临时人民政府光艮（银）
代用券 1949 年五分券《中国钱币大辞典·
革命根据地篇》902 页

检查人印章。背面有发行文字说明七条。另一种紫金人民流通券，面额伍角，单面印制，正面有值南方人民银行券伍角字样。

6. 琼崖临时人民政府光艮（银）代用券。1947年1月，琼崖县人民政府在白沙县发和木刻版大众合作社临时光银代用券，面额壹角、贰角。1948年，海南西区专署发行西区专署消费合作社光银代用券，面额伍分、壹角、贰角。1949年5月24日，琼崖临时人民政府发布通告，停止使用以上两种代用券，限于8月底收回。1949年6月，发行光艮（银）代用券，面额伍分（竖型）、壹角（竖型）、伍角。正面图案有五角星、三角形草帽等。背面有稻子及主席冯白驹、副主度何浚的签名。

7. 滇黔桂边区贸易局流通券。1949年上半年，在广西、贵州、云南边境建立的边区政府成立贸易局，局长金明。发行流通券，面额壹圆、伍圆。正面图案有毛泽东头像、工人擎旗等及金明签名和流通券等字样。背面有农夫背篓、赶牛、两农夫扬谷及一匹放马等和流通券等字样。

8. 粤中地区粮税代用券。1949年5—6月，粤中新兴、高明、鹤山地区发行，单面印制，面额壹角、贰角、伍角、壹圆、贰圆、伍圆、拾圆、壹毫、伍毫。正面图案有毛泽东头像、稻子、五角星、镰刀、锤子、农民植树、军民合作图、人民送茶慰军、两农民蹲地读书等及凭票兑港币××、区长县长签名。品种有：鹤山县第四区人民政府粮税代用券、高明县第一区人民政府粮税代用券、高明县第二区人民政府粮税代用券、高要县第二区人民政府粮税代用券、高要县第三区人民政府粮税代用券、新兴县人民政府军粮代换券。

二、和平解放后的新疆省银行银圆票

1949年9月25日，新疆和平解放，新疆各族协调会议考虑新疆的特殊情况，决定暂时保留新疆省银行，继续作为地方性银行开展业务，承认新疆省银行发行的银圆票为暂时的合法货币，切断银圆票与银圆的兑换关系，不再兑现，确定银圆票1元折合人民币500元，迅速开放与关内的汇兑，将银圆票与人民币联系。

由此，流通中的新疆银圆票分为和平解放前发行的旧版银圆票与和平解放后发行的新版。旧版签名为原新疆省财政厅长兼新疆省银行董事长贾尼木汗，新版签名为新疆省政府派新疆省银行的检查委员会主任委员辛兰亭。

流通的新疆省银圆票面额有壹分、伍分、壹角、贰角、伍角、壹圆、伍圆、拾圆。正面图案有高山、杉林、雪山、河流、农田、农事、驱马犁田、拖拉机、双马拉草等及每百分兑付银币壹圆字样。背面图案有山村、高山、彬林、大楼、火车、海轮等及维文行名、面值和贾尼木汗或辛兰亭签名。

图 20-23　新疆省银行旧版银圆票 1949 年壹圆券
《中国钱币大辞典·革命根据地篇》826 页

图 20-24　新疆省银行新版银圆票 1950 年拾圆券
《中国钱币大辞典·革命根据地篇》921 页

1950年10月1日，新疆省银行撤销，全部业务并入中国人民银行新疆省分行办理，全疆各地分支机构改为中国人民银行新疆省分行的分支机构。同时颁布金银管理办法，由中国人民银行收购金银、银元、天罡（银币）。1951年11月1日，中国人民银行在新疆省发行有维吾尔文的人民币，收回银圆票，银圆票1元兑换人民币350元。

三、人民解放军发行的流通券

（一）粤赣湘边人民流通券。粤赣湘边是华南区九连山、南岭地区的解放区之一。中国人民解放军粤赣湘边游击纵队在此建立人民民主政权。1949年8月16日，发行粤赣湘边人民流通券。单面印制，面额贰角、伍角、壹圆（竖型）、伍圆、拾圆。正面图案黑色套印的农耕、三工人劳动、帆船及红色套印的树、农民、马拉犁等及财经委主任黄松坚签名及印章。

图20-25　闽粤赣军民合作社流通券1949年
拾圆券《中国钱币大辞典·革命根据地篇》
901页

（二）闽粤赣军民合作社流通券。1949年1月，中国人民银行解放区闽粤赣纵队在广东大埔县乌岭成立，2月，成立纵队财经委员会，5月成立军民合作社，发行流通券作为边区合法货币。单面印制，4种面额5种版式，面额伍分（2种）、壹角、伍圆、拾圆。正面图案有小五角星、农民与战士两人、山、树、旗、江河、工厂、烟囱、工人推车、军民三人坐地、大五角星等及闽西、大埔等字样。

（三）闽中支队部银圆辅币券。1949年，闽中支队司令部驻福建莆田，市场流通银圆不能满足，以支队名义发行银圆辅币券，面额壹角、伍角。壹角正面图案农民驱牛耕田及闽中支队部钞票等字样。背面有供给部、供给部长名。伍角券单面印制，版式与壹角相同。

（四）潮饶丰边军民合作社流通券。1949年6月，潮安、饶平、丰顺边区行政委员会成立边县军民合作社，陈光远任经理。发行流通券，面额壹角、贰角、伍角、壹圆。正面图案有四周阔边框中的小五角星、水波图纹、南瓜、茄子、青菜等及军民合作社字样和经理签名。背面有潮饶丰边军民合作社流通券字样。

四、南方人民银行币

1949年4月，华南解放区不断扩大。为配合解放军南下，中共华南分局筹备建立南方人民银行。6月下旬，任命蔡馥生为总经理，发行南方人民银行币，地点在广东省揭阳县河婆镇，后改组为中国人民银行华南区分行。发行的货币6种面额8种版别，面额壹角（2种）、贰角（1种）、伍角（2种）、壹圆（1种）、伍圆（1种）、拾圆（1种）。正面图案有大楼、工农、宝塔、

图20-26　南方人民银行1949年伍角券
《中国钱币大辞典·革命根据地篇》915页

河、桥、亭、九曲桥、湖石、山水等及南方人民银行经理之章和南方人民银行
副经理之章。背面图案有农夫打场、全花纹图案等。

第七节　现代中央银行管理货币思想的形成

解放战争的不断胜利，使多个解放区连成一片，解放区货币流通的范围随之
扩大，流通数量不断增加，货币流通中的新情况和新问题，推动着解放区货币发
行流通思想与理论新的探讨。

一、货币流通中管理金银的思想

薛暮桥曾论及解放区的金银、外币管理："代替'金圆券'流通于市场的金
条、银元以及各种外国货币，如果我们不加管理，任其泛滥，则往往会成为我们
建立健全的和独立自主的货币体系的一个严重的障碍。""金银的投机买卖，必然
会引起金银价格的剧烈波动，并因此而影响到一般物价的平稳，国民党统治区市
场每次物价波动，常由金银带头上涨，即可证明"。"我们已经驱逐了'金圆券'，
发行了人民票，保证了币值和物价相当稳定的时候，金银再在市场流通，便不但
毫无必要，而且已成为动摇物价，扰乱市场，破坏我们的货币制度的一个重要因
素"。[1] 维护解放区货币流通管理秩序，必须管理金银。1949年开始，各解放区
停止一切金银交易，只允许保存或卖给人民银行，禁止金银流通与出口，同时，
采取政府低价购买金银的政策。

二、调节本币流通数量管理通货膨胀的思想

1946年秋，薛暮桥在山东全省生产会议上的报告中明确提出："我们的金融政
策，仍然是要巩固本币，稳定物价，扶助生产，繁荣市场。……但要稳定物价，
便须巩固本币，调节本币流通数量；同时要限制法币，不准法币在我们市场自由
流通"。[2] 薛暮桥提出调节本币流通数量，以此稳定本币币值管理通货膨胀的思

---

[1] 薛暮桥:《抗日战争和解放战争时期山东解放区的经济工作》，第21页，山东人民出版社，
　　1984年。

[2] 薛暮桥:《抗日战争和解放战争时期山东解放区的经济工作》，第306页，山东人民出版社，
　　1984年。

路，与现代中央银行管理通货膨胀思路相同。

三、实施现金计划管理的思想

1949年3月19日，东北行政委员会公布《机关及公营企业现金管理办法》，旨在有计划地供应物资及调节现金流通，要求指定的单位编制现金收支计划送交总会计局。一切现金收入，必须照计划全部存入东北银行，必要的现金支出，按计划由东北银行支付。每月收支必须平衡，银行不垫款，收入不敷支出时，需另行设法解决；收入超过支出时，剩余部分可增拨物资。如取现款，需另编造补充计划，经过核准后支付。各单位所存现款，不得超过规定数目，其超过规定数目部分，应存入东北银行，并不得存放私营银行或钱庄。

曹菊如在兼任东北行政委员会总会计局局长时，明确提出总会计局职能之一就是有计划供应物资及调节现金流通。对于现金管理所筹集的资金使用，银行除有限度地运用外，首先按经济原则给国营企业以短期周转，其次交存总会计局作定期投资。可以看出，加强现金管理，不仅是为了调节货币流通，还为了筹集更多的资金支持生产建设。

第二十一章　中国人民银行成立与
人民币的发行

1948年12月1日，中国人民银行在河北省石家庄市成立，南汉宸任总经理，当日开始发行人民币。

第一节　中国人民银行和人民币诞生的背景

随着解放战争的发展，全国的政治、社会背景都发生了的变化。

一、军事方面

从1947年3月起，国民党军队已无全面进攻解放区的能力，将进攻的重点放在山东和陕北战场。人民解放军战斗力有质的提升，建立强大的炮兵和工兵，掌握攻坚技术；不仅能打运动战，而且能打阵地战。解放区土改基本完成，生产发展，后方巩固，参军支前踊跃，主要解放区相继连成一片，战略上相互支援。1948年下半年，东北全境解放，第四野战军结束辽沈战役挥师入关，关内国共两党的军事力量发生量质变化。淮海战役胜利进行，平津战役即将打响。

二、经济方面

在特权条约允许下，美国商品大量输入，中国的对外贸易严重入超。南京国民政府1948年8月19日，以金圆券为本位币，发行总限额为20亿元，兑换法币和东北流通券，收兑黄金、白银、银币及外国币券。至1949年6月，发行总额达130余万亿元。商品流通瘫痪，交易转入黑市，财政赤字上升、物价疯狂上涨，经济一片混乱，通货膨胀步入恶性时期。1948年秋，1亿人口的解放区消灭封建生产关系，农民彻底解放，工农联盟巩固，解放区工农业生产发展迅速，拥有若干中等城市和较大规模的矿区。农民走合作化道路，粮食总产量增加，农业生产迅速恢复和发展。发展生产、保障供给。解放区财政金融形势发展良好，通过税收等方式，筹集财政资金，保证军费开支，支持解放战争的快速发展。

第二节　中国人民银行的成立与第一套人民币的发行

图 21-1　华北人民政府
金字第四号公告

1948年12月1日，中国人民银行在河北省石家庄市宣布成立。华北人民政府当天发出《关于发行新币的布告》，决定华北银行、北海银行、西北农民银行合并为"中国人民银行"，以原华北银行为总行。三行发行的货币及其对外之一切债权债务，均由中国人民银行承担。1948年12月1日起，发行中国人民银行钞票（下称新币），定为华北、华东、西北三区的本位货币，统一流通。公私款项收付及一切交易，均以新币为本位货币。新币发行后，冀币（包括鲁西币）、边币、西农币（下统称旧币）逐渐收回；旧币未收回之前，与新币固定比价，照常流通，不得拒用。新旧币比价：新币对冀币、北海币均为1∶100。新币对边币1∶1 000。新币对西农币1∶2 000。望军民一体遵行。拒绝使用或私定比价、投机取巧、扰乱金融者，一经查获，严惩不贷。同日，中国人民银行发出发行中国人民银行钞票的通告，决定于1948年12月1日发行10元、20元、50元三种钞券（简称人民币）。

1948年12月18日，华北人民政府向所属各级政府发布《明年1月1日起以中国人民银行钞票为财政税收本位币》的训令规定：本区一切财政税收会计账簿表报支拨以款计算者均以人民币计算；在本年已预支1949年度款项者及财政借或投资，统按比值折人民币转新账。

一、第一套人民币的设计与发行

1. 董必武题写行名、货币单位及数字。第一套人民币票面的中国人民银行、圆、角、分，壹、贰、叁、肆、伍、陆、柒、捌、玖、拾、佰、仟、萬大写数字以及一、二、三、四、五、六、七、八、九、十，均由时任华北财经办事处主任董必武题写，字体为柳体。其中贰字有两种写法贰和贰。东北局代印的壹仟圆狭长形双马耕地券，成为第一套人民币中一张特殊的纸币，票面中文正楷字均为东北银行印钞厂设计人员所写；背面没有中国人民银行字样，票形窄长。首次采用满版雪花水印钞票纸印刷。罗马冠字和号码位置颠倒，即冠字在右，号码在左。第一套中国人民银行行名排列，开始都是由右至左，从1953年版渭河桥伍仟圆券开始，从左到右。

2. 毛泽东拒绝票面印他的像。第一套人民币最早设计的票版上有毛泽东像，但毛泽东不同意，这是他继1932年中华苏维埃国家银行成立时，第二次拒绝纸币使用他的像。为此，董必武要求人民币的设计要体现人民性质，反映解放区工农业生产。票面设计者是晋察冀边区银行的王益久与沈乃镛。两人参加过晋察冀边区银行货币的设计印制，有丰富的设计经验。1948年8月初，首批人民币样稿顺利完成。票面上主要是解放区工农业生产的内容。

3. 中央书记处五位书记审定样稿。1948年8月21日，华北银行总行上报中央"关于发行中国人民银行券的补充意见"，对人民币的发行比价、票版面额、发行时间、步骤、发行数量、印制计划等问题作了详细报告，并附5个品种、7种版别的人民币设计样稿。此件经毛泽东、刘少奇、周恩来、朱德、任弼时等中央书记处五位书记圈阅批准。此后，上述样稿立即送往各印制局制版印刷。看到人民币票样，毛泽东说：人民有了自己的武装，有了自己的政权，现在又有了自己的银行和货币，这才真正是人民当家做主！

4. 人民币提前发行。中央原定1949年元月1日发行人民币。1948年11月2日，东北全境解放，淮海战役顺利进行，东北野战军入关，平津战役开始准备，多个解放区逐渐连成一片，不同解放区的货币，影响庞大的物资交流和市场稳定，继而影响野战军的作战，统一货币的客观需求不断加大，解放战争形势的发展，迫切要求尽早发行人民币。1948年11月18日，董必武主持召开华北人民政府第二次政务会议，研究决定提前成立中国人民银行，发行统一货币。决议上报中央批准后，1948年12月1日，中国人民银行在石家庄正式宣告成立，南汉宸出任第一任总经理，当日开始发行人民币。

二、第一套人民币的券别、版别与特征

（一）券别与版别。1948年12月1日开始发行的第一套人民币，共12种券别62种版别，其中壹圆券2种、伍圆券4种、拾圆券4种、贰拾圆券7种、伍拾圆券7种、壹佰圆券10种、贰佰圆券5种、伍佰圆券6种、壹仟圆券6种、伍仟圆券5种、壹萬圆券4种、伍萬圆券2种（1949年发行的正面万寿山图景壹佰圆券和正面列车图景伍拾圆券各有两种版别）。此外还有中国人民银行江西省分行临时流通券3种。

第一套人民币一览表

券　别	图　案		主　色	发行时间
	正　面	背　面		
壹圆	工人和农民	花符	蓝、粉	1949.1.10
壹圆	工厂	花球	浅蓝、红蓝	1949.8
伍圆	牧羊	花符	绿	1949.2.23
伍圆	帆船	花符	蓝	1949.1.10
伍圆	牛	花球	蓝	1949.7
伍圆	经纱	花符	黄、棕	1949.8
拾圆	木工	花符	黄、粉	1949.2.23
拾圆	灌田	花符	浅绿、深绿	1948.12.1
拾圆	火车站	花符	茶	1949.5.25
拾圆	工人和农民	宝塔	浅绿、深绿	1949.8
贰拾圆	施肥	大花球	深绿、咖啡	1948.12.1
贰拾圆	推车	花符	绿、蓝、咖啡	1949.2.23
贰拾圆	万寿山（甲）	花符	浅蓝、蓝	1949.7
贰拾圆	工交	花球	蓝绿、黑黄	1949.8
贰拾圆	火车、帆船	花符	紫	1949.8
贰拾圆	打场	花符	深蓝、浅蓝	1949.9

（续表）

券　别	图　案		主　色	发行时间
	正　面	背　面		
贰拾圆	万寿山（乙）	花符	紫红	1949.10
伍拾圆	水车	花符	浅蓝、红黑	1948.12.1
伍拾圆	火车、大桥（甲）	汽车	紫红	1949.2.10
伍拾圆	列车（甲）	花符	黄、蓝、黑	1949.3.20
伍拾圆	列车（乙）	花符	黄、蓝、黑	1949.4
伍拾圆	火车、大桥（乙）	汽车	深蓝	1949.6
伍拾圆	工人和农民	花球	浅咖啡	1949.8
伍拾圆	压道机	车马	浅蓝、绿灰	1949.10.3
壹佰圆	耙地	花符	蓝、黄、红、黑	1949.1.10
壹佰圆	火车站	花符	蓝、绿、茄紫	1949.2.5
壹佰圆	万寿山（甲）	火车	绿	1949.2.5
壹佰圆	万寿山（乙）	火车	绿	1949.3.20
壹佰圆	工厂	花符	藕荷红	1949.3.20
壹佰圆	北海桥（甲）	花符	蓝、紫、黑	1949.3.25
壹佰圆	北海桥（乙）	花符	黄、黑、紫、灰、蓝	1949.7
壹佰圆	轮船	大花座	藕荷红	1949.8
壹佰圆	运输	花符	深黄、栗茶、黑	1949.11.15
壹佰圆	帆船	花符	赭石	1950.1.20
贰佰圆	颐和园	花符	黄、蓝	1949.3.20
贰佰圆	排云殿	花符	黄、紫、绿	1949.5.8
贰佰圆	长城	花符	绿、茄紫	1949.8
贰佰圆	钢铁厂	花球	黄、蓝、咖啡	1949.9
贰佰圆	割稻	花符	黑蓝	1949.10.20

（续表）

券 别	图 案		主 色	发行时间
	正面	背面		
伍佰圆	农村	花符	深茶	1949.9.11
伍佰圆	正阳门	花符	灰绿、淡紫、黑	1949.9.11
伍佰圆	起重机	花符	浅咖啡	1949.10.3
伍佰圆	收割机	花符	豆绿	1949.10.20
伍佰圆	种地	花符	绿、紫、黑、酱红	1951.4.1
伍佰圆	瞻德城	花符（有维文）	浅蓝、酱紫红	1951.10.1
壹仟圆	耕地	天坛	浅紫、深灰	1949.9.11
壹仟圆	秋收	花符	浅蓝、浅黄	1949.10.3
壹仟圆	三台拖拉机	割麦	蓝黑	1949.11.15
壹仟圆	推车	轮船	浅蓝、紫	1949.12.23
壹仟圆	钱塘江桥	花球	黑绿、蓝黑	1950.1.20
壹仟圆	牧马	花符（有维文）	浅蓝、深绿	1951.10.1
伍仟圆	耕地机	花符	浅蓝、葱绿、黑蓝	1950.1.20
伍仟圆	工厂	花球	深茶	1950.1.20
伍仟圆	骆驼	花符（有蒙文）	浅绿、深绿	1951.5.17
伍仟圆	牧羊	花符（有维文）	浅绿、深茶	1951.10.1
伍仟圆	渭河桥	花符	紫茶	1953.9.25
壹萬圆	轮船	花符	杏黄、浅蓝、墨绿	1950.1.20
壹萬圆	双马耕地	牧牛羊	黄、深棕	1950.1.20
壹萬圆	牧马	花符（有蒙文）	浅紫、红茶	1951.5.17
壹萬圆	骆驼	花符（有维文）	茶红	1951.10.1
伍萬圆	新华门	履带拖拉机	蓝黑、红绿	1953.12
伍萬圆	收割机	生产图	红、紫、绿	1953.12

1. 第一套人民币1948年版。7种面值10种版别，其中：壹圆券1种、伍圆券2种、拾圆券1种、贰拾圆券1种、伍拾圆券1种、壹佰圆券3种、壹仟圆券1种。

2. 第一套人民币1949年版。11种面值41种版别。其中：壹圆券1种、伍圆券2种、拾圆券3种、贰拾圆券6种、伍拾圆券5种、壹佰圆券6种、贰佰圆券5种、伍佰圆券5种、壹仟圆券4种、伍仟圆券2种、壹萬圆券2种。

3. 第一套人民币1950年版。伍仟圆券两种。

4. 第一套人民币1951年版。4种面值6种版别，其中：蒙文版2种，分别为伍仟圆券和壹萬圆券。维文4种，分别为伍佰圆券、壹仟圆券、伍仟圆券、壹萬圆券各1种。

5. 第一套人民币1953年版。伍仟圆券1种。当年，基本停止第一套人民币的生产，开始设计、生产第二套人民币，着手人民币币制的改革，迎接国民经济恢复后的社会主义建设高潮。

图21-2　第一套人民币纸币1948年壹圆（工人与农民）票样（中国人民银行）

图21-3　第一套人民币纸币1949年伍圆（经钞）票样（中国人民银行）

图21-4　第一套人民币纸币1948年拾圆（灌田）票样（中国人民银行）

图 21-5　第一套人民币纸币 1948 年伍拾圆（水车）票样（中国人民银行）

图 21-6　第一套人民币纸币 1949 年壹佰圆（火车站）、1949 年壹佰圆（万寿山）票样（中国人民银行）

（二）基本特征。

图 21-7　第一套人民币纸币 1949 年贰
拾圆券（打场）《中国钱币大辞典·革命
根据地篇》946 页

图 21-8　第一套人民币纸币 1949 年
贰佰圆券（颐和园）《中国钱币大辞
典·革命根据地篇》946 页

图 21-9　第一套人民币纸币 1949 年
伍佰圆券（正阳门）《中国钱币大辞
典·革命根据地篇》950 页

1. 暗记文字有政治内容。为防伪需要，第一套人民币一些版别图案中隐入一些文字作为暗记，文字带有鲜明的政治色彩，如解放、自由、自力更生、革命胜利等。

2. 没有国徽图案。中国人民银行的成立及第一套人民币的发行都是在中华人民共和国成立之前，此时，国徽还没有确定，所以没有国徽图案。

3. 有两种纪年。1949 年新中国成立后，采用公元纪年；后期设计印制的人民币不再有中华民国三十八年等年版号字样，全部采用公元纪年表示的年版号，且在一张钞票上用阿拉伯数字和汉字两种文字表示，如1951、一九五一年。

4. 冠字号码有多种排列。采用罗马文和阿拉伯数字，罗马文印在票面正面的左上，阿拉伯数字印在票面正面右上，颜色为红色，其中100元北海楼券和100元轮船券冠字号码颜色为蓝色。只有冠字没有号码的有壹圆工人和农民券一种，占1.6%，相同冠

图 21-10 第一套人民币纸币 1948 年壹仟圆券（耕地）
《中国钱币大辞典·革命根据地篇》952 页

字排列在票面正面上部左右。3位罗马文6位阿拉伯数字的有12种券，占19.4%。3位罗马文7位阿拉伯数字的有26种券，占41.9%。3罗马文8位阿拉伯数字的有23种券，占37.1%。左罗马文右阿拉伯数字的有60种券，占96.8%。左阿拉伯数字右罗马文的有1 000圆双马耕地和1 000元运煤耕地两种券，占3.2%。

5. 第一套人民币的设计印刷缺陷。由于是战争环境及首套统一的货币，设计经验缺乏，各种物质条件不具备，设计、制版、印刷不统一，内容繁杂，主题思想不够突出、明确；钞票种类多，面额种类差别大，最小面额为壹圆，最大面额达伍萬圆；石版、凸版、胶版、凹版到胶版、凹版套合均有，油墨、纸张就地取材，印制质量参差不齐；防伪性能较差；没有发行辅币；一种面额的钞票同时出现多种版式十分罕见。

第一套人民币从1948年12月1日开始发行到1955年5月10日退出，全部流通时间不到7年，是迄今流通时间最短的一套人民币。1955年全国统一回收的100天中，收回投放总量的98%，所以第一套人民币存世较少，全套更是凤毛麟角。

第三节　维护与确定人民币法定地位的政策措施

一、中国人民银行成立与人民币发行的意义

1948年12月6日，《人民日报》发表题为《庆祝中国人民银行成立》的社论

指出：三区银行合并后的中国人民银行的资金壮大了，发展生产与对敌进行经济斗争的力量也加强了，它将在三区民主政府的领导下，在人民的监督下，更好地为人民服务，推进解放区全面建设，稳定金融物价，调节货币流通，大力扶植生产，以促进新民主主义经济有计划的迅速发展。

图 21-11　第一套人民币纸币 1953 年伍仟圆券（渭河桥）《中国钱币大辞典·革命根据地篇》957、958 页

1948年12月7日，《人民日报》发表新华社的社论：《中国人民银行发行新币》的社论指出：中国人民银行新币首先在华北、山东、西北各解放区流通，逐渐推及其他解放区。这样，华北、山东、西北三大解放区货币统一工作即将逐渐完成。人民银行新币的发行，预告着解放区货币的进一步巩固和解放区经济的进一步繁荣。从经济金融角度考察，人民币发行实现了新中国货币制度的统一。

二、政策措施

人民币的发行只是新中国货币制度建立的开始，为维护人民币在的本位货币地位，各级人民政府加强人民币流通管理。

（一）加强解放区货币流通市场管理。1949年4月27日，华北人民政府颁布《华北区金银管理暂行办法》，解放区允许储存金银和向中国人民银行按牌价兑换人民币，不得计价、行使、流通与私相买卖。1949年4月27日，华北人民政府颁布《华北区私营银钱业管理暂行办法》，规定银钱业的业务范围，明确银钱业的管理规定和资金运用。1949年4月27日，中国人民银行颁发《中国人民银行活期储蓄存款暂行章程》及《实施办法》，明确人民币活期储蓄、定期储蓄（货币储蓄、折实储蓄）的期限、利率，规范储蓄存款业务的开展。1949年中国人民发布《关于工商放款政策及调整利息的指示》明确1949年5月12日至1949年8月2日其间的人民币贷款利息。

（二）确定人民币在全国经济金融中心上海的法定地位。1949年5月27日，全国经济金融中心上海解放后，银元、黄金、美钞价格上涨，许多商人继续以金银而不以人民币计价。1949年6月3日上海军管会公布《华东区外汇管理暂行办法》，禁止一切外币在市场流通，外汇外币均须存入银行，任何人不得经营和买卖。6月10日又公布《华东区金银管理暂行办法》，禁止以金银计价和流通。

图21-12　第一套人民币1951年版壹萬圆券票样（牧马）背面蒙文《中国钱币博物馆藏品选》315页

同日，查封金融投机市场的总枢纽——证券大楼，逮捕200多名投机奸商，分别处以徒刑或罚款，平息了金融投机风潮。

（三）组织兑换金圆券、抵制银圆券。为照顾工人、农民、职员、学生、市民的利益，新解放区采取排斥法币与金圆券为主、收兑为辅的方针，各地军管会公布人民币与金圆券收兑办法，收兑金圆券。1949年7月，国民党政府在广州、重庆发行银元券。中国人民解放军宣告，在解放区一律禁止银元券流通，号召人民坚决拒用银元券，后来银元券发行不到3个月就垮台。

（四）加强金银的市场管理。在全面肃清国民党发行货币的同时，禁止金银计价流通和私下买卖，允许个人持有金银，政府适当收兑和"低价冻结"金银价格，对于普通市民小额的金银，只要提供证明，中国人民银行可按优惠价格给予兑换。国家对金银生产和销售实行严格的计划管理，由中国人民银行统一经营和兑换，所有国营单位保存的金银，一律要售予或存入中国人民银行。

（五）禁止外币在中国市场上流通。禁止一切外国货币在中国市场流通、买卖和计价结算；规定中国公民或外国侨民，凡持有外币者，必须在规定时间内，到中国人民银行或其指定的机构按牌价兑换成人民币，或作为外币存款换取外汇存单；因公务或旅行进入中国境内者，所持有的外币，必须在入境时兑成人民币或作为外币存款，离境时可以兑回外币；中国人民银行作为外汇管理机构，统一外汇管理。

到1949年冬天，国民党发行的货币在解放区内已经全部停止流通，市场上的金银计价基本消除，外币流通全部取缔，人民币的本币地位基本确立。

第二十二章 国民经济恢复及"一五"
时期的货币流通

中国共产党领导的民主革命，经过了28年的革命斗争，1949年建立中华人民共和国。中国半殖民地半封建社会结束，中国的历史翻开了新的一页，进入社会主义社会。

第一节 国民经济恢复时期银行体系的
建立与货币流通管理

1949年至1952年是国民经济的恢复时期，中华人民共和国成立以后，中国共产党组织开展新民主主义向社会主义的过渡，物价飞涨和国家财政困难成为两大经济问题。

为改变物价飞涨和财政严重困难，人民政府通过金融管理、控制主要商品抛售打击投机活动，稳定物价。实行国家的财政经济工作的统一管理和领导，集中物资保证财政收支平衡，颁布统一国家财政经济工作的决定：统一全国收支；统一全国物资调度；统一全国现金管理；争取财政收支基本平衡。工业总产值及原煤、原油、发电量、钢、生铁、水泥、平板玻璃、硫酸、纯碱、烧碱、金属切削机床、钞、布、火柴、原盐、糠、卷烟等主要产品产量迅速增长。农业总产值、粮食产量、棉花产量、手工业生产总值等持续增长。修复铁路、桥梁，新建三条铁路线。公路通车里程、内河通航里程、航线里程、货运总量同步增长。

一、建立以中国人民银行为核心的银行体系

1949年2月，中国人民银行由石家庄迁入北平。10月，中央人民政府任命南

汉宸为中国人民银行行长。确定中国人民银行的首要任务：根据边接管边建行方针，接管官僚资本银行，迅速建立人民银行的各级分支机构，取消外商银行的在华特权，整顿和改造私营金融机构，在广大农村建立和发展信用合作事业，建立以中国人民银行为核心的金融体系。1949年底，中国人民银行建立华东、中南、西北、西南四个区行、40个省、市分行、1 200多个县（市）支行及办事处。东北银行、内蒙古人民银行、新疆省银行先后改组为中国人民银行的分行。除西藏自治区和台湾省以外，全国都建立了中国人民银行机构。1951年开始试办农村信用合作机构，到1953年，共建立信用社9 400多个，信用互助组20 000多个，供销社内部的信用部3 000多个。入股农民6 000多万户，吸收股金1 200多万元，存款7 400多万元，贷款7 700多万元。接管中国银行和交通银行，改组为经营外汇业务和工矿交通事业长期信用业务的专业银行。清理国民党政府遗留金融机构，接管官商合办银行，取消外资银行特权。

二、区别对待处理历史遗留货币

一切公私收付、账簿凭证的货币单位均以人民币为标准，国民党政府发行的货币完全作废并禁止流通，限期兑换。1951年4月1日，政务院颁布收兑东北及内蒙古地方流通券命令，同年11月，在新疆发行有维吾尔文的人民币，限期收回新疆省银行发行的银元券，允许银元、藏币和人民币在西藏流通。革命根据地货币采取固定比价，混合流通，逐步收回，负责到底的方针，保持持币人的购买力。土地革命战争时期革命根据地发行的货币及期票、公债，由中国人民银行按合理的折合价格收兑。

三、建立统一的人民币汇价，合理确定利率水平

1949年1月18日，中国人民银行在天津首次公布人民币对美元汇率，一美元兑800元人民币。1949年10月1日，新中国建立以后，各大区人民银行根据各地物价水平，以天津口岸的汇率为标准，制定本地区的外汇牌价。1950年7月8日，中国人民银行制定并公布全国统一的外汇牌价。1950年3月25日，随着全国市场物价的稳定，要求各大城市随市场物价水平的回落而降低利率，推动工商业的发展与市场活跃。1949年到1952年，七次调整存贷款利率。

四、开办折实存款，代理发行折实公债

折实储蓄是货币的存入和支取同折实牌价的上升同比例升值的一种储蓄。物价上涨引起存入时的币值和支取时的币值发生差额时，由国家银行补贴。1949年4月，中国人民银行在天津、石家庄、北平、邯郸、阳泉、长治等6个大中城市，陆续开办折实储蓄。1949年12月，中国人民银行代理发行人民胜利折实公债。规定人民胜利折实公债不得代替货币进入市场流通，不得向银行抵押、贴现，不准进行债券的买卖。保证公债发行不扩大货币流通量，推动通货膨胀。

五、建立中国人民银行发行库，实行国家机关现金管理

为统一人民币的发行与调度，1949年10月，中央人民政府财政经济委员会决定在人民银行总行设发行库总库，各区行及主要分行设分库。分库支付款项，统一由总行指挥。中国人民银行制定《中国人民银行发行库制度》。原由联行之间运送现金清算，改为发行库统一货币资金调拨，发行基金统一由发行库保管。1950年4月7日，政务院第27次会议通过《关于实行国家机关现金管理的决定》，指定中国人民银行为现金管理的执行机关；一切公营企业、机关、部队及合作社等所有现金及票据，必须存入当地中国人民银行或其他委托机关。各单位按期编制现金平衡的收支计划，交当地中国人民银行执行。1950年10月10日，中国人民银行召开全国第一次现金管理会议，决定自1951年起，将现金管理推行为全面的货币管理。

六、推动人民币在农村流通

中国人民银行在新解放区选择有条件的市镇，由国营贸易公司开展专收人民币的售卖活动，通过委托供销合作社扩大收购农副产品、私商下乡收购出口土产品，到侨眷居住区兑付侨汇、对工商合作事业贷款等渠道，推动人民币在农村流通。到1950年下半年，农民出售农副产品及购买日用工业品，都使用人民币进行清算和支付，使用人民币的地区已达全国人口的90%以上。

七、冻结现金以稳定市场物价

朝鲜战争爆发以后，美国和其他一些国家对中国实行封锁禁运，国内市场出现重物轻币现象。1950年11月3日，中财委发出《冻结现金、稳定物价措施的指

示》，决定从11月5日起，冻结国营企事业、机关、部队、团体单位的存款一个月。1951年3月6日，中央人民政府政务院颁布《中华人民共和国禁止国家货币出入国境办法》，禁止国家货币出入国境。

八、对妨害国家货币的行为实行治罪

1951年4月19日，政务院颁布《妨害国家货币治罪暂行条例》对以反革命为目的伪造国家货币者，其首要分子或情节严重者处死刑，情节较轻者处无期徒刑或15年以下7年以上徒刑，并没收其财产的全部或一部。以反革命为目的变造国家货币，或贩运、行使伪造、变造国家货币者，其首要分子或情节严重者处死刑或无期徒刑，情节较轻者处15年以下5年以上徒刑，并得没收其财产的全部或一部。

国民经济三年恢复期的货币流通调节取得较好效果。通货由膨胀转为稳定；货币流通由盲目转为有序；货币流通范围由城市扩大到城乡；银行资金实力提高，资金运用取得较好效益。国民经济恢复成效显著。

第二节 "一五"时期货币流通的组织与调节

1952年末，我国完成国民经济的恢复，实现国家财政经济状况的好转。1953年起，进入有计划的社会主义改造和经济建设时期。

一、"一五"（1953—1957年）时期的基本任务

根据过渡时期总路线确定的任务，国民经济第一个五年计划的基本任务是集中主要力量，开展以苏联帮助我国设计的156个建设项目为中心、694个大中型建设项目组成的工业建设，建立社会主义工业化的初步基础，发展部分集体所有制农业生产合作社，建立对农业和手工业社会主义改造的基础，把资本主义工商业纳入各种形式的国家资本主义的轨道，建立对私营工商业社会主义改造的基础。对粮食实行统购统销。

二、"一五"时期货币流通的组织与调节

广泛组织与聚集社会资金，支持全民所有制经济发展，稳定市场物价，为国

民经济发展创造协调的货币环境。

（一）运用多种金融手段筹集资金。对储蓄存款利率实行优惠；增设银行储蓄网点，方便城乡居民办理储蓄存取款业务；确定存款自愿、取款自由、为储蓄保密的储蓄存款原则。1954—1958年，中央政府连续五次发行国家经济建设公债35.44亿元，以人民币为单位，利息率均为年息四厘。公债面额1、2、5、10、50、100元。公债不作货币流通，不向国家银行和公私合营银行抵押，没有增加社会货币流通量，影响了银行储蓄存款的增长及贷款发放能力。

（二）建立现金出纳计划制度，加强变相货币的管理。中国人民银行颁发《现金出纳计划编制办法》，规定国营企业、供销合作社、国家机关及团体等货币管理单位，应编制现金出纳计划。中国人民银行制定《银行现金调拨暂行办法》，将汇差出入库制改变为现金计划调拨制，现金调拨与现金出纳计划结合，各级银行只能按总行计划动支发行库款。1955年1月，中国人民银行发出各级行应负责监督禁止变相货币发行使用的指示。有发行变相货币性质的单位，银行督促停止使用，限期收回，并转请当地司法机关酌情处理，维护国家货币的统一发行。

（三）搞活农村货币流通。1956年，全国农村信用合作社整顿合并为10.3万个，绝大多数地区的乡建立信用合作社，基本实现信用合作化。1955年3月，成立中国农业银行，指导农村信用合作组织，广泛动员农村余资。开办农村居民、生产互助合作组织、集体农庄和国营农业、水利企业机关的储蓄和存款。1957年4月，国务院决定将中国农业银行与中国人民银行合并。

（四）发行第二套人民币。随着国民经济的恢复，工农业生产迅速发展，商品经济开始活跃，市场物价稳定。国家财政收入连续几年收大于支，商品库存和黄金储备持续增加，统一的货币制度基本建立。第一套人民币流通面额大、价值低，不利于商品流通和经济发展的问题逐渐显现，人民币以元为单位，市场没有标价一元的商品。由于受当时战争环境和物质技术条件的限制，纸张质量差，券别版别多，文字单一，票面破损重。少数几种人民币票面印有蒙古文、维吾尔文，绝大多数只有汉文一种文字，不便于在少数民族地区流通。

1955年2月21日，国务院发布《关于发行新的人民币和回收现行人民币的命令》，责成中国人民银行于1955年3月1日起，发行新的人民币（第二套人民币，简称新币）以收回现行人民币（第一套人民币，简称旧币）。新旧币的折合比率为新币壹圆等于旧币壹萬圆。旧币由中国人民银行按法定比率全部收回。一切货币收付、交易计价、契约、合同、单据、凭证、账簿记载及国际间的清算，均以第二套人民币为计价单位。凡伪造或行使假钞者，依照妨害国家货币治罪暂行条例治罪。借发行新币进行投机或经营兑换新旧币从中渔利者，依法严惩。新人民币从1955年3月1日开始发行，到当年的6月10日，已全部取代旧币在市场流通。

第三节　发行第二套人民币

经过三年国民经济的恢复，进入"一五"时期以后，工农业生产迅速恢复与发展，商品经济逐渐活跃，市场物价稳定，国家财政在收支平衡的基础上连续盈余，国家的商品库存及黄金储备不断增加，独立的货币制度基本建立。1955年2月1日国务院发布命令，责成中国人民银行自1955年3月1日起发行新币（第二套人民币）收回旧币（第一套人民币），规定新旧币的兑换比率为1：1万元。

一、券别与版别

1955年3月1日，中国人民银行公布发行的第二套人民币共十种券别，1957年12月1日又发行拾圆1种。1957年12月1日起发行壹分、贰分、伍分三种硬币，与纸分币等值流通。后来，对壹圆纸币和伍圆纸币的图案、花纹分别进行调整和更换颜色，1961年3月25日和1962年4月20日分别发行黑色壹圆券和棕色伍圆券，第二套人民币的版别分别由开始公布的11种增加到16种。第二套人民币背面的少数民族文分别是蒙古文、维吾尔文、藏文。第二套人民币的中国人民银行、壹、贰、叁、伍、拾、圆、角、分、一九五三年等19个汉字，由时任中国人民银行研究员马文蔚先生、书写，字体魏碑，张黑女碑体。

第二套人民币纸币一览表

券　别	图案		主　色	发行时间
	正　面	背　面		
壹分	汽车	国徽等	茶、米黄	1955.3.1
贰分	飞机	国徽等	蓝、浅蓝	1955.3.1
伍分	轮船	国徽等	墨绿、浅翠绿	1955.3.1
壹角	拖拉机	国徽等	棕、黄、浅草绿	1955.3.1
贰角	火车	国徽等	黑、绿、浅紫粉	1955.3.1
伍角	水电站	国徽等	紫、浅紫、浅蓝	1955.3.1
壹圆	天安门	国徽等	红、黄、粉紫红	1955.3.1
壹圆	天安门	国徽等	蓝黑、橘红	1961.3.25
贰圆	宝塔山	国徽等	深蓝、土黄、灰蓝	1955.3.1
叁圆	井冈山	国徽等	深绿	1955.3.1
伍圆	各民族大团结	国徽等	酱紫、橙黄	1955.3.1
伍圆	各民族大团结	国徽等	深棕、米黄	1962.4.20
拾圆	工农像	国徽、多色牡丹等	黑	1957.12.1

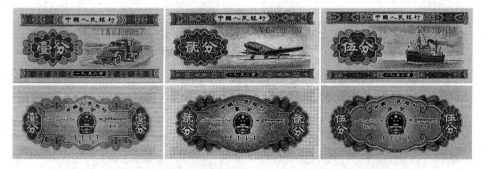

图 22-1　第二套人民币纸币壹分券（汽车）、贰分（飞机）、伍分（轮船）票样（中国人民银行）

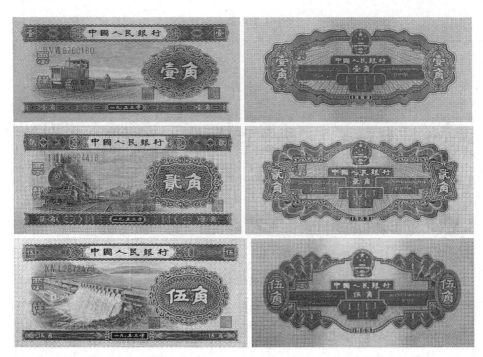

图 22-2　第二套人民币纸币壹角券（拖拉机）、贰角券（火车）、伍角券（水电站）票样（中国人民银行）

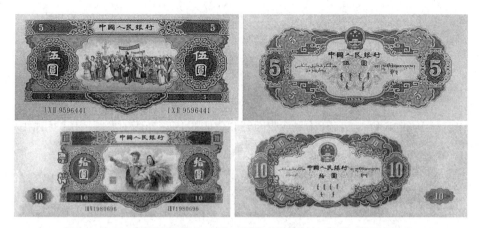

图 22-3 第二套人民币纸币壹圆券（天安门）、贰圆券（延安宝塔山）、叁圆券（井冈山龙源口）、
伍圆券（各民族大团结）拾圆券（工农像）票样（中国人民银行）

二、票面的主题思想与特点

第二套人民币主景图案体现新中国社会主义建设的风貌，表现中国共产党革命的战斗历程和各族人民大团结的主题思想。钞票式样打破原有固定的四边框形式，采用左右花纹对称的新规格；票面尺幅按面额大小分档次递增；整个图案、花边、花纹线条鲜明，精密、美观、活泼，具有民族风格。除分币外，其他券别全部采用胶凹套印，其中角币为正面单凹印刷；壹圆、贰圆、叁圆和伍圆纸币采用正背面双凹印刷；拾圆纸币采用当时先进的接线印刷技术。凹印以中国传统的手工雕刻方法制作，其优点是版纹深、墨层厚，有较好的反假防伪功能。好看、好认、好算、好使。

第二套人民币设计主题思想明确，印制工艺技术先进，主辅币结构合理，图案颜色新颖。主景图案体现新中国社会主义建设的风貌，表现中国共产党革命的战斗历程和各族人民大团结的主题思想。壹圆、贰圆、叁圆打破原有固定的四边框形式，采用左右花纹对称的新版式；票面尺幅按面额大小分档次递增；整个图案、花边、花纹线条鲜明，精密、美观、活泼，具有民族风格。纸币印制工艺采用胶凹套印，角币为正面单凹印刷，壹圆、贰圆、叁圆和伍圆币采用正背面双凹印刷，拾圆采用当时先进的接线印刷技术。凹印版是以我国传统的手工雕刻方法制作，具有独特的民族风格，优点是版纹深、墨层厚，有较好的反假防伪功能。每种券别版面均印有汉、藏、蒙、维四种文字。第二套人民币作为我国第一套完整、精致的货币，对健全我国货币制度，促进社会主义经济建设发挥了重要作用。

1964年4月14日，中国人民银行发布《关于收回三种人民币票券的通告》，决定从1964年4月15日开始限期收回苏联代印的1953年版的叁圆、伍圆和拾圆纸币，1964年5月15日停止收兑和流通使用。纸分币2007年4月日退出流通，其中有两种版别：1953年印制的正面有3个罗马数字和阿拉伯数字组合；1953年以后印制的正面只有3个罗马数字。

第四节　发行金属分币，完善流通人民币券别结构

1957年11月19日，国务院发布《关于发行金属分币的命令》，命令中国人民银行自1957年12月1日起，发行金属分币（简称硬分币），发行品种为壹分、贰分、伍分，材质为铝镁合金。上述硬分币与流通的同面额纸质分币的币值相等，即面额壹分的硬分币等于面额壹分的纸分币，其余类推。硬分币发行后与纸分币在市场混合流通，不得拒绝使用。硬币正面均为国徽和国名，背面为面额、麦穗和年号。金属分币1955年开始铸造，壹分币（直径18毫米、重0.67克）、伍分币（直径24毫米、重1.8克），1956年铸造贰分币（直径21毫米、重1.08克）。严禁假造或熔化硬分币，违者依照1951年4月19日政务院公布的《妨害国家货币治罪暂行条例》处理。各种硬分币的形状、特征，由中国人民银行公告社会。

图 22-4　第二套人民币硬分币壹分币、伍分币 1955 年版，贰分币 1956 年版（中国人民银行）

第二套人民币硬币一览表

券 别	图 案		材 质	直 径	发行时间
	正 面	背 面			
壹分硬币	国徽、国名	麦穗、面额、年号	铝镁合金	18毫米	1957.12.1
贰分硬币	国徽、国名	麦穗、面额、年号	铝镁合金	21毫米	1957.12.1
伍分硬币	国徽、国名	麦穗、面额、年号	铝镁合金	24毫米	1957.12.1

　　"一五"时期的第一个五年计划目标，到1956年全部提前实现，货币流通的组织与调节发挥了积极作用。银行存贷款、货币流通量、工业总产值同步增长。1953年到1957年，市场货币流通量平均每年递增13.9%。1957年末（"一五"末），全国市场货币流通量52.8亿元。

第二十三章　国民经济调整及"二五"至 "四五"时期的货币流通

第一个五年计划完成以后，我国的社会主义改造与建设取得巨大成就，国民经济不断恢复发展，人民的物质文化生活不断提高。第二个五年计划（1958—1962年）开始。1958年的"大跃进"和"反右倾"运动，造成国民经济主要比例关系失调，财政连年赤字，人民生活遇到很大困难，国家决定对国民经济实行调整，1960年9月中共中央提出国民经济调整、充实、巩固、提高的八字方针。

第一节　经 济 形 势

1958年我国进入"二五"时期。3月，毛泽东主席在中共中央召开的成都会议上提出社会主义建设总路线："鼓足干劲、力争上游、多快好省地建设社会主义。"由于急躁冒进的思想，大跃进中制定了一些超越客观实际的高指标，导致瞎指挥盛行，浮夸风泛滥，群众生活遇到严重困难。

中共八届六中、七中全会调整盲目的国民经济高指标。庐山会议后开展的反右倾运动，使纠正错误的过程中断，国民经济比例失调。1960年上半年，国民经济又出现新跃进，同年9月30日，中共中央首次提出调整、巩固、充实、提高的方针。农村生产关系得到重大调整，农业生产力较快恢复。工业与农业、轻重工业之间的比例关系有所改善。基本建设规模压缩到维持简单再生产水平，投资构成有所调整。财政收支平衡，货币流通量有所减少。市场供应紧张有所缓和，城乡人民的生活水平开始回升。国民经济经过初步调整，经济严重困难的局面有所好转，尚未达到1957年水平。物价继续上涨，城乡人民生活困难。

中央决定从1963年起，用三年时间（1963—1965年）继续贯彻国民经济调整、巩固、充实、提高八字方针。提出以农业为基础、以工业为主导发展国民经济的总方针，把发展农业放在首位，正确处理工业和农业的关系。按照解决吃穿用、加强基础工业、兼顾国防和突破尖端的次序安排国民经济。国家批准进口14个成套设备项目，引进最新石油化工技术。批准冶金、精密机械、电子工业等100多个项目。化肥、化纤、塑料、合成洗涤剂和电子工业等新兴工业全面建设。大庆油田建成我国最大的石油基地。爆炸第一颗原子弹。为防备帝国主义发动侵略战争，国家计委将"三五"计划的基本方针任务，从解决吃穿用转为以备战为中心。调整取得成效，工农业生产恢复性发展。农业生产基本条件有所改善。各种比例关系逐渐协调。财政经济状况好转。

1966年进入"三五"时期（1966—1970年），基本任务是按照农轻重顺序安排，使国民经济有重点、按比例发展。依据中央备战、备荒、为人民的战略方针，提出立足于战争，积极备战，把国防建设放在第一位，加快"三线"建设。

1971年进入"四五"时期（1971—1975年）。"四五"计划的主要内容是狠抓备战，集中力量建设备战后方，建立不同水平、各有特点、各自为战、大力协同的经济协作区，初步建成独立的比较完整的工业体系和国民经济体系。1971年，对国民经济进行调整与整顿。批判极左的错误做法，整顿企业。纠正农村左的政策，强调贯彻按劳分配。1973年工农业总产值比上年增长9.2%。粮、棉、麻、糖、烟的产量都超过历史上最高的一年。钢、原煤、原油、发电量、棉纱、棉布、铁路货运量均比上年增长。1974年1月至6月，"批林批孔"运动在全国开展，国民经济刚刚上升的趋势夭折。1975年，邓小平主持中央日常工作，对国民经济全面整顿，工农业总产值比上年增长11.9%。粮食、钢产量、原煤、原油、发电量、棉纱、棉布、铁路货运量及社会商品零售总额，均比上年增长。国民经济走上恢复和发展道路。

第二节　"二五"时期货币流通的组织与调节

"二五"（1958—1962年）时期是我国经济调整期，货币流通也随着政治、经济、社会环境变化而调整。

一、冻结机关团体的银行存款

中国人民银行重新核定国营企业、机关团体等单位保存现金的限额。国营工业销售收入的现金，必须及时送存银行，不能自行保存。1960年12月25日起，对各机关、团体、学校、事业单位、国营企业、基本建设单位各项存款予以冻结。资金来源合乎国家规定，承认存款单位所有权，1961年6月30日以前不要运用。

二、严格控制货币投放，加强银行工作的集中统一

1960年末，全国市场货币流通量比1959年末增加近20亿元，国家掌握的商品库存下降6.1亿元。中国人民银行于1961年1月发出控制货币投放的通知，严格控制货币投放。2月6日，国务院又发出当前紧缩财政支出，控制货币投放的补充规定。1960年底各机关、团体、部队、事业单位在银行的存款冻结以后，一律停止使用。1962年3月10日，中共中央、国务院做出切实加强银行工作的集中统一，严格控制货币发行的决定：收回银行工作下放的一切权力，实行完全彻底的垂直领导。非经人民银行总行批准，任何地方、部门和企事业单位，不得在计划以外增加贷款。一切机关、团体和单位都必须严格执行现金管理制度。各级人民银行必须定期向当地党委和人民委员会报告货币投放、回笼和流通情况。

三、改变中国人民银行在国家组织中的地位

1962年6月13日，中共中央、国务院发出《改变中国人民银行在国家组织中地位》的通知，中国人民银行总行由国务院直属机构改为国务院所属部、委。人民银行分行、专区中心支行、县支行分别同省、市、自治区所属各厅和专、县所属各局同样地位；中国人民银行各级行的党组地位，同上述行政地位相应看待。规定中国人民银行既是国家管理金融的机关，又是国家办理信用业务的经济组织。

第三节　发行第三套人民币

在党中央调整、巩固、充实、提高八字方针指引下，克服连续三年经济困难，大力发展生产，国民经济开始恢复和发展，国家财政金融状况逐渐好转。为促进工农业生产发展和商品流通，方便群众使用人民币，经国务院批准，中国人民银行于1962年4月20日开始发行第三套人民币，与第二套人民币面额等值混合流通。

一、券别与套别

中国人民银行于1962年4月15日开始发行第三套人民币，与第二套人民币比价相等，在市场上混合流通。与第二套人民币相比，取消叁圆纸币，增加壹角、贰角、伍角和壹圆四种金属币，保留壹分、贰分、伍分纸币。共有壹角、贰角、伍角、壹元、贰元、伍元、拾元7种券别、9种版别，其中壹角券有3种、贰角、伍角、壹元、贰元、伍圆、拾圆各有1种。加上四种金属币，第三套人民币共有7种券别，13种版别。第三套人民币1962年4月15日开始发行，到2000年7月1日停止流通，历时38年，是迄今流通时间最长的一套人民币。

第三套人民币纸币一览表

券别	图　案		主　色	发行时间
	正　面	**背　面**		
壹角	教育与生产劳动相结合	国徽和菊花	枣红、橘红、蓝绿	1962.4.20
壹角	教育与生产劳动相结合	国徽和菊花	深棕、浅紫	1966.1.10
壹角	教育与生产劳动相结合	国徽和菊花	深棕、浅紫	1967.12.15
贰角	武汉长江大桥	国徽和牡丹花	墨绿	1964.4.15
伍角	纺织厂	国徽、棉花和梅花	青莲、橘黄	1974.1.5
壹圆	女拖拉机手	国徽和放牧	深红	1969.10.20
贰圆	车床工人	国徽和石油矿井	深绿	1964.4.15
伍圆	炼钢工人	国徽和露天采矿	深棕、咖啡、黑	1969.10.20
拾圆	人民代表步出大会堂	国徽和天安门	黑	1966.1.10

图23-1 第三套人民币纸币壹角券教育与生产劳动相结合、贰角券武汉长江大桥、伍角券纺织厂（中国人民银行）

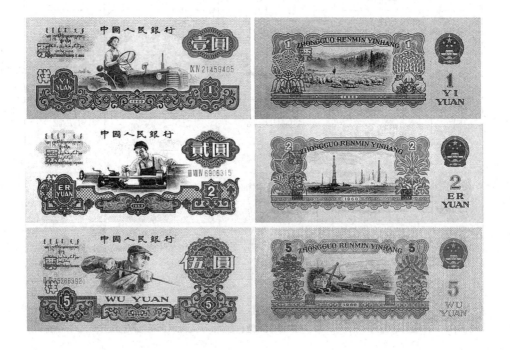

图 23-2 第三套人民币纸币壹圆券女拖拉机手、贰圆券车床工人、伍圆券炼钢工人、
拾圆券人民代表步出大会堂（中国人民银行）

二、票面的主题思想与特点

第三套人民币也是新中国成立以后，首次完全独立设计、印制的一套人民币。1958年开始设计，票面图案比较集中地反映当时我国国民经济以农业为基础，工业为主导，工农轻重并举的方针。印制工艺继承和发扬了第二套的技术传统、风格。制版过程中，精雕细刻，机器和传统的手工相结合，图案、花纹线条精细；油墨配色合理，色彩新颖、明快；票面纸幅较小，图案美观大方。第三套人民币券别结构合理，纸、硬币品种丰富，设计思想鲜明，印制工艺也比较先进。

增加了壮文，少数民族文字将第二套人民币的蒙、维、藏顺序调整为蒙、藏、维、壮。印制时期恰逢我国连续的自然灾害，为了节约印钞纸原料的棉花等纤维材料，缩小了票面尺幅。增强了人民币的反假能力，为健全我国货币制度，促进经济发展发挥了重要作用。

三、发行元、角硬币

第三套人民币硬币从1980年开始发行至1986年结束，面额有壹圆、伍角、贰角、壹角。壹圆正面图案为国徽、国名和年号，背面长城和面额。伍角、贰角、壹角正面图案均为国徽、国名，背面图案均为齿轮、麦穗和面额。共发行4种面额、28个品种、54个版别。

图 23-3 第三套人民币硬币壹圆
《中国现代流通硬币标准图录（第三版）》
37 页

第三套人民币硬币一览表

券　别	图　案		材　质	发行时间
	正　面	背　面		
壹圆硬币	国徽、国名、年号	长城、面额	铜镍合金	1980.4.15
伍角硬币	国徽、国名	齿轮、麦穗、面额、年号	铜锌合金	1980.4.15
贰角硬币	国徽、国名	齿轮、麦穗、面额、年号	铜锌合金	1980.4.15
壹角硬币	国徽、国名	齿轮、麦穗、面额、年号	铜锌合金	1980.4.15

图 23-4　第三套人民币硬币壹角、贰角、伍角 1980 年版（中国人民银行）

第四节　人民币在西藏成为法定货币

一九五一年五月二十三日，中央人民政府和西藏地方政府签订《关于和平解放西藏办法的协议》，其中第十一条规定：有关西藏的各项改革事宜，中央不加强迫。西藏地方政府应自动进行改革，人民提出改革要求时，得采取与西藏领导人员协商的方法解决之。西藏的改革中，货币制度是重要的一项，中央考虑在西藏立即流通人民币，条件还不够成熟，需要有一定的时间让西藏人民了解接受人民币。所以，准许藏币继续流通，西藏地方政府继续依照旧制印制地方货币。

一、西藏和平解放时的货币流通

和平解放时，藏币居于西藏的主要地位，流通于金沙江以西城镇及部分农牧区，通过当地的土产品出口和工业品进口与印度卢比混合流通。光绪二十八年（1902年），针对印度卢比的入侵，清政府相继在四川和云南铸造川铸藏元、云南半元和川滇铜板驱逐卢比。所以，印度卢比主要流通于阿里、亚东、帕里及山南一些地区，拉萨、日喀则、江孜等地有少量流通。尼泊尔郭章主要流通于亚东、

图 23-5　卢比（维多尼亚女王）
《中国西藏钱币》141 页

图 23-6　川铸藏元光绪二十八年无领横花
一元币《中国西藏钱币》143 页

帕里和阿里等临近边境地区。从1913年到1959年，西藏地区流通纸币为藏钞，单位为两和章噶，100章噶合15两，面额共计有5、10、15、25、50章噶和5、10、25、100两。由于中央允许藏币继续流通，西藏地方政府中的反动上层借机大量印制发行藏钞，从1951年至1955年短短几年时间里印制发行藏钞接近和平解放西藏前20年发行的总和。

和平解放前，由于没有发行准备金，也无金银和物资保证，为维持地方政府，大量发行纸币，藏钞就已经大幅贬值。地方政府铸行的银币由于成色不断降低，市场购买力也不断下降，以前成色高、面额小的银币反而退出流通，成为人们的收藏品。市场上劣质银币、纸币、铜辅币混合流通，使得商贸活动和人民的日常生活受到很大影响。根据中央人民政府的指示，人民解放军进藏部队，携带大量袁头银元进入西藏，用于采购物资、布施、支付劳务费用、发放贷款、赈

图 23-7　藏钞二十五两套色纸币
《中国西藏钱币》347、348 页

灾、救济贫穷。由于藏族人民历史上形成习用银钱的习惯，加之袁头银元形制统一、成色标准、重量符合，西藏社会对于人民解放军入藏后带入的袁头银元十分欢迎。

二、西藏地方政府向中央提出停止发行藏钞

1952年，中国人民银行西藏分行在拉萨设立，对藏钞不收、不付。1953

年，康藏公路通车至昌都，大量内地商品进入昌都，人民币随着内地的商品流入昌都并逐步向西延伸，昌都成为银元和人民币混合市场。1954年底，康藏、青藏两条公路同时通车拉萨。袁头银元与人民币在西藏逐步流通，加剧了藏钞的贬值。1955年1月2日，达赖喇嘛进京向周恩来总理汇报，提出过去由于要解决地方财政问题而发行藏钞，由于时间长，发行数量大，形成贬值，拟停止发行藏钞。但是，这样就会有每年度60—70万银元的赤字，要求国务院给予补助。另外，过去已经发行流通的约400万银元的藏钞，收回处理也无资金，要求国务院借银元400万元。并向国务院呈递了报告。……国务院召开第七次扩大会议批复如下：中央决定为补贴西藏地方政府每年的财政赤字，拨给大洋70万元和另拨大洋400万元来帮助解决兑换藏币。

达赖喇嘛返回西藏后，开始实施停止藏钞发行并组织用银元收兑，明确由扎西机关负责。一百两纸币从第16个藏文字母编号停止印刷，撤销达、贡两个造纸厂。清理已印制的纸币，审查所有已印制未盖章的废币和纸币原料，予以焚毁或签印封存。

由中央拨银元收兑藏钞，以此解决藏钞贬值，并积极创造人民币在西藏流通的条件，遭到了西藏反动上层西藏改良会议的百般阻挠和破坏，并决定继续印制发行藏币。扎西机关恢复金东造纸厂，一百钞票从第17个藏文字母开始编号印制（藏文共30个字母，每个字母下编号25 000张，字母按顺序排完后，再从第1个字母开始印编号），印制到1959年3月19日西藏上层反动集团发行武装叛乱时为止，一百两纸币印至第二轮的第24个藏文字母。实际印制编号为17—30（14个字母），1—24（24个字母），共38个字母，每个字母实印25 000张，实际印制950 000张，按每张一百两计算，共印制9 500万两藏钞。国务院根据达赖喇嘛代表西藏地方政府的要求，全额拨付了年度赤字和兑换藏钞的银元，但是，西藏地方政府仍然大量印制藏钞。

三、人民币在西藏本位货币地位的确立

1959年3月，西藏叛乱发生后，国务院决定解散西藏地方政府。藏钞迅速贬值，市场物价快速上涨。藏区人民群众使用人民币的呼声愈来愈高。叛乱平定以后，西藏工委财政经济工作部决定7月份起在拉萨行使人民币，同时规定人民币与银元的兑换比价。1959年7月15日，西藏自治区筹备委员会发布在全区普遍发行使用人民币的布告：本会为了保护人民利益，稳定市场金融，便利城乡物资交流，促进生产发展，决定在西藏全区普遍行使中国人民银行发行之人民币，兹作如下规定：

中国人民银行发行之人民币，为法定本位币。任何人不得拒绝收受和贬值使用。禁止任何人采取任何方式携带和私运人民币出入我国国境。银元（袁头）准许继续流通。银元与人民币的比价暂定为银元一元值人民币一元五角。上述规定，自即日起望全体商民人等切实遵照执行，不得有违，违者依法论处。

四、废除并收兑原西藏地方政府发行的藏币

人民币在西藏成为法定货币流通以后，藏钞急剧贬值，一些投机商将藏钞带至农牧区购买农牧产品，欺骗坑害农牧民。1959年8月10日，经国务院批准，西藏自治区筹备委员会发布由代理主任委员班禅额尔德尼·却吉坚赞，副主任委员张国华、帕巴拉·格列朗杰、阿沛·阿旺晋美共同签署的《关于在全区废除和收兑藏币的布告》：查原西藏地方政府印发之"藏币"，为三大领主用以剥削人民和上层反动集团用以支持叛乱的工具，使西藏人民受到很大的损失。本会为了保护人民利益，稳定市场金融物价，活跃城乡经济，决定以人民币限期收兑藏币，兹作如下规定：

藏币为非法货币，自即日起宣布作废，禁止使用。自一九五九年八月十日起，由各级地方政府和军事管制委员会以人民币限期收兑藏币，具体收兑时间由各地区自行规定。禁止任何人采取任何方式携带和私运藏币出入我国国境。有关收兑藏币的比价及兑换手续等办法，由中国人民银行西藏分行规定公布之。以上规定，自即日起望全体人民切实遵照执行，违者依法论处。

为了进一步维护人民币在西藏的法定货币地位，统一币值，稳定金融，西藏自治区筹备委员会于1962年5月10日公布《金银管理和禁止外币、银元流通暂行办法》，禁止金银投机及禁止外币、银元流通。统一区内的币制，以人民币为本位币。禁止金银、外币、银元计价行使流通。取缔金银自由市场，禁止金银私相买卖。禁止金银、银元出口。

至此，西藏的货币制度完全与内地一样，实现统一，这为保障西藏的社会稳定、经济发展、人民生活水平的提高发挥了重要作用。

第五节　国民经济调整及"三五"至"四五"时期的货币流通

在三年的国民经济调整其间（1963—1965年），国家货币流通的组织与调节，主要是围绕巩固、提高、充实进行。1965年末（三年调整期末）与1962年末（"二五"末）比，全国市场货币流通量90.8亿元，下降14.7%。"三五"时期（1966—1970年），货币流通的组织与调节，难以按照规律及合理需求进行，指导思想和正确的政策原则受到冲击、动摇和改变。整顿是"四五"时期（1971—1975年）货币流通组织与调节的主要内容。

一、大力组织货币回笼，减少货币流通总量

1962年开始，中国人民银行重点组织货币回笼。1963年，大力推动城乡居民储蓄存款业务的发展。1964年末，大跃进时期多发行的货币全部收回，货币流通与商品流通的比例关系趋于正常，市场平均货币流通量与社会商品零售总额的比例，由1961年的1：5.5上升为1：8.5，与商品库存总额的比例，由1961年1：3.2上升为1：5.3。1964年4月，中国人民银行发出《关于限期收回三种人民币票券的通告》，分别是1953年版黑色工农图景的十元券，1953年版酱紫色各民族大团结图景的五元券，1953年版深绿色井冈山图景的三元券。收兑期限1964年4月15日至5月14日，收兑圆满完成。

二、保证国家金库和银行存款安全

1967年1月以后，一些地区的国家金库被冲击。在周恩来等领导人的过问和支持下，中共中央重申保卫国家金库和银行现金的安全。对银行实行军管，派驻军队保护，银行的金库与现金保证了安全。

三、建立货币发行金库制度和会计核算手续

1966年1月29日，中国人民银行发出货币发行金库制度和会计核算手续的通知，规定货币发行任务是根据国务院核定的货币发行最高额度，统一调度现金；制定人民币印制计划，开展损伤人民币销毁；保管、调运货币发行基金，调节各种货币券别的流通比例；开展全国货币发行业务会计核算，正确、全面反映市场的货币投放与回笼。

四、加强银行存款管理，防止资金流失

1968年2月18日，中共中央、国务院发出《关于进一步实行节约闹革命，坚决节约开支的紧急通知》，对各机关、团体、学校、企业、事业单位的各项经费和资金的年终结余存款，除去未完工程基本建设投资、企业流动资金、大修理基金、设备更新资金、农田水利、优抚救济、安置居民经费以外，一律按1967年12月31日的银行存款账面数字实行冻

五、中国人民银行并入财政部

1969年7月31日，国务院批准财政部军管会和中国人民银行总行军代表提出的请示，将中国人民银行并入财政部，成为财政部的独立业务单位，对外保留原名称。各地银行并入财政部门或与财政部门合并成立财政金融局联合办公，地市县支机构体制变动模式更多。国家唯一调控货币流通的独立部门不复存在，货币流通的组织与调节处于从属地位。

六、强化信贷与现金计划管理，严格控制货币发行

1973年，中国人民银行规定信贷和现金计划管理的基本原则：中华人民共和国的货币发行权集中于中央、中国人民银行根据中央批准的货币发行额度，通过现金计划，有计划地调节货币流通，使货币流通和工农业生产、商品流通的发展相适应。信贷和现金计划的管理体制，实行中央统一计划，中央和省、市、自治区分级管理的办法。财政部和中国人民银行提出现金计划编制、执行和检查的重点。

七、组织回笼硬分币，调节市场流通货币结构

1975年1月5日，中国人民银行发出加强组织硬分币回笼工作的通知，要求各银行有计划地组织调剂大小票投放，方便群众，保证市场交易的正常进行，合

理安排人民币的生产。掌握情况有的放矢组织硬分币回笼，有计划地及时进行调剂，对回笼行规定上交任务。

八、货币流通工作进行第二次整顿

财政部和中国人民银行于1975年2月下旬和3月上旬分别在北京和上海召开财政银行工作碰头会，要求各级财政和银行部门应当努力做到1975年财政收支平衡，不增发或少增发票子。6月到8月连续召开九次不同类型的银行业务工作会议，部署各级行处合理发放贷款，严格控制货币投放，并要加强检查监督工作。

第六节　新中国现金管理思想的形成及人民币性质的争论

1949年10月1日，中华人民共和国成立。自此，中国的经济金融及货币流通进入新的历史阶段，社会主义的货币流通思想与理论逐步形成。20世纪50年代中期，我国开展了货币理论大讨论，对货币存在、货币本质、货币本位、货币流通规律等进行讨论与研究。随着社会主义计划经济体制过渡为市场经济体制，中国特色的货币流通理论不断完善发展。

一、陈云统一现金管理的思想

1950年10月1日，政务院副总理兼财政经济委员会主任陈云（1905—1995年）在《人民日报》发表《中华人民共和国过去一年财政和经济工作的状况》指出："统一现金管理办法，是把所有属于政府的但是分散于各企业、机关、部队的现金，由中国人民银行统一管理、集中调度，这就不但避免了社会上通货过多的现象，而且大大增加了国家能够使用的现金。"他在《加强财政、金融的投资的管理》中提出："建立决策制度，实行预算审核，加强投资的计划性，实行进一步的货币管理。"

陈云关于统一现金管理的论述，代表国家货币流通管理的指导思想。主要内容：统一货币流通管理，建立全国货币集中管理体制，改变当时全国货币分散管理的现状，为国家经济建设集中更多的资金，防止货币过于分散，引发货币币值的不稳定。关于全国现金统一管理的思想，对于建国初期实现国家财政收支、物资调度、货币流通状况的好转，发挥了积极作用。对于后来建立高度集中的经济体制、财政体制及货币流通管理体制都有重大意义。

二、社会主义经济是否需要货币的争论

1956年，我国生产资料所有制的社会主义改造基本完成以后，国民经济结构发生根本变化，社会主义经济制度开始建立。在社会主义经济中，是否还需要货币在经济理论界引起争论，前提是社会主义经济是不是商品经济，因为商品经济有货币的存在。两种观点的代表人物是于光远与骆耕漠。中国科学院哲学社会科学学部委员于光远（1915—2013年）认为："社会主义经济仍然是商品经济，货币仍然有着存在的必要性。我国的人民币正是适应这种必要性的货币"。[1]国家计委成本物价局局长、副主任、中国科学院经济研究所研究员骆耕漠（1908—2008年）认为："商品交换、价值规律性以及由此而必然引出的货币，都是私有制的产物，社会主义经济已不再是商品经济，我国的人民币，特别是在全民所有制经济内部流通的人民币，实际上已经转化为劳动券。"[2]

1958年"大跃进"中，陈伯达为首的"极左派"推行一系列的共产原则，提出用三种方式消灭货币："一是实行流通餐证，吃饭不要钱；二是实行日用品供应化；三是在地区之间实行物物交换。"[3]1958年12月，中共八届六中全会通过《关于人民公社若干问题的决议》指出："有人在企图过早地进入共产主义的同时，企图过早地取消商品生产和商品交换，过早地否定商品、价值、货币、价格的积极作用，这种思想是对于发展社会主义建设不利的，因而是不正确的。"

三、人民币性质的争论

（一）人民币的本质。新中国成立以后，人民币成为中华人民共和国法定货币，货币制度明确人民币既没有法定含金量，也不允许与黄金交换，成为完全不同于旧中国任何一种货币的不兑现纸币。经济金融理论界形成人民币黄金派与非

---

[1] 于光远：《关于社会主义制度下的商品生产问题的讨论》载《经济研究》1959年第7期。

[2] 骆耕漠：《论商品与价值》载《经济研究》1959年第10、11期。

[3] 刘鸿儒：《社会主义货币与银行问题》，第124页，中国财政经济出版社，1980年。

黄金派。

曾凌、骆耕漠、许涤新、黄达等黄金派认为人民币仍然是货币商品即黄金的代表，货币的信用必须由黄金来保证，如果离开黄金，币值稳定不能保持。尽管世界各国已经放弃金本位制度，实行不兑现纸币流通制度，黄金依然被广泛作为国际储备资产和国际支付手段。

石武、马寅初、蒋学模、陶大镛、薛暮桥等非黄金派认为人民币已经与黄金脱钩，不再是黄金的代表。石武提出："人民政府既没有直接规定人民币与金或银的法定比率，又没有通过人民币与某一种外国货币的比率来间接规定人民币与金或银的比率。现在国家银行所挂收兑金银的牌价，只是把金或银当作一般商品的价格形态来体现，并不意味一元人民币包含着若干金或银的成分。"[1]

（二）人民币是不是信用货币。卢钝根、项裕泰等认为人民币是信用货币，卢钝根说："人民币既不同于资本主义国家的不兑现的纸币，也不同于一般的银行券，它是社会主义性质的信用货币。"[2]蒋清如、谭寿清认为人民币不是信用货币，蒋清如指出："人民币已脱离了商业信用，完全以商品生产为基础，以商品物资为保证，它并且是依照国家财政计划发行的国内唯一流通的货币。因此，人民币不是信用货币，也不是银行券，而是社会主义性质的货币。"[3]

（三）人民币是不是劳动券。骆耕漠认为："不同公有制主体之间的交换不属于商品交换，作为交换对象的生产资料也不具有商品的属性，作为交换媒介的货币本质上只是一种劳动券。"[4]孙治方、蒋学模持相同观点。吉林大学经济系主任、教授关梦觉（1912—1990年）认为："劳动券要像戏院的门票一样，是不流通的。但事实上，职工们用货币工资不仅可以到国营商店去买东西，并且还可以到集体所有制的人民公社里去买东西，甚至还可以向某些个人去买东西。所人不能认为

---

[1] 石武：《试论人民币在马克思主义货币理论上依据》载《经济研究》1957年第2期。

[2] 卢钝根：《关于人民币的性质和职能问题》载《学术月刊》1957年第4期。

[3] 施兵超：《新中国金融思想史》，第90页，上海财经大学出版社。

[4] 骆耕漠：《社会主义商品货币问题的争论和分析》第一分册，第57页，中国财政经济出版社，1980年。

职工手中的货币工资是劳动券，应该说是一般等价物，是真正意义上的货币"。[1]

（四）人民币的价值基础。黄达、谭寿清、曾凌、王守淦等黄金派认为人民币是黄金的价值符号，代表一定的金量，人民币的价值基础就是黄金。石武等非黄金派认为人民币不是黄金的价值符号，人民币发行不一定要同黄金相联系，历史已经证明稳定币值不都是以黄金作保证，粮食、布匹以及其他生产和生活所必需的重要物资同样可以作为货币的保证，因此，与金银脱离关系的人民与其他纸币一样，是货币本身发展的一个高级阶段。

（五）人民币的职能。曾凌、卢钝根、孙其璇、石武、陈仰青等认为人民币有价值尺度职能，我国的经济生活中，人民币已经被普遍地作为经济核算的工具，商品的标价都以人民币标出。陈希原、何高箸、王守淦等认为人民币没有价值尺度职能，执行价值尺度职能的货币必须是本身具有十足内在价值的金属货币，而人民币只是金属货币的符号，实质只是纸币，本身没有内在价值，不能直接衡量商品价值。

高翔等认为人民币具有贮藏手段职能，高翔提出："人民币是属于信用类型的货币符号，在社会主义制度下不但可能、而且必然会代表金币来执行贮藏手段职能。"[2] 何高箸认为人民币不具有贮藏手段职能，他指出："人民币既然是一种信用货币性质的货币符号，它具有积累与储蓄的职能，但不发挥贮藏手段的职能。能实现贮藏手段职能的只有金和银。在我国的条件下，金和银也是贮藏手段，这主要表现出国家的黄金储备上。"[3]。

（六）人民币的发行准备。社会主义制度下，人民币的发行是否需要准备，如果需要，又以什么作为准备。1965年，统计学家李成瑞（1922—2017年）在《经济研究》第6期发表《社会主义制度下货币发行准备问题的初步探讨》，提出人民币要以商品作为发行的准备。因为我国实行生产资料公有制和国民经济计划化，商品在国民经济中处于主导地位。作为货币发行准备的商品主要包括市场货源（商品

---

[1] 关梦觉：《关于社会主义制度下商品生产的几个争论问题》载《经济研究》1959年第8期。

[2] 高翔：《人民币有没有贮藏手段职能》载《金融研究》1957年创刊号。

[3] 何高箸：《我国过渡时期货币的本质与职能》，第36、38页，重庆人民出版社，1957年。

供应量）和商品库存。市场货源部分的数量（总价格），应等于货币发行量与货币在1年内流通次数之积。而商品库存部分的数量（总价格），应等于商品供应量与商品在1年内的周转次数之商。这个观点由此产生了后来的货币流通正常化的标志数据：每8元商品需要1元人民币（现金）实现其流通。反之，有8元商品才能发行1元人民币（现金），否则就会因为发行货币过多而引发通货膨胀。

四、社会主义经济中的货币流通范围

货币流通是现金流通，还是包括非现金流通。曾凌与韩雷1957年提出："我国的货币流通分为没有现金的结算（即银行内部的货币流通）与现金（银行外部的货币流通）两部分。"[1] 东北财经大学教授、财政金融系主任林继肯指出："我认为，在社会主义制度下，货币流通就是指现金流通，而货币流通规律就是现金流通渠道范围内起作用的规律。"[2]

黄达、张元元等认为货币流通既包括现金流通，也包括非现金流通。著名经济学家，教育家，中国人民大学荣誉一级教授、博士生导师黄达（1925—）指出："现金形态的货币流通和银行转账形态的货币流通并不相互排斥，而是紧紧联结在一起并共同构成统一的货币流通。现金量和银行存款量之和，构成整个国民经济中的货币量，并且两者之间可以相互转化；现金存入银行即可变成存款，存款又可提取现金。"[3] 张元元指出："在社会主义制度下，统一的货币流通是客观存在的。它的范围既包括同实现消费资料有关的货币运动，也包括同实现生产资料有关的货币运动。既包括现金流通领域，也包括非现金结算领域。"[4]

五、1950—1965年中国货币史有影响的研究成果

1950年至1965年，我国出版的有关中国货币史及中国货币史学说史的著作中最有影响的分别是彭信威先生的《中国货币史》及叶世昌的《鸦片战争前后我国的货币学说》。

---

[1] 曾凌、韩雷：《中华人民共和国的货币流通》，第67页，中国金融出版社，1957年。

[2] 林继肯：《论货币流通规律在社会主义制度下的作用》载《经济研究》1963年第2期。

[3] 黄达：《银行信贷原则和货币流通》载《经济研究》1962年第9期。

[4] 张元元：《略论社会主义制度下货币和货币流通作用的范围》载《光明日报》，1963年7月8日。

（一）彭信威先生的《中国货币史》。我国著名的货币史学家和钱币学家彭信威先生的《中国货币史》，范围包括中国货币史与中国货币理论史，时间从中国古代货币的产生至清末，体例根据中国历史的朝代划分阶段依次论述，内容包括货币制度、货币的购买力、货币理论与货币史及钱币学研究、信用与信用机关。马飞海在上海人民出版社2007年再版的《中国货币史》代序中，对彭信威先生及本书有较高评价，主要是四个提出：提出了中国钱币学的目的和任务是研究钱币购买力、钱币对于人民生活和政治的影响；提出了将书本与实物、理论与实际、货币学与钱币学结合开展研究；提出了钱币学的研究要扩大到货币流通领域特别是货币购买力的变动；提出了从治学和学风高度发展钱币学。

彭信威先生在《中国货币史》序言中，对中国的货币发展历史有精辟的评价："中国的货币，不但产生得早，而且货币的魔力，也发生得早。……而且独立发展成为一种文化。……基本上没有受到外国文化的影响。"对中国古代货币制度的特点作了四方面的总结：货币的各种职能，在中国不集中于一体；铸造和流通的地方性；铸造技术的不进步；主要钱币的重量，在长期看来，几乎稳定不变。[1]

（二）叶世昌《鸦片战争前后我国的货币学说》。复旦大学经济学院教授，叶世昌先生在书中对鸦片战争前后的货币思想进行综合分析，重点对我国古代自战国时期就已经产生的金属主义和名目主义货币思想的发展过程作了归纳，介绍了王鎏的名目主义货币学说和许楣等人的金属主义货币学说。认为王鎏是一个不折不扣的名目主义者，学说的主要内容："否定货币的商品性，否定货币的实体价值和使用价值。认为纸币的价值由国家权力规定，宣扬纸币是最理想的货币，否认纸币和通货膨胀的联系。"对于许楣的金属主义，既分析了存在的片面性，又肯定了批判王鎏名目主义货币理论有一定的合理性。认为许楣以及他的《钞币论》在我国货币思想史上放射着不可磨灭的光辉。[2]

---

[1] 彭信威：《中国货币史》绪论，第2、5—8页，上海人民出版社，2007年。

[2] 叶世昌：《鸦片战争前后我国的货币学说》，第78—79、145页，上海人民出版社，1963年。

第二十四章 改革开放前后的货币流通

1975年，中共中央制定《1976—1980年发展国民经济十年规划纲要（草案）》，提出后三年（1978—1980）建立独立比较完整的工业和国民经济体系。1979年和1980年安排大规模的基本建设和大量的进口计划，导致全国物资、财政、外汇收支产生较大缺口。

第一节　经济形势

"五五"（1976—1980年）时期跨越"文革"至粉碎"四人帮"及拨乱反正的重大历史转折。1978年，全国开展关于实践是检验真理唯一标准的讨论，搞乱的思想初步澄清，经济秩序得到恢复。长期被压抑的生产积极性充分发挥，推动国民经济迅速恢复和发展。由于急于求成，提出脱离实际的经济发展高目标和高指标，盲目扩大基本建设规模，照搬过去短期内赶超世界先进水平的设想。农业在工农业总产值中比重下降，农轻重比例失调。运输能力严重不足。

1978年12月，中共中央召开十一届三中全会，批判两个凡是，全面纠正左的错误指导思想和方针，将工作重点转移到社会主义现代化建设上来，确定发展国民经济调整、改革、整顿、提高的八字方针，开始了历史性的伟大转折。决定用3—5年时间调整工业和农业、重工业和轻工业、积累和消费等严重失调的比例关系，着手经济体制改革，继续整顿企业。

"六五"（1981—1985年）时期，我国全面开始对内改革对外开放。1980年12月，中央做出政治上进一步安定，经济上进一步调整的决策。实行包工到组，包产到户，专业承包联产计酬责任制；发展养殖与工副业生产，推动乡村集体与个人创办企业。允许多种经济形式、经营方式并存，支持城镇集体经济和个体经济发展。建立和发展以国营商业为主体、城市为中心的多种商业形式流通体制。计划管理体制改为指令性计划、指导性计划和市场调节。实行城市经济体制综合改革试点。1981年到20世纪末的20年，力争使全国工农业总产值翻两番，由1981年的7 100亿元增加到2000年的2 800亿元左右。1981—1990年打好基础，1991—2000年争取进入新的经济振兴时期。1980年，建立深圳、珠海、汕头、厦门四个经济特区。1984年5月，开放天津、上海、大连、秦皇岛、烟台、青岛、连云港、南通、宁波、温州、福州、广州、湛江、北海14个沿海港口城市（后增加海南岛）。1985年2月，开辟长江三角洲、珠江三角洲和闽南三角地区三个沿海经济开放区。初步形成经济特区→沿海开放城市→沿海经济开放区→内地，有层次、有重点、由沿海向内地、由东向西、由南向北逐步推进的地域开放格局。

第二节　货币流通的组织与调节

"五五"、"六五"时期，经历历史性的伟大转折，国民经济进行再次调整，货币流通的组织与调节，随着起伏跌宕的经济形势和政治、经济、社会环境而变化。

一、加强现金管理，维护现金流通秩序

1976年10月28日，中共中央发出冻结各单位存款的紧急通知。1977年11月，国务院发布实行现金管理的决定，对一切国营企业、事业、机关、团体、部队、学校和集体经济单位实行现金管理，指定中国人民银行为现金管理的执行机关。1984年2月27日，各单位合理的库存现金限额，按照三到五天日常零星开支所需的现金核定，最高不超过十五天。针对一些地区发行单位购货券，代替人民币支付商品货款，中国人民银行于1981年1月24日发出严格制止单位发行购货券的通知。国家允许人民群众持有金银，但不得计价流通行使，私相买卖，出售金银必须交售给中国人民银行。

二、货币流通组织与调节的指导思想实现历史性转变

1979年2月5日，中国人民银行在北京召开的全国银行行长会议提出进一步

加强城乡的现金管理，把各部门、各单位暂时闲置的资金集中于银行。稳定货币，确保货币发行权集中于中央，严格现金管理，加强工资基金监督。强调人民银行是全国信贷、结算和现金活动的中心。国家批准的信贷收支计划和货币投放、回笼计划必须严格执行。银行必须根据国家规定，定期核定各单位的库存现金限额。超过核定限额的库存现金，必须随时存入银行。

三、中国人民银行发行第一套纪念金币

1976年1月8日，国际货币基金组织临时委员会通过《牙买加协议》，宣布废除黄金条款，取消黄金官价，各会员国中央银行可按市价自由进行黄金交易，致使黄金的货币特性淡化，各国央行较少增加黄金储备，此时的黄金已由硬通货转为特殊商品。1979年10月，国务院授权中国人民银行通过铸币投放国际市场的方式经营黄金储备。

图24-1　中华人民共和国成立三十周年纪念金币1979年发行（《中国现代贵金属币赏析第一册（1979—1990）》）

十一届三中全会后，国家开始引进外资，中国人民银行着手通过运营金银储备实现增值创汇。1979年9月，为庆祝中华人民共和国成立三十周年，中国人民银行发行中华人民共和国纪念金币，共计4枚，每枚面值人民币400元。纪念币正面为中华人民共和国国徽，背面分别为天安门、人民英雄纪念碑、人民大会堂、毛泽东主席纪念堂。直径27毫米，成色91.6%，重量纯金0.5盎司。9月22日，国务院同意并批转中国人民银行加强我国对外发售金、银币（章）管理的请示报告，决定金银纪念币统一由中国人民银行负责设计、制造、发行。

四、维护人民币统一市场，发行外汇兑换券

1980年1月5日，国务院批转中国人民银行维护人民币统一市场禁止外币在国内市场流通的报告，禁止一切外币在国内市场计价流通，除经国务院批准专门

接待外宾的宾馆和机场设立的外币商
店外，其他地方一律不得以外币计价
和收取外币。国务院授权中国银行从
1980年4月1日起发行外汇兑换券，凡
持有可自由兑换的外币现钞，能立即
付款的外币票据、外币支付凭证和汇
入款等，均要向当中国银行或其指定
的外币代兑点兑换成外汇兑换券。外

图 24-2　中国银行外汇兑换券 1979 年伍圆券

汇兑换券与人民币等值，只限于短期来华的外国人，短期回来的华侨、港澳同
胞，驻华外交、民间机构及其常驻人员等，在中国境内指定的范围内使用，不准
挂失。凭本人兑换证明，在六个月内可以将持有的外汇券向中国银行办理转存
人民币特种存款、外币存款，或兑回外币，或携出、汇出境外。不得私自买卖。
1981年6月12日，国务院同意国家计委、国家进出口委等部门《关于加强外汇兑
换券管理工作的报告》，要求从价格上保证外汇券与人民币等值。所有指定收取
外汇券的单位，对外供应商品，原则上同市场零售价格一致，不得降低销价。个
人持有外汇券，只能到银行换成人民币，不许直接使用。

五、外汇兑换券的券别与版别

中国银行于1980年4月1日开始发行1979年版外汇兑换券，面额分为壹
角、伍角、壹圆、伍圆、拾圆、伍拾圆、壹佰圆7个券种，1990年4月1日又发
行1988年版伍拾圆、壹佰圆券，共计发行7种面额、9种版别。外汇券面值以角
为最小单位，角以下的小数使用人民币辅币。正面有郭沫若先生书写的"中国银
行"及外汇兑换券字样，三峡、长城、天坛等我国的风景名胜图景，四周饰以机
刻花纹构成的封闭式四边框，两旁上部分别有机刻花球图案和阿拉伯数字面额，
下部印有汉字面额与汉字、号码。1979年版各票券为2个汉语拼音冠字6位号码，
1988年版各票券为2个冠字8位号码，并有行长之章印，下边框有一九七九年或
一九八八年年别年号。伍拾圆、壹佰圆右方有国徽固定水印，拾圆及伍角券有五
角星、火炬混合满版水印，壹角券为国旗五角星满版水印。背面印有英文"中国

图 24-3　中华人民共和国国库券
1982 年拾圆券

银行外汇兑换券"和阿拉伯数字、英文数字面额，中间是中、英文的文字说明。1988年版100元券与1979年版壹佰圆券只是颜色不同，1988年版伍拾券与1979年版伍拾圆券除颜色不同之外，主景和花纹图案等均有变化。

六、发行中华人民共和国国库券

1981年1月28日，国务院公布《中华人民共和国国库券条例》，从1981年开始，发行中华人民共和国国库券。国库券不作货币流通，不自由买卖。通过发行债券吸收单位和个人闲置资金。发行国库券分流银行储蓄存款的来源，减少银行可用资金。由于国库券不能流通，对于货币流通流通的组织与调节没有影响，减轻了增发货币的压力。

七、加强现金管理，控制货币发行

1981年1月28日，国务院决定，国家批准的信贷计划和货币发行计划，必须严格执行，不得突破。一切机关、团体、企业、事业、学校、部队等单位，必须认真贯彻执行现金管理各项规定。超过库存限额的现金，要及时存入银行。1982年5月6日，国务院发出抓紧做好货币回笼工作和严格控制货币投放的通知。1983年8月27日，国务院发出严格控制货币投放、积极组织货币回笼的通知。1984年11月13日，国务院发出严格控制财政支出和大力组织货币回笼的紧急通知。

八、明确中国人民银行专门行使中央银行职能

1983年9月17日，国务院作出中国人民银行专门行使中央银行职能的决定，不再兼办工商信贷和储蓄业务，是国务院领导和管理全国金融事业的国家机关，集中力量做好全国金融的宏观决策，加强信贷资金管理，保持货币稳定。拟订金融工作方针、政策、法令、基本制度，经批准后组织执行。掌管货币发行，调节市场货币流通。统一管理人民币存贷利率和汇价。1984年2月6日，中国人民银行颁发专门行使中央银行职能若干问题的暂行规定，明确发行库是各级人民银行

重要组成部分。发行库按照当地人民银行核定的专业银行月度现金计划及月度内最高投放额向专业银行支付现金，授权专业银行按照国务院和人民银行的有关规定执行现金管理任务。

第三节　发行流通纪念币（钞）

一、第一套流通纪念币的发行

1984年10月1日，为庆祝中华人民共和国成立35周年，中国人民银行发行第一套流通纪念币——中华人民共和国成立三十五周年，材质为铜镍合金，发行数量2 041万枚。纪念币正面分别是"国徽、礼花、天安门广场"，背面分别是开国大典、民族大团结，祖国万岁。国徽下方有中华人民共和国成立三十五周年及1949—1984字样。背面图案分别为：

图24-4　中华人民共和国成立三十五周年纪念币，1984年发行《中国流通纪念币1984—1994》

华表和松树、仙鹤、长城组成的图案：

华表、长城体现中华民族的勤劳和智慧，松树、仙鹤借中国传统吉语松鹤延年寓意我们伟大祖国繁荣昌盛、欣欣向荣。汉、蒙、藏、维、高山族人物形象组成的图案：载歌载舞的各族群众及金碧辉煌的节日天安门城楼图案，象征民族大团结。开国大典图案。选用中国历史博物馆珍藏的中国现代著名画家董希文1953年作的油画开国大典，形象地再现1949年10月1日毛泽东在天安门城楼上庄严宣告中华人民共和国成立了，中国人民从此站起来了的情景。

二、流通纪念币（钞）的主题及材质

流通纪念币是具有特定主题，如纪念重大事件、重要人物而限量发行的人民

币。选题丰富多彩、设计独具匠心、图案新颖美观、面额大小不等、规格材质多种多样。将中华人民共和国成立以后的辉煌成就及重要事件浓缩于纪念币的方寸之间。流通纪念币作为人民币的组成部分，丰富和完善了我国的货币制度，展示了我国优秀的传统货币文化，推动了文化艺术品收藏市场的发展，促进了我国对外的金融与文化交流。流通纪念币材质为金属。纪念钞材质分别是纸钞和塑料。

三、我国纪念币（钞）的发行数量和类别

1984年以后，每年都发行流通纪念币。至2020末，共发行普通流通纪念币101套118枚，纪念钞4张，分别是：1999年面值50元庆祝中华人民共和国成立50周年纪念钞、2000年面值100元迎接新世纪纪念钞、2008年面值10元第29届奥林匹克运动会的纪念钞、2015年面值100元中国航天纪念钞。流通纪念币分为两类：

（一）非流通纪念币。1980—1985年发行，5套20枚，面值均为1元，材质为铜锌合金，大多由中国人民银行精美装帧后向国外发行。

图24-5　第十三届冬季奥林匹克运动会纪念铜币1980年6月发行，1套4枚，面值1元

非流通纪念币一览表

	数量（枚）	面值（元）	发行量（枚）	材质	发行时间
第十三届冬季奥林匹克运动会铜币	8	1	28 8000（加厚80 000）	铜锌合金	1980年
中国奥林匹克委员会铜币	8	1	330 000（加厚1 000）	铜锌合金	1980年
第十届世界杯足球赛铜币	1	1	80 000	铜锌合金	1982年
1983年版中国熊猫铜币	1	1	30 000	铜锌合金	1983年

（续表）

	数量 （枚）	面值 （元）	发行量 （枚）	材质	发行时间
1984年版中国熊猫铜币	1	1	30 000	铜锌合金	1984年
1985年版中国熊猫铜币	1	1	50（未发行）	铜锌合金	1985年

资料来源：汪洋、陈景林、林振宇编著：《中国金币标准目录》第5—19页，北京：北京出版集团公司北京出版社，2018年。

（二）普通流通纪念币（钞）。面额1元、5元、10元、50元、100元，与人民币其他品种等额流通。其中有多种系列，如生肖贺岁、民族团结、文化遗产、领袖人物、环境保护、珍稀动物、历史事件、体育运动、世界和平、和字书法等。为推动对濒危珍稀野生动物的拯救和保护，宣传野生动物对人类和自然界生态平衡的作用和意义。1993年6月15日至1999年7月15日，发行10套10枚中国珍稀野生动物纪念币：大熊猫、金丝猴、白鳍豚、华南虎、朱鹮、丹顶鹤、

图24-6 第一枚生肖流通纪念币"癸未"——羊2003年发行

图24-7 中国珍稀野生动物中华鲟流通纪念币精制样币1999年发行《中国现代流通硬币标准图录（第三版）》135页

褐马鸡、扬子鳄、中华鲟、金斑喙凤蝶。全部是紫铜材质、面值5元、直径32毫米。铸造材质多样，有铜镍合金、钢芯镀镍、紫铜合金、黄铜合金、黄白铜合金等。由于铸造工艺的差别，分为普通流通纪念币和精制流通纪念币。精制币制作精细，清晰度高于普通币，由于发行量较少，收藏价值较高。

四、迎接新世纪纪念钞赏析

2000年11月28日发行，我国首套塑料纪念钞。

正面图案主景是以坐落在北京北海公园北岸的九龙壁中第三条龙（升龙）为设计范本。矫健雄姿，威严无比的大升龙从大海中腾空而起，张开百川大口，直

图24-8　2000年发行的迎接新世纪
壹佰圆塑料纪念钞

视左侧熊熊燃烧的火球，像是跳着吉祥舞蹈，迎接新千年的到来。背面主景图案是为迎接新世纪的代表性建筑，集思想性、文化性、艺术性为一体的中国和北京纪元晋千具有历史意义的纪念性建筑。——中华世纪坛，坛的上空乾坤台圆盘时空指针的左右，两个飞天仙女身穿纱裙、脖挂银铃、手带玉镯、肩挽彩绸尽情地飞舞。

第四节　普通流通纪念币一览表

（中国人民银行）

序号	币　种	数量（枚）	面额（元）	发行量（万枚）	材质	发行时间（年）
1	中华人民共和国成立三十五周年	3	1×3	2 041	铜镍合金	1984
2	西藏自治区成立20周年	1	1	261.5	铜镍合金	1985
3	新疆维吾尔自治区成立30周年	1	1	450	铜镍合金	1985
4	国际和平年	1	1	2 704.8	铜镍合金	1986
5	内蒙古自治区成立四十周年	1	1	905.4	铜镍合金	1987
6	中华人民共和国第六届运动会	3	0.1×3	351×3	铜锌合金	1987
7	宁夏回族自治区成立三十周年	1	1	156	铜镍合金	1988
8	中国人民银行成立四十周年	1	1	260.5	铜镍合金	1988

（续表）

序号	币　种	数量（枚）	面额（元）	发行量（万枚）	材质	发行时间（年）
9	广西壮族自治区成立三十周年	1	1	407.2	铜镍合金	1988
10	中华人民共和国成立四十周年	1	1	2 100	铜镍合金	1989
11	第十一届亚洲运动会	2	1×2	1 280.4×2	钢芯镀镍	1990
12	全民义务植树运动十周年	3	1×3	1 000×3	钢芯镀镍	1991
13	中国共产党成立七十周年	3	1×3	3 000×3	钢芯镀镍	1991
14	第一届世界女子足球锦标赛	2	1×2	1 000×2	钢芯镀镍	1991
15	宪法颁布十周年	1	1	1 000	钢芯镀镍	1992
16	宋庆龄诞辰100周年	1	1	1 044.8	钢芯镀镍	1993
17	中国珍稀野生动物——大熊猫	1	5	600	紫铜合金	1993
18	毛泽东诞辰100周年	1	1	2 000	钢芯镀镍	1993
19	"希望工程"实施5周年	1	1	2 000	钢芯镀镍	1994
20	第四十三届世界乒乓球锦标赛	1	1	1 000	钢芯镀镍	1995
21	抗日战争和反法西斯战争胜利50周年	1	1	1 000	钢芯镀镍	1995
22	联合国第四次世界妇女大会	1	1	1 000	钢芯镀镍	1995
23	联合国成立五十周年	1	1	1 000	钢芯镀镍	1995
24	中国珍稀野生动物——金丝猴	1	5	600	紫铜合金	1995
25	朱德诞辰110周年	1	1	1 000	钢芯镀镍	1996

（续表）

序号	币　种	数量（枚）	面额（元）	发行量（万枚）	材质	发行时间（年）
26	中国珍稀野生动物——白鳍豚	1	5	600	紫铜合金	1996
27	中国珍稀野生动物——华南虎	1	5	600	紫铜合金	1996
28	香港特别行政区成立	2	10×2	2 000×2	黄白铜合金	1997
29	周恩来诞辰100周年	1	1	1 000	钢芯镀镍	1998
30	中国珍稀野生动物——朱鹮	1	5	600	紫铜合金	1998
31	中国珍稀野生动物——丹顶鹤	1	5	600	紫铜合金	1998
32	中国珍稀野生动物——褐马鸡	1	5	600	紫铜合金	1998
33	中国珍稀野生动物——扬子鳄	1	5	600	紫铜合金	1998
34	刘少奇诞辰100周年	1	1	2 000	钢芯镀镍	1998
35	中国珍稀野生动物——中华鲟	1	5	600	紫铜合金	1999
36	中国珍稀野生动物——金斑喙凤蝶	1	5	600	紫铜合金	1999
37	中国人民政治协商会议成立五十周年	1	1	1 000	钢芯镀镍	1999
38	中华人民共和国成立五十周年	1	10	1 000	黄白铜合金	1999
39	澳门特别行政区成立	2	10×2	2 000×2	黄白铜合金	1999
40	敦煌藏经洞发现100周年	1	1	1 000	钢芯镀镍	2000
41	迎接新世纪	1	10	1 000	黄白铜合金	2000
42	西藏和平解放50周年	1	5	1 000	黄铜合金	2001

（续表）

序号	币 种	数量（枚）	面额（元）	发行量（万枚）	材质	发行时间（年）
43	辛亥革命90周年	1	5	1 000	黄铜合金	2001
44	世界文化遗产（1组）万里长城	1	5	1 000	黄铜合金	2002
45	世界文化遗产（1组）秦始皇陵及兵马俑坑	1	5	1 000	黄铜合金	2002
46	2003年贺岁（羊）	1	1	1 000	黄铜合金	2003
47	中国宝岛台湾（1组）朝天宫	1	5	1 000	黄铜合金	2003
48	中国宝岛台湾（1组）赤崁楼	1	5	1 000	黄铜合金	2003
49	世界文化遗产（2组）曲阜三孔	1	5	800	黄铜合金	2003
50	世界文化遗产（2组）明清故宫	1	5	800	黄铜合金	2003
51	2004贺岁（猴）	1	1	1 000	黄铜合金	2004
52	中国宝岛台湾（2组）鹅銮鼻	1	5	1 000	黄铜合金	2004
53	中国宝岛台湾（2组）日月潭	1	5	1 000	黄铜合金	2004
54	邓小平诞辰100周年	1	1	1 000	钢芯镀镍	2004
55	人民代表大会成立50周年	1	1	1 000	钢芯镀镍	2004
56	世界文化遗产（3组）苏州古典园林	1	5	600	黄铜合金	2004
57	世界文化遗产（3组）周口店"北京人"	1	5	600	黄铜合金	2004
58	2005年贺岁（鸡）	1	1	1 000	黄铜合金	2005
59	世界文化遗产（4组）丽江古城	1	5	800	黄铜合金	2005

（续表）

序号	币　种	数量（枚）	面额（元）	发行量（万枚）	材质	发行时间（年）
60	世界文化遗产（4组）青城山与都江堰	1	5	800	黄铜合金	2005
61	陈云诞辰100周年	1	1	1 000	钢芯镀镍	2005
62	中国宝岛台湾（3组）敬字亭	1	5	1 000	黄铜合金	2005
63	2006年贺岁（狗）	1	1	1 000	黄铜合金	2006
64	世界文化遗产（5组）龙门石窟	1	5	1 000	黄铜合金	2006
65	世界文化遗产（5组）颐和园	1	5	1 000	黄铜合金	2006
66	第29届奥运会普通纪念币（1组）	1×2	1×2	1 000×2	黄铜合金	2006
67	2007年贺岁（猪）	1	1	1 000	黄铜合金	2007
68	第29届奥运会普通纪念币（2组）	1×3	1×3	1 000×3	黄铜合金	2007
69	2008年贺岁（鼠）	1	1	1 000	黄铜合金	2008
70	第29届奥运会普通纪念币（3组）	1×3	1×3	1 000×3	黄铜合金	2008
71	2009年贺岁（牛）	1	1	3 000	黄铜合金	2009
72	“和”字书法系列（1组）	1	1	1 000	黄铜合金	2009
73	环境保护系列（1组）	1	1	1 000	黄铜合金	2009
74	2010年贺岁（虎）	1	1	3 000	黄铜合金	2010
75	“和”字书法系列（2组）	1	1	1 000	黄铜合金	2010
76	环境保护系列（2组）	1	1	1 000	黄铜合金	2010
77	上海世博会	1	1	6 000	黄铜合金	2010

（续表）

序号	币 种	数量（枚）	面额（元）	发行量（万枚）	材质	发行时间（年）
78	2011年贺岁（兔）	1	1	3 000	黄铜合金	2011
79	中国共产党成立90周年	1	5	6 000	黄铜合金	2011
80	2012年贺岁（龙）	1	1	8 000	黄铜合金	2012
81	2013年贺岁（蛇）	1	1	8 000	黄铜合金	2013
82	"和"字书法系列（3组）	1	5	5 000	黄铜合金	2013
83	2014年贺岁（马）	1	1	10 000	黄铜合金	2013
84	"和"字书法系列（4组）	1	5	7 000	黄铜合金	2014
85	2015年贺岁（二羊）	1	10	8 000	黄白铜合	2015
86	抗战胜利70周年	1	1	50 000	钢芯镀镍	2015
87	中国航天纪念	1	10	10 000	黄白铜合金	2016
88	2016贺岁（二猴）	1	10	50 000	黄白铜合金	2016
89	孙中山诞辰150周年	1	5	30 000	黄白铜合金	2016
90	2017年贺岁（二鸡）	1	10	50 000	黄白铜合金	2017
91	建军80周年	1	10	25 000	黄白铜合金	2017
92	"和"字书法系列（5组）	1	5	25 000	黄白铜合金	2017
93	2018年贺岁（二狗）	1	10	35 000	黄白铜合金	2018
94	中国高铁	1	10	20 000	黄白铜合金	2018
95	改革开放40年	1	10	18 000	黄白铜合金	2018
96	2019年贺岁（二猪）	1	10	25 000	黄白铜合金	2018
97	中华人民共和国成立70周年	1	10	15 000	黄白铜合金	2019

（续表）

序号	币　种	数量（枚）	面额（元）	发行量（万枚）	材质	发行时间（年）
98	世界文化和自然遗产——泰山	1	10	12 000	黄铜合金	2019
99	2020年贺岁（二鼠）	1	10	25 000	黄白铜合金	2020
100	世界文化和自然遗产——武夷山	1	10	12 000	黄铜合金	2020

第二十五章 治理经济环境及亚洲金融危机其间的货币流通

"六五"期末的1985年，我国经济总需求超过总供给的格局逐步显现，经济增长速度较快，固定资产规模不断扩大，1986年下半年开始出现通货膨胀。国务院决定自"七五"时期（1986—1990年）的第一年起，执行稳定经济的软着陆政策。1988年9月26日，党的十三届三中全会上提出治理经济环境整顿经济秩序的方针。

第一节 经济形势

一、"七五"、"八五"时期

1986年下半年，我国出现通货膨胀。1988年，全年零售物价总水平比上年上升18.5%，城镇上升21.3%，农村上升17.1%。1988年夏季，不适当地决定推行价格改革，触发全国性抢购风潮。8月30日，国务院发出做好当前物价工作和稳定市场的紧急通知。9月，中共十三届三中全会做出治理经济环境、整顿经济秩序、全面深化改革的决定。1989年11月，中共十三届五中全会做出进一步治理整顿和深化改革的决定。1990年，通货膨胀得到控制，当年的全国零售物价比上年上涨2.1%。1989年国民生产总值增长3.9%，1990年增长5%。

1992年初，邓小平先后到武昌、深圳、珠海、上海等地视察，发表一系列重要讲话。重申深化改革、加速发展的必要性和重要性，一些理论和实践问题的新思路。阐述党的基本路线是一个中心，两个基本点，提出改革也是解放生产力、社会主义也要搞市场经济、走社会主义道路要实现共同富裕等观点。1992年上半年至1993年，我国经济出现房地产热、开发区热、集资热、股票热。高工业增长、高货币发行、高信贷投资、高物价上涨。交通运输紧、能源紧、重要原材料紧、资金紧。经济秩序特别是金融秩序混乱。1993年6月24日，中共中央、国务院颁发加强宏观调控的意见，各地迅速落实，经济过热现象逐步消除，实现国民经济软着陆。

二、"九五"、"十五"时期

1997年下半年泰国爆发金融危机席卷东南亚和东亚地区，大多数东盟国家和地区的经济跌入谷底，通货膨胀严重。出口不振、投资乏力和大量企业破产、倒闭、失业严重。亚洲金融危机对世界金融市场产生破坏性影响，对中国经济发展的负面影响逐步显现。为应对亚洲金融危机，中央确定经济工作要稳中求进。制定扩大内需的方针，实行积极的财政政策和稳健的货币政策。以币值稳定为目标，正确处理防范金融风险与支持经济增长的关系，保持货币供应量适度增长，支持国民经济持续快速健康发展。

2003年，虽经非典疫情影响，经济仍保持稳定增长。但是，农民收入增长困难和就业压力很大及铁、有色金属、建材、房地产等行业和部分地区盲目投资突出。民营经济为主体的经济发展动力不断增强，投资扩张需求持续增长。住宅、轿车、通信工具、教育、旅游等消费热点形成。粮食生产扭转连续四年减产获得大丰收。钢铁、水泥、铝业、房地产开发投资大幅回落，农林牧渔业、电力、燃气及水的生产和供应业投资，钢材、原煤、发电量、半导体集成电路、微型电子计算机等产品的生产持续增长。汽车、水泥、氧化铝生产明显放慢。

第二节　货币流通的组织与调节

一、为组织与调节货币流通提供制度保障

1986年1月7日，国务院颁布《银行管理暂行条例》规定：货币发行必须集中统一管理。财政部门不得向中国人民银行透支。1988年10月1日，国务院颁布《现金管理暂行条例》，凡在银行和其他金融机构开立账户的机关、团体、部队、企业、事业单位和其他单位，必须依照本条例的规定收支和使用现金，接受开户

银行的监督。各级人民银行应当严格履行金融主管机关的职责，负责对开户银行的现金管理进行监督和稽核。开户银行依照本条例和中国人民银行的规定，负责现金管理的具体实施，对开户单位收支、使用现金进行监督管理。

二、开办邮政储蓄业务，推动城乡储蓄业务发展

1986年1月27日，邮电部、中国人民银行下发联合通知，决定春节前在北京等省市的12个城市开办邮政储蓄点，办事个人邮政活期、定期储蓄业务，交存的邮政储蓄款由中国人民银行统一支配。1986年4月1日起，在全国各省、自治区、直辖市开办邮政储蓄业务。吸收的储蓄存款，全部缴存人民银行统一使用。2003年8月1日起，新增存款由邮政储蓄机构自主运用。

（一）加强股票债券管理。1987年3月28日，国务院发出《关于加强股票、债券管理的规定》，发行股票应当在严格的监督和控制下，主要限于在少数经过批准的集体所有制企业中试行。未经中国人民银行批准，股票不得上市。全民所有制企业可以发行债券，其他单位及

图 25-1　1984 年 11 月 18 日发行的新中国第一支股票飞乐音响股票，由上海飞乐音响股份有限公司发行。《中国上市公司实物股票图册》44 页

公民个人不得发行债券。金融机构发行债券，由中国人民银行统一下达计划。企业发行债券必须报经当地中国人民银行审批。

（二）确定货币与经济的关系，改革金融体制。1991年初，中国人民银行提出继续坚持实行控制总量、调整结构、强化管理、适时调节、提高效益的货币政策，在保持货币稳定的基础上，支持经济适度增长。这是人民银行首次提出货币稳定与经济增长关系的概念。1993年12月25日，国务院发布金融体制改革的决定，建立在国务院领导下，独立执行货币政策的中央银行宏观调控体系。首要的任务是把中国人民银行办成真正的中央银行，成为国家领导、管理金融业的职能部门，总行掌握货币发行权、基础货币管理权、信用总量调控权和基准利率调节权，保证全国统一货币政策的贯彻执行。

（三）依法调控与管理货币流通。1995年3月18日起施行的《中华人民共和国中国人民银行法》，规定中国人民银行"发行人民币，管理人民币流通"的职责。中华人民共和国的法定货币是人民币。以人民币支付中华人民共和国境内的一切公共的和私人的债务，任何单位和个人不得拒收。人民币的单位为元，人民币辅币单位为角、分。人民币由中国人民银行统一印制、发行。中国人民银行发行新版人民币，应当将发行时间、面额、图案、式样、规格予以公告。禁止伪造、变造人民币。禁止出售、购买伪造、变造的人民币。禁止运输、持有、使用伪造、变造的人民币。禁止故意毁损人民币。禁止在宣传品、出版物或者其他商品上非法使用人民币图样。任何单位和个人不得印制、发售代币票券，以代替人民币在市场上流通。残缺、污损的人民币，按照中国人民银行的规定兑换，并由中国人民银行负责收回、销毁。中国人民银行设立人民币发行库，在其分支机构设立分支库。分支库调拨人民币发行基金，应当按照上级库的调拨命令办理。任何单位和个人不得违反规定，动用发行基金。

（四）加强现金管理。人民银行总行对货币投放（回笼）计划条块结合，双线下达。一个单位只能在一家金融机构开立一个基本存款账户，办理现金收付业务。一般存款账户不得办理现金支付。临时存款账户和专用账户需要支付现金的，必须严格执行有关规定。办理现金收付业务的金融机构，必须建立大额现金支付登记备案制度。

（五）建立人民币浮动汇率制度。中国人民银行宣布自2005年7月21日起，实行以市场供求为基础、参考一篮子货币进行调节、有管理的浮动汇率制度。2005年7月21日19时，人民币对美元交易价格调整为8.11∶1，升值2%。7月21日以后，新的人民币汇率形成机制运行平稳，人民币汇率在合理均衡水平上保持基本稳定。

第三节　发行第四套人民币

为适应改革开放和经济发展的需要，进一步健全我国的货币制度，方便人民币的流通使用和交易核算。1987年4月25日，国务院颁布发行第四套人民币的命令，责成中国人民银行自1987年4月27日起，陆续发行第四套人民币。

一、券别与版别

主币有壹圆、贰圆、伍圆、拾圆、伍拾圆和壹佰圆6种，辅币有壹角、贰角和伍角3种，主辅币共9种券别，14种版别。采取一次公布，分次发行的办法。1987年4月27日首先发行伍拾圆券和伍角券，1988年5月10日发行壹佰圆券、贰圆券、壹圆券和贰角券，1988年9月22日，发行拾券圆、伍圆券、壹角券。为提高人民币防伪能力，1992年8月20日，在全国发行1990年版伍拾圆、壹佰圆券。根据1992年5月8日第97号国务院令，中国人民银行自1992年6月1日起发行第四套人民币1元、5角、1角硬币。使第四套人民币结构更加完善。为便利市场流通，1995年3月1日和1997年4月1日，在全国发行1990年版和1996年版壹圆券。1996年4月10日，在全国发行1990年版贰圆券。

第四套人民币纸币一览表

券　别	图　案		主色	发行时间
	正　面	背　面		
壹佰圆	毛、周、刘、朱浮雕像	井冈山	蓝黑	1988.5.10
壹佰圆	毛、周、刘、朱浮雕像	井冈山	蓝黑	1992.8.20
伍拾圆	工、农、知识分子头像	黄河壶口	黑茶	1987.4.27
伍拾圆	工、农、知识分子头像	黄河壶口	黑茶	1992.8.20
拾圆	汉族、蒙古族人物头像	珠穆朗玛峰	黑蓝	1988.9.22
伍圆	藏族、回族人物头像	长江巫峡	棕	1988.9.22
贰圆	维吾尔族、彝族人物头像	南海南天一柱	绿	1988.5.10
贰圆	维吾尔族、彝族人物头像	南海南天一柱	绿	1996.4.10
壹圆	侗族、瑶族人物头像	长城	深红	1988.5.10
壹圆	侗族、瑶族人物头像	长城	深红	1995.3.1
壹圆	侗族、瑶族人物头像	长城	深红	1997.4.1

中国货币简史

（续表）

券 别	图 案		主色	发行时间
	正 面	背 面		
伍角	苗族、壮族人物头像	国徽、民族图案	紫红	1987.4.27
贰角	布依族、朝鲜族人物头像	国徽、民族图案	蓝绿	1988.5.10
壹角	高山族、满族人物头像	国徽、民族图案	深棕	1988.9.22

图 25-2　第四套人民币纸币壹角券（高山族、满族人物头像）、贰角券（布依族、朝鲜族人物头像）、
伍角券（苗族、壮族人物头像）票样（中国人民银行）

图 25-3　第四套人民币纸币壹圆券（侗族、瑶族人物头像）、贰圆券（维吾尔族、彝族人物头像）、
伍圆券（藏族、回族人物头像）、拾圆券（汉族、蒙古族人物头像）票样（中国人民银行）

图 25-4　第四套人民币纸币伍拾圆券 1990 年版、壹佰圆券 1990 版（中国人民银行）

二、第四套人民币硬币

自1992年6月1日发行，面额有1元、伍角和1元。正面图案均为国徽、国名和汉语拼音及阿拉伯数字年号，背面图案分别为牡丹、梅花、菊花花卉图案和面值，共制造发行31种、64个版别。

图25-5　第四套人民币纸币硬币壹角（菊花）、伍角（梅花）、壹元（牡丹）（中国人民银行）

第四套人民币硬币一览表

券　别	图　案		材　质	直　径	发行时间
	正　面	背　面			
1元硬币	国徽国名汉语拼音年号	牡丹花面额	钢芯镀镍	25.0毫米	1992.6.1
5角硬币	国徽国名汉语拼音年号	梅花面额	铜锌合金	20.5毫米	1992.6.1
1角硬币	国徽国名汉语拼音年号	菊花面额	铝镁合金	22.5毫米	1992.6.1

三、票面的主题思想与特点

设计思想、风格和印制工艺都有创新和突破。体现在中国共产党领导下，全国各族人民意气风发，团结一致，建设有中国特色的社会主义这个共同的主题。

壹佰圆券采用我党老一辈革命家毛泽东、周恩来、刘少奇和朱德的侧面浮雕像；伍拾圆券用工人、农民和知识分子头像；其他券别采用我国14个民族人物头像。票面人像清晰，栩栩如生。设计风格保持和发扬了我国民族艺术传统特点。主币背面图景取材于我国名胜古迹、名山大川，如：壹圆券的万里长城、贰圆券的海南省三亚市的天涯海角、伍圆券的长江三峡的巫峡、拾圆券的珠穆朗玛峰、伍拾圆券的黄河壹口瀑布、壹佰圆券的井冈山。背面纹饰全部采用富有我国民族特点的图案，如凤凰牡丹、仙鹤松树、绶带鸟翠竹、燕子桃花等。这些图景、纹饰与主景融为一体，表现出鲜明的民族风格。印制工艺，主景全部采用大幅人物头像水印，雕刻工艺复杂；钞票纸分别采用满版水印和固定人像水印，不仅表现线条图景，而且表现明暗层次，工艺技术高，提高了我国印钞工艺技术水平和钞票防伪能力。增加发行伍拾圆和壹佰圆两个券别，适应商品经济发展的需要，便于流通。

第四套人民币根据国家对汉字规范化，票面全部采用规范化汉字，字体仍沿用马文蔚先生的张黑女碑体。改繁体字为简体字，如中国人民银行行名中的國和銀，六种主币面值的圆，都分别改成国、银、圆。改异体字为正体字。原流通的人民币2元券、2角券、2分券统一使用贰（原两横在上）。原流通的人民币辅币1角、2角、5角券的角字，使用新字形角，中间一竖出头。

2018年3月22日，中国人民银行发布公告，经国务院批准，中国人民银行决定自2018年5月1日起停止第四套人民币100元、50元、10元、5元、2元、1元、2角纸币和1角硬币在市场上流通。

第四节　发行第五套人民币

随着我国改革开放的不断深入，社会主义市场经济日趋完善，国民经济持续、快速、健康发展，社会对现金的需求量日益加大，对人民币的数量与质量、总量与结构、防伪功能有新要求。

一、券别和版别

券别	壹佰圆	伍拾圆	贰拾圆	拾圆	伍圆	壹圆	伍角	壹角
版别	3种	2种	2种	2种	2种	2种	1种	2种

第五套人民币纸币一览表

券　别	图　案		主色调	发行时间
	正面	背面		
壹佰圆	毛泽东头像	人民大会堂	红色	1999.10.1
壹佰圆	毛泽东头像	人民大会堂	红色	2005.8.31

（续表）

券 别	图 案		主色调	发行时间
	正 面	背 面		
壹佰圆	毛泽东头像	人民大会堂	红色	2015.11.12
伍拾圆	毛泽东头像	布达拉宫	绿色	2001.9.1
伍拾圆	毛泽东头像	布达拉宫	绿色	2005.8.31
贰拾圆	毛泽东头像	桂林山水	棕色	2000.10.16
贰拾圆	毛泽东头像	桂林山水	棕色	2005.8.31
拾圆	毛泽东头像	长江三峡	蓝黑色	2001.9.1
拾圆	毛泽东头像	长江三峡	蓝黑色	2005.8.31
伍圆	毛泽东头像	泰山	紫色	2002.11.18
伍圆	毛泽东头像	泰山	紫色	2005.8.31
壹圆	毛泽东头像	西湖	橄榄绿	2004.7.30

图 25-6 第五套人民币壹圆券、伍圆券、拾圆券、贰拾圆券、伍拾圆券、壹佰圆券（中国人民银行）

二、第五套人民币硬币

2000年10月16日开始发行1角和1元，2002年11月18日开始发行5角，2005年8月31日开始发行不锈钢材质的1角硬币，同时停止生产铝全金材质1角。硬币正面图案均为行名、面额和年号，背面图案1角为兰花、5角为荷花、1元为菊花的花卉图案。

图 25-7 第五套人民币硬币 1999 年版壹角（兰花）、伍角（荷花）、壹元（菊花）（中国人民银行）

第五套人民币硬币一览表

券 别	图 案		材 质	直 径	发行时间
	正 面	背面			
1元硬币	行名、面额、拼音、年号	菊花	钢芯镀镍	25毫米	2000.10.16
5角硬币	行名、面额、拼音、年号	荷花	钢芯镀铜合金	20.5毫米	2002.11.18
1角硬币	行名、面额、拼音、年号	兰花	铝合金	19毫米	2000.10.16
1角硬币	行名、面额、拼音、年号	兰花	不锈钢	19毫米	2005.8.31

三、票面的主题思想与特点

第五套人民币采取一次公布，分次发行的办法，自1999年10月1日起在全国陆续发行100元券，其后再发行其他券种。有以下特点：

（一）正面与底衬图案统一。各面额正面均采用毛泽东同志建国初期的头像，当代著名画家刘文西先生的作品。底衬采用我国著名花卉图案。背面主景图案分别选用人民大会堂、布达拉宫、桂林山水、长江三峡、泰山、杭州西湖，寓有民族特色，充分展现了祖国悠久的历史和壮丽的山河，弘扬了民族文化。

（二）技术水平全面提升。纸张的综合质量和防伪性提高，固定水印立体感强、形象逼真。磁性微文字安全线、彩色纤维、无色荧光纤维等在纸张中综合运用，采用电脑辅助设计手工雕刻、电子雕刻和晒版腐蚀相结合的综合制版技术。防伪技能由十几种增加到二十多种，主景人像、水印、面额数字均较以前放大，便于公众识别，应用先进的科学技术，防伪性能和适应货币处理现代化有较大提高。

（三）完善了票面结构，采用光彩光变数字。根据市场流通中低面额主币实际起大量承担找零角色的状况，增加了贰拾圆券，取消了贰圆券，面额结构更加合理，10元至100元券建立了流通货币1、2、5结构。为适应自动

图 25-8　第五套人民币壹佰圆券 2015 年版（中国人民银行）

售货设备和现金自动处理设备检测需求，提高机读性能，中国人民银行发行第五套人民币 2015 年版壹佰圆券，票面图案、防伪特征及其布局进行调整，采用先进的公众防伪技术，正面 100 有光彩光变效果。垂直观察票面，数字 100 以金色为主；平视观察，数字 100 以绿色为主。随着观察角度的改变，数字 100 颜色在金色和绿色之间交替变化，并可见到一条亮光带在数字上下滚动。光彩光变技术是国际钞票防伪领域公认的前沿公众防伪技术之一，更容易识别。

（四）防伪功能增强。正面主景图案右侧增加光变镂空开窗安全线和竖冠字号码。右上角面额数字由横排改为竖排，数字样式也进行了调整。拥有先进的三线防伪：一线是对外张贴公布的十个防伪特征，便于社会公众使用时识别真伪。二线是供人民银行和商业银行内部专业人员，使用专业仪器或辨伪点钞机识别真伪。三线是使用高科技手段，对于一线和二线无法辨别的真伪进行鉴别。

第五节　2019年版第五套人民币防伪特征

中国人民银行 2019 年 8 月 30 日起发行 2019 年版第五套人民币 50 元、20 元、10 元、1 元纸币和 1 元、5 角、1 角硬币。50 元、20 元、10 元、1 元纸币调整正面毛泽东头像、装饰团花、横号码、背面主景和正背面面额数字的样式，增加正面左侧装饰纹样，取消正面右侧凹印手感线和背面右下角局部图案，票面年号改为"2019 年"。1 元、5 角、1 角硬币调整了正面面额数字的造型，背面花卉图案适当收缩。

图 25-9　2019 版第五套人民币伍拾圆、贰拾圆、拾圆、壹圆纸币（中国人民银行）

图 25-10　2019 版第五套人民币壹圆、伍角、壹角硬币（中国人民银行）

一、50元纸币

光彩光变面额数字：位于票面正面中部。改变钞票观察角度，面额数字"50"的颜色在绿色和蓝色之间变化，并可见一条亮光带上下滚动。雕刻凹印：票面正面毛泽东头像、国徽、"中国人民银行"行名、装饰团花、右上角面额数字、盲文面额标记及背面主景等均采用雕刻凹版印刷，触摸有凹凸感。

动感光变镂空开窗安全线：位于票面正面右侧。改变钞票观察角度，安全线颜色在红色和绿色之间变化，亮光带上下滚动。透光观察可见"¥50"。

人像水印：位于票面正面左侧。透光观察，可见毛泽东头像水印。

胶印对印图案：票面正面左下角和背面右下角均有面额数字"50"的局部图案。透光观察，正背面图案组成一个完整的面额数字"50"。

白水印：位于票面正面左侧下方。透光观察，可见面额数字"50"。

二、20元纸币

光彩光变面额数字：位于票面正面中部。改变钞票观察角度，面额数字"20"的颜色在金色和绿色之间变化，并可见一条亮光带上下滚动。

雕刻凹印：票面正面毛泽东头像、国徽、"中国人民银行"行名、装饰团花、右上角面额数字、盲文面额标记及背面主景等均采用雕刻凹版印刷，触摸有凹凸感。

光变镂空开窗安全线：位于票面正面右侧。改变钞票观察角度，安全线颜色在红色和绿色之间变化。透光观察可见"¥20"。

花卉水印：位于票面正面左侧。透光观察，可见花卉图案水印。

胶印对印图案：票面正面左下角和背面右下角均有面额数字"20"的局部图案。透光观察，正背面图案组成一个完整的面额数字"20"。

白水印：位于票面正面左侧下方。透光观察，可见面额数字"20"。

三、10元纸币

光彩光变面额数字：位于票面正面中部。改变钞票观察角度，面额数字"10"的颜色在绿色和蓝色之间变化，并可见一条亮光带上下滚动。

雕刻凹印：票面正面毛泽东头像、国徽、"中国人民银行"行名、装饰团花、右上角面额数字、盲文面额标记及背面主景等均采用雕刻凹版印刷，触摸有凹凸感。

光变镂空开窗安全线：位于票面正面右侧。改变钞票观察角度，安全线颜色在红色和绿色之间变化。透光观察可见"¥10"。

花卉水印：位于票面正面左侧。透光观察，可见花卉图案水印。

胶印对印图案：票面正面左下角和背面右下角均有面额数字"10"的局部图案。透光观察，正背面图案组成一个完整的面额数字"10"。

白水印：位于票面正面左侧下方。透光观察，可见面额数字"10"。

四、1元纸币

雕刻凹印：票面正面毛泽东头像、国徽、"中国人民银行"行名、装饰团花、右上角面额数字、盲文面额标记等均采用雕刻凹版印刷，触摸有凹凸感。

花卉水印：位于票面正面左侧。透光观察，可见花卉图案水印。

白水印：位于票面正面左侧下方。透光观察，可见面额数字"1"。

五、1元硬币

币面特征：调整了正面面额数字的造型，背面花卉图案适当收缩。直径由25毫米调整为22.25毫米。正面面额数字"1"轮廓线内增加隐形图文"¥"和"1"，边部增加圆点。材质保持不变。

防伪特征：隐形图文：在硬币正面面额数字轮廓线内，有一组隐形图文"¥"和"1"。转动硬币，从特定角度可以观察到"¥"，从另一角度可以观察到"1"。

外缘滚字：在硬币外缘的圆柱面，有等距离分布的三组字符"RMB"。

六、5角硬币

币面特征：调整了正面面额数字的造型，背面花卉图案适当收缩。材质由钢芯镀铜合金改为钢芯镀镍，色泽由金黄色改为镍白色。正背面内周缘由圆形调整为多边形。直径保持不变。

防伪特征：间断丝齿：在硬币外缘的圆柱面，共有六个丝齿段，每个丝齿段有八个齿距相等的丝齿。

七、1角硬币

币面特征：调整了正面面额数字的造型，背面花卉图案适当收缩。正面边部增加圆点。直径和材质保持不变。

第六节　中央银行货币政策目标由
现金调整为货币供应量

中央银行货币政策目标的实现是一个渐进的过程，运用货币政策工具，在一定时期使用便于日常操作的量化指标，适时适量调节。中介目标既是中央银行货币政策工具的重要传导环节，又是实现间接调控机制的基本条件。

1984—1995年，我国的货币政策目标是现金和贷款规模。1984年中国人民银行独立行使中央银行职能以后直至1993年的10年中，没有明确规定，实际上还是现金和贷款规模。由于实行集中的计划体制，金融机构高度集中，贷款转存款，现金发行数量等都比较透明，金融机构和社会信用化程度都比较低，中央银行通过对现金发行量和商业银行信贷计划的控制，就能够控制信用总量，从而控制社会总需求，稳定货币，执行货币政策。1985年以后几次实施紧缩的货币政策时，现金和信贷计划都发挥了重要作用。

20世纪90年代以后，随着金融体系的发展完善，社会信用多样化发展，现金在广义货币中的比重降低，国有银行贷款转化的存款货币在广义货币中的比重逐步下降，仅仅控制住现金和信贷计划难以达到稳定货币和执行货币政策的目标。1993年12月25日《国务院关于金融体制改革的决定》，规定中介目标为"货币供应量、信用总量、同业拆借利率和银行备付金率"。1994年9月，中国人民银行正式宣布我国货币供应量的层次划分标准，适时建立预示社会总需求变化的货币供应量统计制度，并于当年年底作为监测目标首次向社会公布统计结果，货币政策以货币供应量为中介目标。

1996年后，中国人民银行正式把狭义货币供应量M1和广义货币供应量M2作为货币政策中介目标的组成部分，操作目标选择基础货币、银行备付金率、同业拆借利率。建立以基础货币为操作目标、货币供应量为效果目标的中介目标体系。重点控制货币供应量中的M1，因为M1反映近期经济运行态势，与近期的货币政策效果密切相关，同时监测流通中现金M0和 M2。监测M0是因为与居民消费价格指数变动密切相关；监测M2是因为M2过多会形成通货膨胀压力。

第二十六章　美国"次贷危机"后的货币流通

2006年，我国进入"十一五"时期（2006—2010年）。党中央国务院确定"十一五"时期立足扩大国内需求、优化产业结构、节约资源保护环境、增强自主创新能力、深化改革开放、以人为本推动经济社会发展。2006年春季，美国因次级抵押贷款机构破产、投资基金被迫关闭、股市剧烈震荡引起的金融风暴——"次贷危机"开始逐步显现。2007年8月席卷美国、欧盟和日本等世界主要金融市场，大批美欧金融机构陷入困境甚至破产，升级为席卷全球的国际金融危机，我国也受到影响。

第一节　经济形势及应对措施

由于美国和欧洲的进口需求下降，我国月度出口增长下降，引起经济增长放缓，劳动力需求小于劳动力供给，社会就业压力增加，流动性过剩成为我国经济运行中的新特征。全面部署产能过剩行业结构调整；提出促进房地产业健康发展的六项措施；制定进一步扩大内需促进经济平稳较快增长的十项措施；通过汽车、钢铁、纺织、装备制造、船舶工业、电子信息、轻工、石化、有色金属产业和物流业等十大产业调整振兴规划；发布促进农业稳定发展农民持续增收的若干意见；发布调整固定资产投资项目资本金比例的通知。继续实施家电、汽车下乡政策、农机具购置补贴政策。继续实施节能产品惠民工程，加大高效照明产品推广力度。减征1.6升及以下小排量乘用车车辆购置税政策延长至2010年底，减按7.5%征收。汽车以旧换新的单车补贴金额标准提高到5 000元至1.8万元。个人住房转让营业税征免时限由2年恢复到5年，其他住房消费政策继续实施。适当增加中低价位、中小套型普通商品住房和公共租赁户用地供应。加快普通商品住房建设。继续支持居民自住和改善型住房消费，抑制投机性购房。加大差别化信贷政策执行力度，切实防范各类住房按揭贷款风险。

2011年，我国进入"十二五"时期（2011—2015年）。经济运行从应对危机向正常增长转变，内需增长从政策推动向市场驱动转变。消费增长依然强劲。出口恢复快速增长。物价涨幅趋稳，资产价格泡沫化风险降低。粮食产量略有减产，部分农产品价格接近或高于国际市场价格。房价过快上涨的局面得到抑制。货币信贷回归适度增长区间，经济过热和通胀预期下降，资产价格泡沫化风险降低。形成市场驱动的投资、消费和出口共同拉动经济增长的良好格局。城镇化的推进需要较大的财力支撑和持续的金融支持，成为全社会货币流通的新热点。电子商务作为信息条件下的新兴经济活动，是降低成本、提高效率、拓展市场和创新经营模式的有效手段，有利于满足和提升消费需求、形成新的经济增长点，带动电子商务平台服务、信用服务、电子支付、现代物流和电子认证等新兴产业快速发展。网上支付、移动支付、电话支付等新兴支付服务发展迅猛。

第二节　货币流通的组织与调节

"十一五"计划时期，我国经济经历正常到过热、过热到低迷、低迷到恢复的阶段。货币流通的组织与调节，也随着国家宏观调控政策措施的变化而变化，从紧到宽松。"十二五"时期，货币流通的内外部环境复杂多变，中国人民银行继续实施稳健的货币政策，进一步增强货币流通组织与调节的针对性和有效性，取得阶段性和实质性成果。

一、加强中央国库现金管理

2006年9月25日，中国人民银行和财政部制定中央国库现金管理商业银行定期存款业务操作规程。财政部在确保中央财政国库支付需要的前提下，为实现国库现金余额最小化和投资收益最大化，将一定数额的国库资金，通过中央国库现金管理操作室，以招投标的方式确定存款银行和存款额度而开展的定期存款业务。

二、提高或下调存款准备金率和金融机构存贷款基准利率

2006年6月16日至2010年12月20日，中国人民银行先后22次提高银行业机构存款准备金率，从7.5%提高到17.5%。2006年4月28日至2007年12月21日，先后八次上调金融机构存贷款基准利率。2008年9月16日始，先后6次大幅降低存贷款利率。2011年1月20日至2015年10月24日，先后调整金融机构存款准备金率，6次上调，10次下调。2011年2月17日，对部分资本充足率较低、信贷增长较快的地方法人金融机构、符合审慎经营要求且三农和小微企业贷款达到一定比例的金融机构实施差别准备金要求。2015年9月15日起改革存款准备金考核制度，由时点法改为平均法。

三、开展银行机构存款保险

2015年5月1日起施行《存款保险条例》。在中华人民共和国境内设立的商业银行、农村合作银行、农村信用合作社等吸收存款的银行业金融机构，依照条例的规定投保存款保险。存款保险实行限额偿付，最高偿付限额为人民币50万元。同一存款人在同一家投保机构所有被保险存款账户的存款本金和利息合并计算的资金数额在最高偿付限额以内的，全额偿付；超出最高偿付限额的部分，依法从投保机构清算财产中受偿。

四、推进人民币国际化

中国人民银行与韩国、中国香港地区、马来西亚、印度尼西亚、白俄罗斯、阿根廷、冰岛、新加坡等八个国家和地区的央行及货币当局签署货币互换协议。先后与12个国家的银行签署建立人民币清算安排的合作备忘录。授权中国外汇交易中心先后宣布日元、澳大利亚元、新西兰元、欧元、新加坡元、瑞士法郎与人民币直接交易。继续推动与有关国家地区双边本币互换协议的签订。2015年11月30日，国际货币基金组织执董会决定将人民币纳入特别提款权（SDR）货币篮子，人民币权重为10.92%，美元、欧元、日元和英镑的权重分别为41.73%、30.93%、8.33%和8.09%，于2016年10月1日生效。

五、人民币汇率形成机制进一步完善，外汇管理体制改革加快

2007年5月21日起，将银行间即期外汇市场人民币兑美元交易价日浮动幅

度由千分之三扩大至千分之五。将个人年度购汇总额从 2 万美元提高到 5 万美元，取消对境内机构经常项目外汇账户的限额管理。年末宣布将 QFII 投资额度提高至 300 亿美元。

六、流通中现金增量的增幅出现下降

2012 年，流通中现金年度增长幅度出现下降。其原因并不是社会商品或服务交易量的减少，而是非现金支付工具以其方便、快捷而受到社会公众的欢迎，替代了部分现金的结算，非现金支付业务（含票据、银行卡及其他结算业务。其中，其他结算业务含贷记转账、直接借记、托收承付及国内信用证业务）笔数持续增长。电子支付业务（客户通过网上银行、电话银行和手机银行、POS、ATM 及其他电子渠道，从结算类账户发起的账务变动类业务笔数和金额。包括网上支付、电话支付、移动支付、其他电子支付 ATM 业务和 POS 业务等五种业务类型）保持增长态势，移动支付业务快速增长。

"十一五"时期货币流通的方式更多采用市场化手段，范围由国内市场扩大到国际市场，人民币国际化进程开始起步。货币流通的调节政策起伏转换幅度较大，货币流通的政策运用节奏频率快。"十二五"时期，货币流通管理面临更复杂的挑战，外汇净流入增加较多导致货币被动投放的机制和压力仍然存在。

第三节　人民币发行流通管理方式的变革

随着社会公众对人民币发行流通管理的有效需求和对商业银行服务要求的不断提升，传统的货币发行方式受到挑战，在流通纪念币发行、硬币兑换及假币处理、回笼货币的处理等方面开展了积极的改革。

一、开展普通流通纪念币网络预约发行

为了满足社会公众对收藏普通纪念币合理需求，公开、公平发行普通纪念币。2015 年，中国人民银行开始推进普通纪念币发行方式的改革，将传统的通过商业银行网点柜面向社会公众兑换，改变为通过网络预约和网点柜面兑换结合的方式。"中国人民抗日战争暨世界反法西斯战争胜利 70 周年普通纪念币"的发行

在江苏、广东、山东、江西四个省开展预约兑换试点，四个省分别选择一家国有商业银行开展，预约兑换网点按照网上预约发行和银行柜面兑换发行各50%的比例安排，并逐步扩大。以江苏省为例，2017年纪念孙中山诞辰150周年普通纪念币，网上预约比例提高至80%，银行柜面兑换降至20%，预约未兑换的部分再通过银行柜面兑换发行。发行前，中国人民银行和承办的商业银行在官方网站公告辖内各区域分配数量、兑换发行的银行机构网点，预约兑换其间每日公布预约、兑换工作进度。预约、兑换均凭个人有效身份证件办理，公众如代他人领取，需持被代领人在预约系统中登记的有效身份证原件办理，且代领人数不超过5人。2016年，改革试点后的普通纪念币发行方式向全国推广。

二、推进硬币供应便利化发行

硬币由于面额小、耐磨损、周转率高，是社会公众日常生活的必备支付工具，需求量较大。由于分量重、面额小、运输难及银行网点柜面服务能力的限制，硬币投放渠道不畅，兑换难较为普遍。为满足社会公众使用硬币的合理需求，方便兑换，减少银行柜面硬币收付工作量，提高银行柜面业务的办理效率。从2010年5月开始，中国人民银行南京分行率先在江苏省开展硬币发行方式改革，将传统由银行柜面兑换改变为硬币自助设备兑换，商业银行购置硬币兑换机和硬币存款兑换一体机，在网点大堂安放，覆盖各市、县及部分乡镇、村庄，建立全省硬币自助服务网点。硬币兑换及存款采用纸币和银行卡刷卡两种方式，通过硬币自助服务设备联网，各家银行的主管部门可以及时了解各个自助服务网点的硬币兑换及库存情况，及时调运供应硬币，保证兑换的正常进行。

三、建立记录查询纸币冠字号码的假币纠纷举证机制

银行与客户存取纸币的假币纠纷长期存在，银行反映客户虚假维权，客户投诉银行拒不认账，无法举证是主要原因，尤其是自动柜员机取款引起的假币纠纷多发生在取款人离开后，媒体曝光对商业银行的信誉和人民币公信力造成不良影响。2010年10月，中国人民银行南京分行率先在全国开展人民币纸币冠字号码管理工作试点，利用每张纸币冠字号码的唯一性，将冠字号码管理技术应用在自动柜员机配钞及柜面存取纸币中，通过对纸币冠字号码的采集、记录、查询和统

计，实现纸币流通可疑号码的追踪，出现假币纠纷投诉，通过系统记录的冠字号码，配合其他辅助证据作为举证材料，人民银行可以公正地裁定责任所在，得出令银行和客户都信服的结论。至2013年9月30日，江苏省所有自动柜员机和商业银行柜面均已实现对外支付的100元和50元纸币记录、存储和备查冠字号码。人民银行南京分行还组织开发了"江苏省人民币纸币冠字号码管理信息系统"，实现商业银行人民币冠字号码的本行联网查询和人民银行江苏省各市中心支行冠字号码信息的分级查询管理，全省成功处理千余起银行与客户之间的假币纠纷，假币纠纷数量明显下降。

四、变革残损人民币销毁方式

我国自元代开始，残缺污损纸币销毁的主要方式是火烧。20世纪70年代开始用造纸厂蒸球注入液体烧碱煮毁残损人民币。但是，排放的污水中含有机物木素磺酸钠、葡萄糖、醛和无机物残碱液、油墨等，其中化学耗氧量（cdo）、生物耗氧量（bdo）每升分别超过2 000毫升和800毫升（国家规定100和60毫升以下），悬浮物和pH也大大超过国家规定指标。此后采用的机械切条销毁方式，由于设备噪声大、粉尘多、劳动强度大、安全性能差，也难以适应残损人民币销毁的业务需求和管理需要。

1994年，中国人民银行采购的荷兰库斯特斯公司CDS 300型残币销毁设备在人民银行深圳分行安装，经过一年试运行后，大规模引进并在全国各地人民银行安装。全封闭的粉碎型销毁机，通过两次粉碎和压块完成残损人民币销毁过程，一次最多可投放2.5吨。其优点：一是安全性能好。装料后储料口由机械和电子锁双路锁

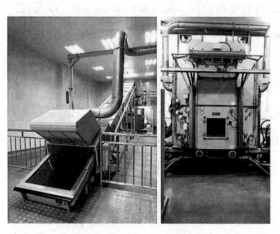

图26-1　荷兰库斯特斯工程公司CDS400残钞销毁机、压块机
（北京国联康瑞电子技术有限公司）

定，全程不用人工干预，未通过筛网的大片残币再次粉碎。二是自动化程度高。设备由可编程逻辑控制器（PLC）控制，故障提示功能避免机器过载运行，操作人员在控制室可以完成全部销毁过程及故障处理。三是符合环保要求。全机械方式销毁，粉尘自动回收，污浊的空气净化后排放，噪声控制在78分贝以下，压块后的废料可作为造纸原料二次利用。CDS残币销毁机的推广运用，根本上解决了中国这个世界上使用现钞最多国家损伤钞票的销毁难题，而且这种方式符合现代化工业对减少污染保护环境的要求，符合市场经济条件下对劳动者保护的要求。[1]

五、机器清分纸币全面推广

手工复点，是商业银行回笼纸币及中国人民银行分支机构接收的商业银行残损人民币清点的传统方式。清点速度慢、假币不易识别、有害复点人员健康及存在道德风险的问题长期困扰各级人民银行和商业银行。1998年，中国人民银行组建中德合资企业——深圳捷佳德现金自动化处理设备有限公司，引进德国捷德集团的纸币清分机，在中国人民银行各地的钞票处理中心和有关商业银行的清分中心安装使用，逐步替代了较大部分的手工复点回笼人民币纸币业务，不仅提高了回笼纸币的复点效率，而且全面提升了管理水平，保护了操作人员的身体健康。

纸币清分机采用高速度图像扫描仪（CIS）、数字信号处理器（DSP）与控制器进行采样控制，具有图像、荧光、磁性、安全线、红外、穿透、光谱等多种鉴伪功能及全新的数字图像技术，全面兼容新旧版本人民币；配备超大中文液晶显示器，具有新旧清分、

图 26-2　德国捷德集团 BPS 1000 清分机
（深圳捷佳德现金自动化处理设备有限公司）

---

[1] 荷兰库斯特斯工程公司，成立于1911年，总部位于荷兰文逻市，1979年向荷兰中央银行提供世界上第一台全自动残钞销毁设备，开启了残钞销毁设备自动化时代，现在已是世界上最主要的残钞销毁设备生产供应商，世界上各主要中央银均使用该公司残钞销毁设备。

版本清分、面向清分、面值清分、计数、防伪等功能。可检测纸币的残缺、孔洞、折角、笔道、油渍、胶带等，可处理第四、第五套人民币各种面额的纸币。德国捷德公司 BPS 1000 清分机，清分速度每秒 20 张，全画幅扫描，点算精确，联机销毁，模块化配置，出钞口 20 个，包含 ATM 大额堆叠口，完全支持多面额、多币种一站清分，提供封包接口。[1]

第四节　电子货币的发展与数字货币的兴起

20世纪末大规模集成电路电子计算机的应用和21世纪初互联网的推广，带来互联网金融业务的产生与发展，电子货币应运而生并以较快的速度普及应用，计算机及手机中的阿拉伯数字也成为人们使用与关注的货币，近几年又出现比特币等数字货币。

一、电子货币是人民币电子化的表现形式

中国人民银行2009年8月颁布的《电子货币发行与清算办法》定义的电子货币是：电子货币是存储在客户拥有的电子介质上，作为支付手段使用的预付价值。根据存储介质不同，电子货币分为卡基电子货币和网基电子货币。卡基电子货币是指存储在芯片卡中的电子货币，网基电子货币是指存储中软件中的电子货币。电子货币按实收人民币货币资金等值发行。发行机构可以发行记名的电子货币或不记名的电子货币。

（一）电子货币是支付手段。电子货币是持有人以现金或存款从电子货币发行处兑换获得同等金额可以作为货币支付的数据，存储在芯片卡或软件中支付给他人，购买商品、劳务或清偿债务。电子货币属于一般等价物范畴，如果从货币的五大职能考察主要是支付职能，一种广义范畴的货币。从凯恩斯等经济学家提出的货币名目论否定货币的实质价值只是一种符号考察，电子货币则是符号的

---

[1] 捷德集团，成立于1852年，总部位于德国慕尼黑市，是全球钞票纸生产、钞票印刷、现金自动化处理系统和智能卡系统的技术领头羊，并为通讯、电子支付、医疗、身份识别、交通以及网络安全等领域的产品提供综合的系统安全方案，提供高安全旅行证件、ID系统和健康卡。

符号。

（二）电子货币是法定货币的电子化形式。广义的电子货币其形式诸如日常生活中的银行卡、网上银行、手机银行、电话银行以及预付卡和网络货币（虚拟货币）等。另外，还有近年来发展迅速的第三方支付，如 PayPal（贝宝）、支付宝、拉卡拉、财付通、盛付通、网银在线、微信支付等。这些电子货币无论其表现形态、实现途径、支付方式如何，最初的源头都是中央银行发行的法定货币。只是其中的预付货币和网络货币发行主体还有中央银行以外的机构或个人。

（三）电子货币的三种分类。一是电子法币。以商业银行账户为载体的借记卡、贷记卡、网上银行、电话银行、手机银行等。二是预付货币。商业银行或其他经济组织以预付法定货币为前提，通过卡基或网基支付的货币。主要形式是第三方支付机构或组织，发行的以支付账户为载体在本组织的账户和卡中存储的货币及银行的电子钱包。三是虚拟货币。"公司或个人在网络上发行的与中央银行货币无关的、具有独立交换媒介和价值尺度功能的、通过互联网主要在虚拟世界中使用的货币"。[1]

（四）电子货币不是法定货币。根据中国人民银行法关于法定货币是人民币的规定，以及《中华人民共和国人民币管理条例》（2018修正版）第二条"本条例所称人民币，是指中国人民银行依法发行的货币，包括纸币和硬币"。电子货币并不是我国的法定货币，只是作为支付手段被人们接受，符合货币最基本的部分功能，并不符合货币应有的全部职能，不是完全意义上的货币。

二、中国的数字货币是国家法定货币

2014年，中国人民银行设立数字货币研究机构，开始研究数字货币，取得积极进展。

（一）数字货币是法定货币。2019年7月15日，国际货币基金组织（IMF）发布的《数字货币的崛起》专题报告称：所谓数字货币是一种以电子形式存储

---

[1] 杨青、霍炜：《电子货币——互联网金融下的货币变革》，第19页，中国金融出版社，2015年。

的货币，其货币价值与法币相当。中国人民银行范一飞副行长对中国央行数字货币的性质有明确论述：中国现阶段的央行数字货币设计应注重M0替代，而不是M1、M2替代。[1] 国际货币基金关于数字货币与法币相当、范一飞关于注重M0替代，可以理解为中国的数字货币与M0（流通中的现金）一样，是国家的法定货币，较为准确的称谓应该是法定数字货币。

（二）法定数字货币与流通中现金的关系。中国央行发行数字货币是替代M0，原因如范一飞指出：现有纸钞和硬币的发行、印制、回笼和贮藏等环节成本较高，流通体系层级多，且携带不便、易被伪造、匿名不可控，存在被用于洗钱等违法犯罪活动的风险，实现数字化的必要性与日俱增。[2] 我国选择发行数字货币替代M0，一是从纸币与硬币发行成本考虑。二是从反假币维护人民币信誉考虑。三是从流通环节安全考虑。四是从控制利用现金违法犯罪活动考虑。

（三）法定数字货币的发行能否完全替代现金的流通。我国发行法定数字货币替代现金流通，这种替代在较长时期是减少现金流通，不是很快实现无现金社会。法定货币人民币，任何单位和个人不得拒收。无论是电子货币还是数字货币，都是基于计算机及网络而存在运行，由计算机程序和软件系统完成。电子信息系统的技术性和管理性安全就成为非现金支付方式的技术风险，如系统停机、磁盘列阵与病毒破坏、网络外部的攻击等。战争、地震、海啸等自然灾害、人为破坏对网络金融也可能造成突发性风险。全社会的结算支付如果全部依赖于电子货币或数字货币，一旦出现风险，经济运行可能瘫痪。

（四）应该坚持中心化模式发行数字货币。不同于一般的数字货币去中心化，我国的数字货币是数字人民币，应该坚持中心化模式，纳入货币政策调控与人民币流通管理范围。既要坚持数字货币匿名可控的特点，又要保持支付便捷易于流通的特性。承担货币职能，不承担社会与行政职能，保持无限法偿性质。从纸币

---

[1] 范一飞：《关于央行数字货币的几点考虑》载《第一财经日报》，2018年1月26日。

[2] 范一飞：《中国法定数字货币的理论依据和架构选择》载《中国金融》2016年第17期。

与硬币自身缺陷及被造假与洗钱犯罪利用,电子货币无法完全满足公众对易用和匿名支付服务的需求,发行数字货币较为迫切,发行前需要在货币性质、发行流通机制、发行方式、财产关系、中央银行与商业银行及社会公众的货币权力与义务等方面,从法律层面明确与规定。

三、货币由实体化向电子化与数字化发展是历史的必然

货币的产生与发展变化,伴随着社会生产力和科学技术的发展而发展变化,商品经济与货币经济更是推动货币形态演变的动力,已被中外几千年货币发展历史证明。二十一世纪以后,计算机与互联网进入社会各行各业,智能化手机的普及对生活带来的便利不容分说。现代生活的快节奏及交易的频繁,需要方便快捷的结算支付方式,对电子货币及数字货币会保持旺盛的需求。从节约能源、环境保护方面考虑,减少纸币的印刷与金属币的制造也十分必要。

第五节　改革开放以后形成的中国货币理论思想

随着改革开放的不断深入,解放思想、实事求是的思想路线打破了理论研究的精神枷锁,金融理论界对于货币、信用、银行等问题重新探讨。

一、人民币价值基础问题的再争论

1980年,薛暮桥先后出版《社会主义经济理论问题》与《中国社会主义经济问题研究》两部著作,提出人民币与黄金不再有联系,人民币的价值基础是社会主义产品或使用价值的观点。1981年1月5日—14日,中国金融学会与广东金融学会在广州召开建国以来首次全国货币理论讨论会,黄金派与非黄金派在会议上开展争论。

黄金派代表中国人民银行副行长刘鸿儒指出:"人民币作为价值符号,没有规定含金量,不能兑换黄金,但不能因此就说它不是代表黄金,而直接代表商品,货币保证和货币商品不是一回事。[1]"著名经济学家、复旦大学经济学院教授,博

---

[1] 刘鸿儒:《社会主义货币与银行问题》,第153页,中国财政经济出版社,1980年。

士生导师蒋学模（1918—2008年）说："从表面上看，黄金与人民币或其他国家的纸币的关系似乎已越来越远。⋯⋯从价值的继承关系考察，人民币的价值基础客观上只能是黄金。"[1]

非黄金派代表薛暮桥认指出：如果说人民币与黄金有联系，那么，人民币就必须有法定的含金量，它的信用就"一定要靠黄金来保证，离开了黄金就不能保持币值的稳定。""社会主义国家的货币不能代表价值，只能代表使用价值。"[2] 李崇淮指出："再从人民币产生的历史来看，它从来没有与黄金发生联系。老解放区一直禁止黄金流通兑换，当时不是用金的价值，而是用实物或物价指数来衡量抗币所代表的价值变化。"[3]

二、广义货币概念的形成与货币层次划分的讨论

改革开放以前，对于货币的理解已经提出包括现金与非现金，货币流通也包括现金流通与非现金流通。随着我国商品经济的发展和社会主义市场经济的建设，现金结算受到非现金结算的冲击。货币的概念不仅是现金，而且包括以数字方式计算的货币，流通的货币既包括现金也包括非现金。货币概念由狭义向广义转变，货币层次的划分形成不同观点。（货币层次是各国中央银行确定货币供给的统计口径时，以金融资产流动性的大小作为标准，根据自身政策目的的特点和需要划分：M0，现金流通量；M1，M0+各种活期存款；M2，M1+各种定期存款）。

刘鸿儒提出我国划分货币层次应遵循四个原则：(1) 以购买能力和流动性为基本标准；(2) 在我国中央银行制度下，货币层次的划分要考虑中央银行控制的需要；(3) 要考虑经济发展变化的密切程度及其反映变化的实际效用；(4) 列入各层次的货币要注意统计上的可行性。[4]

林继肯认为我国对于货币进行管理，货币资产并不是随意流动的。在稳定货

---

[1] 蒋学模：《关于人民币价值基础不是黄金说的几点质疑》载《复旦大学学报》1984年第6期。

[2] 薛暮桥：《中国社会主义经济问题》，第113页，人民出版社，1979年。

[3] 李崇淮：《试论人民币与黄金关系》载《金融研究》1981年增刊。

[4] 刘鸿儒：《我国经济体制改革讲座》（上册），第47—49页，《金融研究》编辑部，1986年。

币与稳定物价的方针下，货币流动性并不能成立。所以他提出按消费资料与生产资料来划分货币三个层次：M0—现金。M1—购买生产资料的银行存款，基本上属于企业生产、流通所用的准备金。M2 = M0+M1。[1]

1985年7月中国金融学会货币理论与政策研究会提出按货币供给量层次划分：M0 = 现金。M1 = M0+企业结算户存款+机关团体活期存款+部队活期存款。M2 = M1+城乡储蓄存款+企业单位定期存款。M3 = M0+全部银行存款。

三种货币层次的划分，基本前提都是广义货币的存在。以流动性划分是从货币角度，以消费和生产资料区别划分是从商品运动角度，以货币供应量划分是从银行存款种类角度，考虑到相关层次货币在执行职能中的不同作用。

三、信用发行不等同于经济发行

1984年，中国社会科学院研究生院博士生导师李茂生在《论稳定币值——关于货币流通战略目标问题的探讨》中提出："经济发行与信用发行是不同的。信用发行可以是经济发行，也可能是财政发行。——而经济发行则不同，它是根据国民经济的发展，商品流通扩大的实际的需要来决定每年的货币增发量。"[2]我国人民币的发行逐渐形成以经济发行而非财政发行为基本原则，对于人民币币值的稳定、保持信贷收支平衡，为经济社会发展与稳定创造一个宽松的货币环境，发挥了重要作用。

四、货币流通与现金流通的评价标准

商品流通决定货币流通。喻瑞祥认为："所谓货币流通正常与不正常，不是针对货币流通本身数量增减来说的，而是指货币流通同商品流通是否适应的状况。反之，商品流通需要减少货币流通量，这时相应地回笼货币就是正常的。这是由货币流通对商品流通的依附关系决定的，是货币流通规律的客观要求。"[3]

---

[1] 林继肯：《建立我国货币量层次划分的标准和方法》载《财贸经济》1987年第3期。

[2] 中国社会科学院财贸物资经济研究所财政金融研究室编：《新时期的货币流通问题》，第25—26页，中国金融出版社，1984年。

[3] 喻瑞祥：《货币信用与银行》，第46页，中国财政经济出版社，1980年。

以社会总供给与总需求平衡作为评价标准。货币流通正常化就是社会总供给与社会总需求的平衡，即经济平衡。中南财经政法大学教授、博士生导师李念斋提出："社会货币购买力和社会商品可供量，实质上是宏观经济模型中的总供应和总需求的关系问题。总供给就是一定时期内出售的商品价格总额。总需求就是一定时期内的货币购买力。"[1]

五、周小川认为人民币可自由兑换

中国人民银行行长周小川认为：实行人民币可兑换不是改革目的，而是实现改革开放总体目标必不可少的步骤。首先在国际收支的经常项目下实行，然后在资本项目下实行。在经常项目中，又首先在贸易项目下实行，对非贸易项目要加以区分，并采取更为慎重的态度。分两步解除外汇管制，最终达到人民币可自由兑换。先实现多数经常项目下的人民币可兑换，经过一段时间后，逐步放松对资本和经常项目中非贸易项下的居民用汇。[2]

六、我国货币供给理论的形成

1984月元月1日，中国人民银行开始专门行使中央银行职能，中央银行制度正式建立。金融调控逐渐由直接控制转变为间接调控，要求中央银行从货币供给与货币需求双向操作，以新的货币供给形成、运行和调控机制调控国家的货币流通。货币供给理论需要作为一个独立的、重要的内容在中央银行宏观调控过程中实践。

（一）盛松成的货币供给理论。上海财经大学教授、博士生导师盛松成认为："我国货币定义的正确表述应该是：狭义的货币供应量是在某一时点，国内流通手段和支付手段的总和，它一般表现为流通中的现金和单位活期存款及其他可开列支票的存款；而广义的货币供给量则是这样一些金融资产，即在狭义货币供应量的基础上，再加居民储蓄存款和单位定期存款及其他一些金融资产。"[3]"与货币基数不同，货币乘数并不直接决定于货币当局的政策行为，而决定于商业银行及

---

[1] 李念斋：《社会主义货币银行学》，第93页，中国财政经济出版社，1988年。

[2] 周小川：《系统性的体制转变》，第321页，中国金融出版社，2009年。

[3] 盛松成：《关于货币定义的几点意见》载《金融研究》1996年第6期。

其他存款机构和社会公众的行为。""金融创新增加了社会货币供应量,因为金融创新创造了一系列新的交换手段,也创造了不少新的货币资产;金融创新也使货币当局对货币量的控制比以前更困难了,因为那些新创造的交换手段和货币资产本身就是逃避货币当局控制的产物。"[1]

(二)胡海鸥的货币供给理论。上海交通大学管理学院经济与金融系教授、博士生导师胡海鸥认为:"影响我国货币供给机制的重要改革主要有建立中央银行制度、准备金制度、启动再贴现业务和公开市场操作等。"[2]胡海鸥还认为存款准备金制度是规范商业银行信用创造行为的基本规则;再贴现业务是决定和调节利率的主要手段;公开市场操作是调节利率结构和货币供给的有效方式。

(三)邓乐平的货币需求理论。邓乐平将持币者的货币需求分为企业、机关团体和个人,并分析其有贮藏动机、价值贮藏、投资动机三个方面交易动机的货币需求。[3]施兵超认为:邓乐平关于货币需求分为三类动机的观点与凯恩斯流动性偏好理论中所述的交易动机、预防动机及投机动机有一定的相似性。但是,他的这种分析自始至终地以中国的具体经济环境和经济特征为依据。因此,这种分析绝不是对凯恩斯流动性偏好理论的简单套用。[4]

(四)林继肯货币需求理论。林继肯提出:"一个国家的货币需求量只能是宏观的货币需求量,不可能是微观的货币需求量,也不能通过微观货币需求量来推算宏观货币需求量。""货币需求量不是微观的,而是宏观的经济范畴。""货币需求量和持币量是两个不同的范畴,货币需求量是预测宏观经济中究竟需要多少货币,持币量是自然人和法人手中持有的货币……。"[5]

(五)戴国强的货币需求理论。上海财经大学商学院副院长戴国强认为:"货币需求是在一定时间内,在一定的经济条件下(如资源约束、经济制度制约等),

---

[1] 盛松成:《现代货币供给理论与实践》,第45、46、144页,中国金融出版社,1993年。

[2] 胡海鸥:《中国货币供给机制转轨研究》,第34页,复旦大学出版社,1998年。

[3] 邓乐平:《中国的货币需求——理论与实证的考察》,第86页,中国人民大学出版社,1990年。

[4] 施兵超:《新中国金融思想史》,第483页,上海财经大学出版社,2000年。

[5] 林继肯:《货币数量新论》,第200—211页,中国金融出版社,2004年。

整个社会要有多少货币来执行交易媒介、支付手段和价值贮藏等功能。""货币需求不仅和收入有密切联系，而且和财富也有密切联系，从某种意义上讲（如考虑财富效应存在的存在的条件下），财富作为规模变量比起收入更为理想，财富与货币需求的关系更加密切。""超额货币是超过经济增长的物价上涨等因素导致的货币需求之外货币增长部分。"[1]

---

[1] 戴国强：《中国货币需求分析——货币需求函数中的规模变量问题研究》，第4、54、116页，复旦大学出版社1995年。

第二十七章　香港、澳门、台湾地区的货币

第一节　香港特别行政区的货币

香港是中华人民共和国两个特别行政区之一，地处华南沿岸，在中国广东省珠江口以东，由香港岛、九龙半岛、新界及262个离岛等组成。管辖陆地总面积1 104.32平方公里，截至2014年末，总人口约726.4万人。

一、香港的历史

公元前214年（秦始皇三十三年），秦朝派军平定百越，置南海郡，香港一带属番禺县管辖。1841年1月26日，第一次鸦片战争后，英国强占香港，清政府曾试图武力收复未成。1842年8月29日，英国强迫清代政府签订结束鸦片战争的《南京条约》，永久割让香港。1856年英法联军发动第二次鸦片战争，强迫清政府于1860年10月24日签订《北京条约》，永久割让九龙半岛界限街以南的中国领土。1898年6月9日，英国乘中国在中日甲午战争中失败，列强在中国划分势力范围，再次强迫清代政府签订《展拓香港界址专条》，"租借"深圳河以南、界限街以北附近200多个大小岛屿（新界）至1997年，租期90年。

1941年12月25日，第二次世界大战其间，日军进犯香港，香港总督杨慕琦宣布投降，日本占领香港。1945年9月15日，日本战败后在香港签署降书，撤出香港。1997年7月1日，中国正式恢复对香港行使主权，成为中国的特别行政区之一。允许保留原有经济模式、法律和社会制度，实行"一国两制"，五十年不变，并可享受外交及国防以外所有事务的高度自治权。

二、香港货币制度的演变

港币或称港元（HK$），香港的法定流通货币。按照香港基本法和中英联合声明，香港的自治权包括自行发行货币的权力。明代开始，采用银本位货币制

度，主要的交易媒介是各种银两和银元，小额交易使用铜钱。英国割让香港后，货币制度发行变化。英国驻华商务监督义律，1841年当年就宣布，以英镑为香港的法定货币，废除香港实行的中国以银为货币的制度，遭到香港居民抵制，只是香港政府财政会计以英镑为记账单位。

图27-1　伊丽莎白二世头像—英镑银币

（一）银元银两合法流通。1842年3月29日，首任港督璞鼎查宣布，在中国沿海各省和香港流通的外国银元（西班牙本洋与墨西哥鹰洋）、中国的银两制钱等，均可在香港合法流通，香港政府账项及商业贸易以墨西哥鹰洋为记账单位。墨西哥鹰洋5元兑换1英镑，1元兑换2.25印度卢比或1 200枚中国铜钱。

（二）英国的金属铸币列入香港法定货币。1845年5月1日，英国女王维多利亚颁发公告，将英国本土发行的金、银、铜币也列为香港的法定货币。香港居民没有使用金币的习惯，银币实际重量低于面值数量，英国的金银币在香港不受欢迎。墨西哥银元因成色稳定、铸造统一、容易辨认真伪及重量，成为主要的流通货币。

（三）商业银行发行纸币成为可流通货币。1845年，英商的丽如银行作为中国及香港第一家外来银行，到达香港后即发行银元代用券，面额采用银元的元为单位，与银元价值相等，银行负责兑现。香港人称为港纸，港英政府只是要求代用券面额最小不能低于5元及大于5元以上必须是5的倍数外，没有其他干预。实际上成为香港合法的流通货币。

图27-2　英商丽如银行早期在香港发行
的银元代用券5元券《香港货币
（1841—1997）》154页

（四）发行香港银元作为法定货币。1862年，港英政府宣布政府的财政会计记账单位由英镑改为银元。1863年，又宣布墨西哥银元为唯一可用作政府缴纳款项的货币，由此引发墨西哥银元的供不应求及升值。为此，第五任港督罗便臣决定发行法定基本单位货币和辅币——香港银元、银辅币及其他金属辅币。

（五）向英国伦敦皇家造币厂订购辅币。1863年，港英政府向英国伦敦造币厂订购三种辅币：1文的青铜币、1仙（1分）的青铜币和1毫（10仙、10分）的白银币。自此，香港确定以10为进位文、仙（分）、毫（10仙、10分）的三级辅币制度。

（六）建立造币厂铸造金属货币。1866年5月7日，香港造币厂建成。因华人习惯在鉴定银币后戳上记号，而铸币厂铸造的硬币面有维多利亚女皇像，谣传在女皇像上戳记会受刑责，所以不

图 27-3　港英政府 1863 年开始发行的香港 1 文青铜币《香港货币（1841—1997）》161 页

图 27-4　香港汇丰银行 1872 年开始发行的壹圆纸币（苏骏）

受华人欢迎，1868年铸币厂关闭。两年间，生产面额为5仙（5分）、1毫（10仙、10分）、2毫（20仙、20分）、5毫（50仙、50分、半元）和1元的5种银币，1文、1仙（分）的青铜币。

（七）授权汇丰银行发行1元面额的纸币代替香港银元流通。1872年，港英政府授权汇丰银行发行1元面额的纸币代替银元流通。1873年又先后引进美国和日本的远东贸易银元，进入香港市场流通，作为法定货币品种。

（八）依赖英国铸造香港流通硬币。1872年，与英国伯明翰希顿父子有限公司达成协议，铸造香港流通硬币。至1935年币制改革，先后铸造并发行面额5仙（5分）、1毫（10仙、10分）、2毫（20仙、20分）、5毫（50仙、50分、半元）的白银币和1仙（1分）和青铜币及5仙（5分）、1毫（10仙、10分）的红铜镍合金币。

（九）禁止外国货币流通。1912年，港英政府颁布《外国铜币条例》、1913年颁布《外国银镍币条例》，禁止输入及使用外国铜币及镍币，只有英国的贸易银元作为香港的法定货币。禁止外国钞票、银币及镍币流通。此后，香港流通的基本单位货币只有汇丰银行的1元纸币、英国的贸易银元、英国伯明翰希顿父子有限公司生产的银辅币。

三、香港的联系汇率制度

汇率制度又称汇率安排指各国或国际社会对于确定、维持、调整与管理汇率的原则、方法、方式和机构等所做出的系统规定。按照汇率变动的幅度，汇率制度被分为固定汇率制和浮动汇率制。

（一）放弃银本位货币制度。1934年，美国通过购银行法案，引发国际市场银价暴涨，引起中国白银外流，当年即达2.6亿元。1935年11月4日，中国为实行白银国有化而放弃银本位，采用管理通货制，即法币改革。1935年11月9日，香港公布《外汇基金条例》（货币条例），放弃银本位，禁止银元流通，以纸币为法定货币。

（二）港元脱离与英镑的联系。1972年英国爆发国际支付危机，6月23日宣布英镑浮动，英镑区限于英伦三岛及爱尔兰，香港自动脱离英镑区，放弃港元与英镑的联系汇率制度。

（三）港元与美元联系。随着国际经济的发展，美元在国际贸易和金融交易中逐渐成为主要货币，香港与美国的贸易也逐渐超越了英国。1972年7月6日，香港宣布将港元与美元按1美元等于5.65港元的汇率挂钩，波动的上下限为2%。

（四）港元实行浮动汇率制。1973年至1974年的石油危机使美元的弱势日益恶化，1974年11月下旬，世界主要汇市开始抛售美元。为避免美元贬值造成的香港通货膨胀压力。香港政府于1974年11月24日宣布港元自由浮动。

（五）港元实行联系汇率制。1982年英国首相撒切尔夫人访问北京，中英两国开始香港前途的谈判。在谈判结果不明确的情况下，港元的信心危机逐渐形成，对美元汇率下跌。港府财政司9月16日宣布，政府不可能将港元汇率固定在任何特定的水平，导致港元继续下跌至历史最低点，出现拒收港元现象。1983年10月15日，香港政府宣布两项稳定港元的措施。一是从10月17日起，两家发钞银行（汇丰和渣打）在发钞之前，应先向外汇基金缴纳等值美元，以换取负债证明书作为法定发行准备。港元与美元的汇率固定于7.8：1的水平。发行银行也可以用负债证明书和港钞向外汇基金赎回美元。二是撤销港元存款利息税。联系汇率制度是一种货币发行局制度，规定货币基础的流量和存量都必须得到外汇储备的十足支持，货币基础的任何变动必须与外汇储备的相应变动一致。香港金管局首要的货币政策目标，是在制度架构内，通过稳健的外汇基金管理、货币操作及其他适当的措施，维持汇率稳定。制度的重要支柱包括香港庞大的官方储备、稳健可靠的银行体系、审慎的理财哲学，以及灵活的经济结构。

四、私营商业银行在香港发行的货币

由于英国对香港实行殖民化管理，使得长期以来不能建立中央银行制度。所以货币的发行职能就由港英政府和若干私营商业银行分别发行货币。私营商业银行发行货币分为两个时期，自由放任发行时期和管制发行时期。

（一）自由放任发行时期（1845—1895年）。这个时期，港英政府对于银行发行钞票只有一条限制令：发行钞票的面额须是5元或其倍数（1872年汇丰银行获准发行面额1元的纸币属于例外）。尽管没有规定那些银行不能发行，实际上还是有一定的倾向性，也有支持与不支持的

图 27-5　英商呵加剌银行早期在香港
发行的 500 元纸币（苏骏）

政策。此间，有八家私营商业银行参与过发行钞票。分别为：1845年英资东方银行；1857年英资有利银行；1859年英资渣打银行；1862年英资呵加剌银行；1864年英资利华银行；1864年英资利生银行；1865年英资香港上海银行（汇丰银行）；1891年华外合营中华汇理银行。

（二）管制发行时期。1895年3月20日，港英政府制定《发行银行钞票条

图 27-6 香港有利银行 1924—1937 年在
香港发行的伍圆纸币（苏骏）

例》，规定只有获得英国政府皇家特许状的银行和由港英政府专门法例授权的银行才有权发行货币。一些银行在 1866 年世界性金融危机中倒闭，符合在发行货币的只有渣打银行和汇丰银行。1911 年 12 月 29 日，港英政府再次授予有利银行发行货币权。自此，香港形成汇丰、渣打、有利三家银行发行货币的格局。

（三）币制改革以后。1935 年香港进行币制改革，修订 1895 年《发行银行钞票条例》，制定《一元纸币条例》，规定经确认发钞的私营商业银行所发行的钞票为法定货币。新货币中面额 1 元的基本单位货币及其以下的辅币由政府发行，面额 5 元及其倍数的钞票由经确认的私营商业银行发行。价值仍与银元相同，但不再兑换银元。英国的贸易银元继续作为法定货币流通，其他银币及白银一概收回港英政府所有，限两年内交换为纸币。币制改革后的新变化：一是 1937 年 8 月 1 日颁布法例，终止英国贸易银元的流通。二是 1937 年修订《外汇基金条例》，取消一块银元与等于 1 元纸币的规定，切断了港币与银元及白银的固定联系。三是 1939 年 9 月，港币成为英镑区的成员，香港执行英国外汇管理法例。

五、日军占领香港时期的货币流通

1941 年 12 月 25 日，日军占领香港。1945 年 8 月 15 日日军投降，日军占领的 3 年 8 个月，香港受到烧、杀、抢、掠灾难性的冲击。日本的横滨正金银行和台湾银行，成为日军对香港货币侵略的工具。

（一）强制签发汇丰银行纸币。横滨正金银行在监督汇丰银行过程中，发现库房未经签发的汇丰银行纸币，就强迫被其拘捕囚禁于集中营中的包括汇丰银行总经理在内的汇丰高级职员签发这批纸币，面额有 10 元、50 元、100 元和 500 元四种，总金额 11 980 多万元港元，通过市场转嫁于香港居民之中。英国政府通过中国国民政府重庆电台要求香港居民抵制，未有结果。

（二）日本军用票取代港元。将香港的汇丰、渣打、有利三家发钞银行停业清理，用日本军用手票取代港元。1942年7月23以前，两种货币兑换率定为1日元等于2港元。1942年7月24日至1943年5月31日则改为1日元等于4港元。1943年6月1日起，港元被禁止流通。日本军用手票成为香港唯一的流通货币，直至日本投降。日军占领香港其间，先后发行

图27-7 日军占领香港其间发行的军用票第三组壹百圆《香港货币图录》45页

的军用票有四种主币和四辅币，分别是：主币1元、5元、10元、100元。辅币1钱、5钱、10钱、50钱。

六、中资银行在香港发行货币

1994年5月2日，中国银行开始在香港发行港币，成为第一家在香港发钞的中资银行。结束了港钞完全由英资银行垄断发行的历史。不仅对中国政府恢复对香港行使主权具有十分重要的意义，而且有利于保持港币的稳定和实现香港经济、金融的持续稳定和繁荣。中国银行在香港发行的纸币。面额有20元、50元、100元、500元、1 000元5种，直至1997年6月30日香港回归前没有变化。香港走向繁荣，是中国银行香港纸币的设计理念。中银港币的设计、印刷质量、防伪措施都属一流水准。图案融合世界多国纸币现代风格与中国传统工艺美术为一体。是精美的艺术品、完美的画作、防伪的印刷品。

（一）第一版港钞（1994至2001年版系列）正面以中国银行大厦、行徽及花卉为主题，背面是香港风貌构图。图案融合其他地区钞票所采用的现代风格以及中国工艺美术的传统，画面简洁、线条优美、色彩调和，寓意欣欣向荣。

（二）第二版港钞（2003至2009年版系列），首次以中国银行（香港）有限公司新行名发行港钞。正面以中国银行大厦、行徽、紫荆花、中银香港行名为主题，背面是香港著名建筑物。以中国传统的精湛雕刻艺术为表现手法，记录香港的发展历程，寓意繁荣安定。

图 27-8　中国银行（香港）有限公司 1994 年 5 月 2 日开始在香港发行贰拾圆、伍拾圆、
壹百圆、伍百圆、壹仟圆纸币，《香港货币图录》85—87 页

图 27-9　港英政府 1935 年后发行的
1 仙（1 分）纸币（苏骏）

（三）第三版港钞（2010 至 2013 年版系列）
正面以中国银行大厦、紫荆花为主景，背面是
香港的自然景观，展示先进的城市建设和纯朴
的自然景观相互交融构成的香港城市，寓意独
特魅力。

七、港英政府发行的货币

第二次世界大战以后，香港各发行货币的
机构都承诺，二战前发行的货币继续流通。新

的货币发行体系逐步恢复，仍然执行1935年币制改革前的有关规定执行。

　　港英政府发行的金属硬币与纸币。二战前，港英政府发行的金属硬币有1仙（1分）、5仙（5分）、1毫（10仙、10分）三种辅币。1935年币制改革以后，发行1元纸币及纸辅币。1960年停止发行1元纸币，改发1元金属硬币。1973年成立钱币检讨委员会，对钱币主要是金属硬币进行检讨。决定发行系列金属系列硬币：5仙（5分）、1毫（10仙、10分）、2毫（20仙、20分）、5毫（50仙、50分、半元）、1元、2元、5元面额共7种。

　　由于1997年临近，1992年10月24日，港英政府决定从1993年起，所发行的各种金属硬币和辅助纸币一律不再刻印英国女王伊丽莎白二世的肖像，改为以紫荆花代替；同时要求私营银行所发行的各种钞票图案删除殖民地字样及色彩。1959年9月

图27-10　港英政府1936年发行的
壹圆纸币（苏骏）

1日起，过去所发行的各种纸辅币除1仙（1分）面额的继续流通和继续发行处，其余面额的均停止流通并回收，由港英政府增发金属硬辅币代替。1960年又做出决定：基本单位货币1元面额的纸币停止发行及流通，改发1元面额的金属硬币代替。1965年春节其间，由于市场上突然出现金属辅币供应不足，临时发行1仙（1分）、5仙（5分）、1毫（10仙、10分）三种纸辅币，直至1975年停止。

八、二战后至回归前商业银行发行的纸币

　　1984年12月19日，中英两国政府签署联合声明，宣布1997年7月1日中华人民共和国恢复对香港行使主权。为适应新的形势，汇丰银行渣打银行自1984年起，各自发行一整套新版钞票，取代旧版钞票。1993年，取消了钞票图案的殖民地色彩。

　　（一）二战后至回归前汇丰银行发行的纸币。1946年，恢复发行5元、10元、100元和500元纸币。1977年开始发行1 000元纸币。1985年发行一整套新版纸币，取代旧版纸币，删除殖民地字样与图案。1976年起，停止发行5元面额的纸币，改由港英政府发行5元硬币替代。1985年首发20元纸币。1994年起停止发

图 27-11　香港汇丰银行 1941 年发行的
伍百圆纸币（苏骏）

图 27-12　香港渣打银行 1948 年
发行的 10 元纸币（苏骏）

图 27-13　香港有利银行 1941 年
发行的 50 元纸币（苏骏）

行 10 元纸币。自 1946 年 3 月 30 日恢复发行至 1997 年 6 月 30 日回归前，先后发行 5 元、10 元、20 元、100 元、500 元、1 000 元 7 种面额的纸币。

（二）二战后至回归前渣打银行发行的纸币。1946 年 10 月 1 日，恢复发行 100 元纸币。1948 年 2 月 12 日恢复发行 5 元和 10 元纸币。1951 年 8 月 1 日恢复发行 500 元纸币。1970 年恢复发行 50 元纸币。1976 年停止发行 5 元纸币。1976 年起，停止发行 5 元面额的纸币，改由港英政府发行 5 元硬币替代。1979 年发行 1 000 元纸币。1985 年发行一整套新版纸币，取代旧版纸币，删除殖民地字样与图案，同时新发 20 元纸币。1994 年起停止发行 10 元纸币。自 1946 年 3 月 30 日恢复发行至 1997 年 6 月 30 日回归前，先后发行 5 元、10 元、20 元、100 元、500 元、1 000 元 7 种面额的纸币。

（三）二战后至被收购前有利银行发行的纸币。1948 年 8 月 24 日，有利银行恢复发行 100 元纸币，新发行 500 元纸币。1958 年，被汇丰银行收购，发钞权被汇丰银行接管。1959 年 5 月 27 日停止发行 500 元纸币。1974 年 11 月 5 日停止发行 100 元纸币。先后只发行 100 元和 500 元纸币。

九、香港特别行政区发行的纸币

2002 年 7 月 1 日，香港特别行政区在

图 27-14　香港特别行政区 2002 年发行的拾圆纸币《香港货币图录》39 页

成立五周年之际，发行面额拾圆纸币，与正在流通的拾圆纸币与拾圆金属币同时流通。

第二节　澳门特别行政区的货币

澳门是中华人民共和国两个特别行政区之一，位于中国东南沿海的珠江三角洲西侧，由澳门半岛、氹仔岛、路环岛和路氹城四部分组成，总面积共29.2平方公里，截至2014年3月末，总人口约61.45万。

一、澳门的历史

秦始皇统一中国后，公元前214年（秦始皇三十三年），秦朝派军平定百越，置南海郡，澳门属番禺县管辖。自此，澳门便置于中央政权的管辖之下，成为中原王朝领土。420年（晋朝元熙二年），澳门属新会郡封乐县地。590年（隋朝开皇十年），废新会郡改属宝安县地，757年（唐代至德二年），废宝安县，改为广州东莞县辖。自南宋开始，澳门属广东省广州香山县。宋末名将张世杰与军队曾在此一带驻扎；早期在澳门定居的人在此形成小村落，倚靠捕鱼与务农种植为生。元代属广东道宣慰司广州路，路治广州，明代属于广州府，清代后期前属广肇罗道广州府，道治肇庆，府治广州。

明万历三十年（1602年）修撰完成的《广东通志》卷六十九记载：嘉靖三十二年（1553年），蕃舶托言舟触风涛缝裂，水湿贡物，愿借地晾晒，海道副使汪柏徇贿许之。准许将澳门作为葡萄牙商船的停泊口，并按惯例向葡人抽税百分之二十，没有允许葡萄牙人将澳门当作居留地，更没有得到朝廷批准。葡萄牙人在明代地方官员默许下，逐步用砖瓦彻房，聚集村落，赖此不走。四年后，葡萄牙人获许在澳门居留。数年间澳门发展成人口过万的商贸城镇。从1572年向明代政府每年缴纳500两地租银、15两火耗银，直至1849年。鸦片战争爆发后，澳人趁火打劫，一反臣服，修建炮台，扩展管辖，任命总督。1862年，清代政府签订中葡《天津条约》、1887年签订中葡《里斯本条约》和《北京条约》，两个条约中，清代政府放弃租银，明确葡萄牙人永居并治理澳门和它的附属地。

1928年4月，《中葡友好通商条约》期满。中华民国国民政府于1929年3月27日与葡萄牙签署《中葡友好通商条约》，原《北京条约》废止，葡萄牙人不再有永久管理权。1979年2月8日，中葡建交，葡萄牙宣布承认澳门是中国的领土，在适当的时候通过谈判把澳门交还给中国。双方谈判中，中国明确表示要在21世纪之前收回澳门，后双方商定澳门回归中国的日期在1999年12月20日，并签署中葡联合声明。

二、澳门货币流通的历史

1535年（嘉靖十四年），明代政府将广州市舶司（中国在宋、元及明初在各海港设立的管理海上对外贸易的官府，相当于现在的海关）迁移到澳门，这一事件是澳门开埠的起源，尔后，澳门逐步发展成为中国对外贸易的一个重要港口。开埠以后，流通的货币是中国的银元和铜钱。19世纪初，墨西哥银元也曾在澳门流通，并成为主要的流通货币。民间则广泛使用各银号发行的凭单。

（一）大西洋银行是澳门最早发行货币的银行。大西洋银行原名为"大西洋国海外汇理银行"，总行设在葡萄牙里斯本。1864年在葡萄牙首都里斯本建立，1902年在澳门营运。1864—1930年在葡萄牙本土、海外及外国设立机构。1905

图 27-15 大西洋银行 1945 年发行的拾圆券、贰拾伍圆券、壹百圆券《澳门货币图录》68、79、92 页

年9月4日，澳门政府正式授权大西洋银行发行澳门货币，称为澳门元，面值分别为1元、5元、10元、25元、50元、和100元6种，由伦敦的一家公司印制。1906年1月19日开始在市场流通。澳门的硬币1952年出现，以前主要使用香港的辅币。

（二）澳门币的保留。澳门币发行以后，一直受到葡萄牙政府的监管。1954年，葡萄牙政府有意要统一各殖民地的货币，受到澳门政府的反对，澳门币得以保留。

（三）澳门货币发行机构的建立。1980年，澳门政府进行金融体制改革，单独组建澳门官方发行机构——澳门发行机构，收回发钞权。并指定大西洋银行为该机构的唯一代理银行，代理发行澳门纸币，而硬币则由发行机构负责发行。1982年1月11日，大西洋银行正式代理发行新纸币，面额为5元、10元、50元、100元及500元5种。1988年，两次代理发行面额为1 000元的纸币，以大西洋银行行徽代替葡萄牙国徽。

图27-16　大西洋银行发行的2005版澳门纸币壹佰圆、伍佰圆

（四）澳门货币发行机构的改革。1989年，澳门政府再度改组金融体制，宣布将澳门发行机构重组为澳门货币暨汇兑监理署，履行中央银行职能，仍授权大西洋银行发行纸币，合约至1995年。后经中葡商定，延长至1999年。澳门货币暨汇兑监理署是澳门经济协调政务司辖下的行政及财政自治机关。职能是协助澳门总督制定和施行本地区的货币、金融、兑换及保险政策，配合澳门经济、金融及兑换政策，维护本地货币的均衡和对外偿付能力。相当于香港的金融管理局，

是具备中央银行大部分特点的金融管理机构。

（五）中国银行在澳门发行纸币。经中葡双方商定，澳门政府1995年颁布法令，准许中国银行发行澳门纸币。中国银行发行的澳门纸币面额分别是10元、50元、100元、500元和1 000元5种。

图 27-17　中国银行 2008 版澳门纸币拾圆、贰拾圆、伍拾圆、壹佰圆、伍佰圆、壹仟圆

中国银行澳门元（2008版）钞票：正面主景图案选自澳世界文化遗产名录中的景点，展示澳门几百年来形成的中西融合建筑风采，展现了澳门多元共存、和谐交融的文化精髓。六种面值的主景图案按历史脉络编排：妈阁庙、大三巴牌坊、岗顶剧院、东望洋炮台、郑家大屋、民政总署大楼。钞票背面采用澳门中国银行大厦为主景图案，衬景选取澳门四座大桥形象，寓意澳门在中西方文化交流中和澳门元在澳门经济发展中具有的桥梁作用。

（六）澳门流通的硬币。1952年6月，新成立的澳门发行机构负责发行硬币，面额为5元和1元、5角（伍毫）、1角（壹毫）和5分（伍仙）等五种。1982年1

图 27-18　1952 年澳门发行的伍仙、壹毫、伍毫、壹圆、伍圆硬币（苏骏）

月，澳门发行机构又发行5元和1元，50分，20分和10分五种铸币。1992年1月2日起，新发行面值为5元和1元的硬币。现流通硬币有1毫、2毫、5毫、1元、2元、5元和10元七种。

（七）澳门币的地位。由于澳门没有外汇管制，经济发展也比不上香港、广州等华南地区，对外贸易很大程度依赖香港，长期以来，澳门货币在商贸中的地位，远不如香港货币或其他外地货币，不但未能在国际上以至区域内成为一种通用货币，即使在澳门其流通量亦低于港币，有明显的货币替代现象。按照澳门基本法和中葡联合声明，澳门的自治权包括自行发行货币的权力。澳门元作为澳门特别行政区的法定货币，继续流通和自由兑换，凡所带标志与澳门特别行政区地位不符的澳门货币，将逐步更换和退出流通领域。

三、澳门的货币制度

（一）建立与港元的联系汇率制度。澳门币的纸币发行有百分百的外汇储备支持。1983年10月17日，香港宣布实行港币与美元实行联系汇率制度，汇率为每7.8港币兑1美元。发钞银行必须按以1港元兑1.03元澳门币的固定汇率，向货币局即澳门金融管理局交付等值的港元换取无息负债证明书，作为发钞的法定储备。所以澳门币也间接与美元挂钩，汇率约为1美元兑8元澳门币。

（二）保证货币兑换。在百分之百的储备支持下，澳门金融管理局保证澳门币对储备货币（港元）的完全兑换。澳门对澳门币与外币的进出境都没有管制，游客可以在澳门的酒店、银行、兑换店等地自由兑换货币。

（三）澳门的货币发行局制度。澳门也实行货币发行局制度：一是固定汇率制度。货币发行局实行固定的汇率制度，每103澳门币兑换100港币。二是澳门政府授权银行发行纸币。澳门政府授权大西洋银行和中国银行澳门分行按固定汇率将等值的外币（主要是港币）存入澳门货币暨汇兑监理署，由监理署提供外币的担保和清偿能力，向发钞行发出负债证明书，发钞凭此在固定汇价发行澳门纸币。三是所有银行均在货币暨汇兑监理署开设账户。澳门所有的银行都必须在货币暨汇兑监理署开设一个以本地货币结算的流动资金账户，以便与货币暨汇兑监理署进行以本地货币兑换港币的交易，同时亦作为同业市场拆借结算账户。

第三节　台湾地区的货币

台湾是中国领土不可分割的一部分，位于中国大陆东南沿海的大陆架上，东临太平洋，东北邻琉球群岛；南界巴士海峡；西隔台湾海峡与福建相望，是太平洋地区各国海上联系的重要交通枢纽。台湾海峡呈东北向西南走向，北通东海，南接南海，长约200海里，宽约70至221海里，是海上交通要道。面积3.6万平方公里，包括台湾岛（3.58万平方公里）、澎湖列岛、绿岛、钓鱼岛、兰屿、彭佳屿、赤尾屿等，全省共划7市16县。人口约2 350万。

一、台湾货币流通的发展历史

（一）开辟时期台湾的货币流通。纪元前的中国史籍文献，对台湾的记载只是我国东南海域有个海岛存在。三国东吴人氏沈莹的《临海水土志》，对台湾少数民族的社会经济状况有粗略的记载，唐、宋、元、明的史籍文献记载有所增加，其中明末万历年间陈第著《东番记》记载较为详细，仍属于原始野蛮时期。

开辟时期的台湾，受台湾海峡的制约，与祖国大陆难以交流，经济、社会、货币等严重滞后于大陆，货币史的发展也有其独特的个性。台湾少数民族各村社对岛外来的客商和大陆移民之间，存在着较为普遍的物物交换，村社内部和村社之间物物交换也较少，不使用货币。隋唐以后，台湾海峡水位下降，大陆移民至台湾、澎湖增多。宋朝以后，因北方社会动荡，东南沿海居民渡海更多，居住在台南滨海地区，从事开垦种植及经商，形成大陆移民区域。根据大陆移民生产区域的经济发展状况，十世纪后期的宋朝，是台湾开辟时期地方货币史的上限。

1. 大陆移民区域使用的货币。清乾隆二十八年（1763年）朱仕玠著的《小琉球漫志》云："台地用钱，多系赵宋时钱，如太平、元祐、天禧、至道等年号。钱质小薄，千钱贯之，长不盈尺，重不越二斤。"大陆移民区主要使用宋朝的金属货币，如太平通宝、元祐通宝、天禧通宝、至道元宝等。

2. 澎湖地区使用的货币。澎湖与大陆福建的泉州毗邻，岛上的居民主要来自福建沿海一带，曾隶属于泉州府的晋江县，宋朝时还有官兵驻守，经济社会发展受大陆影响较大，几乎同步，宋朝以前就已进入商品经济时代。台湾文献委员会

《重修台湾通志·经济志·金融篇》第28页记载："近年于澎湖之吉贝屿、姑婆屿、岛屿、大屿、八罩岛等外，均有'宋墟'之发现；出土有宋朝瓷片及钱币等物。元代时澎湖的社会经济进一步发展，进入的外地商船一年有数百艘。"元代航海家汪大渊著《岛夷志略》对澎湖的记载："土商兴贩，以乐其利。地隶泉州晋江县，至元年间，立巡检司，以周岁额办盐课中统钱钞一十锭二十五两，别无科差"。元代时，澎湖列岛已使用元代的中统钞。

（二）荷据时期的台湾货币流通。明万历三十年（1602年），海上霸主之一的荷兰，组建有军队和宣战权的荷兰联合东印度公司，武力侵占澎湖，并派军舰至台湾勘测港口，在大员湾附近建造临时城堡，遭到当地居民抵抗而离开。明开启四年七月十一日（1624年8月24日），荷兰殖民者撤离澎湖，约2 600余人入侵台湾。至永历十五年（1661年），延平郡王郑成功武力驱逐，翌年二月收复台湾，荷兰入侵台湾三十八年。

1. 荷据时期的经济社会。利用大陆移民发展农业生产，对少数民族生活区实施经济封锁。以台湾为枢纽，与中国大陆、日本及东南亚、北欧开展多边贸易，牟取利益。设立多种征税费的条款，开征官租、人头

图27-19　荷据时期流通的荷兰元
《台湾货币史略》40页

税、渔猎税、纳贡、临时税、社商承包税、猪专卖承包税、酿酒贩酒承包税、生牛酪税、关税等。此间，大陆移民居住区域经济有所发展，少数民族居住的山地经济仍然停滞不前。

2. 荷据时期流通的货币。使用的货币多种多样，不同场合使用不同的货币。主要使用荷兰联合东印度公司铸造的荷兰元银币，重量与西班牙银币比索基本相同，直径40毫米，重26.8克，1荷兰元兑换2.5元荷兰盾。小额的交易及纳税使用荷兰本土的银辅币斯图弗。对外贸易结算使用对方乐于接收的货币，如白银。少数民族仍不使用货币，沿用物物交换。

（三）明郑时期台湾的货币流通。永历十八年（清康熙元年，1662年），南明延平郡王郑成功率兵驱逐荷兰殖民者，收复台湾，抗清复明。建立行政管理机

构，推行屯田，制糖制盐，办学校，开展贸易，推动了台湾社会和经济的发展。郑成功去世后，经其子郑经、其孙郑克塽22年的开发，社会与经济更加繁荣，基本上由原始社会进入封建社会。

1. 明郑时期台湾的经济与社会。建立有史以来第一个政权机构，以台湾为东都，设吏、户、礼、兵、刑、等六官。地方设一府承天府，两县天兴县和万年县。设立番社学，教导少数民族子弟。指导少数民族运用农业技术开展农业生产。扩大农业种植面积，发展农民生产成为首要目标。由于大陆严禁海外贸易，台湾成为大陆商品的集散地，通洋贸易十分活跃，商品经济全面兴起。

2. 货币流通状况。作为明代的东都，一切遵循明制。货币流通实行银钱并用的制度，官府收支和民间贸易结算，大额用银，小额用钱。先后四次自铸面文有篆、行两种书体的永历通宝折二铜钱，允许已经流通的宋朝铜钱继续流通，保持了大陆货币在台湾流通的延续。日本的宽永通宝铜钱、西班牙银饼比索（"十字银饼"）也有流通。对外贸易结算，视国别不同选择不同货币。对英国东印度公司使用西班牙银饼和荷兰元，对日本使用银两。

（四）清代时期台湾的货币流通。康熙二十三年（1684年），台湾归属清代管理，直至清光绪二十一年（1895年）日本强占，清代治理212年。由于融入祖国大家庭，经济与社会发展很快，尤其是商品经济。

1. 清代时期台湾的经济社会状况。归属后设一府四县二厅，福建省管辖。光绪十一年（1885年）五月，升格为台湾省，福建巡抚刘铭传任首任巡抚。对少数民族恩威并施，原住民逐步归化，与官府和大陆移民日渐融合。农业种植面积不断扩大，米、糖、樟脑、茶、硫磺出口量增多，煤炭年出口量最高达到17.7万吨，鸦片年进口最高达37.7万斤，值银190万两。建设中国最早的铁路，陆路、水路交通网络不断拓展。港口及海运事业日益发展，与大陆沿海口岸航行点有十余个。光绪二十年（1894年），台湾人口总户数507 505户，2 545 721人，与嘉庆十六年（1810年）比，户数、人口分别增加91.7%、30.9%。

2. 货币流通状况。经济社会的发展和人口的增加，产生较大的货币需求，此间，台湾的货币流通发展较快。自铸铜钱与朝廷调拨铜钱结合。归属初期，仍

使用南明郑氏永历通宝。康熙二十八年
（1689年）至三十一年（1692年）奉旨
开铸康熙通宝背臺字铜钱，回收前朝旧
钱。康熙晚期出现市场铜钱流通不足现
象，朝廷两次铸造铜钱近六万贯运送台
湾。白银是清代主要的流通货币，台湾
官府岁入、岁出记账均以银两为单位。
归属后，清政府置兵驻守，通常1.2—
1.3万人，最高时5万人，三年轮换。为
适时发放兵饷，便于士兵贮藏，多次铸

图 27-20　康熙通宝（背台）（殷国清）

图 27-21　台湾道光寿星银饼
《台湾货币史略》108 页

造军饷银饼，币面重量有七钱二分或六钱八分，以个数发放军饷。品种有：

（1）道光寿星银饼（元），俗称老公饼。正面中央为拄杖寿星图像，有道光年
铸、足纹银饼、库平柒式字样。背面有两耳三足鼎图、满文台湾府铸字样，满文
中间有·和〇饰纹及两个戳记。边纹仿西班牙本洋，手工打造。

（2）大清国宝银饼（元）。正、背面的文字和图像饰纹与道光寿星银饼基本相
同，差异是正面为大清国宝，足纹字样，背面没有戳记。饰纹手工打造。

（3）如意军饷银饼（元），俗称花篮银饼。正面有聚宝盆、盆内有宝字样、珊
瑚、元宝、灵芝、万年青等，府库、军饷字样，边缘回纹花饰。背面有交叉双
如意，升平、足纹、通行、六八等字样。边缘回纹花饰，仿西班牙本洋，手工
打造。

（4）笔宝军饷银饼（元），俗称剑秤银饼。正面有聚宝盆、珊瑚树，盆内有
宝盆字样。军、饷、足纹通行字样。背面两支笔交叉、元宝饰纹、如意、星辰
图、灵芝等，府、库房、六八足重字样。边缘锁壳纹，边纹仿西班牙本洋，手工
打造。

（5）同治寿星银饼（元）。正面有拄杖寿星，同治元年、嘉义县造字样，方形
小戳印。背面有军饷、足纹、通行、六八等字样。上下缘还有图案饰纹。手工打
造较为粗糙。

图 27-22 台湾谨慎军饷银饼
《台湾货币史略》110 页

图 27-23 福建永丰官银钱局票
壹佰文《福建货币史略》136 页

（6）谨慎军饷银饼（元），又称谨性军饷银饼。正面有军饷字样，下端为签字花押，谨慎或谨性。背面有足纹、通行字样。正背面饰有花星，形态各异，有边纹。所有饰纹均为手工打造。

3. 允许外国银元流通。明郑时期，台湾通过外贸取得的西班牙十字银饼和荷兰荷元就开始使用。后来墨西哥"鹰洋"和荷兰马剑银元流入台湾，由于银元成色稳定、重量规范、使用方便受到欢迎，与银两同时流通。

4. 福建永丰官银钱局票流通。咸丰三年（1853年）九月，朝廷批准福建设立福建永丰官银钱局，在厦门、建宁、福宁（今霞浦）、汀州（今长汀）和台湾设立分局，推行官银钱局票。设立后在台湾发行永丰官银钱局票，领用省局票发行。按面值分为三种：制钱票面值有六十文、一百文、二百文、四百文、五百文、六百文、一千文、二千文、五千文。银两票面值有一两、五两、十两。番银票，以元为单位，用以兑换或支取市场流通的外国银元。

票面竖式，白棉纸靛蓝色单面印制，有福建永丰官银钱局委员钤记、面值、签发日期、发行号等，其中面值、发行号、签发日期均系墨笔临时填写，发行编号字冠字和发行年、月、字为红单字戳加盖。

5. 自行发行纸币支付军饷。

（1）同治官银票。同治元年（1862年），因太平军进入福建，对台军饷供应不能保证，彰化戴潮春率众20余万人起事。兵备道洪毓琛驻郡筹防，因军饷不济，以关税抵还，向德记洋行借白银十五万两，仍不够开支。台湾筹防总局道府指定同怀、谦记和鼎美等三钱庄（银号）筹办发行官

图27-24 台湾同怀钱庄同治官银票
《台湾货币史略》124页

银票，由巨绅殷户黄应清等五人各出银单（票）八千元作为准备金，限定发行纸币四万元，每张均为六八秤银一元。同治元年三月十五日开始发行，竖式，一式两联，留有备查存根联，票幅14×25厘米。毛棉纸单面手工印制，票框花纹及文字蓝色，加盖官印、店印和绅富印章。票面有同怀、谦记、鼎美发行铺名及方形印章、告示及台湾筹防总局道府给、六钱八分银饼、通用为照、凭单存六八银饼壹员此照等字样。同治年月拾三日及怀、谦、鼎为冠字的木戳印。

（2）光绪官银、钱票。光绪十年（1884年），法国入侵基隆，福建巡抚刘铭传亲驻台湾督防，抵抗侵略。因军费开支较大，本地富商捐借，仍难保证，再次发行纸币支付军饷。官府确定数额，授权的私营钱庄、银号发行，限期流通使用。期限截止前，由发行人兑现，截止时由官府承兑回收。银票有壹圆、伍圆面值，钱票为五百文面值。银号根据家资规模发行，十万以上准发五万。票面加盖银号及县的印章，兑换时发生困难可向县、府、道三库暂借接济。

6. 发行纸币抵制日本侵占。1895年，台湾士绅建立"台湾民主国"抵抗日本占领，在地方父老和富商豪绅支持及广大军民的响应下，为筹集军费，发行官银票。

（1）护理台南府正堂忠发行的台南官银票。竖式，毛边纸木刻版单面手工印制。一式两联。流通联票幅13.5×25厘米，票框的花纹边和文字均为蓝色。票框内有台南、官银票、凭票支付七钱三分平银××员照、护理台南府正堂忠给、光绪××年×月××日×字×××号、×字列第×××号勘合、帮办台湾防务

图 27-25 台湾护理台南府正堂
忠发行的台南官银票壹大员
《台湾货币史略》127 页

图 27-26 台湾官银钱票总局
发行的官银票伍大员
《台湾货币史略》131 页

闽粤南澳镇兵之关防、台南府印等字样。面额为黑墨书写壹大员或伍大员或十大员，签发日期也是黑墨手写填入，编号字冠为红色木戳印。壹大员票面还有台湾民主国虎章，有发行文告。

（2）官银钱票总局发行的台南官银票。竖式，毛边纸木刻版单面手工印制。一式叁联。流通联票幅 13.5×25 厘米，票框的花纹边和相关文字均为蓝色。票框内有台南、官银票、凭票支付七钱三分平银××员照、官银钱票总局给、光绪××年×月××日×字×××号、×字列第×××号勘合、镇守福建台湾总兵之关防、台南府印等字样。面额为黑墨书写壹大员或伍大员或十大员，签发日期也是由黑墨手写填入，编号字冠为红色木戳印。票面还有"台湾民主国"虎章。并有发行文告。另一种版别是面值改为清钱××文，发行告示将银票改为钱票，面值与签发日期中间多经于××年××月××日支销字样。伍佰文的钱票存根联票面文字多存根字样。

由于抵抗失败，银钱票流通行使四个多月。此间发行的官银钱票，签发日期都使用光绪年号，加盖的关防印信仍用汉满文旧印章，钱票注明清钱，尽管对外号称台湾民主国，仍然是祖国的组成部分，忠于朝廷，更忠于祖国，为抵抗日本占领做出了贡献。

（五）日本占领时期台湾的货币流通。1895 年，日军武力侵占台湾以后，废除清代币制，设立日资控制的银行，发行货币，名义上实行金本位，实际上用日本退出流通待销毁的旧银元，加盖特定戳记，作为台湾主要的流通货币，与金元兑换，纸币票面标明可兑换等值金元，实际上从不兑现。

1. 强制流通日本货币。1895年5
月25日，日军进驻台北后，从日本调
运大量日本旧银元和日本银行兑换券
至台湾。尽管日本银行兑换券在流通中
发行贴水，仍然大量输入。将日本回收
的旧银币，背面凿银字后在台湾流通，
分别为：旭日龙银元；龙银元；贸易银
银元。银元末凿印在日本兑换金币1元，
凿印后在台湾兑换金币0.863元。台湾
人民纳税使用凿印银元需折合金币计
算，1元税收要缴纳凿印银元1.12元。

2. 建立台湾银行发行纸币。1897
年3月，日本国会通过《台湾银行法》，
11月成立台湾银行创立委员会筹备台

图 27-27　凿银日本贸易银银元（明治
八年右丸银）《台湾货币史略》157 页

图 27-28　株式会社台湾银行发行的银券
壹圆券《台湾货币史略》172、173 页

湾银行。1899年3月，日本政府修改《台湾银行法》，以100万元为额度，认购
台湾银行股份，同年6月正式成立株式会社台湾银行，9月26日营业。日据时期，
台湾银行发行日本总督府通行货币银券、金券、银行券、代用券，并且在大陆发
行纸币。

（1）银券。与凿印银元等价等值流通，先后发行横式银券壹圆、五圆、拾圆
和五拾圆。四种票面主图均为双龙凤，文字均有中文与英文，票面均有大日本帝
国政府印刷局字样。壹圆于光绪二十五年（1899、日明治三十二年）九月二十五
日发行，正面底纹淡绿色，饰文与文字墨绿色。五圆于光绪二十五年（1899、日
明治三十二年）十二月二十五日发行，正面底纹橙黄色，饰文与文字墨绿色。拾
圆于光绪二十七年（1901、日明治三十四年）二月五日发行，正面底纹淡蓝色，
饰文与文字墨色。五拾圆于光绪二十六年（1900、日明治三十三年）十二月三日
发行，正面底纹橙黄色，饰文与文字墨绿色。

（2）金券。以金元为单位，与金元硬币等值流通使用。竖式，双面印刷，先

图27-29 株式会社台湾银行发行的金券
壹圆券《台湾货币史略》180页

后发行壹圆、五圆、拾圆。三种票面主图均为双龙凤，文字均有中文与英文，票面均有大日本帝国政府印刷局字样。

壹圆券于光绪三十年（1904、日明治三十七年）七月一日发行，正面底纹橙黄色，饰文与文字墨绿色，有"台湾银行"字样。五圆券于光绪三十年（1904、日明治三十七年）八月二十六日发行，正面底纹淡蓝色，饰文与文字墨绿色，有台湾银行水印。拾圆于光绪三十二年（1906、日明治三十九年）八月一日发行，正面底纹淡黄色，饰文与文字墨绿色，有10和拾字样。

（3）银行券。改造券。又名台湾银行券，以金元为单位，币面饰纹和色彩更加美观，文字除面值外，为日文和英文。面值有壹圆、五圆、拾圆、五拾圆。正面图案为台湾神社图，背面为鹅銮鼻灯塔景图。

壹圆券于民国四年（1915、日大正四年）九月一日发行，正面底纹紫、绿、黄三色，图文蓝、黑色。有台湾银行、1、壹、圆、株式、会社及日文此券可换壹金圆等字样。背面底纹橙黄色，图文绿色。

五圆券于民国三年（1914、日大正三年）三月三日发行，正面底纹橙黄、淡红色，图文墨绿色。有台湾银行、5、五、圆、株式、会社及日文此券可换壹金圆等字样。背面底纹淡绿色，图文淡棕色。

拾圆于民国五年（1916、日大正五年）十二月二十二日发行，票幅16.2×9.6厘米，正面底纹淡棕、橙黄色，图文墨绿色。有台湾银行、10、拾、圆、株式、会社及日文此券可换壹金圆等字样。背面底纹淡绿色，图文墨绿色。

五拾圆于民国十年（1921、日大正十年）十二月二十四日发行，正面底橘黄色，图文墨绿色。有台湾银行券、50、五拾圆、株式、会社及日文此券可换壹金圆等字样。背面底纹淡黄色，图文墨绿色。

甲券。面值以金元为单位。正面图案为台湾神社及大日本帝国政府印刷局字样，背面有鹅銮鼻灯塔景图、台湾银行标志及台湾银行券和面值字样。面值有壹圆、五圆、拾圆和百圆。

甲券壹圆于民国二十二年（1933，日昭和八年）七月二十一日发行，正面底纹橙黄、淡绿色，图文墨绿色。有台湾银行券、壹圆、日文此券可兑金壹圆、株式会社台湾银行、1等字样。背面底纹橙黄色，图文墨绿色。

图 27-30　株式会社台湾银行发行的银行券
甲券壹圆券《台湾货币史略》190 页

甲券五圆于民国二十三年（1934，日昭和九年）十月一日发行，正面底纹棕黄色、花纹绿色，图文墨绿色。有台湾银行券、五圆、日文此券可兑金五圆、株式会社台湾银行、五等字样。背面底纹淡黑棕，图文棕色。

甲券拾圆于民国二十一年（1932，日昭和七年）十一月二十一日发行，正面底纹淡棕黄色，图文棕色为主。有台湾银行券、拾圆、日文此券可兑金拾圆、株式会社台湾银行、拾等字样。背面底纹橙黄色，图文蓝色。

甲券百圆于民国二十六年（1937，日昭和十二年）三月二十日发行，正面底纹淡紫色，图文墨绿、土黄色。有台湾银行券、百圆、日文此券可兑金百圆、株式会社台湾银行、百等字样。背面底纹淡灰绿色，图文棕、绿色。

乙券。与甲券比较，壹圆、五圆和拾圆三种券别的票幅大小相似，略有差异。图文布局除五圆和拾圆的背面外，基本相同，水印文字与位置相同。面值有壹圆、五圆、拾圆。印制单位均为大日本帝国政府内阁印刷局。

乙券壹圆于民国三十一年（1942，日昭和十七年）发行，正面底纹淡紫色，背面底纹黄、灰绿色。正背面图文布局和花饰色

图 27-31　株式会社台湾银行发行的银行券
乙券拾圆券《台湾货币史略》190 页

彩与甲券壹圆相同，不同的只是乙券的发行编号公仅在左右两侧标明"字冠号"，无发行流水号。

乙券五圆于民国三十一年（1942，日昭和十七年）发行，正面底纹淡绿、淡棕色，图文墨绿色，图文布局与甲券五圆相同。背面底纹淡棕，图文棕色。有台湾银行标志，台湾银行券、5、五圆等字样，图案为展翅雄鹰及鹅銮鼻灯塔景图。

乙券拾圆发行于民国三十二年（1943，日昭和十八年），正面底纹淡绿和紫色，图文墨绿色，图文布局与甲券拾圆相同。背面底纹灰紫色，有台湾银行标志，台湾银行券、拾圆等字样，图案为正在飞翔的鸟及鹅銮鼻灯塔景图。

图 27-32　株式会社台湾银行发行的银行券现地刷百圆券《台湾货币史略》199 页

图 27-33　株式会社台湾银行发行的银行券代用券千圆券《台湾货币史略》202 页

现地刷。即台湾当地印刷的纸币，太平洋战争爆发以后，美国对日本宣战，台湾与日本的交通被美军切断，台湾银行的纸币只能在台湾印制。总体上讲，纸质粗劣，墨色不佳。面值有拾圆、百圆。

现地刷拾圆发行于民国三十三年（1944、日昭各十九年），币面文字、景图、花饰和布局与乙券拾圆相同，只是票幅大小与乙券拾圆比有差异，区别是上下缘的发行编号，仅有冠号，无发行流水号。以正面底纹分有两种版别：一是中间花饰底纹为淡紫色。另一是中间花饰底纹为深绿色。两种票面有大日本帝国印刷局制造的字样。

现地刷百圆正面文字、景图、花饰和布局与甲券百圆相同，票幅略小于甲券。区别是上下缘的发行编号，仅有冠号，无发行流水号。币面色彩有两种版别：正面底纹淡绿色，图文为墨绿色，发行日期为民国三十一年（1942、日昭和十七年）。正面底纹淡蓝色，图文为墨绿色，发行日期为民国三十四年（1945、日昭和二十年）。两种票面均有台湾银行标志水印，两种票面有内阁印刷局制造的字样。

现地刷千圆票幅，正面底纹草黄色，图文黑色，有台湾银行券、千、千圆、1 000、株式会社台湾银行及日文此券可换金牌千圆等字样。图案为台湾神社，也有大日本帝国印刷局制造的字样。对于千圆券是否发和进入流通，史籍没有记载。

（4）代用券。1945年8月15日，日本宣布无条件投降，台湾实际回归是在同年的10月25日，此时仍由日本人管理，他们便从日本空运大量日本银行兑换券至台湾，加盖台湾银行印章，作为台湾银行的纸币代用券发行。

代用券。面值千圆。正面有日本银行兑换券、千圆等字样，图案为日本建部神社和日本武尊，底色黄色，图文墨绿色。背面加盖株式会社台湾银行印，底纹黄色，图文棕色。

辅币代用券。台湾银行于民国六年（1917、日大正六年）发行定额小切手（小额支票），面额均为定额，台湾银行签发，应称小额本票，流通三年后收回。至民国二十七年（1938、日昭和十三年）两次发行。票面有发行流水号、主要文字为日文，面值有两种：一金拾钱也（金元拾钱）；一金五拾钱也（金元五拾钱）。

3. 台湾银行在大陆发行的纸币。株式会社台湾银行在祖国大陆厦门、福州、汕头、九江、汉口和上海等地设立分行，并于光绪三十一年至民国六年（1905—1917、日明治三十八的至天正六年）先后在当地发行纸币。

（1）台湾银行福州分行番银票。俗称台伏票。清末，福州一带盛行香港和外国银元（民间称番银），因其币面多有人头像，又称之为佛头角，福州南台一带的钱庄便将以香港和外国银元为计值单位签发的银（元）票，取南台的"台"字，佛头角的佛字与伏字谐音，简称之为台伏票，意为福州银元票，通用银元为库平七钱二分，台伏票的元为七钱。面值有壹员、五员、拾员、伍拾员。

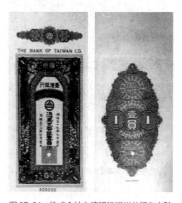

图 27-34 株式会社台湾银行福州分行在大陆发行的银元票壹圆券《台湾货币史略》204 页

壹员券。竖式，正面底纹淡土黄、淡红，图文棕色；有三个圆形网纹并列、花纹图内竖式双凤对鸣图案、台湾银行标志、英文台湾银行有限公司、福州、台湾银行、新议柒钱重番票、凭票支番银壹员正、光绪三十二年七月吉日、明治三十九年九月吉日、壹员等字样。背面底纹淡土黄，图文棕色，竖立的橄榄形花纹图及壹员、英文福州、台湾银行等字样。

五员券。竖式，色彩和票幅不明，与壹员券大小接近，正背面图文除面值数字改为五和5外，其他均相同。

拾员券和伍拾员券。拾员券票幅比五员券大，伍拾员券又比拾员券大；图文相同。正面竖式，长方形花纹及双龙戏珠图、台湾银行标志、英文台湾银行有限公司、福州台湾银行、台湾银行、凭票取新议柒钱番银拾员正、拾员正或伍拾员正、中华民国三年八月吉日、大正三年八月吉日、面值10、拾、拾员或50、伍拾、伍拾员等字样。背面横式，英文台湾银行有限公司、台湾银行福州分号、10、$10、拾、拾员和50、$50、伍拾、伍拾员等字样。

（2）台湾银行汕头分行银票。面值有壹元、伍元、拾元和伍拾元，正背面图文除面值表述不同，其余均相同，票幅大小和色彩不明。

伍拾元券，正面竖式，长方形花纹图、双龙戏珠图、台湾银行标志、英文"THE BANK OF TAIWAN LIMITED"（台湾银行有限公司）、汕头台湾银行、台湾银行、凭票取柒兑直平银伍拾元正、宣统三年十月吉日、明治四十四年卡二月吉日、伍拾元、伍拾、50等字样。背面横式，英文"THE BANK OF TAIWAN LTD"（台湾银行有限公司）、台湾银行汕头分号、50、$50、伍拾、伍拾元、"FIFTY DOLLARS"等字样。

图27-35　株式会社台湾银行汉口分行在大陆发行的银元票伍圆券《台湾货币史略》212页

（3）台湾银行汉口分行银票。面值有壹圆、伍圆和拾圆。伍圆券和拾圆券正背面的图文，除面值数字不同，其他基本相同，票幅大小和色彩不明。正面有台湾银行标志及台湾银行、伍圆或拾圆、台湾银行钞票、凭票即付、汉口通用银圆、只认票不认人、执此为照、永远通用、汉口等字样。背面文字为英文，内容与正面中文表述对应。

（4）台湾银行上海分行银票。横式，面值有壹圆、伍圆和拾圆。伍圆券和拾圆券正背面的图文，除面值数字不同，其他基本相同。

伍圆券。正面底纹淡土黄，淡墨绿梅花图案。台湾银行标志、台湾银行、伍圆、伍、5、台湾银行钞票、凭票即付、上海通用银圆、只认票不认人、执此为照、永远通用、上海。背面底纹淡绿，台湾银行标志及台湾、银行、英文台湾银行有限公司、上海、凭票随时兑换、地方通用银元伍圆、本行承认其价值、台湾银行有限公司上海分行1916年6月发行等字样，发行者英文签字。

拾圆券。正背面底纹土黄衬以淡绿色，饰纹墨绿。币面中英文字，除显示面值的拾圆、拾、10不同外，其他饰纹和文字与伍圆券相同，区别是正面拾圆两旁的八角形为墨绿色，其中右为拾，左为10；在正背面还斜盖红色英文"SPECIMEN"（样本）。

4. 多种纸币混合流通。日据时期，主要流通的纸币有日本银行纸币和台湾银行纸币。除此以外，还有通过民间商贸进入的日本军用票，这些军用票有在中国大陆发行的，也有在东南亚发行的，无论是否加盖台湾地名与否，都可以在台湾市场流通。

金属硬币全部由日本本土统一铸造运台湾，品种繁多，币材有金、银、铜、镍、铝、锡、铅。金币成色90%，面值有1元、2元、5元、10元、20元，其中1元重1.67克。银元成色90%，面值为1元，重26.96克。银质辅币成

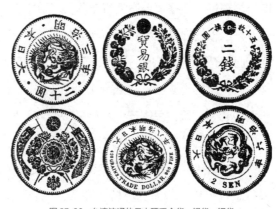

图 27-36　台湾流通的日本硬币金货、银货、铜货
《台湾货币史略》212 页

色80%，面值有5钱、10钱、20钱、50钱。其他币材面值有半钱、1钱、2钱、5钱、10钱、1厘、5厘。另外，台湾银行还发行过面值10钱、50钱的小额本票纸辅币。发行可成册或单枚使用的特别邮政邮票代替辅币。

二、光复初期台湾的货币流通

1945年10月25日上午十时，台湾省台北市中山堂举行中国战区台湾省受降典礼，陈仪代表中国战区最高统帅受降，正式宣布台湾日军投降，台湾及澎湖列岛，重入中国版图，结束了日本侵略者对台湾和澎湖列岛长达51年的统治。此日被定为台湾光复纪念日。

（一）全面整顿货币流通。台湾光复初期流通的货币主要是日本银行兑换券、台湾银行背书的日本银行兑换券、台湾银行银行券。10月31日，国民政府财政部公布《台湾省当地银行钞票及金融机关处理办法》。台湾省行政长官公署11月7日公布《处理省内日本银行兑换券及台湾银行背书之日本银行兑换券办法》。规定台湾省当地银行钞票，由政府分面额定价分期收换，逾期未收换的一律作废。日本银行兑换券票面1元以上、日本银行兑换券台湾银行背书的千元兑换券，自民国三十四年（1945年）十一月八日起禁止流通，违者没收。持有者在十二月十日前存入台湾本地银行，作为特种定期存款。

（二）改组台湾银行，发行新币。台湾行政长官公署对台湾银行稽查清理，改组为地方银行，全称台湾省银行，对外简称台湾银行，原株式会社台湾银行称为旧台湾银行。根据《台湾银行章程》，民国三十五年（1946年）五月二十日正式营业，二十三日开始发行新货币（旧台币），与原台湾银行发行的银行券等值兑换。面额有壹圆、伍圆、拾圆、伍拾圆、壹佰圆、伍佰圆、壹仟圆和壹万圆等八种。有民国三十五年（1945年）版、民国三十六年（1947年）版、民国三十七年（1948年）版、民国三十八年（1949年）版。

1.民国三十五年（1946年）版。

（1）壹圆券。正面底纹淡青色，图文蓝色，图案为孙中山正面头像、台湾银行总行大楼、旗帜、小轿车和人，台湾银行、英文字母双字冠单号、壹元、壹圆、台币、壹、中华民国三十五年印、中央印制厂等字样，台湾银行董事长、台湾银行总经理印章。背面底纹为淡青色篆书的壹元排列组成，图文蓝色，中央圆圈内为郑成功收复台湾时与荷兰殖民者澎湖海战图，两侧花纹中为美术体的1字，四角有空心1字。发行日期为民国三十五年（1946年）五月二十二日。

（2）伍圆券。正面底纹淡红色，图文玫瑰红；背面底纹淡绿色，图文玫瑰红。面值数字和底纹为5和伍，其他饰纹与壹圆券文字相同，花饰略有变动。发行日期为民国三十五年（1946年）五月二十二日。

（3）拾圆券。正面深灰色，背面底纹淡青色，图文深灰色。面值数字和底纹为10和拾，其他饰纹与壹圆券、伍圆券文字相同，花饰略有变动。发行日期为民国三十五年（1946年）五月二十二日。

（4）伍拾圆券。正面底纹淡灰黄，图文棕色；背面底纹淡玫瑰红，图文中间为青色，两侧玫瑰红。面值为50和伍拾，票面图文与壹圆、伍圆、拾圆券比有差异。发行日期为民国三十五年（1946年）九月一日。

图27-37　台湾银行旧台币1946年版壹圆券
《台湾货币史略》253页

（5）壹百圆券。正面图文深绿，背面棕、绿、青。面值为100和壹百圆，图文与伍拾圆券相似。发行日期为民国三十五年（1946）九月一日。

（6）伍百圆券。正面鲜红，背面红、蓝、灰。面值为500和伍百圆，图文与伍拾圆和壹百圆相似，正面印制日期增加宽12毫米通栏花纹图案。发行日期为民国三十七年（1948年）五月十七日。

2. 民国三十六年（1947）版。壹百圆券。正面图文深绿，背面棕、蓝、青，图案孙中山正面头像、台湾银行总行大楼、旗帜，台湾银行、台币、壹百圆、壹百、中华民国三十六年等字样。台湾银行董事长、台湾银行总经理印章。背面中央圆圈内为郑成功收复台湾时与荷南殖民者澎湖海战图，两侧及四角各有100字样。发行日期为民国三十七年（1948年）二月。

图 27-38　台湾银行旧台币 1948 年版壹仟圆券《台湾货币史略》259 页

图 27-39　台湾银行旧台币 1949 年版壹萬圆券《台湾货币史略》263 页

3. 民国三十七年（1948年）版。

（1）壹仟圆券。正面深蓝，背面橄榄绿、棕、黄。面值为1 000和壹仟圆，与民国三十五年（1946年）版伍百圆券图文相似，发行日期为民国三十七年（1948）五月十七日。

（2）壹仟圆券。正面深蓝，背面橄榄绿、棕、黄。面值为1 000和壹仟圆，与民国三十六年（1947年）版壹百圆券相比，图文大体相似，正面左右两侧增加台湾农业特产稻谷和糖蔗；正面下沿两颗红色印章旁，花纹图案各增加一小半圆，内横书壹仟。发行日期为民国三十七年（1948年）八月十七日。

（3）壹万圆券。正面绿色，背面蓝、红、黄。面值为10 000和壹万圆，与壹仟圆券相比其他图文大体相似，正面左右侧的稻谷和糖蔗位置对换，加长条框；下沿两颗印章两侧小半圆改成两个小横幅，文字由壹仟改为壹万。发行日期为民国三十七年（1948年）十二月十一日。

4. 民国三十八年（1949年）版壹万圆券。正面红色，图案孙中山头像、台湾银行总行大楼，台湾银行、壹万圆、台币、壹万等字样，台湾银行董事长、台湾银行总经理印章。背面红色，图案为台湾中央银行大楼、10 000字样，发行日期为民国三十八年（1949）五月十七日。

5. 旧台币代用券——台湾银行定额本票。民国三十七年（1948年）1月后，法币在大陆急剧贬值，连带台币贬值，旧台币发行不能满足市场需求，五月三日起，台湾银行陆续发行定额本票，替代旧台币行使。面额有伍仟圆、壹万圆、拾万圆和壹佰万圆。版式为竖式，单面印刷。图案为台湾银行总行大楼，屋顶竖国旗。有台湾银行、本票、台币××圆、TW$5 000、TWS10 000、TW$100 000、

TW$1 000 000（TW为台湾的英文缩写）、总
字第×××号、凭票即付、中华民国×年×
月×日、台湾银行瞿荆洲等字样、瞿荆洲印
章。两侧自上至下的网纹图内有凤梨、甘蔗、
香蕉、稻穗图。发行时用号码印加盖签发年、
月、日及负责人签名盖章。

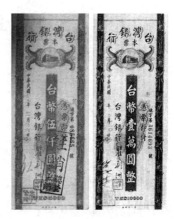

图 27-40　台湾银行旧台币代用券——
台湾银行定额本票伍仟圆、壹萬圆
《台湾货币史略》274、275 页

三、废除旧台币，发行新台币

　　至台币改革前夕的1949年6月14日（民
国三十八年六月十四日）的三年一个月期内，
旧台币的发行额包括替代旧台币行使的即期
定额本票在内为始发基数的590倍。严重超量发行，引发严重的通货膨胀和货币
市场混乱，批发物价指数上涨35倍。战后的台湾经济，生产萎缩、物资匮乏、人
口剧增、信用扩张、财政赤字，台湾社会对旧台币丧失信心。为稳定物价，实行
币制改革，废旧台币，发行新台币。6月15日，颁布台湾省币制改革方案及发行
新台币办法，发行新台币，收回旧台币。1951年5月5日颁布《中央银行监督指
挥台湾银行发行业务办法》。指定台湾银行为新台币发行机关，确定2亿元的发行
总额，新旧台币的兑换率为1：40 000，以黄金、白银、外汇及可换取外汇的物
资作为发行准备。

　　1961年7月1日依照中国台湾地区货币政策主管机关委托台湾银行发行新台
币办法，委托台湾银行发行纸币上印台湾银行字样的台湾地区法定货币。1970
年12月21日开始，纸币印"中华民国"字样。金门、马祖等地也曾经发行限定
本地区的新台币金门、马祖、大陈流通券，现在已经取消。2000年7月1日颁
发"中央银行"发行新台币办法，停止委托台湾银行发行新台币，将新台币定为
"中华民国"国币。7月3日发行1 000圆纸币，印"中央银行"字样。2002年6
月30日废止发行新台币办法，2002年7月1日起原委托台湾银行发行的新台币停
止流通。新台币发行硬币单位包括：5角、1圆、5圆、10圆、20圆及50圆。而
纸钞单位则有：100圆、200圆、500圆、1 000圆与2 000圆。

第二十八章　中国钱币的钱文书法

书法作为中国特有的传统艺术形式，是中华文化宝库的一颗璀璨明珠。中国古代货币向以文字和书法作为主要图案和装饰，清楚而全面地反映了各种书法发展变化的历程，形成独立的货币文字书法体系和以钱文文字及书法艺术为特色的中华货币文化。方圆之间，篆隶草行真，书体多变化。以特有的造型符号和笔墨韵律，展示了中国书法之美。皇帝执笔，御书钱贵。名家书写，流芳百世。工匠操刀，不计工拙。民族文字，丰富多彩。寥寥几字，魅力无穷。方孔之间，美轮美奂。中国钱币与中国书法的结合，既传承了中国书法的艺术形式，也提升了中国钱币的美学内涵。书法与钱币在结合过程中实现了自身价值，推动了中华优秀传统文化发展的进程。

中国古代钱文书法的书写及内容作者有皇帝、大臣、官员、文人、书家、铸币工匠等。字体有篆、隶、草、行、真。内容有记地、重、年、干支、年号、钱名。读法有直读、旋读、先右后左横读、先左后右横读、右起先横后纵读、左起先横后纵读、先纵后左横读、先纵后右横读。

第一节　先秦及秦汉时期的钱文书法

钱文书法是中国钱币文化和书法艺术结合的产物，这种结合最早体现在春秋战国时期的钱币上，钱币的审美观念自此开始，书法艺术与流通钱币结合，相得益彰，珠联璧合，形成了独特的东方钱币书法文化。

一、区域性是先秦货币钱文的特征

夏、商、西周、春秋、战国长达1 800多年先

图 28-1　先秦布币羊 · 平肩空首布
《中国钱币大辞典 · 先秦编》111 页

秦时期的历史，创造了光辉灿烂的中华文明，标志是夏商时期的甲骨文和殷商的青铜器。这一时期书法的表现

图28-2 甲骨文、金文、金文大篆、小篆、隶书羊

形式就是契刻在龟甲兽骨上的甲骨文和铸造在青铜器上的金文铭文。青铜铸币是先秦时期的主要形式，分为布币、刀币、圜钱和蚁鼻钱四大体系。由于诸侯长期割据自治，货币在形制、重量、文字、材质等方面有着明显的差异，最为直观的就是钱文风格。

1. 我国最早载有文字的货币。根据考古发现，我国古代货币最早有文字的是铲布（平肩弧足空首布），钱文多为单字，记载数字、天干地支、地名、吉语等。钱文用尖利工具锲刻，笔画以直冲的横、直、斜线为主，间以弧线的曲张，每一刀冲下未作修饰，线条自然、挺拔、流畅。羊·平肩空首布上的铭文羊是金文羊，早期甲骨文羊以两角弯曲的羊角局部代替整体、鼻孔在鼻尖上形成 V 形状。造字本义是两角弯曲、性情温顺的食草动物，常用于祭祀，有吉利、吉祥之意。

2. 丰富多变的布币钱文。"布币钱文篆法因钱而异，书体多变，变化丰富，布局千变万化，或消散，或紧凑，或平正，或俯仰，随形赋势。"[1]布币的钱文风格与甲骨文类似，线条细实、挺拔、均匀、方折。有的尽管文字较多，但布局得当、错落有致。如战国早中期铸行于魏国流通于三晋两周的"梁充釿百当乎·弧档方足平首布"就是典型的代表。币面基本布满文字，但分布得当、均衡有序，有质朴之美。正如丛文俊先生的评价："布币书体有明显的大众化特点。其字均为通俗性的简化、增饰、变形改造、书刻简率等，既有日常用字的随意性，也有通俗基础上的美化，很难按照一般的正体、草体、装饰性书体的标准来准确地衡量并解释它们。"[2]

图28-3 先秦梁充釿百当乎·弧档方足平首布《中国钱币大辞典先秦篇》216 页

[1] 许崇：《中国古代钱文书法研究与借鉴》中国知网。

[2] 丛文俊：《中国书法史·先秦·秦代卷》，第311页，江苏教育出版社，2009年。

图28-4 先秦刀币即墨法化·齐刀
《中国钱币大辞典·先秦编》391 页

图28-5 先秦圜钱桼垣一釿《中国
钱币大辞典·先秦编》615 页

3. 清晰细劲的齐刀文字。 齐刀（大刀），形制较大，粗犷浑厚。钱文特点：随字赋形，上下错落。大小相当，疏密适宜。笔画纤细，松弛有度。齐大刀三字刀出土数量最多，而齐造邦长法化六字刀因数量稀少、文字精美而最为珍贵。钱文均为地名（都城临淄、安阳、即墨）和法化（标准货币）的组合。即墨法化·齐刀铭文为即墨法化文字清晰、笔画细劲、弛张有度、密疏得当。

4. 圜钱上的钱文书法。圜钱上的文字多为城名，多是被秦国占领的赵、魏城邑，在黄河中流以东的汾水、黄河以西的洛河、黄河以南的伊洛河流域，当年秦和周王畿及赵、魏接触的地带。面文多铸一字，也有四字，如垣（山西垣曲西，战国魏邑）、共（河南辉县，战国魏邑）、屯赤金（山西盐池东北，战国魏邑）等圜钱，都是魏国铸币面文铸的地名。如桼垣一釿圜钱，铸行于魏国，流通于三晋、两周地区，面文桼垣一釿顺时针旋读，桼垣读漆垣，因漆水得名，一釿为货币单位。桼垣一釿四字对称、线条清晰、率直朴实、纤丽生动。

5. 未解的蚁鼻钱铭文。蚁鼻钱是春秋战国时期楚国的主要流通货币。现今发现的蚁鼻钱在正面均镌刻阴文，如咒、紊、金、君、行、廉、忻、贝、匋、三等十余种面文，其中最多的是咒。对于这些文字的含义，至今尚未形成共识，有纪

图28-6 楚国蚁鼻钱《先秦货币通论》369 页

地、纪值、纪重、纪功能、表情、表义等之说。黄
锡全先生认为"異贝主要作咒，数量最多，占铜贝
的99%以上。其他几种写法，只是这种形体的变
体、省体或异体。"[1] 蚁鼻钱文字别具一格又奇异诡
秘，使人百思不解、捉摸不透，体现了楚文化的博
大精深。

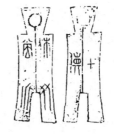

图 28-7　楚国布币殊布当釿
（陕西师范大学）。曹栩
《古钱钱文书法研究》

6. 典雅大方的楚国布币。楚国布币殊布当釿，
殊布，即大布。体大形长，旧释殊布当十化。钱文布局疏而不乱、结体狭长。笔
画平直、劲健妩媚。上密下疏，竖笔坚挺。典雅大方、瘦劲挺拔。钱文书法既有楚
文化柔韧缠绵，又体现中原文化的凝重端庄，是楚文书法与中原书法结合的产物。

春秋战国时期的钱币只有简单文字，而且各国都使用本国文字，并且选择文
字所表示的内容又不尽相同，钱币书法也不统一。钱文大多用大篆，母钱多为就
范刻成，字画复杂、书文质朴凝重，字无定法，书无定势。彭信威先生评价先秦
货币上的钱文："先秦货币上的文字，可以说是古篆。它和甲骨文不同，因为两者
书写的工具不同；它不同于钟鼎文，因为钟鼎文是当时文化水品很高的统治阶级
所写，而钱币上的文字乃各地同铸钱有关的人所写的，可以说是民间的文字。"[2]
刘绍明、王正旭、王新定说："先秦货币文字以实用为目的，其书者多由工匠为
之。先秦货币文字，更近于民间俗体。民间工匠在实践中摆脱古文字束缚，力求
文字简化，形成货币文字多样化的风格。"[3]

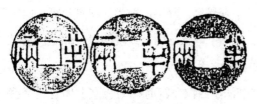

图 28-8　云梦睡虎地、敖汉旗、临潼县鱼池村秦半两
《中国钱币大辞典·秦汉编》79、80 页

二、多变的秦汉钱文书法

（一）统一钱文书法的开
端——秦半两。秦始皇统一六
国以后，推行书同文，丞相李
斯在秦国原来使用的大篆基础

[1] 黄锡全：《先秦货币通论》，第368页，《紫禁城出版社》，2001年。

[2] 彭信威：《中国货币史》，第4页，上海人民出版社，2007年。

[3] 刘绍明、王正旭、王新定：《钱币与书法艺术》，第228页，中国文联出版社，2002年。

上简化文字，取消六国文字，创制统一的汉字书写形式。以战国时秦人通用的大篆为基础，创造出形体匀圆齐整、笔画简略的新文字——秦篆（小篆）为官方规范文字，以其规范、简捷、美观的书体，成为中华民族首次统一的文字。秦篆（小篆）字体笔画，纵势长方，线条圆润，结构整齐，美观对称。流行到西汉末年（8年），逐渐被隶书取代。此间钱币文字书法的代表品就是钱文表示纪重的秦半两。

秦半两是秦始皇货币统一与文字统一的结合体，笔画均匀、体态修长、雄伟挺秀、稳重刚劲，有独特的结构美。运笔虚实、强弱、转折、顿挫，体现线条韵律。半字体现金文半由八加牛组成可分的大物造字本义。半两钱文文字高挺，朴拙雄劲，颇具大秦王朝一统天下的恢宏气势。陈元振称："秦半两钱文为丞相李斯所书。"[1]

对秦半两李斯所书也有质疑。"李斯的书法风格严谨端庄，用笔圆转，线条圆健，粗细一致，结体修长，对称均等。半两钱文书法风格多样，其中也有严谨规整似李斯《泰山刻石》的，但总体上半两钱文的书法风格随意所适，笔画方折，与权量器上的诏铭书法风格更加相似。"[2] 徐利明先生说："而作为民间广泛使用的权量器上所刻的诏铭书法，出自中下层一般善书善刻者之手，他们有一定的书法素养，但因平日应付生活实用，并不着意讲究，因此在诏铭上的表现则是随手刻来，不计工拙。"[3]

秦半两钱文古拙，书法风格更无定式，枚枚不同，至今未发现整齐统一、文字规范的秦半两钱。《中国钱币大辞典·秦汉篇》刊印的45枚秦半两拓片，字体有大、小、肥、细、垂针、扁书等。半字有昇半、降半、斜半、缺笔半等。两字有长人两、连山两、十字两、出头两、点两、缺横划两、缺笔两等。如是，秦半两钱文书法，极有可能出自一般善书善刻者之手。

（二）小篆、汉隶并存的西汉钱文书法。西汉东汉时期的钱文书体有两个特征：一是小篆仍然是官方通行书体，篆书体承秦制。二是汉隶发展成熟，衍生新

[1] 陈元振：《古钱币上的书法》，第123页，西泠印社出版社，2014年。

[2] 许崇：《中国古代钱文书法研究与借鉴》中国知网，2019年。

[3] 徐利明：《中国书法风格史》，第49页，江苏凤凰美术出版社，2020年。

兴书体章草、楷书、行书、草书的雏形。

1. 汉五铢钱的五字成为不同时期五铢钱的代表。上林三官五铢钱的形制、大小、

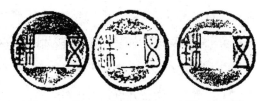

图 28-9　汉武帝、汉昭帝至汉宣帝、汉平帝至汉元帝时期的五铢钱《中国钱币大辞典·秦汉编》323、367、383 页

轻重、厚薄五字不同书体，代表不同时期的五铢钱。汉武帝五铢钱，五交叉两笔呈微曲状；汉昭帝至汉宣帝其间的五铢钱，五交叉两笔弯曲度加大；汉平帝至汉元帝时期的西汉晚期的五铢钱，五交叉两笔则逐步趋平。汉五铢钱钱文秦篆特征明显，线条粗细均匀、一丝不苟、结体端正、工整修长、秀丽清晰、粗细匀等，转折圆转、分布均匀，标准的小篆风格，国家统一货币庄重、严谨、规范的特征。一般认为，与先秦及秦代相比，汉代钱文书写由先秦时的工匠改为书法优秀人员即监制钱币铸造的官员，范铸法的泥范改为铜范，一个铜母范可翻造若干子范，铸造的钱币能够保持一致。

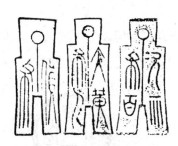

图 28-10　王莽货布、大布黄千、次布九百《中国钱币大辞典·秦汉编》472、478、549 页

2. 王莽的悬针篆钱币。新朝王莽的货币改革因复杂且脱离现实导致货币流通秩序混乱，但是，铸造的钱币造型美观、材质优良、钱文独特。篆体钱文字体上密下疏、字形狭长、收笔尖锐、舒展雅致，末尾尖如悬针，或圆如垂露。悬针和垂露是两种竖划的形容，下尖竖至末，驻而不收叫悬针，驻而收之叫垂露。东汉时期，有人夸张下垂笔画细如悬针，叫悬针篆，也叫垂针篆，篆书的异体，介于秦篆和汉篆之间的新篆书体。南朝宋王愔的《文字志》说："悬针，小篆体也，字必垂画细末，细末纤直如悬针。"一般认为王莽铸币的悬针篆钱文为曹喜所书。唐·张怀瓘《书断》载："曹喜，字仲则，扶风平陵人，建初中为秘书郎。"[1] 建初是公元 76 年至 84 年，王莽铸悬针

---

[1] 唐·张怀瓘：《书断》卷中，清文渊阁四库全书本。

篆钱币是始建国二年（公元10年），早于曹喜任秘书郎大约70年。王莽的货布及大布黄千的钱文与楚布殊布当斩极为相似，这与王莽改革复古的思想倒是一致。

（1）妩媚多姿的王莽悬针篆书体钱。王莽铸的钱币多个为悬针篆书体。如货布、大布黄千、次布九百。以货布为例，货布二字字体狭长而列于两侧，舒展雅致、上密下疏、间距均衡、住笔尖锐、细瘦如针。三枚悬针篆钱，形制古朴、潇洒俊逸、妩媚多姿。

图28-11　王莽大泉五十
《中国钱币大辞典·秦汉编》414、422、434 页

（2）异体字的大泉钱。王莽铸的大泉五十钱与悬针篆完全不同，展现另一种书体风格——字音和字义相同而字形不同异体字。大字多数呈圆弧形，少数呈燕翅形。泉字则完全异形字，呈一个对称形的图案，且图案又有多个版本。五字两笔有微曲、弯曲、较直等几种。十字则有长短大小粗细之别。

3. 以隶入钱的蜀国直百五铢。汉献帝建安十九年至蜀汉后主建兴十二年（214—234年）蜀汉政权铸直百五铢，直百隶书，结体方整舒展，平直纵横，锋芒内敛，略含篆意。五铢篆书，传统朴实，和谐统一。这是隶书体第一次在钱文上应用，改变了篆书五铢钱数百年的历史，是我国古代钱币钱文书法里程碑式的创新，为后来其他书体入钱开了先河。蜀汉后来的定平一百、直一等钱的钱文都使用隶书体。

图28-12　蜀汉直百五铢
《中国钱币大辞典·魏晋南北朝编唐五代十国编》40 页

4. 篆隶之间的孙吴大钱。孙权称帝以后，自黄龙元年（229年）至赤乌元年（238年）的十年间，先后铸行大泉五十、大泉五百、大泉当千、大泉二千、大泉五千，篆书，环读。笔意篆隶之间，结体以圆驭方，宽博雍容。大字而厚

图28-13　三国吴大泉当千
《中国钱币大辞典·魏晋南北朝隋编唐五代十国编》98 页

重但不觉得呆滞。孙吴所铸大泉当千等系列大钱，大、泉上重下轻，按照钱文一般为对读的布局，当字应在穿右，由于繁体字當字笔画较多，与穿左的千左右失衡。从重心平稳、左右对称的审美习俗考虑，将當字放在面文四字的最下面，钱文环读，钱文不变读法变，艺术效果立竿见影。

一般认为大泉钱文是吴国著名书法家皇象（广陵，今江苏扬州人，善篆、隶、草书）所书，如同皇象书的《天发神谶碑》（三国吴末帝孙皓亡国前四年所立）的风格。刘绍明、王正旭、王新定提出异议，他认为"皇象书'天发'碑尚无确据，言大泉为皇象书更是臆测了。"[1]书法风格比较，大泉和《天发神谶碑》字体为篆隶，《天发神谶碑》雄强，大泉质朴。大字比较，《天发神谶碑》大字左右两边竖笔内撇，转折尽方，大泉大字外扩，宽博、古朴。

5. 东晋的富钱——丰货。东晋元帝大兴二年（319年），羯族石勒于襄国（今河北省邢台）称王，建立后赵，铸丰货。穷苦出身的石勒选丰货为钱文，希望给百姓以富裕。丰货钱历来被称为富钱，古人以为藏有丰货钱会使人家财丰富。繁体字豐下面一个豆表示古代的容器，上面两竖出头表示庄稼生长茂盛，而貨字直接表示了钱的含义。

6. 千年的汉兴钱篆隶楷之争。十六国时期据于四川的氐族首领李寿创立成汉政权，成汉汉兴年间（338—343年）铸行汉兴钱，钱文汉兴排列有横、竖两种，读法亦有汉兴和兴汉两种观点，书体是篆书、隶书还是楷书，争论已有千年，尚难定论。彭信威先生说："按钱文的排列可分为两种，一种上下排列，文字隶书，俗称直汉兴；另一种是左右排列，篆书，俗称横汉兴。这

图 28-14　十六国后赵丰货
《中国钱币大辞典·魏晋南北朝隋编唐五代
十国编》121 页

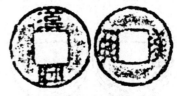

图 28—15　图十六成汉汉兴
《中国钱币大辞典·魏晋南北朝隋编唐五代
十国编》123、124 页

---

[1] 刘绍明、王正旭、王新定：《钱币与书法艺术》，第1页，中国文联出版社，2002年。

种钱是中国最早的年号钱。"[1] 魏晋时期是中国书法变化较大的时期，在此背景下，一种钱文的多种解读也属正常，反映了书体的变革，也反映了人们对书体变化认识的差异。

第二节　繁荣鼎盛的六朝及唐代钱文书法

我国书法发展的第一个鼎盛时期是六朝（孙吴、东晋、南朝宋、南朝齐、南朝梁、南朝陈）。经过先秦及秦汉时期的发展，中国的书法基本形成篆、隶、草、行、真五体，产生了王羲之、王献之为代表的一批书法大家。标志性的成果就是帖学的兴盛，碑刻文化的繁荣。唐代书法的核心是法度，要求书法创作气韵纳于法度，形质融于神采，书法的形式与内容完美结合，用笔、结构、布局谋篇、格调，形成规则。欧阳询、褚遂良、颜真卿、柳公权、张旭、怀素，是唐代书法最高成就的书法家。在此背景之下，钱文书法也是百花齐放、争奇斗艳。六朝以前的钱文都用篆书，六朝以后则多用隶楷，钱文书体的变化，也反映了中国书法的发展与变化。

一、南朝的薤叶篆小钱

南朝刘宋时期，铸造的钱多为小钱，如孝建四铢、永光、景和，大明四铢，两铢等，形制薄小。薤是一种多年生长的草本植物，叶细长。薤叶篆字体修长，上密下疏的结体，使之若薤叶倒飘。薤叶篆所指的薤叶是倒薤叶，应该按照清乾隆时钦定的三十二体篆书之一名称——倒薤篆表述。

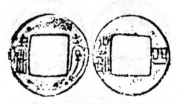

图28-16　南朝宋孝建四铢《中国钱币大辞典·魏晋南北朝隋编》141页

（一）纤巧绮丽的南朝宋孝建四铢。南朝宋钱，孝武帝孝建元年（454年）铸行，薤叶篆，顺读，正面钱文孝建，背面钱文四铢。彭信威先生说："孝建四铢的薤叶书，可以使人想起当时纤巧绮丽的文风，更使人

[1] 彭信威：《中国货币史》，第160页，上海人民出版社2007年。

想起北魏佛像的苗条的身躯和飘逸的衣折。孝字的笔画和北魏浮雕皇后礼佛图的衣折，用的是同一种手法。似乎吴道子的莼菜条或兰叶描就是渊源于此，这里书画的确有一脉相通之处。又如二铢重的孝建，钱身虽小，却是美丽动人，不论是制作和文字，都具有高度的水平。"[1] 文字书写工整，修长而秀丽。

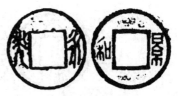

图 28-17　南朝宋永光、景和《中国钱币大辞典·魏晋南北朝隋编》154、155 页

（二）钱小书美的永光、景和钱。永光、景和是南朝宋前废帝刘子业永光元年（465

图 28-18　南朝陈太货六铢《中国钱币大辞典·魏晋南北朝隋编》172 页

年）所铸，均为篆书、对读，两种钱型小轻薄，重不过两铢，但铸造精美，尤其是永光钱文，采用小篆变体薤叶篆，笔势纤细飘舞，精妙无比。景和钱文转折处有方折意，书法精妙，轮廓纤细周整。

（二）拟人化的太货六铢。太货六铢是南朝陈宣帝（579年）铸行，篆书，对读。一枚当五铢钱十枚，南朝最大的虚假大钱。太、货、铢均为篆书体，其中太类同于变异字。而钱文中的六字，宛若站立人形，身首具备，手足齐全，两脚八字分开，双臂环置腰间，俨然一人叉腰当街而立，与当今城市斑马线红绿灯显示造型相似。

二、北朝时期钱文引导新笔法的产生

南北朝时期的北魏、东魏、西魏、北齐、北周五个地方政权称为北朝。与南朝对峙，流通的货币以铸钱为主，钱帛并行，其间，不乏精美货币，而且一些钱文书写新意浓浓，大有引导新笔法的意向。

（一）北魏一太三形的太和五铢。北魏孝文帝太和十九年（495年）铸行太和五铢钱，篆书，对读，钱文的四个字书写有所创新。太字有三种写法。折腿太：撇和捺演变成缺下横的口且两竖向两边折翘，刚劲挺拔。五字基本为直笔。铢字

---

[1]　彭信威：《中国货币史》，第167、168页，上海人民出版社，2007年。

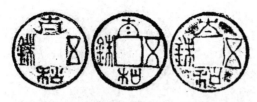

图28-19　北朝北魏折腿太、弧腿双点太、横点太和五铢
《中国钱币大辞典·魏晋南北朝隋编》183、183、184 页

金低朱高，谓降金铢。弧腿双点太：撇捺全部呈现弧形，一点变成两点，圆润秀丽。横点太：横的两头上竖，一点变成一横，四平八稳。和的口上增加了三笔竖划，丰满匀称。太和五铢篆体的新式书写，反映了钱文书体的创新理念，折射了北朝社会文化发展水平的进步。对于太和五铢的太和二字，钱币学家有多种评论，较为集中的是与魏碑书法相似，因为魏碑字中有调换偏旁、移动位置。正如《遗箧录》所评："永安五铢篆书虽精，但不如此钱之新奇可喜。"

（二）北魏北齐的借边减笔钱永安五铢和常平五铢。北魏孝庄帝永安二年（529年），为整顿私铸，铸行永安五铢，篆书，对读。其中永字的下端收笔，安的上部点划，铢字右侧竖笔，都借用穿边的边缘为笔画。北齐文宣帝高洋天保四年（553年），

图28-20　北朝北魏、北齐永安五铢、常平五铢《中国钱币大辞典·魏晋南北朝隋编》191、196 页

为结束币制混乱，铸行常平五铢，篆书，对读。常平则是借用当时囤积粮食的仓库常平仓之名。常平五铢的平字上横借用穿边的边缘为笔画。两枚玉箸篆钱文，结体方正，俊逸柔秀。穿边与文字连成一体，钱文有浑然飘逸之感，成为我国古代铸钱最早的借边减笔钱。许元恺《选青小笺》评价北朝的借笔减笔钱，云："古泉文字，往往取巧，后人篆刻印章，减笔权兴（起始）于此"。

（三）北周玉箸篆的三大美泉。宇文觉于西魏恭帝三年（557年）代西魏称帝，是为孝闵帝，武帝保定元年（561年）铸行布泉，建德三年（574年）铸行五行大布，静帝大象元的年（579年）铸行永通万国，后人将此三枚钱称为北周三品，钱文都是玉箸篆。布泉顺读，字形端庄古朴。五行大布对读，

图28-21　北朝北周布泉、五行大布、永通万国
《中国钱币大辞典·魏晋南北朝隋编》200、200、205 页

笔力浑厚，行字左右对称，横行拉升，纵向延长。永通万国对读，永、通、万三字有所变异，用笔圆润秀逸、回笔游龙走凤。北周三品笔画肥瘦均匀，末端不出笔锋，肥满、圆润、温厚、匀称，钱文篆法秀丽，铸工精美，弥足珍贵。表明北周时书法艺术和铸钱工艺有较高水平，誉为中国古代三大美泉和六朝钱币之冠。

三、篆隶之间的唐开元通宝

国势强盛和经济繁荣为唐代书法的发展提供了强大、丰富及充满活力的经济社会背景。

（一）欧阳询书篆隶之间的开元通宝。唐高祖武德四年（613年），改铢两钱制为宝货制，给事中欧阳询为铸币制词及书写钱文。欧阳询

图 28-22　唐开元通宝《中国钱币大辞典·魏晋南北朝隋编》233 页

（557—641），唐代著名书法家，楷书四大家（欧阳询、颜真卿、柳公权、赵孟頫）之首，楷书独步书坛。开元通宝钱，隶书，对读。文字庄重、隽秀、挺拔，字在篆隶之间，笔画端庄沉稳，开字疏密有致、间架均称。元字首划短横，次划长横左挑。通字走部前三笔不相边，呈三撇状，甬部上笔开口较大。宝字笔画繁杂、着笔庄重，贝部内为短横，不与左右两竖笔相连。从钱文中看出欧阳询用笔稳健方圆、筋骨内含、端庄古朴、法度严整。彭信威先生评价开元通宝："拿一枚精整的开元钱同中国历史上最精美的方孔钱比较一下，它不会有一点愧色，尤其是光背开元中元字第一画特别短的一种，轮廓圆细，书体端庄"。[1]

（二）首个楷书钱文的乾封泉宝。唐代以前的钱文书体主要是篆书，而标志武则天理政的乾封泉宝，则是我国古代第一枚楷书钱文。乾封泉宝，楷书，旋读。

图 28-23　唐乾封泉宝《中国钱币大辞典·魏晋南北朝隋编》394 页

文字端庄、笔力劲健。乾字右半不从乞，从竖弯直钩，体现唐代乾的通行写法和书写特点。董其昌说："晋人书取韵，唐人书取法，宋人书取意。"唐代书法崇尚法度，代表品就是唐楷。唐楷集魏晋南北朝楷法为一体，字体严肃端庄、

---

[1] 彭信威：《中国货币史》，第225页，上海人民出版社，2007年。

笔画平稳凝重、结构严谨周详。

四、南唐李璟首创对钱

对钱是同一种铸钱的钱文采不同书体，字的结构、笔画、肥瘦、方穿、厚薄、重量及铸铜的成色比较一致或相似，篆书与楷书、篆书与隶书、楷书与行书二体成对，形成造型独具特色有对称之美的中国古代钱币。对称美是中国传统美学的基础，布币、圜钱、方孔圆钱的形式都是一种对称美，而对钱则将这种对称美从单枚扩大到了两枚，突出表现钱币对称美的艺术效果，从神、形、制方面欣赏，对钱给人以整齐、沉静、稳重、和谐之感。

图 28-24　南唐开元通宝篆、隶对钱、唐国通宝篆、楷对钱
《中国钱币大辞典·魏晋南北朝隋编》651、649、639、647 页

对钱最早出现于五代十国的南唐，一般认为南唐李璟元宗保大年间（943—957年）铸造的开元通宝隶对钱和唐国通宝篆楷对钱是我国最早的对钱，篆书由南唐吏部尚书、江东韩（韩熙载）徐的著名书法家徐铉（广陵，今江苏扬州人）所书，笔画精熟婉转、钱文精细齐整，开元通宝隶书则与唐开元相似。南唐元宗交泰二年（959年）还铸行永通泉货篆隶对钱。

南唐首创的对钱必有一篆。

第三节　我国钱文书法的鼎盛时期——宋代

中国古代钱币中，匠心独运的精工之作比比皆是。但是，真正把中国书法艺术与货币文化融为一体，使流通钱币承载更多文化和艺术信息，展现钱币美学特征，获得跨越时空的艺术生命，非北宋莫属。北宋是中国钱文书法的顶点，赵氏帝室使中国古代钱文书法创作的艺术之美达到前所未有的高度。北宋（960—

1127 年）铸行流通的钱币，钱文为篆书体25例、隶书体22例、楷书体34例、行书体11例、草书体2例，合计94例。"北宋钱字体不同，而模范特精，笔画飞动，飘逸如洁，能肖其神，然也因，实各臻其妙，是以作范者能传之。"[1]

一、北宋首开皇帝撰写钱文的先例

宋代涌现了欧阳修、苏轼、黄庭坚、米芾和蔡襄等一大批书法艺术大家，书法特点是潇洒俊逸、清丽流畅、极富情感的行草书，打破了唐代楷书端庄凝重、工整的范式，这些都在钱文书法上有所展现。宋代皇帝一般都喜好书法，对书法的喜爱，并非是附庸风雅、玩弄笔墨，本身就有很高的书法艺术水平，所以多位皇帝书写钱文。

（一）北宋皇帝的御书钱。皇帝亲自书写钱文的钱币称为御书钱，皇帝撰写钱文是北宋钱币的独特现象，开创先河的是太宗赵光义，

图 28-25　北宋太宗楷、行、草淳化元宝
《中国钱币大辞典·宋辽西夏金编北宋卷》31 页

以后多位皇帝都亲手书写过钱文。如宋真宗赵恒书写景德元宝、祥符通宝钱文；宋仁宗赵祯书写皇宋元宝、至和元宝钱文；宋徽宗赵佶书圣宋元宝、崇宁通宝、大观通宝、政和通宝、宣和通宝钱文。而最有影响的是宋太宗赵光义的御书钱和宋徽宗赵佶瘦金体钱文。

1. 宋太宗首创御书钱。北宋淳化年间（990—994年），铸行铜、铁两种币材的淳化元宝钱，钱文有楷、行、草三种书体，旋读，均由宋太宗赵光义书写，是中国古代钱币御书钱、三体对钱、草书入钱文三个第一。楷书钱文中规中距、平和雍容、浑厚端庄。行书钱文善于变化、隽永洒脱。草书钱文从容俏丽、飞劲飘逸、奔放流畅。正如郭若虚《图画见闻志》称："（太宗）万机之暇，学书至于夜分。"宋代书法家米芾评价宋太宗的书法："真造八法，草入三昧，行书无对，飞白入神。"

---

[1] 丁福保：《古钱大辞典》，第244页，中华书局，1982年。

图28-26 北宋仁宗皇宋通宝
《中国钱币大辞典·宋辽西夏金编北宋卷》89 页

2. 九叠篆钱文的皇宋通宝。九叠篆是宋代的国朝官印字体，每字折叠多少，全凭笔画的繁简而定，笔画折叠回曲，均匀对称，由于篆文复杂难读，民间很少使用，用来写钱文仅仅宋仁宗赵祯书写的皇宋通宝，也是中国古代铸币的唯一。皇宋通宝是宋仁宗宝元二年至皇祐六年（1039—1054年）间铸行，篆书九叠篆，对读。九叠篆皇宋通宝笔画折叠均匀，布局正方，填满钱面。每字每笔划的折叠90度角，笔画折叠间距相等、恰到好处，简略字适度变形，修平不规则笔画走势，强调整体效果的协调。与楷书皇宋通宝为对钱

3. 宋徽宗自创瘦金体书写钱文。宋徽宗赵佶崇宁年间（1102—1106年）铸行年号钱崇宁元宝、崇宁通宝、崇宁重宝，有铜铁两种币材，钱文有楷书、隶书，旋读。大观年间（1107—1110年）铸行年号钱大观通宝，有铜铁两种币材，铜钱楷书，铁钱楷、行两种书体，对读。宣和年间（1119—1125年）铸行宣和通宝，楷书，对读。崇宁通宝、大观通宝、宣和通宝钱文均由宋徽宗赵佶用自创的瘦金体书写。崇宁、大观钱文清秀骨瘦，铁划银钩，字体结构疏朗，笔画挺劲犀利，撇如匕首，捺如切刀。笔迹瘦劲而不失其肉，轻落重收，竖划收笔带点。南宋著名书法家赵孟頫评价："所谓瘦金体，天骨遒美，逸趣蔼然。"

彭信威先生比较宋徽宗书写的三个瘦金体钱文风格："自崇宁到宣和，前后二十三年，钱文上的瘦金体是不断有发展变化的。崇宁初赵佶才二十三岁，精力充沛，崇宁通宝四个字，一味地瘦硬，所谓铁画银钩，应当是这一时期的字。大观时他已是接近三十岁的人了，三十岁本是年轻力壮，然而由于宫廷生活的腐化。他大概已开始老成起来，所以大观通宝四字就湿润了。到了宣和年间，他已是四十多岁的人，暮气沉沉，所以陕字宣和的钱文圆融得一点劲道也没有了。这种发展过程只要去看通宝两字就可以看出来，特别是通字的

图28-27 北宋徽宗瘦金体崇宁通宝、大观通宝、宣和通宝
《中国钱币大辞典·宋辽西夏金编·北宋卷》535、609、747 页

用部和宝字的贝部。在崇宁钱上，书者的精力从两肩上冲溢而出。大观钱上两肩已平，到了宣和钱，则两肩低垂，大有不胜负担的样子。"[1]

二、北宋盛行的对钱

北宋对钱有四十多种，以真、篆二书体较多，也有行、篆成对，隶、篆成对。三书体钱有七、八种，钱文以真、行、草三种书体。宋徽宗在位25年（1101—1125年），有建中靖国、崇宁、大观、政和、重和、宣和六种年号，铸造圣宋元宝、观崇宁元宝、崇宁通宝、崇宁重宝、重宁重宝、大观通宝、政和通宝、政和重宝、重和通宝、宣和通宝、宣和元宝。不但铸工精美，而且书法上乘，多个钱文均由宋徽宗御书，圣宋、政和、宣和等都有对钱，而且根据钱文书写的差别，还分正字、大字、长字、细字、阔字、隐起文、广穿、狭穿、阔轮、计有30多种。分别为：圣宋元宝，行书、篆书对钱。政和通宝，楷书、篆书对钱，隶书、篆书对钱。宣和通宝，隶书、篆书对钱。"徽宗时期的对钱集我国对钱之大成，其品种之多、质量之精、书法之美，堪称空前绝后。"[2]

图 28-28　北宋徽宗圣宋元宝行书、篆书，政和通宝隶书、篆书，宣和通宝隶书、篆书对钱
《中国钱币大辞典·宋辽西夏金编北宋卷》472、653、735 页

三、北宋的隶书钱文

北宋的隶书属于古体，以真书为骨，较为周正，常见于庄重的载体使用，如刻石题铭、碑志匾额及铸币钱文。北宋钱文采用隶书的约十六枚：宋元通宝、太平通宝、皇宋通宝、熙宁重宝、熙宁元宝、元丰通宝、绍圣元宝、元符通宝、圣宋元宝、崇宁重宝、政和通宝、重和通宝、宣和元宝、宣和通宝、靖康元宝、建炎元宝。隶书入钱始于三国蜀汉的直百五铢，唐代普遍应用，书体有汉隶、唐

---

[1] 彭信威：《中国货币史》，第296—297页，上海人民出版社，2007年。

[2] 王洪照：《文物鉴定与鉴赏》2018年第2期。

图 28-29　北宋隶书钱太宗宋元通宝、神宗熙宁重宝、哲宗绍圣元宝、徽宗圣宋元宝、徽宗崇宁重宝《中国钱币大辞典·宋辽西夏金编·北宋卷》7、202、415、510、557 页

隶。但是，无论是数量、版别、书写人等方面空前绝后。北宋是隶书应用的转折时期，此后，逐渐以楷书行书为主。北宋隶书钱文宋元通宝的宋元接近楷书，通宝隶书意味浓厚。熙宁重宝中正端庄、庄重大方。绍圣元宝大气、端庄、优雅。圣宋元宝端庄典雅、泉之逸品。崇宁重宝雅致庄重，古朴方正，法度严谨。

四、苏轼、司马光两大名家合作的对钱元祐通宝

图 28-30　北宋哲宗元祐通宝头行书、篆书对钱《中国钱币大辞典·宋辽西夏金编·北宋卷》333 页

帝王书写钱文，引起北宋名臣加入。北宋著名文学家、书法家、画家苏轼的诗、词、散文、书、画等方面成就很高，擅长行书、楷书，宋四家之一，自称"我书造意本无法，自出新意，不践古人"。相传宋神宗元丰年间（1078—1085 年）铸行的元丰通宝行书钱文由苏轼书写，即东坡元丰。刘绍明、王正旭、王新定分析了苏轼在宋神宗和宋哲宗两朝为官及被贬经历，认为"有关苏轼书写钱文的种种说法中，只有'东坡元祐'一说是比较可信的"。[1] 元祐通宝钱，行书，旋读。水流云行，跌扑纵跃，苍劲豪放。相传与北宋著名政治家、文学家、史学家，主持编纂中国历史上第一部编年体通史《资治通鉴》的司马光书写的篆书钱文元祐通宝为对钱。

五、南宋对北宋钱文书法的继承与发展

对于南宋钱币书法，李成飞这样评价："南宋钱币上的文字承袭了北宋时期钱币上的书法审美，并在此基础上有所发展，字体上虽不及北宋花样繁多、百花齐放，但在风格上各领风骚、个性独具。南宋钱币书法见证了宋体书的形成及发展

---

[1] 刘绍明、王正旭、王新定：《钱币与书法艺术》，第 29—35 页，中国文联出版社，2002 年。

图 28-31　南宋孝宗淳熙元宝、绍熙元宝、庆元通宝、嘉泰通宝、皇宋元宝
《中国钱币大辞典·宋辽西夏金编·南宋卷》115、193、237、271、481 页

过程，是我国钱币发展史乃至书法史中重要的一部分。"[1]

　　南宋钱文是继承北宋钱文的基础上发展的，字体上虽不及北宋，也有鲜明的个性，钱文书体以楷书为主，篆书、隶书为辅，未见草书与行书。南宋（1127—1279 年）铸行流通的钱币，钱文为篆书体11例、隶书体6例、楷书体59例，合计76例。

　　（一）规范宋体钱文的问世。楷书是南宋钱文主要的书体，体现了钱文的统一性。绍兴年间（1131—1162年）规范的宋体字书写钱文问世，淳熙七年（1180年）后成为主流，除大钱和铁钱，钱文书体的高度规范与统一，在中国古代铸币史上前所未有。当然，这与当时印刷业的发展，雕版印刷需要端庄雅致易于雕镂的书体，以及宋体成为官方文书的通用书体不无关系，是书体的创新。另外，由于南宋提倡理学，加强对社会的思想管制，楷书宋体的四平八稳、方正端庄，符合理学的思想及理念。当然，这也成为后来钱文书法创新发展设置了阻力。

图 28-32　南宗高宗建炎元宝、建炎重宝、绍兴元宝、孝宗乾道元宝、理宗端平通宝
《中国钱币大辞典·宋辽西夏金编·南宋卷》3、26、31、77、406 页

　　（二）钱文书写的创新。南宋对北宋的钱文书体不仅继承，而且还有创新发展，在铸行的诸多钱币中，钱文书写更有新的结体。宋高宗赵构建炎元年（1127

---

[1] 李成飞：《南宋钱币上的书法艺术研究》载《长春金融高等专科学校学报》2018年第2期。

年）铸行的隶书建炎元宝，元字一改北宋时的第二横起笔上翘为竖笔再横。建炎重宝篆书重的首笔撇如同一人跪地。宋高宗赵构绍兴年间（1131—1162年）铸行的篆书绍兴元宝有九叠和玉箸意味，兴字则如同一口宝鼎。宋孝宗乾道元年（1165年）铸行的篆书乾道元宝，道字的起笔点撇横异变了三笔竖弯，目字的二横异变成一个人字。理宗端平元年（1234—1236年）铸行的楷书端平通宝，字体端庄、厚重，有大家风范。

第四节　丰富多彩的辽金西夏钱文书法

宋辽金西夏其间，北宋南宋与北方少数民族政权形成对峙。其间，北宋与辽和西夏对峙，南宋与金对峙，双方从战到和、从和到战。但是，商贸往来、经济与文化的交流一直不断。宋代的货币在辽金夏流通，辽金夏铸造的钱币无论是形制还是钱文书法都受到宋代货币的影响。

一、唐开元通宝相似的辽虎尾天赞

天赞通宝钱是契丹首领耶律辽太祖阿保机称帝建国以后，天赞年间（922—925年）铸行，隶书，旋读，隶楷相间。契丹族建立政权前受制于唐代，无论是行政体制还是文化艺术等方面，受唐代影响明显，钱币方面亦是如此。辽朝铸行的钱币形制主要是仿唐开元通宝钱制，如通宝或元宝，钱文分直读或旋读，尤其是元字亦有左挑、右挑、双挑，背多为光背或月牙纹，天赞通宝钱是辽朝仿唐开元通宝钱形制的第一枚，钱文四字在内外廓间布局相宜，天字首横连廓。通字首笔折，末笔上翘，上翘多于开元通宝，称虎尾天赞。赞、宝二字对称非常得体，两个贝字篆书为作开足，背月纹与开元通宝形状及大小极为相似。体现了中原钱币文化的特征，反映了汉族与少数民族之间，尽管曾经有政权的对峙，但

图28-33　辽太宗天赞通定钱《中国钱币大辞典·宋辽西夏金编辽西夏金卷》5页

图28-34　辽天祚帝天庆元定钱《中国钱币大辞典·宋辽西夏金编辽西夏金卷》51页

是文化方面的相互交流从未间断。

辽钱的钱文与同期的五代及宋金钱币比较，总体风格朴拙、粗犷，北方游牧民族气质溢于钱文。清代书法家、文学家、金石学家翁方纲说：“拙者胜巧，敛者胜舒，朴者胜华。”[1] 辽钱单纯朴素犷野的形式，也反映了契丹族学习汉文化方面的不足，而正是这种缺陷，体现了钱文书体没有矫饰造作之感。

二、精美的金朝钱文书法

以武立国的金朝，入主中原以后加快了吸收汉族文化，这在钱文上尤为突出。金朝以前，女真族就已有文字。但是，金朝铸钱文字都是汉文，钱的形制也是年号加元宝或通宝或重宝。书体楷书、篆书或仿瘦金体。金朝历代皇帝追求汉文化艺术，后人评价为高度汉化的金朝帝王。金代钱币大都章法华美，制作精良，不同凡俗，反映了钱文书法受同期宋代铸钱的影响之深。如帝王书家金章宗泰和四年至八年（1204—1208年）铸行的泰和通宝钱。楷书，对读，与宋徽宗瘦金体形似。金章宗泰和四年（1204年）铸行泰和重宝钱，制作精致近乎后世机制币，玉箸篆体，对读。金朝文学家、书法家党怀英所书。钱文线条圆润、边棱整齐。宽博舒展、工整绝伦。精纯深峻、字势浑实。与王莽铸币、宋徽宗铸币并称铸币三绝。

图28-35　金章宗泰和通宝、泰和重宝、海陵王正隆元宝、金世宗大定通宝、伪齐刘豫阜昌重宝钱
《中国钱币大辞典·宋辽西夏金编·辽西夏金卷》141、143、122、129、151 页

三、有万毫齐力之意的西夏钱文

西夏铸币中，西夏文有福圣宝钱、大安宝钱、乾祐宝钱、天庆宝钱和贞观宝钱五种。汉文有大安通宝、元德通宝、元德重宝、大德通宝、天盛元宝、乾祐元宝、

---

[1]　翁方纲：《复初斋文集》。

图28-36 西夏仁宗乾祐宝钱钱
《中国钱币大辞典·宋辽西夏金
编辽西夏金卷》87页

图28-37 西夏仁宗乾祐楷书行书乾祐元宝
钱《中国钱币大辞典·宋辽西夏金编辽西夏
金卷》89、93页

图28-38 元武宗八思巴文大元通宝钱、元
惠宗楷书至正通宝钱《中国钱币大辞典·元
明编》37、53页

天庆元宝、皇建元宝、光定元宝等九种，书体以隶书为主、篆书和行书为辅，基本是仿宋钱的年号钱，其中还有对钱。西夏文钱文是年号加宝钱，汉文钱文是年号加通宝或元宝。西夏文又名河西字、番文、唐古特文，是记录西夏党项族语言的文字，共5 917个字，仿汉字创制。西夏文有特色，钱币的钱文俊秀，书体有楷、行、草、篆。千家驹、郭彦岗说："西夏钱的制作，一般都很精整，文字也很规矩，整齐有力。反映出他们有相当发达的文化，远超过同时的辽国"。[1]

西夏仁宗乾祐年间（1170—1193年）铸行的乾祐元宝钱文有楷书、行书，两种钱文笔画丰润，有万毫齐力之意。楷体元向右伸展，行书元也是抑左扬右。与北宋苏轼书写的元祐通宝异曲同工、成臻厥美。

四、空前绝后的元代四体文钱

八思巴文是元代元世祖的国师、西藏喇嘛教萨迦派首领八思巴创制的一种拼音文字，基本字母41个，至元六年（1269年）颁行成为国字。学习使用艰难繁琐，多用于官方文书，民间没有普遍流行。八思巴文由左向右竖写，在钱币上的多为篆书，模仿汉篆演变而成，笔画只有直线和直转折，字形结构整齐、对称、均匀、饱满、稳定，与九叠篆相似。结体线条有呼有应、有粗有细、字体饱满均匀、动感对称。

作为一个统一的多民族国家，元代钱币的钱文呈现多种文字，其中代表品就是世祖忽必烈至元年间（1264—1294年）铸行的至元通宝四体文钱。面文至

---

[1] 千家驹、郭彦岗《中国货币发展简史和表解》，第81页，人民出版社，1982年。

元通宝，汉文楷书，对读。背文穿上、穿下直读为八思巴文，瘦劲端正、线条圆转、匀整协调、稳妥浑厚。穿右为察哈台文（中亚等地突厥语诸民族使用的书面语），穿左为西夏文。中国历代钱币中，一钱四文，仅此一例。

图 28-39　元世祖忽必烈至元至元通宝四体文钱《钱币与书法艺术》194 页

元惠宗至正年间（1341—1368年）所铸的至正通宝和至正之宝，由曾任翰林修撰、授经郎、翰林直学士、监察御史、浙西肃政廉访使享有书名的饶州（今江西鄱阳）人周伯琦所书，钱文端庄大气、雄伟，字形

图 28-40　元惠宗至正通宝、至正之宝《中国钱币大辞典·元明篇》51、68 页

结构相肖，书法风格一致，颇具颜体之风。周伯琦晚年佳作，传世楷书《通犀饮卮诗帖》，结构偏扁，用笔融入篆书圆转之法，书风古朴秀润，现藏于北京故宫博物院。

第五节　明清时期的阁体钱文书法

明、清是我国封建社会的晚期阶段，西方资本主义的影响及我国经济与社会的发展，对货币的流通提出了新的需求，方孔圆钱因币值小、分量重等缺陷，不能满足商品经济的发展需求，纸钞、白银、铜元及外国银元和纸币等逐步替代传统铸钱的职能。另一方面，自明代开始，汉字书法已经发展到相对成熟的阶段，难以再现晋、唐、宋的辉煌。反映在钱文书法上，则是缺少活力，书体向较为单一的乌黑、方正、光沼、等大为特点的阁体字发展。另外，馆阁体盛行，与科举考试使用极度僵化的方正、大小一律的楷书不无关系。

一、明代三个不同时期的台阁体钱文书法

明代推崇程朱理学而排挤其他思想，八股选士扼杀文化艺术的创新。书法崇尚刻帖，多为临摹之作，几无创新之法。明初期的书法受宫廷书法台阁体的影

图 28-41 明太祖楷书洪武通宝、明成祖楷书永乐通宝，明世宗楷书嘉靖通宝、明神宗楷书万历通宝，明熹宗楷书天启通宝、明思宗楷书崇祯通宝。《中国钱币大辞典·元明编》171、197、208、241、257、316 页

响，书法与以前朝代相比，没有创新之作，以楷书为主，雍容华贵，刻板僵化。如楷书洪武通宝和永乐通宝钱，平稳、沉滞、婉丽。明中期的书法受吴中三子祝允明、文徵明、王宠的影响，朴拙的楷书中有清新神采，畅神适意。如楷书嘉靖通宝和万历通宝钱，清丽典雅、秀逸俊美。明晚期的书法受董其昌颜骨赵姿的行草书影响，悠然古淡、飘逸空灵。明末的董其昌楷书悠然古淡、闲适爽俊。如楷书天启通宝和崇祯通宝钱，面文书体版式各异，字体平稳、淡然无奇。彭信威先生说："明代钱币，没有什么艺术价值可言。特别是中期以后，钱币已完全被排除出美术品的领域，它不再反映当时的美术水平。……对于钱币就不知道加以美化了。因为他们习惯于用金银，不必用铜钱。"[1]

二、咸丰钱文书体名人荟萃

清代书法体现对古代书法的回顾，突破了帖学的樊笼，开创了碑学。各种书体地位不同，行、草书不符合纪帝王功德而受到排斥，僵化体现程式化的馆阁体楷书占据主要地位。体现工整、匀称、清晰、追求印刷版效果的初衷。艺术性不高，规律性强，创新意识缺乏。清代钱币上的文字，汉文与满文并用，也是以馆阁体楷书为主，白银和纸币广泛流通，圆形方孔钱衰落，钱文书法失去了应有的社会影响力，只是咸丰大钱的铸行，开拓了钱文的复兴时期。

"咸丰诸钱，钱文皆精美隶书，有楷书，还有宋体字，有仿欧阳询笔迹者，有类宋徽宗瘦金书者，有书法风格多样，或古朴、或秀美、或细劲、或厚重、或平正、或险绝，当多出自名人之手，可惜多数咸丰钱文书手无文献记载，难以证实。"[2]

---

[1] 彭信威：《中国货币史》，第475页，上海人民出版社，2007年。

[2] 许崇：《中国古代钱文书法研究与借鉴》未刊稿，南京艺术学院硕士学位论文。

咸丰大钱的钱文中有较大影
响的是赵书咸丰、戴书咸丰
和周书咸丰。

赵书咸丰：清鲍康《大泉
图录》提及咸丰钱当五百、当

图 28-42　清文宗赵文恪咸丰元宝、戴熙咸丰通宝、周尔墉咸丰重
宝钱《钱币与书法艺术》62 页、殷国清

千者赵文恪所书。赵文格即赵光（1707—1865年），昆明人，嘉庆进士、同治间刑部
尚书，与祁寯藻、陈孚恩、许乃普并称为四书家。书写的楷书咸丰元宝端庄劲媚。

戴书咸丰：宝泉局咸丰通宝钱由书法名家戴熙所书。戴熙（1801—1860年），
浙江钱塘（今浙江杭州）人，清代画家，咸丰翰林，兵部右侍郎。曾著《古泉丛
话》，钱币学家。书写的咸丰通宝钱文瘦劲，骨秀格清。《墨林今话》称其书画并
臻绝诣。

图 28-43　清顺治通宝、康熙通宝、乾隆通宝、道光通宝、同治通宝、光绪通宝钱，（陕西师范大学）。
曹栩《古钱钱文书法研究》

周书咸丰：清鲍康《大泉图录》云"幼云（杨继振，清代钱币收藏家）言，
（钱文）是周容斋太史尔墉所书"。周尔墉（1792—1859年），浙江嘉善人，户部
郎中，书法与赵文恪齐名。其子周士镗于咸丰二年（1852年）任开封府知府，咸
丰四年（1854年）所辖宝河局铸当十、当五十咸丰钱，居开封的周尔墉应子之邀
题写钱文。宝河局咸丰重宝钱文端庄秀美，雄劲多姿。

（三）清代不同时代的馆阁体在钱文书法上均有体现。清代的士子学书追随当
朝，尤其是当朝皇帝对书法的喜好，由此而在钱文上也有所体现。黄悖评价清代
书法在不同皇帝其间的差异："顺治帝推崇二王，康熙帝推崇董其昌，乾隆帝推崇
赵孟頫，道光帝推崇褚遂良，同治帝推崇欧阳询，光绪帝推崇颜真卿。"[1]

---

[1]　黄悖：《中国书法史·清代卷》，第59页，江苏教育出版社，2002年。

第六节　选自古代书法名家作品的
流通纪念币——"和"

2009年11月26日，中国人民银行开始发行"和"字书法系列纪念币共五枚，分别是汉字"和"字的五种书法：篆、隶、行、草、楷。其字体全部出自中国古代著名书法家的真迹名作。

一、篆体"和"

图28-44　篆书"和"字
书法流通纪念币

图28-45　秦李斯《会稽刻石》

2009年11月26日发行，面值壹圆，发行量1 000万枚，篆书。篆书"和"取自秦李斯的《会稽刻石》，秦始皇巡游会稽（今浙江绍兴）时，李斯手书刻记其功德的石碑。碑文四字一句，三句一韵，碑高230厘米，共289字。原石碑唐代以前失传，现存的是元代重刻本为底本再翻拓的几个版本，后传至日本重刻一座，光绪二十七年（1902年）在中国镇江的焦山也重刻一座。会稽山风景区有一座重刻的复制碑。

二、隶书"和"

图28-46　隶书"和"字
书法流通纪念币

图28-47　东汉《合阳令曹全碑》

2010年11月9日发行，面值壹圆，发行量1 000万枚，隶书。隶书"和"取自东汉《合阳令曹全碑》，作者不明。碑文记载东汉末年曹全镇压黄巾起义的事件，刻立于东汉中平二年（185年）。1576年明代万历年间，在合阳县莘里村许家后院出土，碑高7尺，宽3尺7寸，文20行，每行5字，共840字。书法与王羲之《兰亭序》媲美，我国书法界公认的石碑书法金石瑰宝，石碑现存于西安碑林。

三、行书"和"

图28-48　行书"和"字　　　图28-49　东晋王羲之《兰亭序》
书法流通纪念币

　　2013年9月2日发行，面值伍圆，发行量5 000万枚，行书。行书"和"取自中国书法的巅峰之作，天下第一行书东晋王羲之的《兰亭序》。东晋穆帝永和九年（353年）三月三日，王羲之与谢安、孙绰等四十一位军政高官，在山阴（今浙江绍兴）兰亭修禊，王羲之为他们的诗写序文，记叙兰亭周围山水之美和聚会的欢乐之情，抒发作者对于生死无常的感慨，共327字。唐太宗赞叹："点曳之工，裁成之妙。"黄庭坚称："《兰亭序》草，王右军平生得意书也。反复观之，略无一字一笔，不可人意"。

四、草书"和"

图28-50　草书"和"字　　　图28-51　唐孙过庭《书谱》
书法流通纪念币

　　2014年9月25日发行，面值伍圆，发行量7 000万枚，草书。草书"和"取自唐书法家、书法理论家孙过庭的《书谱》。《书谱》上、下两册，为长卷草书纸本，墨迹本，草书纸本，纵27.2厘米，横898.24厘米。每纸16至18行不等，每行8至12字，共351行，3 500余字。皇皇大论，广博宏富，涉及中国书学各个重要方面，见解精辟独到，揭示了书法艺术的本质及许多重要规律，是我国古代书法理论史的里程碑著述。

五、楷书"和"

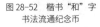

图 28-52　楷书"和"字
书法流通纪念币

图 28-53　唐颜真卿《颜勤礼碑》

2017年12月13日发行，面值伍圆，发行数量25 000枚。楷书"和"取自唐代颜真卿的《颜勤礼碑》。《颜勤礼碑》是唐代名臣，杰出的书法家颜真卿为其曾祖所书写的墓碑，时年71岁，晚年书法代表作，完全脱去了初唐楷法的体态。碑体四面刻字，现存两面及一侧。碑阳面19行，阴面20行，每行各38字。碑侧有5行，每行37字。1922年10月在西安出土，现存于西安碑林博物馆。碑文追述颜氏祖辈功德，叙述后世子孙在唐王朝的业绩。用笔横细竖粗，藏头护尾，方圆并用；结体端庄大方，宽绰舒展，拙中见巧；气息浑厚雄强，生机郁勃，盛唐的审美风尚与他高尚的人格契合，书法美与人格美完美结合的典例。颜真卿书法精妙，擅长行、楷，创颜体楷书，与赵孟頫、柳公权、欧阳询并称为楷书四大家，与柳公权并称颜筋柳骨。

第二十九章 压胜钱上的传统文化

压胜钱又称厌胜钱，中国的古字中"厌"通"压"。《辞海》释义的厌胜：古代方士的一种巫术，谓能以符咒制服人或物。通俗讲就是压制邪魔，取得胜利。钱以"压胜"作名，是因为古人笃信钱币可以通神役鬼。

压胜钱作为趋吉避凶的载体，在中国古代民间广为流传，逐渐形成的压胜钱钱币文化，也是客观社会的真实反映，蕴含传统儒家的思想观念、铸钱的文化内涵、福禄寿喜财为主的趋吉心理、飞黄腾达追求功名的动机、传统的民俗民凤观念、道佛二教的宗教信仰。一枚小小的钱币，是古人的思想情感、道德观念、社会风貌、精神价值、宗教信仰和审美观念等内容的真实反映。

第一节 压胜钱的起源与发展

一、压胜钱的起源

压胜钱形制如同古代的铜铁铸钱，是对中国古代流通铸币形制的仿制，又不同于流通铸币。中国古代流通铸币只有文字没有图案，压胜钱则是图文并茂，而且有较多的是图文意同。压胜钱没有货币的职能，是非流通货币。币面文字图案有中国古代民俗的内容，又属于民俗钱范畴。制作压胜钱的金属材料品种有金、银、铜、铅、锡及铅锡合金等，较多的是铜。

压胜钱起源于汉代，与中国古代神灵图腾崇拜和巫术的盛行密切相关。最早的压胜钱是钱文钱，将汉代的铜铸钱添铸吉语。也有说压胜钱与古人原始的死亡观有关，其源头是"冥币"，即保护棺墓的

图 29-1 西汉钱文钱。半两·富昌长·乐未央·光背《中国钱币大辞典压胜钱篇》图一

图 29-2 宋钱文钱。五行大布背蛇·龟·剑·北斗（殷国清）

"镇墓钱"，供死者在冥间使用的陶质或泥质冥币，金属货币的代替物。

二、压胜钱的发展

（一）汉唐时期的压胜钱。形制是当代或前代的流通铸钱，背面加日、月、星、龟蛇、宝剑图案或人物故事、生肖等。隋唐时期的压胜钱，以镂空花草、虫、鱼、蜂、蝶、龙、凤、麟、狮、鹿、马、人物故事为主调，起装饰作用，龙、凤、麟、狮等钱也寓意吉祥、太平。还有吉语钱及背铸各种图案的当代或前代年号钱，以及反映道教内容和文化的符文、八卦和生肖钱。酒令诗牌、选仙钱、打马格钱、棋钱等游戏博弈品也先后产生。

（二）宋元时期的压胜钱。以实体类为主，内容更加丰富。图案多为神话传说、历史故事、生肖八卦，如星官童子、星斗宝剑、天师打鬼、老子授经、四灵、狗、马等。文字吉语钱为年号钱背加吉利品或避邪品。庙宇钱和供养钱成为一大特色，一般是带有皇帝年号的小型钱，铸年份、供养的神佛和庙宇。图案的构成已经不是两汉、魏晋时期的简单排列，而是有机组合的整体，图案丰满，立体感较强，元代开始，制作技法除沿垄的浮雕技术，透雕技法问世。

（三）明清时期的压胜钱。我国古代压胜钱铸造的鼎盛时期，数量之巨、种类之多、内容之丰，超过历代，尤其是形成压胜钱造型的固定模式。尽管官铸钱有相当大的比重，但是民间压胜钱铸造已有专门行业。压胜钱的专门市场形成以后，人们根据自身需要去铸造压胜钱的作坊、铸钱局或交易市场选购。

从形制上考察，镂空压胜钱少见，只有少数黄铜质双龙钱和花草文钱，形制略厚，边廓较宽。实体类压胜钱种类超过以前各代。主要有避邪、吉语、生肖八卦、龙凤、秘戏类钱。一体之间，文图并茂，圆形、圆穿为主，方穿次之，有大量带钱冠者。诗牌、仙钱、酒令钱、打马格钱、棋钱多仿宋元。康熙以后，面铸年号背铸图案的大钱渐多，有经典语句。在

图 29-3 清生肖钱。地支·十二生肖·背龙虎凤云会（殷国清）

历代所用图案基础上，新增宝物、书画、植物、水果、乐器等新图案。材质主要是黄铜，青铜极少，还有部分金、银、铁、铅质。清代压胜钱的种类、花式、构图、做工均达到了我国古代压胜钱铸造的艺术高峰。明清时期的吉语钱已经不单是单一的避凶、祝福的愿望，还是该时期人们价值观的体现及当时社会各种文化心态的记录。

（四）压胜钱的铸造及品种。压胜钱的文字与图案内容丰富多彩，涉及历史、地理、宗教、神话、风俗、民情、文化、娱乐、书法、美术、工艺制作等各个方面。早期主要是官铸，后逐步发展为官民同铸，所以，压胜钱的种类与品种难有准确的统计，断代也只能大致确定。广义的压胜钱包括了所有的花钱，从文化内涵考察的压胜钱，对应的是钱文钱、吉语钱、十二生肖钱、宗教钱等。

第二节　钱文钱的崇拜文化

钱文钱是使用已经流通的铸钱图案，加上吉语或图案的压胜钱。最早的钱文钱有汉代半两钱、五铢钱、王莽的大泉五十和货泉，加上大吉、大利、君宜高官、宜官秩吉、日进斗金、常毋相忘、日富美利等吉

图 29-4　清钱文钱。
周元通宝·背龙凤（殷国清）

语及辟兵莫当、除凶去央等厌禳文字。此后各朝代都铸有不同品种的钱文钱。如：

大泉当千、大泉五十、太平百钱、两铢、景和、常平五铢、太货六铢、五行大布、永通万国、开元通宝、乾元重宝、周元通宝、唐国通宝、永通泉货、太平通宝、淳化元宝、圣宋元宝、崇宁通宝、崇宁重宝、大观通宝、宣和通宝、正隆元宝、大定通宝、泰和重宝、大元通宝、至正通宝、洪武通宝、嘉靖通宝、隆庆通宝、成化通宝、正德通宝、万历通宝、崇祯通宝、顺治通宝、康熙通宝、雍正通宝、乾隆通宝、嘉庆通宝、道光通宝、咸丰通宝、同治通宝、光绪通宝、宣统通宝、大清通宝、太平天国等。

压胜钱首先选择流通的金属铸币，有多方面原因。古代科学技术落后，人们

无法理解很多的自然现象及生命和死亡，希望借助某种神秘力量克制邪恶，殷商时期，先民就已经以钱占卜。外圆内方的金属铸币，迎合了古人天圆地方的宇宙观念。人们将圆形方孔钱币作为某种天地象征物来认识，逐渐形成崇拜和神化，货币拜物教思想在钱文钱上有充分的表现。另外，人们对福寿财的期盼和追求，通过流通钱币表达并流行于世间。汉初"便民铸钱"的政策，从制度上为钱文钱的铸行扫除了障碍。

图 29-5　新莽钱文钱。大泉五十背"黄帝陈"（殷国清）

钱文钱的选择并不是随意而行，如新莽大泉五十背"黄帝陈"，道出王莽认为自己是黄帝的后代。[1] 正德通宝的"正德"是明武宗朱厚照的年号，民间传说朱厚照为游龙转世，佩之渡江河无波涛之厄、孕妇生产时可保母子平安、赌博就会赢钱。

为朝廷专门铸造的压胜钱称为宫钱。主要用于皇宫的节日庆典装饰、祭祀、上梁、赏赐、祝寿等。一般选用优质的黄铜，铸后还需经过修整，所以十分精美。清代的宫钱，是内务府造办处制造的皇室上梁钱，金册、谱牒和档案的包袱钱、赏赐钱等。清代还铸年号套子钱，即同局所铸的二十局成套的诗钱和吉语套子钱。其中诗文套子钱产自四川宝川局和云南宝云局，宝川局的铜质精良、铸工上乘、书法俊美。吉语套子钱也是宝川局所铸较多。

第三节　吉语钱的吉祥文化

吉语即吉祥的言辞。《汉书·陈汤传》：不出五日，当有吉语闻。吉语钱是铜钱币面铸传统吉语或图案的压胜钱，主要表现人们以"福禄寿喜财"为主的吉祥观念，以特定的语言和形象，通过谐音、象征等手法，寄托人们的生活理想、愿望和追求。吉语钱的钱文及图案与祈福趋吉有关，一般四字一组，分为两种类型：

---

[1]　孙仲汇：《和王莽身世有关的一枚古钱》载杨一心、王全海主编：《古玩宝斋300例选》，上海文汇出版社，2003年。

双面吉语；一面吉语和一面图案。吉语钱是压胜钱币中铸量最大、版式最多、内容最丰富的品种，基本涵养各种形制及不同类别的压胜钱，广泛流传于世。

一、吉语钱中的文化内涵

中国古代的人们普遍认为佩戴吉语钱，能够祈福和禳灾辟邪。用吉语钱寄托希望、表达愿景、传递情感、激励人生、向往美好，形成了丰富的吉祥文化，表现出人们的祈福和求财致富心理以及对于功名利禄的向往。吉语钱的吉语一般选自我国古代《诗经》、《尚书》、《易经》、经史子集、唐诗宋词中的经典名句及成语，也有来自民间的俚语，儒家思想基本涵盖了吉语钱的全部。有着丰富文化内涵的经典名句、成语和俚语，也借用吉语钱而流行和传承。

从吉语钱的钱文及图案之中，可以看到古人信奉孔孟之道、克己让人，向往一切美好生活，希望有和谐、安定、太平的生活环境。铸造的钱文中，主要是祈求社稷安康、天下太平，祝颂多子多孙和长寿健康及功名事业，祈求经商平安、发家致富等吉语文字。这些吉语文字将古人崇尚祥和、吉利、富贵的吉祥观淋漓尽致的展现，寄托着他们朴素美好的愿望，所蕴含的寓意传达出恳切、委婉的思想，反映了中国传统文化内敛、含蓄的自然精神。

从吉语内容上分类，吉语钱大致有以下几种：

（一）对子女出生成长的希冀。天仙送子、连生贵子、长生有子、仙姬送子、喜得麟儿、五男二女、永安五男、聪明贤达、掌上明珠、玉树芝兰、桂子兰孙、瓜瓞绵绵、长命富贵、百子群芳、宜儿子孙、长命百岁、子孙万代、百子千孙、子孙满堂、子孙千亿、子孙保之、子孙昌盛、永保子孙、百世齐昌等。

图 29-6　北魏压胜钱永安五男·背四灵（镏金）
《中国钱币大辞典压胜钱篇》图六

图 29-7　清吉语钱。
学海文河·背祥云（殷国清）

（二）对读书文章学识的要求。学做好人、读书便佳、读书万卷、笔墨精良、均齐方正、敬惜字纸、龙飞凤翥、法古宜今、孔思周情、程表朱里、学海文河、文章鸾凤、锦绣文章、大块文章、紫诰丹书、腾蛟起凤、青钱万选、品重兰台、教子一经、智圆行方、文运天开、文星高照、紫电青霜、玉堂金马、琴棋书画、误笔成蝇、人杰地灵、掷地金声等。

（三）对励志修身立业的敬言。大乐未央、温故知新、温恭俭让、谨言慎行、礼义廉耻、当思敬畏、正国齐家、业精于勤、非礼勿言、非礼勿动、一团和气、仁义礼智、天心孝感、正大光明、为善最乐、唯吾知足、百忍无忧、处顺知惧、聪明贤达、动静皆吉、醴泉芝草、物我同春、进退逍遥、荣绥日上、正心诚意、厚德载福、天不爱道、地不爱宝、鹏抟万里、柱石承天、与天无极、鹤鸣九皋、光华复旦、积善余庆、齐家治国、功高泰岱等。

（四）对前程事业官爵的乞求。贵子贤孙、状元及第、一岁九迁、一品当朝、一柱擎天、连中三元、五子登科、金榜题名、早登科第、蟾宫折桂、风云际会、吉人天相、盐梅舟楫、荣封九赐、玉堂金马、俯青拾紫、凤池染翰、杏林春燕、连升三级、封侯拜相、出将入相、官高爵显、独占鳌头、指日荣升、早跳龙门、加官进禄、忠孝传家、万里封侯、位列三台、世代书香等。

图29-8　清吉语钱。
聪明贤达·背淑媛（殷国清）

图29-9　清吉语钱。
状元及第·背福（禄）（殷国清）

图29-10　清吉语钱。
金玉满堂·背长命富贵（殷国清）

（五）对家业美好昌盛的期盼。天相吉人、金玉满堂、富贵双全、平安吉庆、三阳开泰、三多九如、三星拱照、五福临门、喜气临门、紫气东来、封妻荫子、全家福禄、玉堂富贵、荣华富贵、年年如意、必有余庆、福如东海、福自天来、广祈多福、皆大欢喜、麟趾呈祥、顺风大吉、发福生财、物华天宝、合家欢乐、杏林春宴、逢凶化吉、如运临身、华丰三祝、虎气龙光、诸事和合、出入通泰、吉祥如意、万事如意、必定如意、万事和合等。

（六）对健康平安长寿的渴望。身如药树、万病不侵、五毒祛邪、驱邪降福、岁岁平安、岁朝把笔、太平百岁、花生不老、火金水木、百年偕老、天定保尔、松柏桐椿、寿同日月、延年益寿、福寿齐天、福寿双全、福寿康宁、福比南山、寿慈万春、海屋添筹、贵寿无极、百千长寿、百世齐昌、于斯万年、山岳之寿等。

（七）对夫妻恩爱相处的描绘。清净道德、夫妻双美、夫荣妻贵、夫妻合偕、誓同连理、如鱼似水、同行共坐、和合如意、凤凰鸣和、夫妇齐眉、举案齐眉、鸿案齐眉、谗言莫听、永效鸾凤、日有万陪、称心如意、鸳鸯福禄、同心永远、百年好合、全家欢喜、忠孝传家、家和财盛、同鞋到老、延年长寿等。

（八）对生产经营致富的希望。招财进宝、一本万利、金钱满地、招财利市、堆金积玉、财源茂盛、生意兴隆、生意称心、日日生财、长记生财、南通北达、和合生财、日进斗金、天赐金钱、田蚕万倍、财神赐宝、丰财和众等。

（九）对太平盛世民安的愿景。一元复始、风调雨顺、四海昇平、五谷丰登、六合同春、天下太平、平安吉庆、物华天宝、家国永安、国泰民安、政善民安、过书举烛、保富安民、太平岁月、龙凤呈祥、太平有象、海晏河清等。

图 29-11　清吉语钱。
福如东海·背寿比南山（殷国清）

图 29-12　清吉语钱。
夫妻齐眉·背百年偕老（殷国清）

图 29-13　清吉语钱。
一本万利·背八宝图（殷国清）

图 29-14　清吉语钱。
龙凤呈祥·背龙凤（殷国清）

图 29-15　清吉语钱。君明臣良·背丰年大有
（雕母）《中国钱币大辞典压胜钱篇》图八

（十）对皇权皇恩皇帝的称赞。君圣臣贤、君明臣良、皇恩浩荡、仁风载道、海内殷富、帝道遐昌、帝德无疆、归于圣帝、太平一统、千秋万岁、一统万年、天子万年、万年天子、万年吉庆、永传万国。

二、吉语钱中的套子钱

套子钱是通过不同组合排列可以配套成龙的钱。吉语钱中有多种套子钱，如：清代宝泉局吉语套子钱、成语·省名·套子钱、全福吉语套子钱、梅兰竹菊四君子套钱。其中较有代表性的是清代宝泉局吉语套子钱（钱树钱）正面为隶书四字吉语，对读，从"一"到"万"。背面为"宝泉"，宽郭，共十枚。吉语分别为：

一道同风，遵从同一的政治文化。二南雅化，《诗经》中的周公、召公二人对人正始之道的教化。三星拱照，福禄寿三星赐福、赦罪、解厄。四海昇平，东海、南海、西海、北海太平。五谷丰登，麻、黍、稷、麦、菽丰收。六府孔修，水、火、金、木、土、谷等人们的养生之本通过治理尽善尽美。七政齐衡，春、秋、冬、夏、天文、地理、人道平衡和谐。八音克谐，金、石、丝、竹、匏、土、革、木八种不同质材所制的乐器奏出的音乐美妙动听。九功惟叙，水、火、金、木、土、谷等"六府"和正身之德、利民之用、厚民之生等"三事"合称的"九功"治理较好，达到了吏治清正和国家安定。万国来朝，很多国家来朝拜。

图 29-16　清吉语钱宝泉局套子钱一道同风、二南雅化、三星拱照、四海昇平、五谷丰登、六府孔修、七政齐衡、八音克谐、九功惟叙、万国来朝·背宝泉（殷国清）

第四节　生肖钱的辟邪文化

十二生肖，又叫属相，是中国与十二地支相配以人出生年份的十二种动物，鼠、牛、虎、兔、龙、蛇、马、羊、猴、鸡、狗、猪，是十二地支的形象化代表，即子（鼠）、丑（牛）、寅（虎）、卯（兔）、辰（龙）、巳（蛇）、午（马）、未（羊）、申（猴）、酉（鸡）、戌（狗）、亥（猪）。十二生肖钱一面是十二生肖图案、名称或十二地支文字，一面为八卦、星官、吉语等。种类有八卦生肖钱、吉语生肖钱、星官生肖钱等。生肖钱始于唐代，兴于宋、元，盛于清代。有十二枚一套，每枚一种生肖。有的一枚有多种生肖，也有的一枚合铸十二生肖。

一、八卦生肖钱

八卦，最早见于《周易》，表示事物自身变化的阴阳系统，"一"代表阳，"— —"代表阴，两种符号按照大自然的阴阳变化平行组合，组成八种不同形式。是中国文化中与"阴阳五行"一样推演空

图 29-17　宋元生肖钱。
戌狗·背八卦（殷国清）

间时间各类事物关系的工具。每一卦形代表一定的事物：乾为天，坤为地，震为雷，巽为风，艮为山，兑为泽，坎为水，离为火，总称为经卦，由八个经卦中的两个为一组的排列，构成六十四卦。中国古代的人们认为八卦有神奇的预测功能，是解释宇宙万物的图案，也是辟邪的符号。在我国古代，漫长的社会文化变迁过程中，八卦融会到人们的日常生活之中，所代表的天、地、火、水等，成为人神交感的媒介。为人们信奉和崇拜，民间多用于镇宅院、保平安、祛病邪、巫术占卜。

八卦生肖钱主要用于建房、建祠、建庙、建殿堂放置梁上，或安放于地气不吉的场所，辟妖邪、趋吉利、祈福祥。尽管有着浓厚的巫术色彩，但是，求吉避凶也有道德、理性的内容。八卦与十二生肖和十二地支结合铸在钱币上，表达了人们对八卦功能运用的延伸，所以人们也将它随身携带，以保佑平安、鬼神不侵。

图 29-18　宋生肖钱。
巳生·背星官·生肖（殷国清）

二、星官生肖钱

星官生肖钱最早在宋代产生，有单枚和十二枚一套的。正面有"本命星官"、"本命元神"、"本命·星官"、"星官·生肖"等字样和生肖图案。背面有生肖、库文、五毒纹、符文、双剑、玄武、符篆、星宿、童子、鬼头符等。明代以后星官生肖钱逐渐衰落，主要翻铸一些前代的星官生肖钱。

三、吉语生肖钱

吉语生肖钱与一般吉语钱的区别，主要是吉语的内容与背面，一般是正面文字，背面图案。所选的吉语与人的寿命相关较多，如长寿富贵、福德长寿、福寿双全、太平富贵、目莲救母、阡秋万岁、百年好合、夫妇和谐、加官进禄、正德太平等，背面有本命星官、星官、童子、东王公、西王母、生肖、地支生肖、星宿等。

第五节　宗教钱的信仰文化

宗教是社会特殊意识形态。中国的宗教徒主要信奉佛教、道教、伊斯兰教、天主教和基督教。宗教钱产生于汉代，初始时，钱面上有星相、鱼、环刀、带钩、踞坐俑式人物形象等图案，其内涵都是神怪，后来还有龙凤、仗剑斩妖、玄武二郎系列、张天师、钟馗、关王、九曜、揭钵等题材，以及宋代的"受生钱"、明代的"降魔钱"、"符印钱"等。宗教钱在压胜钱中有重要地位，体现了特定历史时期的民间风俗与民风，同时也表现了我国宗教发展的历史过程。

一、道教的宗教钱

道教又被称为本土宗教，对我国古代的政治、经济和文化发生过深刻影响。道教崇尚"天人合一"的思想，相信万物皆有灵，设"大"、"地"、"人"为三界，勾勒天界与地界的一切动植物、神仙、法

图 29-19　辽-金四圣真君压胜钱（四位神仙：天蓬元帅，天猷副元帅，黑煞将军，真武将军）·背八卦《中国钱币大辞典压胜钱篇》图八

术、亭台楼阁、玉皇大帝、王母娘娘、太白金星、四大天土、阎王等各路神仙。这种神仙方术、长生不老的神秘思想符合统治阶级祈求永生的想法。道教的核心是阴阳、神仙思想和驱邪等，道教的信众相信通过道士作法可以驱邪获福，但是驱邪则需书写符篆或铸造器物用以祈禳，圆形方孔的铸币就是方便理想的厌胜品。台湾古钱学家蔡养吾说："道教祈禳用钱，东汉末已见端倪。太平百钱出于道流之手，已是举世公认的事……道教的信众就根据不同法事的需要，铸出多种不同款式，不同意义，相对数量的精美铜钱，以之为'天人合一'的钥匙，寻求幸福与庇护。"[1]

道教钱在压胜钱中的宗教钱中占有大部。道教钱的主要品种，宫观钱：太乙、玉虚、万寿、天宝等。星官钱：太上老君、大峰祖师、元天上帝、二郎真君香花供养钱等。还有天师钱、四灵钱、太极钱、符咒钱、避毒钱、八仙钱、八卦钱

图 29-20　清压胜钱 "苏炉花钱" 紫电表霜·背腾蛟起凤·刻花《中国钱币大辞典压胜钱篇》图九

等等。钱面图案多为符篆、四灵、五毒、八卦、十二生肖等纹饰。其中，八卦和十二生肖较多。这些钱有的用于祈福，有的用于驱邪，消灾解厄。民间通常认为道教的真武大帝是职掌人间祸福的神祇福神，所以有天官赐福、紫微高照、福星高照等钱，表达人们对福神的崇敬、祝祷及祈求福寿安宁的美好心愿。

（一）八仙钱。八仙齐聚蓬莱阁饮酒聚会，铁拐李提议各仙不乘船凭法器渡海。韩湘子脚点玉笛，何仙姑以荷为舟，李铁拐坐于葫芦，钟离权脚蹋宝扇，蓝采和、吕洞宾、张果老、曹国舅也都用宝物渡海。其间，东海波涛汹涌、惊涛骇浪，引起东海龙王不满，与八仙冲突争斗，将蓝采和擒入龙宫。其他七仙上阵厮杀、营救，击退虾兵蟹将，斩杀两个龙子。东海龙王请来南海、北海、西海龙王合力翻动五湖四海。南海观音菩萨经过，喝住双方，出面调停，东海龙王释放蓝采和，双方罢战。八仙钱有八仙名字和图案，人物造型栩栩如生。

---

[1] 蔡养吾；《中国古钱讲话》，第16页，淑馨出版社，1999年。

图29-21 元明压胜钱宗教钱曹国舅。张果老、铁拐李、吕洞宾、何仙姑、蓝采和、汉钟离、韩湘子背图案（殷国清）

图29-22 清压胜钱八卦·背五毒

图29-23 元生肖钱，张天师驱鬼·背地支生肖（殷国清）

（二）八卦·背五毒。五毒是指民间认为的害虫蝎子、蛇、壁虎、蜈蚣、蟾蜍，每年谷雨节气后，气温潮湿炎热，端午节前后，害虫泛滥危及农作物生长和人的健康。民间组织驱毒纳吉的祈福活动。端午这天，户门贴钟馗像以震慑鬼魅。成年人喝雄黄酒防五毒蜇咬。孩童插艾叶戴香囊，穿上绣有五毒图案的肚兜，挂上装有鸭蛋的五色彩绳编织的网兜，佩戴辟邪钱。

（三）张天师驱鬼·背地支生肖。张天师即张道陵，东汉时期人，本名陵，永平时拜江州令，后弃官隐居，在江西龙虎山研习道家符咒之术。元顺帝至元年间后裔张宗演被封为辅汉天师，派别"正一道"即"天师道"。由此张天师成为这个道教派别的代表。张天师人物题材多与八卦、生肖等道教题材相配，其压胜钱是辟邪驱鬼的良品。

（四）受生钱。"生肖钱中还有一种受生钱，又称寿生钱，道教认为人出生（受生）时曾向冥司借贷禄库受生钱，出世以后要设道场归还。冥司禄库共有十二库，分别由十二姓曹官分管。宋代的受生钱有一套十二枚，一面是文字记录欠钱数量及隶属于第几库，另一面是星官，共用途应和本命星官钱相似，都是求其禳灾保佑"[1]。

---

[1] 中国钱币大辞典编纂委员会：《中国钱币大辞典压胜钱编》，第442页，中华书局，2013年。

二、佛教的宗教钱

佛教是世界三大宗教之一，由释迦牟尼创立，东汉时期由印度传入中国，经过本土僧人长期的深化研习、传译经典并与中国传统文化结合，形成中国特式的佛教文化，教义上有许多创新。

佛教钱在宗教钱中的数量远远少于道教钱。有的佛教钱是寺院专门铸造用于供奉佛殿神像的，钱面为皇帝年号或国号，钱背铸宝珠菩萨、数骈菩萨、南无妙法莲华经、香花供养、进香直社、大安福寺等。有的佛教钱钱面有大慈观音、西方如来、宝珠菩萨、准提菩萨、阿弥陀佛、文殊普贤、慈悲方寸、南无阿弥陀佛等佛号或唵嘛呢叭弥吽等佛教真言。钱面上的图案多与历史上的宗教信仰、民间艺术、社会风俗、神秘文化有关，对研究宗教史、民俗史、美术史、古建筑史、体育史、版画史等有参考价值。较多的佛教钱动物图案是狮子，它是佛的坐骑、护法兽，勇猛去邪除恶的化身。佛教钱的植物图案常铸莲花纹样，莲花是美好、善良、圣洁、宽容大度的象征，气质非凡，高雅纯洁。

（一）准提神咒·背梵文。清代川炉铸，青铜质。正面楷书"准提神咒"，对读。背面梵文准提菩萨的二十五字真言："南无飒哆喃，三藐三菩陀。俱胝喃。怛侄他。唵。折戾主戾。准提娑婆诃。"准提，又作准胝、准泥、准提观音、准提母、佛母准提等，意译清净，护持佛法，并为知命众生延寿护命的菩萨。

（二）周处斩蛟·背田真哭荆。正面"周处斩蛟"，出自南北朝刘义庆的《世说新语·自新》，讲述周处由民间一"害"改邪归正，最终成为晋朝一代名臣的经过，说明人是可以改变的，浪子回头完全可以成为英雄。背面"田真哭荆"出自南朝《续齐谐记》，讲述了陕西临潼田真兄弟三人分家，导致紫荆树枯萎，告诫人们要珍惜亲情，兄弟互爱，方能兴家立业。

图 29-24　清佛教钱。准提神咒·背梵文

图 29-25　元明佛教钱。
周处斩蛟·背·田真哭荆（殷国清）

图 29-26　宋元佛教钱。
僧伽降无支祁·背白马驮经

（三）僧伽降无支祁·背白马驮经。正面右为泗州大圣僧伽，头戴风帽，身着僧衣，立于云端，一手提净瓶，一手指左下方波涛中的无支祁训斥。左上方木叉与慧严二弟子恭立观望。淮河之神无支祁（《西游记》孙悟空原型）被捆绑粗柱之上，半身立于浪中。背面图案取自于唐僧取经归来场景，中间为白马驮经的经卷箱放射光芒，行者牵马，三藏法师跟随。

参考文献

著作类：

王仲荦：《魏晋南北朝史》，上海：上海人民出版社，2016年。

王仲荦：《隋唐五代史》，上海：上海人民出版社，2016年。

陈振：《宋史》，上海：上海人民出版社，2016年。

李锡厚、白滨：《辽金西夏史》，上海：上海人民出版社，2016年。

南炳文、汤纲：《明史》，上海：上海人民出版社，2014年。

傅筑夫：《中国封建社会经济史》第二卷，北京：人民出版社，1982年。

余也非：《中国古代经济史》，重庆：重庆人民出版社，1998年。

孙健：《中国经济通史》上卷（远古-1840年）、中卷、下卷，北京：中国人民大学出版社，2000年。

朱伯康、施正康：《中国经济史》，上海：复旦大学出版社，2005年。

杜文玉：《五代十国经济史》，北京：学苑出版社，2011年。

丁日初、沈祖炜：《上海近代经济史（第一卷）》，上海：上海人民出版社，1994年。

郭毅生：《太平天国经济史》，南宁：广西人民出版社，1991年。

张海鹏：《中国近代通史第一卷》，南京：江苏人民出版社，2006年。

姜涛、卞修跃：《中国近代通史第二卷》，南京：江苏人民出版社，2006年。

虞和平、谢放：《中国近代通史第三卷》，南京：江苏人民出版社，2006年。

国史全鉴编委会：《中华人民共和国国史全鉴》，北京：团结出版社，1996年。

丛树海、张桁：《新中国经济发展史》，上海：上海财经大学出版社，1999年。

房维中：《中华人民共和国经济大事记》，北京：中国社会科学出版社，

1984年。

　　赵效民：《中国革命根据地经济史（1927—1937）》，广州：广东人民出版社，1983年。

　　陈廷煊：《抗日根据地经济史》，北京：社会科学出版社，2007年。

　　中国钱币大辞典编纂委员会：《中国钱币大辞典·秦汉编》，北京：中华书局，2003年。

　　中国钱币大辞典编纂委员会：《中国钱币大辞典·魏晋南北朝隋编唐五代十国编》，北京：中华书局，2003年。

　　中国钱币大辞典编纂委员会：《中国钱币大辞典·宋辽西夏金编·北宋卷》北京：中华书局，2005年。

　　中国钱币大辞典编纂委员会：《中国钱币大辞典·宋辽西夏金编·南宋卷》，北京：中华书局，2005年。

　　中国钱币大辞典编纂委员会：《中国钱币大辞典·宋辽西夏金编·辽西夏金卷》北京：中华书局，2005年。

　　中国钱币大辞典编纂委员会：《中国钱币大辞典·元明编》，北京：中华书局，2012年。

　　中国钱币大辞典编纂委员会：《中国钱币大辞典·清编·铜元券》，北京：中华书局，2008年。

　　中国钱币大辞典编纂委员会：《中国钱币大辞典·民国编·铜元卷》，北京：中华书局，2009年。

　　中国钱币大辞典编纂委员会：《中国钱币大辞典·民国编·国家纸币卷》，北京：中华书局，2007年。

　　中国钱币大辞典编纂委员会：《中国钱币大辞典·民国编·省市纸币卷》，北京：中华书局，2011年。

　　中国钱币学大辞典编纂委员会：《中国钱币学大辞典·民国编·县乡机构纸币卷》第1—3册，北京：中华书局，2015年。

　　中国钱币大辞典编纂委员会：《中国钱币大辞典民国编·金银币卷》，北京：

中华书局，2011年。

中国钱币大辞典编纂委员会：《中国钱币大辞典·革命根据地编》，北京：中华书局，2001年。

中国钱币大辞典编纂委员会：《中国钱币大辞典·压胜钱编》，北京：中华书局，2013年。

中国人民银行总行参事室金融史料组编：《中国近代货币史资料》第一辑上下册，北京：中华书局，1964年。

中国人民银行总行参事室编：《中华民国货币史资料》第一辑、第二辑，上海：上海人民出版社，1991年。

叶世昌：《中国金融通史》第一卷，北京：中国金融出版社，2002年。

张国辉：《中国金融通史》第二卷，北京：中国金融出版社，2002年。

杜恂诚：《中国金融通史》第三卷，北京：中国金融出版社，2002年。

洪葭管：《中国金融通史》第四卷，北京：中国金融出版社，2002年。

姜宏业：《中国金融通史》第五卷，北京：中国金融出版社，2008年。

杨希天等编著：《中国金融通史》第六卷，北京：中国金融出版社，2002年。

中国近代金融史编写组：《中国近代金融史》，北京：中国金融出版社，1985年。

郑家相：《中国古代货币发展史》，北京：生活·读书·新知三联书店，1958年。

王毓铨：《我国古代货币的起源和发展》，北京：科学出版社，1957年。

戴铭礼：《中国货币史》，郑州：河南人民出版社，2016年。

彭信威：《中国货币史》，上海：上海人民出版社，2007年。

千家驹、郭彦岗：《中国货币演变史》，上海：上海人民出版社，2005年。

千家驹、郭彦岗：《中国货币史纲要》，上海：上海人民出版社，1986年。

萧清：《中国古代货币史》，北京：人民出版社，1984年。

萧清：《中国古代货币思想史》，北京：人民出版社，1987年。

黄锡全：《先秦货币通论》，北京：紫禁城出版社，2001年。

黄锡全：《先秦货币研究》，北京：中华书局，2001年。

张友直：《中国实物货币通论》，北京：中国财经出版社，2009年。

周卫荣等：《钱币学与冶铸史》，北京：科学出版社，2015年。

刘森：《中国铁钱》，北京：中华书局，1996年。

刘森：《宋金纸币史》北京：中国金融出版社，1993年。

刘森、于倩：《中华书局印制的纸币》，北京：中华书局，2002年。

戴建兵：《中国钱票》，北京：中华书局，2001年。

赵丛苍：《古代货币》，北京：中国书店，1999年。

杨端六：《清代货币金融史稿》，武汉：武汉大学出版社，2007年。

叶世昌、潘边贵：《中国古近代金融史》，上海：复旦大学出版社，2001年

高聪明：《宋朝货币与货币流通研究》，石家庄：河北大学出版社，2000年。

王纪洁：《中国古代物质文化史·货币》上下册，北京：开明出版社，2018年。

汪圣铎：《两宋货币史》上、下册，北京：中国社会科学出版社，2003年。

（日）高桥弘臣：《宋金元货币史研究》，上海：上海古籍出版社，2010年。

汪敬虞：《外国资本在近代中国的金融活动》，北京：人民出版社，1999年。

孔祥贤：《大清银行行史》，南京：南京大学出版社，1991年。

洪葭管：《中央银行史资料》，北京：中国金融出版社，2005年。

蒋九如：《台湾货币史略》，北京：中华书局，2017年。

余耀华：《中国价格史》（先秦–清朝）北京：经济科学出版社，2013年。

白秦川：《中国钱币学》（修订本），郑州：河南大学出版社，2018年。

李侠、晓峰：《中国北方民族货币史》，哈尔滨：黑龙江人民出版社，1989年。

江苏省钱币学会：《近代中国纸币史》，北京：中国金融出版社，2001年。

中国西藏钱币编撰委员会：《中国西藏钱币》，北京：中华书局，2002年。

陈晓荣：《民国小区域流通货币研究》，北京：中国社会科学出版社，2012年。

张通宝：《湖北近代史货币史稿》，武汉：湖北人民出版社，1994年。

孟建华：《中国近代货币流通思想与实践》，北京：中国金融出版社，2015年。

孟建华：《孙中山货币流通思想与实践》，北京：中国金融出版社，2018年。

中国人民银行金融研究所、财政部财政科学研究所：《中国革命根据地货币》，北京：文物出版社，1982年。

罗华素、廖平之：《中央革命根据地货币史》，北京：中国金融出版社，1998年。

中国人民银行金融研究所、中国人民银行山东省分行金融研究所：《中国革命根据地北海银行史料》1—4册，济南：山东人民出版社，1987年。

陕甘宁边区金融史编辑委员会：《陕甘宁边区金融史》，北京：中国金融出版社，1992年。

周逢民、初本德：《东北革命根据地货币史》，北京：中国金融出版社，2005年。

尚明、陈立、王成铭：《中华人民共和国金融大事记》，北京：中国金融出版社，1993年。

尚明、陈立：《当代中国的金融事业》，北京：中国社会科学出版社，1989年。

尚明：《新中国金融五十年》，北京：中国财政经济出版社，2000年。

施兵超：《新中国金融思想史》，上海：上海财经大学出版社，2000年。

孙克勤主编：《中国现代流通硬币标准目录》，上海：上海科学出版社，2020年。

孟建华：《中国货币政策的选择与发展》，北京：中国金融出版社，2006年。

孟建华：《中国现代货币流通理论与实践》，北京：中国金融出版社，2010年。

杨青、霍炜：《电子货币——互联网金融下的货币变革》，北京：中国金融出版社，2015年。

徐利明：《中国书法风格史》，南京：江苏凤凰美术出版社，2020年。

刘绍明、王正旭、王新定：《钱币与书法艺术》，北京：中国文联出版社，2002年。

唐革非、刘秀伶：《中国古代货币·文字·书法》，辽宁美术出版社，2017年。

中国钱币博物馆：《中国钱币博物馆藏品选》，北京：文物出版社，2010年。

中国人民银行金融研究所：《资本主义国家在旧中国发行和流通的货币》，北京：文物出版社，1992年。

浙江省博物馆典藏大系编辑委员会：《泉林剪影》，杭州：浙江古籍出版社，2009年。

安徽省钱币学会：《安徽历史货币》，合肥：时代出版传媒股份有限公司、安徽人民出版社，2014年。

广西钱币学会：《广西历史货币》，南宁：广西人民出版社，1998年。

新疆美术摄影出版社、香港文化教育出版社：《新疆钱币》，乌鲁木齐、香港，1991年。

中国银锭图录编委会：《中国银锭图录》，北京：中国金融出版社，2013年。

汤国彦：《中国历史银锭》，昆明：云南人民出版社，1993年。

曲振涛：《外国货币侵华与掠夺史论》，北京：中国财政经济出版社，2007年。

吕乃涛、陈昌滨、苏骏：《中央银行纸币》，北京：学苑出版社，2014年。

张建新、阎登发：《川陕革命根据地货币图录》，成都：四川出版集团，2010年。

于彤、戴建兵：《中国近代商业银行纸币》，石家庄：河北人民出版社，1996年。

武为群：《香港货币（1841—1997）》，北京：中国金融出版社，2006年。

丁浩：《澳门货币》，香港：三联书店（香港）有限公司，2019年。

姜业宏：《金融图集与史料》，长沙：湖南出版社，1991年。

王世宏：《中国现代贵金属币赏析》第1、2册，北京：中国大百科全书出版社，2015年。

论文类：

杨君、周卫荣：《汉代叠范铸钱发展历程考索》载《中国钱币》2006年第2期。

刘兴：《吴文化青铜器初探》载《文博通讯》1981（4）。

刘文锁：《安迪尔新出汉佉二体钱考》载《中国钱币》1991年第3期。

黄志刚、魏拥军：《试析魏晋南北朝时期丝绸之路货币在西域的行使和影响》，载《新疆金融》2007（7）。

贾大泉：《论交子的产生》载《社会科学研究》1989（2）。

毛宏跃：《金代纸币流通探析》载《黑龙江史志》2010（3）。

齐浩志：《中国金代货币的演变与发展文献综述》载《长春金融高等专科学校学报》2014（2）。

乔幼梅：《金代货币制度的演变及对社会经济的影响》载《中国钱币论文集》1985年。

李萍：《南宋出门税银铤考》载《中国钱币论文集》第4辑2002年。

赵幼强：《南宋的金银铤牌》载《东南文化》2000（12）。

唐景：《论元代的纸币管理制度》载《广州社会主义学院学报》2009（3）。

李跃：《略论元代流通纸币》载《南方文物》2004（2）。

王文成：《蒙古灭金前后的市场演变与白银使用》载《中国经济史研究》2000（1）。

赵小平：《试论元代云南金银货币与实物货币的流通》载《中国边疆史地研究》2013（1）。

王玉祥：《明代钞法述论》载《甘肃社会科学》1997（5）。

赵小平：《明代中后期"银钱兼行"流通格局的形成及其原因》载《思想战线》2014（5）。

万明：《明代白银货币化与制度变迁》载《暨南史学》2003（14）。

魏卞梅：《汇通天下的山西票号》载《沧桑》2001年第2期。

王裕巽：《明代金银钱分类综论》载《中国钱币》2003年第4期。

石长有：《地方私票的产生及发展》载《中国钱币》1998年第2期。

郁超英：《清、民国时期福建私票的特点刍议》载《中国钱币》2004年第1期。

刘秋根、刘娜：《清代前期钱铺银号银钱票》《中国钱币》2019年第1期。

美朗宗贞、贡秋扎西：《近现代西藏货币流通与金融管理制度研究》载《西藏研究》2015（2）。

冯邦彦：《澳门的货币发行制度》载《金融早报》1999年12月17日。

薛暮桥、吴凯泰：《新中国成立前后稳定物价的斗争（之一）》载《经济研究》1985（2）。

范一飞：《关于央行数字货币的几点考虑》载《第一财经日报》，2018年1月26日。

范一飞：《中国法定数字货币的理论依据和架构选择》载《中国金融》2016年第17期。

中国人民银行支付结算司：《2011—2015年中国支付体系发展报告》。

陕西师范大学曹栩：《古钱钱文书法研究》载《中国知网》2011年。

许崇：《中国古代钱文书法研究与借鉴》载《中国知网》2019年。

李成飞：《南宋钱币上的书法艺术研究》载《长春金融高等专科学校学报》2018年第2期。

鲁炜：《古代民俗钱币文化研究》载《中国知网》2012年。

江智君：《中国花钱艺术初探》载《中国知网》2011年。

网络：

中国政府网、中国人民银行网、中国知网。

后 记

我于2010年及2015年出版的《中国现代货币流通理论与实践》和《中国近代货币流通理论与实践》，介绍了自1840年第一次鸦片战争至2010年近现代中国的货币发展历史及同期的货币理论与思想，两本书的时限是近现代，且只有文字没有图片，不免稍有缺憾。2015年，我开始对中国古代货币发展历史的系统学习，并萌生写作《中国货币简史》的想法，边学习、边思考、边写作。

2017年1月25日，中共中央办公厅、国务院办公厅发布《关于实施中华优秀传统文化传承发展工程的意见》，提出"坚守中华文化立场，传承中华文化基因"。中国的货币发展历史源远流长，货币作为社会生产力和科学技术发展进步的产物，是各类社会政治经济活动的实物，承载和代表传统文化的主要载体，历史发展变革进程的见证，货币文化更是中华优秀传统文化的重要内容。通过学习，了解了中国的货币历史及货币发行流通管理对社会生产力发展和人类文明进步发挥的重要作用；知晓了货币形成变革对我国多民族国家形成的影响与历史贡献；认清了货币本质只是一般等价物及抵制货币拜物教思想蔓延的重要意义；总结了货币管理取得的成功经验与失败教训。本书写作出版过程中，得到了较多方面的帮助与指导，在此表示感谢。

感谢我所在的单位中国人民银行。正是在这个平台上，我才能有机会更多认识、了解我国货币发行的历史、理论、思想和现实，思考与研究货币的发行流通对社会发展变革的影响与作用。尤其是在人民银行宝应县和靖江市支行和扬州市中心支行任职其间，较多接触了中央银行货币发行管理和钞票处理业务，积累了丰富的现代货币发行管理业务知识。在南京分行货币金银部门工作其间，较多了解了人民币发行流通对社会经济活动和社会公众生活的影响，对我国发展社会主义市场经济、促进改革开放所发挥的重要作用。尤其是获得中国人民银行研究员任职资格后，更增强了我继续学习研究中国货币史的使命感与责任感。另外，人民银行这个工作平台，为我与众多货币史专家、学者之间架起了交流桥梁，使我有机会向专家们学习请教，求得专业的指导与帮助。

感谢南京大学历史学系（院）。1999年10月至2001年12月，有幸参加了南京大学历史学系（院）专门史专业研究生课程进修班学习，蒋树声校长签发的结业证书，确认了我修完教学计划规定的课程，成绩合格。其间，聆听了多位历史系老师的授课，不但了解了中国近代历史的发展变革过程，更重要的是掌握了如何正确认识理解历史，客观分析、研究历史的基本方法，为我后来学习研究中国货币史打下了理论基础。

感谢中国货币史研究的先驱者。20世纪初以来，我国先后问世了一批古代货币史研究的著作和专题文章。新中国成立以后，货币思想及理论的研究也产生了丰硕成果。中国人民银行组织编写的《中国钱币大辞典》，更是系统介绍了中国的历史货币。在本书的写作过程中，学习借鉴吸收了郑家相、王毓铨、戴铭礼、彭信威、千家驹、萧清、黄锡全、叶世昌、尚明、洪葭管、周卫荣、戴建兵、孔祥贤、刘森、姜业宏等专家、学者的学术研究成果，引用了《中国钱币大辞典》的相关内容和图片。尤其是在学习彭信威先生的大作《中国货币史》中，获益颇丰。正是前面有众多的货币史研究开拓者引路凿梯，后面才有我们这些货币史学习者登阶向上。

感谢对本书写作给予指导帮助的专家、学者、钱币收藏家。中国钱币博物馆原馆长黄锡全教授和陈列部主任王纪洁研究馆员、《中国钱币大辞典》副总编刘森研究员审阅书稿，耐心解答问题，提出修改意见，悉心指导帮助。对三位师长在为本书所作序中的褒扬，愧不敢当，权当鼓励与鞭策。中国钱币博物馆馆长周卫荣研究员、秘书处处长杨君副研究员对书稿的写作给予指导。纸币收藏家苏骏先生，对书稿内容提出建议并提供参考资料和货币图片。钱币收藏家殷国清先生、孙中山钱币纪念馆馆长顾明先生等，提供了部分古钱币及压胜钱图片。

感谢上海书店出版社的孙瑜社长和王郡编辑。我与孙社长素昧生平，当他审阅的部分章节及书稿介绍以后，欣然同意将书稿提交出版社图书选题论证会。论证通过以后，按规定启动了编辑出版流程。王郡编辑在审稿编辑过程中，对全书文字与图片提出了确当的结构安排意见，编辑过程中的纠错、更正、删减、调整，使我感受了编辑过程是书稿的二次创作。

　　清末民初的思想家、翻译家和教育家严复先生说：“一举足不能无方向，一著论不能无宗旨。”撰写本书的初衷，主要是系统介绍中国货币的起源、发展和变化，货币对中国社会发展变革的影响，中国货币流通思想与理论的形成与发展。金属铸币及纸币，形体不大而作用巨大，涉及政治经济、财政金融、商贸交流、民俗文化、人文景观、民族关系、地理沿革、历史演变、冶炼技术、铸造工艺、雕刻制模、纸张生产、度量衡制、工艺美术、文字书法、绘画印刷等方方面面。从夏商时期的货币起源到新中国建立后人民币成为国家法定货币，历时几千年的王朝兴衰更替，中国的货币随着社会的发展而发展，随着社会的变革而变革，随着社会的进步而进步。仅凭一本40余万的文字及几百张图片，难以完整、全面的叙述中国货币的发展变化过程及其丰富的文化内涵。本书缘起于个人的学习研究，书成后自问亦可为读者提供系统的中国货币史资料。受限于本人学识，书中的错误、遗漏难免，恳请专家、学者和读者批评指正。

孟建华

二〇二一年十二月

图书在版编目（CIP）数据

中国货币简史 / 孟建华著. — 上海：上海书店出
版社，2022.8（2022.10重印）
ISBN 978-7-5458-2145-1

Ⅰ.①中… Ⅱ.①孟… Ⅲ.①货币史–中国 Ⅳ.
①F822.9

中国版本图书馆CIP数据核字（2022）第032480号

责任编辑 邓小娇 王 郡
封面设计 汪 昊

中国货币简史

孟建华 著

出 版 上海书店出版社
　　　　（201101 上海市闵行区号景路159弄C座）
发 行 上海人民出版社发行中心
印 刷 上海新华印刷有限公司
开 本 710×1000 1/16
印 张 38
字 数 320,000
版 次 2022年8月第1版
印 次 2022年10月第2次印刷
ISBN 978-7-5458-2145-1/F.57
定 价 128.00元